DOMINICANOS
EN LAS LIGAS MAYORES

Editado por
Bill Nowlin y Julio M. Rodriguez

Editores Asociados
Len Levin y Carl Riechers

Traducciones al Español
Reynaldo Cruz

Society for American Baseball Research, Inc.
Phoenix, AZ

Dominicanos en las Ligas Mayores
Copyright © 2022 Society for American Baseball Research, Inc.
Todos los derechos reservados.
Prohibida la reproducción total o parcial sin permiso.

Editado por Bill Nowlin y Julio M. Rodriguez
Editores asociados Len Levin y Carl Riechers
Traducciones al Español por Reynaldo Cruz

Cover Foto cortesía de Kathryn Riley y Boston Red Sox

Número de control de la Biblioteca del Congreso (LCCN) 2021925635

ISBN 978-1-970159-61-5
(Ebook ISBN 978-1-970159-60-8)

Portado y diseño del libro: David Peng

Society for American Baseball Research
Cronkite School at ASU
555 N. Central Ave. #416
Phoenix, AZ 85004
Phone: (602) 496-1460
Web: www.sabr.org
Facebook: Society for American Baseball Research
Twitter: @SABR

Tabla de Contenidos

v	Historia del Béisbol Dominicano Julio M. Rodriguez G. con Cuqui Cordova	55	Pedro Borbón Jorge Iber
1	Felipe Alou Mark Armour	60	Rico Carty Wynn Montgomery
10	Jesús Alou Mark Armour	70	Luis Castillo Rich Bogovich
18	Matty Alou Mark Armour	82	César Cedeño John DiFonzo
25	Joaquín Andújar Malcolm Allen	93	José DeLeon Richard Cuicchi
34	Miguel Batista Cosme Vivanco	99	Miguel Diloné Seth Moland-Kovash
39	Tony Batista Scott Cummings	104	Juan Encarnación Paul Hofmann
43	George Bell Seth Moland-Kovash	111	Tony Fernández Tom Hawthorn
48	Rafael Belliard Joe Cox	116	Julio Franco Leslie Heaphy

DOMINICANOS EN LAS LIGAS MAYORES

122	Dámaso García Paul Goodson	230	Pedro Martínez Norm King
128	César Gerónimo Jorge Iber	240	Ramon Martínez Gregory H. Wolf
133	Alfredo Griffin Justin Krueger	249	José Mesa Joseph Wancho
139	Pedro Guerrero Frank Morris	256	Raul Mondesi J. W. Stewart
151	Vladimir Guerrero Cosme Vivanco	263	Manny Mota Rory Costello
160	José Guillén Bill Johnson	274	Diómedes Olivo Rory Costello
165	Cristian Guzmán Gregg Omoth	282	David Ortiz Bill Nowlin
170	Rudy Hernández Rich Bogovich	297	Alejandro Peña Alan Cohen
179	Julián Javier Paul Geisler Jr.	307	Tony Peña Blake Sherry
186	Stan Javier Richard Cuicchi	314	Neifi Pérez Ralph Carhart
194	José Lima Rory Costello	322	Luis Polonia John Struth
203	Julio Lugo Justin Krueger	329	Manny Ramírez Bill Nowlin
209	Juan Marichal Jan Finkel	338	Rafael Ramírez Josh Sullivan
221	Horacio Martínez Rory Costello	349	José Rijo Charles Faber

365	Juan Samuel Thomas Brown
370	Pedro Alejandro San Julio M. Rodríguez G.
374	Elías Sosa Rory Costello
382	Sammy Sosa Eric Hanauer
391	Mario Soto Gregory H. Wolf
402	Fernando Tatis Chad Moody
411	José Uribe Bill Johnson
416	Juan "Tetelo" Vargas Julio M. Rodríguez G.
423	Ozzie Virgil Ryan Brecker
429	Pasión y Orgullo Dominicano en Evidencia Durante la Barrida del Clásico Mundial de Béisbol de 2013 Richard Cuicchi
435	Biografías de los Contribuyentes

Foto: Bill Nowlin

La Historia del Béisbol en la República Dominica

Por Julio M. Rodríguez

El béisbol se desarrolló en el nordeste de los Estados Unidos en el Siglo XIX y se extendió al sur, a la Florida, y de ahí a Cuba.

En 1891, los hermanos Alomá, Ignacio y Ubaldo, se fueron de Cuba para vivir en la República Dominicana. Allí organizaron los primeros equipos que jugaron de manera regular en la República Dominicana.[1]

A los dominicanos les gustó el juego y comenzaron a organizar equipos. En 1907, se fundó el Licey en Santo Domingo. En 1910, se organizaron las Estrellas Orientales en San Pedro de Macorís. Un grupo de otros equipos de existencia efímera se organizaron en el transcurso de los años.

En 1911, se construyó en Santo Domingo el primer estadio para el béisbol y otros deportes: Gimnasio Escolar.

Pero el juego de verdad despegó en el país durante la intervención norteamericana de 1916-24.

Antes de la ocupación, el Presidente Woodrow Wilson, molesto con una revolución que tuvo lugar en 1913, envió a un delegado, James Mark Sullivan, a "enseñarles de democracia a los dominicanos."

A su llegada en Montecristi, en septiembre de 1913, Sullivan envió su observación al Secretario de Estado William Jennings Bryan: "He notado que los dominicanos están aprendiendo a jugar béisbol, y preveo que en un futuro no muy lejano, las estrellas del deporte reemplazarán a los líderes revolucionarios en la mente de las personas."[2]

Este no fue el caso tal cual, pero con el paso de los años hemos visto que muchos dominicanos resultaron ser muy buenos jugadores.

Durante los años de la intervención, se jugaron muchos partidos entre conjuntos dominicanos y equipos formados por Marines que vinieron en los buques de guerra.

Ver a los equipos dominicanos derrotar a esos equipos norteamericanos era uno de los grandes placeres de la población durante esos años.

En 1917, se construyó en Santo Domingo la pista de carreras La Primavera y, en el centro, se diseñó un terreno de béisbol.

En 1922, la rivalidad beisbolera en Santo Domingo era intensa. Licey era por lo general el ganador tanto de las series cortas como de los juegos que se efectuaban los domingos por la tarde. Un grupo de propietarios decidieron fusionar los mejores jugadores de tres equipos en uno que jugaría ante el Licey. El equipo fue llamado Escogido.

Ese año, se organizó el primer torneo dominicano. En los 32 juegos pactados, Escogido (23-9) derrotó al Licey.

Al año siguiente, 1923, no se pudo terminar el segundo torneo (o serie de juegos) porque la pasión era tan alta que se armó una gran pelea en el terreno. Esta serie fue suspendida para evitar serias y lamentables consecuencias.

En 1924, se organizó otra serie entre el Licey y el Escogido, nuevamente de 32 juegos. El Licey ganó con registro de 17-15, llevándose el último juego programado en el torneo.

Cinco años después, en 1929, se organizó otro torneo y el Licey volvió a ganar.

En septiembre de 1930, el Huracán San Zenón destruyó tanto el Gimnasio Escolar como la pista de carrera Primavera.

El Gimnasio Escolar se reconstruyó en 1933, pero fue demolido en 1943 para abrir una avenida por toda la costa caribeña de Santo Domingo.

En 1936, se organizó un torneo, esta vez con cuatro equipos: Licey, Escogido de Santo Domingo (ya renombrada Ciudad Trujillo), las Estrellas Orientales de San Pedro de Macorís, y el Santiago BBC de Santiago, representando a la región norte del país. (En 1937, este equipo cambiaría su nombre al de Águilas Cibaeñas.) Las Estrellas Orientales ganaron este torneo.

Entonces llegó el famoso 1937.

La tiranía del dictador Rafael Trujillo estaba en pleno apogeo para aquel entonces y el nombre de Santo Domingo se había cambiado para Ciudad Trujillo en 1936. Para que su nombre resaltara, Trujillo fusionó al Licey y al Escogido y llamó su equipo los Dragones de Ciudad Trujillo.

A principios del torneo, a los Dragones no les iba bien, así que Trujillo despachó a José Enrique Aybar a los Estados Unidos para fortalecer su equipo con los mejores peloteros que el dinero pudiese comprar en aquel momento.

Las estrellas de las Ligas Negras eran más fáciles de contratar que las de las ligas mayores blancas, así que muy pronto los mejores peloteros negros estaban en Santo Domingo, no solo con el club de Trujillo, sino también en los otros dos. Sus dueños habían, en respuesta, iniciado un esfuerzo económico para competir con el club de Trujillo.

Debido al éxodo de sus mejores peloteros, las Ligas Negras en los Estados Unidos no terminaron la serie ese año.

El club de Trujillo finalmente ganó el campeonato, pero el esfuerzo dejó herido el

Foto: Bill Nowlin

Foto: Bill Nowlin

orgullo de los hombres y sus bolsillos vacíos, por lo que el béisbol languideció por los 14 años siguientes. No fue hasta 1951 que pudo organizarse el siguiente torneo.

En 1944 se construyó otra pista de carreras en Santo Domingo, el Perla Antillana, y como en la de Primavera, se diseñó un terreno beisbolero en el interior de la misma. Se efectuaban encuentros allí y en otras partes del país, pero los torneos eran cortos y sin la participación de jugadores de otros países.

En 1946, se construyó un estadio para la preparatoria de Santo Domingo, y se llamó El Estadio de la Normal, donde jugarían el Licey y el Escogido desde 1951 a 1954.

En 1950, los dominicanos ganaron una competencia internacional amateur en Nicaragua y el entusiasmo por el béisbol era tan grande que en 1951 comenzó la serie en el verano con jugadores extranjeros que elevaron la calidad del juego. Esas series de verano se jugaron por cuatro años.

En 1955, Trujillo construyó un nuevo estadio con luces. El béisbol dominicano se unió a lo que entonces llamaban el Béisbol Organizado en los Estados Unidos y las series comenzaron a jugarse en el invierno desde octubre hasta enero, una práctica que se mantiene vigente.

La liga se expandido de los cuatro equipos tradicionales de Licey, Escogido, Águilas Cibaeñas, y Estrellas Orientales a seis clubes con la adición de los Toros del Este y los Gigantes de San Francisco de Macorís. Hoy hay cinco estadios con luces.

Después de 1937, Trujillo no interfirió otra vez con el béisbol hasta un día en enero de 1959 cuando durante un juego de play off entre el Licey y el Escogido, su hermano Petain bajó al terreno y abofeteó al paracorto del Escogido Andre Rodgers. El tumulto que siguió fue tan grande que la noche siguiente Rafael Trujillo se apareció en persona en el estadio para sofocar cualquier posible desorden. En aquel momento, vio su primer (y único) juego profesional completo.

DESTACADOS

- En 1925 Mero Ureña fue el primer dominicano en jugar en las ligas menores.
- En 1926, el primer pelotero dominicano que jugó en las Ligas Negras norteamericanas fue Pedro Alejandro San. Después de él vinieron Tetelo Vargas y Horacio Martínez, un tremendo paracortos. Martínez participó en cinco Juegos de Estrellas de las Ligas Negras.
- En 1934 y 1935, el equipo Concordia de Venezuela visitó la República Dominicana mientras hacían una gira de buena voluntad por los países caribeños.
- En la primavera de 1936, un equipo de jugadores de los Cincinnati Reds visitó la República Dominicana y efectuó tres encuentros. Kiki Cuyler estuvo en la escuadra visitante.
- En 1948, los Brooklyn Dodgers tuvieron su entrenamiento de primavera en la República Dominicana. Fue en la piscina del hotel que Jackie Robinson estuvo por vez primera en una piscina con gente blanca.
- Hay en este entrenamiento de primavera una historia que dice cuánto disfrutaban el béisbol los dominicanos. Branch Rickey iba a un juego y llegando al estadio escuchó la bulla de la multitud. Se sorprendió porque todavía no era hora de que iniciara el encuentro y preguntó qué sucedía. La respuesta fue que Jackie Robinson y Pee Wee Reese estaban practicando su doble matanza.
- En septiembre de 1956, Osvaldo Virgil, de Montecristi, República Dominicana, se convirtió en el primer dominicano en jugar en las ligas mayores con los New York Giants. Hoy, más de 700 peloteros han jugado en grandes ligas y la República Dominicana es el país extranjero que ha llevado a grandes ligas más peloteros que ningún otro.
- En 1983 Juan Marichal, también de Montecristi, se convirtió en el primer pelotero dominicano exaltado al Salón de la Fama Nacional del Béisbol en Cooperstown.
- Los equipos dominicanos han competido en los cuatro Clásicos Mundiales de Béisbol que se han celebrado hasta la fecha, triunfando en 2013 de manera invicta.

NOTAS

1 Cuqui Córdova, *Historia del beisbol dominicano desde 1891* (Santo Domingo, Republica Dominicana: MV Films, ca. 1982).

2 Ramon Marrero Aristy, La República Dominicana. *Origen y destino del pueblo cristiano más antiguo de America*, Volume II (Ciudad Trujillo, República Dominicana: Editora del Caribe C por A, 1958), 344.

Foto: Bill Nowlin

Felipe Alou

Por Mark Armour

A su llegada a los Estados Unidos en la primavera de 1956, sin conocer persona alguna, sin saber el idioma, las costumbres y la comida local, y totalmente ajeno al racismo, Felipe Alou iba armado solo con su mente, coraje, determinación y talento. Ningún dominicano había jugado nunca en las ligas mayores, y había apenas un puñado de latinos de piel oscura jugando en los Estados Unidos. En el curso de las cinco décadas siguientes, Alou se convertiría y seguiría siendo una de las figuras más respetadas del béisbol, pelotero Todos Estrellas, líder del equipo y un exitoso mentor. Si bien era admirado por todo el béisbol, entre sus coterráneos dominicanos que luego serían muchos, era un héroe venerado.

"Felipe fue en verdad el primero," recordó Manny Mota, "el hombre que abrió el camino. Fue una inspiración para todos [en la República Dominicana]. Fue un buen ejemplo."[1] Juan Marichal, también dominicano igual que Mota, coincidía. "Todo el mundo respeta a Felipe Alou," rememoró. "Era el líder de la mayoría de los peloteros latinos."[2] Willie Mays, compañero de equipo de todos ellos, dijo, "Era como una familia cuando venían."[3] Estos hombres ayudaron a definir el béisbol de su tiempo, y Alou fue tanto un líder como

Fotografía cortesía del Salón de la Fama del Béisbol Nacional

un amigo para muchos de ellos.

Felipe Rojas Alou nació el 12 de mayo de 1935 en Bajos de Haina, San Cristóbal, en la costa sur de la República Dominicana, a unas mullas de Santo Domingo. (Su apodo en cas es El Panqué de Haina). Fue el primer hijo de José Rojas y Virginia Alou, y le siguieron María, Mateo, Jesús, Juan y Virginia. José también tuvo dos hijos con una esposa anterior que murió joven. Aunque José tenía la piel oscura y Virginia (descendiente de españoles) era blanca, Felipe no pensó mucho en eso—la raza no era un gran problema en su país.

José Rojas era un carpintero y herrero que construyó su pequeña casa de cuatro habitaciones, y muchas de las otras casas en el vecindario. La familia Rojas tenía muy poco dinero, pues siempre estaban a merced d la capacidad de sus vecinos para pagar las cuentas. La Segunda Guerra Mundial trajo una situación más difícil que provoco que José comenzara a pescar para mantener a su familia. Aunque no siempre tenían comida, su casa bien construida les brindaba un refugio que no todo el mundo en su barrio tenía.[4] Felipe nadaba en el cercano océano, y era un ávido pescador—un hobby que mantuvo el resto de su vida.

Según la tradición latina, su nombre completo es Felipe Rojas Alou, pues cada padre contribuye con la mitad de su doble apellido. La parte paternal es normalmente utilizada en la vida diaria, y en la Dominicana, la gente conoce a Felipe, Mateo y Jesús como los hermanos Rojas. Durante la etapa de Felipe en las ligas menores estadounidenses, le empezaron a llamar (incorrectamente) Felipe Alou, también pronunciando mal el apellido. Sin embargo, no se sentía con la autoridad suficiente para corregir este error. Dos de sus hermanos, Mateo y Jesús, le siguieron hacia el béisbol norteamericano y también, debido al error con Felipe, asumieron el apellido de Alou durante sus carreras en Estados Unidos. De manera similar, tres de los hijos de Felipe jugaron profesionalmente, uno de ellos se convirtió en estrella, y todos usaron el apellido de Alou aunque éste ni siguiera formaba parte de su nombre (pues era el apellido de su abuela, no de su madre). Por conveniencia, esta biografía se referirá al sujeto por el nombre con el que todos los lectores están familiarizados: Felipe Alou.

Alou pasó seis años en escuelas locales y fue a la preparatoria en Santo Domingo, un viaje de doce millas que muchas veces hacía a pie. También trabajaba en la granja de su tío y ayudaba a su padre con su negocio de carpintería. Estudiante excelente, se convirtió en miembro del equipo nacional dominicano de atletismo, corriendo distancias cortas y lanzando el disco y la jabalina. En su último año de preparatoria, participó en los Juegos Centroamericanos y del Caribe en Ciudad México en 1954. Aunque el atletismo le impidió jugar béisbol en la preparatoria, sí jugó y destacó con equipos locales amateurs.[5]

En 1954, Alou entró a la Universidad de Santo Domingo en un programa de pre-medicina, parte del sueño de sus padres era que se hiciera doctor. Felipe fue cuarto bate por el equipo que ganó el campeonato colegial de 1955. Regresó a la Ciudad México para los Juegos Panamericanos, con la intención de correr velocidad y lanzar la jabalina, pero a último minuto lo sacaron del equipo de atletismo y lo ubicaron en el de béisbol. Conectó cuatro hits en el juego final ante Estados Unidos y la República Dominicana ganó la medalla de oro.[6]

Luego del torneo, Alou recibió muchas ofertas de las ligas mayores, las cuales en un inicio no tenía intenciones de aceptar. Su resolución duró hasta que su padre y su tío perdieron sus respectivos empleos. Pero resultó que su coach en la universidad, Horacio Martínez, fungía además como cazatalentos para los New York Giants. "Rabbit" Martínez había jugado como paracorto para Alex Pómpez, dueño de los New York Cubans, y posteriormente scout de los Giants. Alou firmó en noviembre de 1955 por $200, que pagaron las cuentas de la comida de sus padres. Pero lo más importante era que tenía un empleo. Pese a los sentimientos encontrados de sus padres "necesitábamos alguien que comenzara a contribuir en la casa con algunos ingresos."[7]

Alou comenzó su carrera profesional en Lake Charles, Lousiana, ayudando a integrar la Evangeline League. Poco después de su llegada, la liga votó para expulsar a Lake Charles y Lafayette (los dos clubes que tenían peloteros negros).[8]

Pero en vez de ello, los negros fueron cambiados a otros equipos en otros circuitos; acabado de llegar a los Estados Unidos, Alou fue en ómnibus a Cocoa, Florida para jugar en la Florida State League. Desesperadamente nostálgico, y golpeado por el racismo por vez primera en su vida, logró superarlo lo suficiente como para compilar .380 (primero en la liga) con 21 jonrones. El 23 de septiembre, lejos en New York, Ozzie Virgil hizo su debut con los Giants, convirtiéndose en el primer nativo dominicano en jugar en las ligas mayores. (Porque Virgil había ido a la preparatoria en New York, su sendero hacia las mayores fue diferente del de Felipe).

Alou comenzó la temporada de 1957 en Minneapolis (Triple-A), pero su promedio de .211 en 24 partidos llevó a que lo bajaran a Springfield, Massachusetts, donde se recuperó con un promedio de .306 y 12 cuadrangulares. Podía haber sido mejor—promediaba .380 a mediados de temporada antes de lesionarse la pierna derecha en un deslizamiento en el home; cojeó el resto del año. A pesar de esto, su temporada le valió una invitación al entrenamiento de las ligas mayores en 1958 y un aumento salarial a $750 mensuales. Alou gastó muy poco—se quedó con lo suficiente para vivir y mandó el resto a casa para su familia. Durante el descanso entre temporadas, los New York Giants se mudaron a San Francisco, y su principal afiliado de ligas menores fue entonces Phoenix, donde finalmente asignaron a Alou. Como primer bate por vez primera, bateó .319 con 13 jonrones en apenas 55 partidos antes de que los Giants lo promovieran a las grandes ligas.

El 8 de junio, Alou se convirtió en el segundo ligamayorista dominicano, jugando jardín derecho y bateando de primero en el Seals Stadium de San Francisco. Pegó sencillo y doble ante Brooks Lawrence de Cincinnati en sus dos primeros turnos, y, tres días después, conectó su primer cuadrangular ante Vernon Law de Pittsburgh. Después de un sólido inicio que lo mantuvo sobre .300 por un mes, se enfrió en julio y terminó con .253 con cuatro vuelacercas en 182 turnos.

En sus primeros años, Felipe no pudo establecerse como peloteros regular, afectado mayormente por la competencia dentro de su propio equipo. Iniciando en 1958, una larga oleada de jóvenes peloteros, mayormente afronorteamericanos y latinos, llegaron a los Giants. Solo en esta temporada, los Giants hicieron debutar a Alou, Orlando Cepeda, Willie Kirkland, y Leon Wagner. Bill White tuvo un buen año de novato en 1956, fue a ejército, regresó a finales de 1958 y no tenía lugar para jugar. Felipe Alou competía con todos ellos, además de muchos otros en camino; Willie McCovey y José Pagán se unieron al club en 1959.

La mayoría de estos peloteros eran jardineros e inicialistas. Alou tenía la ventaja de ser lo suficientemente atlético para jugar en el jardín central, pero con el inigualable Willie Mays allí, esa habilidad no le ayudó para jugar. Jugó como cuarto jardinero en 1959, pero con McCovey promediando .372 con 29 jonrones con Phoenix, los Giants quisieron subirlo y bajar a Alou. Con apenas un año en las mayores y 24 años de edad, Felipe dijo a los Giants que no volvería a las menores. Su esposa estaba atravesando un embarazo difícil, y Alou no creía que irse a Phoenix y volver a San Francisco en septiembre fueran a ayudar. Así que dijo al mentor de los Giants Bill Rigney que volvería a casa. Los Alou dejaron libre su apartamento y reservaron vuelos para Santo Domingo. Los Giants se retractaron, y abrieron el espacio para McCovey convirtiendo en coach a Hank Sauer.[9]

Aun así, la llegada de McCovey significó que él u Orlando Cepeda tenían que jugar en los jardines, y con Willie Mays allí, quedó solo un puesto para Alou y otros varios jugadores calificados para disputar. En las temporadas de 1959 y 1960, Felipe compiló .269 con 18 cuadrangulares en 569 turnos. En 1961, bajo el mando del nuevo manager Al Dark, Alou jugó la mayor parte del tiempo, tuvo 447 turnos y respondió con 18 vuelacercas y average de .289.

Si bien la estrella de Alou iba en ascenso en su profesión, algo más se tornó incluso más importante en su vida. "El día que me uní a los Giants en San Francisco fue uno de los días más importantes de mi vida," recordó Alou. "Ese fue el día en que mi nuevo compañero de equipo Al Worthington me presentó a Jesucristo." Felipe había leído la Biblia con frecuencia en las menores porque tenía una versión en español y se convirtió en su único material de lectura. Pero debido a Worthington, y posteriormente Lindy McDaniel ("que me bautizó en la nueva fe"), Alou se convirtió en uno de los más devotos cristianos del béisbol. Su devoción provocó incomodidad dentro de su propia familia, pero siguieron siendo muy unidos.[10]

El hermano de Felipe, Mateo, generalmente llamado Matty en Estados Unidos, firmó con los Giants antes de la temporada de 1957 y comenzó a labrar su camino en las menores. Debutó a finales de 1960, y llegó a las mayores a tiempo completo en 1961, compilando .310 en 200 turnos. Aunque su presencia fue genial para Felipe en lo personal, Matty también era jardinero—hacia septiembre, Dark estaba alternando a los dos Alous en el jardín derecho. Entre tanto, su hermano de 19 años, Jesús, también jardinero, estaba compilando .336 para un afiliado de los Giants en la Northwest League.

Felipe finalmente irrumpió como pelotero regular en 1962, ganándose el puesto como jardinero derecho y manteniéndolo toda la temporada. En 605 turnos, Alou bateó .316 con 25 cuadrangulares. Fue seleccionado para el equipo Todos Estrellas en julio, saliendo a batear por Roberto Clemente y conectando elevado de sacrificio en su única comparecencia. Lo más importante fue que los Giants ganaron el banderín de la Liga Nacional, superando un déficit de cuatro juegos con siete por jugar para empatar con los Dodgers y luego vencerlos en el play off de tres juegos por el cetro. En la serie de postemporada, Alou se fue de 12-4 con dos dobles.

La Serie Mundial de 1962 fue un pleito clásico de siete partidos entre los Giants y los New York Yankees. Felipe jugó todas las entradas en la pradera derecha y logró siete imparables en 29 turnos. Pero nunca ha olvidado su último turno, en el noveno episodio del juego final, con los Giants debajo 1-0. "Me pidieron que tocara la bola, pero lo hice muy mal y la pelota fue foul. Entonces, con el infield esperando el toque hice swing a un mal lanzamiento y le pegué de foul para el segundo strike. Luego me ponché."

"Ese fue el peor momento de mi Carrera. Esto es algo con lo que voy a morir porque fracasé en esa situación."[11] A Alou no siempre le pedían que tocara, pero no culpó a Dark. Él pensaba, en aquel entonces y después, que debía haber practicado los toques en caso de que se lo pidieran. Años después, como manager, se obsesionó con que sus clubes tuvieran la capacidad de tocar la bola. Luego de otro out, Willie Mays pegó doble y llevó a Matty a tercera, pero ambos quedaron varados cuando McCovey pegó línea a segunda base, terminando el juego y la Serie.

Los Giants cayeron al tercer puesto en 1963, aunque Felipe tuvo otra buena temporada—20 jonrones y .281 de promedio. El mejor momento del año llegó en septiembre cuando su hermano Jesús fue llamado de Triple-A (Tacoma) para unirse a Felipe y Matty. A finales del juego el 15 de septiembre, Jesús y Matty reemplazaron a Mays y McCovey, creando un outfield completo de Alous. Los hermanos volvieron a hacerlo otras dos veces en ese mes, y aparecieron en el box score juntos algunas ocasiones más. Esta hazaña jamás se ha repetido en la temporada regular y Felipe tiene una teoría de porqué. "Porque la gente no quiere tener hijos," razonó. Las probabilidades de tres muchachos, todos peloteros, en el mismo equipo son bastante remotas.[12]

Entre tanto, en 1963, Alou se encontró involucrado en algunas políticas con el establecimiento del béisbol. Durante toda su carrera profesional, Felipe regresaba a casa cada octubre y jugaba béisbol en la Liga Invernal Dominicana. Camino a las mayores, ganó títulos de bateo consecutivos en 1958-59 y 1959-60. Una creciente lista de también ligamayoristas se unió a Alou, incluyendo sus hermanos, Manny Mota, Juan Marichal, y más. Los Alous y Marichal usualmente jugaban con los Leones del Escogido en Santo Domingo, quienes ganaron cinco de seis campeonato comenzando con la campaña de 1955-56. En 1956, el presidente del club Escogido, Paco Martínez Alba—cuñado de Rafael Trujillo, el dictador dominicano—formó un acuerdo de trabajo con los Giants.

Trujillo fue asesinado en 1961, dejando el país en manos de los militares. La campaña de la Liga Invernal se acortó en 1961-62, y fue cancelada por completo en 1962-63. El gobierno dominicano arregló una serie de encuentros con un equipo de gira formado por peloteros cubanos que vivían en los Estados Unidos (exiliados de su propio país y su propia liga invernal). Entre los que participaron estaban Felipe Alou y Juan Marichal. El comisionado del béisbol Ford Frick, calificando los encuentros de "no autorizados" multó a cada pelotero con $250.

Muchos de los jugadores dominicanos estaban molestos, pero Alou fue que se hizo público. En la primavera de 1963, Alou sugirió que los peloteros latinos tuvieran un representante en la oficina del comisionado, alguien que entendiera la cultura y las políticas latinas, y pudiera explicar sus singulares problemas. "No entienden," dijo Alou, "esa es nuestra gente y les debemos jugar para ellos."[13] En diciembre de 1965, el comisionado William Eckert contrató a Bobby Maduro para ocupar exactamente esa posición.

Alou abundó sobre las quejas de su gente en un valiente relato en *Sport* (dicho a Arnold Hano) ese otoño. "Cuando la junta militar te 'pedía' que hicieras algo, lo hacías. Si no hubiese jugado me habrían llamado comunista." La mayoría de los peloteros latinos venían de circunstancias muy empobrecidas, y ganar un poco de dinero extra en el descanso entre temporadas (no había otros trabajos disponibles) les ayudaba a alimentar enormes familias extendidas. En los Estados Unidos, los peloteros estaban mayormente aislados de sus compañeros de equipo por el lenguaje y con frecuencia eran criticados o incluso disciplinados por hablar español entre ellos. Alou fue parcialmente elogioso hacia los Estados Unidos, calificándolo de un "país maravilloso," pero no dejó dudas de dónde estaba su corazón. "Soy dominicano. Ese es mi país. Y lo amo."[14] Alou no se contuvo, criticando a Frick y también a Alvin Dark, su propio manager. En las palabras del escritor Rob Ruck, "Nadie nunca ha hablado de manera tan elocuente y enfática sobre los peloteros latinos, mucho menos recomendado cómo el béisbol podría y debería lidiar con las singulares preocupaciones de éstos."[15]

A principios de diciembre, no mucho tiempo después que apareciera el artículo en Sport, los Giants canjearon a Alou hacia los

Milwaukee Braves como parte de una transferencia de siete jugadores. No está claro si el pacto estaba relacionado con la forma directa de hablar de Felipe, pero sus compañeros latinos, incluyendo a Cepeda, Marichal y Pagán, estaban devastados. "Creo que fue uno de los errores más grandes que los Giants han cometido jamás," dijo Marichal décadas después.16 El club sí tenía exceso en los jardines, y necesitaba el pitcheo adquirido. Jesús Alou, de quien muchos pensaban sobrepasaría a sus dos hermanos, fue nombrado el nuevo right field de los Giants.

Felipe pasó sus seis años siguientes con los Braves. Antes de reportarse en 1964 se había lesionado la rodilla jugando en la Liga Invernal Dominicana. Jugó a pesar de ello, sabiendo que los Braves necesitaban que jugara en el jardín central, pero tuvo un mal comienzo bateando y fildeando. En junio, el manager Bobby Bragan (enfrentando un aumento de jardineros con la repentina aparición de Rico Carty, un novato dominicano) le pidió a Alou que jugara primera base, y pocos juegos después se desgarró un cartílago en su rodilla derecha persiguiendo una rolata. Se perdió un mes de acción, y compiló apenas .253 con nueve cuadrangulares en la temporada. En 1965, se recuperó bien, alternando entre la primera base y los jardines, y bateando .297 con 23 vuelacercas.

En 1966, los Braves se mudaron a Atlanta, y Alou respondió al clima cálido con su mejor temporada. Nuevamente jugando primera base y los tres jardines, Felipe compiló .327 con 31 cuadrangulares, encabezando la Liga Nacional con 218 imparables, 122 anotadas y 355 bases recorridas. Perdió el título de bateo ante su hermano Matty (.342), que había sido transferido a Pittsburgh y estaba capitalizando en su primera oportunidad de jugar regular. Felipe regresó al Juego de las Estrellas, aunque no vio acción alguna.

Los cronistas de Atlanta nombraron a Alou el MVP del equipo, y algunos de sus compañeros de equipo estaban asombrados. "Nunca he visto a nadie destacarse en todo como lo hizo Felipe," dijo el receptor Joe Torre. "Nunca he visto a nadie batear con tanta consistencia toda la temporada," agregó Henry Aaron. Alou desvió la conversación: "Si un equipo no va bien, ¿qué puede hacer un hombre para ayudar? Pienso en eso de liderar un equipo. Me pregunto si eso es en verdad posible." Pero no fue solo su juego. Gene Oliver, un compañero de euipo blanco que perdió su empleo ante Alou, dijo, "Él es la clase de hombre que esperas que tu hijo sea cuando crezca."17

Alou tuvo problemas en 1967, sufriendo astillas óseas en su codo y cayendo a .274 con solo 15 cuadrangulares. Se recuperó para batear .317 en 1968 (un año que vio la media de la liga caer a .243), jugando en el Juego de las Estrellas nuevamente. Su promedio de bateo fue el tercero mejor de la liga, y empató con Pete Rose en la cima de los hits con 210. Luego de tres años de moverse por todo el diamante, Alou jugó 156 partidos en el jardín central bajo las órdenes del nuevo mentor Lum Harris.

Felipe tuvo en excelente comienzo en 1969, bateando muy por encima de .300 hasta el final de mayo. El 2 de junio, se fracturó un dedo y se perdió dos semanas luego de ser golpeado por un lanzamiento de Chuck Taylor, de los Cardinals. Durante su ausencia, los Braves adquirieron a Tony González de San Diego, y cuando Alou regresó los dos alternaron en el center field. Durante el exitoso camino de los Braves hacia el título de la división, y subsiguiente derrota ante los Mets en el playoff, Alou tuvo poco juego. En la temporada, compiló solamente .282 con cinco vuelacercas. Con un exceso de jardineros, Atlanta transfirió al jardinero de 34 años a Oakland por el lanzador Jim Nash durante el invierno.

Sin ser ya una estrella, en 1970 Alou era el de más edad en un equipo de los A's lleno de estrellas prometedoras. Promedió .271 en 154 partidos. Solo unos días luego de iniciada la temporada de 1971, Oakland canjeó a Felipe a los Yankees por dos jóvenes lanzadores, abriendo camino para Joe Rudi en el left field. Alou jugó la mayor parte de los tres años siguientes en New York, bateando .289, .278 y finalmente .236, alternando entre los jardines y la primera base las tres campañas. Jugó 19 juegos con Montreal en septiembre de 1973, y tuvo tres turnos al bate con Milwaukee en abril del año siguiente antes de obtener su liberación final. Felipe estaba triste, diciendo que "tendría que acostumbrarse a la vida de un hombre que no puede jugar béisbol."[18]

Alou se unió a la organización de los Montreal Expos como instructor en 1976, pero sufrió la tragedia de su vida en 1976 cuando su hijo mayor, Felipe Jr., aspirante a pelotero, saltó en una piscina poco profunda y se ahogó. Felipe estaba tan devastado que no trabajó en toda la temporada, y no pudo hablar sobre la tragedia por muchos años. Volvió a unirse a los Expos al año siguiente, y pasó las próximas 17 temporadas como mentor de liga menor (con algunos momentos como coach en las mayores). En las menores, piloteó West Palm Beach, Memphis, Denver, Wichita y Indianapolis, ganándose una reputación como un serio y respetado profesor para los jóvenes jugadores. Aparentemente le ofrecieron el empleo en 1985 para dirigir a los San Francisco Giants pero lo rechazó por lealtad con los Expos.

En los meses de invierno, Felipe hizo la transición de pelotero a director de su equipo por muchos años, los Leones del Escogido en la República Dominicana. Alou dirigió el club a cuatro campeonatos de liga (1980-81, 1981-82, 1989-90, 1991-92). A mediados de los 80, dirigió también a Caguas en la Liga Invernal de Puerto Rico.

El genuinamente devoto Alou, que no bebía ni fumaba ni socializaba, ha estado casado cuatro veces y ha tenido siete hijos. De joven, se casó con María Beltré, de su pueblo, y tuvieron cuatro hijos: Felipe Jr., María, José y Moisés. Con Beverly Martin, de Atlanta, tuvo tres hijas: Christia, Cheri y Jennifer. Su tercera esposa era Elsa Brens, dominicana, con quien tuvo a Felipe José y Luis Emilio. En 1985, se casó con Lucie Gagnon, una francocanadiense, con quien tuvo otros dos, Valerie y Felipe Jr.

"La gente pregunta cómo un hombre que disfruta de estar en casa con su familia se casa cuatro veces," dijo Alou en 1995. "Todos los males que ocurren en la vida, los males de un pelotero que viaja. Yo no era inmune a ellos. Pero quise a todas mis esposas e hijos. ... He sido un hombre de suerte. Tuve dos hijos con más de 50 años, y Dios nos dio otros Felipes."[19] Entre sus hijos, José y Felipe José fueron jugadores de ligas menores, y Moisés llegó a las Mayores.

En 1986, Felipe regresó a dirigir al West Palm Beach en Clase-A, y permaneció allí por seis años, una eternidad para un manager de ligas menores. En 1992, regresó a las ligas mayores como coach de banca para el manager Tom Runnells. Después de un comienzo difícil (17-20), el gerente general Dan Duquette despidió a Runnells y contrató a Alou para que terminara la temporada. El joven equipo respondió con récord de 70-55 para terminar sólidos en el segundo lugar detrás de los Pittsburgh Pirates. El trabajo de Alou, con 57 años, estaba asegurado. "El mayor error que he cometido en mi carrera," dijo Duquette, "fue no haber reconocido su habilidad en aquel entonces para ser un excelente manager de grandes ligas. Es uno de los mejores en el béisbol."[20] Fue el primero de sus compatriotas en dirigir en las grandes ligas.

Alou se hizo cargo de un club de Montreal lleno de talento joven, incluyendo a Larry

Walker, Marquis Grissom, Delino DeShields y Wil Cordero. Uno de los mejores relevistas del equipo era Mel Rojas, sobrino de Felipe (hijo de su medio hermano). El jardinero izquierdo del equipo era Moisés Alou, de 25 años, el hijo de Felipe. Moisés no había crecido con Felipe (sus padres se habían divorciado cuando él tenía dos años), pero hablaban con frecuenca y se veían ocasionalmente en los meses de invierno. "Yo era el chico más feliz del mundo," recuerda Moisés. "Él era el pelotero más famoso, tal vez la persona más famosa, en la isla, y era mi padre."[21] Alou era un buen joven pelotero que se desarrolló rápidamente bajo la tutela de su padre, convirtiéndose en un seis veces Todos Estrellas y uno de los mejore bateadores de la Liga Nacional.

Los Expos terminaron con foja de 94-68 en 1993, apenas tres juegos de los Phillies, ocupantes del primer puesto. Entre temporadas, Duquette trasfirió al segunda base DeShields a Los Angeles por el lanzador de 21 años Pedro Martínez, un dominicano que se unió a Ken Hill y Jeff Fassero para darle a Alou uno de los mejores staffs abridores de la liga. El fortalecido equipo tuvo el mejor registro de todo el béisbol en 1994, un gran equipo que podía batear, fildear, correr y pitchear. Desafortunadamente para Alou y su club, la temporada terminó a principios de agosto debido a la huelga de los peloteros, y no pudieron continuar su lucha por un campeonato. El registro de 74-40 del club, de haberse mantenido todo el calendario, habría arrojado una marca de 105 triunfos, la mayor desde los Mets de 1986. Felipe fue nombrado el Manager del Año en la Liga Nacional.

Para empeorar las cosas, los propietarios del equipo no tenía intenciones de gastar el dinero necesario para mantenerlo intacto. Antes de que comenzara la temporada de 1995, los Expo habían perdido a Walker, Grissom, Hill y John Wetteland. La escuadra de Alou cayó hasta el último puesto en 1995, antes de arañar 88 triunfos y el segundo lugar en 1996. Pero pronto se fueron Cordero y Frassero, seguidos de Moisés Alou y Pedro Martínez. A medida que el club siguió desarrollando buenos jugadores (Vladimir Guerrero, Rondell White, Orlando Cabrera, y Javier Vázquez llegaron a finales de los 1990), sus cinco ubicaciones seguidas en cuarto lugar no desarrollaron la reputación de Felipe como mentor. Se entendía que Alou estaba haciendo un buen trabajo con sus jóvenes, pero el equipo no tenía intenciones de mantenerlos una vez que llegaran la antigüedad que les permitía ganar buen dinero. Luego de otra mediocre arrancada en 2001 (21-32), Alou fue finalmente dejado ir como manager luego de nueve años.

Pasó la temporada de 2002 como coach de banca para los Tigers (trabajando bajo las órdenes de Luis Pujols, quien había sido coach de banca suyo en Montreal). Luego de la campaña, Alou regresó a San Francisco a dirigir los Giants. Bajo las órdenes de Dusty Baker, el club había llegado a la Serie Mundial en 2002, pero luego de la temporada, Baker se fue por una disputa de contrato y se unió a los Chicago Cubs. Alou, de 67 años, se hizo cargo.

El equipo y la personalidad de los Giants eran dominado por el final de la carrera de Barry Bonds, quien había establecido la marca de jonrones para una temporada en 2001 y cuyos días estaban llenos de jonrones, bases por bolas y (en constante ascenso) alegaciones de esteroides. El primer club de Alou ganó 100 partidos, una mejoría del equipo de Serie Mundial que había ganado 95 y había alcanzado el wild card de la Liga Nacional. Por desgracia, el club de 2003 fue sorprendido en los play off por los jóvenes Florida Marlins. Bonds dejó de jugar 30 juegos, pero logró batear .341 con 45 cuadrangulares y 148 boletos. En la campaña siguiente, Bonds fue transferido un récord de 232 veces, y ganó el título de bateo, pero el club cayó a 91 triunfos y luego a 75 en 2005 con Bonds lesionado. Moisés se volvió a unir a su padre en 2005, y tuvo dos buenas temporadas con los Giants. Luego de la campaña de 2006, ya con 71 años, Felipe Alou fue liberado de sus funciones como manager.

Felipe siguió siendo una figura querida en San Francisco, y le ofrecieron un trabajo como asistente especial al gerente general Brian Sabean. "Estoy en verdad alegre de hacer que Felipe se quede con la organización de los Giants," dijo Sabean. "Como lo fue durante sus cuatro años como mentor, Felipe seguirá siendo un gran activo para que el club beisbolero avance."[22] Alou ha trabajado como scout de ligas mayores, e instructor de ligas menores, ayudando a Sabean en la evaluación de jugadores. En 2010, Alou recibió su primer anillo de campeonato cuando los Giants derrotaron a los Rangers en la Serie Mundial.

En 2012 estaba comenzando su sexta temporada en la posición, 57 años después de haber firmado su primer contrato con los Giants. Había comenzado su carrera como un extraño en tierra extranjera, pero se había convertido en uno de los hombres más respetados del béisbol. Tres veces Todos Estrellas devenido en laureado manager, que ayudó a muchas de las grandes estrellas del béisbol cuando comenzaron sus carreras. Pero sigue siendo más famoso como el mayor de una de las más grandes familias beisboleras, hermano y padre de otros Todos Estrellas. Muy pocos hombres han dejado una marca más grande en el béisbol que Felipe Rojas Alou.

FUENTES

Gracias a Rory Costello por su ayuda, especialmente en corregir mi entendimiento sobre el nombre de Felipe Rojas Alou.

NOTAS

1. Michael Farber, "Diamond Heirs," *Sports Illustrated*, 19 de junio de 1985.
2. Rob Ruck, *Raceball–How the Major Leagues Colonized the Black and Latin Game* (Boston: Beacon Press, 2011), 164.
3. Rob Ruck, Raceball, 154.
4. Felipe Alou con Herm Weiskopf, *My Life and Baseball* (Waco, Texas: Word Books, 1967), 1-13.
5. Alou y Weiskopf, *My Life and Baseball*, 14-17.
6. Alou y Weiskopf, *My Life and Baseball*, 18-21.
7. Steve Bitker, *The Original San Francisco Giants: The Giants of '58* (Sports Publishing, Inc., 2001), 68.
8. The Sporting News, 16 de mayo de 1956, 37.
9. Steve Bitker, *The Original San Francisco Giants*, 68.
10. Steve Bitker, *The Original San Francisco Giants*, 66.
11. Steve Bitker, *The Original San Francisco Giants*, 69.
12. Steve Bitker, *The Original San Francisco Giants*, 70.
13. Bob Stevens, "Felipe Suggests Latins Have Rep in Frick's Office," *The Sporting News*, 16 de marzo de 1963: 11.
14. Felipe Alou con Arnold Hano, "Latin-American Ballplayers Need a Bill of Rights," *Sport*, noviembre de 1963: 21.
15. Rob Ruck, Raceball, 164.
16. Rob Ruck, Raceball, 164.
17. John Devaney, "Felipe Alou: The Gentle Howitzer," *Sport*, junio de 1967, 63.
18. Lou Chapman, "Brewers Salute Tom Murphy as Bullpen Savior," *The Sporting News*, 18 de mayo de, 1974, 9.
19. Michael Farber, *"Diamond Heirs."*
20. Michael Farber, *"Diamond Heirs."*
21. Michael Farber, *"Diamond Heirs."*
22. Associated Press, "Alou returns to Giants as special assistant," ESPN.com, http://sports.espn.go.com/espn/wire?section=mlb&id=2721755, accessed February 27, 2012.

Jesús Alou

Por Mark Armour

Disfrutó de 15 años de carrera en las ligas mayores y en la actualidad está en su sexta década trabajando en el béisbol, pero Jesús Alou está destinado para ser recordado como el tercer hermano de una extraordinaria familia beisbolera. Puede haber logrado menos como jugador que sus dos hermanos Todos Estrellas, pero esas comparaciones son injustas. Jesús tuvo una buena carrera por derecho propio como parte de la primera oleada de peloteros dominicanos llegó a las mayores a finales de los 50 y principios de los 60. Jesús Alou fue el dominicano número 13 en las mayores, aunque apenas el tercero en su propia familia.

José Rojas y Virginia Alou criaron a seis hijos (Felipe, María, Mateo, Jesús, Juan y Virginia) en su pequeño hogar en Bajos de Haina, San Cristóbal, cerca de San Domingo, en la costa sur de la República Dominicana. Rojas, carpintero y herrero que construyó su casa y muchas otras en el vecindario, también fue padre de dos hijos con una esposa anterior que falleció. Aunque José era negro y Virginia blanca, esto no era inusual en Dominicana y los hijos conocieron muy poco de racismo en su patria—eran dominicanos. La familia era pobre, como la mayoría de las personas a quienes conocían. "Todos ayudábamos [a nuestro

Fotografía cortesía del Salón de la Fama del Béisbol Nacional

padre] en la tienda," recuerda Jesús, "pero no entraba dinero porque todos eran pobres allí. Sin embargo, era feliz solo imaginando de dónde vendría mi próxima comida."[1]

Jesús María Rojas Alou nació el 24 de marzo de 1942. Como es la costumbre latina, cada padre contribuyó con la mitad de su doble apellido, pero en la vida diaria le conocen como Jesús Rojas en su tierra. Mientras Felipe jugaba en las ligas menores norteamericanas, un ejecutivo del equipo comenzó a llamarlo Felipe Alou por error, y él no se sintió con la autoridad para corregirlo. Cuando Mateo y Jesús le siguieron a los Estados Unidos, usaron el apellido Alou para que les asociaran con Felipe.

Si esto no fuera suficiente, muchos cronistas y comentaristas norteamericanos estaban incómodos con su nombre de pila (pronunciado diferente en español). Aunque ha habido más de una docena de peloteros con el nombre de Jesús en las mayores, Jesús Alou fue el primero, y es aún el más prominente. Antes de su primera temporada con los Giants, un escritor de San Francisco le preguntó a varios líderes religiosos locales sobre la situación, y todos coincidieron que necesitaba un apodo, que leer "Jesús salva a los Giants" en el periódico de la mañana no iba a estar bien. El periódico pidió que escribieran sus sugerencias, lo cual muchos hicieron.[2] Sus compañeros latinos lo llamaban comúnmente Chuchito, pero los cronistas con frecuencia lo llamaban Jay. "¿Qué tiene de malo mi nombre real, Jesús?" dijo cuando le preguntaron sobre el tema en 1965. "Es un nombre común en América Latina como Joe o Tom o Frank en los Estados Unidos. Mis padres me nombraron Jesús y estoy orgulloso de me nombre."[3] Por fortuna para el final de su carrera, todo el mundo, hasta los cronistas, lo llamaban Jesús.

Cuando Jesús nació, Felipe tenía casi siete años, mientras Mateo (luego conocido mayormente en EE.UU. como "Matty") tenía tres. A diferencia de sus hermanos mayores, Jesús llegó lentamente al béisbol y con algo de duda. "Ni siquiera iba a ver jugar a Felipe y Mateo en los solares cerca de nuestra casa," recuerda. "Me iba de pesca."[4] Cuando sí jugaba, los hermanos usaban bates que hacían en el torno de su padre.[5] De hecho, fue principalmente el éxito de sus hermanos lo que llevó a Frank (Chick) Genovese, que dirigía a los otro hermanos Rojas en los Leones del Escogido de la Liga Invernal Dominicana, a presionar a Jesús para que le diera una oportunidad al béisbol. A la causa de Genovese se unió Horacio Martínez, antiguo miembro de las Ligas Negras que fungía como perro de presa para el scout de los New York Giants Alejandro Pómpez y ayudaba a manejar el equipo de Escogido. A finales de 1958, con 16 años, Jesús firmó como el lanzador de práctica de bateo del equipo.

Aproximadamente a la misma vez, Genovese fichó a Jesús para la organización de los San Francisco Giants, como había hecho unos años antes con Felipe y Mateo. El hombre que luego sería conocido como Jesús Alou tenía muy poca experiencia en el béisbol organizado y el optimismo de los Giants se basaba principalmente en los talentos de Felipe, que había llegado a las ligas mayores, y Mateo, que había bateado .321 para el St. Cloud el año anterior. Jesús fue asignado a Hastings, Nebraska, que tenía un equipo en la Nebraska State League (temporada corta). Alou lanzó apenas dos partidos, permitiendo 11 carreras en cinco entradas, aunque se las ingenió para terminar de 3-2 en la caja de bateo. "No gano, no pierdo," recordó Alou respecto a su verano en Nebraska. "No hice mucho de nada excepto dar vueltas."[6]

Al invierno siguiente, Alou se lastimó el brazo lanzando en práctica de bateo para el Escogido, y pensó que este reacio experimento beisbolero podía haber acabado antes de cumplir 18. Se reportó al campo de ligas menores para los Giants en 1960, y fue asignado a Artesia (Nuevo México), un afiliado de Clase-D. El mentor George Genovese, hermano de Chick, quería que Alou dejara de lanzar y jugara en los jardines como sus hermanos. Nuevamente Alou se resistió, sugiriendo que en lugar de esto iría a casa. Finalmente accedió, y jugó el año completo en el jardín central. Su bateo fue excelente (.325 con 11 jonrones y 33 dobles), aunque su juego en los jardines fue un poco crudo debido a su brazo lesionado. "Fue un año más difícil para Gil Garrido, nuestro paracorto, que para mí," recordó Alou. "Mi brazo estaba tan al que cada vez que bateaban a bola en mi dirección Garrido tenía que correr casi hasta mi lado para cortar el tiro."[7]

Año difícil o no, Garrido, futuro ligamayorista de Panamá, compiló .362 para ganar el título de bateo mientras que Alou encabezaba el circuito con 188 hits. Ambos fueron nombrados al equipo Todos Estrellas luego de la temporada. Luego que se acabó la campaña de Artesia, Alou, con 18 años, jugó unos partidos con Eugene (Oregon) en la Northwest League, donde bateó casi .350 en 20 turnos.

Los años restantes de Alou en las menores fueron igualmente exitosos. En la campaña de 1961 de vuelta en Eugene, compiló .336, encabezó la liga en hits, y fue nombrado al Todos Estrellas de postemporada. Al año siguiente en El Paso (Texas League), Alou, con 20 años, compiló .346. Finalmente en el último peldaño de la escalera (Triple-A Tacoma) en 1963, Alou promedió .324 con 210 imparables (un total que rompió el antiguo récord de Tacoma en todos los tiempos, en poder de Matty). Fue estelar en todos los niveles y había hecho todo lo que había podido para ganarse un puesto en los Giants. El 10 de septiembre de 1963, finalmente llegó, como emergente ante los New York Mets, sirviendo una rolata ante Carlton Willey para encabezar el octavo. Willey retiró entonces a Mateo y Felipe para una entrada de 1-2-3. Los tres hermanos también jugaron en el outfield juntos brevemente cinco días después. Durante esta promoción, Jesús compiló. 250 en 24 turnos.

Cuando su carrera de grandes ligas estaba comenzando, muchos creyeron que iba a sobrepasar a sus dos hermanos como pelotero. Entre los que lo creían estaban ellos mismos. "Jesús representa ahora a nuestra familia," dijo Felipe. "Tiene el enfoque adecuado hacia el béisbol. Matty y yo estamos, ¿cómo se dice? Estamos satisfechos. Estamos en las mayores haciéndolo lo mejor que podemos. Pero Jesús, es un hombre incansable. Si no puede ser supremo, no quiere ser nada. Tiene que ser el mejor."[8] Como evidencia, la gente señalaba su desempeño en el Escogido, donde los tres hermanos formaron e outfield por varias temporadas. Hacia 1961, Alejandro Pómpez había dicho. "Jesús batea la curva doblemente mejor que los muchachos que han estado jugando mucho más tiempo. Llegará el día en que supere a Felipe y Matty."[9]

Jesús había crecido más que sus hermanos, con 6'2" y 190 libras de peso para cuando debutó. George Genovese, que había dirigido a Jesús varias veces en las menores, se mostró optimista. "Tienes manos fuetes y un bate rápido y ataca la bola con gran agresividad," dijo. "Cuando aumente otras 15 libras, tendrá más poder que Felipe."[10] Añadió el manager Al Dark, "Creemos que el joven Alou es uno de los mejores peloteros que nuestro sistema de granjas ha desarrollado en años recientes."[11]

Las ideas de tener un outfield formado exclusivamente por Alous eran sin embargo poco realistas. El equipo tenía ya estelares en el jardín central (Willie Mays), en el jardín izquierdo (Willie McCovey) y en primera base (Orlando Cepeda). Felipe Alou se había establecido como un buen pelotero en el jardín derecho, mientras que Matty Alou estaba detrás de Harvey Kuenn entre los jardineros suplentes. Luego de la temporada, los Giants lidiaron con el atolladero cambiando a Felipe a los Braves. Anunciaron que Jesús, y no Matty, recibiría la primera oportunidad como jardinero derecho.

El gran defecto en el juego de Jesús, en aquel entonces y posteriormente, era su inhabilidad para recibir boletos. Incluso en los años 60 esto se hizo notar, más como curiosidad que como defecto. En 1963, el béisbol aumentó la dimensión de la zona de strike desde la parte baja de la rodilla hasta la cima de los hombros, lo cual no afectó en nada a Jesús. Un escritor de Tacoma resaltó, "Jesús tiene una zona de strike personal que excede por mucho a lo que ha sido considerado por quienes escriben las reglas."[12] Su compañero de equipo Juan Marichal recordó, "Una vez... un lanzamiento [llegó] cerca del nivel de la cabeza de Jesús. Jesús hizo swing y conectó cuadrangular por el jardín derecho. Era esa clase de bateador."[13] Pero los Giants estaban listos para vivir con ese enfoque. "Le hace swing a unas cuantas bolas malas," admitió el director d granjas Carl Hubbell, "pero lo llamo uno de esos bateadores de 'no pasarán'. Si puede llegar a una pelota, le va a hacer swing."[14]

Alou jugó con bastante regularidad en 1964, compilando para .274 pero con poco poder (tres jonrones) o disciplina (13 bases por bolas). El 10 de julio tuvo el juego de su carrera, al irse de 6-6 con un jonrón en un triunfo de los Giants en el Wrigley Field de Chicago. Su temporada terminó abruptamente el 4 de septiembre cuando recibió una cortada en segunda base por parte de Ron Hunt, de New York, que resultó en 91 puntos en el pie, tobillo y pantorrilla. Regresó al año siguiente para jugar 143 partidos, promediando .298 con nueve vuelacercas. En un momento en que la liga compiló para .249, su promedio fue impresionante, pero sus 13 boletos le dieron solamente un OBP de .317, apenas por encima del promedio de la liga. Con sus habilidades, iba a tener que batear .320 para ser una estrella, y la mayoría de los observadores creían que lo haría. Cumplió solo 23 años en 1965.

Alou se reportó en 1966 determinado a mejorar su vista. "Sé que los lanzadores me dominan porque hago swing a lanzamientos malos," admitió. "Trato de cortarlo este año. A veces puede que olvide, pero creo que los voy a reducir."[15] Pero sufrió una regresión, y cuando promediaba .232 con dos boletos jugando casi a tiempo completo el 13 de junio fue enviado a Phoenix por dos semanas, ostensiblemente debido a un dolor en un brazo. Bateó mejor luego de regresar, y elevó su promedio a .259. Fue un gran año para los otros hermanos Alou: Matty, canjeado a los Pirates en el invierno anterior, compiló .342 para ganar el título de bateo; y Felipe, jugando para los Braves, terminó segundo con .327 además de haber disparado 31 jonrones. La conversación sobre si Jesús era el mejor de los hermanos Alou se había disipado.

Luego de la temporada de 1966, Jesús reconoció que quería ser transferido, alegando que sus hermanos habían encontrado el éxito luego de irse del Candlestick Park de San Francisco, cuyos vientos fríos traían dificultades tanto para bateadores como para jardineros. Durante las reuniones invernales, se reportó que los Giants hablaron con otros clubes respecto a Alou, pero se quedaron con él.

En 1967, Alou jugó más o menos tiempo completo, y volvió a sus niveles de 1965: .292 en 510 turnos, aunque nuevamente con poco poder (cinco jonrones) y pocos boletos (14). Contradictoriamente, los Giants lo usaron como su principal primer bate. Como explicaría el manager Herman Franks, el hecho de que Alou hiciera swing y fallara con tantos lanzamientos malos lo convertía en un mal bateador para el corrido y bateo, por lo que no lo quería con hombres en base. "Entonces," dijo Franks, "el primer turno es donde puede hacer menos daño y definitivamente más bien."[16] Alou compiló .308 como primer bate, y bateó .337 cuando inició una entrada.

Con 26 años, Alou jugó los jardines de las esquinas para los Giants en 1968, iniciando 97 encuentros y jugando parte de otros 23. Estuvo un poco por debajo de su regreso en 1967, al batear .263 sin jonrones y nueve boletos en 436 comparecencias. Este resultó ser su último año con los Giants, pues el 15 de octubre, Alou fue seleccionado por los Montreal Expos en el draft de expansión para fortificar los dos nuevos conjuntos de la Liga Nacional.

Se reporta que Montreal rechazó varias ofertas de canje por Alou, incluyendo una de los Astros por Mike Cuellar. Después de varias semanas de especulación, el 22 de enero, los Expos enviaron a Alou y a Donn Clendenon hacia los Astros por el jardinero Rusty Staub. Seis semanas después, Clendenon anunció que se retiraría antes de reportarse a Houston, lo cual anuló el traspaso por varias semanas. Eventualmente, los Expos los sustituyeron por dos serpentineros y algo de dinero para que el negocio se mantuviera. El manager de Houston Harry Walker codiciaba a Alou, pues quería más velocidad en los jardines. Walker se había creído por mucho tiempo un gurú del bateo, y su mayor historia de éxito había sido Matty Alou, quien se hizo un consistente bateador de .330 luego de unírsele en Pittsburgh en 1966.

Jesús Alou comenzó la campaña de 1969 como jardinero derecho y primer bate de los Astros, y pegó tres imparables en su primer juego. Luego cayó en un largo slump que duró casi todo el año, aunque su temporada se salvó gracias a un último mes promediando .328. El 10 de junio, jugando en el jardín izquierdo, Jesús se vio involucrado en una brutal colisión con el paracortos Héctor Torres. La frente de su compañero golpeó el rostro de Alou e hizo que se tragara la lengua. El entrenador de los Pirates Tony Bartirome puede haber salvado la vida del inconsciente dominicano cuando le abrió la boca por la fuerza, insertó un tubo de goma y respiró a través de él lo cual abrió el pasaje de aire de manera tal que Jesús pudo respirar otra vez. Alou y Torres fueron llevados con urgencia al hospital—ambos sufrieron concusiones y Alou una fractura en la mandíbula. Se perdió seis semanas de acción. En el año, compiló apenas .248.

Jesús no era regular iniciando la temporada de 1970, pero su consistente bateo eventualmente le dio un trabajo de titular. Terminó bateando .306 en 115 partidos, con marca personal de 21 boletos. "Para mí, batear .300 no es tan problemático," dijo luego es año. "Lo que es importante para mí como primer bate es entrar en circulación. Creo que me ha ido bien, en verdad, desde que salí del hospital el año pasado."[17] Nuevamente se lució como primer bate—compiló .392 abriendo juegos y .328 abriendo innings. En 1971, comenzó mucho más caliente, bateando .350 hasta junio antes de caer lentamente. Un mal mes de septiembre le dejó en .279 esa campaña.

En sentido general, la gente del béisbol disfrutaba tener cerca a Jesús Alou. Jim Bouton, compañero con los Astros en 1969 y 1979, lo describió en su segundo libro, I'm Glad You Didn't Take It Personally (Me alegro de que no lo hayas tomado de manera personal). "Le llamábamos J. o Jesus (con la pronunciación inglesa)[18], nunca Jesús (con la pronunciación hispana)... J. es uno de los hombres más delicados, sensibles y agradables que he conocido. Se desviaría una milla de su camino para echar una moneda en el vaso de un mendigo." Bouton procedió a describir como la sensibilidad de Alou lo volvió el papel cómico para las más desagradables payasadas del bromista Doug Rader.

"Alou es popular entre sus compañeros de equipo por su inherente carácter bonachón y su manera filosófica de ver las cosas," dijo otro escritor en 1971. "Y es interesante ver a Alou durante un juego." Fue objeto de muchos comentarios durante su carrera por sus mañas en la caja de bateo—sostenía el bate verticalmente detrás de su oreja derecha, y luego rotaba su cuello de manera repetida. "La gente me escribe cartas preguntando porqué tuerzo mi cuello," dijo Jesús. "No puedo responder excepto para decir que no es un problema en la espalda. Es solo un problema mental."[19] A principios de su carrera, el lanzador de los Dodgers Don Drysdale pensó que Alou podía estar intentando robar señas y a seguidas lo tumbó con un lanzamiento.[20] Pero el hábito persistió.

Jesús tenía también un sentido del humor en el que se menospreciaba a sí mismo. A finales de su carrera no pudo llegar a un elevado en los jardines y observó, "Hace diez años, me habría pasado."[21] Cuando recordaba sus años en el deporte, muchas veces traía a colación momentos en los que olvidaba cuántos outs había o cuando se pasó de una base.[22] Pese a sus relativamente modestos logros, permaneció largo tiempo en el deporte porque agradaba mucho a sus managers y a sus compañeros. Era tranquilo y dignificado y muchas veces se le veía en su casillero leyendo una Biblia.

Según cuenta Jimmy Wynn en su autobiografía, el afán empedernido de Harry Walker de reparar a los bateadores y su enfoque en la caja de bateo pudo enfurecer incluso a "The J. Alou"—como Jesús se refería a sí mismo. "The Hat" llegó al punto romper el bate de Alou para asegurarse de que usara un modelo Harry Walker. Otro incidente en el clubhouse días después finalmente hizo a Jesús perder los estribos, y Wynn luego escribió, "Estamos riendo sorprendidos al descubrir que puede sentir furia a este nivel."[23]

Con la llegada de Bob Watson y Cesar Cedeño, más la presencia de Wynn, ya no hubo puesto de regular para Alou después de la campaña de 1971. Bateó .312 en 1972 como jardinero de reserva y emergente, pero apenas .236 en el mismo rol al año siguiente. El 31 de julio de 1973, vendieron su contrato a los Oakland Athletics.

Los A's habían ganado la Serie Mundial en 1972 y repetirían en las dos temporadas siguientes. Alou jugó 20 partidos en los últimos dos meses de la campaña de 1973, principalmente en el jardín derecho, y compiló .306.

Cuando el jardinero central regular Bill North sufrió un esguince en su tobillo en septiembre de ese año, se abrió la puerta para que Jesús jugara en la postemporada. Bateó de 6-2 en el ALCS, pero solo de 19-3 en la Serie Mundial. Al año siguiente permaneció en el club y logró 232 comparecencias, primariamente como designado, promediando .262. Bateó apenas dos veces en la postemporada, incluyendo un sencillo de emergente en el primer juego de la ALCS. Matty Alou había ayudado a que los A's ganaran la Serie Mundial en 1972, y ahora Jesús había ganado dos veces seguidas con el mismo club.

En la primavera siguiente, Alou fue liberado. "Tal vez me esté sobrevalorando," dijo. "Creo que este equipo necesita a alguien que haga el tipo de trabajo que yo puedo hacer."[24] Fue fichado rápidamente por los New York Mets. "Me ofrecieron más dinero para jugar con mi hermano Matty en Japón," dijo Alou, "pero prefiero jugar en los Estados Unidos." Alou fungió como jardinero de cambio y emergente, bateando .265 en 108 comparecencias.

En marzo de 1976 fue nuevamente dejado libre, y esta vez regresó a la Dominicana, donde se quedó por dos años. Además de jugar pelota invernal en su tierra, trató con un amigo de iniciar un negocio. "Íbamos a abrir una planta de ensamblaje de relojes en la República Dominicana," recordó. "Compraríamos las partes en otros países y ensamblaríamos los relojes allá, pero al gobierno de allá no le gustó la idea."[25] Luego de dos años fuera, Alou regresó a las ligas mayores con los Astros en 1978, y bateó .324 como jugador de cambio. Cuando regresó al año siguiente, ya con 37 años, asumió el rol de coach de bateo. En esta ocasión promedió .256 en apenas 43 turnos, aunque su relativamente alto total de boletos (seis) le dio un OBP respetable de .349.

Después de la campaña de 1979, Alou obtuvo su liberación, y su carrera de grandes ligas llegó a su fin. Terminó con un respetable promedio de .280, pero su frecuencia de boletos de apenas tres cada 100 comparecencias fue la más baja del Siglo XX para alguien que jugó 1,000 partidos. Jugó partes de 15 campañas en las mayores y ganó dos Series Mundiales. En la Dominicana, se destacó por varios años para el Escogido con sus dos hermanos. Fue el Novato del Año en 1960-61. Sus números de por vida en casa fueron .302 con 20 jonrones y 339 empujadas en 20 temporadas (12 con el Escogido y ocho con sus archirrivales del Licey). Jugó cinco Series del Caribe (1973, 1974, 1977, 1978 y 1980), compilando .351 con dos jonrones y 13 impulsadas. Uno de los mejores momentos llevando uniforme dominicano tuvo lugar en la edición de 1973 en Caracas, Venezuela, cuando se fue de 24-12 (para .500) y Licey ganó el torneo.[26]

Jesús se casó con Ángela Hanley a finales de los años 60 y la pareja crio cinco hijos—Ángela, Hesús Jr., María de Jesús, Claudia y Jeimy—en la República Dominicana. Luego de que terminara su carrera, Alou regresó a casa y se quedó allí, todavía pecando y nadando en las aguas cercanas durante el verano. No vivía lejos de donde creció, y tampoco de sus hermanos y hermanas. "Creo que las personas de aquí piensan que somos más ricos de lo que somos en verdad," observó una vez.

Aunque dirigió un poco en la liga invernal dominicana, Jesús se dedicó a servir como scout cuando su coach de pitcheo en el Escogido, Bob Gebhard, se convirtió en ejecutivo de los Montreal Expos. Jesús dijo, "Creo que me vio trabajando con niños. Aun cuando era pelotero, me gustaba trabajar con niños." De manera típica suya, agregó, "Tengo la presión alta. No creo que pueda soportar ser manager."[27]

Siguió trabajando para el béisbol norteamericano, pasando de los Expos a los Marlins. Desde 2002, ha sido el director dominicano de chequeo de para los Boston Red Sox. También ha fungido como director de operaciones del equipo de la Liga Dominicana de Verano, muy similar al rol que había tenido con la academia dominicana de los Marlins.

Jesús volvió a San Francisco en 2003 para el Día de Apertura, junto con sus dos hermanos, uno de los cuales (Felipe) estaba como mentor de los Giants. Habían todos logrado tanto en el béisbol, cuarenta años después de haber jugado en el mismo outfield. "Nunca soñé nada con el béisbol," dijo Jesús. "Todo ha sido una sorpresa. Cada día es una sorpresa nueva. Felipe como manager en San Francisco me enorgullece. Es otra sorpresa."[28]

Los dominicanos han llegado a desempeñar un papel importante en el béisbol estadounidense, siguiendo los pasos de gigante de Felipe, Mateo y Jesús Alou. A finales de su carrera, pidieron a Jesús que comparara las habilidades de los tres Alous. "Felipe es un tipo duro en el béisbol," dijo, "más duro que todos nosotros. Matty era más pequeño y tenía que aprovechar su habilidad, el hombre que piensa más. Yo, no era tan fuerte como Felipe o tan inteligente como Matty. Teníamos algo en común: no nos gustaba poncharnos, tal vez porque jugábamos en nuestro patio con una pelota de goma: mientras alguien no se ponchara, podía seguir bateando, y a todos nos gustaba batear."[29] Los hermanos jugaron más de 5,000 juegos de grandes ligas entre ellos.

Jesús Alou pasó muchos años en el béisbol como jugador, y todavía está encontrando jugadores para las Ligas Mayores. Fue una parte vital de una gran familia, y su legado perdurará.

Una versión actualizada de este artículo apareció en "Mustaches and Mayhem: Charlie O's Three Time Champions: The Oakland Athletics: 1972-74" (SABR, 2015), editado por Chip Greene.

AGRADECIMIENTOS

Gracias a Rory Costello por haber editado y agregado algunas historias adicionales al artículo. Gracias también a Gabriel Schechter, Rod Nelson, y Matías Alou.

NOTES

1. Joseph Durso, "We Band of Brothers," *The New York Times*, 14 de agosto de 1975.
2. Prescott Sullivan, "Wanted–Name for New Right Fielder!" *San Francisco Examiner*, 6 de marzo de 1964.
3. Bob Stevens, "Jesús Alou Could Be the Best in Family," *The Sporting News*, 3 de julio de 1965, 7.
4. Bob Stevens, "The Little Alou," *Sport*, septiembre de 1965, 81.
5. Jack McDonald, "No. 3 Alou May Gain No. 1 Spot," *The Sporting News*, 6 de abril de 1963, 10.
6. Stevens, "The Little Alou," 81.
7. Stevens, "The Little Alou," 81.
8. Stevens, "The Little Alou," 80.
9. Jack McDonald, "Giants Phenoms Train in Lap of Luxury," *The Sporting News*, 12 de abril de 1961, 9.
10. McDonald, "No. 3 Alou May Gain No. 1 Spot," 10.
11. Jack McDonald, "Giants," *The Sporting News*, 22 de febrero de 1964, 24.
12. Ed Honeywell, "Jesús Alou Gives Up Passes to Hit Away," *The Sporting News*, 10 de agosto de 1963, 33.
13. Juan Marichal with Lew Freedman, *Juan Marichal: My Journey from the Dominican Republic to Cooperstown*, Minneapolis, Minnesota: MVP Books, 2011, 114. La memoria de Marichal no estaba clara de los detalles. Recuerda que fue en San Francisco ante Jim Bunning de los Phillies, pero el registro de jonrones de SABR no muestra tal récord.
14. Jack McDonald, "Giants Paint Pennant Picture With Jesús Alou and Jim Ray Hart." *The Sporting News*, 4 de enero de 1964, 10.
15. Jack McDonald, "Those Bad Pitches Look Too Juicy for Jesús Alou to Resist," *The Sporting News*, 2 de abril de 1966, 17.
16. Bob Stevens, "Alou a Goliath in Giant Leadoff Spot," *The Sporting News*, 1 de julio de 1967, 16T.
17. John Wilson, "Jay Alou Giving Brothers Lesson in Swatting Art," *The Sporting News*, 29 de agosto de 1970, 17.
18. Esta frase se pierde en la traducción, por lo que hay que hacer las aclaraciones en paréntesis. (Nota del Traductor)
19. John Wilson, "A Sizzling Bat Pushes Alou Into Astros' Lineup," *The Sporting News*, June 26, 1971 24.
20. Stevens, "The Little Alou," 80.
21. Gordon Verrell, "Dodgers Tap Rookie Wall to Add Bullpen Depth," *The Sporting News*, 10 de enero de 1976, 28.
22. Mike Mandel, *SF Giants. An Oral History* (Santa Cruz: auto-publicada, 1979), 149.
23. Jimmy Wynn and Bill McCurdy, *Toy Cannon: The Autobiography of Baseball's Jimmy Wynn*, Jefferson, North Carolina: McFarland & Co., 2010, 121-122.
24. Ron Bergman, "Happy Charlie Does Jig Over Hippity-Hoppy," *The Sporting News*, 19 de abril de 1975, 5.
25. Harry Shattuck, "Bat Artist Alou Doubles as Astro bat tutor," *The Sporting News*, 17 de marzo de 1979, 51.
26. Gustavo Rodríguez, "Jesús Alou: Ganó la triple corona en SC en 1973," *Hoy* (Santo Domingo, Dominican Republic, 26 de enero de 2012.
27. Gordon Edes, "Alou Acts as Scout, Dreams as a Player," *South Florida Sun-Sentinel*, 8 de febrero 1994.
28. Associated Press, "Alou reunion takes place in San Francisco," *Albany Times-Union*, 8 de abril de 2003.
29. Joseph Durso, "We Band of Brothers," *The New York Times*, 14 de agosto de 1975.

Matty Alou

Por Mark Armour

Más famoso hoy por ser el segundo de tres hermanos peloteros, Mateo Alou fue parte de la primera ola de dominicanos que ayudaron a cambiar la cultura misma del béisbol norteamericano en los años 60. Luego de años de esporádico tiempo de juego, mayormente compitiendo con sus hermanos, finamente los dejó y se convirtió en campeón de bateo y en una de las estrellas más interesantes y únicas del béisbol.

Mateo Rojas Alou nació el 22 de diciembre de 1938, en Bajos de Haina, San Cristóbal, no muy lejos de Santo Domingo en la costa sur de la República Dominicana. Su padre, José Rojas, era un carpintero y herrero que construyó la casa de la familia y muchas otras en el barrio. Rojas tuvo dos hijos con su primera esposa, que murió joven, y luego otros seis con Virginia Alou. Mateo fue el segundo de cuatro varones. Virginia era blanca, aunque Mateo y sus hermanos no consideraban pertenecer a ninguna raza—eran dominicanos. También eran pobres, pues el salario de José dependía de la economía local y la habilidad de sus clientes para pagarle. La familia Rojas tenía una casa, pero no siempre tenían comida.

En su país de origen, al sujeto se conoce como Mateo Rojas Alou, informalmente Mateo Rojas, y tanto él como sus hermanos son conocidos como los hermanos Rojas. En los primeros días de ligaminorista de Felipe, lo comenzaron a llamar Felipe Alou (pronunciado en inglés erróneamente como A-lú en vez de A-lou), y el error nunca fue corregido. Los hermanos Felipe, Mateo y Jesús son por tanto conocidos en EE.UU. como Alou, y Mateo era comúnmente anglicanizado a Matty. Para este artículo, nos referiremos a él como Mateo o Matty Alou.

Posteriormente, Mateo dijo que su padre había jugado béisbol de muchacho hasta que vio a un amigo morir tras ser golpeado por una pelota, aunque Felipe no recordaba esta historia. "Puedo asegurar que mi padre nunca me lanzó una pelota," recordó Felipe.[1] Los muchachos pasaban horas en el cercano océano pescando meros o pargos, ayudando a su padre en la tienda, o jugando béisbol en el patio. La pelota era a veces una cáscara de coco o media pelota de goma, el bate una rama de árbol, y lo guantes hechos de pedazos de lona. A diferencia de Felipe, que quería ser doctor y estuvo un año en la universidad, Mateo abandonó la escuela luego del octavo grado y quería convertirse en marinero. Mientras tanto, hacía de caddie en el Club de Golf de Santo Domingo y jugaba más béisbol.

Fotografía cortesía del Salón de la Fama del Béisbol Nacional

En 1956, Mateo Alou, de 17 años, jugaba por la Aviación Militar, el equipo de la Fuerza Aérea Dominicana, patrocinado por el General Ramfis Trujillo, hijo de dictador dominicano Rafael Trujillo. Entre los compañeros de equipo de Alou se hallaban los futuros compañeros de equipo en las ligas mayores Juan Marichal y Manny Mota. Aunque todos eran miembros de la Fuerza Aérea, fueron principalmente peloteros reclutados porque el joven Trujillo quería tener el mejor equipo en el Caribe. "Éramos soldados," dijo Mota riendo. "Lo único es que no teníamos armas." Eran sin embargo un asunto serio—cuando el equipo perdió un doble juego en Manzanillo, el General inició una investigación, y acusó a los peloteros de beber (un cargo que Marichal niega). El equipo entero fue puesto en prisión por cinco días.[2]

A finales de 1955, Felipe tenía un contrato beisbolero firmado con Horacio Martínez, antiguo jugador de las Ligas Negras que trabajaba como perro de presa para el scout de los New York Giants Alejandro Pómpez.

Con ayuda considerable por parte de Pómpez y Martínez, los Giants tomaron la iniciativa sobre el resto del béisbol en el Caribe, especialmente en la fértil República Dominicana, fichando a Marichal, Mota, y eventualmente los tres hermanos Alou. Mateo firmó en el inverno de 1956-57, a la edad de 18 años.

A diferencia de muchos negros y latinos de la época, Mateo Alou pasó el grueso de sus días de ligas menores fuera del sur. Pero incluso en Michigan City, Indiana, done inició su carrera en 1957, no les permitieron a él y a Manny Mota entrar a un restaurant debido al color de su piel. Durante el entrenamiento de primavera en Florida un año, Mota y Alou fueron ubicados en una fila de identificación policial porque una mujer blanca dijo que un pelotero negro la había acosado.[3] Los dominicanos no habían enfrentado mucho racismo en su país, pero en los Estados Unidos tuvieron que hacerlo sin además entender el idioma. "Los pelotero siempre no tratan bien," recuerda Alou. "El único problema era en las calles, los restaurantes, los hoteles, todas esas cosas. Llorábamos, pero no peleábamos."[4]

Alou compiló apenas .247 para Michigan City jugando a tiempo completo en 1957. Luego jugó pelota invernal por vez primera en casa, la República Dominicana. Luego jugó pelota invernal en la Liga Dominicana por vez primera. Promovido al St. Cloud de la Northern League en 1958, se recuperó para batear .321 por un equipo que ocupó el primer puesto, y se ubicó en el cuadro Todos Estrellas como jardinero luego de la temporada. Para 1959, llegó a Clase-A con Springfield, Massachusetts, jugando con varios futuros ligamayoristas entre los que se encontraban Mota, Marichal y Tom Haller. Springfield ganó el campeonato de la Eastern League, con una contribución de .288 por parte de Alou, que disparó 11 cuadrangulares para la causa.

A diferencia de su hermano mayor Felipe, quien creció a una esculpida estatura de seis pies y 200 libras, o su hermano menor Jesús, que era aún más alto, Mateo fue oficialmente registrado con cinco pies y nueve pulgadas y 160 libras como ligamayorista (aunque era probablemente más bajo y menos pesado, especialmente en las menores).[5] A diferencia de sus hermanos, era zurdo y logró muchos hits en toque de bola y por el cuadro. "Nadie me enseñó a jugar béisbol, nadie me enseñó a batear," recordó Alou. "Pero practiqué, tenía buenos reflejos y me movía rápido. Buena vista. Y se me daba natural."[6]

Alou pasó la temporada de 1960 con lo Tacoma Giants de la Pacific Coast League. Ese era otro buen club lleno de futuros jugadores de grandes ligas, y Alou compiló .306 con 14 jonrones como jardinero central. En septiembre logró que lo promovieran a San Francisco, y vio acción en cuatro juegos al final del año. En su primer turno al bate en las mayores, pegó sencillo ante Larry Sherry de los Dodgers.

El ascenso de Alou al estrellato fue lento y en ocasiones frustrante, y creía que no le daban las oportunidades que merecía. En realidad, enfrentaba una competencia bastante recia, incluyendo a Willie Mays en el jardín central (la posición en que mejor jugaba Alou) y su hermano Felipe en el jardín derecho. En 1961, Alou llegó al club y jugó partes de 81 partidos en los jardines o como emergente, compilando .310 con seis cuadrangulares en 200 turnos al bate. Tenía apenas 23 años y estaba detrás de algunos otros jugadores en su equipo, pero luego de la campaña, el director de granja Carl Hubbell sugirió que no cambiaría a Matty Alou por las estrellas de los Dodgers Willie Davis y Tommy Davis.[7]

En la siguiente campaña, desempeñó el mismo papel, bateando .292 en 195 turnos, y tuvo gran protagonismo en la lucha por el banderín de la Liga Nacional. En los últimos siete encuentros de a temporada, jugó seis completos, y bateó de 27-14 (.510). En el encuentro decisivo de la serie de play off de tres juegos con los Dodgers, que los Giants perdían 4-2 en el noveno inning, Alou comenzó con un hit de emergente que inició el rally victorioso. Jugó en seis de los siete encuentros de la Serie Mundial, con cuatro indiscutibles en 12 turnos. En el noveno inning del partido final, con los Giants debajo 1-0 ante los Yankees, Alou abrió con un sencillo en toque de bola, avanzó a tercera con el doble de Willie Mays con dos outs, pero se quedó allí cuando Willie McCovey fue retirado en una línea. Se habló ese invierno de que el coach de tercera base Whitey Lockman no debía haber aguantado a Alou en tercera base con el batazo de Mays, pero la mayoría de los observadores, incluyendo al propio Alou, pensaban que habría sido retirado fácilmente en el plato.

La transición de Alou a las mayores recibió una inmensurable ayuda de la presencia de muchos otros peloteros latinos en los Giants. Además de su hermano Felipe, entre sus compañeros se encontraban los dominicanos Marichal y Mota y los puertorriqueños José Pagán y Orlando Cepeda, quienes eran todos muy cercanos. Cuando llegó por vez primera a San Feancisco, Mateo y Marichal vivían en la casa de una mujer mayor llamada Blanche Johnson, quien les enseñó a hablar inglés y le cocinaba comida tanto dominicana como norteamericana.[8]

El 24 de octubre de 1962, Mateo se casó con María Teres Vásquez en la República Dominicana. Durante la temporada de 1963, Matty, Felipe, Marichal y las tres esposas de ellos vivieron juntos en una casa en San Francisco. "Nos llevábamos muy, muy bien," recordó Marichal. "Felipe es el padrino de mi hija mayor, Rosie, y yo soy el padrino de una de sus hijas. Y Mateo es el padrino de mi segunda hija, Elsie, mientras que yo soy el padrino de su hija [Teresa]. Esa es una obligación seria para un dominicano, ser un padrino."[9] Las parejas pasaron mucho tiempo juntas fuera del terreno. Mateo, el ex caddy, enseñó a los otros a jugar golf, mientras que las esposas se ayudaban unas a otras a abrirse camino en un país extraño. Luego de la temporada, todos regresaron a su patria para la temporada beisbolera invernal.

Antes de la temporada de 1964, Mateo había sido superado por Jesús en el catálogo de calidad de los Giants. Con Willie Mays y Willie McCovey en los jardines, y el veterano Harvey Kuenn todavía produciendo, Mateo regresó a su rol de quinto jardinero y emergente. Compilando apenas .219 el 2 de junio, Alou recibió un pelotazo en la muñeca salido del brazo de Bob Veale de Pittsburgh, y pasó cinco semanas en la República Dominicano. A su regreso bateó mjor (.282), tan bien que lo usaron bastante en septiembre. Llegó a jugar 110 partidos, incluyendo 49 como abridor, y compiló .264. Para un pelotero que daba tan pocos jonrones y recibía tan pocos boletos, el promedio era demasiado bajo para un jardinero incluso en los 60.

A pesar de ello, basado en su buena segunda mitad, en 1965 el new manager Herman Franks dio bastante tiempo de juego a Alou—pero no bateó. "El 65 fue mi peor año en el béisbol," recordó Mateo, "porque me dieron una oportunidad y no hice nada." Compiló solamente .231 en 324 turnos, su momento más memorable fue el 26 de agosto en el Forbes Field de Pittsburgh, cuando lanzó las dos últimas entradas de una derrota 8-0. No permitió carreras y ponchó a tres, incluyendo dos veces a Willie Stargell. "Solo le tiré curva lenta, curva lenta," dijo Alou. "Y sé que lo habría retirado nuevamente si lo hubiese enfrentado."[10]

Pese a su estelar momento en la lomita, no fue sorpresa que los Giants transfieran a Alou a los Pirates el 1 de diciembre de 1965. En años posteriores, los Giants fueron criticados por cómo manejaron a Alou, aunque le dieron 1,131 comparecencias y no había contribuido mucho desde 1962. Alou recibió bien el trato, diciendo luego, "Mi hermano no me dijo nada de Willie Mays. Solo firmé porque quería jugar."[11]

El manager de Pittsburgh Harry Walker había codiciado a Alou y tenía grandes planes para él. Walker pasó muchos años como instructor de bateo en el juego, usualmente tratando de que todos recortaran y batearan hacia la banda opuesta, como él mismo lo había hecho como jugador. Si enfoque salió mal con mucha gente, pero Alou fue su mejor y más famosa historia de éxito. "The Hat" (El Sombrero) trabajó sin descanso con Alou, logrando que dejara de tratar de halar la pelota y batear casi todo hacia el medio o el jardín izquierdo. Para forzarlo, le dio un bate mucho más grande a Alou—38 onzas—y pidiéndole que golpeara hacia abajo y usara su velocidad. Como halador, Alou había usado el bate bajo y había hecho swing con un uppercut. Walker hizo que lo sostuviera en alto y hacia arriba, obligándole a que hiciera el swing hacia abajo. Walker armó un pelotón en el jardín central con Alou y su viejo amigo Manni Mota, dando la mayor cantidad de turnos al primero (siendo zurdo) y ubicándolo primero en el orden cuando jugaba.

Alou se adaptó muy bien al nuevo estilo de bateo. Tocando bola y bateando sencillos, Alou fue líder de bateo en la liga con .342, más de 100 puntos por encima de su promedio en 1965. Debido a que Mota también estaba bateando muy bien, terminando con .332, el pelotón en el jardín central se mantuvo—Alou inició 121 juegos, apenas dos de ellos ante abridores zurdos, pero logró 535 turnos al bate. De segundo terminó Felipe Alou, de Atlanta, con .327. Mateo seguía sin recibir muchas transferencias o batear con poder, pero en un tiempo en que el OBP de la liga era de .313, la marca de .373 que logró fue la octava en el circuito y la mejor entre los bateadores que primariamente bateaban de primeros para sus equipos.

La repentina fama de Alou hizo surgir muchas preguntas sobre qué había cambiado para él. Daba crédito a la tutela de Walker, haber escapado del difícil Candlestick Park, y haber hecho pelotón con Mota, lo cual le permitió bastante descanso. A finales de la campaña, cuando parecía que uno de los Alous iba a ganar el título de bateo, Felipe reconoció que quería que fuese su hermano. "Sería fantástico para Matty ganarlo," dijo Felipe. "Fantástico para los Alous, y fantástico para el béisbol en la República Dominicana. De algún modo siempre cuidamos a Matty porque es tan pequeño. ¡Ahora mírenlo liderándonos a todos en bateo!"[12]

Los dos años siguientes de Alou fueron casi copias papel carbón de 1966. Siguió haciendo pelotones con Mota, su compañero de habitación y mejor amigo, y ambos siguieron bateando. En 1967, Alou bateó .338 (tercero en la liga) en 550 turnos, abriendo apenas cuatro juegos ante zurdos, mientras Mota compilaba .321, también jugando las otras posiciones del outfield (Walker no podía ponerlos a jugar a ambos muy fácilmente—su jardinero izquierdo era Willie Stargell, y su jardinero derecho era Roberto Clemente). La adquisición de Maury Wills sacó a Alou del primer turno, y hacia 1968 bateaba con frecuencia como tercero o cuarto. En 1968, Alou compiló para .332, apenas tres puntos por debajo de Pete Rose en la lucha por el título de bateo, en 598 turnos. También jugó en su primer Juego de Estrellas, logrando un hit de piernas ante Sam McDowell en su único turno al bate.

Luego de la campaña de 1968, los Pirates perdieron a Mota a manos de los Montreal Expos en el draft de expansión. Aunque Alou había enfrentado a zurdos un poco más en 1968, en 1969 se convirtió en jugador a tiempo completo por vez primera en su carrera. Jugando los 162 partidos, encabezó la liga en veces al bate, hits (231), sencillos (183), y dobles (41) mientras bateaba .331 en la cima del orden al bate. Jugó completo el Juego de las Estrellas en el jardín central, logrando dos imparables y un boleto en cinco comparecencias durante la victoria 9-3 de la Liga Nacional. Con 30 años, y después de batear por encima de .330 por tercer año consecutivo, Alou se había convertido en un estelar hecho y derecho además de uno de los jugadores más interesantes. Fue un primer bate que no recibía muchas transferencias—apenas 42 veces en 1969—pero aun así muy valioso porque podía mantener alto promedio de bateo. Sus 698 turnos al bate establecieron nueva marca para las ligas mayores, rota posteriormente.

Aunque fue objeto de ocasionales críticas debido a su defensa, especialmente por ser tímido respecto a chocar con las cercas, Alou tenía un brazo fuerte y preciso y a veces se ubicaba entre los primeros jardineros en asistencias de la liga, terminando en la cima con 15 en 1970. "Juego profundo porque este parque es grande y la pelota avanza. No le tengo miedo a las cercas. Eso decían en San Francisco. Sabes, a veces todo el mundo quiere que uno sea Willie Mays. A veces dicen, '¿Por qué no eres como Willie Mays?' Bueno, hay un solo Willie Mays."[13]

En 1970 Alou cayó a .297, pero aun así terminó con 201 imparables, quinto mejor en la liga. Los Pirates habían sido un buen equipo por algunos años, pero finalmente tuvieron resultados y ganaron la División Este, y Matty terminó de 12-3 en la derrota en tres partidos ante los Reds. Durante el descanso entre temporadas, los Pirates, buscando abrir espacio en al jardín central para el joven Al Oliver, enviaron a Mateo a los Cardinals en un traspaso de cuatro jugadores. Por tanto, Alou se perdió el campeonato de Pittsburgh en 1971. "Pienso en mí como miembro de los Pirates," dijo Mateo años después. "Porque ellos me dieron confianza. Me trataron muy bien, y allí tuve los mejores años de mi vida."[14]

La mayor parte de las dos temporadas siguientes, Alou las pasó con los Cardinals y jugó bien. Compiló .315 en 1971, con 192 hits, jugando jardín central media temporada y (luego de que volvieran a llamar al novato José Cruz) mayormente primera base en la segunda mitad. En 1972 alternó entre primera base y el jardín derecho y promedió .314. A finales de agosto fue transferido a los Oakland A', un joven equipo que se aprestaba a ganar el primero de tres campeonato consecutivos. Jugó casi todos los días en el resto de la temporada en el jardín derecho, compilando .281. Lo hizo bien en la ALCS (.381 con cuatro dobles), pero cayó en slump en la Serie Mundial (apenas un hit en 24 turnos). Aun así, luego de perdérselo en 1962, Alou finalmente probó el champagne de la victoria en la Serie Mundial.

No mucho tiempo después de la Serie, Alou volvió a ser traspasado, en esta ocasión a los New York Yankees, donde se reunió con su hermano Felipe. Bateó bien en New York, .296 en 123 partidos como jardinero derecho regular, pero cuando el equipo se quedó sin posibilidades para contender, lo vendieron de vuelta a los Cardinals, que estaban peleando por el título de la División, el 6 de septiembre. (Ese mismo día, el club vendió a Felipe a los Montreal Expos). Mateo no se sintió emocionado con el canje, demoró reportase unos días, y fue usado solamente como emergente en las semanas finales de la lucha por el banderín. Luego de la campaña, los Cardinals lo vendieron a los San Diego Padres, pero luego de batear apenas .188 en 81 turnos pidió su liberación en julio de 1974, terminando su carrera en las mayores. Terminó con promedio de por vida de .307 en 14 campañas, con tres apariciones en Juegos de Estrellas y dos viajes a las Series Mundiales.

Con 35 años, Matty se llevó su carrera a Japón, donde pasó el resto de 1974 y dos campañas más con los Teiheiyo Club Lions en la Liga Profesional Japonesa. Compiló .312 en su primera media campaña y luego .282 y .261 en sus dos años siguientes. Terminó con promedio de .283 en Japón. "En verdad no me gustó jugar allí," Alou recordó. "Jugué allí porque tenía que hacerlo. Tenía tres hijos que mantener. Fue muy duro allí: demasiada práctica, demasiados viajes, tenía que viajar casi todos los días."[15]

Alou regresó a casa. Estelar por 15 años con los Leones del Escogido en la Liga Invernal Dominicana, su promedio de .327 de por vida es solo superado por el .333 de Manny Mota en la historia de la liga. Ganó títulos de bateo en 1966-67 (.363) y 1968-69 (.390). Posteriormente fue coach y manager en la liga por varios años. Si bien los hermanos Alou lograron fama por haber jugado juntos en los jardines con los Giants en momentos de algunos partidos en 1963, esto no fue tanto para los hermanos Rojas—en la Liga Invernal, por muchas campañas, formaron el outfield del Escogido y todavía dominan los liderazgos de todos los tiempos para el club. En los inviernos de 1961-62 y 1962-63, cuando las turbulencias políticas hicieron que se cancelara la liga, Mateo jugó pelota invernal en Venezuela.

Aunque Alou pasó la mayor parte de sus años posteriores en su patria, trabajó con el paso de los años con varias organizaciones de ligas mayores. Fue scout de los Tigers por un tiempo a finales de los 80. También pasó varios años como el supervisor de scouteo de la República Dominicana para los San Francisco Giants. Fue coach de clase A (1994) para un club de la Liga Dominicana de Verano (un circuito afiliado a las ligas menores norteamericanas). En 2007 fue honrado en el AT&T Park de San Francisco, celebrando su exaltación al Salón de la Fama y Museo del Béisbol de Patrimonio Latino. Su hermano Felipe, en ese entonces mentor de los Giants, había sido exaltado en 2003.

Mateo se mantuvo siendo una persona privada que no salía mucho en las noticias en los Estados Unidos. Su matrimonio de 1962 con Teresa duró el resto de su vida. Criaron tres hijos—Mateo Jr., Matías y Teresa—principalmente en su tierra. Mateo murió a la edad de 72 años en Santo Domingo, República Dominicana el 3 de noviembre de 2011, tras sufrir un derrame. Había dejado de trabajar para los Giants unos años antes por razones de salud. Le sobrevivieron su esposa por 49 años, sus tres hijos, cuatro nietos, tres hermanos y tres hermanas.

Una versión actualizada de este artículo apareció en *"Mustaches and Mayhem: Charlie O's Three Time Champions: The Oakland Athletics: 1972-74"* (SABR, 2015), editdo por Chip Greene.

AGRADECIMIENTOS

Gracias a Rory Costello por su ayuda.

NOTAS

1. Michael Farber, "Diamond Heirs," *Sports Illustrated,* 19 de junio de 1985.
2. Rob Ruck, *The Tropic of Baseball* (Lincoln: University of Nebraska, 1998), 70-71.
3. Rob Ruck, *Raceball—How the Major Leagues Colonized the Black and Latin Game* (Boston: Beacon Press, 2011), 153-4.
4. Mike Mandel, *SF Giants. An Oral History* (Santa Cruz: auto-publicado, 1979), 123
5. Charles Einstein, "Alou Alou," *Sport*, septiembre de 1962: 25.
6. Mike Mandel, *SF Giants*, 123.
7. *The Sporting News*, 2 de mayo de 1962.
8. Juan Marichal with Charles Einstein, *A Pitcher's Story* (New York: Doubleday, 1967), 100-101.
9. Rob Ruck, *The Tropic of Baseball*, 78.
10. Mike Mandel, *SF Giants*, 124.
11. Mike Mandel, *SF Giants*, 123.
12. *The Sporting News*, 24 de septiembre de 1966.
13. Lou Prato, "Matty Alou: 'Wait, Wait, Wait,' *Sport*, octubre de 1968: 38.
14. Mike Mandel, *SF Giants*, 124.
15. Mike Mandel, *SF Giants*, 125.

Joaquín Andújar

Por Malcolm Allen

Joaquín Andújar fue un fuerte competidor y un entretenido animador por 13 temporadas de ligas mayores. El veloz derecho fue el primer lanzador abridor de la República Dominicana en lograr una victoria de Serie Mundial y ningún ligamayorista ganó más partidos en las temporadas de 1984 y 1985 combinadas. Con su emocional y esforzado estilo de juego, Andújar ganó además un Guante de Oro y pegó jonrón de ambos lados del plato, pero su volcánico temperamento le condujo también a una infame expulsión en Serie Mundial que mancilló la reputación del cuatro veces Todos Estrellas. Andújar era un atleta impredecible cuya carrera tal vez se describe su propia frase distintiva: "Una palabra en Estados Unidos lo dice todo—youneverknow (unonuncasabe)."[1]

Joaquín Andújar Sabino nació el 21 de diciembre de 1952, en San Perdro de Macorís, un poblado azucarero en la costa sudeste de su país. Era el único hijo de Joaquín Andújar y Clara Sabino, una efímera pareja que se separó antes de que él pudiese caminar. Sus abuelos paternos, Saturno y Juana García Andújar, lo criaron en su casa con techo de cinc, entre la famosa Catedral San Pedro Apóstol en San Pedro de Macorís al este y el río Iguamo al oeste.

Durante sus años formativos, la República Dominicana atravesaba el último trimestre de las tres décadas de la dictadura de Rafael L. Trujillo. La mayoría de los recursos de su país eran fuertemente controlados por "El Jefe," incluyendo la temporada azucarera esacional, que era la principal fuente de empleos de San Pedro de Macorís. El abuelo de Andújar trabajaba en el Ingenio Porvenor, el segundo más antiguo de los siete que aparecían en la ciudad. Porvenir, es sinónimo de "futuro," y para Andújar y la mayoría de sus semejantes, crecer en una vida de trabajo era de hecho el resultado probable.

Los años 60 fueron turbulentos en la República Dominicana como lo fueron en los Estados Unidos. Andújar tenía 8 años cuando Trujillo fue asesinado en 1961. Para cuando cumplió 13, decenas de miles de tropas norteamericanas ocupaban brevemente el país para sofocar una guerra civil dominicana siguiendo a una serie de cambios de régimen. "Tratando de evitar otra Cuba" fue la frase gancho en una historia de portada de la revista Time que describía los evento de 1965. Mientras tanto, la primera oleada de peloteros dominicanos estaba estableciendo un canal que pronto vería a su país sobrepasar a Cuba como la fuente primaria de talento latinoamericano en las Mayores.

Fotografía cortesía del Salón de la Fama del Béisbol Nacional

En realidad, Andújar en principio prefería el baloncesto, pero como muchos en su país, se fascinó cuando los San Francisco Giants de 1962 lograron el banderín de la Liga Nacional con cuatro dominicanos en el roster. Los dos primeros ligamayoristas de San Pedro de Macorís—Amado Samuel de los Milwukee Braves y Manny Jimenez de los Kansas City Athletics—debutaron ese mismo año. El béisbol había sido popular en la República Dominicana desde finales del siglo XIX, pero de repente estaba en todas partes, y Andújar comenzó a jugar tanto como pudo. "Sin un buen guante, un par decente de spikes, porque todo el mundo es muy pobr," recordó. "Hacíamos una pelota de trapo, o comprábamos una pelota de goma para jugar en la calle."[2]

El primer club amateur de Andújar se llamaba Jabón Hispano, y cuando creció un poco jugó con un equipo dirigido por Pedro González, el primer dominicano que jugó con los New York Yankees. Andújar bateaba ambidiestro y jugaba jardín central, normalmente era cuarto bate y era un bateador que iba a todas y todos los lanzamientos con un temperamento volátil. Una vez, destruyó su propia camiseta cuando González lo sacó del juego. Fue importante, porque el incidente ocurrió para la misma época en la que Andújar dejó de ir a la Preparatoria José Joaquín Pérez porque su familia no tenía para comprarle pantalones o zapatos. Con su abuelo cerca de la edad del retiro, la caldera en el Ingenio Porvenir parecía más y más ser el futuro de Andújar.

El Estadio Tetelo Vargas abrió en San Pedro de Maorís justo antes del séptimo cumpleaños de Andújar. Las Estrellas Orientales de la Liga Invernal Dominicana jugaban allí, y Andújar pasó gran parte de su adolescencia capturando pelotas para ellos y estudiando de cerca a ligamayoristas como el toletero de los Braves Rico Carty. La instalación estaba además disponible para las ligas jóvenes, y fue ahí que Wilfredo Calviño notó un tiro particularmente fuerte de Andújar desde el jardín central. Calviño era un ex receptor de ligas menores de Cuba que servía d scout para los Cincinnati Reds. "Me preguntó si quería convertirme en lanzador," dijo Andújar. "Le dije que no me importaba, que lo único que me importaba era irme a Estados Unidos a hacer dinero y ayudar a mi familia y a mí mismo."[3]

Andújar firmó con los Reds en noviembre de 1969, y se reportó a su liga rookie al verano siguiente junto con otros dos muchachos de 17 años firmados por Calviño en San Pedro. Increíblemente, los tres jugarían en las ligas mayores. Santo Alcalá era un lanzador alto y alegre que sería compañero de habitación de Andújar en las menores la mayor parte de los siguientes cinco años, mientras que Arturo DeFreites era un serio y musculoso tercera base que dispararía 32 jonrones en un año en Triple-A cuando engordó. Llevando una diera de perros calientes y papas fritas porque no sabía cómo pedir más nada en inglés, Andújar ponchó a más bateadores que cualquier derecho en la Gulf Coast League en 1970, incluyendo a varios en el juego de las estrellas del circuito. A su regreso a casa, se unió a los legendarios Leones del Escogido—ganador de la mitad de la última docena de campeonatos dominicanos—para siete salidas antes de cumplir 18 años.

Sin embargo, una promoción a los Sioux Falls Packers de la Northern League en 1971 resultó ser desafiante. Mayor competencia, verdaderos viajes en carretera, y un manager que no hablaba español se sumaron a una campaña difícil. Andújar encabezó al equipo en wild pitches y fue relegado al bullpen. Al final de la temporada, el manager Dave Pavlesic le dijo a Andújar, "No eres Juan Marichal. Más vale que aprendas a lanzar."[4]

Andújar recibió una muy necesitada experiencia de 93 entradas y un tercio con el Escogido. Encabezó la Liga Dominicana en bases por bolas pero tuvo una impresionante efectividad de 2.93 y los Reds lo notaron. Mientras Alcalá y DeFrites fueron a un equipo cooperativo en Clase A para jugar con un manager que hablaba español, Cincinnati promovió a Andújar a Doble-A. Los bateadores de la Eastern League eran un reto, pero lanzar con Les Aigles des Trois-Rivieres quería decir que los juegos de "local" se jugarían en la provincia francófona canadiense de Quebec. Andújar lo hizo bien contra todo pronóstico, ganando siete de sus primeras ocho decisiones antes de torcerse el tobillo y literalmente cojear a un récord de 7-6.

Todavía cojeando en la pelota invernal, Andújar fue traspasado a mediados de temporadas a las Estrellas Orientales. El trato de cuatro peloteros permitió a Escogido recuperar los derechos contractuales sobre Juan Marichal. Joaquín estaba emocionado por lanzar con el equipo de su casa, que mostraba a varios peloteros de los Houston Astros debido a un acuerdo de trabajo con la franquicia de la Liga Nacional. César Cedeño y J.R. Richard eran dos de las estrellas del club ese invierno, pero fue el mentor de las Estrellas (y coach de los Astros) Hub Kittle quien tendría el mayor impacto en el futuro de Andújar. "Todo lo que tengo se los debo a Hub Kittle," resaltó Andújar años después.[5]

Los Reds invitaron a Andújar a su entrenamiento de primavera de grandes ligas en 1973, pero lo enviaron a Triple-A, donde no le caía nada bien el timonel de los Indianapolis Indians Vern Rapp. "Le dije al (entrenador de granja de los Reds Chief) Bender en el entrenamiento de primavera que no gustarme ir a Indianapolis. Le dije que no gustarme manager. Te trata mal cuando pierdes," explicó Andújar.[6]

Andújar transfirió a demasiados bateadores y en junio lo mandaron de vuelta a Trois-Rivieres, donde demostró que no le quedaba nada por probar en Doble-A al irse de 5-2 con efectividad de 1.98. Luego tuvo marca de 2.53 en pelota invernal, donde recortó su patada y ritmo de boletos aprendiendo de "El Coyote", el apodo de Hub Kittle en la Dominicana.

De vuelta en Indianapolis en 1974, Andújar tuvo 17 aperturas y 16 salidas de relevo, pues Rapp lo metía y lo sacaba de la rotación. El peor momento tuvo lugar en julio cuando Andújar respondió a una sustitución temprana destruyendo una nevera de agua, provocando que Rapp lo suspendiera. Joaquín terminó con 8-8, efectividad de 3.57 y dos salvados mientras Indianapolis llegaba a la final de la liga antes de caer contra los Tulsa Oilrs. La serie por el campeonato se extendió todos los juegos y varios extra-innings, pero Rapp solamente utilizó a Andújar como corredor emergente.

De vuelta en la República Dominicana, sin embargo, Kittle estaba más que feliz de darle la bola. Andújar respondió ganando seis de siete decisiones y los honores al lanzador nativo del año de la Liga Dominicana. "Dicen que tiene un brazo de un millón de dólares y una cabeza de diez centavos. Pero eso no es cierto. Es una persona muy inteligente," observó Kittle.[7]

Las Estrellas se quedaron cortos también en su serie de campeonato, pero Andújar fue seleccionado para acompañar a los triunfadores, las Águilas Cibaeñas, a Puerto Rico para la Serie del Caribe. Venció a Venezuela en su única apertura.

Andújar llegó en 1975 al entrenamiento de primavera con el mentor de los Reds Sparky Anderson esperando que algún tratamiento especial desatara su potencial, como lo había hecho para otro volátil dominicano, Pedro Borbon, unos años antes. En vez de eso, Andújar comenzó una tercera temporada en Indianapolis. Antes de que llegara incluso a participar en un partido, Rapp le dijo que iba de nuevo para Doble-A. "Vern Rapp me agarra y me dice que si no me gusta puedo pelear con él," dijo Andújar. "Y me dije, Joaquín, será una mala decisión pelear con Vern Rapp."[8]

Las lesiones limitaron a Andújar a apenas 62 entradas en Trois-Riiveres y, dos días después de que los Reds ganaran la Serie Mundial, lo traspasaron a los Houston Astros, ocupantes del último puesto, por los lanzadores Luis Sanchez y Carlos Alfonso, ninguno de los cuales lanzó una entrada con Cincinnati. Joaquín tuvo balance de 7-2 con las Estrellas y repitió como lanzador nativo del año en lo que resultó ser su último invierno con Kittle, quien se fue de la organización de los Astros como parte de su reorganización.

En el Día de Apertura de 1976, Andújar debutó en las mayores en—de todos los lugares—Cincinnati, transfiriendo a los dos primeros bateadores que enfrentó para forzar una carrera. No lanzaría mucho en los dos primeros meses, pero derrotó a los Reds, 2-1, con una victoria completa de dos hits el 1 de junio para su primer triunfo en las mayores. Se convirtió en el primer pelotero dominicano en ser nombrado Jugador de la Semana luego de blanquear a los Cubs en su siguiente apertura.

Para mediados de julio, había vencido otras dos veces a los Reds con juegos completos y había lanzado blanqueadas consecutivas de 1-0. Lanzando para un conjunto que estaba por debajo de .500, Andújar terminó su temporada de novato con 9-10 y efectividad de 3.60.

Andújar tuvo un comienzo malo en 1977, pero logró seis triunfos seguidos. Con una foja de 10-5 a mediados de la campaña, lo nombraron a la escuadra de la Liga Nacional dirigida por Sparky Anderson. Un tirón en la corva en su última apertura antes del descanso le dejó fuera de la acción, y ganaría solo otra vez luego de perder seis semanas. Demostró que estaba saludable en 14 aperturas ese invierno, reuniéndose con los Leones del Escogido en la capital dominicana de Santo Domingo por vez primera en cinco años. Andújar se casó además con Walkiria Damaris Sáez en el entre temporadas, y esperaba grandes cosas para él en 1978.

Después de predecir una temporada de 25 triunfos en el entrenamiento de primavera, Andújar lanzó bien a principios de 1978, aunque el poco apoyo ofensivo de su equipo impidió que su balance lo reflejara. Se lastimó buscando las cercas durante una práctica de bateo en mayo, sin embargo, y luego exasperó a su mentor Bill Virdon al hacer swing con demasiada fuerza y agravar la lesión justo en su primer partido al regresar. Joaquín salió de un juego con un debilitante caso de comezón por la ropa interior, luego sufrió otro tirón en la corva que lo sacó de juego casi dos meses. Lugo de terminar una temporada perdida de los Astros en el bullpen, se recuperó para liderar la Liga Dominicana en juegos completos por el Escogido y lanzar en otra Serie del Caribe antes de los entrenamientos de primavera.

Las payasadas de Andújar no le ganaron la simpatía de su mentor, mucho menos sus oponentes, pero muchos fans se divertían con su rutina de pistolero en la que apuntaba con su dedo índice a los bateadores dominados como si fuera una pistola. En sus primeros años, incluso fingía soplar el humo y devolver la pistola a su funda.

Los Astros de 1979 tuvieron un gran comienzo con Andújar luciéndose en rol de swingman. Cuando finalmente volvió a la rotación, logró los honores de Lanzador del Mes en junio y regresó al Juego de las Estrellas con un balance de 11-5 en la primera mitad. Joaquín lanzó en el juego en el Seattle Kingdome. En el mes siguiente, se convirtió en padre cuando nació su hijo Jesse, y conectó su primer jonrón de grandes ligas, un batazo dentro del terreno con uno a bordo en el Astrodome para vencer a Bill "Spaceman" Lee, de Montreal, 2-1.

Los Astros apoquinaron una ventaja de 10 juegos en la división, sin embargo, pues Andújar perdió siete de ocho decisiones después del descanso y lo enviaron de vuelta al bullpen. Houston accedió canjearlo a los campeones de la Serie Mundial, los Pittsburgh Pirates, por el veterano toletero Bill Robinson en las reuniones de invierno, pero Robinson destruyó el pacto al ejercer sus derechos 10-5. Andújar no sabía para quien iba a estar lanzando en el Día de Apertura, pero gozó de otra fuerte campaña invernal por el Escogido. En febrero, venció a Venezuela en su única apertura para ayudar a la República Dominicana a ganar la Serie del Caribe en su terreno local.

Joaquín logró su primer salario de seis cifras rumbo a 1980 luego de ganar su caso de arbitraje, pero recibió pocas oportunidades de abrir luego de que Houston firmara a Nolan Ryan a un contrato de agente libre. Un año después de lanzar en el Juego de las Estrellas, Andújar no pudo ganar un solo juego en una primera mitad en la que apenas logró lanzar. Los Astros lo mantuvieron como un seguro en caso de que alguien se lastimara, lo cual demostró ser algo profético cuando el as J.R. Richard sufrió un trágico derrame cerebral en julio. Andújar logró efectividad de 1.19 en agosto cuando los Astros lo buscaron desesperados, pero fue devuelto al bullpen por tercer año seguido al final de la campaña. Houston sobrevivió un juego de desempate para ganar el Oeste de la Liga Nacional. Cuando los Astros finalmente ganaron un tenso Juego 2 de la Serie por el Campeonato de la Liga Nacional en Philadelphia para la primera victoria en postemporada en la historia de la franquicia, Andújar recibió el crédito por el salvamento. Perderían la NLCS en cinco partidos.

La temporada invernal de Joaquín terminó de manera abrupta cuando se metió en una disputa debido a boletos complementarios con la gerencia del Escogido. Los Leones ganaron su primer título en doce años sin él, y los Astros siguieron dejando muy claro que no iban a depender tampoco de Andújar al adquirir a dos abridores probados. Andújar se ofreció para lanzar gratis languideciendo como último lanzador del staff por dos meses. Sus agentes le imploraron que esperara con tranquilidad por su inminente agencia libre. Finalmente, en la primera semana de junio, lo traspasaron a los St. Louis Cardinals. Antes de que pudiera entrar a un juego con su nuevo equipo, los jugadores de las ligas mayores se fueron a la huelga por más de siete semanas.

Pero cuando se reanudó la campaña, Joaquín ganó seis de siete decisiones para el mentor Whitey Herzog de los Cardinals y un coach de pitcheo de St. Louis a quien conocía muy bien, Hub Kittle. "Antes de que los Cardinals me tuvieran, yo era una planta que necesitaba agua," dijo. "Whitey y Hub me echaron agua, y crecí para convertirme en un árbol."[9]

Andújar firmó un contrato de tres años como agente libre para regresar a St. Louis, y tuvo dividendos inmediatos en 1982. Su control estaba mejor que nunca y fue una parte importante de un emocionante equipo que empezó muy bien. Para el descanso de las Estrellas, Andújar tenía la segunda mejor efectividad en la Liga Nacional, pero no las victorias suficientes para ganarse un puesto en el equipo. Aunque siguió lanzando con efectividad, su récord cayó a 8-10 a principios de agosto antes de lograr siete triunfos seguidos para cerrar la temporada regular. Su foja de 5-0 en septiembre le valió para los honores de Lanzador del Mes en la Liga Nacional y ayudó a los Cardinals a ganar la división. Andújar ganó el partido en que alcanzaron el banderín en Atlanta en la NLCS, entonces se enfrentaron a los poderosos Milwaukee Brewers en la Serie Mundial.

Andújar era el único jugador en el terreno que llevaba mangas cortas en una noche fría, llevando una blanqueada hasta el séptimo inning ante el equipo más anotador en dos décadas. Su noche terminó de manera abrupta cuando Ted Simmons pegó un malintencionado batazo de un rebote que golpeó la rodilla derecha de Andújar y se fue a territorio foul. Retorciéndose y gritando en obvia agonía, se convirtió sin embargo en el primer lanzador de la República Dominicana en ganar un juego de Serie Mundial cuando Bruce Sutter sacó los outs finales.

Andújar pasó varios días con muletas, y parecía poco probable que pudiera lanzar si la Serie se extendía. No obstante, cuando el Juego 7 del clásico de otoño de 1982 comenzó en el Busch Stadium, Andújar estaba otra vez en la lomita para demostrar porqué se había estado llamando a sí mismo "One Tough Dominican" (Un dominicano duro) toda la campaña. Logró lanzar siete entradas con ventaja pero tuvo que ser arrastrado fuera del terreno por varios compañeros luego de que Jim Gantner de Milwaukee lo llamara de manera profana un perro caliente. Seis outs más tarde, los Cardinals eran campeones de la Serie Mundial. Andújar pensó que su récord de 2-0 y efectividad de 1.35 eran números para el Más Valioso de la Serie, pero los honores fueron a su receptor, Darrell Porter. Hasta uno de los jugadores derrotados de los Brewers recibió más votos que Andújar.

En 1983, ganó sus primeras dos decisiones para extender su racha a 12 triunfos seguidos antes de que su temporada se deshiciera debido a rectas duras altas y lisas. En junio, los Cardinals perdieron al primer bate Lonnie Smith por rehabilitación de drogas y al estelar primera base Keith Hernandez en un canje. Joaquín estuvo lo suficientemente saludable para abrir 34 partidos, pero terminó la campaña con un miserable balance de 6-16. "Dios es aún mi amigo," insistió. "Debe estar en otro sitio. Tal vez esté mirando la Liga Americana."[10]

Andújar fue uno de los bateadores más agresivos e inusuales en la historia del béisbol. Se ponchó en más de la mitad de sus turnos al bate, normalmente haciendo swing lo más fuerte que podía. Era ambidiestro, pero no en la manera común. "Si el lanzador tiene buen control, batearé a la zurda contra un lanzador derecho. Bateo a la derecha contra lanzadores que no tienen control, o si no los conozco porque no quiero que me den un pelotazo en al brazo derecho. Bateo a la derecha sin nadie en circulación porque de ese lado tengo más poder. Bateo a la zurda con hombres en base para hacer contacto y empujar más carreras."[11]

En 1984, conectó jonrón a la zurda y a la derecha—incluyendo uno con bases llenas—y ganó un Guante de Oro. Joaquín también se llevó los honores por el Regreso de Año en la Liga Nacional uego de ganar su vigésimo partido con solo dos por jugar en la campaña regular. Andújar se saltó el Juego de las Estrellas para estar con su padre enfermo, y terminó en un distante cuarto puesto en la votación del Cy Young pese a haber sido el único lanzador con 20 triunfos en la liga. Después de la temporada, sin embargo, recibió una bienvenida de héroe, cuando más de 10,000 dominicanos recibieron a vuelo de vuelta a Santo Domingo. "Crecí aquí. Nunca me fui de aquí. La gente agradece eso," explicó. "Espero morir aquí, pero uno nunca sabe."[12]

St. Louis premió a Andújar con un contrato de tres años que lo convirtió en apenas el tercer dominicano en promediar más de un millón de dólares anuales. Fue el abridor del Día de Apertura en 1985 y arrancó con balance de 12-1 que mantuvo a los Pájaros Rojos a flote en lo que resultaría ser una batalla campal con los New York Mets en el Este de la Liga Nacional. Andújar apareció en la portada de The Sporting News con su amigo y compatriota Mario Soto, as de los Reds. Ambos lanzadores habían estado involucrados en varios incidentes de peleas en campañas recientes, y Andújar encabezó la liga en golpeados por lanzamientos por segundo año consecutivo. En el artículo, titulado "So Good ... So Misunderstood" (Tan buenos... tan incomprendidos), Andújar señaló: "Nolan Ryan lanza pegado, y no veo que nadie se pelee con Nolan Ryan. Steve Carlton lanza pegado a todo el mundo, nadie dice nada. Pero cuando Joaquín Andújar y Mario Soto lanzan pegado, todo el mundo va hacia la lomita a pelear. Si tanto les gusta pelear, deberían ir a la guerra y pelear. Deberían irse al Medio Oriente."[13]

El balance de Andújar para la primera mitad fue de 15-4, pero el mentor de los San Diego Padres Dick Williams decidió escoger a su abridor del Juego de las Estrellas basado en un enfrentamiento de un juego entre Andújar y LaMarr Hoyt de San Diego. Andújar estuvo tan molesto con la idea que se comprometió a nunca asistir a otro Juego de Estrellas en su vida. Por poco probable que pareciera en aquel tiempo, no lo volvieron a invitar de todos modos. Andújar ganó una marca personal de 21 partidos en 1985, pese a tener problemas y un récord de 6-8 en la segunda mitad. Para empeorar las cosas, en septiembre, sus ex compañeros en los Cardinals Lonnie Smith y Keith Hernández lo señalaron como consumidor de cocaína en el sensacional juicio por drogas que tenía lugar en Pittsburgh.

Lo Cardinals tuvieron foja de 101-61 para ganar el Este de la Liga Nacional y vencieron a Los Angeles Dodgers en seis juegos de NLCS, pero los problemas de Andújar siguieron. Fue bombardeado por los Kansas City Royals en el Juego 3 de la Serie Mundial en lo que resultó ser su último juego en St. Louis como Cardinal. Los Pájaros Rojos casi ganaron su segundo campeonato de Serie Mundial en cuatro años, pero echaron a perder una ventaja en el noveno inning del Juego 6 tras una controversial decisión del árbitro de primera base Don Denkinger. St. Louis estaba ya debajo 9-0 en el cuarto inning del séptimo juego, cuando Whitey Herzog acudió a Andújar—luego de haber optado por no abrir con él—para lanzar de relevo con Denkinger como árbitro de home. Permitió un sencillo y un boleto. La base por bolas provocó que Andújar perdiera su compostura, corriendo y empujando a Denkinger, por lo que fue expulsado.

Aunque los 41 éxitos de Andújar en dos temporadas eran la máxima cifra en las mayores, los Cardinals tomaron la mejor oferta que pudieron por él, enviándolo a los Oakland A's por el lanzador Tim Conroy y el receptor Mike Heath en diciembre de 1985. Además de la suspensión de 10 juego por su arranque en la Serie Mundial, Andújar enfrentaba casi un año de suspensión por parte del Comisionado Peter Ueberroth como secuela del juicio por drogas. A diferencia de otros jugadores—incluyendo a Smith y Hernández—enfrentando el castigo más severo, Andújar nunca fue llamado a testificar.

Resultó que Andújar se perdió solo los cinco primeros partidos de 1986 debido a una serie de lesiones que le causaron pasar tiempo en la lista de incapacitados por primera vez en ocho campañas. Habló del retiro antes de terminar con un sólido balance de 12-7 para un club de Oakland que terminó 10 juegos por debajo de .500.

En 1987, llegó tarde a los entrenamientos, lo cual no era inusual, pero se lesionó al emplearse a fondo en su primer día de entrenamiento, lo cual sí lo era. El nacimiento de su segundo hijo, Christopher, fue la única cosa positiva en una temporada en la que tuvo efectividad de 6.08 y promedió menos de cinco entradas en las 13 aperturas que pudo realizar. Cuando el gerente general de Oakland Sandy Alderson reflexionó sobre el canje que le trajo a Andújar, dijo, "Ambos equipos recibimos nada, pero nuestro nada era más ruidoso que el de ellos."[14]

Andújar aceptó un sustancial recorte de salario para regresar a los Houston Astros en 1988, pero sufrió un tirón muscular en su costado y una cirugía de rodilla, todo en el mes de abril. En su primera salida en St. Louis luego de que los Cardinals lo traspasaran, permitió jonrón para quedar al campo del también dominicano Tony Peña. Cuando golpeó a Peña con una recta semanas después, fue multado y suspendido por el presidente de la Liga Nacional Chub Feeney. "Hay alguien, alguien importante en el béisbol en Estados Unidos, (que) no me quiere en el béisbol. Me quiere fuera del juego," dijo Andújar.[15]

Su promedio de limpias de 4.00 no fue terrible, pero no podía avanzar en los partidos lo suficiente como para quedarse en la rotación. Siguió pidiendo que lo liberaran, pero en silencio se marchitó hacia el final de su carrera en ligas mayores con un récord de 127-118.

En 1989, ningún equipo le garantizaba a Andújar un puesto en roster de ligas mayores, por lo que se quedó en la República Dominicana hasta que los Gold Coast Suns de la recientemente formada Senior League of Professional Baseball le ofrecieron una oportunidad. Apenas antes de cumplir 37, Andújar se fue con 5-0 y un minúsculo promedio de limpias de 1.21 para lograr un pacto cargado de incentivos y una invitación a los entrenamientos de primavera por parte de los Montreal Expos. Un problema en una pierna y un absceso en un diente le limitaron a dos salidas, y los Expos lo dejaron ir antes del Día de Apertura cuando dejó claro que no lanzaría en las ligas menores.

Cuando Whitey Herzog se convirtió en el vicepresidente principal de los California Angels luego de la campaña de 1991, contrató a Andújar como scout, pero el arreglo fue efímero. Los Angels no estaban dispuestos a invertir mucho en chequeo latino, y Andújar aún quería lanzar. Varios equipos expresaron interés en firmarlo cuando hizo un intento de regresar con las Estrellas a finales de 1993, pero problemas en las rodillas y un extraño accidente automovilístico convencieron a Andújar de retirarse de una vez por todas luego de dos aperturas.

Joaquín siguió ayudando a jugadores jóvenes por todo San Pedro de Macorís, asistiendo a los San Francisco Giants dominicanos de las ligas de verano y a las Estrellas, particularmente cuando su viejo amigo Arturo DeFreites era el mentor. Los Chicago White Sox notaron su habilidad para ayudar a los jóvenes lanzadores y lo llevaron a su entrenamiento de primavera una campaña, pero rechazó su oferta de trabajo cuando descubrió que era a expensas de uno de sus amigos. Andújar fue coach de manera informar pero consistente, y jugó softbol para mantener su swing en forma. Las inversiones que hizo en un negocio de construcción y luego en una compañía de camiones, hicieron poco además de menguar su cuenta bancaria. En 2003, Joaquín regresó a St. Louis por primera vez en 15 años para lanzar la primera bola en Busch Stadium ante una ruidosa ovación. "Vivo en la Dominicana, pero mi corazón aún está en St. Louis," dijo.[16]

Dos años después, Major League Baseball hizo a Andújar uno de los 15 finalistas para un equipo de Estrellas Latinas que sería escogido por votación de los fans. Terminó décimo entre los lanzadores. La última vez que Andújar estuvo en el Busch fue en 2007, para el 25 aniversario de los campeones de la Serie Mundial de 1982. El columnista del St. Louis Post-Dispatch Rick Hummel lo describió luciendo "más pequeño que como lo recordábamos."[17]

El Salón de la Fama de San Pedro de Macorís exaltó a Joaquín como miembro en 2011, y las Series del Caribe lo hicieron miembro de su Salón de la Fama un año después. Andújar no asistió a ninguna de las dos ceremonias debido a condiciones de salud no reveladas. La verdad es que la diabetes estaba pasando factura a "un dominicano duro". Luego se divorció, perdió su casa grande y se mudó a un apartamento en Santo Domingo, donde sobrevivió con su pensión de grandes ligas.

Joaquín Andújar murió el 8 de septiembre de 2015. Muchos fans del deporte en Estados Unidos supieron de la noticia por el Instagram de Robinson Canó, el más prominente jugador de San Pedro de Macorís en ese momento. Canó lo describió como "un gran dolor para todos los fans del béisbol, en especial todos los dominicanos, pero sobre todo para todos los que tuvimos la oportunidad de conocerte y aprender de tu ejemplo:"

Poco más de un mes antes de la muerte de Andújar, la República Dominicana tuvo un momento de orgullo cuando Juan Marichal se unió a Pedro Martínez en el escenario durante la ceremonia de exaltación de este último al Salón de la Fama del Béisbol. Dos de los únicos tres dominicanos con más de una campaña de 20 victorias estuvieron sonriendo y sosteniendo la bandera de su país en alto. Precisamente 15 años luego de la última temporada de Marichal con 20 triunfos y 15 años antes de la primera de Martínez, Andújar ganó 20 en el primero de sus dos años consecutivos. "Andújar estaba en medio de todos los sueños que tuve porque fue uno de los mejores lanzadores que hemos tenido en la República Dominicana," apuntó Martínez.[18]

NOTAS

1 Kenny Hand, "Andujar Gets Shot Against L.A. Tonight," *Houston Post*, 9 de septiembre de 1980: 2D.

2 Julio Gonzalez, "Joaquin: Facing the Future With a View from the Past," *Oakland A's Magazine*, Volumen 6, Número 2: 14.

3 Gonzalez: 12.

4 Dave Pavlesic, entrevista con el autor, 31 de mayo de 2006.

5 *The Sporting News*, 5 de noviembre de 1984: 49.

6 Duke De Luca, "Andujar Slows Down Phils," *Reading Eagle*, 30 de junio de 1973: 6.

7 Rick Hummel, "Andujar's Secret? Daddy Knows Best," *St. Louis Post-Dispatch*, 3 de junio de 1982.

8 Kenny Hand, "Ayyyayyaya, Joaquin. Andujar Makes Astros Happy with Jokes, Pitching," *Houston Post*, 22 de mayo de 1977.

9 Steve Wulf, "Here's a Hot Dog You've Got to Relish," *Sports Illustrated*, 24 de enero de 1983: 32.

10 Rick Hummel, "Andujar: God Is Still My Amigo," *St. Louis Post-Dispatch*, 22 de julio de 1983: B1.

11 Rick Hummel, "Sport Interview: Joaquin Andujar," *Sport*, septiembre de 1985: 27.

12 Rick Hummel, "Youneverknow What to Expect From Cards' Ace," *The Sporting News* 1985 Baseball Yearbook, 120.

13 Rick Hummel, "So Good ... So Misunderstood," *The Sporting News*, 17 de junio de 1985: 3.

14 David H. Nathan, *The McFarland Baseball Quotations Dictionary* (Jefferson, North Carolina: McFarland), 2000.

15 Neil Hohlfeld, "Could 'Someone Big' Be Out to Get Andujar?" *The Sporting News*, 27 de junio de 1988: 21.

16 Rick Hummel, "Andujar's Heart Remains in St. Louis," *St. Louis Post-Dispatch*, 26 de julio de 2003.

17 Derek Goold, "Colorful Cardinals Ace Andujar Dies," *St. Louis Post-Dispatch*, 8 de septiembre de 2015.

18 Joey Nowak, "Former All-Star Pitcher Joaquin Andujar Dies," mlb.com, 8 de septiembre de 2015. mlb.com/news/joaquin-andujar-dies-at-62/c-148062060.

Miguel Batista

Por Cosme Vivanco

A Miguel Batista se le considera uno de los individuos más interesantes que se han puesto uno uniforme de béisbol. En su carrera de 18 años como lanzador, os viajes de Batista lo llevaron a 11 equipos distintos, por los que trabajó tanto como abridor como relevista. Una persona profundamente filosófica, resaltaba del jugador promedio con su insaciable deseo de encontrar algo más grande y de más realización que el béisbol. La destreza atlética de Batista le trajo una fortuna considerable, pero sus intereses externos le trajeron un nivel de entendimiento del mundo fuera del terreno. Su amor por la palabra escrita le llevó a publicar un libro de poesía en español titulado *Sentimientos en Blanco y Negro* y una novela *The Avenger of Blood* (El Vengador de Sangre), un thriller sobre un asesino serial. Sus muchas pasiones fuera de la lomita no le permitieron ganarse a muchos de sus compañeros de equipo en su carrera de liga mayor. Y las estadísticas de su cerrera indican que era un lanzador inconsistente. Pero Miguel Batista quisiera que le recordaran como un ser humano decente que por casualidad jugó béisbol de grandes ligas. "Cuando muera, no quiero que la gente me recuerde diciendo, 'Era un gran pelotero,'" dijo Batista. "Quiero que digan, 'Era un gran hombre, un gran ser humano.' Así quiero que me recuerden."[1]

Miguel Descartes Batista Jerez nació el 19 de febrero de 1971, en Santo Domingo, la República Dominicana. Muchos jóvenes que crecieron en la República Dominicana soñaban con jugar en el béisbol de grandes ligas, pero el primer amor de Batista fue la palabra escrita. Su abuela le inculcó la máxima de que la mejor inversión del mundo era un libro. Como adolescente, Miguel escribía sus pensamientos en un diario como compensación por no tener amigos cercanos mientras crecía en San Pedro de Macorís. "Lo de escribir comenzó porque era solitario," dijo Batista en 2006. "De niño, tenía un problema. Los muchachos de mi edad no querían hablar de las cosas que me interesaban. Eso me alejó. Comencé a escribir cuando tenía 12 o 12."[2] Para mediados de su adolescencia, comenzó a escribir poesía pero lo escondió de otros.

Batista no comenzó a jugar béisbol hasta que cumplió 15 años. Desarrolló una vistosa recta, pero tenía problemas para controlarla. Dos semanas después de cumplir 17 años, tuvo un encuentro que cambiaría su vida. Israel Frías, un receptor de ligas menores con los Baltimore Orioles, le habló de un campo de pruebas en el cercano Ingenio Santa Fe.

Fotografía cortesía del Salón de la Fama del Béisbol Nacional

De 60 jugadores en la prueba, Batista fue el único lanzador,[3] y fue la única persona en firmar un pacto: rubricó un contrato con los Montreal Expos.

Los Expos enviaron a Batista a su equipo de Liga Rookie en la Gulf Coast League. En su segundo año, 1991, Batista tuvo foja de 11-5 para los Rockford en la Midwest League (Clase-A). Luego de la campaña fue adquirido por los Pittsburgh Pirates en el draft de Regla 5. Batista abrió 1992 con los Pirates y debutó en las Mayores el 11 de abril, permitiendo jonrón de dos carreras en relevo ante Ruben Amaro en triunfo de los Philadelphia Phillies ante los Pirates, 7-4. Doce días después, fue devuelto a los Expos. Antes de su aparición siguiente en las Mayores, Batista pasó cuatro años puliéndose en las ligas menores.

Batista pasó el resto de 1992 con el West Palm Beach de la Florida State League, Clase-A (7-7, 3.79). Con el Harrisburg de la Eastern League (Doble-A) en 1993, tuvo marca de 13-5 con efectividad de 4.34. En 1994, lanzó en apenas tres encuentros y los Expos lo dejaron libre después de la temporada. Batista firmó con los Florida Marlins y en 1995, en el Charlotte de Triple-A, comenzó a ser utilizado más como relevista que como abridor. En agosto de 1996, Batista fue llamado por los Marlins y lanzó nueve juegos, todos de relevo. Luego de esa campaña, los Chicago Cubs lo adquirieron en waivers.[4]

Miguel comenzó la campaña de 1997 con el Iowa de Triple-A. Su comando mejoró ostensiblemente, y los Cubs lo llamaron en agosto. Su primera aparición con ellos fue una apertura el 11 de agosto en la que permitió dos carreras en siete innings en derrota de los Cubs ante el Los Angeles Dodgers, 2-1.

Sus cuatro salidas siguientes fueron de relevo. Tuvo otras cinco oportunidades de lograr un puesto en la rotación de los Cubs, pero un balance de 0-4 y efectividad de 8.72 en esas cinco aperturas negaron la idea. Luego de la temporada, los Cubs traspasaron a Batista a los Montreal Expos a cambio del jardinero izquierdo Henry Rodriguez.

En las dos campañas siguientes, Batista trabajó principalmente desde el bullpen, pero el mentor de los Expos Felipe Alou le dio también algunas oportunidades de abrir. Su victoria más notable tuvo lugar el 14 de abril de 1999, cuando lanzó completo ante los Milwaukee Brewers, ponchando a seis sin boletos en una fácil victoria de los Expos 15-1.

Tres semanas iniciada la temporada de 2000, los Expos enviaron a Batista a los Kansas City Royals a cambio del derecho Brad Rigby. Jugando por su quinto club, Batista siguió teniendo problemas con su control. En su único año con los Royals tuvo marca de 2-6 con efectividad de 7.74 y un WHIP de 1.754. Combinado con su efectividad de 14.04 a inicio de campaña con Montreal, su promedio de limpias ascendió a 8.54 y su WHIP a 1.867.

Liberado por los Royals después de la temporada, Batista firmó con los Arizona Diamondbacks. Los Diamondbacks estaban intentando volver a la postemporada luego de haber ganado la corona de la División Oeste de la Liga Nacional en 2000. Con Randy Johnson y Curt Schilling brindando fuerza al staff de pitcheo de Arizona, parecía que Batista sería relegado mayormente a las mismas tareas a las que se había acostumbrado desde su llegada a las grandes ligas.

La temporada de 2001 fue de ensueño para la franquicia de los Diamondbacks (de cuatro años de existencia). Derrotaron a los New York Yankees en una dramática Serie Mundial de siete juegos. Batista tuvo el mejor año de su carrera, con 11-8 y efectividad de 3.36. Su WHIP fue de 1.242 y su WAR de pitcheo fue de 2.6. Inició 18 partidos, con balance de 6-6 en ellos. Los oponentes le compilaron .226. Aprovechó su primer viaje a la postemporada. En el Juego 3 de la NLDS, poncho a cuatro bateadores de los Cardinals en seis entradas de un triunfo de 5-3. Batista abrió el quinto juego de la Serie Mundial y dijo que la mítica de los Yankees no le inquietaba ni un poco. "No me importa si son los ángeles de Jesucristo," dijo Batista. "De todos modos tengo que salir, hacer mi trabajo y derrotarles."[5]

La decisión de darle la bola a Batista para un importante quinto partido fue un movimiento audaz por parte del manager de Arizona Bob Brenly. El as de los Diamondbacks Curt Schilling habría sido la elección lógica, pero había sido adelantado para iniciar el cuarto choque. Sin embargo, Brenly tenía confianza de que Batista podía lidiar con la presión. "Detesto poner a cualquiera en esa posición, pero Miguel ha demostrado durante el curso de la temporada que no es el lanzador común y corriente," dijo Brenly. "Puede manejar las cosas por su brazo y mente resistentes. Puede lanzar un día, volver y lanzar dos días de relevo después de eso. Es una cualidad increíble que no he visto recientemente en las ligas mayores."[6]

Batista respondió con una actuación de siete y dos tercios en los que ponchó a seis, transfirió a cinco y no permitió carreras. Sin embargo, los Diamondbacks no pudieron sostener la ventaja de 2-0 y cayeron en extra innings.

Batista resaltó entre sus compañeros de equipo por ser iconoclasta. Era probablemente el único jugador de las mayores que tenía una foto enmarcada de Albert Einstein encima del estante superior de su casillero. Y mientras muchos jugadores gustaban de la pesca, la cacería y el golf, Batista prefería leer, escribir e ir a museos. Disfrutaba el juego y las oportunidades que le brindaba, pero la búsqueda de la verdad en este complicado mundo era extremadamente importante para él. "Nunca he estado cerca de nadie como Miguel Batista," dijo Brenly. "Es una bocanada de aire fresco. No es por criticar, pero si no hablas de fantasy football o fantasy baseball o chicas, la mayoría de los peloteros no tienen mucho que decir. Miguel tiene opinión de todo. Es extremadamente instruido, extremadamente locuaz y un ser humano amable y compasivo. Encima de esto es un gran lanzador."[7]

En 2002, su segundo año con Arizona, Batista lanzó en 36 encuentros (29 aperturas) y terminó la campaña regular con récord de 8-9, promedio de limpias de 4.29. En la Serie por el Campeonato de la División de la Liga Nacional, en la que los Diamondbacks cayeron por barrida ante los Cardinals, Batista inició el decisivo Juego 3, permitiendo cuatro carreras en tres y dos tercios. Al año siguiente, *The Sporting News* nombró a Batista su buen tipo número uno en la MLB debido a sus numerosas causas caritativas, especialmente su contribución de $50,000 para construir un terreno de béisbol en tierra tribal de Arizona.[8] También inició un programa educativo llamado Imagine That (Imaginen Eso). Su objetivo era alentar a niños de cuarto a sexto grado a usar su creatividad para desarrollar nuevas ideas.

En la lomita, Batista terminó la temporada de 2003 empatado en los Diamondbacks con 10 éxitos. Su WAR fue de 4.3, el mejor de su carrera. La actuación de pitcheo más notable de Batista fue un trabajo de 11 ponches en una derrota 3-2 ante los Florida Marlins el 28 de julio.

Miguel fue agente libre al final de la temporada y firmó un pacto de tres años y $13.1 millones con los Toronto Blue Jays. En su primer año, 2004, Batista no lanzó bien y perdió su trabajo como abridor al final de la campaña. En 2005, se convirtió en el cerrador de los Blue Jays y tuvo 31 rescates, pero también desperdició ocho oportunidades de salvamento. Después de la temporada, se vio de nuevo con Arizona, traspasado por Toronto junto a Orlando Hudson a cambio de Troy Glaus y Sergio Santos.

Con los Diamondbacks, Batista volvió a la rotación. En su primera apertura, ponchó a 11 en siete innings en el tercer encuentro de la campaña, en triunfo de Arizona sobre los Colorado Rockies, 12-5. El 12 de septiembre, en una apertura infructuosa suya ante los Washington Nationals, se publicó la versión en inglés de su novela, The Avenger of Blood. El thriller se centró en un muchacho de 14 años que fue acusado de cometer una serie de brutales asesinatos. (Recibió críticas contradictorias.)

Después de la campaña, los Diamondbacks le ofrecieron arbitraje a Batista, pero no estaban dispuestos a comprometerse con un pacto a largo plazo con el derecho agente libre. El 14 de septiembre de 2006, firmó un contrato de tres años por $24 millones con los Seattle Mariners. En 2007, su primer año con su nuevo club, Batista logró marca personal de 16 victorias. Sin embargo, en 2008 tuvo uno de los peores años de su carrera, con marca de 4-14 y promedio de limpias de 6.26. En la temporada siguiente, los Mariners lo movieron a relevista largo. Mientras se ajustaba a su nuevo rol, Batista ganaba elogios por su trabajo humanitario y el club lo reconoció como su candidato para el Premio Roberto Clemente.

Liberado por los Mariners luego de la campaña, Miguel rubricó un contrato de liga menor con los Washington Nationals, y se ganó un trabajo en el bullpen en el entrenamiento de primavera. No obstante, tuvo una apertura: el 27 de julio, apenas minutos antes del primer lanzamiento, lo llamaron a pitchear por el lesionado derecho Stephen Strasburg. Los fans de los Nationals acribillaron a Batista con un coro de abucheos, pues esperaban ver a su talentoso as. Pero el dominicano convirtió los abucheos en vítores al lanzar cinco entradas sin carreras, con seis ponches y apenas un boleto en victoria de Washington sobre los Atlanta Braves 3-0.

Batista comprendía la frustración de los fans. "Imaginen que vayan a ver a Miss Universo y terminen con Miss Iowa, pueden entender ese tipo de abucheo," dijo Batista. "Pero está bien. Tienen que entender que como organización, tenemos que asegurarnos de que el muchacho esté bien. No queremos exponerlos y echar a perder su futuro."[9]

El intento de Batista de humor con auto-desprecio ofendió a Miss Iowa, Katherine Connors, quien respondió, "¡Yo sé que puedo lanzar una o dos pelotas! La cuestión es, ¿puede Miguel Batista caminar en la pasarela en traje de baño?"[10]

Batista se disculpó con ella y fue su receptor cuando ella lanzó la primera bola en un juego de los Nationals dos días después.

Como agente libre después de la campaña, Batista firmó con los St. Louis Cardinals para 2011. Lo dejaron libre el 22 de junio luego de apenas 29 entradas y un tercio de trabajo. Los New York Mets lo firmaron, y logró su victoria 100 en las mayores el 1 de septiembre, llevándose el triunfo 7-5 en una apertura ante los Marlins. En el último partido de la temporada, Miguel abrió ante Cincinnati y lanzó blanqueada de dos hits. La temporada de 2012 no fue buena: luego de marca de 1-3 con efectividad de 4.82, los Mets lo liberaron el 26 de julio.

Al día siguiente, Batista firmó con los Atlanta Braves. Luego de lanzar cinco partidos de relevo, lo dejaron libre. El 19 de enero de 2013, con 41 años, Miguel firmó un contrato de liga menor con los Colorado Rockies, pero lo dejaron ir en el entrenamiento de primavera.

Un año después, el 9 de abril de 2013, Batista, con la esperanza de reanudar su carrera de grandes ligas, firmó un contrato de liga menor con los Blue Jays y lo asignaron a los Buffalo Bisons en Triple-A. Los Jays lo dejaron libre el 21 de mayo. Hasta 2015, lanzó algunos juegos en la Liga Invernal Dominicana.

La carrera de Miguel Batista estuvo llena de altibajos. Tuvo foja de 102-115 con promedio de limpias de 4.48. Se podría discutir, no obstante, que la verdadera medida de su éxito es lo que logró fuera del terreno. En 2012, la Fundación Miguel Batista celebró su décimo aniversario. El objetivo de la fundación es promover el béisbol de jóvenes y la educación en la República Dominicana.

FUENTES

Además de las fuentes citadas en las Notas, el autor consultó baseball-reference.com y retrosheet.org.

NOTES

1 Geoff Baker, "M's Batista Striking the Right Notes," *Seattle Times*, 17 de agosto de 2007. https://www.seattletimes.com/sports/mariners/ms-batista-striking-the-right-notes/

2 "Batista Shows He Has the Write Stuff," *Seattle Times*, 22 de octubre de 2006. seattletimes.com/sports/baseball-notebook-batista-shows-he-has-the-write-stuff/.

3 Gustavo Olivo Pena, Acento.com. "Miguel Batista: 'Mi abuela decía que un libro era la mejor inversión del mundo,'" 17 de agosto de 2011. acento.com.do/2011/actualidad/6142-miguel-batista-mi-abuela-decia-que-un-libro-era-la-mejor-inversion-del-mundo/

4 Waivers: Dícese de cuando un equipo renuncia a los servicios de un jugador y éste es adquirido por otro club. (Nota del Traductor)

5 Chris Baldwin, "Yanks' Aura Means Nothing to Batista," *Daily Record* (Morristown, New Jersey), 1 de noviembre de 2001: D7.

6 David Heuschkel, "For Batista It's a No-Brainer," *Hartford Courant*, 1 de noviembre de 2001: C5.

7 Heuschkel,

8 *The Sporting News*, 7 de julio de 2003: 13.

9 Gene Wang, "Miguel Batista Turns Boos to Cheers as the Washington Nationals Beat the Atlanta Braves, 3-0," Washington Post," 29 de julio de 2010, washingtonpost.com/wp-dyn/content/article/2010/07/27/AR2010072706093.html.

10 Jim Caple, "Miss Iowa USA Sounds Off About Miguel Batista," ESPN.com, espn.com/espn/page2/index/_/id/5420051.

Tony Batista

Por Scott Cummings

Una fotografía de Tony Batista en la caja de bateo tal vez merezca algo de reconocimiento en algún rincón de Cooperstown. Cuando el bateador derecho comparecía a la caja de bateo, tenía una postura abierta que hacía que su pecho estuviera de frente al lanzador. Su pierna izquierda estaba casi al nivel de su pierna derecha. Sus manos estaban al nivel de los ojos con el bate. Cuando el lanzador hacía su windup, Tony llevaba su pierna izquierda hacia adentro, a una "postura abierta" más natural en el béisbol. Esta postura le permitía halar la bola hacia el jardín izquierdo, conectar con más poder, permanecer en las mayores y promover una de sus pasiones, el trabajo misionario cristiano, durante su carrera profesional.

La postura de bateo de Batista era tan extrema, que el Tipo de la Postura de Bateo, Gar Ryness, se lastimó la espalda imitando su postura para su libro, Batting Stance Guy: Letter to Baseball (El tipo de la postura de bateo: Carta al béisbol). Ryness escribió, "Se para con su pie izquierdo en la esquina trasera lejana de la caja bateo, el cuerpo de frente a lanzador, el bate en las nubes. Si un niño en T-ball hiciera eso, cualquier entrenador que se respete estaría encima de él en un santiamén, arreglando prácticamente todo."[1]

Pero esa postura ayudó a Batista durante 11 temporadas de grandes ligas divididas entre seis equipos, y una campaña en la Liga Japonesa del Pacífico. Le ayudó también a aparecer en dos Juegos de Estrellas y conectar 221 jonrones de por vida. Batista alternó sus funciones en tercera base, segunda base, el campo corto y como designado; de los 1,188 partidos de su carrera, 807 fueron en la antesala.

Leocadio Francisco Batista Hernández nació el 9 de diciembre de 1973, en Puerto Plata, República Dominicana. Según su amigo Miguel Tejada, los padres de Batista vivían en la Provincia de Mao Valverde en la República Dominicana. Su ocupación era la cría de animales como cabras, cerdos y ganado.[2]

Batista se graduó de la preparatoria Liceo Juan de Jesús. Se interesó en el béisbol al ver jugar a sus dos hermanos mayores, Ramírez y Vicente, quienes luego se hicieron profesionales. "Aprendí de ellos, ambos fueron peloteros profesionales en Estados Unidos pero solo llegaron a Doble-A," dijo.[3]

En 1991, a la edad de 17 años, Batista firmó con los Oakland Athletics al salir del preuniversitario. Su mejor temporada en las menores fue 1994 con los Modesto A's en la Clase-A de la California League, cuando disparó 17 cuadrangulares y tuvo línea ofensiva de .281/.359/.459 en 119 partidos. En 1996, compilando .322 para el Edmonton de Triple-A (Pacific Coast League), y con 22 años, Batista logró una promoción a los Athletics el 3 de junio. Su debut en las mayores fue esa noche, y jugando tercera base y bateando noveno en el orden, se fue de 3-0 con dos ponches contra Kevin Appier de Kansas City. En 1996 y 1997, estuvo dando tumbos ente Edmonton y Oakland.

Batista jugó algo en el campo corto por los A's pero fue acosado por su mal juego defensivo en la posición, y en 1997, Miguel Tejada se hizo cargo de la posición. Luego de la temporada, Batista no fue protegido por Oakland y fue escogido en el draft de expansión por los Arizona Diamondbacks como la selección número 27. Entre tanto, se atascado en una racha negativa de 28-0 en la Liga Invernal Dominicana, adoptó su postura con el pie izquierdo abierto. Dijo no saber por qué escogió una postura tan rara y única. "Traté de hacer algo diferente," dijo. "Y al instante logré un indiscutible con ese tipo de postura y me ha funcionado desde ese día."[4]

La nueva postura le dio poder consistente para jonrones en las mayores. Batista logró 18 cuadrangulares por los Diamondbacks en 1998. Defensivamente, alternó entre la tercera base, el campo corto y la segunda base en 106 partidos. No se estableció como regular y compiló .273. En 1999 se estableció en el campo corto, jugando 44 juegos (.257, 5 jonrones) por los Diamondbacks. El 11 de junio, fue transferido a los Toronto Blue Jays junto con el lanzador derecho John Frascatore por el pitcher zurdo Dan Plesac. En 98 encuentros con los Jays, bateó .285 con 26 vuelacercas.

Con Toronto para la temporada de 2000 completa, Batista tuvo su mejor año, promediando .263 con 41 vuelacercas y 114 empujadas. Esto le valió para que estuviera en el primero de sus dos Juegos de Estrellas. Pero en 2001 sufrió una regresión. Cuando bateaba apenas .207 con 13 cuadrangulares en 72 encuentros, fue enviado a los Baltimore Orioles en waivers. Este fue su cuarto club de grandes ligas en cinco años. Para los Orioles el resto de la campaña, Batista bateó .266 con 12 jonrones.

Batista jugó en 161 encuentros por los Orioles en 2002, bateó .244 con 31 jonrones, y logró su segunda selección al Juego de las Estrellas.

En 2003, volvió a jugar 161 partidos, pero su producción decayó ligeramente: .235 con 26 jonrones. Después de la campaña, optó por la agencia libre. Firmó con los Montreal Expos por un año y un millón y medio de dólares. Los Expos se convirtieron en su quinto conjunto en siete temporadas de las mayores. Por los Expos, Batista compiló .241, disparó 32 vuelacercas y empujó 110 carreras, séptimo en la Liga Nacional.

Batear 89 vuelacercas y 296 impulsadas en tres campañas debía haber sido suficiente para que Batista se ganara otro contrato d ligas mayores. Se reportó que Tampa Bay, Detroit y Houston le ofrecieron contratos. Pero ninguno de ellos se acercó a los $15 millones por dos años que firmó con los Fukuoka Daiei Hawks de la Liga Japonesa del Pacífico. El pacto también incluía un bono por firmar de $5 millones. Los Hawks, que estaban tratando de alardear de talento joven de grandes ligas, le ofrecieron mucho más del millón y medio que los Expos habían pagado. Batista, entonces con 31 años, aceptó la oferta y cruzó el Pacífico para jugar béisbol japonés.

En Japón, Batista jugó en 135 de los 136 juegos esa campaña, compiló .263, y conectó 27 vuelacercas. Tal vez esto debía haber sido suficiente para que mereciera otra oportunidad en la JPL, pero no iba a suceder. Posiblemente, Batista era demasiado relajado en Japón y parecía apático. Tal vez fue el ajuste a la cultura japonesa. Ver, por ejemplo, un

Fotografía cortesía del Salón de la Fama del Béisbol Nacional

video que aparece en una búsqueda en la red de "Tony Batista scares pitcher" (Tony Batista asusta a un lanzador.[5] Un cronista japonés apodó a Batista "Mr. Nonchalant" (El señor indiferente).[6] Pero lo más probable es que era el jugador más pagado en el equipo, pero no produjo los números más altos. Aunque terminó como líder de la liga en varias categorías, aparentemente sus estadísticas no justificaban su salario y los Hawks querían talento más joven. Batista tenía 31 años. En vez de pagar otros $15 millones, el club compró su contrato por $4.5 millones.

Dos días después de su liberación, el 15 de diciembre de 2005, Batista rubricó otro contrato para regresar a los Estados Unidos con un pacto de un año y $1.25 millones de dólares con los Minnesota Twins. Su bate debía rellenar un vacío de poder en el lineup de los Twins y fungiría en un necesario puesto como tercera base y bateador designado.

Las esperanzas de los Twins fueron infructuosas. En 50 encuentros, Batista compiló apenas .236 con cinco cuadrangulares, y fue liberado e 14 de junio. El manager de los Twins Ron Gardenhire dijo, "Si no vas a batear jonrones, entonces tienes que poder correr. Estábamos esperando que Tony conectara unos jonrones más."[7]

Batista jugó pelota invernal en la República Dominicana en la temporada de 2006-2007 por vez primera en los ocho años desde que adoptó su conocida postura de bateo. Necesitaba la liga invernal para ayudar a promocionarse para otro contrato de grandes ligas a la edad de 32 años. Compiló solamente .213 en 18 encuentros, y firmó un contrato de liga menor con los Washington Nationals con una invitación al entrenamiento de primavera. Batista logró integrar el roster de los Nationals en 2007 en el entrenamiento de primavera, pero tuvo poco impacto de poder, con apenas dos batazos de cuatro esquinas en 80 encuentros.

A la edad de 34 años, Batista regresó a jugar 16 partidos en la Liga Invernal Dominicana y nuevamente logró un contrato de liga menor con los Nationals. En esta ocasión no llegó a las mayores y disputó 17 desafíos en el Columbus de Triple-A. Jugó nuevamente pelota invernal, pero no pudo ni siquiera lograr un contrato de ligas menores.

Según Baseball-Reference.com, Batista se quedó por debajo de los $40 millones entre las grandes ligas y Japón. Donó una gran parte de su salario a caridades e iglesias y se veía a sí mismo como un misionario cristiano.

Cuando su equipo jugaba en la carretera, Batista convirtió en una práctica donar a las iglesias locales. Una vez pidió a su chofer de taxi en Kansas City que lo llevara a una iglesia. El chofer eligió al azar la Country Club Christian Church, donde Batista pidió ver a la ministra. La ministra estaba cansada después de ese lunes luego de haber oficiado tres bodas y predicado tres veces antes de que terminara el fin de semana. Batista la instruyó a que abriera la Biblia y buscara Malaquías 3:10: "Traigan íntegro el diezmo para los fondos del templo, y así habrá alimento en mi casa. Pruébenme en esto —dice el Señor Todopoderoso—, y vean si no abro las compuertas del cielo y derramo sobre ustedes bendición hasta que sobreabunde." Batista habló un poco en inglés quebrado y dijo, "Estoy convencido de esto." Le dio un grueso sobre blanco con el logo del Fairmont Hotel, luego se fue y dijo algo sobre el taxista aun esperando fuera. Dentro del sobre había $16,400. El director de finanzas de la iglesia dijo posteriormente, "Esto te devuelve la fe en las personas. Yo aún creo que a los jugadores les pagan demasiado, pero hay unos que están bendecidos."[8]

Batista dijo a un reportero en 2006, "Dios me utiliza. Dondequiera que voy hablo de Él y del poder que tiene." Batista casi siempre estaba disponible antes y después de los juegos para un autógrafo.[9] Pero el recuerdo de esa postura totalmente abierta sigue en el corazón de los fans del béisbol.

FUENTES

El autor consultó el archivo de jugador de Tony Batista en el Salón de la Fama del Béisbol, y dependió de Baseball-Reference.com.

NOTAS

1. Gar Ryness y Dewart Caleb, *Batting Stance Guy: A Love Letter to Baseball* (New York: Simon and Schuster, 2010), 36-41.
2. Miguel Tejada, correspondencia por email con Julio Rodríguez, 23 de julio de 2018.
3. Steve Riach, *Life Lessons From Baseball* (Colorado Springs: Honor Books, 2004), 13-17.
4. Ibid.
5. youtube.com/watch?v=IUiQIPzcm44.
6. Wayne Graczyk, "Batista's Number Didn't Justify His Massive Salary," *Japan Times*, 18 de diciembre de 2005.
7. Jayson Williams, "Line Up Redo Puts Batista out, Bartlett In," *St. Paul Pioneer Press*, 24 de junio de 2006.
8. Joe Capozzi, "Batista's Gift to Church Exemplifies Generosity," *Cleveland Plain Dealer*, 5 de agosto de 2002.
9. Jonathan Weeks, *Latino Stars in Major League Baseball: From Bobby Abreu to Carlos Zambrano* (New York: Rowman and Littlefield, 2017), 6-8.

George Bell

Por Seth Moland-Kovash

Un evento en 1987 trajo una combinación de dos situaciones primerizas, cuando un miembro de un equipo canadiense ganó por vez primera el premio al Jugador Más Valioso, que coincidió con el primer premio de este tipo ganado por un pelotero de ascendencia dominicana. El jugador en cuestión, George Bell, jugó 12 campañas desde 1981 hasta 1993 con tres equipos de grandes ligas. Esa temporada de 1987 fue el pináculo ofensivo del diestro jardinero izquierdo y bateador designado, al disparar 47 cuadrangulares y aventajar al paracortos de los Tigers Alan Trammell y obtener el honor.

Jorge Antonio Bell Mathey nació el 21 de octubre de 1959 en el pueblo dominicano de San Pedro de Macorís. Este poblado sudoriental dominicano ha producido tantos peloteros que a veces se le conoce como "la cuna de los paracorto". Esta lista de grandes de San Pedro de Macorís incluye a los contemporáneos con Bell, Henry Rodríguez y Sammy Sosa, quienes luego figurarían en el propio historial de transacciones de Bell.

Bell fue originalmente fichado con 19 años por los Philadelphia Phillies en 1978. Dos años después, los Toronto Blue Jays, incitados por el legendario scout Epy Guerrero, seleccionaron a Bell en el draft de Regla 5 de 1980. Bell pasaría la mayor parte del resto de su carrera con los Blue Jays, logrando la exaltación al Nivel de Excelencia de los Blue Jays, un honor compartido con solamente otros 10 jugadores, hasta el año 2018.

Los Blue Jays abrieron la campaña de 1981 en Detroit ante los Tigers el 9 de abril, y Bell estaba allí. Con los Blue Jays debajo 5-2 en el principio del octavo inning, Bell fue puesto a correr por el cuarto bate de Toronto, John Mayberry. Tres outs consecutivos hicieron que Bell no tuviese acción como corredor, pero se quedó en el juego como jardinero izquierdo para la parta baja del octavo cuando los Tigers batearon. Solo una pelota fue en su dirección—un triple por encima de su cabeza y contra la pared de Al Cowens.[1] Después de otra infructuosa aparición de corredor emergente, Bell se quedó en la banca por casi dos semanas. Su primera comparecencia al plato tuvo lugar el 21 de abril en casa ante los Milwaukee Brewers. Bell entró en el juego en el séptimo inning para jugar en el jardín izquierdo mientras su equipo perdía 6-0. Bateó en el final del noveno inning, con su equipo debajo 6-2, y enfrentando a Moose Haas roleteó hacia el campo corto. El día siguiente, Bell inició su primer partido, en el jardín derecho y bateando tercero en una alineación que estaba pasando dificultades. Las dificultades continuarían, y los Brewers ganaron el partido 8-1, provocando que los Jays cayeran a 3-9. Bell inició el juego fallando dos veces en rolata, pero logró su primer imparable en grandes ligas con un doble al derecho ante Mike Caldwell. No anotó.

La campaña de novato de Bell quedó corta cuando chocó contra una pared de los jardines persiguiendo un foul el 9 de junio. No regresó hasta el 10 de agosto y terminó su contienda de novato compilando .233/.256/.350 en acción limitada. Esos números no son muy llamativos, pero hubo muestras de poder y velocidad en su juego incluso con 19 años, y logró algunos votos para el Novato del Año de la Liga Americana.

Bell pasó la campaña de 1982 con Syracuse, afiliado en Triple-A de los Blue Jays, pero otro año lleno de lesiones le vio jugar solamente 37 partidos con 131 comparecencias al bate. No fue sorpresa, por tanto, que los Blue Jays le hicieran iniciar 1983 (con solo 23 años) en Triple-A. Cuando lo promovieron, para abrir el 12 de julio en Kansas City, Bell aprovechó su oportunidad y conectó jonrón de dos carreras y doble como designado. Además de un infructuoso intento de regresar en 1993, Bell había terminado de manera definitiva con las ligas menores.

Los Blue Jays estaban tomando su paso en 1984, el primer año completo de Bell en las ligas mayores. Apoyados en el pitcheo de Dave Stieb y el veterano Doyle Alexander, además del trío de jardineros en desarrollo formado por Bell, Lloyd Moseby, y Jesse Barfield, este año fue el comienzo de un período de béisbol ganador en Toronto. Bell fue una parte importante de este éxito. El equipo de 1984, bajo las órdenes del manager Bobby Cox, terminó a unos distantes 15 juegos detrás de Detroit en el Este de la Liga Americana, pero las señales de buenas cosas por venir estaban desarrollándose. Los tres jardineros tenían 24 años de edad y estaban consolidándose. Bell terminó la temporada con una línea ofensiva de 292/.326/.498 y tal vez lo más importante es que permaneció en el terreno toda la temporada, jugando 159 encuentros primariamente como jardinero izquierdo y derecho. Terminó el año con 26 jonrones, un número que sería muy consistente en el resto de su carrera, excepto el año de MVP con 47. Sus consistentes presencias en la alineación fue otro rasgo distintivo de su carrera casi hasta el mismo final, al haber evitado letargos largos hasta que su carrera terminó en 1993.

Fue la exitosa campaña de 1984 que tuvo, y la falta de reconocimiento que percibió por la misma, lo que comenzó su reputación de ser hostil (o al menos poco cooperativo) con la prensa que acosó a Bell el resto de su carrera. Muchas veces lo catalogaban de lacónico, especialmente en comparación con su locuaz compañero de muchos años Barfield.[2] En 1984, los cronistas de Toronto votaron por Dave Collins como el MVP del equipo por encima de Bell. Durante el entrenamiento de primavera de 1985, Bell declaró que no ya iba a hablar con los reporteros de los periódicos, y los acusó de racismo en su selección.[3]

En 1985, los Blue Jays finalmente salieron del bache y ganaron el Este de la Liga Americana con registro de 99-62, aventajando a los New York Yankees por dos juegos. Bell estuvo en el corazón de la alineación, bateando entre tercero y quinto, siendo suyo el cuarto puesto por toda la segunda mitad de la campaña. Los Jays cayeron ante los Kansas City Royals en la ALCS. Bell no pegó jonrones en la serie, pero sí contribuyó a la causa con tres dobles.

Al año siguiente los Jays retrocedieron un poco, pero Bell contribuyó a su increíblemente consistente manera, con una línea ofensiva de .309/.349/.532. También comenzó a tener reconocimiento como uno de los mejores, al terminar 1986 en el cuarto puesto en la votación para el MVP. Pero mucho más vendría en 1987. En esa temporada, los Jays tenían el mismo outfield de Bell, Moseby y Barfield, además de haber añadido al joven designado Fred McGriff. Jimmy Key y Jim Clancy habían venido a unirse a Stieb en el staff de pitcheo. Las cosas se veían bien. Fue una dura lucha y solo una barrida al final de la campaña a manos de los Tigers vio a los Blue Jays perderse los play off nuevamente, al terminar dos juegos por debajo de éstos. Pero George bell tuvo el año de su carrera.

Bell encabezó la Liga Americana en solamente una categoría ofensiva, sus 134 empujadas. Sumó a esto sus 47 jonrones, marca personal y récord del club, superados solamente por los 49 de Mark McGwire. Todos esos jonrones salieron del cuerpo de seis pies una pulgada y 190 libras de Bell. La votación por el jugador más valioso estuvo cerrada (solo 21 puntos) entre Bell y Trammell, de Detroit. Trammell ganó el título de la división en el terreno, pero Bell se ganó el respeto de los cronistas por la forma en que ayudó a su equipo todo el año. Entrevistado por teléfono cuando se anunció el premio, Bell dijo, "Estoy muy feliz. ... Porque cuando ganas el MVP muestra que has trabajado duro. Que eres un ganador. Es una de las mejores cosas que me han sucedido en los últimos tres años."[4]

La controversia acosó a Bell en la campaña de 1988. El manager de los Blue Jays Jimy Williams quería hacerlo designado. Este plan ofendió el orgullo de Bell en su papel como estrella de las mayores. Pensó que era un ataque inmerecido a sus habilidades defensivas; le habría convertido en el designado regular más joven de la Liga Americana. Las cosas estallaron en un juego en el entrenamiento de primavera el 17 de marzo, cuando Bell se rehusó a tomar su bate en el momento en que le tocaba comparecer. Fue suspendido por un día, y multado $1,000, pero el resentimiento se mantuvo.[5] Bell "ganó" el argumento al jugar

Fotografía cortesía del Salón de la Fama del Béisbol Nacional

solamente siete encuentros como designado en 1988, y 149 en su preferido jardín izquierdo.

Jimy Williams fue despedido luego de un inicio de 12-24 para la campaña de 1989 y el nuevo manager Cito Gaston movió con más regularidad a Bell al designado, diciendo, "La gente no quiere creer que George es un jugador de equipo, pero lo es. George solamente quiere ser respetado y que se le hable de frente."[6] El tiempo de Bell como designado se incrementó a solamente 19 encuentros pero el precedente se había marcado, pues los Jays mejoraron con Gaston para ganar el Este de la Americana antes de caer nuevamente en la ALCS, esta vez en cinco encuentros, ante los Oakland Athletics.

La temporada siguiente, 1990, fue la última de Bell antes de la agencia libre. Tuvo un año sólido y consistente (.265/.303/.422), logrando su segunda selección al Juego de las Estrellas y mientras contribuía al registro de 86-76 de los Blue Jays y su rol de designado crecía, con 36 salidas. Bell se había ajustado aparentemente y se había reconciliado con la presunta falta de respeto hacia él como uno de los mejores del béisbol gracias a su confianza en su rendimiento. Dijo a Chuck Johnson de *USA Today* en junio, "No creo que la gente me compare en la categoría de súper estelar. Creo que me comparan como un jugador de la media. Nadie me da crédito. Pero yo salgo y juego mi juego. No me importa."[7]

Después de la contienda de 1990, Bell tuvo su primera oportunidad en el mercado de la agencia libre. Firmó con los Chicago Cubs por $9.8 millones garantizados por tres años, pasando a la Liga Nacional, donde la cuestión del designado no sería un problema. Allí se unió a Andre Dawson en el outfield, así que los Cubs tenían a los dos ganadores del MVP en 1987. Bell estuvo en ese equipo solamente por 1991, logrando una selección al Juego de las Estrellas con una línea de .285/.323/.468 y 25 vuelacercas.

Durante el entrenamiento de primavera de 1992, Bell fue transferido al otro lado de la ciudad a los Chicago White Sox y de vuelta a la Liga Americana. El cambio trajo a los Cubs al lanzador Ken Patterson y a un joven Sammy Sosa. Los White Sox vieron a Bell y a su poder como la llave que los llevaría la cima en el Este de la Liga Americana. Bell también era mucho más tratable en este momento de su carrera a un tiempo más centrado como designado con algunas ocasiones en el jardín izquierdo. Respondió con un sólido 1992. El poder seguía ahí, pero el promedio de bateo comenzó a declinar y los ponches a aumentar, solo ligeramente. Aun así, sus 25 jonrones y su línea de (.255/.294/.418) fueron una sólida contribución. El año siguiente fue más una decepción para sí mismo: disparó solamente 13 cuadrangulares, su menor marca desde 1983, y tuvo una línea ofensiva de .217/.243/.363. Perdió 40 encuentros en julio y agosto después de una cirugía para reparar un daño en un cartílago de su rodilla derecha. Cuando regresó en septiembre, estaba claro que algo todavía andaba mal. Los White Sox sí ganaron la división en 1993, pero Bell no apareció en la ALCS, en la que Chicago cayó ante los Blue Jays. Bell respondió con duros comentarios sobre el manager Gene Lamont.[8] Los White Sox respondieron declinando tomar su opción de $3.3 millones para 1994 y lo dejaron libre el 13 de octubre.

Bell optó por el retiro en este punto, regresando a su natal República Dominicana. Ha pasado la mayor parte de su retiro en su bote de 37 pies y jugando golf, disfrutando del sol y las aguas de su tierra natal. También ha hecho algo de coach por tiempos cortos con los equipos dominicanos al Clásico Mundial de Béisbol.[9] En 1996, junto con su excompañero Dave Stieb, fue exaltado al Nivel de Excelencia de Toronto. Por unos años, Bell pasó tiempo con los Blue Jays como instructor y consultante de ligas menores. En 2013 fue elegido para el Salón de la Fama del Béisbol Canadiense. Hasta 2018, el nombre de Bell estaba aún alto en la lista de líderes entre los bateadores de los Blue Jays. Era cuarto en empujadas (740), quinto en hits (1,294) y sexto en jonrones (202). Sus 47 cuadrangulares en 1987 se ubican segundos para una campaña para un toletero de Toronto (José Bautista, 54 en 2010). Fue solamente uno de dos jugadores de los Blue Jays en ganar el premio al Jugador Más Valioso de la Liga Americana, solamente igualado por Josh Donaldson en 2015.

FUENTES

Además de las fuentes citadas en las Notas, el autor también utilizó Baseball-Reference.com y Retrosheet.com.

NOTAS

1. Dave Matthews, "Sparky Uneasy with Tiger Victory," *Lansing* (Michigan) *State Journal*, 10 de abril de 1981: C-2.

2. Por ejemplo, en un artículo de Maury Allen, "Barfield, Bell Help Jays gel," *New York Post*, 9 de junio de 1987.

3. Marty York, "Who's This Guy, George Bell?" *The Sporting News*, 13 de julio de 1987: 16.

4. Jim Donaghy, "Bell Lures AL MVP Title Across Border," *Albany Times Union*, 18 de noviembre de 1987: D-1.

5. Neil McCarl, "Blue Jays' DH Role: It's No Bell Prize," *Toronto Sun*, 26 de marzo de 1988: 22.

6. "Behind the Seams," *USA Today*, 11 de agosto de 1989: 6C.

7. Chuck Johnson, "Bell Confident He'll Eventually Earn Respect," *USA Today*, 26 de junio de 1990.

8. Mike Shalin, "Benched Bell Trashes Lamont," *New York Post*, 9 de octubre de 1993.

9. Teresa Nickerson, "Interview of the Month," torontobluejays.com, 6 de febrero 1997, recuperado el 1 de noviembre de 2018.

Rafael Belliard

Por Joe Cox

En la noche del 26 de septiembre de 1997, los Atlanta Braves y los New York Mets estaban jugando en los finales de la temporada regular ante una escasa multitud en el Shea Stadium. Pero si parte del atractivo del béisbol es que cualquier visita al estadio puede dejar logros históricos, lo partisanos de New York estaban a punto de disfrutarlo.

En el séptimo inning, el paracorto de Atlanta Rafael Belliard le hizo swing a una recta del zurdo de los Mets Brian Bohanon y la envió por encima de la pared del jardín izquierdo para empatar el juego con jonrón. El dugout de los Braves explotó, con muchas de las más grandes estrellas de Atlanta sonriendo como peloteros de liga infantil mientras Belliard corría las bases y regresaba a la cueva en medio de una atmósfera de pandemonio. La celebración parecía del tipo de un batazo que decide el banderín o un jonrón con bases llenas en el noveno episodio. Llevaba tiempo esperándose.

"He estado buscando eso por 10 años," exclamó Belliard después del encuentro. "Finalmente, lo logro esta noche. Estoy soñando."[1]

Rafael Belliard, paracorto extraordinario de cinco pies seis pulgadas, había conectado su pimer jonrón de grandes ligas el 5 de mayo de 1987. Luego de diez años y medio, y 1,869 turnos al bate en grandes ligas, Belliard logró su segundo—y último—cuadrangular en las mayores.

Rafael, tanto como cualquiera, tipificaba a los torpederos buenos fildeadores/malos bateadores que proliferaron en las grandes ligas desde su reinado a principios de los 80 hasta finales de los 90. Logró abrirs camino a las mayores con su velocidad de piernas y su prominencia defensiva y allí permaneció pese a su falta de habilidad a la ofensiva, particularmente en términos de poder.

Belliard puede ser mejor recordado hoy por sus sequía de 10 años y medio sin jonrone. Per en vez de que sea rememorado como pelotero por lo que no hubo en su carrera, bien podría ser recordado por su década y media en las ligas mayores, por su hábil guante, sus sólidos toques de bola, y por ser parte de un equipo de los Braves que le permitieron aparecer en cuatro Series Mundiales e incluso destacarse en una.

Y entonces, cada unos diez años, agregaría un vuelacerca.

Rafael Leonidas Belliard Mattias nació el 24 de octubre de 1961, en Puerto Nuevo, República Dominicana. Como muchos muchachos de su edad, Belliard pasó gran parte de su

Foto cortesía de los Pittsburgh Pirates

niñez refinando sus habilidades beisboleras, las que en su caso eran mayormente defensivas. "En la dominicana, jugamos todo el año, sin importar dónde," reflexionó en 1991. "Allí practicas todos las dias como si fuera el entrenamiento de primavera. Tienes como un mes libre, y entonces, vuelves a la práctica."[2]

Cuando Belliard tenía 17 años, tomó un viaje en ómnibus a Santo Domingo, donde hizo una prueba para un equipo militar dominicano. Cuando su hábil fildeo le permitió ganarse un puesto en la escuadra, su compensación fue de unos $80 mensuales.[3] La gran oportunidad de Belliard fue probablemente en los Juegos Panamericanos de 1979, donde su escuadra dominicana terminó en segundo puesto, perdiendo solamente con los campeones de Cuba. Los scouts pueden haber visto los juegos para chequear a un deslucido equipo estadounidense que terminó con 5-3 y no logró medallas, pero no podían dejar de notar al pequeño torpedero dominicano, quien no solo fildeó todo lo que le batearon, sino que también logró compilar .375 en los ocho juegos jugados.

El scout de Pittsburgh Pablo Cruz urgió a los Pirates que ficharan a Belliard. Cuando algunos le cuestionaron por la diminuta estatura del torpedero, Cruz les dijo que "No se preocuparan por las pelotas bateadas sobre su cabeza porque no habría muchas que pasaran por entre sus piernas."[4] Cruz también le dijo a los ejecutivos de los Pirates, "Tiene sangre ganadora."[5]

Rafael firmó con Pittsburgh en 1980, y esa sangre ganadora no se puso de manifiesto enseguida. En el verano de 1980, en 20 encuentros entre la Gulf Coast League y el equipo de los Pirates en la South Atlantic League in Shelby, bateó .182. Alternó entre segunda base, tercera base y el campo corto, y si bien sus habilidades defensivas eran obvias también lo eran las limitaciones de su juego. Muy pocos predijeron que Belliard sería un ligamayorista duradero.

La historia se repitió en esencia en 1981, cuando Pittsburgh lo hizo su torpedero regular para los Alexandria Dukes de Clase-A. Belliard, quien tenía 19 años en aquel entonces, jugó 127 partidos y mostró muchas de las habilidades que definirían su carrera. Participó en 73 dobles jugadas en el campo corto, que casi encabezaron su liga, tuvo una docena de toques de sacrificio y robó 42 bases. También tuvo una línea ofensiva de .216/.264/.250 y se tomó 92 ponches.

Para muchos jugadores, una carrera prometedora habría terminado justo allí. Pero el destino de Belliard fue moldeado por las acciones del club principal, que estaba a punto de transferir al paracorto de 1981 Tim Foli a los California Angels. Pittsburgh entonces planeaba darle el trabajo a Dale Berra. Hijo del miembro de los Yankees y del Salón de la Fama Yogi Berra, Dale fue una selección de primera ronda de Pittsburgh y había cumplido funciones de utility con el equipo por varias campañas. No solo tenía el pedigrí para ser un ligamayorista regular, tenía algunas de las habilidades necesarias, pero tenía problemas con la consistencia. En 1982, Berra sería el torpedero de los Pirates, pero necesitaría un reemplazo, particularmente alguien con un buen guante.

Entre tanto, Rafael Belliard pasó la mayor parte de la temporada de 1982 con el Buffalo de Doble-A. El puesto de torpedero regular allí le pertenecía al promocionado prospecto Gregory Pastors. Pastors bateó .193, y Belliard jugó mejor que él significativamente, bateando .274 en 124 turnos y con mejor promedio defensivo. Como era de esperar, el 6 de septiembre, los Pirates llamaron a Belliard a las grandes ligas, donde jugó nueve partidos, primariamente como corredor emergente y reemplazo defensivo. Experimentó su primer turno al bate en las mayores el 25 de septiembre, un sencillo como emergente ante Scott Sanderson, de Montreal, antes de robarse la segunda base y anotar carrera Belliard terminó la campaña de 2-1 en la caja de bateo y tuvo cuatro inmaculados lances a la defensa.

Rafael pasó las tres campañas siguientes dando tumbos por las ligas menores, breves apariciones en Pittsburgh, y, en una ocasión, una larga estadía en la lista de incapacitados. La mayor parte de 1983 fue en el Lynn de Doble-A (donde compiló .262 en 431 turnos). El grueso de 1984 fue en la lista de incapacitados luego de que se fracturara la fíbula izquierda en una mala caída durante un difícil tiro del infield en Chicago. Si existe el karma de recuperación, de seguro tuvo lugar en 1985, cuando Belliard pasó la mayor parte de la temporada en el Hawaii de Triple-A (donde promedió .246 en 341 turnos). En total, Belliard efectuó 41 encuentros de grandes ligas desde 1983 a 1985. Se fue de 43-9 en esos años.

Entre tanto, Pittsburgh había seguido dependiendo de Dale Berra como torpedero, pese a los decrecientes dividendos ofensivos y tres temporadas consecutivas de 30 errores. Los problemas con el rendimiento de Berra pueden explicarse en cierto modo por su aparición en los Juicios por Droga de Pittsburgh de 1985. Después de la temporada de 1984, los Pirates transfirieron a Berra a los Yankees, donde su padre hacía de manager. Entre los jugadores que recibieron a cambio se encontraba Tim Foli. Un artículo de marzo de 1985 en The Sporting News indicó que Belliard podía alternar con Foli,[6] pero este último se retiró luego de promediar .189 en 37 turnos en Pittsburgh.

Los Pirates se fueron con Sam Khalifa en el campo corto en 1985. Éste lo siguió con promedio de .238 e hizo 16 errores, y después de que Pittsburgh se fue con 57-104, el manager Chuck Tanner fue despedido, para ser seguido por un ligaminorista de carrera llamado Jim Leyland. Fue uno de los momentos más afortunados en la carrera de Rafael Belliard.

En la primavera de 1986, Belliard trataba de abrirse camino en una congestionada rotación de paracortos en Pittsburgh. Los Pirates regresaron al abridor Khalifa y al veterano Johnnie LeMaster. Pero Belliard dejó su marca. Los Pirates dejaron libre a LeMaster antes del Día de Apertura, con Leyland diciendo a un reportero, "Belliard se abrió camino al club con su juego. Tiene más versatilidad que LeMaster."[7]

Belliard pasó su primera temporada completa en las grandes ligas bajo las órdenes de Leyland, quien valoraba tanto la juventud como la defensa. A medida que Belliard siguió mejorando, Khalifa tuvo problemas y fue finalmente enviado a las menores. Los Pirates ficharon al veterano U L Washington, pero dieron la mayor parte de tiempo de juego en el campo corto al dominicano. Rafael incluso brindó algo de producción ofensiva a principios de la campaña al batear de 33-15 durante un tramo, y promediando .248 en la primera mitad de la temporada, con 23 empujadas y 10 bases robadas.

Jugó 117 juegos en 1986, mayormente en el campo corto, aunque en ocasiones cubrió la segunda base. Su defensa siguió siendo notable, al terminar cuarto entre los paracortos de la Liga Nacional en factor de rango por nueve entradas como torpedero, y quinto en carreras totales por zona en el circuito. Ofensivamente, sus 11 sacrificios fueron séptimos en el Viejo Circuito. Dicho esto, su línea ofensiva de .233/.298/.262 le aseguró que siguiera alternando con jugadores de medio infield más ofensivos.

La campaña de 1987 una especie de retroceso para Rafael. En el entrenamiento de primavera, el gerente general de los Pirates Syd Thrift dijo a un reportero, "En verdad se necesitan dos (torpederos)."[8] Las preocupaciones de la resistencia física de Belliard y su naturaleza callada fueron usadas como evidencias en favor de la búsqueda de otro paracorto por parte de los Pirates.[9] Durante la primera mitad de la temporada, las preocupaciones parecían infundadas. Belliard disparó el primer cuadrangular de su carrera el 5 de mayo, un batazo de tres carreras ante Eric Show, de los Padres. Si bien Belliard tuvo algunas dificultades, Leyland habló a su favor, diciendo que si bien Belliard "no (era) un bateador de .300," tampoco era "un bateador de .200."[10] Leyland también evocó paralelos entre las habilidades defensivas del dominicano y las del torpedero de Baltimore Mark Belanger, diciendo finalmente a la prensa, "Si la alineación simplemente hacen lo que pueden hacer, creemos que podemos dejar que Belliard juegue el campo corto y no preocuparnos por eso."[11] No funcionó de ese modo en 1987.

Belliard estaba bateando .187 el 8 de julio, cuando fue degradado al Harrisburg de Doble-A. Promedió .338 allí, y lo Pirates lo volvieron a llamar el 16 de agosto. Belliard bateó de 10-6 antes de terminar su temporada al fracturarse una pierna el 26 de agosto mientras completaba una doble matanza contra los Reds. La breve racha le permitió terminar el año con .207 pero jugó apenas 81 partidos y tuvo 203 turnos para una línea ofensiva de .207/.286/.271.

En los tres años siguientes en Pittsburgh, se repitió el mismo patrón básico. Los Pirates—particularmente Leyland—apreciaban el buen guante y la versatilidad de Belliard. (Incluso jugó algunos juegos en tercera base para Pittsburgh en 1989 y 1990). Sin embargo, sencillamente no bateaba lo suficiente como para ser más que un jugador de cambio. En 1988, Belliard participó en 122 encuentros, pero fue parte de un grupo de tres torpederos en Pittsburgh (junto con Félix Fermín y Al Pedrique) que se combinó para tener más errores (20) que empujadas (17). Rafael jugó menos en 1989 (67 encuentros, 154 turnos) y 1990 (47 encuentros, 54 turnos). Pittsburgh estaba dando más juego en la posición a Jay Bell y en 1990, el futuro de Belliard volvió a estar en riesgo luego de haber sido dejado fuera del roster de postemporada de los Pirates cuando el equipo llegó a la NLCS de 1990.

En diciembre de 1990, como agente libre, Belliard firmó un contrato de dos años por $800,000 con los Atlanta Braves ocupantes del último puesto. El gerente general de los Braves, John Schuerholz, actuó basado en buenas opiniones de algunos cercano a Belliard. El ex miembro de los Pirates Sid Bream, quien jugaría con Belliard en Atlanta, le dijo a Schuerholz, "Es un torpedero tan bueno como Ozzie Smith."[12]

El veterano mentor Bobby Cox usó a Belliard en un tándem con el buen paracorto bateador/mal fildeador Jeff Blauser, y el joven staff de Atlanta, que incluía a John Smoltz, Tom Glavine, y Steve Avery, otorgó muchas ventajas que justificaban mantener al poco ofensivo Belliard en los juegos con propósitos defensivos. Pero Cox veía a Belliard como su torpedero regular, y se lo hizo a Rafael. "Le dije que no había hecho eso en realidad," recordó Belliard.[13]

Belliard jugó en 149 encuentros en 1991, con 353 turnos, ambos marcas personales. No le faltó producción, compilando el mejor promedio de su carrera con .249 y teniendo buenas rachas en la caja de bateo. El 7 y 8 de mayo, en una serie de local ante los Cardinals, Rafael conectó cinco imparables, incluyendo tres dobles y un triple, junto con ocho empujadas en los dos encuentros. Entre tanto, siguió impresionando a Cox con su guante. A finales de la campaña, el timonel dijo, "La defensa es una parte principal por la que estamos donde estamos, y esos dos muchachos en la parte izquierda de nuestro infield [Belliard y el tercera base Terry Pendleton] son tan buenos como cualquiera."[14]

Cuando Atlanta logró alcanzar el título de la división en el último fin de semana de la temporada, Belliard se encontró enfrentando rostros familiares en su primera aparición en los play off. Los Braves enfrentaron a los Pirates en una NLCS de siete juegos, y Belliard los inició todos. Se fue de 19-4 en la serie, pero también ayudó a los lanzadores de los Braves a alcanzar tres blanqueadas sobre Pittsburgh, la última una victoria de 4-0 en el séptimo encuentro.

Desde allí, Belliard tuvo una Serie Mundial para recordar en la derrota en siete juegos de os Braves ante los Twins. Volvió a iniciar todos los encuentros, se fue de 16-6 en la caja de bateo, y empujó cuatro carreras. Además se fue sin errores en 29 lances a la defensa, incluyendo cuatro dobles jugadas, que ayudaron a preservar el séptimo juego sin anotaciones hasta el décimo inning, cuando Minnesota rompió el corazón de los Braves. Pese a la derrota, Belliard había tenido su mejor campaña como ligamayorista y terminó con una excelente Serie Mundial. "Sabía que estaba jugando por algo importante," dijo Rafael un cuarto de siglo después, "Hey, sí me sorprendió."[15]

En 1992, Belliard y los Braves volvieron a llegar a la Serie Mundial. En esta ocasión, Rafael jugó 144 encuentros, con 285 turnos. Pero compiló .211 y se encontró fungiendo como reemplazo defensivo cuando llegaron los play off, con un solo turno en la NLCS y contribuyendo con un toque de sacrificio en la Serie Mundial ante los Blue Jays. Pese a esto, varios observadores citaron a Belliard por hacer "una palpable contribución al equipo de los Braves que ganó el banderín de la Liga Nacional en 1991" y ser "igual de importante en 1992."[16]

A partir de allí, Belliard serviría a Atlanta solamente como reserva. Blauser se había convertido en una amenaza ofensiva, y si bien Rafael seguía apareciendo con propósitos defensivos en el campo corto y ocasionalmente en segunda base, nunca volvió a superar los 180 turnos en una temporada.

El destaque que quedaba en la carrera de Belliard fue la campaña de 1995, cuando logró esos 180 turnos, jugando 75 partidos con Atlanta y finalmente ganando la Serie Mundial que eludía a la escuadra. Belliard compiló .222 en 1995, pero Jeff Blauser se lesionó en la recta final y Rafael volvió a ser el torpedero regular en la Serie Mundial.

Belliard se fue de 16-0 en la caja de bateo en la Serie, pero encontró maneras de contribuir, incuso durante un slump ofensivo. Su efectivo squeeze play en el séptimo inning del Juego 1 fue el margen en la victoria de los Braves 3-2 sobre los Indians. Se quedó en el terreno hasta el final del decisivo sexto juego, uniéndose a los jugadores apilados en la lomita cuando Mark Wohlers retiró al último bateador para el título de los Braves.

A partir de ahí, la edad y la continua mejora de los paracortos de los Braves marcaron el gradual declive de la carrera de grandes ligas de Belliard. Sí logró el elusivo segundo jonrón de su carrera a finales de 1997, pero en la siguiente primavera, luego de comenzar la campaña de 20-5 y haber jugado en siete de los primeros ocho juegos d los Braves. Belliard se desgarró el músculo de su cuádriceps izquierdo.[17] Aunque sí se rehabilitó de la lesión, y los Braves lo tenían como suplente de postemporada si era necesario, Belliard no volvió a jugar en las ligas mayores hasta el 9 de abril de 1998.

En fragmentos de 17 campañas en el béisbol de grandes ligas, Belliard terminó su carrera como bateador de .221. Sus 508 imparables en las mayores incluyeron solo dos jonrones y empujó 142 carreras. Su OPS+ de 46 es un testimonio de sus problemas al bate, pero fildeó para .974 de por vida en el campo corto, y se ubica en el número 75 entre todos los torpederos en carreras totales por zona (desde que se rastrea la estadística, que data de 1953).

Belliard hizo la transición de jugador a entrenador, pasando varios años con Atlanta como instructor móvil de ligas menores, y luego fungiendo como coach para los Tigers.[18] Durante el descanso entre temporadas antes de 2013, Rafael fue diagnosticado con cáncer en la próstata, pero se sometió a cirugía y tuvo resultados positivos.[19] En 2014, Belliard fue a trabajar con los Kansas City Royals, primero como asistente especial para el gerente general, y luego, a partir de 2015, como coordinador errante de infield. Cuando no está viajando, vive en Boca Ratón, Florida, con su esposa de tres décadas, Leonora. Tienen un hijo y dos nietos.

Si bien las graciosas flaquezas de la persecución de una década de Belliard tras su segundo jonrón pueden ser el mayor recuerdo que los fans informales tengan de su carrera, sus cuatro décadas en el Béisbol Organizado señalan el increíble éxito de este pequeño fildeador. Tal vez en vez de su inhabilidad para batear jonrones, los futuros fans deben conocer de sus habilidades defensivas, de su actitud positiva a través de los muchos cambios de su carrera, y sus sorprendentes hechos heroicos de postemporada.

NOTAS

1 Buster Olney, "It's No Small Feat as Braves' Belliard Hits a Rare Homer," *New York Times*, 27 de septiembre de 1997.

2 C. Ron Allen, "Touching Bases: Series Star for Braves Offers to Help Abused and Abandoned Children's Home in Boca," *South Florida Sun Sentinel* (Fort Lauderdale), 13 de noviembre de 1991.

3 Steve Wulf, "Standing Tall at Short," *Sports Illustrated*, February 9, 1987. De manera interesante, Sports Illustrated dijo que fue un equipo de las Fuerzas Navales, mientras que el Atlanta Journal-Constitution se refirió a éste como un conjunto del ejercito en un perfil de Belliard el 16 de septiembre de 2016, el cual se cita debajo.

4 Charles Feeney, "Belliard Has the Right Bloodlines," *The Sporting News*, 30 de junio de 1986: 21.

5 Feeney.

6 Charles Feeney, "Foli May Share Short with Belliard," *The Sporting News*, 25 de marzo de 1985: 31.

7 Charles Feeney, "Pirates' Accent on Youth Added Khalifa, Belliard," *The Sporting News*, 21 de abril de 1986: 26.

8 *The Sporting News*, 16 de febrero de 1987: 34.

9 *The Sporting News*, 16 de febrero de 1987: 34.

10 Bob Hertzel, "He's Still a Glove Man," *The Sporting News*, 25 de mayo de 1987: 15.

11 Hertzel.

12 Joel Bierig and Bruce Levine, "Brave New World," *The Sporting News*, 27 de mayo de 1991: 10.

13 I.J. Rosenberg, "Belliard Provided Defense, Clutch Play During Braves' Run," *Atlanta Journal-Constitution*, 16 de septiembre de 2016.

14 Ross Newhan, "In Defense, Pendleton, Belliard are Fallible," *Los Angeles Times*, 22 de septiembre de 1991.

15 Rosenberg, "Belliard Provided Defense."

16 Dave Nightengale, "Make a Deal, Face the Wheel," *The Sporting News*, 23 de noviembre de 1992: 41.

17 *The Sporting News*, 20 de abril de 1998: 38.

18 Rosenberg, "Belliard Provided Defense."

19 Jason Beck, "Following surgery, Belliard grateful for quick response," MLB.com, 23 de febrero de 2013, mlb.com/news/following-surgery-belliard-grateful-for-quick-response/c-41910186.

Pedro Borbon

Por Jorge Iber

Dado el poder ofensivo de la Big Red Machine, es fácil pasar por alto las contribuciones del staff de pitcheo al éxito de la franquicia en sus dos Series Mundiales en 1975 y 1976. Claramente, fue una poderosa máquina de anotar carreras que mostraba talentos como Johnny Bench, Pete Rose, Joe Morgan, y Tony Perez y frecuentemente aporreaba a los oponentes en la división, la Liga Nacional y la Serie Mundial a la sumisión. Aun así, es necesario resaltar las contribuciones de jugadores como Don Gullett, Gary Nolan, Jack Billingham, Clay Carroll, Tom Hall, y otros que sirvieron al placer y las órdenes del manager George "Sparky" Anderson (también conocido como Captain Hook o Capitán Gancho), un hombre que nunca tuvo temor en traer un relevista o hacer malabares con una rotación de pitcheo. Uno de los miembros claves de este staff en sus años de gloria de los 1970, y en verdad uno de los mejores relevistas de todo el béisbol durante esa era, era un orgulloso, intenso y muchas veces temperamental dominicano llamado Pedro Borbón.

Pedro Borbón Rodríguez nació el 2 de diciembre de 1946, en el pueblo de Mao en lo que hoy se conoce como la provincia de Valverde (era parte de la Provincia de Santiago hasta 1958), República Dominicana. Fuentes sobre

Fotografía cortesía del Salón de la Fama del Béisbol Nacional

la vida de Borbón brindan poca información que detalle su vida escolar, aunque algunas indicaron que nunca asistió al preuniversitario. Dadas las circunstancias económicas y sociales de la sociedad dominicana en esta época, es posible que Pedro recibiera apenas una educación formal y escasa. Lo que siempre poseyó, sin embargo, fue una disposición apasionada y competitiva, y esto se puso de manifiesto en parte por su amor por las peleas de gallos desde temprana edad. Borbón también indicó que no jugó béisbol hasta que tuvo unos 16 años. Debido a la omnipresencia del deporte en la República Dominicana, esta historia parece un tanto inverosímil (aunque muy a tono con su carácter).

Borbón alegó que inicialmente jugó como receptor hasta que un bate le golpeó la cabeza buscando un lanzamiento. Esto le hizo tomar una decisión, y Pedro rápidamente cambió a la lomita, donde sintió que estaría más a salvo (y podía aprovechar mejor su resistente brazo). A mediados de octubre de 1964, a la edad de 17, firmó con los St. Louis Cardinals, y fue enviado a su equipo de granja para asignación, en Cedar Rapids, Iowa (Midwest League), para la campaña de 1966.

Borbón pasó tres años en el sistema de los Cardinals y lanzó bastante bien: 6-1, 1.96 para Cedar Rapids; 5-4, 2.29 para St. Petersburg (Florida State League), y 8-5, 2.34 para Modesto (California League). Utilizado casi exclusivamente como relevo (apenas tres aperturas en tres temporadas), y luego de su tercera temporada (1968) el no había avanzado más allá de Clase-A. Cuando no lo ubicaron en el roster de 40 de los Cardinals después de esa campaña, se hizo elegible para el draft de Regla 5 y fue seleccionado por los California Angels. Para protegerlo, los Angels tenían que mantener a Borbón en las mayores todo el año en 1969.

Borbón debutó en las grandes ligas el 9 de abril de 1969, ante los Seattle Pilots, lanzando tres entradas sin carreras relevando a Andy Messersmith y logrando una impresionante victoria. Pero su prometedor inicio fue una aberración, pues lanzó apenas 22 encuentros con los Angels, y terminó con balance de 2-3 y efectividad de 6.15. Si bien los Angels pensaban que la culpa caía sobre un "dolor en el brazo," el fue incluido en un gran canje que hicieron en noviembre con los Reds; Borbón se fue a Cincinnati con los lanzadores Jim McGlothlin y Vern Geishert a cambio del outfielder Alex Johnson y el jugador de cuadro Chico Ruiz. Los Reds necesitaban abridores, y codiciaban a McGlothlin, de 26 años. Borbón era apenas una parte menor del intercambio.[1]

Borbón no causó una primera impresión positiva con su nuevo club, pues se vio involucrado en lo que el Comisionado Bowie Kuhn llamó un acto "inexcusable e intolerable" durante un partido en la Liga Invernal Dominicana en diciembre.[2] Borbón fue multado severamente por el béisbol de grandes ligas como resultado de dos confrontaciones con árbitros. Inicialmente, la multa fue de $50 y una suspensión de tres partidos de Liga Invernal, pero Kuhn pensaba que no era suficiente. En febrero de 1970, el comisionado elevó la multa a $500 y suspendió a Borbón (al igual que a Rico Carty) para toda la temporada invernal siguiente. Este fue el primero de varios incidentes en los cuales el fuerte temperamento de Pedro mancilló su reputación con sus colegas y los funcionarios de las ligas mayores.[3]

Durante la temporada de verano de 1970, el joven lanzallamas dominicano pasó la mayor parte de su tiempo con el Indianapolis de la American Association (Triple-A), donde terminó con récord de 2-5 y promedio de limpias de 3.30. Llegó a Cincinnati por varias semanas a mediados del verano, pero tuvo foja de 0-2 y efectividad de 6.75. Los Reds llegaron al título de la división y al banderín de la Liga Nacional, pero Borbón no desempeñó papel alguno en las festividades de postemporada. Posteriormente recibió el permiso para jugar en la Liga Invernal Dominicana, desempeñándose entonces con el Licey.[4]

La campaña de 1972 vio el avance de Borbón con los Reds, y produjo un excelente y flexible trabajo de relevo todo el año. En un espacio de dos semanas a finales de junio, en las que los Reds ganaron 13 de 14 juegos, Pedro tuvo cinco salidas de relevo, con un total de 14 entradas y un tercio, permitiendo apenas una carrera y seis hits, llevándose cuatro salvamentos y un triunfo. "Puede lanzar, y lanzar, y lanzar," dijo Anderson. "Incluso cuando no tengo pensado usarlo, quiere lanzar en el bullpen."[5] El coach Ted Kluszewski consideraba que Borbón poseía un "brazo de un millón de dólares."[6] En la temporada, el joven dominicano terminó con balance de 8-3, efectividad de 3.17 en 62 partidos y 122 entradas, mientras los Reds llegaban al séptimo juego de la Serie Mundial antes de caer contra los Oakland Athletics. Borbón lanzó nueve veces en la postemporada, y su único mal momento fue en el séptimo juego, cuando permitió las carreras decisivas ante los A's y cargó con el revés.[7]

Aunque 1973 fue de muchas maneras el mejor año que Borbón tuvo en su carrera (11-4, 2.16 de efectividad en 80 juegos y 121 entradas), fue también el año en que se vio involucrado en una trifulca que ayudó a afianzar su reputación como pelotero temperamental, siempre dispuesto a meterse en peleas. El 8 de octubre, con los Reds jugando ante los Mets en el tercer juego de la NLCS, Peter Rose y el paracortos de New York Bud Harrelson se enredaron en una pelea luego del fuerte deslizamiento de Rose en segunda base. Como resultado del pleito, ambas bancas se vaciaron. Al final de la bronca, Borbón recuperó lo que creía que era su gorra del césped del Shea Stadium. Cuando se percató de que era de los Mets, le arrancó un pedazo al ofensivo artículo de una mordida. Incidentes similares ocurrieron posteriormente en la carrera de Borbón (una pelea a puñetazos con su compañero de equipo Cesar Geronimo en el clubhouse de los Reds, un altercado con el lanzador de los Pirates Daryl Patterson en el que Borbón mordió a su antagonista, y algunos encontronazos en clubes nocturnos de Cincinnati).[8] A pesar de todo eso, Borbón siguió lanzando con consistencia un béisbol excelente y resistente. En la NLCS de 1973, Borbón ganó el primer juego y salvó el cuarto pero los Reds cayeron en cinco partidos ante los Mets.

Los cuatro años siguientes fueron increíblemente similares para él. De hecho, en los seis años que iniciaron en 1972, Borbón tuvo marca de 52-27, con efectividad de 3.06 y 70 rescates, promediando 71 salidas y 126 entradas por temporada. Por supuesto, los Reds fueron uno de los mejores equipos de la historia en ese período, ganando cuatro títulos de división y dos Series Mundiales. En las postemporadas victoriosas de 1975 y 1976, Borbón lanzó siete encuentros. Lanzaría 20 partidos de postemporada de por vida, terminando con un triunfo, tres salvados y 2.42 de promedio de carreras limpias.

Eventualmente, la dinastía de los Reds se apagó. Borbón, con 31 años, tuvo un récord de 8-2 en 1978, pero su efectividad de 4.98 era un mejor indicador de sus problemas. Luego de iniciar con 2-2 y 3.43 en 1979, los Reds traspasaron a su veterano relevista el 28 de junio a los Giants por el utility Héctor Cruz. Sus primeras dos salidas por San Francisco fueron ante su antiguo club—logró el triunfo ante los Reds el 29 de junio y un salvamento el 1 de julio. En general, sin embargo, los Reds estaban probablemente en lo cierto en cuanto a su evaluación de que Borbón ya no era el lanzador que había sido. Terminó con foja de 4-3 para los Giants, pero su promedio de limpias fue de 4.89. Luego de que lo liberaran justo antes de la temporada de 1980, Pedro firmó con los Cardinals a finales de abril pero lo dejaron libre luego d 19 innings de trabajo con un promedio de limpias de 3.79, permitiendo jonrón en cada una de sus tres últimas apariciones. Su último partido en las mayores fue el 25 de mayo de 1980. En la primavera siguiente estaba con el Monterrey en la Liga Mexicana.[9]

Pedro se casó con Griselda Ventura y tuvieron tres hijo, Pedro Jr., Harold y Miguel. Pedro Jr. (nacido el 15 de noviembre de 1967 en Mao) siguió los pasos de su padre y lanzó en las grandes ligas entre 1992 y 2003; el mejor momento de su carrera fue en 1995 cuando sus Atlanta Braves ganaron la Serie Mundial. Cuando el joven Pedro era un adolescente, sus padres se divorciaron y su relación con su papá se tornó tensa. "Luego del divorcio, mi padre estaba... mal mentalmente. Se sentía como un fracaso. Así que en cierto modo desapareció de mi vida," dijo a un reportero en 1995.[10] Pedro Jr. se mudó eventualmente a New York City a vivir con parientes, y se convirtió en un destacado lanzador en DeWitt Clinton High School, y luego en Ranger Junior College en Ranger, Texas. El padre y el hijo no se vieron de manera regular por muchos años, y el joven Borbón señaló en una entrevista de 1999 que su relación era todavía un trabajo en progreso: "Hablamos cada cuatro o cinco meses. Hay mucho combustible ahí y no queremos encender un fósforo porque explotaría. Así que hablamos como si lo hubiésemos hecho ayer."[11]

Aunque la carrera de Borbón estuvo muchas veces mancillada por incidentes de violencia y malas decisiones, su época en el bullpen de Cincinnati estuvo marcada por bastante éxito al haberse convertido en el principal relevista para uno de los mejores equipos de la historia del béisbol. Luego de haberse retirado de las ligas mayores, siguió jugando en varias ligas menores y semiprofesionales en América Latina y los Estados Unidos. En 2011 residía en Pharr, Texas, al cruzar la frontera con Reynosa, México, junto con su segunda esposa. Los Reds en 2010 lo exaltaron a su Salón de la Fama como reconocimiento por sus contribuciones con la Big Red Machine (Gran Maquinaria Roja).

Pedro Borbón murió a la edad de 65, el 4 de junio de 2012, en su hogar en Pharr. Había estado batallando con el cáncer. Entre los muchos tributos de sus ex compañeros, Tony Pérez recordó, "Siempre disfruté su compañía dentro y fuera del terreno. Era un gran tipo."[12]

FUENTES

Bjarkman, Peter J. *Baseball's Great Dynasties: The Reds* (New York: Gallery Books, 1991).

Frost, Mark. *Game Six: Cincinnati, Boston, and the 1975 World Series: The Triumph of America's Pastime* (New York: Hyperion, 2009).

Hertzel, Bob. *The Big Red Machine* (Englewood Cliffs, New Jersey: Prentice Hall, Inc, 1976).

Lawson, Earl. *Cincinnati Seasons: My 34 Years with the Reds* (South Bend, Indiana: Diamond Communications, Inc., 1987).

McCoy, Hal. *The Relentless Reds* (Shelbyville, Kentucky: PressCo, 1976).

Posnanski, Joe. *The Machine: A Hot Team, A Legendary Season, and a Heart-Stopping World Series: The Story of the 1975 Cincinnati Reds* (New York: William Morrow, 2009).

Walker, Robert Harris. *Cincinnati and the Big Red Machine* (Bloomington, Indiana: Indiana University Press, 1988).

NOTAS

1. Earl Lawson, "Shoppers and Swappers Check Maloney Showcase," The Sporting News, 13 de diciembre de 1969: 38; "83 Percent Red Turnover in 3 Year Howsam Reign," The Sporting News, 24 de enero de 1970: 41.

2. John Wiebusch, "What a Miracle This Is! Dead Angels Walk Again," The Sporting News, 13 de septiembre de 1969: 19.

3. John Wiebusch, "Kuhn Fines Two for 'Inexcusable Conduct' in D.R.," The Sporting News, 21 de febrero de 1970: 47.

4. Miguel Frau, "Licey Romps to Caribbean Championship, The Sporting News, 27 de febrero de 1971: 31; "D.R. Data," The Sporting News, 11 de diciembre de 1971: 55.

5. Earl Lawson, "Reds Forecast 150 Runs for Galloping Morgan," The Sporting News, 1 de julio de 1972, 5

6. Earl Lawson, "Reds Forecast 150 Runs for Galloping Morgan."

7. Earl Lawson, "Reds Forecast 150 Runs for Galloping Morgan."

8. Earl Lawson, "Reds Copy A's Plan With Fist Fight," The Sporting News, 16 de agosto de 1975, 40; Earl Lawson, "Caught on the Fly" The Sporting News, 31 de diciembre de 1977, 62; Jeff Meron, "Put Up Your Dukes," ESPN Page 2, http://espn.go.com/page2/s/list/basebrawl.html; Página del directori de Pedro Borbón en el Salón de la Fama, http://mlb.mlb.com/cin/hof/directory.jsp?hof_id=111227.

9. Salo Otero, "Ex-Major Leaguers Hold On in Mexico," 9 de mayo de 1981: 41.

10. Stacy Y. China, "After Up and Down Times, Bronx's Borbon Jr. Up Again," Newsday, 26 de octubre de 1995: A74.

11. Karen Crouse, "Adversity Makes Borbon Better," Daily News (Los Angeles), 27 de julio de 1999. https://www.thefreelibrary.com/ADVERSITY+MAKES+BORBON+BETTER.-a083618333on 20 de diciembre de 2018.

12. "Pedro Borbon Dead at 65," Cincinnati News, 4 de junio de 2012.

Rico Carty

Por Wynn Montgomery

En 1964, un fuerte dominicano llamado Ricardo Adolfo Jacobo (Rico) Carty entró en las ligas mayores como una tormenta tropical. Luego de dos turnos sin hits en 1963, el promedio de Carty (.330) en su primera campaña completa fue el segundo de las mayores. Solamente Roberto Clemente bateó mejor, y solamente un año fenomenal de Richie Allen, de Philadelphia, evitó que Carty fuese electo Novato del Año. Había superado las altas expectativas creadas por un estelar período de aprendiz de cuatro años en las ligas menores y rápidamente se convirtió en "uno de los peloteros más populares que llevó el uniforme de Milwaukee."[1] Después de que los Braves se reubicaran, su popularidad creció en Atlanta, donde las gradas del jardín izquierdo comenzaron a conocerse como "Carty's Corner" (la Esquina de Carty).[2]

Las altas predicciones respecto al futuro de Carty no se materializaron debido a una desafortunada combinación de enfermedad, lesiones, ineptitud a la defensa y una reputación de problemático. Las preocupaciones sobre su destreza defensiva lo plagaron durante sus siete temporadas con los Braves. Su traslado en 1973 a la Liga Americana—que incluyó una abreviada aparición en los Oakland Athletics—coincidió con el nacimiento del bateador designado, que muchas personas pensaron que quedaba a Rico su medida, pero Carty en un inicio se resistió.[3] Un mal desempeño en su primer año como designado pareció haber terminado su carrera, pero una buena campaña en la Liga Mexicana le dio una oportunidad de resucitar su carrera.

El viaje beisbolero de Rico Carty comenzó en San Pedro de Macorís, la República Dominicana, donde nació el 1 de septiembre de 1939, uno de seis hijos. Su madre, Olivia, era partera; su padre, Leopoldo, trabajaba en el ingenio de azúcar y jugaba cricket de club.[4] Rico jugó béisbol informal hasta que cumplió 15 años, cuando decidió seguir el ejemplo de cuatro tíos y se metió en el boxeo. Venció en sus primeras 17 peleas (12 por KO), pero se volvió al béisbol a tiempo completo luego de una vergonzosa derrota en el ring.[5]

En 1959, Carty se unió (como receptor) al equipo de dominicana que jugó en los Juegos Panamericanos en Chicago, y atrajo considerable atención. Ocho equipos de ligas mayores y cuatro clubes de la Liga Dominicana le ofrecieron contratos, y el ingenuo joven los firmó todos. George Trautman, jefe del béisbol de ligas menores en ese tiempo, resolvió la disputa resultante a favor de Milwaukee.

La carrera profesional de Carty comenzó en 1960 con el Davenport/Quad Cities en la Liga Midwest (Clase-D). Tuvo dificultades tanto con el idioma inglés como con el pitcheo de ligas menores, pero subió al Eau Claire (Clase-C) en 1961. En 1962, en el Yakima (Clase-B), Carty mostró las habilidades ofensivas que asegurarían su futuro éxito también mostró la tendencia a las lesiones que limitaría ese éxito. Su promedio de .366 estaba encabezando la Northwest League cuando tropezó sobre la primera base, dándose un tirón en un músculo de una pierna y terminando su temporada. Perdió el título de bateo pero hizo el equipo Todos Estrellas de la liga al final del año y fue el receptor Todos Estrellas de la Clase-B seleccionado por Topps.

Carty inició la campaña de 1963 en el Toronto (Triple-A), donde fue aclamado como "el mejor prospecto de la receptoría... en 10 años."[6] Aun así, fue degradado al Austin de Clase-A para que le convirtieran en jardinero porque los Braves tenían un grupo de jóvenes receptores. La única mancha en la temporada de Rico, y tal vez otro augurio para el futuro, fue cuando atacó a un espectador por abuchearlo.

Pese a su tardía llegada, Carty terminó la temporada entre los líderes de la Texas League con promedio de .327, 27 vuelacercas y 100 empujadas. Debutó en las mayores el 15 de septiembre de 1963, ponchándose como emergente. El futuro parecía promisorio para Rico, quien estaba siendo catalogado como "el mejor joven prospecto de bateo en la organización [de los Braves]."[7] Tuvo una excelente temporada de 1963-64 en la Liga Dominicana y entonces se casó con Gladys Ramírez de Jacobo. Tendrían seis hijos, que trajeron 16 nietos.[8] Uno de sus hijos, Rico Jr., jugó 16 en el sistema de los Seattle Mariners.

Luego de la buena temporada invernal de Carty, el directo de granja de los Braves, John Mullen, lo comparó con Orlando Cepeda,[9] y

Fotografía cortesía del Salón de la Fama del Béisbol Nacional

su actuación en la Liga de la Toronja justificó los elogios. Compiló .408 y encabezó el equipo con 13 empujadas. Carty hizo el roster de los Braves para el Día de Apertura de 1964, pero en un inicio no jugó regular, pues el manager Bobby Bragan trató de balancear el tiempo de juego entre sus jardineros (Hank Aaron, Felipe Alou, Lee Maye y Carty). Cuando Alou se lesionó a finales de junio y Rico se hizo cargo del jardín izquierdo, los Braves ganaron 16 de sus 23 encuentros siguientes. A finales de agosto, terminó un slump de bateo de manera dramática, con par de días bateando de 5-5 en una semana. Encabezó a los Braves en bateo (.330) y slugging (.554) e hizo el equipo Todos Estrellas de Novatos elegido por Topps.

En enero, Carty se convirtió en el primer jugador de los Braves en firmar contrato para 1965 (por un salario de $17,500).[10] Tuvo una fuerte campaña en la pelota invernal y se reportó a los entrenamientos de primavera, donde Bragan estaba determinado a transformarlo en primera base. Rico nunca domino el nuevo rol y se lesionó la espalda tratando de hacerlo. Las dolencias de espalda de Carty lo dejaron fuera de la alineación con frecuencia en esa campaña; nunca jugó más de una semana a la vez. Se quejó de que Bragan lo sacaba mucho del lineup a finales de los juegos, afectando su confianza,[11] pero sus lapsos defensivos muchas veces justificaban las acciones del mentor. A finales de la temporada, un doctor descubrió que la pierna derecha de Carty era ligeramente más corta que la izquierda y le recetó un zapato correctivo, callando a quienes acusaban al toletero de exagerar su dolor en la espalda.

Aunque la campaña de 1965 fue decepcionante, Carty bateó cuando jugó, compilando .310 en 83 encuentros (todos en el jardín izquierdo). También demostró su voluntad de protestar cuando sentía que le habían hecho mal. Ambos rasgos siguieron durante toda su carrera—al igual que frecuentes rumores de traspaso, que comenzaron a circular durante el descanso luego de esa temporada.

Carty pasó el verano de 1965-66 en un nuevo medio, jugando pelota invernal para los Tigres de Aragua de la Liga Venezolana. Usaba su nuevo zapato ortopédico y encabezó la liga con .392 de promedio y 13 jonrones, nuevo récord para una campaña. Cuando regresó a los Estados Unidos, se movió también a un nuevo escenario—el nuevo hogar de los Braves en Atlanta—y renovó el entusiasmo por su potencial para convertirse en "el nuevo gran bateador de la Liga Nacional."[12] Pero aun así, fue el cuarto jardinero de los Braves detrás de Aron, Alou y Mack Jones.

El 4 de junio de 1966, Carty fue insertado en la alineación como receptor titular, y los Braves procedieron a ganar siete partidos consecutivos mientras Rico bateaba de 24-12. Pero luego de nueve encuentros, lo volvieron a ubicar en el jardín izquierdo. Los rumores de traspaso siguieron, pero Carty estaba en la alineación para quedarse. Jugó en 151 encuentros, incluso cubriendo primera y tercera base, y promedió .326 (tercero en la Liga Nacional). Durante el descanso entre temporada, Carty fue el jugador más solicitado en un canje de jugadores, pero el equipo ahora lo veía como "el próximo campeón de bateo de la Liga Nacional."[13]

Antes de regresar a la Liga Dominicana a jugar pelota invernal, Rico firmó su contrato de 1967 (alrededor de $25,000). Tuvo otra buena temporada con las Estrellas Orientales, pero su temperamento estalló nuevamente, y se ganó una multa de $50 por insultar a un árbitro, y su maldición con las lesiones reapareció cuando se lastimó en un accidente de auto.

La temporada de 1967 comenzó con optimismo en Atlanta. El club había terminado quinto en 1966, pero había compilado un balance ganador (33-18) luego de que Billy Hitchcock reemplazara a Bragan, némesis de Carty. Esas esperanzas se desvanecieron con rapidez, cuando tanto los Braves como Rico tuvieron temporadas funestas. Los Braves cayeron al séptimo puesto, y Carty tuvo su primera temporada por debajo de .300 en las mayores, aunque estuvo relativamente libre de lesiones. El bajo momento de la temporada tuvo lugar el 18 de junio, cuando Carty se metió en "breve pero acalorada pelea" con Hank Aaron.[14] En aquel momento, los detalles eran pocos, pero luego Aaron dijo que estaba molesto porque había holgazaneado con una bola bateada hacia los jardines y le había llamado "pulidor negro."[15] Al final de la campaña, los Braves estaban buscando canjes activamente, y Carty estaba "entre los que más probablemente se irían."[16]

Rico ganó el título de bateo (.350) de la Liga Dominicana 1967-68 y llevó a las Estrellas al título de temporada regular y al cetro en en playoff. Se reportó para los entrenamientos de primavera luego de rebajar diez libras a su "peso de pelea" de 190 y quitó valor al criticismo de Clete Boyer (haciéndose eco del de Aaron) durante el descanso entre temporadas de que Carty "no se entrega al 100 por ciento."[17]

Tres semanas tras iniciado el entrenamiento de primavera de 1968, la maldición de las lesiones golpeó con represalias, al ser diagnosticado con tuberculosis. Aunque la enfermedad "no era tan seria como se sospechó en principio," los Braves perdieron a Rico para la campaña.[18]

Cuando se reportó para los entrenamientos de primavera de 1969, un rejuvenecido Carty empató como líder del equipo en promedio (.333) durante la primavera, pero un hombro dislocado lo puso en la lista de incapacitados para el Día de Apertura. Finalmente jugó el 2 de mayo como emergente, y respondió con un elevado de sacrificio que empató el juego. En su primer juego de regular, el 18 de mayo, volvió a lesionarse ese problemático hombro y se perdió otras dos semanas.

Carty estuvo dentro y fuera de la alineación por la mayor parte de la temporada, pero regresó para brindar chispa a los Braves en su recta final para llegar al primer título de la División Este de la Liga Nacional. Tuvo hits en 19 de sus últimos 21 juegos (17 triunfos de Atlanta), promediando .383 y empujando 22 anotaciones. Empujó la carrera de la victoria en el juego en que se logró la división y terminó la temporada liderando el equipo con promedio de .342 en 104 partidos.

Los Braves perdieron esa primera Serie por el Campeonato de la Liga en tres partidos seguidos ante los New York Mets, pero Carty jugó bien en lo que sería su única presencia en postemporada, compilando .300 con un OBP de .462 y un slugging de .500, pero sin empujadas. Terminó en un sorprendente segundo lugar ante Tommie Agee como Regreso del Año de la NL aunque, como observó Hank Aaron, Agee "solo regresó de un mal año [mientras que] Rico regresó de la cama de un hospital."[19]

Carty bateó .333 en la Liga Dominicana ese invierno. También recibió una multa de $50 y una suspensión de tres días por empujar a un árbitro. Major League Baseball posteriormente añadió una multa de $500 por conducta "inexcusable e intolerable."[20]

Carty abrió la temporada de 1970 mucho mejor de lo que había terminado 1969. Habría sido seguro para la selección de los fans al Juego de las Estrellas pero su nombre no estaba en la boleta. La lista de 48 candidatos en cada liga se había compilado durante el entrenamiento de primavera, y Carty no fue incluido. El período de votaciones de los fans comenzó el 16 de mayo, el día que vio el final de la cadena de Rico de 31 juegos consecutivos bateando de hit, un récord para el equipo que duró hasta 2011. Más de dos millones de fans votaron, y Rico recibió 552,382 votos (67,000 más que Pete Rose) para unirse a Aaron y Willie Mays en el outfield abridor de la Liga Nacional como el primer Todos Estrellas escrito.[21]

Carty se lesionó la muñeca antes del Juego de las Estrellas, pero abrió el partido y tuvo dos turnos (boleto y rolata) antes de que lo reemplazaran. En la segunda mitad de la campaña tuvo otras lesiones (un tirón en un músculo de una pierna y el hueso de un dedo astillado cuando recibió un pelotazo), pero encabezó la Liga Nacional en promedio de bateo (.366), y OBP (.454). En medio de la mejor de sus campañas, sin embargo, Rico se vio involucrado en otra pelea con un compañero de equipo—el pitcher Ron Reed. Carty insistió posteriormente que "fue solo un malentendido,"[22] pero lo pusieron disponible para canje pese a tener el más alto promedio de por vida entre los peloteros activos.[23] El columnista deportivo Dick Young sugirió que Carty era una excelente opción para cualquier equipo que estuviese "buscando un buen bateador y dispuesto a aceptar un gran dolor de cabeza."[24]

El 11 de diciembre de 1970, un tipo diferente de conflicto físico sacó a Carty del mercado; tuvo una colisión con su compañero de equipo en la Liga Dominicana Matty Alou y sufrió fractura en la rodilla y daño en el ligamento. Fue transportado en avión a Atlanta para cirugía en lo que un médico del equipo calificó de "la peor lesión en la rodilla que puede tener un atleta."[25] Con su carrera en riesgo, regresó a casa a recuperarse—luego de firmar un contrato que incluía un aumento de su salario de $45,000 en 1970.

Carty se reportó para el entrenamiento de primavera de 1971 con un aparato ortopédico en su pierna, y cojeó hacia fuera del dugout en el Día de Apertura ente una ovación. Hizo práctica de bateo el 18 de julio y mandó el primer lanzamiento que vio por encima de la cerca del jardín izquierdo. Debía regresar el 5 de agosto, cuando los primeros 15,000 fanáticos iban a recibir botones que decían "SMILE—The Beeg Boy's Back[26] (SONRÍAN—El Tipo Grande está de Vuelta."[27] Pero un coágulo de sangre en su pierna dañada terminó con toda esperanza de regresar, y Carty se perdió su segunda campaña completa en cuatro años. Su mala suerte no terminó allí: el 24 de agosto se vio involucrado, junto a su joven cuñado, en una pelea con dos oficiales de policía de Atlanta fuera de servicio, cuando Rico se ofendió ante un insulto racial. El alcalde de Atlanta Sam Massel calificó el incidente de "evidente brutalidad" y suspendió a los agentes.[28]

Aunque Carty jugó solo esporádicamente durante los entrenamientos de primavera y parecía destinado iniciar la campaña de 1972 como emergente, recibió un contrato de $50,000 luego de un período de pruebas impuesto por los Braves debido a las preocupaciones relacionadas con su condición física. Bateó bien cuando jugó, pero desarrolló una tendinitis en el hombro y se fue a la lista de incapacitados con un tirón en la corva, jugó apenas 86 encuentros y promedió solo .277. Aunque su promedio de por vida (.315) era todavía el más alto entre los peloteros activos,[29] los Braves lo traspasaron a los Texas Rangers en octubre.

Ni la prensa de Atlanta ni los fans de los Braves estaban felices con el canje, pero Rico dijo que no estaba sorprendido porque no estaba en buenos términos con el nuevo manager Eddie Mathews.[30] El gerente general de los Rangers Joe Burke admitió que algunos lo calificarían de riesgoso, pero expresó confianza en que Carty había madurado y estaba ansioso por jugar.[31] El nuevo mentor de los Rangers Whitey Herzog resaltó que estaba buscando "peloteros, no Boy Scouts"—una descripción que sin dudas quedaba muy bien a Rico Carty.[32] Entonces Carty sufrió otra lesión en la Liga Dominicana; un lanzamiento de Pedro Borbon fracturó su mandíbula.

Pero había buenas noticias. La Liga Americana había adoptado la regla del bateador designado, y Herzog llamó a Carty "el hombre perfecto para ese papel."[33] Rico no estuvo de acuerdo. El hombre cuya defensa había sido descrita como "divertida en el mejor de los casos"[34] y que tenía más errores en los jardines (40) que asistencias (31) quería jugar a la defensa.

Durante el entrenamiento de primavera de 1973, Rico hizo un disparo de despedida a los Braves, escogiendo a Eddie Mathews para las críticas.[35] Se había filtrado que Carty había ganado un juicio por $20,000 contra los Braves, a quienes acusó de haberle dado menos de lo debido al no compartir los fondos que el equipo recibió (bajo el acuerdo entre la MLB y la Liga Dominicana) después de su lesión en la rodilla en 1971.[36]

En el terreno, las cosas no iban bien para Carty. Para principios de junio, su promedio de .203 le había costado el trabajo de designado de los Rangers. Estaba de vuelta al jardín izquierdo y en constante controversia con su manager.³⁷ Cuando fue dejado fuera luego de fracturarse un pequeño hueso de su pie deslizándose en segunda base el 19 de julio, la expedición de Rico a la Liga Americana llegó a su fin. Bateaba apenas .232 con tres cuadrangulares y 33 empujadas en 86 encuentros con los Rangers cuando los Chicago Cubs lo adquirieron en renuncia el 13 de agosto.

Carter debutó en los Cubs al día siguiente, roleteando como emergente en una derrota ante lo Braves. Al día siguiente estaba bateando cuarto y así lo hizo por la mayor parte de su tiempo con Chicago. Su mejor día con los Cubs llegó el 28 de agosto en su primer juego como visitante en el Atlanta-Fulton County Stadium; conectó jonrón de dos carreras en su primer turno y luego pegó sencillo empujador de otras dos carreras en un triunfo de los Cubs 9-6. Ese fue su único vuelacercas y la mitad de sus empujadas con los Cubs, y el 11 de septiembre, luego de 22 juegos con los Wrigleyitas, Carty fue vendido a los Oakland Athletics. Nuevamente demostró su voluntad de atacar a leyendas locales, culpando de su perdición a Ron Santo, a quien llamó un "pelotero egoísta."³⁸ La razón más probable fue su promedio de .214 y su slugging de .257—en ambos casos la peor marca de su carrera.

Los Athletics encabezaban su división por seis encuentros cuando adquirieron a Carty "por razones que aún no queda clara a los observadores externos," y terminaron la temporada en la misma posición.³⁹ Rico vio acción en siete de los últimos 18 encuentros de los Athletics, compilando .250 (de 8-2) con una sola empujada por jonrón. Los A's procedieron a ganar la Serie Mundial, pero Rico no fue elegible para la postemporada. Cuando lo dejaron libre el 12 de diciembre, Carty se quejó de que solamente había recibido un telegrama de terminación por parte de los A's, que "no me dieron una parte de [las ganancias de] la Serie, un anillo, un apretón de manos—nada en absoluto."⁴⁰

Todo el mundo excepto el propio Carty pensaba que su carrera había acabado. Jugó pelota invernal en México y luego firmó con el Córdova de la Liga Mexicana, donde su desempeño justificó su auto-confianza. Compiló .354 (segundo en la liga) con 11 cuadrangulares y 72 impulsadas en 112 encuentros,⁴¹ y los Cleveland Indians, que estaban en una dura lucha por el banderín de su división, firmaron con Rico a un contrato anual por $72,000 hasta la temporada de 1975. Luego de 11 turnos sin hits, su primer indiscutible para la Tribu fue un senillo empujador para empatar un juego en el noveno inning con dos outs. Luego combatió un tirón en la corva para compilar .363 en 33 choques como designado y primera base.

Carty estaba de nuevo en Cleveland en 1975 y, con 35 años, compiló .308 y empató en el liderato de empujadas para ganar encuentros del equipo (9). Estuvo mejor en 1976, promediando por encima de .400 hasta que las lesiones lo volvieron a dañar. Jugó en una marca personal de 152 partidos, bateó .310, y encabezó el equipo con 83 carreras impulsadas. Incluso se había convertido en fanático a la regla del bateador designado, y los cronistas del béisbol de Cleveland votaron por él para Hombre del Año.⁴²

Pese a su rendimiento, los Indians no protegieron a Carty en el draft de expansión de 1976. Los Toronto Blue Jays lo tomaron en su quinta selección, pero rápidamente lo transfirieron de vuelta a los Indians. En 1977 era el jugador más pagado de los Indians, con un salario estimado de $90,000, pero comenzó mal.⁴³ Estaba promediando .200, y el equipo estaba en el sótano de la división (4-9) cuando aceptó el premio a Hombre del Año de 1976 del Club Wahoo con "uno de los más raros discursos de aceptación en la historia," criticando al manager Frank Robinson, quien compartió la mesa por "falta de liderazgo."⁴⁴ Carty había llevado su reputación de confrontación a otro nivel, y cuando Robby multó a Rico por "insubordinación" luego de un altercado el 6 de junio, los cronistas locales especularon que Carty sería transferido pronto.[45]

Pero menos de dos semanas después, despidieron a Robinson. Rico terminó la campaña bateando "apenas" .280 mientras era el máximo empujador del equipo (80). Volvió a firmar con Cleveland para 1978, pero cuando la Tribu adquirió a Willie Horton, Carty se tornó prescindible y fue traspasado a los Blue Jays durante el entrenamiento de primavera.[46]

Carty tuvo 19 impulsadas en abril para el Toronto. Su problemática corva lo volvió a sacar de juego brevemente, pero en una parada de siete juegos como local en agosto, Rico conectó tres vuelacercas y empujó seis anotaciones, llevando su total para la campaña a 20 y 68, respectivamente, nuevos récords para la franquicia. Esa fue su despedida con los Jays, que canjearon a Carty al Oakland por Willie Horton, el hombre cuya llegada a Cleveland trajo la salida de Rico.

Carty rápidamente hizo ver que los A's habían salido ganando. Luego de irse sin hits en su primer partido, tuvo una racha de 15 encuentros consecutivos bateando de hit—a dos del récord del club. Conectó ocho cuadrangulares en sus primeros 19 encuentros con Oakland y siguió superando el rendimiento de Horton con Toronto en todas las categorías ofensivas importantes. Los 31 vuelacercas de Carty esa temporada fueron la marca de su carrera, y establecieron un nuevo récord en aquel momento para los bateadores designados.

Carty dejó claro que tenía intenciones de probar el mercado de la agencia libre en 1979 e indicó que su próximo club sería el último. Aun así, los Blue Jays volvieron a adquirir a Rico, creyendo que podían ficharlo porque podían ponerlo a jugar todos los días.[47] Cuando Rico se hizo agente libre, cuatro equipos intentaron llegar a él, pero los Blue Jays lo firmaron a un contrato parcialmente garantizado de cinco años por $1.1 millones más un préstamo inmediato de $120,000—nada mal para un pelotero de 39 año con un historial de lesiones frecuentes.[48] El contrato de Carty, de 31 páginas, fue descrito como "probablemente el más extenso en la historia del béisbol."[49]

Luego de no jugar pelota invernal, Carty sufrió un tirón en un músculo de la pantorrilla en el entrenamiento de primavera y estaba bateando apenas .250 siendo blanco de abucheo por parte de los fans de Toronto. El 1 de julio fue llevado a la banca luego de conectar solamente un cuadrangular en casi dos meses. Carty culpó de su slump a una "lesión anómala"—una mano hinchada por haberse apuñalado accidentalmente con un palillo de dientes.[50] Esa temporada de 1979 vio pocos buenos momentos para Rico, pero el 6 de agosto pegó el jonrón 200 de su carrera, convirtiéndose en el jugador de más edad (con 39 años y 339 días) en lograr la marca. En general, sin embargo, fue su peor temporada excepto la de 1973, cuando había pasado por tres equipos. Cuando el manager de los Jays, Roy Hartsfield fue despedido luego de esa temporada, observó que había sido "difícil vivir con el trato virtualmente vitalicio de Rico Carty."[51]

El sucesor de Hartsfield no tuvo ese problema. Carty bateó muy poco en la pelota invernal, conde fue nuevamente aquejado por una lesión en la pierna y todavía estaba recuperando su pantorrilla cuando comenzó el entrenamiento de primavera. Fue dejado libre incondicionalmente el 29 de mayo de 1980. Su contrato "vitalicio" como jugador había durado un año, aunque todavía trabajaba con los Blue Jays como scout latinoamericano.

Lo días de Carty como pelotero de ligas mayores habían terminado, y su promedio de por vida había caído a .299. Algunas visiones iniciales de estrellato no se habían materializado, pero, pese a perder dos temporadas completas por enfermedad y lesión, había jugado 13 campañas en las mayores. Era grande (seis pies dos pulgadas) y lento, pero era un bateador natural. El extravagante, autodenominado "Beeg Boy" tuvo más retornos que un boomerang, y pocos de los que lo vieron jugar olvidarán su agresivo swing derecho y sus atrapadas de una sola mano. Era una persona de contrastes—conocido por su contagiosa sonrisa y su feroz mirada en la caja de bateo; popular por sus animadas bromas con los fans, pero catalogado de problemático. Carty discutió que esa última reputación era infundada, alegando que simplemente "defendió sus derechos."[52] Los registros muestran defendió dichos derechos con frecuencia y que era un combatiente de iguales oportunidades, mezclándose en conflictos físicos y/o verbales con compañeros de equipo, directores, árbitros, fans, policía local y, al menos una vez, con la gerencia.

Rico Carty siguió siendo un héroe en su patria, donde vivía hasta 2014. Durante sus días como jugador, regresó a la República Dominicana casi anualmente para jugar pelota invernal, diciendo "le debo mucho a mi país."[53] Se retiró como líder de todos los tiempos en jonrones (59) en la Liga Dominicana. Ese récord fue eclipsado, pero la leyenda de Carty sobrevivió. No entró a Cooperstown, pero fue exaltado a dos Salones de la Fama, los que honran a los héroes del Béisbol Caribeño (clase inaugural de 1996) y el Béisbol Latino (2011). Es general honorífico en el Ejército Dominicano,[54] y una vez pensó que había sido electo alcalde de su pueblo hasta que un recuento demostró lo contrario.[55]

El béisbol brindó a Carty seguridad financiera,[56] y se mantuvo activo en el juego en casa y otros lados. En 1988, Rico llevó al equipo dominicano a terminar en el tercer lugar en la primera Serie Mundial de la Liga de Béisbol para Hombres Mayores y ganó el concurso de jonrones en la modalidad de más de 40 años.

El fundador de la liga Steve Sigler dijo, "Es todavía un excelente bateador [a la edad de 49 años], y fue el único que estaba usando un bate de madera."[57] Puede que haya resumido la carrea de Rico Carty: el "Beeg Boy" podía batear... e hizo las cosas a su manera.

NOTA DEL AUTOR

Lamento que esta biografía haya sido completada sin la opinión del sujeto. Los extensos esfuerzos para ubicar a Rico Carty fueron infructuosos. Un representante de los Atlanta Braves dijo que Rico "se había salido del mapa." Obviamente, hay mucha información sobre su carrera; espero haberle hecho justicia. Si no, estoy seguro de que me lo hará saber.

FUENTES

Aaron, Hank, con Lonnie Wheeler. *I Had A Hammer* (New York: Harper-Collins, 1991).

Kurlansky, Mark. *The Eastern Stars: How Baseball Changed the Dominican Town of San Pedro de Macoris* (New York: Riverhead Books, 2010).

Ruck, Rob. *The Tropic of Baseball: Baseball in the Dominican Republic* (Lincoln, Nebraska: Bison Books, 1999).

Raceball: How the Major Leagues Colonized the Black and Latin Game (Boston: Beacon Press: 2011).

Atlanta Braves Illustrated Yearbooks (1966-1972)

Chop Talk, la revista mensual oficial de los Atlanta Braves

Milwaukee Braves Yearbook, 1964

Milwaukee Journal, Sarasota Herald-Tribune, Sports Illustrated, Baseball-Almanac.com, Baseballprospectus.com, Baseball-Reference.com, HardballTimes.com, MLBlogsNetwork (mlb.com), and Retrosheet.org.

NOTAS

1. Bob Wolf, "Rookie Rico Set Off Tom-Tom Beating by Braves' Faithful," *The Sporting News*, 25 de julio de 1964.

2. Wayne Minshew, "Friendly Rico Rates Tops on Tepee List," *The Sporting News*, 12 de julio de 1969.

3. Randy Galloway, "Carty Shuns DH Job – I'm No Invalid," *The Sporting News*, 24 de marzo de 1973.

4. Rob Ruck, Raceball, 202-204.

5. Mark Kurlansky, *The Eastern Stars: How Baseball Changed the Dominican Town of San Pedro de Macoris*,

6. "Leafs Rave Over Kid Carty," *The Sporting News*, 20 de abril de 1963, 33.

7. Bob Wolf, "Braves Examine Hot-Shot Kids In 1964 Blue Print," *The Sporting News*, 28 de septiembre de 1963.

8. Chris Boone, "Carty Still Loves the Braves," *ChopTalk*, 26 de abril de 2006.

9. Bob Wolf, "Carty Rated Excellent Chance to Crash Braves Picket Party," *The Sporting News*, 18 de enero de 1964.

10. Bob Wolf, "Braves Load Their Bench With Wallop in Oliver Bat," *The Sporting News*, 16 de enero de 1965.

11. Bob Wolf, "Carty Lets Out Yelp In Bragan's Doghouse," *The Sporting News*, 28 de agosto de 1965.

12. Furman Bisher, "Ache-Free Carty May Put New Punch In Tepee Bats," *The Sporting News*, 19 de marzo de 1966.

13. " 'Everybody at Convention Eyed Carty,' Says McHale," *The Sporting News*, 17 de diciembre de 1966, 30.

14. "Aaron-Carty Feud Explodes on Plane After No-Hitter," *The Sporting News*, 1 de julio de 1967, 12.

15. Hank Aaron, with Lonnie Wheeler, *I Had a Hammer*, 190.

16. Wayne Minshew, "Braves Cut Price Tags, Seek Deals," *The Sporting News*, 7 de octubre de 1967.

17. Jay Searcy, "Clete Takes Verbal Jab at Rico; 'He Loafs,' Claims Third Sacker," *The Sporting News*, 24 de febrero de 1968.

18. Wayne Minshew, "TB Kayoes Carty for Year," *The Sporting News*, 13 de abril de 1968.

19. Wayne Minshew, "Same Old Rico – He's Hitting a Ton," *The Sporting News*, 14 de febrero de 1970.

20. *The Sporting News*, 21 de febrero de 1970: 49.

21. Escrito (write-in): Cuando hay un candidato que no está en una boleta para cualquier votación, los votantes tienen el derecho de escribir el nombre de ese candidato en un espacio que se deja libre en esa boleta. (Nota del traductor).

22. "Reed, Carty Have Fight Before Game," *Milwaukee Journal*, 21 de agosto de 1970.

23. Frank Eck, "Two-Year Tempo of .356 Lifts Carty to Lofty .321 for Career," *The Sporting News*, 14 de noviembre 1970.

24. Dick Young, "Young Ideas," *The Sporting News*, 12 de septiembre de 1970.

25. Wayne Minshew, " 'With God's Help, I'll Be Back' – Carty," *The Sporting News*, 30 de enero de 1971.

26. Se hace acá alusión a la mala pronunciación del inglés por parte de Rico Carty, quien en lugar de usar la "i" corta que se lleva la palabra "big" usaba la "i" larga, que se utiliza mayormente con la doble "e". (Nota del traductor).

27. "Smile – That Beeg Boy's Coming Back to Braves," *The Sporting News*, 7 de agosto de 1971: 30.

28. "Carty Beaten; Atlanta Policemen Suspended," *Sarasota Herald-Tribune*, 26 de agosto de 1971.

29. Bob Fowler, "Killer, Oliva Express Doubt Over DH Rule," *The Sporting News*, 3 de febrero de 1973.

30. Wayne Minshew, "Braves Swapping of Carty Puts Mathews on Hot Seat," *The Sporting News*, 18 de noviembre de 1972.

31. Merle Heryford, "Rangers Get Carty to Beef Up Attack," *The Sporting News*, 11 de noviembre de 1972.

32. Randy Galloway, "Herzog Seeking 'Ballplayers, not Boy Scouts," *The Sporting News*, 23 de diciembre de 1972.

33. Oscar Kahan, "DH's May Give Needed Hypo to AL," *The Sporting News*, 27 de enero de 1973.

34. Peter Carry, "Player of the Week," *Sports Illustrated*, 14 de septiembre de 1964

35. Wayne Minshew, "Carty Fires Volley at Mathews," *The Sporting News*, 7 de abril de 1973.

36. Jerome Holtzman, "Reuschel Hungry for 20-Win Season," *The Sporting News*, 19 de mayo de 1973.

37. Merle Heryford, "Rico-Whitey Spat Ends in Truce," *The Sporting News*, 23 de junio de 1973.

38. Ron Bergman, "A's Acorns," *The Sporting News*, 6 de octubre.

39. Ron Bergman, "A's Have a Credo: Do Jobs the Hard Way," *The Sporting News*, 27 de octubre de 1973.

40. *Sarasota Herald-Tribune*, 25 de agosto de 1974.

41. Cleveland Indians roster, *The Sporting News*, 15 de marzo de 1975.

42 Sobre sus resentimientos respect a la regla del bateador designado, ver a Russell Schneider, "Carty's Ex-Bosses Wince – But Injuns Grin at Hot DH," *The Sporting News*, 12 de junio de 1976.

43 Milton Richman, "Average Regular's Pay Rockets to $95,149," *The Sporting News*, 23 de abril de 1976.

44 Russell Schneider, "Tepee Totters From Oral Blasts at Robinson," *The Sporting News*, 14 de mayo de 1977.

45 Russell Schneider, "Carty Exit Almost Certain After Hassle With Robby," *The Sporting News*, 25 de junio de 1977.

46 Neil McCarl, "Jays Get Carty and Bosetti to Beef Up Anemic Attack," *The Sporting News*, 1 de abril de 1978.

47 Neal McCarl, "Jays Miss Goal, Post 102 Losses," *The Sporting News*, 21 de octubre de 1978.

48 Murray Chass, "Ten Aging Free Agents Hit $15 Million Jackpot," *The Sporting News*, 3 de marzo de 1979.

49 Murray Chass, "Carty's Pact 31 Pages Long," *The Sporting News*, 3 de marzo de 1979.

50 Neil McCarl, "Howell Returns With Hot Bat and Tongue," *The Sporting News*, 21 de julio de 1979.

51 Stan Isle, "Kroc Also Big in Milk – Milk of Human Kindness," *The Sporting News*, 17 de noviembre de 1979.

52 Russell Schneider, "Rico's Bat a Bargain Buy for Indians," *The Sporting News*, 14 de septiembre de 1974.

53 Rob Ruck, *The Tropic of Baseball: Baseball in the Dominican Republic*, 161.

54 Bruce Markusen, "Card Corner: Rico Carty," *Hardball Times*, 8 de octubre de 2010.

55 Bruce Markusen, "Cooperstown Confidential," MLBlogsNetwork, 6 de julio de 2005 (mlb.com).

56 Rob Ruck, *The Tropic of Baseball*, 161.

57 Bob McCoy, "Keeping Score: Never Over the Hill," *The Sporting News*, 21 de noviembre de 1988.

Luis Castillo

Por Richard Bogovich

El Juego de las Estrellas de 2017 se jugó en Miami, por lo que era natural que los grandes medios prestaran atención a la franquicia que lo acogía. Como ejemplo, menos de dos semanas antes del gran evento, Fox Sports republicó un artículo de FanSided sobre los principales cinco candidatos entre los ex jugadores de los Marlins cuyo número sería retirado. En la lista pequeña estaba Luis Castillo.[1]

Luis Antonio Castillo Donato nació el 12 de septiembre de 1975, en San Pedro de Macorís, República Dominicana. Sus padres, Antonio y Faustina, criaron a Luis, sus dos hermanos y tres hermanas bajo condiciones increíblemente humildes. Luis y sus hermanos estaban apilados en un pequeño cuarto en la casa de bloques y cemento. La familia vivía en el núcleo de la ciudad, y su principal estadio de béisbol resultaba estar justo en la misma calle. El padre de Luis inicialmente trabajó en un ingenio de azúcar pero luego de perder ese empleo recurrió a la venta de frutas en la parte trasera de una camioneta.[2]

Luis tenía seis años cuando comenzó a jugar béisbol, pero como vivía en un área más pobre, parte de su experiencia inicial fue poco usual. "Todos los muchachos en San Pedro de Macorís juegan béisbol frente a sus casas con tapas de botellas," reportó Julio César, hermano de Luis, y les pegaban con palos de escoba en vez de con un bate real.[3] A medida que Luis y sus amigos crecieron y tomaron el juego con más seriedad, tenían que ser increíblemente creativos cuando se trataba de implementos. En vez de cualquier cosa cercana a un guante convencional, Luis primero usó parte de una caja plástica de leche a la defensa. Cortaba parte de éste pero mantendría la parte con la agarradera y lo usaba más como un cucharón que como un guante de béisbol.[4]

Luis no tuvo un guante de verdad, de hecho usado, hasta que tuvo unos 12 años. En vez de una pelota de verdad, a veces hacían las suyas de medias enrolladas. Cuando tuvo edad suficiente para hacer pruebas para equipos organizados, obtuvo un par de spikes, de la talla 10½, pero sus pies eran más de dos tallas más pequeños así que llenaba sus zapatos con papel. Usaba un guante de trabajo pequeño para batear. Pudo mejorarlo, recuerda, porque iba "a los juegos de liga de verano en la Dominicana y veía cada juego."[5] También observaba a los peloteros posteriormente para ver si arrojaban algo. Cuando uno de ellos quiso deshacerse de su guante de bateador que de seguro era muy grande para él, Luis le arrancó el logo de Franklin y lo apretó en su guante de trabajador. Durante las temporadas de liga invernal tenía oportunidades de ver a su pelotero favorito, Alfredo Griffin, pero se reporta que no soñó en verdad con convertirse en ligamayorista hasta cerca de un año antes de firmar su primer contrato profesional.[6]

Los implementos provisionales de Castillo se han llevado el crédito por ayudarle a mejorar su fuerza, velocidad y habilidad. Desde hacer swing con su primer bate, una barra de hierro, desarrolló sus muñecas, y cuando pudo usar un guante real, fue mucho más fácil atrapar una línea que con una caja de leche. Por tanto, cuando tuvo 11 años se llevó la oportunidad de viajar con un equipo de San Pedro para un torneo regional en Puerto Rico. Pudo ir solamente porque su madre se despertó antes del amanecer e hizo almuerzos que él llevó en bicicleta a seis millas, para vender a los trabajadores en el parque de negocios duty-free, donde sus hermanas trabajaban en sombríos trabajos explotados. Tal vez el más increíble aspecto de la saga juvenil de Luis es que su bicicleta tenía un pedal y no tenía frenos. Todo el esfuerzo y lucha dieron resultado: el equipo de Luis ganó el torneo y fue el líder de los bateadores. También estaba agradecido a sus padres por guiar a sus seis hijos lejos de vidas llenas de crimen y drogas. El béisbol servía bien como distracción. "Me estaban criando en un ambiente peligroso. Me gustaba estar en las calles y si no hubiese respetado a mi madre, no sería lo que soy," dijo luego de su primera temporada como Todos Estrellas de la Liga Nacional. "Gracias a Dios escuché a mi madre y a mi padre."[7]

Para el cumpleaños 14 de Luis, su madre le dio su primer guante nuevo, un modelo Juan Samuel. Samuel nació en la misma ciudad y había sido Todos Estrellas de las mayores para ese entonces. "Fue en verdad caro," dijo Luis. "No vengo de una familia que tenía mucho dinero, así que mi madre me compró ese guante y fue difícil para mí porque creo que ese dinero lo podía usar para comprar comida para que la familia comiera."[8]

Nelson Rodríguez, fundador de la liga juvenil en la que Luis pulió sus habilidades, habría considerado a Faustina ingenua si creía en ese tiempo que su hijo pudiera jugar en las ligas mayores de Estados Unidos. "Nadie imaginó esto, ni siquiera él," dijo Rodríguez, quien había sido entrenador de Samuel y otros futuros ligamayoristas. "Era delgado y pequeño... muy tranquilo. Pero con muchos deseos de mejorar."[9]

"Jugué béisbol porque me gustaba," confirmó Castillo. "No sabía que iba a ser un pelotero profesional y estar en las grandes ligas. Jugaba en las calles y la gente decía, 'Hey, eres bueno.' No lo sabía."[10]

De acuerdo con la *2011 New York Mets Media Guide* (Guía de Prensa de los New York Mets de 2011), Luis se graduó del Colegio San Benito Abad en 1991,[11] aunque Kevin Baxter del *Miami Herald* dijo que castillo dejó la escuela. A pesar de esto, la hermana de Luis, Maribel, un año mayor que él, le dijo a Baxter que la escuela no parecía el camino de las metas de su hermano. "Era serio pero también inquieto," recordó. "Nunca quería ir a la escuela... porque quería jugar." Afortunadamente, un hombre llamado Virgilio Reyna decidió recomendar a Castillo a los scouts de ligas mayores.[12]

Según la parte trasera de la tarjeta beisbolera de Castillo en 1995 con los Kane County Cougars, el scout que firmó a Castillo el 19 de agosto de 1992, unas semanas antes de cumplir 17 años, fue Julián Camilo ("Julio" en la *2011 New York Mets Media Guide*). Los Florida Marlins en expansión, que se preparaban para debutar en la Liga Nacional en 1993, dieron a Castillo $2,800 para añadirlo a sus filas. De manera impulsiva, compró un ciclomotor para su familia como alternativa a las deslucidas bicicletas.¹³ Trató de celebrar con algunos amigos a quienes podía haber conocido sin la aprobación de su madre, pero esa noche no duró tanto como lo planeó. Faustina rastreó al grupo cerca de la medianoche, dio una reprimenda a sus hijo frente a los demás y le ordenó volver a casa con ella.¹⁴

En 1993, Castillo no necesitó irse de la isla para comenzar su carrera profesional. Fue asignado al equipo del nivel rookie de Florida en la Liga Dominicana de Verano. Su promedio ofensivo fue de .282 y su OBP fue de .368 en 69 desafíos. Empujó 31 carreras y anotó 48. En 1994, jugó en los Estados Unidos en otra temporada corta de nivel rookie, con los Gulf Coast League Marlins. Su promedio de bateo cayó a .264 pero se robó 31 bases en 57 partidos.¹⁵

Para 1995, Castillo fue asignado a los Kane County Cougars de la Clase-A en los suburbios del oeste de Chicago. El director de desarrollo de jugadores de los Marlins, John Boles, tuvo grandes expectativas de pretemporada, llamando a Castillo el mejor prospecto entre los segundas bases que había visto. En ese punto, Castillo había llegado a su estatura de ligas mayores de cinco pies once pulgadas, pero su peso era apenas 146 libras.¹⁶ No decepcionó y fue seleccionado para el juego de las estrellas de la Midwest League, celebrado el 20 de junio en el suburbio Grand Rapids, Michigan.¹⁷ Durante un intento de robo de base un mes más tarde se deslizó de manos contra las rodillas del paracortos de Fort Wayne Mike Moriarty y ambos peloteros terminaron en la lista de lesionados por el resto de la campaña. Castillo sufrió una seria lesión en el hombro y Moriarty una ruptura en el ligamento anterior cruciforme. Luis compilaba .326 en el momento de la lesión.¹⁸

Al inicio de la campaña de 1996, Castillo fue ubicado en el número dos entre los prospectos de los Marlins por Baseball America. Comenzó la temporada con los Sea Dogs en Portland, Maine (Doble-A). Cuando John Boles visitaba, hacía una cita para batear rolatas a Castillo. "No lo hacía por más nadie que no fuera yo," apuntó Castillo. "Dijo, 'Luis, si voy a ser manager en las grandes ligas, estarás conmigo enseguida.' Le dije, 'Gracias.' Nunca pensé que él fuera a dirigir en las grandes ligas."¹⁹ Castillo fue seleccionado para jugar en el juego de las estrellas de la Eastern League el 8 de julio en Trenton, y tres días después, Boles fue nombrado manager de los Marlins, para terminar la temporada que inició Rene Lachemann. Menos de tres meses después, los Marlins subieron a Castillo y al lanzador Félix Heredia de Portland.

Luego ese mismo día, el 8 de agosto, Luis Castillo debutó en un encuentro de local contra los Mets como segunda base y primer bate. Se fue sin hits en tres turnos antes de ser sustituido por un emergente. Se guardó otros hechos cruciales para mayor impacto el día siguiente. Nuevamente en la cima de la alineación contra los Mets, pegó sencillo en el cuarto inning para su primer indiscutible. Anotó su primera carrera en esa entrada, y fue la única de su equipo antes de los extra innings. En el final del décimo, Castillo enfrentó a Doug Henry con dos outs y empujó con hit a Alex Arias desde segunda base con la carrera ganadora. Luis pegó el primer cuadrangular de su carrera antes de que terminara el mes, en Cincinnati contra Mike Remlinger. En total, Castillo compiló .317 en 109 encuentros con Portland y .262 en 41 partidos con los Marlins.

Boles fue reemplazado por Jim Leyland como manager de los Marlins para 1997, y éste escogió a Castillo para abrir en segunda base el Día de Apertura. Al hacer pareja regularmente con el torpedero Edgar Rentería, quien también tenía 20 años, ambos formaron la más joven combinación de doble matanza en la historia de la Liga Nacional.²⁰ Su mejor jugada en la temporada debe haber venido el 10 de junio contra los Giants, cuando su

Fotografía cortesía del Salón de la Fama del Béisbol Nacional

compañero Kevin Brown llevó un juego sin hits hasta el séptimo inning. Un relato cablegráfico del juego dijo que la mejor jugada defensiva tuvo lugar en esa entrada cuando J.T. Snow conectó rolata detrás de la segunda base y Castillo hizo una jugada con el guante de revés para ponerlo out en primera.[21] Sin embargo, la temporada de Luis sería insatisfactoria, y cuando su promedio de bateo era de apenas .240 a finales de julio, fue degradado al Charlotte de Triple-A. Allí bateó muy bien, .354 en 37 encuentros, pero no volvió a las mayores y por tanto no jugó con los Marlins en la Serie Mundial de 1997. Unos cinco años después, Clark Spencer del *Miami Herald* resumió lo que fue ese 26 de octubre para el segunda base de los Marlins en el Día de Apertura: "Con dolor, Luis Castillo encendió la televisión esa noche de octubre de 1997 y vio a los Marlins ganar la Serie Mundial. Ahí estaba su amigo, Liván Hernández, alzando su trofeo de MVP de la Serie. Castillo había aprendido a manejar usando el Land-Rover de Hernández cuando ambos eran compañeros de cuarto en Doble-A durante la temporada anterior," escribió Spencer. "Estaba su otro amigo, Edgar Rentería, disparando el sencillo ganador en el Juego 7. Él y Rentería habían venido juntos en el sistema de granjas de los Marlins."[22] Al menos resultó que hubo algo positivo. Aunque no jugó en la postemporada, como resultado del campeonato de los Marlins, recibió $70,000. "Tan pronto como tuve ese dinero, le dije a mi mami, queremos sacarte," recordó Castillo. "Así que le compré una casa."[23]

Su buena racha en Charlotte no le valió para volver a las mayores al inicio de 1998. Ni siquiera una racha de 32 juegos consecutivos bateando de hit del 24 de mayo al 3 de julio no le sirvió para tener una promoción inmediata con los Marlins. Aun así, cuando su OBP era de .403 a principios de agosto, con 74 anotadas en 100 encuentros, la gerencia de Florida no pudo ignorarlo más. Sin embargo, luego de volver a las mayores el 4 de agosto, compiló apenas por encima de .200 el resto de la contienda.

Entre tanto, Jim Leyland había pasado de ganar la Serie Mundial a un récord de 54-108. No fue su culpa, porque al inicio de la justa de 1998, los dueños habían traspasado a Brown y otros 10 jugadores claves, dejando a su manager con la escuadra más joven de las mayores. "El manager de Florida Jim Leyland debe haberse sentido como un trabajador de guardería esta campaña," dijo sarcásticamente un cronista deportivo de la Florida. "Los Marlins pusieron a jugar un récord de 27 novatos en 1998."[24] Leyland renunció el 1 de octubre.

El fracaso colectivo de los jóvenes jugadores de posición de los Marlins en 1998 reabrió una puerta para Castillo, y se abrió con más amplitud cuando John Bole fue nombrado para su segundo período como el manager del equipo. Castillo pasó todo 1999 con los Marlins, y fue segunda base regular por el resto de su carrera profesional. Luis premió la fe de Boles con promedio de .302 en 128 encuentros, y sus 50 bases robadas lo ubicaron cuarto en la Liga Nacional. El Capítulo del Sur de la Florida de la Asociación de Cronistas del Béisbol de Estados Unidos lo nombraron el Más Valioso del equipo en la campaña.[25]

En 2000, Castillo demostró que la temporada anterior no fue casualidad. Tuvo las marcas más altas de su carrera de grandes ligas con 101 anotadas, promedio de .334, un OBP de .418, y 62 bases robadas. Esta última fue la mejor cifra de las mayores, lo cual le sirvió para ganar el premio Lou Brock ese año. De manera interesante, siete de esas estafas tuvieron lugar de golpe. El 17 de mayo contra San Diego, Castillo estableció la marca del club y personal con cuatro bases robadas, y al día siguiente tuvo tres más. Como resultado, se quedó a una del récord de la Liga Nacional para bases robadas en encuentros consecutivos, que fue establecido por Walt Wilmot de los Chicago Colts el 6 y 7 de agosto de 1894.[26]

La actitud de Castillo agradaba al manager Boles. Luego de un partido esa temporada, Luis entró a la oficina del manager y puso un fajo de billetes en el buró por no haber tocado la bola correctamente. Era una especie de reembolso de su pago. "Estaba muy serio," recordó Boles. "Estaba tan disgustado consigo mismo."[27]

La temporada de 2001 fue el único año mediocre de Castillo como regular de los Marlins; bateó .263. Boles fue despedido el 28 de mayo, aunque el balance de 22-26 del equipo no era atroz. No hay indicación de que Castillo estuviera en slump después de eso. Boles fue reemplazado para el resto de la temporada por el miembro del Salón de la Fama Tony Pérez, quien había sido electo a Cooperstown el año anterior.

Es muy posible que Castillo haya estado distraído por el hecho de que junto con su esposa Angie esperaban su primer hijo, que llegó poco tiempo después de terminada la campaña. Luis Angelo Castillo nació el 12 de octubre de 2001. De cualquier manera, el padre primerizo lo hizo bien por los Marlins durante la primera mitad de 2002, pese a que no vio a Angie o el bebé desde el inicio de los entrenamientos de primavera hasta el 8 de julio. Castillo hizo que su esposa e hijo volaran desde la República Dominicana para una ocasión muy especial: había sido nombrado al Todos Estrellas de la Liga Nacional por vez primera, y el juego era la noche siguiente.[28]

Lo que en verdad hizo que notaran a Castillo durante la primera mitad de 2002 fue su racha de 35 juegos consecutivos bateando de hit, desde el 8 de mayo al 21 de junio. Durante ese período, tuvo 62 hits en 154 turnos, promedio de .403. Fue la racha más larga desde que Paul Molitor de los Brewers tuvo una de 39 encuentros en 1987. Esa campaña de 1987, Benito Santiago de los Padres había establecido la segunda racha más larga para un jugador latino con 34. En el momento del logro de Castillo, empató la sexta racha más larga en la historia de la Liga Nacional y la décima en las mayores. Hasta 2018, había sido sobrepasado y empatado por dos Phillies: Jimmy Rollins conectó de hit en 38 juegos consecutivos entre 2005 y 2006 y Chase Utley pegó hit en 35 juegos seguidos en 2006.

No es sorpresa que se haya intensificado la atención de la prensa por todo el hemisferio cuando la racha de Castillo llegó a 30 encuentros. Cuando llegó a 31, un cronista d la Florida (cuyo reporte volvió a ser impreso por un periódico en Arizona) descubrió que la gente que Castillo conocía podría haber estado molestándolo más que los periodistas. "El segunda base de los Florida Marlins normalmente se alegra de escuchar de casa, pero últimamente cada llamada telefónica hace que aumente la presión," escribió Brian Bandell. "'Muchos amigos de la República Dominicana me llaman,'" dijo el propio Castillo. "'No me gusta eso.'"[29] Y eso no fue para decir que lidiar con los reporteros era fácil, porque Castillo todavía tenía problemas con el inglés cuando no había intérprete disponible. El día que llevó su racha a su punto máximo, un reportero del *New York Times* notó que Castillo había pedido ayuda al compañero de equipo Mike Lowell, quien nació en Puerto Rico y tenía ascendencia cubana. "Me pregunta por la prensa y qué decir," dijo Lowell. "Solo le digo que diga lo que siente."[30]

Aunque Castillo no se reuniría con su esposa e hijo en otras dos semanas, en la noche que la cadena llegó a 35 encuentros, pudo celebrar con seis familiares que asistieron ese juego de local ante los Tigers. A estadio viajaron juntos una prima, dos sobrinos, un cuñado, su hermana Altagracia y su madre, cuya emoción no disminuyó al enterarse de que había llegado a sus asientos (29 filas detrás del plato) un inning después de que Castillo extendiera su cadena con un infield hit en el final del tercero. Los familiares dijeron a un reportero que aunque pedía a su familia que rezara y adornaba su casillero con figurines que reflejaban su catolicismo—comportamiento consistente con ansiedad que se notaba en muchos de sus comentarios en la prensa—percibían señales, mayormente por su lenguaje corporal, de que seguía confiando en sus habilidades. Pero el agudo interés en el resto del juego no significaba mucho en esa parte de la Florida, pues solamente había 5,865 fans.[31] La asistencia el día siguiente, sábado, subió a 14,713 pero vieron a Castillo irse sin hits en cuatro comparecencias.

Los Marlins honraron a Castillo con una noche especial el 3 de julio, y 11,785 fans acudieron. Las festividades antes del juego incluyeron una presentación por parte del Consulado Dominicano. Castillo, por su parte, aprovechó la oportunidad para lanzar el Fondo Luis Castillo de Implementos para Niños de conjunto con la Fundación Comunitaria Florida Marlins. Comenzó la acción con una donación de $5,000 pero a los fans les pidieron esa noche —y anualmente mientras estuvo con los Marlins—traer donaciones de implementos nuevos y usados para enviarlos a los niños en la República Dominicana.[32]

Seis días después, fue el Juego de las Estrellas en Milwaukee. Los fans habían votado por José Vidro de los Expos como segunda base titular de la Liga Nacional, y el manager del equipo, Bob Brenly de los Diamondbacks, escogió a Junior Spivey de su propio equipo como suplente. Spivey reemplazó a Vidro luego de tres entradas, y Castillo a Spivey en el séptimo episodio. Como resultado de que el encuentro durara 11 innings (punto en el que terminó de manera notoria con empate a siete), Castillo jugó cuatro entradas y bateó dos veces, elevando al central en ambas ocasiones. A la defensa registró tres asistencias.

Castillo terminó 2002 con promedio de .305, y sus 48 bases robadas le permitieron ganar su segundo Premio Lou Brock. Además, fue nombrado el MVP del equipo por segunda vez por parte del Capítulo del Sur de la Florida de la BBWAA. El 23 de octubre, Castillo se sometió a cirugía artroscópica en su cadera derecha para reparar un borde lastimado, pero en el transcurso del año siguiente hubo razones amplias para pensar que el procedimiento había sido exitoso.[33]

Para el invierno de 2002-2004, Castillo era multimillonario a los 27 años. Se había comprado un Mercedes y usaba joyas caras, pero la mayoría de sus ganancias iba hacia sus parientes. La familia de su hermana Maribel estaba en aquel entonces ocupando la casa de su niñez, y él pagó para que le añadieran habitaciones, pusieran piso de losa, y construyeran un segundo piso. Hizo lo mismo con la casa de al lado, que pertenecía a su hermano Julio César. Mudó a sus padres y una abuela a Santo Domingo, la capital y ciudad más grande, a una casa de dos pisos en un barrio de clase media. Él, Angie y el joven Luis Angelo, estaban viviendo al otro lado del pueblo en un modesto apartamento cerca del club de campo de la ciudad.[34]

En varios frentes, Castillo fue casi tan bueno en 2003 como en la temporada anterior. Fue seleccionado al Todos Estrellas por segundo año consecutivo, en esta ocasión por Dusty Baker de los Giants. Sí llegó a jugar otra vez, y otra vez se fue sin hits en dos comparecencias. Mejoró un poco su promedio de 2002 a .314 y en el proceso tuvo marca personal de 187 hits. Considerando si primer "guante" cuando joven, en términos de logros personales, Castillo debe haber estado más emocionado de recibir su primer Premio Rawlings por Guante de Oro. Recibió votos para el Jugador Más Valioso de la Liga Nacional y terminó en el lugar 21.

La razón principal para pensar que su cirugía de cadera en octubre de 2002 tenía un efecto persistente es que su total de bases robadas se redujo de 48 en 2002 a 21 en 2003. Fue cogido robando 19 veces, por lo que su efectividad estuvo apenas por encima del 50 por ciento. (Se presume que haya hecho los ajustes necesarios durante 2004, cuando volvió a robar 21 bases pero fue capturado solo cuatro veces).

Además de otro año admirable en lo individual, 2003 fue la única vez que Castillo jugó en la postemporada como Marlin. Fue efectivo al bate en la Serie Divisional de la Liga Nacional contra los Giants, a quienes los Marlins eliminaron tres juegos por uno. Bateó .294 con tres dobles y tres boletos. No lo hizo bien contra los Cubs en la Serie por el Campeonato de la Liga Nacional, pero el 14 de octubre inadvertidamente ayudó a perpetuar una de las más fuertes supuestas maldiciones en la historia del deporte. Los Cubs llevaban ventaja en la serie a siete juegos 3-2, y tenían ventaja de 3-0 en el sexto encuentro con un out en el octavo inning. Castillo le pegó a un lanzamiento de Mark Prior hacia los asientos elevados en la línea del jardín izquierdo, donde la bola fue sacada del alcance de Moisés Alou, que saltó tratando de atraparla, por el aficionado Steve Bartman. Con una nueva oportunidad de extender su comparecencia, Castillo logró un boleto de Prior. Luis eventualmente terminó bateando nuevamente en el inning, en esa ocasión elevando a segunda base. Entre sus turnos, los Marlins anotaron ocho veces y eso decidió el juego. En la noche siguiente, remontaron dos carreras para ganar 9-6 y avanzar a la segunda Serie Mundial de la franquicia en su corta existencia.

El bateo de Castillo contra los Yankees fue aun peor que contra los Cubs. Después de cinco juegos, los Marlins tenían ventaja de 3-2. Los dos partidos siguientes estaban programados para el Yankee Stadium, y el sexto encuentro sería el juego número 100 de Serie Mundial que se jugaría allí. Andy Pettitte y Josh Beckett lanzaron cuatro entradas sin carreras cada uno. Pettitte retiró a los dos primeros Marlins en el quinto, pero permitió indiscutible de Alex González. Juan Pierre adelantó a González hasta segunda con imparable. Eso llevó a Castillo, que no tenía hits en sus 14 turnos anteriores. Como era ambidiestro, bateaba a la derecha contra los zurdos. El primer envío de Pettitte fue un strike cantado y Castillo hizo swing al segundo sin hacer contacto. Luego pegó foul a los dos lanzamientos siguientes, y los otros dos estuvieron fuera de la zona de strike para emparejar la cuenta a 2-2. El cronista del *New York Times* Rafael Hermoso describió bien lo que sucedió después: "Castillo pegó línea al derecho con el séptimo lanzamiento, mandando a González, la otra estrella inesperada de los Marlins, resoplando por las bases. González salió al contacto e iba a probar el brazo del jardinero derecho Karim García. El tiro fue bueno y González se deslizó con sus pies detrás del plato. El receptor Jorge Posada recibió el tiro frente al plato y trató de tocarlo con su mascota. Pero Posada nunca logró el toque y González se deslizó cerca del plato y arrastró su mano izquierda por la parte trasera. El árbitro Tim Welke señaló que González llegó safe, y la multitud enmudeció."[35]

Los Marlins anotaron otra carrera, con elevado de sacrificio en la entrada siguiente, y Becket blanqueó a los Yankees, por lo que el oportuno hit de Castillo fue la carrera decisiva. Ayudó a la defensa con un out y un corredor en primera en el final del octavo inning cuando fildeó una rolata y se la tiró a González para comenzar una doble matanza.

Hermoso incluyó frases de Castillo sobre su turno al bate decisivo y su emoción por los Marlins en general, pero el artículo comenzó con una descripción del lenguaje corporal de Castillo hacia el final del juego: "… Castillo no podía contenerse. A medida que Josh Beckett disparaba sus últimos lanzamientos a los Yankees, tratando de terminarlos en el noveno inning esa noche, Castillo estaba jugando profundo en la tierra, saltando en el lugar como una marioneta… Finalmente Beckett tocó a Jorge Posada por la línea de primera base y Castillo fue libre."[36]

Luis fue agente libre después de la Serie Mundial, y se reporta que los Mets hicieron una oferta fuerte para firmarlo. Pero a principios de diciembre llegó a un acuerdo con los Marlins de $16 millones en tres años, menos que lo ofrecido por los Mets.[37] No es de sorprender, que la gran compra en entre temporadas fuera una granja que su padre, entonces con 72 años, siempre había fantaseado con tener.[38]

En ese mismo entre temporadas, Castillo dijo que él y el también dominicano Moisés Alou bromeaban de buena gana sobre el foul en los play off. "Dijo que tuvimos suerte," reportó Castillo. "Le dije, 'Cuando vengan a los entrenamientos de primavera, vengan temprano y pongan fans en el medio y traten de atrapar elevados, porque puede que pase otra vez.'"[39]

Castillo tuvo otro buen año con los Marlins en 2004, con promedio de .291. Su mejor momento de la campaña fue probablemente el 22 de mayo, cuando conectó su único jonrón con bases llenas, contra Steve Sparks, de Arizona. Fue especialmente significativo porque Castillo promedió apenas tres jonrones por campaña. No fue nombrado al Todos Estrellas en 2004, pero ganó su segundo Guante de Oro consecutivo.

En 2005, Castillo volvió a ser Todos Estrellas, esta vez nombrado por Tony La Russa de los Cardinals. Reemplazó al segunda base regular Jeff Kent en el final del segundo inning y jugó el resto del juego, porque no había otro segunda base en el equipo. En el principio del séptimo inning, tuvo su primer (y único) hit como Todos Estrellas, sencillo abriendo inning ante Kenny Rogers de los Rangers. Castillo anotó cuando el siguiente bateador, Andruw Jones, pegó jonrón. A la defensa tuvo dos outs, tres asistencias, y ayudó a completar una doble jugada.

Cuando la temporada terminó, el promedio de Castillo era de .301, la quinta ocasión en sus siete años como regular de los Marlins en la que bateó .300. Compiló .423 ante zurdos, el más alto promedio contra bateadores de esa mano en la Liga Nacional. El 18 de abril, ante Washington, Castillo recibió cuatro transferencias, marca personal que hizo vislumbrar una marca impresionante al final de la campaña: fue el bateador más difícil de ponchar en la Liga Nacional. Tuvo un ponche cada 16.38 comparecencias al plato.[40] Además, siguió brillando a la defensa, y recibió su tercer Guante de Oro consecutivo.

Al final de la temporada de 2005, Castillo tenía 29 años y había pasado una década jugando por los Marlins. El 2 de diciembre, para los Marlins lo traspasaron a los Minnesota Twins por dos prospectos del pitcheo, Scott Tyler y Travis Bowyer. Tyler nunca lanzó por encima de Triple-A. Bowyer estuvo en ocho juegos con los Twins en 2005 pero nunca lanzó un juego oficial por ningún equipo de ligas menores de los Marlins.

Cuando lo entrevistaron con su nuevo equipo a mediados de marzo, parecía genuinamente conforme de no ser ya un Marlin ¿Por qué? Había logrado la gran meta que se había puesto: "Me ocuparía de mi familia." Y para 2006, lo había hecho. "Ahora todo el mundo está feliz en mi familia," dijo. "Cuando voy a la República Dominicana, me siento feliz. Eso es lo que he estado queriendo hacer. Es el sueño que tengo. Por eso me siento tan bien."[41]

En su nueva liga, sus estadísticas para la campaña no parecieron muy diferentes de sus mejores con los Marlins. Compiló .296 y sus 25 bases robadas fueron su cifra más alta desde 2002. Los Twins ganaron la División Centra, por lo que Castillo experimentó la segunda (y última) postemporada de su carrera. Los Twins cayeron por barrida ante los A's pero a Castillo le fue mejor que en 2003 contra los Cubs y los Yankees. Su promedio en los tres juegos fue de .273 (de 11-3) y su OBP fue de .429.

El 30 de julio de 2007, luego de 85 partidos, Castillo bateaba .304 con los Twins. Ese día, los lo traspasaron a los Mets por el prospecto jardinero Dustin Martin y el catcher Drew Butera. Castillo promedió .296 con los Mets y la combinación de su promedio en la temporada fue de .301.

La temporada de 2008 fue decepcionante para Castillo. Jugó en apenas 87 encuentros y su promedio de bateo cayó a .245. El 3 de julio, fue puesto en la lista de lesionados por 15 días con una torcedura en el músculo flexor de la cadera izquierda y no regresó hasta el 25 de agosto.[42]

Castillo mejoró en 2009: en 142 encuentros, bateó .302 y robó 20 bases. Celebró junto con Angie el nacimiento de su segundo bebé, una hija llamada Adonai, el 30 de julio. Ese día resultó ser difícil para su padre Angie y Luis se levantaron a las 7:30 esa mañana, y la bebé nació cuatro minutos antes del mediodía. Los Mets tenían un doble programa contra los Rockies, y Castillo pensaba que estaría defraudando a sus compañeros si no jugaba en uno de los juegos. Ganaron 7-0 sin él, pero perdieron el del cierre 4-2 con él en la alineación.[43]

"Ella quería que me quedara, pero le dije de la situación," dijo Castillo. "Teníamos muchas lesiones y si puedes ayudar a que jueguen mejor, lo haces." George Vecsey, del *New York Times*, tuvo la corazonada de que otra parte de la motivación de Castillo era seguir enmendando lo que Vecsey llamó "fue probablemente el más notorio error en la historia de la franquicia, lo cual es mucho decir. (Esto viene de un escritor que vio jugar a Marvelous Marv Throneberry.)"[44]

En el Yankee Stadium, el 12 d junio, los Mets iban delante 8-7 entrando al final del noveno inning. Con dos outs, Derek Jeter estaba en segunda base y Mark Teixeira en primera. Alex Rodríguez conectó un elevado rutinario detrás de Castillo, quien simplemente la dejó caer. Al estar tan sorprendido como todo el mundo, tiró tratando en vano de poner out a Rodríguez. Mientras tanto, Teixeira cruzaba el plato con la carrera ganadora.

"Habría sido fácil esconderse," escribió Vecsey. "Luis Castillo podía haber tomado la ducha más larga en la historia del béisbol— o escurrirse en la noche, sin ducharse."

Podía haberse escondido, pero era muy responsable," dijo Alex Cora, que estaba jugando en el campo corto. "Había gente lista para enterrarlo, pero él lo manejó de la manera correcta."[45]

Vecsey señaló que Castillo pensaba tomarse un día libre cuando su esposa pariera, pero una suspensión por lluvia creó el doble programa ese día. "Cuarenta y cinco minutos después del parto, se fue sin hits en la derrota de los Mets, pero lo principal es que apareció," concluyó Vecsey.[46]

En 2010 Castillo jugó 86 encuentros con los Mets y compiló apenas .235. Fue ubicado en la lista de lesionados el 4 de junio con una contusión en el talón derecho. Regresó el 19 de julio. Fue su última temporada con los Mets, y como una última acción brillante, se robó el home en Chicago como parte de un doble robo el 4 de septiembre. El 3 de octubre, contra Washington, elevó al campo corto como emergente.[47] Esa fue su última comparecencia en un juego profesional.

Castillo se reportó para el entrenamiento de primavera con los Mets en febrero de 2011, pero frustró al mentor Terry Collins cuando se esperaba que llegara temprano y no lo hizo. Resultó que su hermano Julio César estaba siendo sometido a un serio proceso quirúrgico. "Le pregunté, '¿Por qué no me lo dijiste?'" dijo Collins de Castillo. "De seguro habría cambiado mi manera de mirar las cosas. Espero que su hermano esté bien." De cualquier modo, Collins confirmó que Castillo competiría con Daniel Murphy, Brad Emaus, y Justin Turner por el puesto como titula en segunda base.[48] Turner se llevó el trabajo. Los Mets dejaron libre a Castillo el 18 de marzo. Tres días después, los Phillies lo ficharon para un pacto de liga menor.

Paul Hagen, del *Philadelphia Daily News* parecía pensar que valía la pena dar una oportunidad a Castillo, y sugirió que lo habían tratado injustamente en New York. "Que los malhumorados clientes de Queens el pararrayos por la inefectividad de Oliver Pérez, las lesiones de Carlos Beltrán y José Reyes, el escándalo de Bernie Madoff y todos los otros males que han caído sobre su equipo favorito es obviamente tonto," escribió Hagen.[49]

Su colega Sam Donnellon tuvo una visión diferente cuando el manager de los Phillies Charlie Manuel expresó contrariedad porque castillo llegó tarde también a su campo, escribiendo que la reputación de Castillo era la de "una estrella decadente bien pagada mostrando señales de malcriado en su juego y su actitud." La diferencia de opinión se tornó debatible el 30 de marzo, cuando los Phillies dejaron a Castillo libre.[50] Ese niño de 14 años en San Pedro de Macorís que apenas se veía como pelotero de grandes ligas algún día, de seguro nunca soñó en ser honrado en una ceremonia como una exaltación al Salón de la Fama.

FUENTES

Además de las fuentes citadas en las Notas, el autor consult Baseball-Reference.com para la información estadística.

NOTAS

1. Phil Kimmel, foxsports.com/mlb/story/miami-marlins-whose-number-should-be-the-first-retired-040717, 30 de junio de 2017.

2. Kevin Baxter, "Motherly Love," *Miami Herald*, 23 de febrero de 2003: 1C.

3. Dave George, "Family Late, But Happy," *Palm Beach Post* (West Palm Beach, Florida), 22 de junio de 2002: 1C.

4. Mark Long, "From Milk Cartons to Majors," *Los Angeles Times*, 11 de junio de 2000: D1.

5. La Velle E. Neal III, "Castillo Still Hungers to Win," *Minneapolis Star Tribune*, 22 de junio de 2007: 1C.

6. Neal.

7. Baxter.

8. Joe Capozzi, "Castillo Gives Dreams to Dominican Kids," *Palm Beach Post*, 14 de agosto de 2005: 7B.

9. Baxter. Rodríguez también fue coach de Luis Mercedes, Guillermo Mota, Manny Alexander, y José Cano cuando eran jóvenes.

10. Neal.

11. *2011 New York Mets Media Guide*, 47.

12. Baxter.

13. Dave Hyde, "Luis' Heart 2nd to None," *South Florida Sun-Sentinel* (Fort Lauderdale), 29 de marzo de 2004: 13C. "No manejó mi auto hasta los 19, cuando su buen amigo y entonces agente Andy Mota rentó uno para que él probara," agregó Hyde.

14. Baxter.

15. *2011 New York Mets Media Guide*, 47.

16. Bryan Byrnes, "Young Cougars Don't Lack Talent," *Daily Herald* (Arlington Heights, Illinois), 5 de abril de 1995: sección 2, página 11.

17. *2011 New York Mets Media Guide*: 46. En contraste con su peso de 1995, en la página 44 fue registrado con 191 libras.

18. Bryan Byrnes, "Kane County Experiencing Power Shortage in Dismal Second Half," *Daily Herald*, 25 de julio de 1995: sección 2, 2.

19. Neal.

20. *2011 New York Mets Media Guide*, 46.

21. "Marlins' Kevin Brown No-Hits San Francisco Giants," *Guantánamo Bay* (Cuba) *Gazette*, 13 de junio de 1997: 11.

22. Clark Spencer, "Hitting It Big," *Miami Herald*, 9 de julio de 2002: 1D.

23. Jim Souhan, "Hard Times Make Twins' Castillo Thankful," *Minneapolis Star Tribune*, 19 de marzo de 2006: 1C.

24. Ken McVay, "On Second Thought," *News Herald* (Panama City, Florida), 2 de octubre de 1998: 1B.

25. *2011 New York Mets Media Guide*, 46-47.

26. *2011 New York Mets Media Guide*, 47.

27. Neal.

28. Dave George, "Castillo Glad to Be Reunited with Wife, Son," *Palm Beach Post*, 9 de julio de 2002: 3C. La fecha de nacimiento de su hijo es de la 2011 New York Mets Media Guide, 44.

29. Brian Bandell, "The Buzz Grows as Castillo's Streak Hits 31," *Prescott* (Arizona) *Daily Courier*, 18 de junio de 2002: 7A.

30. Charlie Nobles, "Castillo Keeps Hitting, Passing Hornsby's Run," *New York Times*, 21 de junio de 2002: D5.

31. George, "Family Late, But Happy."

32. "South Florida Honors Luis Castillo," *Palm Beach Post*, 3 d julio de 2002: 8C (un anuncio de media página). Una nota de prensa de los Marlins fechada el 23 de septiembre de 2003 y publicada en marlinsbaseball.com/topic/4451-marlins-press-release/, confirmó la donación monetaria inicial de Castillo. El calendario del equipo de 2005, en miami.marlins.mlb.com/mia/community/calendar_archive_05.jsp, incluía la cuarta edición anual Luis' Gear for Kids Day el 14 de agosto.

33. *2011 New York Mets Media Guide*, 46-47.

34. Baxter. En su artículo de 2003, Angie era conocida como la prometida de Castillo, pero en el artículo de David George el 9 de julio de 2002 fue llamada su esposa, igual que en los artículos de 2004 y 2009 acá citados.

35. Rafael Hermoso, "Castillo Rewards Marlins' Faith with Timely Hitting," *New York Times*, 26 de octubre de 2003: sección 8, página 2.

36. Hermoso.

37. "D'backs Acquire Sexson in 9-Player Deal with Brewers," *Daily Herald* (Arlington Heights, Illinois), 2 de diciembre de 2003: sección 2, página 2.

38. Hyde.

39. "Castillo Trades Barbs with Chicago's Alou," *Johnstown* (Pennsylvania) *Tribune Democrat*, 26 de febrero de 2004: B4.

40. *2011 New York Mets Media Guide*, 45.

41 Souhan.

42 *2011 New York Mets Media Guide*, 45.

43 Michael Obernauer, "Oh Baby! Castillo Makes It to Flushing for Nightcap," *New York Daily News*, 13 de julio de 2009: 75.

44 George Vecsey, "Yes, Luis Castillo Is Still with the Mets," *New York Times*, 3 de marzo de 2010: B13.

45 Vecsey.

46 Vecsey.

47 *2011 New York Mets Media Guide*, 44.

48 "Castillo Arrives in Mets' Camp," *Palm Beach Post*, 21 de febrero de 2011: 4C.

49 Paul Hagen, "Luis Castillo Gets Audition with Phillies Just in Case Scouts Are Wrong," *Philadelphia Daily News*, 22 de marzo de 2011: 48.

50 Sam Donnellon, "This Just in: Luis Castillo Is an Issue," *Philadelphia Daily News*, 23 de marzo de 2011: 71.

César Cedeño

Por John DiFonzo

"A los 22 años, Cedeño es tan bueno o mejor que Willie a la misma edad. No sé si pueda mantenerse por 20 años, y no estoy diciendo que vaya a ser mejor que Mays. No hay manera que alguien pueda ser mejor que Mays. Pero diría que este chico tiene posibilidades de ser igual de bueno. Y eso es mucho decir."
— Leo Durocher, May 1973[1]

Tal elogio parecería absurdo, pero consideren que a los 22 Cedeño completó su segundo año consecutivo bateando .320, conectando más de 20 cuadrangulares y superando las 50 bases robadas, demostrando esa inusual combinación de poder y velocidad, siendo el segundo pelotero en alcanzar esos niveles de jonrones y bases robadas en la misma campaña.[2] Cedeño podía hacerlo todo—correr, batear, batear con poder, tenía un fuerte brazo y hacía jugadas espectaculares en el jardín central. Era tan popular que al Astrodome le decían "César's Palace" (El Palacio de Céstar).

César (C.C) Cedeño nació el 25 de febrero de 1951 en Santo Domingo, República Dominicana, hijo de Diogenes y Juana (Encarnación) Cedeño. A la edad de 11 años trabajaba ya en la misma fábrica de clavos que su padre. Su padre compró una tienda de víveres y quería que César le ayudara haciendo mandados en vez de perder su tiempo jugando al béisbol. Otro artículo sugería que quería que César ayudara a su madre en la casa. Su mamá apoyaba que jugara béisbol y le compró un guante y unos zapatos sin que su padre lo supiera. A los 12 años, practicaba atrapando elevados en la noche, lanzando la pelota por encima del alumbrado de la calle y luego trataba de ataparlas en la caída a la vez que evitaba que le golpeara. Los vecinos pensaban que estaba loco. Cuando cumplió 14, César dejó la escuela para trabajar en la fábrica de clavos a tiempo completo. Al año siguiente regresó a la Escuela Fidel Ferrer.

La República Dominicana era territorio abierto y las reglas del draft no se aplicaban por lo que los jugadores firmaban como agentes libres. En el otoño de 1967, los scouts Pat Gillick y Tony Pacheco, de los Houston Astros, estaban explorando la República Dominicana en busca de talento. Pacheco contó cómo descubrieron a Cedeño de 16 años: "Yo estaba dirigiendo en las ligas invernales y nuestro juego se suspendió por lluvia. Pero se estaba jugando un desafío local. Fui a observar a otro muchacho, pero el manager nos dijo que miráramos a Cedeño."[3] Gillick relató, "Notamos a este muchacho y nos gustó la forma en que se movía, sus acciones y su tamaño. Lo vimos lanzar y lo vimos pararse a batear y pegar hit, y luego pararse y pegar otro hit. Decidimos que queríamos observarlo. Luego del partido, hicimos arreglos para que fuera con nosotros y otros peloteros a San Pedro, a unas 60 millas, para una práctica el lunes en la mañana."[4] La ubicación fue arreglada para evitar que la notaran otros cazatalentos. Luego del tryout, Gillick decidió que quería fichara Cedeño y se encontró con su padre porque éste era menor. Gillick descubrió que los St. Louis Cardinals le habían ofrecido $1,000 a César para que firmara, pero su padre se negó. Gillick ofreció hasta $1,500 pero las negociaciones se pararon. Entonces su amigo en la isla, Epy Guerrero, le advirtió que el scout de los Cardinals Diomedes Olivo iba en camino y llegaría en 15 minutos. Gillick entonces duplicó su oferta a $3,000 y el padre de Cedeño aceptó. Cuando Olivo llegó, Gillick mostró el contrato y dijo, "Llegas uno minutos tarde."[5]

"Cuando tenía 15 años, estaba en la banca en la liga Junior de Santo Domingo," dijo Cedeño, "y solamente jugábamos los domingos. Probablemente no había jugado ni 100 juegos cuando firmé."[6] Fue asignado a los Covington Astros (en Virginia) de la Appalachian League (nivel rookie). "Trabajé duro para aprender inglés. Miraba televisión—películas de cowboys y animados. Aprendí inglés con los Picapiedras," dijo Cedeño en una entrevista.[7] Bateó .374 en 36 encuentros y fue promovido a lo Cocoa Astros de la Clase-A en la Florida State League, donde bateó .256 en 69 encuentros.

En 1969, Cedeño pasó la temporada completa jugando por los Peninsula Astros (Clase-A en Hampton, Virginia) en la Carolina League. Tony Pacheco era su mentor y corrigió un defecto en su bateo al hacerle flexionar su pierna delantera cuando hacía swing. Cedeño compiló .274 con cinco vuelacercas en 142 partidos y encabezó la liga en dobles con 32. En esa misma campaña, jugó en la Clase Winter Rookie en la Florida Instructional League North y promedió .278 en 37 encuentros además de recibir elogios de los scouts. Cedeño jugó bien en la pelota invernal en la República Dominicana, donde Rico Carty le ayudó con su ofensiva.

En 1970, César impresionó en lo entrenamiento de primavera y comenzó la campaña en Triple-A con los Oklahoma City 89ers de la American Association. Algunos dentro de la organización pensaban que a su 19 años estaba listo para integrarse a los Astros, pero otros no querían apurarlos. Pero el progreso de Cedeño fue más rápido que el que hubiese imaginado cualquiera en la organización. Demostró ser un excelente fildeador, haciendo atrapadas de frente y hacia atrás. Tenía un brazo fuerte, conectaba líneas y tenía poder hacia todas las bandas. En 54 encuentros, compiló .373 con 14 cuadrangulares y 61 empujadas. El manager Hub Kittle le alentó que fuera más agresivo en la caja de bateo; fue transferido ocho veces solamente y se ponchó apenas 26 veces en 247 turnos. Kittle comparó a César con Félix Millán, estelar de los Atlanta Braves: "Sandy (apodo que le dieron sus compañeros) tiene las mismas muñecas rápidas y es la misma clase de competidor feroz que era Félix cuando lo tuve en Yakima."[8]

Cedeño fue promovido el 20 de junio, a los 19 el jugador más joven en la Liga Nacional. Debutó esa noche en Atlanta, abriendo en el jardín central y bateando tercero en el orden. En su segundo turno, Cedeño pegó sencillo ante George Stone para su primer hit en las mayores. Añadió otro sencillo y se fue de 5-2. Tuvo problemas en su primer mes en las mayores y fue relegado al séptimo turno en la alineación. El 14 de agosto, chocó contra la cerca del jardín central, se torció el tobillo y se perdió una semana. César terminó la temporada promediando .310 con siete vuelacercas,

42 empujadas, y un OPS de .790. El manager Harry Walker dijo, "Tiene más habilidad natural que nadie en nuestra organización. Puede hacerlo todo—correr, lanzar, batear y fildear. Tiene buenos instintos naturales para el juego. Tiene mucho que aprender, pero aprende rápido y por lo general hay que decirle algo una sola vez."[9] Roberto Clemente elogió al fenómeno novato: "Uno de los jugadores jóvenes que mejor he visto jamás."[10] Aunque jugó en solamente 90 encuentros, terminó cuarto en la votación por el Novato del Año de la Liga Nacional.

En 1971, Cedeño comenzó la temporada en el jardín derecho. La razón no está clara. Algunos especulaban que era para aprovechar su fuerte brazo; la otra teoría era que serviría para motivar a Jim Wynn al moverlo de vuelta al jardín central. César comenzó lento, bateó .186 y se ponchó 32 veces en 129 turnos (24.81%) y el 20 de mayo lo sacaron de la alineación regular. Regresó a esta el 31 de mayo, cuando Wynn presentó problemas en una muñeca. Se fue de 9-7 con dos dobles, dos jonrones y seis empujadas en sus dos próximos encuentros. Cedeño se recuperó del promedio más bajo de la campaña (.180) el 30 de mayo. Dijo, "Estoy viendo la pelota ahora. No la estaba siguiendo todo el tiempo, estaba haciendo swing fuerte y quitándole la vista a la pelota."[11] Pese al pésimo inicio, Cedeño encabezó la Liga Nacional con 40 dobles, promedió .264 con 10 jonrones, y encabezó el equipo con 81 carreras empujadas, pero se ponchó en 102 ocasiones.

En 1972, con 21 años, Cedeño floreció y se especulaba que sería la próxima súper estrella del béisbol. Lidero la Liga Nacional en bateo hasta agosto,[12] cuando fue superado por el bateo de Billy Williams y terminó cuarto con promedio de .320. Cedeño empató como puntero en la liga con 39 dobles, conectó 22 cuadrangulares, robó 55 bases, empujó 82 anotaciones, tuvo un OBP de .385 y un slugging de

Fotografía cortesía del Salón de la Fama del Béisbol Nacional

.537. También redujo su total de ponches a 62. Cedeño fue nombrado su primer equipo de Todos Estrellas, ganó el primero de sus cinco Guantes de Oro consecutivos, y terminó sexto en la votación por el MVP de su circuito.

Era probablemente natural comparar a Cedeño y Clemente porque sus estilos eran similares. Ambos bateaban hacia todas las bandas, con poder, sin ser principalmente jonroneros. Ambos tenían fuerte brazo, pero Clemente era considerado el mejor de todos los tiempos en 1972, y ambos eran latinos. Se había descrito que ambos "jugaban al máximo, con no mucha vistosidad, y a ambos de les acusó de jugar con alarde."[13] Maury Wills dijo en defensa de Cedeño, "Cuando un pelotero con Cedeño está en el lado opuesto, es un alardoso. Cuando está de tu lado, juega duro y es pintoresco."[14] Harry Walker, que dirigió tanto a Cedeño como a Clemente, dijo, "Clemente y Cedeño son los dos peloteros más emocionantes que tiene el béisbol hoy. Ya sea fildeando, lanzando o corriendo las bases, o bateando, lo hacen todo al máximo y con gracia. Cuando ellos están, siempre estás en vilo esperando que pase algo. Ellos hacen que pasen cosas."[15] Dijo Clemente: "No creo que sea justo para él. Cuando yo llegué, no me gustaba que me compararan con otros peloteros."[16] "No quiero ser el segundo Clemente," dijo César. "Prefiero ser el primer Cedeño."[17] Cuando le preguntaron a Hank Aaron quién era el último jugador en llegar a la liga con tanta habilidad como Cedeño, respondió simplemente: "Yo."[18]

Para 1973, Cedeño se había establecido como uno de los mejores peloteros de la liga y recibió la votación por los fans como abridor del Juego de las Estrellas. Su producción ofensiva se comparaba con su temporada previa: volvió a batear .320, terminando segundo en la Liga Nacional detrás de Pete Rose. Conectó 25 jonrones y robó 56 bases. Pero sus números en anotadas, hits y empujadas bajaron y se ponchó más. César jugó duro, lanzándose para atrapar líneas y chocando con los muros, pero el gerente general Spec Richardson se cuestionaba su fortaleza: "Cedeño se lastimó y se quedó lastimado, no puede jugar con cualquier dolor."[19] Cedeño regresó a la República Dominicana para recuperarse y jugar pelota invernal.

Mientras estaba allá, se lastimó la rodilla. Fue a Houston a que se la chequearan y le recomendaron descansar hasta el entrenamiento de primavera. Cedeño regresó a la República Dominicana. En la mañana del 11 de diciembre a eso de las 2:00am, Cedeño y Altagracia de la Cruz, de 19 años, se registraron en el Motel Keko, ubicado en la sección pobre de Santo Domingo. La pareja había estado bebiendo y Cedeño había ordenado dos cervezas. Hubo reportes de una discusión y mucho ruido en su habitación. Un empleado del hotel testificó que se oyó un disparo 10 minutos después. César llamó a un empleado del hotel y dijo "ha muerto una mujer", y escapó de la escena en su auto deportivo.[20] Cedeño relató, "Me fui a mi casa, le conté lo sucedido a mi mujer, y luego fui a la policía. Estaba asustado. Vi que peligraba mi carrera beisbolera."[21] Cedeño, acompañado por su padre, se entregó a la policía unas ocho horas más tarde.

Cedeño llevaba un revolver Smith & Wesson calibre .38, para la cual tenía permiso. Dijo a la policía que le habían robado $5,000 en joyas y dinero y necesitaba el arma para su protección. Cedeño testificó que de la Cruz le pidió ver el arma y cuando él se negó, ella trató de arrebatársela y al arma se disparó, causando su muerte. Cedeño estuvo detenido en la prisión local con otros tres hombres. La policía condujo exámenes de parafina y concluyó que solamente la víctima había disparado un arma recientemente. El reporte policial declaró "No ha sido posible ubicar culpa alguna en César Cedeño."[22]

El destino de Cedeño quedó en manos del sistema legal dominicano, y lo mantuvieron en al Precinto Penitenciario La Fe. El fiscal del distrito Máximo Henríquez Saladin presentó un cargo por homicidio voluntario, que en Estados Unidos equivale a un asesinato en segundo grado. El Gerente General Spec Richardson y Pat Gillick viajaron desde Houston. La esposa estadounidense de Cedeño, Cora, que estaba en la casa de la pareja en Santo Domingo en el momento del incidente, lo visitó en prisión cada día y le llevó comida. Los padres de de la Cruz demandaron a Cedeño por una suma de $100,000 en daños para la hija de tres años de la víctima. (Cedeño no era el padre). Jim Wynn entendía por qué César llevaba un arma: "Jugué allá por un año y creo que es bastante común. Conozco mucha gente que lo hace. Tienen tantos problemas allí y mucho de eso tiene que ver con los cambios en el gobierno."[23]

El 31 de diciembre de 1973, el magistrado Sócrates Díaz Curiel redujo los cargos contra Cedeño a homicidio involuntario y lo liberó por una fianza de $10,000 luego de 20 días en prisión. El 15 de enero de 1974, César fue declarado culpable de homicidio involuntario. La condena habría resultado de hasta tres años en prisión pero Cedeño se libró con una multa de apenas $100. Una transcripción del fallo de la corte contaba que Cedeño había sido considerado responsable de actuar "con imprudencia al permitir que la víctima obtuviera el arma que él portaba, y que al manejarla con torpeza, se descargó, causándole la muerte."[24]

Cedeño resolvió los dos casos civiles en su contra. Los Astros recibieron críticas por preocuparse solamente por el impacto sobre la franquicia y no mostrar preocupación por la víctima. Sobre la tragedia, César dijo "Lamento lo ocurrido. Pero esto me ayudará a crecer más rápido. Creo que me ayudará a ser mejor persona."[25] Sabía que habría repercusiones negativas por parte de los fans y jugadores oponentes, pero "Creo que puedo manejarlo. H estado pensando en ello y estoy listo para lo que sea. Desde que llegué a la liga, me han gritado, me han llamado alardoso. Esto es diferente, pero no pensaré en ello."[26] El Comisionado Bowie Kuhn no suspendió a Cedeño pese a tener facultades para hacerlo; ni siquiera comentó sobre el asunto.

César tuvo un buen inicio en la temporada de 1974. Para el descanso de las estrellas, encabezaba la Liga Nacional en empujadas (75), era segundo en jonrones (19), tercero en bases robadas (36), empatado en tercer lugar en anotadas (62), y empatado en el cuarto puesto de los hits (112).[27] Tal vez debido las reacciones adversas de los fans, Cedeño no fue seleccionado para el Juego de las Estrellas, pero sí como reserva. No estuvo entre los seis mejores jardineros de la Liga Nacional en votación de los fans.[28] El 17 de julio, hubo un recordatorio del incidente de la temporada baja cuando una llamada despertó al compañero de equipo Bob Watson en su habitación de hotel en Pittsburgh. Una voz con acento latino dijo, "Voy a dispararle a Cedeño tal y como disparó a esa muchacha."[29] Watson, asustado, informó a su manager y la policía estuvo presente esa noche en el Three Rivers Stadium como precaución. La llamada tuvo lugar un día después que un periódico criticara el papel de Cedeño en el fatal incidente. El manager Preston Gomez le dijo, "Esto es algo con lo que vas a tener que vivir el resto de tu vida."[30]

Cedeño cayó en un slump desde agosto hasta el final de la contienda (.194, cuatro jonrones), que atribuyó a un "mal giro" en su swing. En la campaña, tuvo marca personal de ponches con 103, y su promedio de .269 fue su segundo peor. Pese a la caída de la segunda mitad, Cedeño logró marcas personales en jonrones (26) y empujadas (102). Fue su tercera campaña al hilo con 20 jonrones y 50 bases robadas. A la edad de 23 años, el joven dominicano todavía era considerado una superestrella en ascenso. El impacto de la tragedia en la temporada baja y la carga de trabajo influyeron en él. "Pasé muchos problemas con los fans y eso. Tuve muchas personas en mi contra y eso dificultó un poco mi trabajo. ... No he jugado tantos juegos (160) desde 1971. Creo que puedo ayudar al club más si juego 150 encuentro y descanso tal vez 10 ó 12 partidos."[31]

Las tres contiendas siguientes de César, 1975-1977, fueron sólidas pero nada espectacular para él. No tuvo ese esperado rendimiento de .350, 30 jonrones, 120 empujadas. Compiló entre .279 y .297 y conectó menos de 20 cuadrangulares cada campaña. Aun así, Cedeño fue espectacular a la defensa y robó 50 bases por sexto año consecutivo. Todavía le importunaban la muerte de de la Cruz y el potncial no alcanzado. "No importa lo que haga, dicen que tuve un mal año," dijo.[32]

Sobre el fatal incidente, Cedeño tuvo dos respuestas: "Nunca afectó mi juego," y

"Prefiero no hablar de ello."[33] Lo fans lo abucheaban con gritos de "¿A quién vas a mater después?"[34] El compañero de equipo Bob Watson consideraba que el incidente había afectado a César. "Era tan joven, tan orgulloso, y creo que lo intentó con más empeño para probar a todos que no le molestaba," dijo Watson. "Tuvo una buena campaña [1974], pero alteró su swing tratando de conectar cuadrangulares. Después de eso, tal vez los lanzadores se ajustaron, pero él no hizo los reajustes."[35]

Las lesiones de Cedeño y su estilo agresivo de juego estaban pasando factura. Nunca se recuperó del todo de la lesión en la rodilla que tuvo durante la pelota invernal de 1972 y le tomaba entre 20 y 30 minutos relajar sus problemáticos tobillos cada día. En los entrenamientos de primavera de 1977, Cedeño se dañó los ligamentos de un dedo de una mano cuando esquivaba un envío lanzado por una máquina. "En verdad nunca le pone mucho empeño," dijo el manager Bill Virdon. "De hecho, creo que juega con abandono descuidado."[36]

Cedeño llegó a un momento crítico el 22 de junio de 1977. Se había ido de 5-0 en un partido en Montreal para llegar a una caída en su proedio a .179 tras fallar en 20 turnos. Entonces, le pidió a Virdon que lo sacara de la alineación. Después de unos días de descanso, César volvió a la alineación y compiló .349 el resto de la contienda para ascender a .279.

Luego de la campaña de 1978, fue elegible para la agencia libre. Los Astros no querían perder a su estrella de 27 años y lo firmaron a un contrato récord de $3.5 millones por diez años.

El 16 de junio de 1979, en el final del quinto inning contra los Chicago Cubs en el Astrodome, César se desgarró el ligamento colateral tibial deslizándose en segunda base cuando trataba de adelantar una base luego de un sencillo empujador. Los doctores ejecutaron una cirugía d dos horas para reparar la rodilla y tenían confianza en que Cedeño jugaría de nuevo. El Dr. Harold Brelsford apuntó, "Cuando examinamos la rodilla en anestesia general, encontramos daños previos en los ligamentos y pudieron repararlos también. César ha tenido problemas con esa rodilla con anterioridad. Y puede que el próximo año esa rodilla esté más fuerte de lo que estuvo este año."[37] Cedeño llevó un yeso por seis semanas y tuvo dos para rehabilitarse. Jugó en los dos últimos choques de la zafra.

El regimen de Cedeño para el Descanso entre temporada incluía carrera de dos millas, 30 minutos de carreras beisboleras en sprint, y una sesión con pesas Nautilus. Tenía confianza en una recuperación total. "Algunas personas han predicho que perderé tres o cuatro pasos, y les demostraré que se equivocan," dijo. "Creo que mis mejores años están en el futuro... No creo que haya estado bien físicamente por cuatro años. He tenido cuatro operaciones, tres de ellas en mis manos. ... Algunas personas no se percatan de que he estado recibiendo inyecciones en los últimos cinco años por los dolores en mi pierna. Espero que no tendré que quejarme nuevamente."[38]

Los Astros fueron contendientes en el Oeste de la Liga Nacional en 1979, y con el surgimiento del novato Jeffrcy Lconard, junto a José Cruz y Terry Puhl, tenían jardineros en abundancia. Cedeño, cinco veces ganador del Guante de Oro en el jardín central, fue desplazado a la primera base. Dijo, "No lo olviden, fui fichado como primera base y jugué más de 200 juego en esa posición en las menores. Siempre hago práctica de infield."[39] Jugó 91 partidos en primera base en 1979 y lo hizo bien, pero no era el Cedeño de antes. Se vio afectado por la recuperación de la cirugía y fue hospitalizado una semana en agosto con hepatitis. Terminó la temporada con .262 y lo que hasta ese entonces sería su peor slugging con .374.

En 1980, a la edad de 29 años, César reclamó su posición de jardinero central regular y tuvo una de sus mejores campañas. Empató como cuarto entre los bateadores de la Liga Nacional con .309, y tuvo 48 bases robadas y marca personal de .389 de OBP. Los Astros aventajaban a Los Angeles Dodgers por tres juegos, y quedaban tres juegos a jugarse en el Dodger Stadium. Los Dodgers los ganaron todos para obligar un partido de desempate. Los Astros vencieron y ganaron su primer título del Oeste de la Liga Nacional.

Los Astros se midieron a los Philedelphia Phillies en la NLCS. El juego 3 fue el primer juego de playoff en la historia del Astrodome. En el sexto inning, César roleteó para doble matanza, dio un paso raro sobre la primera base y se fracturó el tobillo derecho, poniendo punto final a su campaña. Los Astros ganaron el juego en extra innings, 1-0, y tomaron ventaja de dos juegos por uno. Houston tuvo a los Phillies al borde de la eliminación en los juegos 4 y 5, pero Philadelphia remontó para ganar los dos choques en extra innings y llevarse la serie. Entre tanto, Cedeño comenzaba otra larga rehabilitación.

En la temporada dividida y acortada por la huelga de 1981, Cedeño jugó en 82 desafíos —45 en primera base y 34 en el jardín central. Su producción ofensiva descendió: promedio de bateo de .271 con 5 cuadrangulares y 12 bases robadas.

El 8 de septiembre, en un encuentro en el Atlanta-Fulton County Stadium frente a apenas 2,800 fans, Cedeño se ponchó para terminar el primer inning. Fue entonces tras un fanático que había estado molestándolo desde el juego del día anterior, gritándole "Asesino, asesino, asesino." Cedeño dijo después. "Si hubiese estado solo, probablemente no habría reaccionado de ese modo. Pero mi esposa estaba conmigo en ese viaje. Cora había sido víctima del mismo lenguaje y tratamiento. Estaba llorando. No creo que ningún hombre quiera que su esposa escuche que le llamen así. Cuando subí a las gradas, estaba demasiado involucrado emocionalmente. No tenía intenciones de golpear al hombre; solo quería ver si tenía la audacia de decírmelo en la cara. No lo hizo. Estaba temblando."[40] Cedeño recibió una multa de $5,000 pero no lo suspendieron. El fanático fue expulsado del estadio. El agente de César discutió pidiendo una política para lidiar con fans abusivos. No se presentaron cargos contra ninguno de los dos.

Los Astros ganaron el título de la Liga Nacional en la segunda mitad y perdieron ante los Dodgers en cinco encuentros en la Serie Divisional. Cedeño compiló apenas .214 en la serie y no jugó en el encuentro decisivo.

Luego de la temporada, César, que tenía derechos a vetar traspasos, aprobó ser transferido a los Cincinnati Reds por Ray Knight, un jugador con quien peleó en la contienda de 1979. Muy feliz, César dijo "Creo que me beneficiará un cambio de panorama, y creo que mis mejores años todavía están por venir."[41] Los Reds planeaban ubicarlo en la pradera central luego de traspasar a Ken Griffey Sr. justo luego de la temporada, lo cual le agradó, pues se había tornado renuente a abandonar esa posición bajo las órdenes de Virdon. Sentía que su tobillo fracturado había sanado y dijo, "Durante la pasada temporada, jugué con apenas 17 por ciento de flexibilidad en mi tobillo, y cuidarlo me provocó problemas en la corva y la espalda."[42] Luego de un mes de rehabilitación en el descanso entre temporadas, el dominicano reportó, "Ya tiene 80 por ciento de flexibilidad, estoy listo para robar 50 bases para los Reds esta campaña."[43] Se reportaba que Cedeño tenía una relación complicada con Virdon y acusaba al club de no darle el tiempo suficiente para recuperarse de sus lesiones.[44] Sus compañeros en Houston ripostaron, diciendo que él no jugaba cuando se lastimaba y dejaba más corredores en base de la cuenta.

En poco más de tres contiendas en Cincinnati, César robó apenas 57 bases, conectó 30 cuadrangulares y compiló .265. En 1983, fue trasladado al jardín derecho; y en 1984 fue utility, compartiendo su tiempo entre la primera base y los tres jardines.

En agosto de 1985, Cedeño era utilizado principalmente como emergente y compilaba por debajo de .250. El 27 de ese mes, los St. Louis Cardinals perdieron a su toletero derecho, Jack Clark, que fue a la lista de lesionados. Los Pájaros Rojos tenían ventaja de tres encuentros en el Este de la Liga Nacional sobre los New York Mets, y Clark era uno de los pocos jugadores que podían darles un buen batazo. César estaba descontento con su rol de suplente en Cincinnati, diciendo a los cronistas, "Acepté el hecho de que no iba a jugar mucho, pero no creo que a ustedes tampoco les guste que no les dejen escribir todo el tiempo."[45] Cuando los Cardinals estaban en Cincinnati el 28 de agosto, el coach de los Reds Jim Kaat sugirió al manager Whitey Herzog que St. Louis adquiriera a Cedeño. Al día siguiente se logró un acuerdo por César de 34 años a cambio del jardinero de la Liga Rookie Mark Jackson, quien nunca jugaría más allá de Clase-A.

Dal Maxvill, gerente general de los Cardinals, dijo "Creemos que (Cedeño) puede ayudarnos en la recta final. No va a jugar mucho a menos que tengamos lesiones, pero es bueno tener a alguien en la banca que haga que los managers hagan algo que puede ser que no quieran hacer."[46] Cedeño estaba feliz por la oportunidad. "No es secreto que mi contrato se acaba en cinco o seis semanas, y no tengo dudas de que todavía puedo ser un jugador regular para alguien," dijo. "Estoy feliz de que una oportunidad como esta—jugar con un contendiente—surgiera. Acepto lo que quieran que haga. Me emociona que una organización como los Cardinals se interesara en mí. Se siente bien ser querido."[47]

Cedeño alternó en primera base con el veterano Mike Jorgensen y fungió como emergente. El 30 de agosto, contra los Astros, apareciendo por vez primera por los Cardinals, conectó jonrón de emergente ante el primer envío de Mike Scott. El 6 de septiembre, compareció de emergente por Jorgensen y conectó jonrón con bases llenas ante Gene Garber de los Braves, para asegurar un triunfo de 8-0. Luego, los Cardinals y los Mets, empatados en primer lugar, se midieron en una serie de tres juegos en el Shea Stadium. Los Mets se llevaron dos de los tres juegos. En el segundo partido, César abrió el décimo inning con cuadrangular ante Jesse Orosco que marcó la diferencia en un juego de 1-0. Los Cardinals se fueron de New York un juego debajo de los Mets y Cedeño se convirtió en el primera base regular hasta el regreso de Jack Clark. El 15 de septiembre contra los Cubs, César se fue de 5-5 con el batazo decisivo del juego, un jonrón el e séptimo. El encuentro que les dio la división, victoria de 7-1 sobre los Cubs el 5 de octubre, Cedeño ayudó a despegar un partido apretado con un jonrón y dos empujadas.

En 28 encuentros, el dominicano bateo .434 con seis cuadrangulares, 19 empujadas y .750 de slugging. Herzog dijo, "Si no hubiésemos tenido a Cedeño, habríamos estado al menos tres juegos debajo de primer lugar, tal vez más, en la última semana. De no haberlo tenido, algunos zurdos podrían habernos dominado y habernos enviado a un slump. Pero él no dejó que cayera nuestro ánimo."[48] Cedeño dijo, "Siempre creí en mi propia habilidad. Sabía que todavía podía jugar y estaba tratando de demostrarlo. Creo que lo hice. Fue uno de los meses más emocionantes de mi vida."[49]

Los Cardinals vencieron a los Dodgers en la NLCS. En el juego 1 de la Serie Mundial, contra Kansas City, Cedeño pegó doble para empujar la carrera decisiva en la parte alta del cuarto episodio. Mientras los Cardinals caían ante los Royals en siete encuentros, Cedeño jugó en cinco de ellos y compiló .133. En total, en cinco series de postemporada, César jugó en 17 encuentros, compilando .173 en 52 turnos.

Después de la campaña, Cedeño fue agente libre y firmó con los Toronto Blue Jays. Luego de batear .188 en nueve juegos de exhibición, lo dejaron ir el 3 de abril. Pero los Dodgers necesitaban ayuda luego de que Pedro Guerrero sufriera una lesión en la rodilla y ficharon a Cedeño a un contrato de un año. Jugó en 37 partidos por los Dodgers, compilando .231, y fue liberado en junio. Terminó la temporada con el Louisville, Triple-A de los Cardinals.

En 1988, jugó en la Liga Mexicana. En 1989, a la edad de 38 años, fue invitado al entrenamiento de primavera de los Astros como jugador fuera de roster. Lo dejaron ir el 28 de marzo, cerrando su carrera en las mayores. Luego ese año, jugó en la temporada inaugural de la Senior Professional Baseball Association (Asociación Profesional de Béisbol de Veteranos).

Cedeño tenía un temperamento que a veces no podía controlar. Un reportero de Houston que cubría el equipo con regularidad dijo, "César tiene un mal carácter. Cuando le va bien, puede ser el más cooperativo. Pero si le va mal, o tiene una lesión, entonces es difícil lidiar con él."[50] Cedeño acumuló multas y suspensiones debido a su temperamento. En 1971, lanzó su casco luego de poncharse y golpeó accidentalmente a su compañero de equipo Wade Blasingame. Ambos discutieron, el compañero Doug Rader se sumó y él y Cedeño comenzaron a empujarse. En 1972, César recibió una multa de $250 y una suspensión de tres juegos por empujar con el pecho al árbitro Frank Pulli. Durante los entrenamientos de primavera de 1975, recibió una multa de $200 por golpear una nevera de agua luego de elevar al campo corto en un juego en el que pegó jonrón y doble. Se alojó un pedazo de vidrio en el ojo de un compañero de equipo, pero el doctor del equipo lo retiró con facilidad. Durante la temporada de 1975, recibió una multa de $250 y fue suspendido por tres juegos por chocar con el árbitro Bruce Froemming. En 1978 recibió una multa de $5,000 por haberse lesionado al golpear el acrílico del techo del dugout, lastimándose la mano y necesitando 17 puntos. En 1983, fue multado por $100 u suspendido por tres días al armar una rabieta porque el manager no lo seleccionó para que jugara en primera clase.

En los descansos entre temporadas, Cedeño recibía tratamiento para manejar el stress. También tenía un historial de episodios fuera del terreno. En 1985 fue acusado de manejar bajo los efectos del alcohol cuando, luego de que su auto chocara con un árbol, se rehusó a someterse a una prueba de aliento, pagó una multa de $400 y $7,000 en daños a la propiedad. Fue puesto en probatoria. En 1987 fue acusado de romper un vaso en el rostro de un hombre en un club nocturno en el área de Houston luego de que el hombre lo chocara accidentalmente. En 1988, fue arrestado y acusado de agresión, lesiones y resistencia al arresto. La mujer q la que había golpeado era su novia, Pan Lamon, con la que tenía una hija de cuatro meses. Cedeño estaba borracho y molesto por la custodia de la niña, se la quitó a Lamon y se fue manejando. Todavía estaba casado con Cora en aquel momento. En 1992, fue arrestado por atacar a Lamon, que estaba embarazada de cuatro meses con un hijo suyo. También fue acusado por resistirse al arresto. La declaración de víctima de Lamon decía "César tiene un serio problema con la bebida y solo se torna abusivo cuando bebe. Le he implorado que busque ayuda, pero no lo hará."[51]

Cedeño fue coach de liga menor e instructor de bateo para los Astros desde 1990 hasta 1994 y desde 1997 hasta 2001. Fue coach en la organización de los Washington Nationals en 2009. En 2012 regresó a los Astros como coach de bateo para los Greenville Astros de la Appalachian League. En 2018, fue el entrenador de bateo del equipo de los Astros en la Gulf Coast League (nivel rookie).

FUENTES

Además de la fuentes citadas en las Notas, el autor también consultó artículos en The Sporting News al igual que Retrosheet.org, Baseball-Reference.com, y el archivo del Salón de la Fama del Béisbol.

NOTAS

1. Ron Fimrite, "Now Let Us Render Unto Cesar," *Sports Illustrated*, 21 de mayo de 1973, si.com/vault/1973/05/21/618333/now-let-us-render-unto-cesar, accedido el 17 de noviembre de 2018.
2. Lou Brock fue el primero en 1967. Cedeño logró la hazaña tres veces, sgundo detrás de Rickey Henderson, quien lo hizo en cuatro ocasiones. Cedeño es el único peotero que tuvo tres campañas consecutivoas con 20 jonrones y 50 bases robadas hasta 2018.
3. Bob Moskowitz, "Teen-Ager Cedeno a Terror at Bat," *The Sporting News*, 12 de julio de 1969: 49.
4. John Wilson, "Cesar Cedeno … The Next Super Star," *The Sporting News*, 19 de agosto de 1972: 3.
5. Wilson, "Cesar Cedeno … The Next Super Star,"
6. Harold Petersen, "Hail, Cesar! And Hello," *Sports Illustrated*, 2 de agosto de 1972, si.com/vault/1972/08/07/614021/hail-cesar-and-hello, accedido el 23 de noviembre de 2018.
7. Petersen.
8. Bob Dellinger, "Astros Hail 89ers Cesar as Minors' Top Prospect," *The Sporting News*, 6 de junio de 1970: 33.
9. John Wilson, "Cedeno Dances While the Astros Fiddle," *The Sporting News*, 12 de septiembre de 1970: 15.
10. Wilson, "Cesar Cedeno … The Next Super Star."
11. John Wilson, "Astros' Cedeno Earns New Chance With a Hot Bat," *The Sporting News*, 3 de julio de 1971: 12.
12. El 31 de agosto, Cedeño aventajaba a Williams.342 a .340. Ambos bateaban .340 el 1 de septiembre. Williams pasó a Cedeño el 2 de septiembre y lo aventajó el resto de la campaña.
13. Wilson, "Cesar Cedeno … The Next Superstar?"
14. Wilson, "Cesar Cedeno … The Next Superstar?"
15. Wilson, "Cesar Cedeno … The Next Superstar?"
16. Wilson, "Cesar Cedeno … The Next Superstar?"
17. Wilson, "Cesar Cedeno … The Next Superstar?"
18. Wilson, "Cesar Cedeno … The Next Superstar?"
19. Joe Heiling, "Faded Astros Face Pruning Job from Fed-Up G.M. Richardson," *The Sporting News*, 22 de septiembre de 1973: 17.
20. "Prosecutor Recommends Cedeno's Full Acquittal," *New York Times*, 15 de enero de 1974: 44.
21. "Cedeno Expects Reaction," *New York Times*, 23 de enero de 1974: 25.
22. Joe Heiling, "Cedeno Tragedy Tosses a Cloud Over Astros," *The Sporting News*, 29 de diciembre de 1973: 27.
23. Heiling, "Cedeno Tragedy Tosses a Cloud Over Astros."
24. "Cedeno Expects Reaction."
25. Joe Heiling, "Cesar Set for Brickbats: 'I May Be a Better Player,'" *The Sporting News*, 9 de febrero de 1974: 33.
26. Heiling, "Cesar Set for Brickbats: 'I May Be a Better Player'."
27. Larry Wigge, "Batting Averages, Including Games of July 24," *The Sporting News*, 10 de agosto de 1974: 39.
28. "Dodgers, Reds Place Three on Major All-Star Team," *The Sporting News*, 27 de julio de 1974: 11.
29. Joe Heiling, "Cedeno's Life Periled by Pittsburg Caller," *The Sporting News*, 3 de agosto de 1974: 7.
30. Heiling, "Cedeno's Life Periled by Pittsburg Caller."
31. Joe Heiling, "Cedeno Aims to Be Astros' Leader," *The Sporting News*, 26 de octubre de 1974: 25.
32. Peter Gammons, "Cesar's Salad Days Are Over/Supposed Superstar Cedeno of Houston Is Playing More Like a 'Could Have Been,'" *Sports Illustrated*, 1 de agosto de 1977.
33. Gammons.
34. Gammons.
35. Gammons.
36. Gammons.
37. Harry Shattuck, "Cedeno's Knee Injury Gives Astros Another Limp," *The Sporting News*, 8 de julio 1978: 16.
38. Harry Shattuck, " 'Best Years Ahead' Trumpets Cesar of Astros," *The Sporting News*, 10 de marzo de 1979: 51.

39　Harry Shattuck, "Leonard Gets Help as Astros' Rookie Star," *The Sporting News*, 23 de junio de 1979: 10. Según baseball-reference.com, los únicos encuentros de ligas menores en los que Cedeño jugó primera base fueron los 97 encuentros que efectuó en 1969 entre los Peninsula Astros y los Florida Instructional League Astros.

40　Harry Shattuck, "Cedeno Is Fined. Goes After Fan," *The Sporting News*, 26 de septiembre de 1981: 23.

41　Earl Lawson, "Reds to Put Cedeno in Center Field, Ankle Healed," *The Sporting News*, 2 de enero de 1982: 40.

42　Lawson.

43　Lawson.

44　Harry Shattuck, "Astros Very Cool to Scott Pay Bid," *The Sporting News*, 9 de enero de 1982: 45.

45　Rick Hummel, "Price Is Right in Cedeno Deal," *The Sporting News*, 16 de septiembre de 1985: 19.

46　Hummel.

47　Hummel.

48　Dave Nightingale, "Races to the Wire, Herzog Played His Cards Right Down the Stretch," *The Sporting News*, 14 de octubre de 1985: 17.

49　Jared Hoffman, "What a Move, When the Cardinals Acquired Aging Cesar Cedeno for '85 Stretch Run, They Found the Ultimate Difference-Maker," *The Sporting News*, 21 de julio de 1997: 47.

50　Abby Mendelson, "Whatever Happened to Cesar Cedeno?," *Baseball Quarterly*, Invierno de 1978-1979: 46.

51　Henry Pierson, "Ex-Astro Charged With Attack on Pregnant Girlfriend, Cops," *Orlando Sentinel*, 29 de septiembre de 1992. articles.orlandosentinel.com/1992-09-29/news/9209290123_1_astros-cedeno-pregnant-girlfriend, accedido el 23 de noviembre de 2018.

JOSÉ DELEON

Por Richard Cuicchi

Una vez descrito como el "mejor lanzador perdedor en el béisbol,"[1] José DeLeón fue un enigma durante la mayor parte de su carrera de grandes ligas. Como abridor, mostró promesa, incluyendo tres períodos de brillantez, pero usualmente terminaba frustrando a sus equipos, quienes eventualmente se daban por vencidos con él porque pasaba para ganar ganando juegos.

Las ocho temporadas de DeLeón en las mayores fueron como un viaje en montaña rusa, entremezclando casi no-hit-no-runs y juegos de 10 o más ponches con numerosas rachas perdedoras. Su registro de ganados y perdidos estuvo muchas veces marcado por poco apoyo ofensivo y haber jugado con equipos perdedores, pero él fue responsable a veces de sus propios momentos de mediocridad resultantes de pérdida de autoconfianza y dificultad para manejar su repertorio. Así que su volátil carrera fue difícil de evaluar año tras años y en ocasiones dentro de la misma temporada. Fue etiquetado como "as certificable" un año y como "perdedor desafortunado" al siguiente.

DeLeón nació el 20 de diciembre de 1960 en Rancho Viejo, La Vega, República Dominicana, hijo de Elipidio DeLeón, quien fue recepto en la Liga Dominicana. Su padre era

Foto cortesía de los Pittaburgh Pirates

uno de nueve hermanos queuna vez jugaron juntos en un equipo dirigido por su abuelo. Dos de los hermanos llegaron a jugar profesionalmente, lo que inspiró al joven DeLeón a buscar carrera en el béisbol.[2]

Su padre no podía mantener a seis hijos trabajando en los campos de arroz dominicanos, por lo que se buscó empleo en una fábrica de cuero en la ciudad de New York, y eventualmente mandó a buscar a su familia. Se establecieron en Perth Amboy, New Jersey, pasando el Río Hudson desde New York, en 1972, cuando DeLeón tenía casi 12 años.[3] Su padre tomó un empleo en una fábrica de piezas de aire acondicionado mientras que su madre trabajaba en una fábrica de abrigos.[4]

En su segunda temporada en la preparatoria Perth Amboy, DeLeón encabezó el estado en ponches, promediando dos por entrada, al compilar un registro de 10-3. Sin embargo, dejó la escuela en su tercer año para vivir un tiempo con su abuela en la República Dominicana.[5]

El gerente general de los Pittsburgh Pirates Harding Peterson, quien había crecido cerca de Perth Amboy, había escuchado en 1977 por parte de un conocido, Sam Marsicano, que DeLeón, entonces en primer año del preuniversitario, era un jugador prometedor. Luego de que DeLeón asistiera a una práctica en Pittsburgh, los Pirates comenzaron a seguir su desarrollo en el preuniversitario. Peterson se enteró de que José no sería elegible para practicar deporte escolar en su último año y, con un permiso especial de la oficina del comisionado, fue elegible para el draft de junio de 1979.[6] "Lo tomamos en la tercera ronda. No queríamos correr el riesgo de dejarlo para después y tal vez perderlo," dijo Peterson.[7]

Al hacer su debut con los Gulf Coast Pirates de la liga rookie en 1979, DeLeón demostró que estaba bastante verde como jugador, con una efectividad de 6.41 y un WHIP de 1.932 en 59 entradas lanzadas.

El derecho de seis pies y tres pulgadas mostró propensión a ponchar bateadores y progresó hasta el Portland (Triple-A) en 1982, pero con un WHIP de 1.706, seguía sin ser muy eficiente. No obstante, las cosas parecieron funcionarle en 1983 con el Hawaii (Triple-A), al reducir de forma dramática su efectividad a 3.04, promedió nueve ponches en nueve entradas, tuvo un WHIP de 1.241 y ganó 11 partidos en 20 aperturas. Sus resultados produjeron una selección al equipo todos estrellas de la Pacific Coast League.[8]

Su desempeño con el Hawaii le permitió ganarse una promoción a los Pirates, que habían ganado 10 de 11 encuentros para asegurarse posesión absoluta del primer lugar en la División Este de la Liga Nacional el 21 de julio. DeLeón debutó en grandes ligas el 23 de julio contra los San Francisco Giants, cuando abrió y lanzó hasta el noveno inning, permitiendo apenas dos carreras con cuatro hits, nueve ponches y llevándose la victoria.

Sus dos salidas siguientes fueron aún mejores. Ganó un juego completo de cuatro hits ante los San Diego Padres el 27 de julio, dejándoles sin hits hasta que Alan Wiggins pegó sencillo con un out en el séptimo inning. Entonces DeLeón lanzó un partido de nueve entradas y un hit en el segundo juego de un doble ante los New York Mets el 31 de julio. Hubie Brooks pegó sencillo con un out en el noveno episodio para romper el cero-hit-cero-carrera. Frente a su familia y amigos en Shea Stadium, DeLeón transfirió a apenas tres bateadores y abanicó a 11. (Los Mets ganaron el partido, 1-0, en el inning 12). El manager de los Pirates Chuck Tanner, quien no podía recordar a un lanzador novato acercarse tanto a no-hit-no-run consecutivos, dijo respecto a José, "Podría marcar la diferencia para nosotros en la lucha por el banderín."[9]

Pero los Pirates de Tanner no llegaron al título de la División, al terminar segundos ante Philadelphia, que avanzaría a la Serie Mundial. DeLeón cumplió su parte con registro de 7-3, incluyendo otro juego (20 de agosto) en el que llegó al séptimo inning antes de permitir un hit. Tuvo efectividad de 2.83 y ponchó a 118 bateadores en 108 entradas y 15 aperturas, logrando algunos votos para el Premio al Novato del Año de la Liga Nacional.

Con una campaña de novato tan favorable, las expectativas para DeLeón en 1984 eran naturalmente altas. Sin embargo la comunidad beisbolera estaba ansiosa por ver si José era solo algo pasajero.

Los Pirates fueron un equipo diferente en 1984; terminaron en último lugar (75-87) en la División Este. Con DeLeón marcando balance de 7-13, parecería en la superficie que tuvo una temporada desastrosa. Pero su foja de ganados y perdidos no era la historia completa. Coqueteó con otros cuatro juegos sin hits, incluyendo uno en el que llevó el juego perfecto al séptimo inning.[10] Los Pirates perdieron tres de esos juegos. En 16 de sus aperturas, los Pirates anotaron una carrera o menos mientras él estuvo en el juego. (Los Pirates se ubicaron décimos de los 12 equipos en la Liga Nacional en carreras anotadas en una campaña.) Desde el 17 de julio hasta el 9 de septiembre, DeLeón sufrió nueve decisiones perdedoras consecutivas en 11 aperturas, pero solo una vez no pasó del quinto inning. Terminó con un respetable promedio de limpias de 3.74 y 1.243 de WHIP, cuando las medias de las ligas para esas estadísticas eran 3.60 y 1.323.

Su desempeño en 1985 fue más sospechoso, sin embargo. Los Pirates estuvieron peores aún en 1985, ganando apenas 57 partidos y terminando 43 juegos y medio detrás de los St. Louis Cardinals en la División. DeLeón contribuyó a la miserable temporada de los Pirates, terminado con uno de los peores promedios de ganados y perdidos (.095) de un lanzador abridor en la era moderna. Ganó solamente dos d 21 decisiones.[11] Sufrió al atravesar dos significativas rachas perdedoras durante la campaña: siete seguidas al comenzar la temporada (11 de abril al 27 de mayo); y 11 derrotas para terminar la contienda (19 de junio al 4 de octubre). Nuevamente, los Pirates estuvieron entre los peores equipos de la NL en carreras anotadas. (Los Pirates enviaron a DeLeón a Hawaii en julio y se fue con 4-0 en cinco aperturas).

Según el receptor de los Cardinals Tony Peña, la falta de confianza de José fue un factor para su desastrosa temporada. "Se le metía en la cabeza. Decía, 'Voy a lanzar un ben partido, pero voy a perder porque no anotamos carreras,'" dijo Peña. "Estaba lanzando tan bien como lo hizo en otros años, pero estaba demasiado frustrado, demasiado confundido. Pensaba que no era bueno."[12]

En el descanso entre temporadas, el gerente general de los Pirates Syd Thrift intentó mejorar la perspectiva de José al darle un sustancial aumento salarial de $27,500 a $160,000.[13] Pero pese a esto los Pirates degradaron a DeLeón a Hawaii al inicio de la temporada de 1986. Tuvo registro de 5-8 en 14 aperturas y una efectividad de 2.46 en dos períodos con los Islanders. Cuando fue promovido a los Pirates, fue relegado a funciones del bullpen. Luego de apenas nueve apariciones, en las que su efectividad fue por encima de 8.00, los Pirates desistieron de él y lo cambaron a los Chicago White Sox el 23 de julio por el novato Bobby Bonilla.

DeLeón lanzó bien con los White Sox en 13 aperturas. Su balance de 4-5 no reflejó con acierto su desempeño, al tener una impresionante efectividad de 2.96, y sus oponentes le batearon .179/.296/.285. Sin embargo, tuvo poco impacto con los White Sox, quienes terminaron en quinto lugar de la División Oeste de la Liga Americana.

Chicago estaba optimista sobre DeLeón hacia la campaña de 1987 y lo ubicaron en la rotación detrás de Rich Dotson y Brian Bannister. Registró la mayor cantidad de aperturas (31), entradas (206) y victorias (11) hasta ese punto en su carrera, pero su efectividad ascendió a 4.02 y perdió 12 encuentros. Terminó la contienda con seis victorias en siete decisiones, y los White Sox terminaron de nuevo en quinto lugar. La mejoría de José a finales de la temporada no fue suficiente para que los White Sox lo retuvieran.

En el invierno, DeLeón se convirtió en el blanco de adquisición por parte de los St. Louis Cardinales, quienes trataban de añadir profundidad a su rotación. Luego de varios meses de negociaciones, se consumó un pato en febrero de 1988. Los White Sox recibieron al lanzador Ricky Horton, al outfielder Lance Johnson, y dinero a cambio de José. St. Louis venía de haber ganado el banderín por lo que el cambio parecía bueno para José.

Resultó ser un año sólido para él, pero la suerte de los Cardinals cayó en picado en 1988 debido a la pérdida de Jack Clark por la agencia libre y lesiones en el staff de pitcheo. Danny Cox, Greg Mathews, y Joe Magrane no pudieron lanzar la campaña completa, y DeLeón se convirtió en el caballo de batalla del staff encabezando al equipo con 34 aperturas y 225 entradas y un tercio. Ponchó a una marca personal de 208 bateadores (tercero en la Liga Nacional), la cifra más alta para un lanzador de los Cardinals desde los 208 de Bob Gibson en 1972. José encabezó el staff con 13 triunfos y tuvo efectividad de 3.67. Los Cardinales nunca estuvieron en la pelea por el título de la División y terminaron en el quinto puesto, 25 encuentros de los New York Mets, líderes.

Con su desempeño en 1988, parecía que DeLeón estaba finalmente destruyendo la etiqueta de un lanzador con mala suerte, especialmente al lograr lo que logró con un débil equipo de los Cardinals. En 1989 confirmó que su temporada anterior no había sido fruto de la casualidad. En sus primeros ocho juegos, tuvo balance de 6-2 con efectividad de 2.90. DeLeón estaba siendo conocido como un "as certificable."[14] El 30 de agosto tuvo una de las mejores salidas de su carrera cuando permitió apenas un sencillo ante Cincinnati en el cuarto inning, camino a enfrentar el mínimo de 33 bateadores en 11 entradas sin carreras. No regaló pasaportes y ponchó a ocho en un juego sin decisión en el que los Cardinals cayeron en el 13er inning.

DeLeón y su compañero de equipo Joe Magrane (18-9, 2.91 de efectividad) crearon un formidable dúo en la rotación de los Cardinals. José tuvo marca personal en victorias (16), entradas lanzadas (244⅔), WHIP (1,034), juegos completos (cinco) y blanqueadas (tres), al tiempo que marcaba una efectividad de 3.05. Al encabezar la Liga Nacional en ponches (201) fue apenas el segundo jugador de los Cardinals en tener temporadas consecutivas de 200 abanicados.[15] El tercer lugar alcanzado por los Cardinals fue solamente la segunda vez que DeLéon había jugado en un equipo ganador hasta ese punto en su carrera.

No obstante, incluso durante la mejor temporada se su carrera, DeLéon no pudo evitar otra racha perdedor significativa. En un espacio de siete juegos del 13 de junio al 16 de julio, tuvo seis decisiones de derrota consecutivas y un promedio de limpias de 5.91 en apenas 35 entradas de trabajo. Pero se recuperó luego de ese período decepcionante al permitir solamente 51 imparables en 98 y ⅓ desde el 21 de julio al 18 de septiembre, con ocho victorias y efectividad de 2.01.

A los 29 años, parecía que DeLeón había finalmente alcanzado el potencial que se había vislumbrado para él cuando era novato de los Pirates en 1983. Estaba provocando comparaciones con la leyenda de los Cardinals Bob Gibson como un artista del ponche. Un artículo publicado en el número de The Sporting News correspondiente al 2 de octubre de 1989 tenía el encabezamiento "DeLeon Finally Has Arrived." (DeLeón ha llegado finalmente). Su éxito se atribuyó mayormente a su "aumento en el uso de la recta para complementar sus rompimientos." El manager de los Cardinals Whitey Herzog decía cuando le bateaban con fuerza que tenía la tendencia a desistir de usar su recta.[16]

Los Cardinals tenían tanta confianza en su desempeño que lo firmaron a un contrato de $6.5 millones por tres años en enero de 1990.

Pero la carrera de DeLeón fue nuevamente torpedeada con una terrible temporada en 1990. Con la regresión de los Cardinals al último lugar del Este de la NL, DeLeón retrocedió también. Por segunda vez en seis temporadas, José engulló 19 derrotas, líder en el circuito. Su efectividad aumentó por más de 1½ carreras, y en dos ocasiones perdió siete juegos consecutivos. Se convirtió en el primer lanzador desde Phil Niekro en liderar la liga en derrotas dos veces.[17] Si hubo algo de Consuelo para DeLeón fue que su compañero de equipo Magrane perdió 17 encuentros.

La ofensiva de los Cardinals no ayudó mucho a la confianza de DeLeón, pues fueron penúltimos en carreras anotadas. Durante sus últimas 17 aperturas de la campaña de 1990, los Cardinals anotaron un total de 36 veces. Durante ese período, José perdió 14 partidos, ganó uno y tuvo dos sin decisión.

Antes de la contienda de 1991, el manager de los Cardinals Joe Torre reflexionó sobre la deprimente temporada que tuvo José en 1990 diciendo, "El desempeño de DeLeón hizo un poco de paralelismo con lo que vi cuando (Steve) Carlton perdió 19 encuentro en 1970. Tenía miedo de usar sus rectas. Creo que los lanzadores caen en eso. Cuando comienzan a perder se tornan defensivos. Además, con DeLéon estaba el factor confianza."[18]

DeLeón se recuperó en 1991 aunque su registro no lo reflejó. Terminó con foja de 5-9 en 28 aperturas, pero su efectividad de 2.71 fue la sexta mejor de la Liga Nacional. Permitió más de tres carreras en apenas tres de sus 28 salidas, pero tuvo el antepenúltimo apoyo ofensivo (2.8 carreras por cada nueve entradas lanzadas) entre los abridores del Viejo Circuito.[19]

La temporada de 1992 comenzó un poco compleja para José: tenía balance de 2-6 con promedio de limpias de 4.28 en 12 aperturas. Fue enviado al bullpen por los Cardinals el 12 de junio. Durante el balance de su tiempo con St. Louis hasta el 27 de agosto, tuvo 17 apariciones, incluyendo dos aperturas ocasionales, y tuvo una efectividad de 5.14. El 5 de agosto, en una de esas aperturas contra los Phillies, ni él ni el bullpen pudieron aguantar una ventaja de tres carreras llegando al sexto inning. El juego fue un indicador de las circunstancias de mala suerte que DeLeón había experimentado en tres temporadas cuando logró registrar solamente ocho triunfos en sus últimas 60 aperturas.[20] Los Cardinals dejaron libre a José el 31 de agosto, y terminó la temporada con los Philadelphia Phillies, que lo firmaron el 9 de septiembre.

Se pensaba que el coach de pitcheo de los Phillies Johnny Podres, un gurú del cambio de velocidad, podría ayudarlo a integrar este efectivo lanzamiento lento a su repertorio.[21] No obstante, DeLeón no pudo entrar a la rotación con un puesto de regular.

DeLeón terminó dividiendo la temporada de 1993 entre los Phillies y los Chicago White Sox, quienes lo adquirieron por segunda vez a cambio de Bobby Thigpen el 10 de agosto. Su rol primario con ambos clubes era de relevista. Tuvo un respetable promedio de limpias de 2.98. En la única experiencia de postemporada de su carrera, DeLeón lanzó dos veces en la Serie de Campeonato de la Liga Americana contra Toronto, que ganó en seis encuentros.

José jugó las últimas dos temporadas de su carrera en roles de relevista con los White Sox y los Montreal Expos, quienes lo adquirieron en un canje en agosto de 1995 por el serpentinero Jeff Shaw. DeLeón tenia 34 años cuando se retiró.

DeLeón terminó su carrera de 13 campañas con foja de 86-119. Eso no define completamente su carrera. De sus 119 derrotas,

53 (el 45 por ciento) tuvo lugar durante siete períodos de decisiones negativas consecutivas que tuvieron seis o más derrotas cada una. Fue víctima de haber jugado con equipos perdedores que ofrecían poco apoyo ofensivo, mientras que su efectividad de por vida fue de 3.76, con un ERA+ de 102, que indicaban que estuvo por encima de la media en carreras permitidas. José dio muestras de brillantez con varios acercamientos a juegos sin hits ni carreras y varias temporadas de muchos ponches durante su paradójica carrera. Pero sus dos temporadas encabezando la liga con 19 derrotas opacaron sus logros, resultando en una carrera muy marcada por una reputación de perdedor.

DeLeón y su esposa, Natasha,[22] tienen tres hijos: José Luis, Giancarlo, and Anthony.[23]

FUENTES

Además de las fuentes citadas en las Notas, el autor consultó también lo siguiente:

1992 St. Louis Cardinals Media Guide.

1994 Chicago White Sox Media Guide.

Baseball-Reference.com.

NOTAS

1. John Dewan y Don Zminda: *The Scouting Report: 1992* (New York: HarperCollins, 1992), 602.
2. Rick Hummel, "From Prospect to Suspect to Star," *The Sporting News*, 22 de mayo de 1989: 12.
3. Charles Feeney, "Rookie DeLeon Amazes Bucs," *The Sporting News*, 15 de agosto de 1983: 14.
4. Hummel.
5. Hummel.
6. Hummel.
7. Feeney.
8. *1986 Pittsburgh Pirates Media Guide*, 30.
9. Feeney.
10. Los juegos de 1984 en los que DeLeón se acercó al no-hit-no-run se jugaron el 20 de mayo, 20 de julio, 17 de julio y 34 de agosto.
11. Solo nueve lanzadores de grandes ligas han tenido temporadas con promedio d ganados y perdidos por debajo de .100 desde 1900 (20 o más aperturas).
12. James Kaufman y Alan Kaufman: *The Worst Baseball Pitchers of All Time* (New York: Carol Publishing Group, 1995), 156.
13. Kaufman y Kaufman.
14. Peter Pascarelli, "Under Trying Circumstances, Reds Holding Up," *The Sporting News*, 15 de mayo de 1989: 14.
15. *1993 Philadelphia Phillies Media Guide*, 197.
16. Rick Hummel, "DeLeon Finally Has Arrived," *The Sporting News*, 2 de octubre de 1989: 16.
17. Seymour Siwoff, Steve Hirdt, Tom Hirdt, y Peter Hirdt, *The 1991 Elias Baseball Analyst* (New York: Simon & Schuster, 1991), 329.
18. "Coleman Is Seeking Aggressive Pitchers," *The Sporting News*, 4 de febrero de 1991: 39.
19. Baseball-Reference.com. baseball-reference.com/leagues/NL/1991-starter-pitching.shtml. Recuperado el 21 de noviembre de 2018.
20. "N.L. East: St. Louis Cardinals," *The Sporting News*, 17 de agosto de 1992: 31.
21. John Dewan and Don Zminda, *The Scouting Report: 1993* (New York: HarperCollins, 1993), 566.
22. *1986 Pittsburgh Pirates Media Guide.*
23. *1993 Philadelphia Phillies Media Guide.*

Miguel Diloné

Por Seth Moland-Kovash

Jardinero que lanzaba a la derecha y bateaba ambidiestro, con más éxito a la zurda debido a su habilidad de "hacer swing y correr" y llegar safe a primera base para lograr infield hits, Miguel Diloné fue tal vez el ejemplo de journeyman[1] por excelencia. Jugó por siete equipos (incluyendo dos paradas con los Pirates) en una carrera de 12 años, y tuvo más de 400 comparecencias en apenas dos de esos años. Pese a que los números de su carrera, incluyendo su línea (.265/.315/.333) n 2,182 comparecencias al plato durante esas 12 campañas no llaman la atención de nadie, hubo un verano glorioso en que Diloné fue tercero en promedio de bateo de la Liga Americana.

Desde el momento en que Diloné llegó a un terreno de béisbol en los Estados Unidos, comenzó a correr. Nacido el 1 de noviembre de 1954 en Santiago, República Dominicana, fue fichado con 17 años por los Pittsburgh Pirates. En esa campaña de 1972, Diloné fue tercero en bases robadas en la New York Penn League como jardinero para el Niagara Falls. Se robó 41 bases en 61 encuentros y fue capturado solo 10 veces. En 1973, Diloné fue promocionado a la Western Carolinas League (Clase-A) y procedió a establecer un récord de la liga con 95 bases robadas en 115 encuentros. Con 19 años, jugando por el Salem de la Carolina League,

Miguel estaba en medio de su mejor año en 1974. Bateaba .333/.414/.444 con 85 bases robadas cuando fue promovido a Pittsburgh para septiembre. En ese momento, era el jugador más joven en la Liga Nacional.

En el segundo juego de un doble ante los Philadelphia Phillies el 2 de septiembre de 1974, Diloné salió a jugar jardín central en el noveno episodio como parte de un cambio

Foto cortesía de los Pittsburgh Pirates

doble en un triunfo de los Pirates 11-1. Ese día no hizo falta jugada alguna en el jardín central. La primera comparecencia de Miguel tuvo lugar unos días después, el 7 de septiembre ante los Montreal Expos. Fue en el final del inning 12 en un partido que iba 5-5 con corredor en primera y dos outs, cuando el Danny Murtaugh recurrió a Diloné para que bateara por el lanzador Ramón Hernández. Le sacó un boleto al lanzador Dale Murray. El joven toletero de los Pirates Dave Parker siguió a Diloné en la caja de bateo y empujó la carrera de la victoria.

En el resto de esa temporada, Diloné siguió viendo tiempo como bateador emergente y primariamente corredor sustituto. Se robó su primera base en grandes ligas el 15 de septiembre en Montreal. Anotó su primera carrera el 23 de septiembre, en el principio del décimo inning de una victoria 5-4 para los Pirates. La primera aparición de Diloné en las mayores en 1974 terminó con 12 partidos pero apenas tres comparecencias. Fue transferido una vez, robó dos bases, anotó tres veces y seguía en busca de su primer hit.

A sus 20 años en 1975, Miguel repitió ampliamente 1974. Pasó el grueso del año en las menores nuevamente, pero esta vez en Triple-A con el Charleston de la International League. Tuvo más problemas a bate, con una línea de .217/.291/.270 en 125 partidos. Seguía siendo veloz pero fue relegado a 48 bases robadas en este nivel. Una vez más, fue una promoción de septiembre y volvió a ver tiempo primariamente como corredor emergente. Estuvo en 18 partidos, con seis comparecencias. Anotó ocho carreras y robó dos bases, pero seguía sin hits. La temporada de 1976 fue casi una copia estadísticamente, al pasar el mayor tiempo en Triple-A (aunque sí logró promedio de .336 en 449 comparecencias) y una promoción en septiembre.

Diloné logró su primera apertura el 28 de septiembre contra los Cubs. Abriendo en el jardín central y como primer bate, se fue de 4-2. No perdió tiempo, llegando con una rolata a tercera base. Anotó por elevado de sacrificio de Richie Zisk. Con sus dos primeros indiscutibles (también llegó safe con una rolata por el hueco en el campo corto en el tercer inning), Diloné mostró el estilo de "slap-and-run"[2] que caracterizó su bateo en su mejor momento. Con 1977 siendo casi una repetición de los tres años anteriores (sustituyendo Columbus por Charleston al mover Pittsburgh su afiliado de Triple-A y añadiendo una estancia larga en la lista de lesionados por un dedo dislocado en un intento de robo), Diloné pasó los septiembres de cuatro contiendas seguidas con los Pirates. Su línea cumulativa por sus esfuerzos fue de .145/.181/.145 en 75 comparecencias al plato, con 21 bases robadas y 23 anotadas. La velocidad fue real, pero los Pirates pensaron que habían visto lo suficiente.

El 4 de abril, en la víspera de la temporada de 1978, los Pirates traspasaron a Diloné junto con Elías Sosa y un jugador a nombrarse más tarde (Mike Edwards) a los Oakland Athletics. Los A's mandaron a los Pirates al otrora leyenda de Pittsburgh Manny Sanguillen para que pudiese terminar su carrera con los Pirates luego de una breve estancia en Oakland. Diloné pasó apenas un año con Oakland, pero los A's le dieron la oportunidad de pasar todo un año en las ligas mayores, instalándolo como su jardinero izquierdo regular. Se robó 50 bases pero tuvo muchos problemas en la caja de bateo. Tuvo línea de .229/.294/.271 aunque pudo lograr su primer jonrón en las mayores.[3] En 1979, Diloné comenzó con Oakland pero sus problemas persistieron. Estaba compilando .187/.237/.275 cuando lo degradaron al Ogden de Triple-A el 24 de junio. Miguel fue rescatado de más tiempo en Triple-A cuando los Chicago Cubs le compraron su contrato a los A's el 4 de julio. Fungiendo principalmente como corredor emergente y reemplazo defensivo con aperturas ocasionales, bateó

.306/.342/.206 con 15 bases robadas en 38 comparecencias.

La campaña de 1980 comenzó, como las anteriores, con Diloné fuera del equipo luego del entrenamiento de primavera y relegado a las ligas menores, en el Wichita de la American Association en este caso. No pasó mucho tiempo en Wichita, pues los Cleveland Indians llamaron y compraron su contrato a los Cubs el 7 de mayo. Tuvo la oportunidad de jugar regular en Cleveland en 1980 y la aprovechó al máximo. Originalmente adquirido como reemplazo por el lesionado Rick Manning, Miguel hizo pelotó en el jardín izquierdo Joe Charboneau pero rápidamente se ganó el trabajo de regular. Se vio frustrado con su reputación como veloz jugador que no podía batear y pensó que era debido a su falta de tiempo de juego consistente. En una entrevista con el *Akron Beacon Journal* en agosto de 1980, dijo, "La gente dice que no puedo batear. Ven mi promedio de .214 [su marca de por vida antes de 1980], pero nunca jugué regular. Solamente una vez jugué ocho partidos seguidos antes de esta temporada."[4] Pese a perderse 25 partidos esa temporada antes de que los Indians lo adquiriera, Diloné destrozó sus marcas de por vida con una línea de .341/.375/.432 y añadió una marca para el club de 61 bases robadas (tercero en la Liga Americana). Su marca de .341 fue también tercera en la liga—bien por detrás de la .390 del líder George Brett, pero aun impresionante.

Parecía que Diloné había tal vez encontrado su ritmo. Tal vez tenía razón y lo que necesitaba era tiempo regular de juego para probarse. Esperaba la temporada de 1981 como una oportunidad de demostrar que 1980 no había sido casualidad. Durante el descanso de 1980-81, hizo lo que siempre hacía y regresó a su natal República Dominicana para pasar tiempo con su familia y jugar más béisbol. Estuvo tres días tardes para reportarse a Arizona con su primer entrenamiento de primavera con los Indians debido a problemas legales en casa. Diloné había sido acusado de estupro luego de un encuentro sexual consentido con una joven que dijo tener 17 años. El caso se adjudicó al sistema de corte dominicano y se determinó que la joven, alentada por un abogado inescrupuloso, había falsificado su certificado de nacimiento (en verdad tenía 18 años) en un intento de extorsionarle $5,000 a Diloné. Los procedimientos judiciales obviamente lo distrajeron y causaron que llegara tarde al entrenamiento de primavera.[5]

Cuando pudo finalmente reportarse, Diloné se vio sorprendido (y ofendido) al enterarse de que su puesto como regular estaba en riesgo luego de su excelente desempeño en 1980. "Desde el día que llegué al campo," dijo en su inglés rústico, "estaba confundido. Primero no podía salir de [República Dominicana] porque me acusaron de violación. Luego llego tarde y me dicen que tengo que luchar por mi puesto en el jardín izquierdo. ¿Por qué tengo que luchar por una posición luego de batear .341 en la temporada anterior? No entiendo eso."[6] Miguel no respondió bien al desafío, como reconocería un año más tarde—"Ahora estoy preparado para luchar [por mi puesto de regular]. En la primavera pasada no lo etaba."[7] Esa temporada de 1981 acortada por huelga fue para Miguel una a tiempo parcial. En apenas 72 partidos y 209 comparecencias, compiló .290/.334/.346. Su velocidad seguía ahí, pues robó 29 bases en tiempo limitado. Diloné superó a Charboneau en la lucha por la titularidad en 1982 y las cosas se veían prometedoras—le estaban dando tiempo de regular nuevamente. Pero no respondió. Su juego disminuyó rápidamente. En 412 comparecencias (la segunda mejor marca de su carrera detrás de 1980), compiló .235 y robó solamente 33 bases, un ritmo por debajo del que había tenido antes.

Las cosas fueron de mal a peor con rapidez

en 1983. A la edad de 28 años, Diloné debía estar entrando en el apogeo de su carrera, pero sus números no lo mostraban. Hasta el 14 de julio, cuando los Indians lo degradaron al Charleston de Triple-A, compilaba solamente .191. Desde el punto de vista mediático resultaba peor que le estaban pagando $225,000 para estar en Triple-A, lo que lo convertía en el jugador más caro que los Indians habían tenido jamás en las menores. Los coaches de Cleveland pensaban que era un problema de mentalidad—creían que Diloné había dejado de tocar para apuntarse hit y estaba tratando de buscar poder, y esto arruinó su valor. El gerente general Phil Seghi dijo, "Comenzó a buscar cercas. Todo lo que bateaba estaba en el aire. Dejó de tocar. Entonces su promedio de bateo tocó fondo."[8] Así que los Indians mandaron a Miguel a Triple-A con la esperanza de que volviera a su antigua forma. No pasaría de nuevo en Cleveland. El 1 de septiembre, fue traspasado como el pelotero a ser nombrado posteriormente en un canje anterior en el que los Indians habían recibido a Rich Barnes de los Chicago White Sox. Jugó solamente cuatro encuentros con los White Sox, y se fue de 3-0 con una base robada y una anotada. Menos de una semana después, el 7 de septiembre, Diloné fue canjeado a Pittsburgh junto con el jugador de las menores Mike Maitland por Randy Niemann. De vuelta con los Pirates, repitió su patrón en Pittsburgh, jugando siete partidos pero exclusivamente como corredor.

Agente libre por segunda vez, Diloné fue fichado en esta ocasión por los Montreal Expos en enero de 1984 a un pacto de un año. Jugó la mayor parte de dos temporadas por los Expos como jugador de 29 a 30 años. Para un pelotero que dependía de su velocidad, el declive llegó rápido. En tiempo compartido en 1984 y 1985 con Montreal, tuvo 280 comparecencias al plato y bateó .249/.312/.324 con 34 bases robadas. Sus números en bases robadas comenzaban también a decaer. El 10 de julio de 1985, los Expos lo dejaron libre. Firmó como agente libre con los San Diego Padres dos semanas más tarde. Luego de pasar otras dos en Las Vegas (Triple-A), se unió a los Padres. Terminó su carrera como siempre había sido—sin batear mucho y con muy poco poder pero corriendo cuando estaba en circulación. Sus números en San Diego en 27 juegos y 50 comparecencias fueron 10 bases robadas y .217/.280/.261. Ese fue el final del béisbol de grandes ligas para Miguel Angel Diloné.

Desde la República Dominicana a Pittsburgh, Oakland, Chicago (Cubs), Cleveland, Chicago otra vez (White Sox en esta ocasión), de vuelta a Pittsburgh, Montreal y San Diego en 12 años, Diloné se abrió camino a toques de bola y batazos por el suelo para entrar en circulación y corrió como el mejor. Sus promedios de .265/.315/.333 muestran a un bateador que tenía números cercanos a la media, pero que casi no tenía poder. Sus 267 bases robadas lo ubican en el lugar 207 de todos los tiempos, pero su tasa es un poco mejor. Tuvo más efectividad que sus semejantes, por lo que su efectividad de 77.39% lo catapulta al lugar 58.

Durante y después de su carrera de grandes ligas, Miguel jugó en su natal República Dominicana por 22 campañas. Encabezó la Liga Dominicana en bases robadas en 10 de sus primeros 12 años y hasta 2019 seguía ostentando el récord de bases robadas de por vida.

En un accidente extraño con un foul tip en una práctica, Miguel fue golpeado en el rostro por una pelota y perdió su ojo izquierdo en 2009. En ese momento entrenaba a un prospecto de 15 años y le deba instrucciones de bateo.[9] Hasta 2019 permanecía activo en el béisbol en su ciudad natal de Santiago y toda la República Dominicana.

FUENTES

Además de las fuentes citadas en las Notas, el autor también usó Baseball-Reference.com y Retrosheet.com

NOTAS

1. Journeyman: Jugador que pasa por varios equipos en su carrera sin establecerse en inguno. (Nota del Traductor).

2. Slap-and-run: Golpear la pelota por el suelo y correr a toda velocidad para apuntarse hit por el cuadro. (Nota del Traductor).

3. Esto fie de hecho bastante raro, pues terminó su carrera con apeans seis jonrones. Este vino abriendo el final del rpimer inning por los A's contra el lanzador de los Yankees Don Gullett en una victoria de 6-4 para los A's.

4. Bob Nold, "There's No Doubt About His Speed …," *Akron Beacon Journal*, 5 de agosto de 1980: B1.

5. Sheldon Ocker, "Acceptable Excuses: Jail or Death," *Akron Beacon Journal*, 5 de marzo de 1981: B1.

6. Hal Lebowitz, "The Other Face of Senor Dilone," *Cleveland Plain Dealer*, 22 de marzo de 1982: 1-C.

7. Lebowitz.

8. Terry Pluto, "Dilone's Demise Is Hard to Figure Out," *Cleveland Plain Dealer*, 16 de julio de 1983: 6-C.

9. "Miguel Diloné Loses an Eye in Baseball Accident," *Diario Libre*, 17 de marzo de 2009. Recuperado de la web el 30 de septiembre de 2018.

Juan Encarnación

Por Paul Hofmann

Fichado en diciembre de 1992 por los Detroit Tigers siendo un delgado agente libre amateur de 16 años, Juan Encarnación fue la encarnación—valga la redundancia—de un prospecto de cinco herramientas que no podía dejarse pasar. Bateaba con promedio y poder, corría, jugar las tres posiciones del outfield con alcance por encima de la media, y tirar. Estaba bendecido con todas esas herramientas para triunfar. El coach de bateo de los Tigers Alan Trammell llamó a Encarnación el jugador más talentoso que había visto en sus más de 20 años con la organización de los Tigers.1 Pese a sus inmensos talentos naturales, su carrera llena de lesiones quedó por debajo de las expectativas y será recordada como uno de los potenciales no explotados que terminaron demasiado pronto.

Juan De Dios Encarnación nació el 8 de marzo de 1976 en Las Matas de Farfán, República Dominicana, el cuarto de ocho hijos de Inocencio Encarnación y Eufacia Santiago, quienes eran granjeros de arroz y vegetales.[2] De niño en la sección de la ciudad conocida como Pueblo Nuevo, Juan soñó con crecer y convertirse en ingeniero.[3] Era un muchacho callado que no hablaba mucho pero era estudiante sólido en la preparatoria Mercedes María Mateo, la misma que produjo al receptor de grandes ligas Alberto Castillo. Juan fue lanzador la mayor parte de su juventud, y solo comenzó a jugar en los jardines y batear con regularidad cerca de un mes antes de firmar con Detroit.

El scout de los Tigers Ramón Peña tiene el crédito por haber firmado a Juan luego de verlo jugar en un torneo local. "Me gustó su velocidad con el bate, y la forma en que salía la pelota," dijo Peña.[4] Luego firmó al joven jardinero por $3,000. Luego de firmar, Encarnación recordó a Peña decir a su padre, "Lo único que quiero de él, para cerrar este trato, es que sonría."[5] Juan sonrió, y el rumbo de su carrera cambió de la ingeniería a ser pelotero profesional. Al recordar sobre su decisión de buscar una carrera profesional en vez de continuar su educación, Encarnación dijo que su carrera fue una educación en sí misma: "La vida en el deporte profesional es como una universidad. Tienes que interactuar con personas de diferentes culturas, de diferentes países, y eventualmente esto tiene un efecto en ti."[6]

Encarnación llegó a los Estados Unidos sin poder hablar inglés, y comenzó su carrera profesional a los 18 años con los Bristol Tigers (Virgina) en 1994. En 54 partidos con los Bengalíes de la Appalachian League (rookie), el bisoño dominicano demostró tanto su gran potencial como todo lo que tenía que aprender. Aunque bateó .249 con cuatro jonrones y marca del equipo con 31 empujadas, se ponchó 54 veces en apenas 197 turnos al bate. Luego de que terminara su temporada en la rookie league, Encarnación fue promovido a los Fayetteville (North Carolina) Generals de la Sally League (Clase-A inferior). En 24 partidos con los Generals, compiló un anémico .193 con un cuadrangular y cuatro impulsadas. Terminó su primera temporada profesional jugando tres juegos con los Lakeland Tigers de la Florida State League (Clase-A). En el año, se combinó para compilar .234 con cinco vuelacercas y 35 fletadas.

Juan estuvo toda la contienda de 1995 con Fayetteville, jugando 124 encuentros con .282 de promedio, 16 cuadrangulares y 72 impulsadas. Su producción ofensiva disminuyó en Lakeland en 1996, cuando bateó .240 con 15 jonrones y 58 empujadas. Pese a su progreso demorado, los Tigers siguieron confiando en que Encarnación sería una pieza clave para el futuro. Después de todo, con 20 años, aún estaba creciendo a su estatura de seis pies y dos pulgadas.

Encarnación tuvo un año de explosión en 1997 al promediar .323 con 26 cuadrangulares y 90 impulsadas para los Jacksonville Suns de la Suthern League. El 21 de julio, se llevó los honores del MVP en el Juego de las Estrellas del circuito cuando las estrellas de la liga Doble-A vencieron a los Seattle Mariners, 9-3 en Raleigh, Carolina del Norte. Su temporada fue premiada con una promoción al Detroit cuando los rosters se expandieron en septiembre.

El 2 de septiembre de 1997, Encarnación debutó en las mayores ante los Atlanta Braves en el Turner Field de Atlanta. El jardinero derecho regular de los Tigers se fue de 3-0 ante el zurdo Denny Neagle, quien lanzó una blanqueada de cuatro hits para lograr su

Foto: Vincent Laforet/Allsport

triunfo 19 de la temporada. Al día siguiente, Encarnación logró su primer hit y su primera empujada en las grandes ligas al right field ante el derecho Paul Byrd para llevar al plato a Tony Clark.

Cuatro juegos luego de iniciada su carrera en las mayores, Juan logró su primer cuadrangular, batazo de dos carreras ante el zurdo de los Angels Allen Watson, que cayó en las gradas del jardín izquierdo. Dos entradas después, en su segundo turno del partido, Watson facturó su muñeca al golpearlo con un lanzamiento. Encarnación jugó pese a la lesión otros siete partidos hasta que lo sacaron el 14 de septiembre. La lesión fue un golpe duro para el joven jardinero y para la organización. Con el equipo fuera de la lucha por el banderín, el mentor de los Tigers Buddy

Bell y el gerente general Randy Smith esperaban observar bien a Encarnación durante el último mes de la contienda.

En la primavera siguiente, su pretensión de integrar el roster de Detroit terminó de manera prematura cuando se golpeó con un foul en el pie derecho y se fracturó otro hueso. Luego de perderse el resto de la primavera y más de un mes de la campaña regular, Juan tuvo una parada de cuatro juegos de rehabilitación en Lakeland antes de pasar el club de granjas principal de los Tigers, el Toledo. En 92 partidos con los Mud Hens, Encarnación bateó .287 con ocho cuadrangulares, 41 impulsadas y 24 bases robadas. El 18 de agosto, volvió a subir a los Tigers para el resto de la temporada e inició 39 de los últimos 40 encuentros en los jardines. Estuvo espectacular en ese lapso de 40 encuentros. Compiló .329, disparó siete vuelacercas, empujó 21 carreras y robó siete bases. Cometió solamente un error, logró cuatro asistencias, y demostró que podía ser jardinero regular en las grandes ligas. Su desempeño validó todos los reportes sobre su tremendo talento y parecía estar camino al estrellato en Detroit.

Hubo grandes expectativas para Encarnación al iniciar su primera temporada completa en 1999. Estableciéndose en su rol como el jardinero izquierdo regular de los Tigers, el joven de 23 años tomó las cosas donde las dejó en el otoño anterior al batear de 5-2 en el Día de Apertura, incluyendo jonrón en el primer lanzamiento de la temporada, servido por el derecho de los Texas Rangers Rick Helling. Su promedio estuvo rondando los .290 antes de caer y terminar con .255 con 19 cuadrangulares, 74 impulsadas y marca personal de 33 bases robadas. Se perdió la última semana de la contienda cuando tuvo una fractura en el pómulo al ser golpeado por un envío del derecho de los Royals Blake Stein.

El juego de Encarnación durante la temporada de 1999 condujo a comentarios mezclados. Atormentó tanto a los fans como a la gerencia de los Tigers con juego que oscilaba entre "idiota y brillante."[7] Esto fue particularmente evidente a la defensa, donde logró 10 asistencias desde los jardines pero también cometió nueve errores, incluyendo dos el 23 de mayo, cuando dejó caer dos elevados consecutivos con corredores en circulación. Sin embargo, los directivos del club creían que Encarnación estaba aún aprendiendo el juego y estaba balanceado para dar ese paso.

Encarnación se trasladó al jardín central para la campaña de 2000 y bateó en 27 de los primeros 30 encuentros de los Tigers, incluyendo marca personal de 19 juegos consecutivos bateando de hit dese el 16 de abril al 7 de mayo, en los que compiló .346. Estaba bateando .300 hasta el 13 de julio antes de enfriarse un poco para terminar con .289 con 14 jonrones y 72 empujadas. Luego tuvo una mediocre temporada de 2001. Dividiendo tiempo entre el jardín derecho y el central, el promedio de Encarnación se redujo a .242 con apenas 12 cuadrangulares y 52 impulsadas. Cuando los Tigers intentaron infructuosamente transferirlo antes del plazo del 31 de julio, el manager Phil Garner reveló cándidamente que Encarnación tendría poco juego el resto de la temporada.[8] El jardinero tuvo apenas una apertura en septiembre y terminó su carrera de cinco años con los Tigers con una salida como corredor emergente el 10 de septiembre.

La caída de Encarnación en producción de jonrones y empujadas no fueron las únicas razones por las que los Tigers le perdieron el gusto a su otrora prospecto principal. De hecho, su declive en números de poder se explicó fácilmente por el traslado del ofensivo Tiger Stadium al profundo Comerica Park.[9] Su valor descendió con los Tigers porque había desarrollado una reputación de un jugador difícil de manejar, de poca paciencia y falta de disciplina en la caja de bateo, y con lapsos de concentración a la defensa.¹⁰ Sin ser ya más parte de los planes de reconstrucción de los Tigers, Encarnación fue traspasado, junto con el prospecto lanzador derecho Luis Pineda, a los Cincinnati Reds por el jardinero y primera base Dmitri Young.

El cambio de aires pareció revigorizar al jardinero. Encarnación conectó 16 vuelacercas y fletó 51 carreras para Cincinnati antes del descanso por el Juego de las Estrellas. Pero a pesar de esto lo mandaron lejos luego de 83 partidos con el uniforme de los Reds. El 11 de julio de 2002, fue canjeado a los Florida Marlins con el utility Wilton Guerrero, también dominicano y hermano menor de Vladimir Guerrero, y el pitcher derecho Ryan Snare. Los Reds recibieron al diestro Ryan Dempster. En 69 juegos con los Marlins, Encarnación sumó otros ocho vuelacercas y 34 impulsadas a los totales de su campaña. Ofensivamente, 200 fue una de sus mejores campañas: jugó 152 partidos y compiló .271 con 24 jonrones y 85 impulsadas.

El cambio a Miami pareció venir como anillo al dedo a Encarnación. Se acercó a su natal República Dominicana y la ciudad rebosaba en cultura latinoamericana. Los Marlins eran también un equipo en ascenso. El club tenía una buena mezcla de veteranos, encabezados por el futuro miembro del Salón de la Fama Iván Rodríguez y el segunda base Todos Estrellas Luis Castillo, además de estrellas en ascenso como Miguel Cabrera. Esto, aparejado con un sólido staff de pitcheo, tuvo a los Marlins posicionados para competir por el título del Este en la Liga Nacional. Encarnación fue una parte integral del rompecabezas, siendo jardinero derecho regular de los Marlins.

Juan jugó en 156 juegos (marca personal) durante la temporada de 2003 y promedió .270 con 19 jonrones y 94 impulsadas, segundo en el equipo detrás del tercera base Mike Lowell, quien fletó 105 carreras. Sus contribuciones figuraron significativamente en el resultado de los Marlins, 91-71, que les valió para el segundo puesto en el Este de la Liga Nacional. En esa temporada, Encarnación se convirtió en el primer jardinero de los Marlins en tener un promedio defensivo de 1.000 y el equipo se ganó el puesto del wild-card en el circuito. Procedería a jugar en 221 juegos consecutivos sin error.

Encarnación tuvo dificultades en la caja de bateo durante los play off de 2003. En el triunfo de los Marlins en la Serie Divisional sobre los San Francisco Giants, se fue de 15-2, contribuyendo con un jonrón solitario ante Joe Nathan en el Juego 2. Disparó otro jonrón, en solitario en el Juego 1 ante Carlos Zambrano, y se fue de 12-3 en el triunfo de los Marlins sobre los Cubs en siete encuentros para avanzar a la Serie Mundial. A medida que sus problemas en postemporada continuaron, Encarnación descendió en el orden de bateo y fue usado cada vez más como emergente y reemplazo defensivo. En seis apariciones en la Serie Mundial ante los New York Yankees, se fue apenas de 11-2 con cinco ponches y una empujada, un elevado de sacrificio en el Juego 6 que dio a los Marlins una carrera extra en la blanqueada de cinco hits lanzada por Josh Beckett.

El 13 de diciembre de 2003, los Marlins, campeones de la Serie Mundial, enviaron a Encarnación a Los Angeles Dodgers a cambio del jardinero de ligas menores Travis Ezi. La movida permitió a los Marlins recortar un salario de $3.5 millones, aunque Ezi nunca progresó por encima de Doble-A. La transferencia reunió a Encarnación con su amigo de la infancia Odalis Pérez. Ambos crecieron uno al frente del otro en Las Matas de Farfán.

Encarnación tuvo problemas con los Dodgers. En 86 partidos estaba compilando apenas .236 con 13 cuadrangulares y 43 empujadas cuando fue transferido de vuelta a los Marlins. El canje en el plazo para transferencias puso al jardinero en un paquete con el receptor Paul Lo Duca y el pitcher Guillermo Mota por el primera base Hee-Seop Choi, el prospecto zurdo Bill Murphy, y el héroe de la Serie Mundial de 2003 Brad Penny. El regreso a Miami y su posición familiar en el jardín derecho con los Marlins hicieron muy poco para sacar a Encarnación de su slump de toda la campaña. Luego del canje, promedió solamente .238 con tres cuadrangulares y 19 impulsadas en 49 partidos con los Marlins.

El jardinero derecho se recuperó y tuvo una consistente contienda de 2005. Comenzó la temporada con una alta nota cuando pegó un jonrón con bases llenas en el primer inning del Día de Apertura ante el futuro miembro del Salón de la Fama John Smoltz. Cinco días después conectó otro grand slam ante Antonio Osuna, de los Washington Nationals. En 141 partidos, Encarnación bateó .287 con 16 vuelacercas y 76 fletadas, números sólidos para un jardinero listo para probar el mercado de la agencia libre.

Después de la contienda de 2005, Encarnación fue llamado para el roster de la República Dominicana al Clásico Mundial de Béisbol inaugural en 2006. Fue el jardinero derecho regular y e fue de 4-2 con dos anotadas en la victoria el primer día ante Venezuela. En cinco encuentros adicionales, Encarnación se fue de 16-1 y no jugó en la derrota del equipo 3-1 en la semifinal ante Cuba. Terminó el torneo con promedio de .150, sin jonrones ni empujadas y República Dominicana terminó en el cuarto lugar.

Cuando el jardinero derecho de St. Louis se Larry Walker retiró luego de la temporada de 2005, el gerente general de los Cardinals Walt Jocketty andaba en busca de un jardinero derecho que fuese confiable y productivo pero no necesariamente espectacular.[11] Aunque ya no era el prospecto de cinco herramientas de una década atrás, Encarnación seguía siendo un jardinero más que aprovechable con alto potencial. Después de todo, era un veterano joven, de apenas 29 años, que había jugado más de mil juegos de grandes ligas y experimentado lo que era ganar una Serie Mundial. El 10 de enero de 2006, accedió a un contrato de tres años por $15 millones y se unió a una potente alineación de los Cardinals que incluía a Albert Pujols, Jim Edmonds y Scott Rolen.

Encarnación demostró ser adecuado para los Cardinals de 2006. Pese a verse afectado por dolores en la muñeca izquierda durante la segunda mitad de la temporada, jugó en 153 partidos y terminó con .278 de promedio, 25 dobles, 19 jonrones y 79 impulsadas. Su mayor contribución al campeonato de la División Central de la Liga Nacional ganado por los Cardinals fue su promedio de .310 con corredores en posición anotadora.[12]

Con el empeoramiento progresivo de su muñeca durante la postemporada, Encarnación volvió a ver como su tiempo de juego disminuía en los play off. Se fue de 14-4 en la Serie Divisional de la Liga Nacional ante los San Diego Padres, incluyendo un triple en el Juego 4 que empujó a Pujols con la carrera que dio la Serie. Siguió esto con desempeño de 22-4 en la Serie de Campeonato ante los New York Mets y no pudo lograr hit en nueve comparecencias en la Serie Mundial ante los Tigers. Terminó la postemporada de 44-8 (.182).

Como sucedió después de la victoria de los Marlins en la Serie Mundial de 2003, se notó la ausencia de Encarnación en el desfile victorioso de los Cardinals. Hubo rumores de que estaba descontento con su poco tiempo de juego durante la Serie, pero explicó que había tenido que asistir a un problema familiar en la República Dominicana. "Tenía que ver a mi hijo," dijo. "Tenía un pequeño problema." Luego resaltó la importancia de la familia en su vida cuando procedió a decir, "Yo haré lo que pueda por mi familia."[13]

Esperando que el descanso sanara los ligamentos de su muñeca, Encarnación demoró la cirugía hasta diciembre, cuando se hizo evidente que su muñeca no estaba respondiendo al descanso. La decisión demorada para reparar el daño le costó al jardinero derecho de los Cardinals las primeras seis semanas de la temporada de 2007. Luego de regresar a la alineación el 13 de mayo, Encarnación tuvo problemas para encontrar su ritmo y empezó mal. Gradualmente volvió a descubrir su swing y el 30 de mayo comenzó una racha de 18 encuentros consecutivos bateando de hit, la segunda más larga de su carrera. Durante el período, conectó cuatro cuadrangulares y fletó 13 carreras. Siguió elevando su promedio durante todo julio hasta agosto. Luego de irse de 3-0 contra los Houston Astros el 30 de agosto, el promedio de Encarnación era de .283 con 9 jonrones y 47 impulsadas. Nadie podía imaginar que ese sería el último juego de su carrera.

El curso de la carrera y la vida de Encarnación cambiaría para siempre por un foul errante durante el sexto inning del juego de los Cardinals ante los Cincinnati Reds el 31 de agosto. Encarnación estaba en el círculo de espera, esperando para batear de emergente por Randy Flores cuando su compañero de equipo Aaron Miles pegó de foul a un lanzamiento en 0 y 1 ante Jon Coutlangus. La pelota le vino encima a Encarnación antes de que tuviese tiempo de reaccionar y le pegó de lleno en el ojo izquierdo.[14] Tuvo múltiples fracturas en la cuenca de su ojo izquierdo. El Dr. George Paletta, el director médico de los Cardinals, lo catalogó del "peor trauma que he visto."[15] Dijo que la cuenca del ojo de Encarnación se aplastó con el impacto y que el nervio óptico había sufrido trauma severo. Si bien Encarnación pudo salir del terreno caminando, la lesión dejó su carrera en riesgo.

El jardinero de los Cardinals se perdió la temporada de 2008 y recibió la agencia libre en noviembre de ese año. Sin embargo, ninguna organización mostró interés en ficharlo con la esperanza de que su vista mejorara eventualmente; de hecho, su vista nunca volvió a la normalidad. Terminó su carrera de 11 años con promedio de .270, 156 jonrones, 667 empujadas, y 127 bases robadas. Si bien esos números pueden haber quedado por debajo de las expectativas que se hicieron en torno suyo luego de que le pusieran la etiqueta de cinco herramientas a principios de su carrera profesional, Encarnación gozó de una carrera productiva en las ligas mayores que le vieron ganar dos campeonatos de Series Mundiales. Y sin embargo, a los 31 años, podía que le quedaran sus mejores años de béisbol.

Casi siete años después de la lesión de Encarnación, Aroldis Chapman de los Reds fue golpeado en la cabeza con una línea. Los reporteros le preguntaron al jardinero de Cincinnati Ryan Ludwick si esa era la peor lesión que había visto en el béisbol. Él contestó, "Es un empate. Yo estaba en St. Louis cuando Juan Encarnación recibió el pelotazo en el círculo de espera." Ludwick recordó, "Fue la misma reacción. Había shock en el terreno. Al instante estaba rezando por el muchacho y esperando lo mejor."[16]

Rememorando la fatídica noche que terminó su carrera, Encarnación alegó que la lesión tuvo muy poco impacto psicológico en él. Cuando se recuperaba, se percató de que "Dios es quien decide cuando las cosas terminan."[17] Aunque su carrera había terminado, el béisbol le brindó una plataforma para apoyarse que lo posicionó para el futuro.

Hasta 2019, Encarnación, que tiene cuatro hijos, dividía su tiempo entre su hogar en Green Cove Springs, Florida, y la República Dominicana. En los Estados Unidos se mantuvo ocupado con la Fundacion Juan Encarnación, una organización sin fines de lucro que asiste a las personas y otras organizaciones sin fines de lucro a brindar refugio, implementos escolares, ropas, y otras necesidades diarias a los que la necesitaban. En la República

Dominicana, él y su familia son dueños de un número de pequeñas empresas familiares involucradas en la construcción y exportación de frutas y vegetales a los Estados Unidos. Se convirtió en activista social y seguidor activo del Partido Revolucionario Moderno, un partido político socialdemócrata.

NOTAS

1 Stephen Cannella, "Breaking Out Talented Tiger Juan Encarnacion Needs Fewer Fractures and More Seasoning," *Sports Illustrated*, 28 de junio de 1999: 74.

2 Circulo de Grandes – Juan Encarnación. Recuperado de youtube.com/watch?v=bq7nU8cGss0.

3 El hermano más joven de Encarnación Nidio es miembro del Congreso Dominicano.

4 Canella.

5 Circulo de Grandes – Juan Encarnación.

6 Circulo de Grandes – Juan Encarnación.

7 Circulo de Grandes – Juan Encarnación.

8 "Detroit Tigers," *The Sporting News*, 17 de septiembre de 2001: 54.

9 No fue hasta luego de la temporada de 2002 que los Tigers decidieron acortar las cercas en el Comerica Park.

10 Mark Schmetzer, "N.L. Central: Cincinnati Reds," *The Sporting News*, 24 de diciembre de 2001: 57.

11 "Why Cardinals Were Impressed by Juan Encarnacion," 28 de diciembre de 2015. Retrosimba.com.

12 "Why Cardinals Were Impressed by Juan Encarnacion."

13 Matthew Leach, "Notes: Encarnación Discusses Injury," 14 de enero de 2007. cardinals.com.

14 Matthew Leach, "Encarnacion Struck in Face by Foul Ball," 1 de septiembre de 2007. mlb.com.

15 "Encarnación Likely Out for 2008 Season; MLB Future in Jeopardy," Associated Press, 16 de enero de 2008. Recuperado de espn.com.

16 Trent Rosecrans, "Chapman Hit Reminiscent of Juan Encarnacion," Cincinnati.com, 20 de marzo de 2014.

17 Circulo de Grandes – Juan Encarnacion.

Tony Fernández

Por Tom Hawthorn

Tony Fernández era todo extremidades. En el campo corto, el desgarbado fildeador corría tras rolatas antes de hacer una pirueta para efectuar un tiro por debajo del brazo con un ligero golpe de muñeca. En la caja de bateo, hacía contacto con la bola antes de correr por las bases.

Alto y delgado, con seis pies y dos pulgadas y 165 libras de peso, el jugador de cuadro tuvo una carrera de 17 años en las mayores. Jugó en la postemporada con tres equipos diferentes y ganó un campeonato de Serie Mundial en 1993 con los Toronto Blue Jays, el equipo que originalmente fichó al empobrecido amateur adolescente de la República Dominicana. En el camino, logró cuatro Guantes de Oro consecutivos como el mejor paracortos defensivo de la Liga Americana, tan bueno que su adquisición por parte de los New York Yankees en 1995 demoró el ascenso del principal prospecto, Derek Jeter.

Fernández combatió estereotipos en todas sus paradas beisboleras. Algunos reporteros, renuentes a reconocer que le hicieran preguntas provocativas en una segunda lengua, lo consideraban malhumorado y tímido. Como devoto cristiano, evitaba el jolgorio nocturno que otros pensaban que ayudaba al equipo a crear lazos. Aunque carecía de una educación formal, era un avezado analista de lo que significaba practicar un deporte profesional en una tierra extranjera, en un idioma extranjero donde su etnicidad significaba algo diferente que en su tierra.

"Los peloteros latinos han sido malentendidos, considerados volubles, hostiles, holgazanes y erráticos," dijo Fernández en 1992, tiempo en el que ya era una estrella establecida. "Somos un pueblo emocional. Pero somos honestos y sinceros, y la dificultad del cambio en culturas nunca ha sido totalmente aceptada y apreciada. Por supuesto que todo esto aún duele, pero no tanto como antes."[1]

Octavio Antonio Fernández Castro nació en San Pedro de Macorís, República Dominicana, el 30 de junio de 1962, de Andrea Castro y José Fernández, un hombre de ascendencia hatiana nacido como un Fernando que tomó Fernández como su apellido. Mantuvo de la mejor manera que pudo a su familia de 11 hijos (siete hijos, cuatro hijas) como cortador en los campos de caña de azúcar. La cabeza sin cabello del bebé Octavio era tan grande que su padre le bautizó El Cabeza, un apodo que se quedaría durante toda su adolescencia.

La llegada del chico aconteció un año después del asesinato del brutal dictador Rafael Trujillo, el líder de un culto de personalidad, que era conocido como El Jefe. Trujillo utilizó el béisbol como medio de expresar la gloria de su nación—y, en su torcida medida, la suya. En los años 1950, el gobierno construyó un trío de estadios modelados sobre el Miami Stadium, donde Brookly y Los Angeles Dodgers y, posteriormente, los Baltimore Orioles entrenaban cada primavera. Uno fue construido en la capital Santo Domingo, uno más grande en Santiago y el tercero en San Pedro de Macorís, a unas 50 millas al este de la capital.

La familia Fernández vivía a penas después de la cerca del jardín derecho del Estadio Tetelo Vargas, nombrado en honor de una estrella de las Ligas Negras y del béisbol caribeño. El circundante Barrio Restauración era un distrito difícil de calles sucias y con chozas de un solo piso y favelas mostrando techos de hojalata y sin agua corriente.

Al igual que la mayoría de los demás muchachos del barrio, Fernández pasaba la mayor parte de su tiempo libre cerca del parque, sede de las Estrellas Orientales. Estaba entre los pilluelos que se subían a los árboles en busca de una vista gratis del juego, bajándose rápidamente para perseguir cualquier pelota que fuese bateada en su dirección. Los muchachos jugaban pelota con lo que tuvieran a mano—palo de escoba, medias envueltas en cinta adhesiva, la ocasional pelota extraviada. Algunas veces su madre pedía a los muchachos dejar de jugar para empujar el carrito de vegetales de la familia por las disparejas y polvorientas calles, una tarea que avergonzaba también a sus hermanos mayores.

El muchacho también consiguió trabajo en el estadio como carga-bates, cuidador de terreno y como trabajador de varios oficios, un chico delgado que podía recurrir a cargar el bus del equipo. Por supuesto que capturaba elevados y perseguía rolatas con el entusiasmo de un cachorro. Desde el principio, mostró manos suaves, tal vez porque era muy pobre para comprar un guante de cuero, usando en

Fotografía cortesía del Salón de la Fama del Béisbol Nacional

vez de ello pedazos de cartón o una caja de leche aplastada, atada a su mano izquierda. Mostró un hábil sentido del juego que era obvio para cualquier ojo agudo que lo viera fildear en los disparejos diamantes dominicanos. Al mismo tiempo, le molestaba una astilla ósea en su rodilla derecha. La molesta lesión le ganó el rechazo de scouts y perros de presa. El lesionado prospecto era una mercancía dañada, un tullido, cojo. Su madre molestó a un doctor en la capital quien, luego de que también un persistente scout le presionara y probablemente pagara, operó la rodilla del muchacho. La familia era tan pobre que el muchacho compartió la cama del hospital con otro muchacho durante las seis semanas de recuperación.

Dos años después, con sus piernas aún sin estar a tope, el adolescente—tan delgado como una caña de azúcar con seis pies y 140 libras— abordó un bus hacia la capital para un tryout frente al scout. Epifanio "Epy" Guerrero, cuya gran hazaña fue firmar a César Cedeño para Houston, había abierto una academia para prospectos unas millas fuera de Santo Domingo. Trabajando en aquel entonces con los Blue Jays, Guerrero fichó a Fernández a los 17 años, quien había sido estudiante de la preparatoria Gastón Fernando de Ligne, el 24 de abril de 1979. Solo cuando el dinero del bono por firmar llegó y el muchacho puso una buena cantidad de pesos en la cama de su madre ella entendió completamente que el béisbol era una profesión y no solo un pasatiempo.

A los 18 años, Fernández fue asignado a los Kingston Eagles (Carolina del Norte) en la Carolina League. El joven jugador de cuadro fue promovido a los Syracuse Chiefs (New York) de Triple-A a finales de la campaña siguiente. Luego de casi cuatro temporadas completas en las menores, debutó en grandes ligas con los Blue Jays en un juego contra los Detroit Tigers en el Exhibition Stadium en Toronto, el 2 de septiembre de 1983. El manager Bobby Cox envió a Fernández como corredor emergente por Cliff Johnson en el octavo inning de un juego empatado. El novato avanzó a segunda por wild pitch, a tercera por sencillo de Ernie Whitt y luego anotó por otro wild pitch de Aurelio Lopez. Los Jays caerían en extra innings.

La directiva de Toronto estaba preparando al novato como reemplazo en el campo corto por Alfredo Griffin, otro dominicano estelar fildeador que sería transferido a Oakland luego de la campaña de 1984.

La franquicia de los Blue Jays, de siete años entonces, tuvo su primera temporada ganadora en 1983. El nuevo paracortos sería una figura clave, pues el equipo se convertiría en contendiente en la década con abridores como Dave Stieb y Jimmy Key, el relevista Tom Henke, el receptor Ernie Whitt, y un outfield compuesto por Lloyd Moseby, Jesse Barfield, and George Bell, otro estelar dominicano que sería importado a Canadá desde La Española. El lineup llegó a la postemporada en 1985 (cayendo en la Serie por el Campeonato de la Liga Americana ante los Kansas City Royals en siete juegos) y en 1989 (perdiendo en la ALCS ante los Oakland A's en cinco partidos). El infame desvanecimiento de los Blue Jays en 1987, durante el cual perdieron los últimos siete juegos de la temporada para que los Detroit Tigers los superaran en la tabla de posiciones se explica in parte por lesiones de Whitt y, especialmente, de Fernández, quien sufrió una fractura del olécranon en la punta del hueso de su brazo de lanzar cuando Bill Madlock de los Tigers lo sacó con un deslizamiento en segunda base el 24 de septiembre.

En 1986, Fernández logro 213 hits, el primer jugador de los Blue Jays en pasar de 200 imparables. En esa campaña participó en el primer de cinco Juegos de Estrellas (cuatro con Toronto, uno con los San Diego Padres) y ganó el primero de cinco Guantes de Oro consecutivos. "Hace que lo espectacular sea cotidiano," dijo su compañero de conjunto Garth Iorg.[2] En 1989 cometió apenas seis pifias en 741 lances para un promedio de .992.

Después de la temporada de 1990, en la que encabezó el circuito con 17 triples, Fernández fue parte de un canje millonario en el que fue enviado a San Diego junto con Fred "Crime Dog" McGriff a cambio de Roberto Alomar y Joe Carter.

Fernández jugó dos temporadas con los Padres antes de que lo transfirieran a los New York Mets. Después de apenas 48 partidos, fue canjeado a los Blue Jays, entonces campeones defensores. Cuando repitieron venciendo a los Philadelphia Phillies en seis juegos en la Serie Mundial, el paracortos en regreso desempeñó un papel fundamental, disparando siete inatrapables (seis sencillos y un doble) en 21 turnos. Empujó nueve carreras en la Serie, apenas una por debajo de standard de una Serie de seis juegos, en poder de Ted Kluszewski.

Como agente libre, Fernández rubricó con los Cincinnati Reds para 1994, antes de unirse a los Yankees en la campaña siguiente. Con los Yankees, vio acción en 108 partidos y empujó 45 carreras, compilando .245 con un promedio de embasado de .322. Se perdió la campaña de 1996, recuperándose de una fractura en el codo derecho, que sufrió lanzándose en busca de una rolata durante los entrenamientos de primavera. Fernández firmaría luego como agente libre con los Cleveland Indians, regresando a la postemporada en 1997. Una vez más fue fenomenal en la caja de bateo, castigando a los lanzadores de los Florida Marlins con ocho imparables en 17 turnos. La contribución del paracortos a la historia de las Series Mundiales aconteció en el final del undécimo episodio. Con un corredor en primera base y un out, Craig Counsell conectó una potencial rolata para terminar el inning en dirección a Fernández en segunda base. Al moverse a su izquierda para atrapar la pelota, levantó su guante lo suficiente para rozar el batazo, que rodo lentamente hacia el jardín derecho. En NBC, Bob Costas gritó: "¡Fernández la ha dejado escapar!"[3] El corredor, Bobby Bonilla, llegó a tercera base, solo para que el propio Fernández lo sacara en el plato con una rolata de Devon White. Los Marlins procedieron a ganar la Serie Mundial con línea de Édgar Rentería hacia el medio, batazo que el lanzador Charles Nagy estuvo a punto de atrapar.

Nuevamente como agente libre, Fernández regresó a los Blue Jays por dos temporadas en segunda base, y mayormente en tercera base. El infielder pasó su campaña de 2000 en Japón con los Seibu Lions antes de unirse a los Milwaukee Brewers al inicio de la campaña de 2001. Fue dejado libre luego de 28 partidos y los Blue Jays lo volvieron a escoger, tras lo cual vio acción en 48 encuentros antes de retirarse como jugador.

En 17 temporadas, el jugador de cuadro compiló .288 con 2,276 imparables, incluyendo 92 triples y 94 cuadrangulares. En 11 partidos de Serie Mundial, bateó .397 con 13 empujadas. Es dueño de varios records de los Blue Jays (hasta 2019), incluyendo el de hits (1,583), triples (72), y juegos jugados (1,450). Fernández fue añadido a la muestra de Nivel de Excelencia en el Rogers Centre en Toronto el 23 de septiembre de 2001. En 2007 fue exaltado al Pabellón de la Fama del Deporte Dominicano en Santo Domingo. Al año siguiente, fue nombrado para al Salón de la Fama del Béisbol Canadiense en St. Marys, Ontario.

Con el paso de los años, la dedicación de Fernández a un régimen de estiramiento y su voluntad de probar todas las maneras de aparatos de ejercicios le valieron para ganarse el apodo en el camerino de Mr. Gadget.

El ex jugador pasó tres años, desde 2012 a 2014, como asistente especial para el gerente general de los Texas Rangers Jon Daniels.

Fernández se ordenó como sacerdote pentecostal en 2003. Criado en un hogar cristiano, profesó haber nacido de nuevo en un servicio de capilla en Fenway Park en 1984. "Piensan que porque me tomo las cosas con calma ya no me interesa el béisbol," dijo un año luego de su revelación. "Se equivocan. Ahora soy mejor pelotero porque estoy jugando por la glorificación de Dios."[4]

Fernández y su esposa, Clara, hasta 2019 operaban la Fundación Tony Fernández, una organización caritativa para ayudar a jóvenes poco privilegiados en su patria. La organización sin fines de lucro tiene oficinas en Canadá, Estados Unidos y la República Dominicana. La fundación ha tenido como meta un plan ambicioso para construir un estadio, escuelas, un centro de convenciones, un orfanato, un gimnasio, una escuela de oficios, dormitorios para adolescentes, un hotel y un restaurant en un espacio de 500 acres en las afueras de San Pedro.

El primero de los cinco hijos de la pareja, Joel, nació el 18 de julio de 1985. Le siguieron Jonathan, Abraham, Andrés y Jasmine. Los dos primeros hijos y la hija recibieron nombres con J en tributo a los Jays.

A finales de 2017, Fernández en Twitter, usando el nombre @TonyCabezaFdez, que incorpora el apodo de su niñez, que había sido hospitalizado luego de que le diagnosticaran de enfermedad renal poliquística. Fue dado de alta a tiempo para la Navidades.

Dos años después, su salud dio un giro peligroso. Diagnosticado con neumonía además de fallo renal, fue puesto en un coma inducido. Murió el 15 de febrero de 2020, luego de sufrir una apoplejía en un hospital en Weston, Florida.

FUENTES

Además de las fuentes citadas en las notas, el autor consult Retrosheet.org, Baseball-Reference.com, y las siguientes:

Bjarkman, Peter C. *Toronto Blue Jays* (London: Bison Books, 1990).

Blair, Jeff. *Full Count: Four Decades of Blue Jays Baseball* (Toronto: Random House Canada, 2013).

Kurlansky, Mark. *The Eastern Stars: How Baseball Changed the Dominican Town of San Pedro de Macoris* (New York: Riverhead Books, 2010).

Prats, Frank. "Estadios de Béisbol Dominocanos," *Bajotecho*, Noviembre de 2008.

Turner, Dan. "Jays' Pennant Dance Has Latin Beat," *Ottawa Citizen*, 27 de septiembre de 1985.

NOTAS

1 Joe Sexton, "From Poverty to Pushcart to Pros," *New York Times*, 6 de diciembre de 1992.

2 Jim Prime, *Tales from the Blue Jays Dugout* (New York: Sports Publishing, 2014).

3 Major League Baseball, "1997 WS Gm7: Fernandez Makes Error on Grounder," YouTube.com, 2 de octubre de 2013. youtube.com/watch?v=EpswMjF RZ-M.

4 Wayne Parrish, "Fernandez Gives the Credit to God for Improved Play," *Toronto Star*, 24 de junio de 1985.

Julio Franco

Por Leslie Heaphy

Aclamado como el próximo Robin Yount, Julio Franco debutó con los Cleveland Indians en 1983. Franco llegó a los Indians procedente de los Philadelphia Phillies como parte de un canje de cinco peloteros por Von Hayes. Se esperaba que fuera el paracorto del futuro para los Philadelphia Phillies, pero Franco se encontró sin oportunidades regulares de jugar cuando los Phillies ficharon a Iván DeJesús. Ese fichaje fue una buena noticia para los Indians, que convirtieron a Franco en una de las piezas que debían sacar del canje de Hayes. Para Franco, su viaje a Cleveland comenzó una de las carreras más largas en la historia del béisbol, comparada con la de Minnie Miñoso, de Chicago. Lo que mejor resume la carrera y la vida de Franco es su comentario cuando regresó al deporte en 2015: "Se siente excelente, lo extraño mucho. El olor de la hierba, el sonido del bate, y estar de nuevo en el béisbol es fantástico."[1]

Franco comenzó su carrera de ligas mayores a la edad de 23 años con su compañero en la combinación de doble matanza, Manny Trillo, bateando entre él y Garry Maddox en la alineación de los Phillies. Tras viajar a Estados Unidos de la República Dominicana, Franco tuvo que encontrar casa y los Indians le dieron su primera oportunidad en las mayores. El scout de los Phillies, Quique Acevedo, persuadió a la madre de Franco que lo dejara viajar a Estados Unidos, firmando por $4,000. (Ella estaba criando sola a tres hijos luego de que el padre muriera en 1979 a la edad de 38 años, y quería lo mejor para sus muchachos). Nacido el 23 de agosto de 1958 en Hato Mayor del Rey, Julio César Franco viajó a los Estados Unidos en busca de una oportunidad que no habría tenido en su tierra. Había estado trabajando en una fábrica luego de graduarse de la Preparatoria Divina Providencia, solo para tener una oportunidad de jugar en su equipo de béisbol.[2]

Los Phillies lo enviaron a su equipo de liga rookie en Butte, Montana, en 1978. Franco compiló .305, y se ganó un viaje a Bend, Oregón, en la campaña siguiente, en la que ganó los honores de MVP jugando por los Central Oregon Phillies en la Northwest League. Desde Oregón, Franco ascendió a la Carolina League, de Clase-A, bateando .321 con 99 empujadas para ayudar a Peninsula a ganar el campeonato de la liga. Luego de su éxito con Peninsula (Hampton, Virginia), se movió a Reading en Doble-A y luego a Triple-A (Oklahoma City) en 1982. Franco bateó bien en todos los niveles, lo cual llevó a que los Phillies lo llamaran en abril de 1982. En su primer juego, ante St. Louis, Franco se fue de 4-1. Luego de participar en 16 partidos con los Phillies, fue transferido a Cleveland en un canje de cinco jugadores.[3] El narrador de Cleveland Nev Chandler dijo del nuevo paracorto de los Indians: "La estrella de Julio Franco brilla con más fuerza, pues se le considera uno de los mejores prospectos del béisbol. Julio será un torpedero del futuro de los Indians."[4]

Como novato en Cleveland, Franco mostró las características que lo seguirían durante toda su carrera. Podía batear, cubría mucho terreno en el campo corto, y era un entusiasta por la salud y también un personaje. Un cronista deportivo "un poco excéntrico" porque tuvo por un tiempo como mascota un bebé tigre llamado Jana y también a un lobo. A veces fingía no hablar inglés para no hablar con los reporteros. Los errores de Franco en el campo corto eran achacados a su immadurez y al hecho de que llegaba a tantas pelotas debido a su alcance. Lo que no era tan perdonable era su falta de empeño y lo que algunos vieron como una falta de compromiso serio con el deporte. Como ejemplo, en 1985, Franco no se presentó a un juego y el club no tenía idea de dónde estaba. Enviaron a un compañero de equipo a encontrarlo y luego alegó que estaba enfermo, pero los Indians lo multaron por $2,300. En otro juego en 1986 llegó al estadio, se vistió para jugar y entonces se fue sin explicación antes del choque. Incluso con todos los altibajos, Franco terminó segundo en la votación por el Novato del Año de la Liga Americana, al perder ante Ron Kittle de los Chicago White Sox. Franco bateó .273 con 80 empujadas.[5]

Julio pasó seis temporadas con los Indians, compilando por encima de .300 en las tres últimas con .295 de promedio y 131 bases robadas. Si bien no mostró mucho poder, Franco empujó varias carreras, asegurándose de que sus hits contaran. No fue transferido ni se ponchó con mucha frecuencia. Aunque continuó mejorando en cada campaña con los Indians, su personalidad y enfoque al juego no siempre fueron bien. El mentor Pat Corrales dijo acerca de su voluble paracorto, "Julio Franco es el tipo de personas a quien quieres besar un día y golpear al siguiente."[6] La temporada de 1987 fue su mejor ofensiva pese a perder casi un mes al haber híper-extendido su codo. Los Indians lo pasaron a segunda base en 1988 con la esperanza de que su defensa causara menos problemas allí. Franco ganó el Bate de Plata en esa campaña luego de batear .303.[7]

Pero al final de esa temporada de 1988, el dominicano se encontró en movimiento otra vez, cuando los Indians lo canjearon a Texas por el inicialista Pete O'Brien, el segunda base Jerry Browne, y el jardinero Oddibe McDowell. Franco demostró que Texas había tomado la decisión correcta al integrar el equipo todos estrellas de The Sporting News como segunda base. Entonces, en 1991, ganó el título de bateo con .341, derrotando a Wade Boggs por la corona y convirtiéndose en el primer jugador de los Rangers en ganar el campeonato de bateo.

Pese a su éxito en Texas, Franco se vio en busca de un nuevo equipo en 1994, y fichó un pacto de un año con los Chicago White Sox. Jugó 112 partidos y compiló .319.

Amaba tanto al béisbol que se encaminó a Japón en 1995 luego de la huelga en la MLB. Franco se convirtió en el bateador designado y primera base de los Chiba Lotte Marines, bajo el mando de Bobby Valentine.[8] Le ofrecieron $7 millones por dos años y dijo, "Por $7 millones, jugaría contra los marcianos en Marte y usaría una pelota verde."[9] Contribuyó a la mejor temporada de los Marines y ganó honores como mejor primera base. Luego de una campaña en Japón, regresó a Estados Unidos y se unió a los Indians una segunda vez. Nunca pensó regresar al club, pero jugó con Cleveland en 1996 y 1997, logrando su

Fotografía cortesía del Salón de la Fama del Béisbol Nacional

imparable 2,000 ante Willie Adams, abridor de Oakland. Franco jugó de nuevo 112 partidos en 1996, compilando para un impresionante .322 a la edad de 37 años.

Con su imparable dos mil, los cronistas comenzaron a preguntarle si había terminado o si tenía metas que quería aún alcanzar. Su respuesta fue simplemente que quería jugar tanto como pudiera. Luego modificaría esta declaración diciendo que jugaría hasta los 50 años. Manteniendo su palabra, Franco firmó con Milwaukee en 1997 y con los Tampa Bay Devil Rays en 1999. Jugó apenas un partido ese año y terminó con los Tigres de Ciudad México, bateando .423 en 93 encuentros. En 2000 se unió a los Samsung Lions de Corea del Sur antes de regresar a los Estados Unidos a finales de 2001 con los Atlanta Braves, donde permaneció hasta la campaña de 2005.[10]

Franco seguía bateando dondequiera que iba, pese a su edad. Su éxito elevó preguntas sobre posible uso de esteroides, pero nada nunca salió de la conversación. Su longevidad y fuerte juego fueron fácilmente acreditados a su ética de trabajo y vida saludable. Era increíblemente estricto respecto a lo que comía, sin ninguna comida frita y nada que no fuese natural. Algunos de sus batidos diarios sabían terrible pero Franco decía que no importaba porque eran buenos para él. Un visitante de su apartamento en Florida una vez describió un típico desayuno de 14 claras de huevo, seguidas de avena, una banana y jugo de toronja. Su dieta diaria consistía en casi 5,000 calorías, diseñadas para permitirle jugar cuanto pudiera y también para mantenerlo con vida. Desarrolló tres reglas por las que regía su vida: "Comer bien, trabajar duro y tomar el descanso apropiado."[11] Franco nunca creyó en ir al doctor, prefiriendo practicar medicina tradicional china y usar hierbas, hongos y té de todas partes del mundo.

El trabajo duro y la longevidad de Franco lo mantuvieron con los Braves desde 2002 hasta 2005 y entonces firmó un contrato de dos años con los New York Mets. Luego de su tiempo con los Mets, volvió a firmar con Atlanta y decidió entonces anunciar su retiro a la edad de 49 cuando aún jugaba con los Tigres de Quintana Roo en México, donde estaba bateando .250. Anteriormente había declarado que sabría cuando la hora era la indicada y cuando los números le dijeran que era la hora. Anunciar su retiro fue un día triste, pero él sabía que era la decisión correcta.

A medida que su carrera llegaba a su fin, Franco logró una serie de primeros. Llegó a 2,500 imparables con los Braves, y se convirtió en el jugador de más edad en conectar jonrón con bases llenas en una victoria de 8-4 sobre los Phillies; tenía 45 años. Además fue el jugador de más edad en disparar un jonrón como emergente ante los Padres, también a la edad de 45, que fue además el primer jonrón como emergente de su carrera. El récord anterior había sido establecido en 1907 por Deacon McGuire, que tenía apenas 43.[12] Franco conectó el que resultó ser su último cuadrangular a la edad de 48 años en 2007, convirtiéndose además en el ligamayorista de más edad en conectar uno. El batazo fue ante el futuro miembro del Salón de la Fama Randy Johnson en un triunfo de los Mets 5-3. Tom Dunn, fan de Stony Point, New York, le devolvió la pelota. Como gratitud, Dunn se sorprendió al recibir un bate firmado por su generosidad.[13] Franco también es el jugador de más edad en disparar dos cuadrangulares en un juego y el de más edad en robar dos bases en un juego durante su etapa final con los Mets.[14]

Después de retirarse oficialmente, no podía quedarse fuera del juego. Probó con el golf y con el submarinismo pero nada le ayudó a llenar el vacío dejado por el béisbol. Franco declaró: "No me veo fuera del béisbol. Puedo irme de pesca, jugar golf o ir a Starbucks pero al final del día, me encanta el béisbol y eso es lo que quiero hacer."[15] Regresó a dirigir a los Gulf Coast League Mets y entonces, a los 55 años, firmó con los Fort Worth Cats de la Independent United League, lo que le dio una carrera que abarcaba cuatro décadas. Franco se fue de 27-6 con Fort Worth. El mentor del equipo, Mike Marshall, resaltó, "A todo el mundo le gusta verle jugar. Tiene un verdadero carisma dentro y fuera del terreno. Estamos emocionados y en cuanto a mis muchachos jóvenes... poder aprender y ver cómo se las arregla en el terreno y fuera del terreno, creo que es un plus para nuestra organización."[16] Julio admitió que el regreso era parcialmente para jugar de nuevo. Lo que realmente le importaba era recordarle a la gente que seguía ahí. Regresar le daba posibilidades para ser coach o manager. Pasar el tiempo en la República Dominicana entrenando a su hijo era gratificante pero no lo suficiente.[17]

A los 56 años, Franco firmó en 2015 como manager-jugador de los Ishikawa Million Stars en la liga independiente de seis equipos de Japón. Los Stars ganaron tres títulos entre 2007 y 2015. Uno de sus compañeros de equipo era la joven especialista en bola de nudillos Eri Yoshida. Luego de no haber esperado jugar en verdad, Franco jugó con bastante frecuencia luego de una lesión a uno de los jugadores. De los primeros 14 encuentros, jugó en 10, bateando .333 con cuatro empujadas. Julio dijo a los reporteros locales que esperaba dirigir unos años en Japón antes de regresar a Estados Unidos a dirigir y que entonces esperaba encontrar un trabajo de gerencia. Trató de combinar lo mejor del juego norteamericano y el estilo japonés, todo en un esfuerzo para ganar cada partido.[18]

Para mantener vivo ese sueño en 2016, Franco aceptó un empleo como coach de bateo de los Lotte Giants en Corea del Sur. Siempre estaba dispuesto a hacer lo que hiciera falta para jugar béisbol.[19]

Basó su sueño de dirigir un equipo de liga mayor en su deseo de permanecer en el juego y porque creía que tenía mucho que ofrecer a los jóvenes peloteros. Dijo, "Sé que es difícil llegar ahí, pero todo el mundo que llegó siguió el mismo camino. No ha sido fácil para nadie. Creo que puedo aportar mucho al club. Seguiré aprendiendo y un día eventualmente llegaré allí y nuevamente seré un novato, un manager novato."[20] Franco dijo que le encantaba enseñar a los jóvenes sobre el juego, y quería retribuir por todos aquellos que le ayudaron desde el día en que vino a jugar a Estados Unidos. El receptor Kack Daru de los Stars expresó el regocijo de los jugadores por tenerle como manager: "Tiene mucho conocimiento y es muy sabio, así que le preguntamos mucho. Nos ha dado diferentes percepciones del juego porque ha jugado acá y en los Estados Unidos."[21]

Fuera del béisbol, Franco ha estado casado con Ivis Trueba desde 1991. Se auto describe como entusiasta de la salud y cristiano renacido que se convirtió en ciudadano de Estados Unidos en 1991. El béisbol ha sido su vida y su enfoque desde 1979 cuando vino a Estados Unidos. Llegó con una postura de bateo poco ortodoxa que le permitió ganar cinco Bates de Plata, tres apariciones al Juego de las Estrellas y el premio al Jugador Más Valioso de la edición de 1990. Cuando se cuentan sus temporadas, en las mayores, y más allá, es miembro del club de los 4,000 hits. Su éxito en la caja de bateo le mantuvo en el deporte más de lo que habría imaginado, al terminar su carrera con .298 de promedio, 173 jonrones y 1,194 carreras empujadas en 2,527 partidos luego de 23 campañas. Jugó 15 años en la Liga Americana y ocho en la Liga Nacional. El único lugar en que no le fue bien fue en la postemporada, bateando .224 en 98 turnos.

A Franco se le recuerda por su postura única y su bateo, al igual que por su amor al deporte.[22] En todas partes donde jugó se convirtió en un favorito de los fans, el vicepresidente de los Fort Worth Cats Scott Berry dijo, "Para mí, él irradia el amor por el deporte."[23]

FUENTES

Además de las fuentes citadas en las Notas, la autora consultó Baseball-Reference.com y MLB.com.

NOTAS

1. "Julio Franco: Being Around Baseball Again Is Outstanding," The Jim Rome Show, jimrome.com, 22 de mayo de 2014.

2. Mark Hale, "Mets Go Old, Hook Franco, 47," *New York Post*, 9 de diciembre de 2005; archivo de jugador de Julio Franco, Salón de la Fama del Béisbol Nacional, Cooperstown, New York; Michael Mooney, "At 57, Julio Franco Can't Quit Playing Baseball," ESPN.com, 15 de septiembre de 2015.

3. Archivo de jugador de Franco.

4. "Today in Tribe History," didthetribewinlastnight.com, 12 de febrero de 2009.

5. Franco player file; Mooney; *Albany Times Union*, 27 de mayo de 1983; Associated Press, "Indian Shortstop Julio Franco Misses the Game," Los Angeles Times, 9 de junio de 1986.

6. Jason Lukehart, "Top 100 Indians: #60 Julio Franco," letsgotribe.com/top-100-indians/2013/3/4/4022630/top-100-indians-60-julio-franco; baseball-reference.com/players/f/francju01.shtml.

7. Lukehart; Zack Meisel, "Looking Back at the Career of Former Cleveland Indians Infielder Julio Franco," cleveland.com/tribe/index.ssf/2015/09/looking_back_at_the_career_of.html, 16 de septiembre de 2015.

8. Murray Chass, New York Times, 7 de diciembre de 1988, el el archivo de jugador de Franco; *Dallas Morning News*, 1 de junio de 1991.

9. Mooney.

10. George Vescey, "Sports of the Times; Julio Franco Made the Most of His Exile," *New York Times*, 15 de abril de 2002; Cleveland Plain Dealer, 12 de junio de 1996; USA Today, 22 de septiembre de 1994; Lukehart.

11. Ben Shpigel, "Breakfast at Julio's," *New York Times*, 1 de marzo de 2006.

12. Franco File; *Philadelphia Inquirer*, August 21, 2005; USA Today, 13 de septiembre 2007.

13. Zach Braziller, "Julio Franco, 55, Proves It's Never Too Late for Baseball Comeback," *New York Post*, 19 de mayo de 2014.

14. Wayne Cavadi, "Julio Franco: The Ageless Wonder," baseballhotcorner.com, 10 de febrero de 2015.

15. Associated Press, "Julio Franco a Player-Manager in Japan: 'I Don't See Myself Out of Baseball,'" *USA Today Sports*, 10 de mayo de 2015.

16 Ryan Fagan, "Julio Franco Set for Return to Pro Baseball at 55 years old," sportingnews.com, 17 de mayo de 2014.

17 Steve Hummer, "Former Brave Julio Franco Still Defying Age," myajc.com, 31 de mayo de 2014.

18 Mooney.

19 ESPN.com, 10 de febrero de 2015; artículo de AP.

20 Israel Fehr, "Julio Franco Is Still Playing Baseball at Age 56," sports.Yahoo.com, 9 de febrero de 2015.

21 "Julio Franco a Player-Manager."

22 Jun Hungo, "Julio Franco, 56 Years Old, Joins a Japan Team as Player-Manager," *Wall Street Journal*, 9 de febrero de 2015; Julio Franco, baseball-reference.com; Mike Axisa, "Julio Franco, 56, Joins Semi-Pro Team in Japan as Player-Manager," MLB.com, 8 de febrero de 2015.

23 Hummer.

Dámaso García

Por Paul Goodson

Dámaso Domingo (Sánchez) García, ligamayorista por 11 años (1978-1989), comenzó su carrera con los New York Yankees, pero el segunda base y torpedero es más conocido por sus siete campañas con los Toronto Blue Jays. Sus días como jugador terminaron con breves momentos en Atlanta y Montreal. Su última aparición con los Expos tuvo lugar el 12 de septiembre de 1989.

García nació en Moca, República Dominicana, el 7 de febrero de 1957, hijo de Dámaso García Bautista, granjero, y Juana Sánchez Núñez, empleada doméstica. Se conocieron en la universidad y luego en San Francisco de Macorís, el pueblo de Juana.[1]

Dámaso tuvo un camino inusual hacia las mayores. Comenzó a jugar fútbol a la edad de siete años, se convirtió en estrella local, jugando como defensa central, y recibió una beca para jugar fútbol por la Pontifica Universidad Católica Madre y Mestra en Santiago (donde también participó en el campo y pista y estudió ingeniería mecánica por dos años.)[2] Era el capitán de la selección nacional de fútbol de República Dominicana cuando el scout de los New York Yankees Epy Guerrero lo firmó como agente libre amateur en marzo de 1975.[3] Había jugado béisbol de muchacho, pero había estado alejado de este deporte por cuatro años

Fotografía cortesía del Salón de la Fama del Béisbol Nacional

luego de que su entrenador de fútbol le ordenara no jugar béisbol.[4]

Pese a esos años lejos del juego, García triunfó inmediatamente en las menores. Su primera asignación fue en el Oneonta de la New York-Penn League (Clase-A). Mostró habilidades a la ofensiva, compilando cerca de

.300 antes de que un slump a finales de campaña lo dejó con promedio de .268.[5] Su defensa era dudosa (17 errores en 49 encuentros) pero mejoró rápidamente. Se convertiría en un sólido jugador defensivo en su carrera de las mayores, con promedio de por vida de .980. Años después, García reflexionó sobre la temporada de Oneonta y la catalogó como clave para su carrera en las mayores. Específicamente, dio crédito a su manager Mike Ferraro, diciendo, "Yo no sabía cómo atrapar una pelota, no sabía cómo completar una doble matanza, no sabía cómo batear. Tuve que aprender todo y estaba tratando de aprender a hablar inglés a la misma vez. Todo era trabajo, trabajo, trabajo. Se lo debo a Mike Ferraro. Tuvo toda la paciencia del mundo conmigo."[6] Ferraro recordó, "Hacíamos ejercicios extras todas las tardes en entrenamiento de primavera. Tenía que mostrarle cómo usar las cuatro esquinas del cojín para diferentes situaciones."[7] Según Ferraro, García poseía un tremendo talento natural con un poderoso brazo y excelente alcance en segunda base.[8] Combinar esas habilidades innatas con el duro trabajo de 1975 le ayudó a convertirse en un talento de grandes ligas.

García mantuvo una trayectoria ascendente en las menores durante las tres temporadas siguientes. En 1976 ascendió de la Clase A inferior (Oneonta) a la superior (Fort Lauderdale). En la campaña siguiente estuvo en el West Haven de la Eastern League (Doble-A) y en 1978 estuvo como segunda base del Tacoma en Triple-A. Una lesión a mediados de temporada de Willie Randolph trajo a García a su primera aparición de grandes ligas ese mismo año.[9]

El debut de García en las mayores tuvo lugar el 24 de junio d 1978 en Detroit, cuando fue insertado como segunda base en el final del octavo. Al día siguiente tuvo su primera apertura y se fue de 4-2 contra los Tigers. Roleteó en su primer turno, pero pegó sencillo en el quinto ante Steve Baker de los Tigers y de nuevo en el noveno ante John Hiller. Su primera carrera empujada fue contra los Boston Red Sox el 27 de junio, con elevado de sacrificio ante Jim Wright. Fue su única carrera impulsada de ese año. Promedió apenas .195 en 18 encuentros, pero al menos había probado las mayores.

En 1979, con seis pies una pulgada y 165 libras de peso, el bateador derecho estuvo de vuelta en Triple-A (Columbus) excepto por una breve promoción de septiembre. Con Randolph totalmente establecido en segunda base, los Yankees usaron a García en 10 encuentros como paracorto y uno en tercera base. Estaba claro que era prescindible para el equipo. En noviembre de 1979, fue parte de un canje con los Blue Jays que lo envió junto con Paul Mirabella y Chris Chambliss a Toronto a cambio de Rick Cerone, Tom Underwood, y Ted Wilborn.[10]

Con Toronto, García floreció y se convirtió en un sólido jugador. Incluso antes de llegaran los entrenamientos de primavera, los Blue Jays tenían confianza de que sería su segunda base en 1980.[11] García demostró que el equipo tenía buenas razones para confiar en sus habilidades. En su primera temporada completa de grandes ligas bateó .278 en 140 encuentros con 30 dobles y 13 bases robadas. Cometió 16 errores en segunda base, pero también se involucró en 112 dobles matanzas al comenzar su tándem con el paracorto Alfredo Griffin (una pareja que duraría hasta que Tony Fernández se hizo cargo del campo corto en 1985). El instructor de bateo del Toronto Bobby Doerr (un buen segunda base por derecho propio) quedó impresionado con el talento de García: "Va a ser un buen bateador. En los próximos tres o cuatro años, conectará de 15 a 18 jonrones. Tiene un swing muy rápido."[12] (Que conste, García nunca conectó más de ocho cuadrangulares en una temporada.) El desempeño de García en su año de novato no pasó desapercibido al terminar cuarto en la votación por el Novato del Año de la Liga Americana y quedar segundo detrás de Joe Charboneau en el premio al Novato del Año de la Liga Americana otorgado por *The*

Sporting News.[13] También fue reconocido por Topps, quienes lo nombraron segunda base en su Equipo Todos Estrellas de Novatos de 1980.[14]

La campaña de García en 1981 resultó ser menos exitosa, principalmente debido a las lesiones. Encabezó al equipo con 48 días fuera de la alineación durante la temporada acortada por la huelga. Sus dolencias incluyeron gripe, dolor en la rodilla derecha, y una fractura en su mano derecha luego de que Ed Farmer lo golpeara con un lanzamiento.[15] Su promedio ofensivo descendió a .252 en solo 64 encuentros.

Sin desanimarse por las lesiones de 1981, García regresó en 1982 para tener la mejor temporada de su carrera. El manager Bobby Cox lo movió al primer turno en la alineación.[16] Respondió con una línea ofensiva de .310/.338/.399, con 32 dobles y terminando segundo en bases robadas en la Liga Americana con 54 (solo superado por Rickey Henderson). García estableció marcas para el equipo con 54 empujadas, 185 hits, y 89 carreras anotadas.[17] Se ganó un Bate de Plata por su rendimiento.[18] The Sporting News lo nombró el segunda base de su Todos Estrellas de la Liga Americana.[19]

García estaba frustrado con la parte económica del juego. Antes de que comenzara la temporada de 1982, decidió prescindir de un agente y negoció con contrato de $300,000 por dos años con el gerente general de Toronto Pat Gillick. Sin embargo, cuando se reportó a los entrenamientos, se rehusó a firmar el contrato, y como resultado los Jays renovaron su contrato por un año y $90,000.[20] Luego de la temporada, fue a arbitraje, en esta ocasión con el agente William Goodstein como representante. García ganó el caso y recibió los $400,000 que pidió, pero se enfureció y pidió ser traspasado luego de que los Blue Jays discutieran que no merecía esa cantidad e hicieran una contraoferta de $300,000.[21] Gillick dijo sobre las negociaciones: "Presentamos los hechos, no tratamos de dañarlo. No tenemos intenciones de traspasarlo y no estamos en la obligación de hacerlo."[22]

Pese a la declaración de Gillick que negaba un posible traspaso de García, fue sujeto de rumores de transferencia regulares después de la temporada de 1983. Fue incluido en discusiones con Seattle, Texas, los Chicago White Sox, St. Louis y Montreal.[23] Al final, ninguno de los canjes se materializó y García fue fichado por Toronto a un contrato de cinco años antes del comienzo de la contienda de 1984.[24]

El desempeño de García se mantuvo sólido antes y después de las negociaciones y los rumores de transferencia. En 1983, compiló .307 y robó 31 bases; siguió con .284 y 46 robos en 1984. Los Blue Jays se estaban convirtiendo en contendientes, y García era visto como la bujía en la ofensiva de Toronto. Su compañero de equipo Dave Collins se refirió a él como "nuestro catalizador, es tremendo atleta."[25]

Los Blue Jays terminaron en segundo lugar en el Este de la Liga Americana en 1984 y mejoraron en 1985 para ganar la división con registro de 99-62. En su primera aparición en postemporada, Toronto cayó en siete juegos ante Kansas City en la Serie por el Campeonato de la Liga Americana de 1985. García tuvo siete hits en la serie, con cuatro dobles y cuatro anotadas. Fue nombrado al equipo Todos Estrellas de la Liga Americana por The Sporting News.[26] Fue además seleccionado como reserva para los Juegos de las Estrellas de 1984 y 1985.

Dámaso comenzó la temporada de 1986 descontento. En el entrenamiento de primavera, el nuevo manager de los Blue Jays Jimy Williams anunció que Lloyd Moseby pasaría al primer turno y García al noveno.[27] Esto lo enfureció, y en vez de triunfar en el fondo de la alineación, entró en un prolongado slump al comenzar la entrada. Después de una derrota en Oakland el 14 de mayo, García cometió tal vez el peor error de su carrera al quemar su uniforme. En 1987 dijo, "Mi único arrepentimiento es quemar mi uniforme. Lamento lo que hice y siempre lo lamentaré. No quise hacer daño."[28] Sus acciones conllevaron una reprimenda por parte del manager Williams delante de todo el equipo.

En agosto, García y su compañero de equipo Cliff Johnson se metieron en un par de peleas durante la práctica de bateo antes de un juego. Dámaso estaba molesto de que a Johnson (que estaba en la lista de discapacitados) le permitieran hacer la práctica de bateo con los peloteros del roster activo.[29] Según testigos, García trató de dar primero pero falló. Johnson entonces golpeó a García en el costado de la cabeza y comenzó un match de lucha. Los compañeros de equipo tuvieron que separar a los dos peloteros.[30] Dámaso fue confinado al camerino, pero regresó luego a reiniciar los puñetazos. El manager Jimy Williams y otros jugadores intervinieron para terminar la segunda pelea.[31]

Luego de su agitada temporada de 1986 no fue de sorprender que García se viera traspasado a Atlanta con Luis Leal a cambio de Craig McMurtry. El ex manager de Toronto Bobby Cox se había ido a Atlanta como gerente general y organizó el trato. Había logrado motivar al taciturno García en Toronto y se esperaba que pudiese hacer lo mismo con los Braves.[32]

Pero resultó que una lesión en la rodilla dejó a García fuera por toda la campaña de 1987. Le pareció que su situación era frustrante en extremo: "Estoy desesperado por jugar, estoy desesperado por mejorar y ayudar a este club. Quiero jugar, peo volverme loco no ayudará."[33] Regresó en 1988 pero tuvo un mal slump, bateando apenas .133 en 30 turnos abriendo la contienda. Bobby Cox siguió confiando pues recordaba las pasadas rachas ofensivas de García. "No bateaba, y de repente aparecía un juego de cuatro hits, uno de dos hits, otro de cuatro hits," dijo Cox. "Por eso no me preocupo por eso. Él siempre sale de eso."[34] Poco más de un mes después, el segunda base, todavía en slump, fue dejado libre. Cox se lamentó, "En verdad pensábamos que Dámaso podía ayudarnos. No sé qué sucedió, pero en algún lugar Dámaso perdió el interés en jugar. Simplemente no podíamos tener esto en el club."[35]

Luego de que lo soltaran en Atlanta, García firmó con los Dodgers y fue asignado al Albuquerque de Triple-A. Jugó en apenas tres partidos antes de volver a lesionarse la rodilla.[36] Los Angeles lo liberaron rápidamente. Antes de la temporada de 1989 firmó con Montreal. Su desempeño fue similar a la norma de su carrera, al aparecer en 80 encuentros y lograr promedio de .271. A finales de la temporada, los Expos, bien alejados de la lucha por los play off, llevaron a García a la banca para darle juego y ver a los jóvenes jugadores.[37] El club original de Dámaso, los Yankees, le dieron una última oportunidad en 1990 pero lo liberaron durante el entrenamiento de primavera.[38] García aceptó que su carrera estaba en el pasado. "Nadie ha llamado," dijo un par de meses luego de iniciada la campaña. "Pero si lo hicieran, no jugaría más. Me he hartado."[39]

Las lesiones en la rodilla habían dañado su carrera, pero un problema de salud mucho peor le esperaba en su retiro. En 1991 comenzó a experimentar visión doble, lo cual llevó a que los doctores descubrieran un tumor cerebral maligno.[40] Después de recuperarse de la cirugía y la quimioterapia, regresó a Toronto en 1992 para lanzar la primera bola, recibida por su excompañero de equipo Alfredo Griffin antes del Juego 1 de la Serie por el Campeonato de la Liga Americana.[41] Como resultado de la cirugía y el tratamiento por el cáncer, García sufre limitaciones en el habla y las capacidades motoras.[42]

En 1985, se descubrió que el hijo de seis meses de García, Dámaso Alejandro, sufría de hemofilia. Había recibido atención médica de primera durante los días de jugador de su padre. La esposa de García, Haydée, quedó atónita ante las limitaciones de la atención médica disponible cuando volvieron a la República Dominicana luego de que la carrera beisbolera de Dámaso terminara.[43] Dámaso y Haydée iniciaron una organización para brindar seminarios a familias dominicanas cuyos hijos tuvieran ese padecimiento. En 1998 fundaron un campo beisbolero para crear conciencia y fondos para los niños con hemofilia.[44] En los años siguientes, otros jugadores han contribuido con esos esfuerzos, incluyendo a Tony Fernandez, Pedro Martínez, y Moisés Alou.[45] En 2012, Haydée fue reconocida con el Premio Comunitario Novo Nordisk Haemophilia Foundation.[46]

FUENTES

Además de las fuentes citadas en las notas, el autor también consultó Baseball-Reference.com.

NOTAS

1. Haydee García, correspondencia por email con Bill Nowlin, 11 de julio de 2017.
2. Haydee Garcia.
3. John Brockman, "Garcia Kicks Soccer Habit in FIL," *The Sporting News*, 25 de octubre de 1975: 23.
4. Brockman.
5. Brockman.
6. Joe Gergen, "From the Heart: Minor League Mentor Mike Ferraro Gets a Message from Garcia: Thank You!" *The Sporting News*, 28 de octubre de 1985: 11.
7. Gergen.
8. Gergen.
9. Phil Pepe, "Yankees Purify the Air – And Billy Breathes Easier," *The Sporting News*, 15 de julio de 1978: 19.
10. Arlie Keller, "Chambliss May Be Dealt Again," *The Sporting News*, 24 de noviembre de 1979: 57.
11. Neil MacCarl, "Blue Jays Ponder Howell's Role," *The Sporting News*, 12 de enero de 1980: 41.
12. Neil MacCarl, "Blue Jays Got the Message to Garcia About Hitting," *The Sporting News*, 31 de mayo de 1980: 10.
13. Bob Sudyk, "Top 1980 Rookie Players: Joe Charboneau," *The Sporting News*, 22 de noviembre de 1980: 42.
14. "A.L. Tops in Rookies," *The Sporting News*, 13 de diciembre de 1980: 56.
15. Neil MacCarl, "Strike Didn't stop Jays from Hurting," *The Sporting News*, 23 de enero de 1982: 46.
16. Neil MacCarl, "Jays' Garcia Earns Super Rating at 2B," *The Sporting News*, 14 de junio de 1982: 27.
17. Neil MacCarl, "Jays Finish Strong, Best Record Ever," *The Sporting News*, 18 de octubre de 1982: 41.
18. Lowell Reidenbaugh, "The Silver Sluggers," *The Sporting News*, 15 de noviembre de 1982: 50.
19. Ben Henkey, "In the A.L. Right Makes Might," *The Sporting News*, 8 de noviembre de 1982: 28.
20. "Jays' Garcia Earns Super Rating at 2B."
21. Neil MacCarl, "Garcia Is Furious Despite Salary Win," *The Sporting News*, 7 de marzo de 1983: 35.

22 MacCarl.

23 Peter Gammons, "Only Stupidity Could Deprive Aparicio," *The Sporting News*, 28 de noviembre de 1983: 58.

24 Neil MacCarl, "Upshaw, Garcia Sign for Five Years," *The Sporting News*, 27 de febrero de 1984: 36.

25 Stan Isle, "Garcia Sparks Blue Jays," *The Sporting News*, 18 de junio de 1984: 32.

26 "1985 TSN All-Star Squads," The Sporting News, 28 de octubre de 1985: 18.

27 Dave Nightengale, "Repeating: Why Is It So Difficult?" The Sporting News, 1 de abril de 1986: 9.

28 "Blue Jays," *The Sporting News*, 16 de febrero de 1987: 31.

29 "Blue Jays," *The Sporting News*, 18 de agosto de 1986: 21.

30 "Blue Jays," *The Sporting News*, 18 de agosto de 1986: 21.

31 "Blue Jays," *The Sporting News*, 18 de agosto de 1986: 21.

32 Moss Klein, "Can New Blood Rid Angels of Old Curses?" *The Sporting News*, 16 de febrero de 1987: 30.

33 Gerry Fraley, "Braves Wait for García," *The Sporting News*, 22 de junio de 1987: 16.

34 Gerry Fraley, "García, Braves Slump Together," *The Sporting News*, 25 de abril de 1988: 16.

35 Gerry Fraley, "García's Disappointing Stay Ends," *The Sporting News*, 30 de mayo de 1988: 19.

36 Ian MacDonald, "García Opens Comeback with Early Heroics," *The Sporting News*, 17 de abril de 1989 :22.

37 "Expos," *The Sporting News*, 2 de octubre de 1989: 18.

38 "Ex-Blue Jay García Happy Down on the Farm – His Own," *Chicago Tribune*, 19 de junio de 1990.

39 "Ex-Blue Jay García Happy Down on the Farm – His Own."

40 Paul White, "García Still Making a Difference," *USA Today Baseball Weekly*, 26 de febrero de 2002: 4.

41 Tim Wendel, "García Comes Back to Throw First Pitch," *USA Today Baseball Weekly*, 20 de octubre de 1992.

42 "García Still Making a Difference."

43 "García Still Making a Difference."

44 "García Still Making a Difference."

45 "García Still Making a Difference."

46 "How Family History Led to Award-Winning Commitment," nnhf.org/news_and_events/nnhf_news/dominican_republic_award.html.

César Gerónimo

Por Jorge Iber

Jugar en una escuadra que tenía estrellas de primer nivel como Johnny Bench, Pete Rose, Joe Morgan, y Tony Pérez era difícil para otros jugadores lograr notoriedad por derecho propio. Durante la década del 70, era fácil pasar por alto las contribuciones de "otros" peloteros de los Reds que formaban el roster de la Big Red Machine de Cincinnati. Aunque César Gerónimo es en ocasiones minimizado ante los ojos de la prensa y el público, la excepcionalidad de su brazo, guante y alcance en el jardín central, más su bateo oportuno, le ayudaron a desempeñar un papel esencial para llevar dos títulos de Serie Mundial a la Queen City. De hecho, su carrera estuvo marcada por eventos históricos: Gerónimo anotó una de las carreras más significativas y controversiales en la historia de las Series Mundiales en 1975, y posee una distinción (como víctima de ponche) que es muy poco probable que repita otro pelotero de grandes ligas. Una vez que se retiró después de la temporada de 1983, Gerónimo comenzó a contribuir al deporte de otra manera: mejorando a os muchos jóvenes dominicanos que estaban persiguiendo sus sueños (atléticos, académicos y personales) contra lo que eran muchas veces muy negativos pronósticos.

Fotografía cortesía del Salón de la Fama del Béisbol Nacional

César Francisco (Zorrilla) Gerónimo nació el 11 de marzo de 1948, en el municipio de Santa Cruz de El Seibo, provincia de El Seibo, República Dominicana. Aunque era bastante común para los niños dominicanos de esa era no recibir mucha instrucción escolar, los padres de César trabajaron con diligencia para que su hijo no solo tuviese una educación apropiada, sino que también sirviera a la Iglesia Católica como sacerdote. Con esta meta, César se registró en el seminario Santo Tomás de Aquino a la edad de 12 años y permaneció allí por cinco años. Eventualmente se fue y asistió y se graduó de la preparatoria. Su padre estaba feliz, porque quería que su hijo buscara una carrera en el deporte. En sus años en estos sitios, hubo una constante en la vida de César: amor por el béisbol, y particularmente, los New York Yankees. "Me gustaba en el seminario, pero de verdad quería ser pelotero y sabía que si me convertía en sacerdote eso nunca sucedería," dijo una vez.[1]

Ni el seminario ni la preparatoria en la que jugó tenía equipo de béisbol, por lo que César jugaba baloncesto, fútbol y softbol a la piña (en un club con su padre). El éxito de Gerónimo en esta escuadra, principalmente por su fuerte brazo, condujo a pruebas con los New York Mets y los Yankees; y estos últimos firmaron al prospecto de 19 años como lanzador y jardinero. (Aunque estaba bendecido con una fenomenal fortaleza en su brazo, era terrible al bate). Sus dos primeros equipos fueron en la liga rookie: Oneonta en a New York-Pennylvania League y Johnson City (Tennessee) de la Appalachian League. Su falta de ofensiva fue evidente en ambos clubes. Gerónimo jugó cuatro encuentros con Oneonta y promedió un pálido .100, seguido de un todavía más anémico .071 en 19 encuentros para el Johnson City. La campaña siguiente, los Yankees lo movieron a Fort Lauderdale en la Florida State League esperando que encontrara algo que se pareciera a un golpe razonable. Si bien hubo mejoría, fue marginal (promedio de .194 en 109 encuentros y 324 turnos) y la noción de mover a Gerónimo a la lomita logró aceptación.

Durante este tiempo, Gerónimo llamó la atención de Grady Hatton, scout de los Houston Astros, quien recomendó al jardinero a su jefe, el asistente del gerente general John Mullen. Entonces, en las reuniones de invierno de 1968, Howie Haak, scout de los Pirates, deliró a Mullen sobre el brazo de Gerónimo y se quejó del hecho de que Pittsburgh no tenía espacio en su roster para el joven dominicano. La conversación logró el interés de Mullen, y los astros invirtieron $8,000 en el prospecto no probado, seleccionando a Gerónimo en el draft de Regla 5.[2]

Los Astros, como requieren las reglas del draft, mantuvo a Gerónimo en el roster de grandes ligas para la temporada de 1969, usándolo principalmente como reemplazo defensivo a finales de juego y corredor emergente. Gerónimo estuvo solo en 28 encuentros y tuvo ocho turnos (dos hits). Para 1970, sin ningún requerimiento para mantenerlo en las mayores o arriesgar perderlo, los Astros asignaron a Gerónimo a su afiliado en Columbus (Georgia) en la Southern League de Doble-A, donde compiló un más respetable .269 en 74 encuentros, y lo llamaron para 47 encuentros (37 turnos) a finales de la temporada. Gerónimo jugó pelota invernal y siguió trabajando tanto en su bateo como en su defensa. Hacia la temporada de 1971, los Astros pensaron que podía ser útil como corredor y bateador emergente. Y estaban los que pensaban que "si fuese regular sería el mejor fildeador del equipo."[3] Justificó la confianza de los Astros en su habilidad defensiva al lanzar un strike desde el ángulo del jardín izquierdo del Astrodome para retirar a Duke Sims de los Dodgers en tercera base en el Día de Apertura. Pero en la caja de bateo, pese a tener buenos momentos, compiló solamente .220 en 94 partidos (82 turnos). Otra vez, se fue a jugar pelota invernal con la esperanza de seguir mejorando todas las facetas de su juego.[4]

Las estadísticas de Gerónimo en Houston no fueron brillantes, y estaba jugando detrás del jardinero central Todos Estrellas César Cedeño, pero nuevamente el destino intervino para mejorar las perspectivas de su carrera. A finales de noviembre de 1971, los Cincinnati

Reds negociaron un canje y enviaron al primera base Lee May, el segunda base Tommy Helms, y el utility Jimmy Stewart a los Astros por el segunda base Joe Morgan, el jugador de cuadro Denis Menke, el lanzador Jack Billingham, el jardinero Ed Armbrister, y Gerónimo. Para algunos, el joven Gerónimo parecía poco más como alguien que descartaron para completar el cambio. El gerente general de los Reds Bob Howsam, sin embargo, discutió eso porque los Reds se habían mudado al espacioso Riverfront Stadium, era necesario tener jardineros con velocidad que pudieran cubrir más terreno.

Finalmente, con una oportunidad de jugar de manera casi regular, y ayudado por su extensivo trabajo con el instructor de bateo Ted Kluszewski, Gerónimo mejoró a .275 en 120 juegos (255 turnos) en 1972, muchos como reemplazo en los finales del juego. Con el veloz veterano Bobby Tolan de regreso tras una lesión ocupando el jardín central, César jugó el jardín derecho en esa campaña. Una vez más, jugó pelota invernal y comenzó la temporada de 1973 como jardinero central de los Reds, pues Tolan no estaba bien y pasó al jardín derecho. Gerónimo se lesionó el hombro haciendo una atrapada y tuvo un slump a .210. Había razón para esperanza, pues elevó su promedio desde .149 en julio, y compiló .300 en septiembre. Anderson discutió que Gerónimo era aún de valor para los Reds. "Si un jugador puede evitar un par de carreras con su fildeo y sus tiros es casi tan importante como empujar un par de carreras."[5]

Después de una campaña desastrosa, Gerónimo volvió nuevamente a la República Dominicana a jugar béisbol, donde recibió oportuna ayuda de su manager, Tommy Lasorda. La labor rindió frutos, pues Gerónimo compiló .281 en 150 encuentros para los Reds en 1974 y se ganó el primero de lo que serían cuatro Guante de Oro consecutivos. El 17 de julio se convirtió en la víctima del ponche 3,000 de Bob Gibson, "hazaña" que duplicaría el 4 de julio de 1980, cuando fue la víctima 3,000 de Nolan Ryan. Dado su entrenamiento en el seminario, Gerónimo fue muy filosófico respecto a sus "logros": "Solo estaba en el momento y lugar indicados," dijo.[6]

En 1975, su segunda campaña complete como regular, Gerónimo bateó .257 y encabezó la Liga Nacional en outs para un jardinero con 408. En la Serie Mundial contra los Boston Red Sox, Gerónimo anotó la carrera decisiva en el tercer encuentro, abriendo el final del décimo inning con sencillo, avanzando a tercera luego de una controversial colisión entre el receptor del Boston Carlton Fisk y el emergente Ed Armbrister, y luego anotando por sencillo de Joe Morgan. En la Serie, compiló para .280 (de 25-7) con dos jonrones, y los Reds ganaron el clásico en siete juegos.

Gerónimo tuvo su mejor campaña regular en 1976, al batear .307 con 11 triples (segundo en la liga). Los Reds nuevamente llegaron con facilidad a la Serie Mundial y barrieron a los Yankees. Gerónimo bateó .308 jugando cada entrada por segundo octubre consecutivo.

César compiló .266 con 10 cuadrangulares (marca personal) en 1977 y logró su cuarto Guante de Oro, pero los Reds fueron superados por los Dodgers en el Oeste de la Liga Nacional, y muchos d los regulares del equipo comenzaron a irse. Pérez había sido traspasado después de la temporada de 1976, y Rose y Morgan pronto se acogieron a la agencia libre. Gerónimo permaneció con los Reds hasta 1980, pero su promedio cayó a .226, .239 y .255, y la mayor parte del tiempo no era regular.

En enero de 1981, los Reds mandaron a Gerónimo a los Kansas City Royals por el infielder Germán Barranca. Gerónimo jugó los últimos tres años de su carrera principalmente como suplente defensivo, con apenas 324 turnos y promedio de .244. Jugó su último juego en las mayores el 28 de agosto de 1983, contra los Texas Rangers. Los Royals lo dejaron libre cuando terminó la temporada. En 1,522 juegos de grandes ligas, compiló .258 con 51 cuadrangulares y 392 empujadas.

Gerónimo siempre fue conocido como un individuo callado y reservado, que traía mucha estabilidad y clase a los camerinos de los Reds. Se casó con su esposa Elizabeth en 1971 y tuvieron dos hijos, César Jr. (nacido el 19 de diciembre de 1972) y Giselle (nacida el 17 d diciembre de 1975).[7] Dado su riguroso entrenamiento, no es de sorprender que César se involucrara en causas ligadas con la justicia social luego de su salida de las mayores. Primero, estuvo con la Federación Nacional de Peloteros Profesionales, que representaba los intereses de los peloteros dominicanos en sus asuntos con los equipos de la isla. Luego, trabajó en un campo de entrenamiento establecido en la isla por los Hiroshima Toyo Carp de la liga de béisbol de Japón, una instalación que Mark Kurlansky en su libro The Eastern Stars llamó "una de las academias mejor designadas" de la isla.

Gerónimo fue también fundador u miembro de la junta de la Academia de Deporte y Educación de la República Dominicana, que buscaba brindar los adecuados entrenamiento, nutrición e instrucción en el terreno a los jóvenes atletas dominicanos, y trabajar para asegurarse de que tuvieran buena educación, conocimiento del idioma inglés, y les dieran instrucción básica sobre asuntos financieros.[8]

En otras palabras, César Gerónimo siguió haciendo el mismo calibre de trabajo que tuvo con los Reds durante los días de gloria de la Maquinaria. No le interesaba tener mucha atención. Simplemente hizo lo que pudo para que su equipo (y luego sus compatriotas) triunfaran en el difícil mundo del béisbol. Aunque nunca se hizo sacerdote católico, en muchas maneras en los años recientes se involucró en la clase de ministerio que sus instructores jesuitas en el seminario Santo Tomás de Aquino de seguro aprobarían. Los Cincinnati Reds lo exaltaron a su Salón de la Fama en 2008.[9]

FUENTES

Bjarkman, Peter C. *Baseball's Great Dynasties: The Reds* (New York: Gallery Books, 1991).

Frost, Mark. *Game Six: Cincinnati, Boston, and the 1975 World Series: The Triumph of America's Pastime* (New York: Hyperion, 2009).

Hertzel, Bob. *The Big Red Machine* (Englewood Cliffs, New Jersey: Prentice-Hall, Inc., 1976).

Lawson, Earl. *Cincinnati Seasons: My 34 Years with the Reds* (South Bend, Indiana: Diamond Communications, Inc., 1987).

McCoy, Hal. *The Relentless Reds* (Shelbyville, Kentucky: PressCo, 1976).

Posnanski, Joe. *The Machine: A Hot Team, A Legendary Season, and a Heart-Stopping World Series: The Story of the 1975 Cincinnati Reds* (New York: William Morrow, 2009).

Walker, Robert Harris. *Cincinnati and the Big Red Machine* (Bloomington, Indiana: Indiana University Press, 1988)

NOTAS

1 Ritter Collett, *Men of the Machine: An Inside Look at Baseball's Team of the 1970s* (Dayton, Ohio: Landfall Press, 1977), 210.

2 Jim Ogle, "Inside Pitch: Light Hitting Geronimo Provided Yank Surprises," 10 de abril de 1971; parte del archivo de César Gerónimo en la Biblioteca del Salón de la Fame y Stan Isle, "Hurlers Are Hottest Items in Majors' Draft," *The Sporting News*, 14 de diciembre de 1968: 33-34.

3 *The Sporting News*, 27 de marzo de 1971: 39-40.

4 John Wilson, "Astros Toughen 6 Arms on Florida Pad," The Sporting News, 15 de noviembre de 1969: 53; ; "Astros Beat War Drums for Geronimo," *The Sporting News*, 27 de marzo de 1971: 39-40; "Dodgers Learn Geronimo Boasts Rifle for an Arm," *The Sporting News*, 17 de abril de 1971: 8; y "Farmhands Fuel Strongest Astro Drive of Season," *The Sporting News*, 2 de octubre de 1971: 22.

5 Earl Lawson, "Sure Hands Cesar Wins Cincy Salute," *The Sporting News*, 15 de abril de 1972: 21 y 28.

6 Mark Purdy, "Mild Mannered Cesar Often Misunderstood During 9 Years As Red," *Cincinnati Enquirer*, 18 de enero de 1981. Ambos artículos son del archivo de César Gerónimo en la Biblioteca del Salón de la Fama.

7 Cesar Geronimo pages, *1980 Cincinnati Reds Media Guide*, 36, 37.

8 "The Champs of '75," *Sports Illustrated*, 31 de junio de 2000; Alan M. Klein, *Sugarball: The American Game, the Dominican Dream* (New Haven: Yale University Press, 1991), 41, 55. Mark Kurlansky, *The Eastern Stars: How Baseball Changed the Dominican Town of San Pedro de Macoris* (New York: Riverhead Books, 2010), 197. Para más información sobre la Academia de Deporte y Educación de la República Dominicana (Dominican Republic Sports and Education Academy: DRSEA), visite el sitio de la organización: www.drsea.org. Allí puedo descargarse copias de su publicación "DRSEA Informer." Para más información sobre los Hiroshima Toyo Carp visite: www.japanball.com/carp.htm.

9 Directorio de los miebros del Salón de la Fama de los Cincinnati Reds; César Gerónimo, Clase de 2008. http://mlb.mlb.com/cin/hof/hof/directory.jsp?hof_id=114723.

Alfredo Griffin

Por Justin Krueger

Alfredo Claudino Griffin fue un pelotero profesional por 20 años, 18 de los cuales fueron en las ligas mayores. Fue un favorito de los fans por su personalidad sociable y su guante seguro en el medio infield. Y es la respuesta a dos grandes preguntas de trivia: (1) ¿Quién estaba en el círculo de espera cuando Joe Carter conectó el jonrón en el noveno inning del sexto juego contra Mitch Williams de los Philadelphia Phillies para ganar la Serie Mundial de 1993? (2) ¿Cuál fue el primer jugador en jugar por la parte perdedora de tres juegos perfectos (Len Barker en 1981, Tom Browning en 1988, y Dennis Martinez en 1991)?

Griffin nació el 6 de octubre de 1957 en Santo Domingo, República Dominicana. Era el más joven de tres hermanos. Su padre, Alberto Reed, para mantener a la familia, trabajaba en los muelles de Santo Domingo durante el día y de noche era músico en clubes locales. El joven Alfredo desarrolló el amor por la música a través de su padre y cuando creció se podía encontrar tocando la conga en las fiestas.[1] Con el malestar civil y las resultantes luchas por territorio que tuvieron lugar luego del golpe de estado de 1963, la madre de Alfredo tomó la decisión de llevarse a Alfredo y sus dos hermanos lejos de la capital con su familia. Su padre permaneció en Santo Domingo.[2]

Al mudarse de vuelta a Consuelo a la edad de ocho años, Alfredo eventualmente llegó a jugar béisbol para el local Ingenio Consuelo, a petición de su tío Clemente Hart que era jugador de cricket devenido pelotero. Hart jugó béisbol localmente para las Estrellas Orientales, un equipo de la Liga Invernal Dominicana. El equipo del ingenio tenía a otros futuros ligamayoristas en su roster, incluyendo a Rafael Santana, Nelson Norman, Rafael Ramírez, y Julio Franco. Los scouts de grandes ligas eran muchos durante esos juegos.[3] Griffin fue fichado como agente libre no reclutado por los Cleveland Indians el 22 de agosto de 1973, a través del scout cubano Reggie Otero. En aquel tiempo, Griffin jugaba segunda base. Otero pensaba que tenía un excelente rango en el terreno, y sugirió que se pasara al campo corto.[4] Con el fichaje, Griffin se convirtió en parte del creciente número de peloteros que firmaron contratos profesionales y que provenían de San Pedro de Macorís, una ciudad portuaria en la costa sureste del país. Esa área de la República Dominicana a finales de los 80 y principios de los 90 fue considerada la ciudad de los torpederos, con tres exitosos jugadores de grandes ligas como

Griffin, Pepe Frías, Rafael Ramírez, Julio Franco, y Tony Fernández.⁵

No mucho tiempo después de firmar con los Indians, Alfredo estaba en Clase-A. Estaba bateando exclusivamente a la derecha. En 1975, a petición del jugador/entrenador de San Jose Gomer Hodge quien "me dijo que bateara a la zurda al turno siguiente. Conecté una rolata y casi llegué safe."⁶ Resultó que sus problemas ofensivos que habían puesto su promedio alrededor de .080 a principios de campaña habían abierto el camino para que se convirtiera en ambidiestro.⁷ En los años siguientes, siguió trabajando con el bateo a las dos manos con el instructor de ligas menores de los Indians Tommy McCraw. McGraw le dijo que siguiera haciéndolo, que conectara por el suelo y aprovechara su velocidad. Griffin terminó su carrera de grandes ligas con 1,688 hits en 6,780 turnos. Aunque ningunos de sus números es sobresaliente, reflejan a un jugador conocido mayormente por su defensa que jugó con suficiente consistencia para disfrutar una carrera de grandes ligas por casi dos décadas.

Su carrera de ligas menores inició en 1974 con paradas en la liga rookie con los Gulf Coast Indians y en la Clase-A Avanzada con el Reno Silver Sox. Griffin pasó toda la temporada de 1975 con los San Jose Bees de la A Avanzada. En sus primeras tres campañas en las menores logró 43 bases robadas. Para resaltar su tendencia a la agresividad en las bases, también fue puesto out tratando de robar 25 veces. Griffin avanzó significativamente en 1976. Si bien empezó la temporada nuevamente en San Jose, se ganó una promoción al Williamsport de la Eastern League (Doble-A). Luego de 60 encuentros en San Jose y Williamsport, jugó 22 en el Toledo Mud Hens de Triple-A antes de ser llamado por vez primera a las mayores.

Respecto a su promoción a las mayores, Griffin apuntó, "No, no estoy emocionado, no estoy nervioso, sino que estoy muy feliz."⁸

Griffin debutó en las mayores el 4 de septiembre de 1976, como sustituto en las postrimerías del juego. Su primer imparable llegó el 7 de septiembre. Luego de entrar a jugar en el sexto inning, Griffin pegó sencillo al jardín izquierdo en el primer lanzamiento que le hizo el abridor de los Milwaukee Bewers Gary Beare. Resulta que Beare estaba debutando en grande ligas, en lo que resultó ser una victoria de nueve entradas completas 17-4 sobre los Cleveland Indians. Tenía 18 años. Entre esta y su última aparición en las mayores, en octubre de 1993 como miembro de los Toronto Blue Jays ganadores de la Serie Mundial, Griffin enlazó una carrera de 18 años- trece de esos fueron como abridor para los Indians, Oakland Athletics, Los Angeles Dodgers y dos períodos con los Blue Jays.

Luego de algunas paradas cortas en las mayores con los Indians desde 1976-78 en las que apareció en 31 partidos, Griffin fue eventualmente traspasado a lo Blue Jays junto con Phil Lunsford a cambio del pitcher Victor Cruz antes del inicio de la temporada de 1979. Fue con Toronto que Griffin solidificó su status como paracorto de grandes ligas. Jerry Howarth, veterano narrador de los Blue Jays, dijo, "Los Jays no podían haber pedido un mejor pelotero y ejemplo a imitar. Estuvo en la parte inicial de un influjo de peloteros dominicanos talentosos llegados a la orilla del Lago Ontario. ... Alfredo fue una parte importante de la historia exitosa de los Blue Jays."⁹

Con cinco pies once pulgadas y 165 libras de peso, Griffin fue mejor conocido por su defensa que por cualquier cosa que pudiera ofrecer al bate. Su mejor temporada ofensiva fue la de 1979, que terminó como Novato del Año de la Liga Americana. Compiló .287, con 179 hits, 10 triples y 81 anotadas. Compartió el premio con el tercera base de los Minnesota Twins John Castino. Había sido nombrado Jugador del Mes en la Liga Americana para septiembre luego de batear .347 con seis

Fotografía cortesía del Salón de la Fama del Béisbol Nacional

dobles, cuatro triples, seis empujadas y cinco bases robadas. En esa contienda, Alfredo completó 124 dobles matanzas, un récord para el club de los Blue Jays, que sobrepasaría al año siguiente con 126. También encabezó el circuito con 36 marfiladas. En 1979, Griffin fue lo más destacado en una poco notable historia de tres años de los Torondo Blue Jays.[10]

El éxito inicial de Griffin en las ligas mayores no fue ni inmediato ni sin tener problemas. Al recordar sus problemas iniciales, dijo:

"Era 1979. Estaba bateando alrededor de .170 luego del primer mes. Mi confianza estaba afectada. Nuestro coach de bateo [el miembro del Salón de la Fama desde 1986] Bobby Doerr dijo, 'Te ayudaré, pero estás en tu última oportunidad de permanecer en las mayores.' Así que antes de nuestro juego en Texas esa noche, trabajó conmigo para recortar el bate, y relajarme un poco. El único problema fue que no hablaba bien el inglés en aquel entonces. Ni lo entendía. Así que me hizo unos dibujos, y le pidió a Rico Carty—uno de nuestros veteranos peloteros en los Blue Jays—que ayudara. Al Oliver, de los Rangers, también estaba con nosotros. Todos me dieron mucho aliento. ... De veras agradecí esa ayuda. No solo mejoraron mi bateo; también hicieron crecer mi confianza."[11]

El valor de Griffin más allá de la defensa era también una influencia positiva en los camerinos. Era común que las personas comentaran que Griffin influía positivamente en sus compañeros de equipo. Un sentimiento posteriormente hecho eco en el consejero de la gerencia de los A's Bill Rigney, quien dijo de Griffin: "¿Su carácter? De primerísima calidad."[12] Este es un gran elogio para un pelotero que terminó su carrera con un WAR total (wins above replacement/ victorias sobre reemplazo) de 3.0, pasando entre una marca personal de 3.4 en 1986 y su peor año de -2.3 en 1990. Con estas medidas analíticas, Griffin podría ser considerado un jugador a nivel de reemplazo. Nada mal para un pelotero que logró tejer una carrera de 18 años en las ligas mayores.

Durante su primer período como Blue Jay, Griffin jugó los desafíos de local en los confines abiertos y siempre con viento del Exhibition Stadium en Toronto. Al recordar esos primeros años en la ciudad canadiense, Alfredo dijo:

"Todo el mundo decía que era un mal lugar para jugar béisbol. Pero yo era un hombre feliz de convertirme en ligamayorista en Toronto jugando en el Exhibition Stadium todos los días. Me dio mi futuro. Aseguró el futuro para mi familia. Me gané la vida en ese lugar, así que no tengo nada malo que decir sobre el viejo estadio."[13]

Pese a las condiciones de juego Griffin tuvo otros logros durante su primera etapa con los Blue Jays. Empató con Willie Wilson de los Kansas City Royals en la cima de los líderes de la Liga Americana en triples en 1980 con 15. Terminó entre los 10 primeros en la categoría otras cuatro veces. También fue allí que Griffin jugó en 414 partidos consecutivos (marca personal). Alfedo jugó en todos los 162 partidos de temporada regular cuatro veces durante su carrera. En 1984 fue una selección rara para el equipo Todos Estrellas de la Liga Americana. John Feinstein del Washington Post lo explicó:

"Major League Baseball paga los gastos de cada pelotero acá y los de un invitado. En la mayoría de los casos, los peloteros traen a sus esposas o novias. Dámaso Garcia, el segunda base de los Toronto Blue Jays, trajo a su torpedero, Alfredo Griffin. Cuando Alan Trammell de los Tigers se lastimó el brazo y no pudo jugar esta noche, el manager Joe Altobelli nombró a Griffin para el equipo, parcialmente porque es un buen jugador, pero principalmente porque estaba aquí."[14]

La esposa de García había decidido no asistir, por lo que Griffin fue su invitado. Pareció una buena idea. Los Blue Jays iban a comenzar la segunda mitad de la temporada en Oakland pasando por la bahía de donde se iba jugaba el Juego de las Estrellas en San Francisco. Griffin entró a jugar como reemplazo de Cal Ripken en el sexto inning. No tuvo turno al bate; Don Mattingly bateó de emergente por él en el noveno inning. Fue su única aparición en Juegos de Estrellas.

Aunque Griffin era popular en el camerino y con los fans de los Blue Jays, sus días como el torpedero regular estaban contados. En 1983 comenzó a alternar tiempo en el campo corto con el joven y prometedor chico prodigio y también dominicano Tony Fernández. Luego de dos temporadas, Fernández se adueñó del puesto de paracorto regular. Griffin iba de salida.

En diciembre de 1984, Griffin fue traspasado a los Oakland Athletics con Dave Collins y dinero por el relevista Bill Caudill. Griffin fue protagonista con los Athletics por tres temporadas (1985-87). El gerente general de los A's Sandy Alderson lo consideró "la goma que nos mantuvo unidos."[15] En su primera temporada, ganó su único Guante de Oro. En sus dos primeros años jugó en todos los 162 partidos de temporada regular. Pero para 1987, los Athletics buscaban darle juego a Walt Weiss, su promisorio torpedero, así que Griffin iba camino a otro club. Lo transfirieron a Los Angeles Dodgers en 1987, y se fue junto con el lanzador Jay Howell en un canje de tres equipos que también involucró a los New York Mets. Con la esperanza de que Griffin sería una influencia positiva en los infielders dominicanos de la organización, el gerente general de los Dodgers Fred Claire citó el carácter de Griffin como un necesario elemento positivo. El manager de los Dodgers Tommy Lasorda comentó, "No lo he visto tanto, pero escuché que es tremendo pelotero. Vi sus números y ha jugado 162 partidos cuatro veces y más de 140 las otras dos. Eso es algo que no hemos tenido."[16]

Por suerte, la habilidad de Griffin para evitar las lesiones y ser una presencia estabilizadora en el terreno no funcionó inicialmente para los Dodgers. El 21 de mayo, menos de dos meses luego de iniciada su primera justa con los Dodgers, Griffin recibió pelotazo con una recta de Dwight Gooden que le fracturó la mano derecha.[17] Se perdió los 59 juegos siguientes. En la campaña, terminó bateando .199 en 95 partidos. Con su OBP y su slugging rondando los .250 era un problema a la ofensiva. No obstante, Griffin desempeñó un rol importante en la victoria de la Serie Mundial sobre los Athletics, iniciando los cinco juegos en el campo corto. Compiló .188 con tres sencillos. En una entrevista publicada en 2001, Griffin catalogó la victoria en la Serie Mundial como "el momento más especial de mi carrera."[18]

Aun con la lesión y los problemas ofensivos del año anterior, Griffin firmó una extensión de contrato por tres años con los Dodgers en enero de 1989, un fichaje que incluyó el salario más alto de su carrera: $1 millón tanto en 1989 como 1990.

Agente libre luego de la temporada de 1991, Alfredo volvió a los Blue Jays para jugar las que serían sus dos últimas temporadas en las mayores. Aunque ya no era regular y era mucho menos efectivo a la ofensiva, disfrutó de un enorme éxito colectivo. Jugando solamente 109 partidos en los dos años, Griffin no pegó jonrones ni triples (solamente 10 dobles en 245 turnos. Con solo 13 empujadas y un promedio de apenas por encima de .220, fue usado de manera esporádica. Los Blue Jays ganaron la Serie Mundial en ambos años, y Griffin jugó como remplazo defensivo en ambos clásicos.

Griffin conectó 24 jonrones en grandes ligas, y en ocho temporadas no dio ninguno. Su marca personal fue de cuatro en tres temporadas distintas. Disparó 245 dobles y 78 triples. Además empujó 527 carreras con marca personal de 64 en 1985. Como infielder poco ofensivo, Alfredo nunca tuvo un slugging de .400 en una temporada, y su marca personal fue de .364 en 1979 y 1986. Con un slugging de por vida de .319, nunca fue una amenaza a la ofensiva, una noción sostenida quando se considera su promedio de .249 y su OBP de .285 de por vida. Griffin se pochó 664 veces, con marca personal de 65. Logró igualmente 338 boletos, con un tope de 40 en 1979 y peor marca de cuatro en 1984 (en 442 comparecencias).

Griffin hizo el corrido de bases un empeño aventurero. El tener una velocidad decente y una propensión al corrido demasiado agresivo dio paso a decisiones tanto buenas como malas. Un encuentro en 1991 brinda una clara ilustración: Griffin recibió boleto y siguió corriendo luego de llegar a primera base. No funcionó. Luego explicó, "Hombre, solo estoy jugando béisbol, tratando de iniciar algo."[19] El manager Tommy Lasorda comentó, "Es una jugada grandiosa si lo logras, aunque creo que nunca he visto a nadie intentarlo antes."[20] En 1980, Griffin se robó 18 bases y fue puesto out en 23 ocasiones. En tres campañas tuvo resultados por debajo del 50 por ciento. En su carrera tuvo 192 bases robadas. Aun así, tenía una velocidad decente. En ocho temporada robó al menos 10 veces, y en otras tres al menos 20 veces. Tuvo marca personal de 33 con los corredores Oakland Athletics en 1986. Sus tres campañas con los Athletics (1985-1987) resultaron en sus marcas personales en una campaña (24 en 1985, 33 en 1986, y 26 en 1987).

Sus estadísticas defensivas son más impresionantes. Tuvo promedio defensivo d .961 con 348 errores, de ellos 340 en el campo corto. Al principio, lideró la Liga Americana cuatro años seguidas (1979-1982) en errores para un torpedero 36, 37, 31, y 26. También encabezó la Liga Nacional como miembro de los Dodgers en 1990 cuando tuvo 26 marfiladas. Propenso a tiros fuera de balance y errantes, especialmente al inicio de su carrera, Griffin recordó, "Usar las dos manos me dio problemas. Ponía mi mano derecha demasiado cerca del guante y a veces la bola me golpeaba en la mano de tirar. Así que en mi tercer año cambié y comencé (a fildear) con una mano."[21]

Una vez terminada su carrera, Griffin no se mantuvo alejado de los terrenos por mucho tiempo. En 2018, completó su temporada 19 con el cuerpo de entrenadores de Los Angeles Angels. Ha fungido tanto como coach de primera base (18 temporadas) y coach de infield (una campaña). Trabajó como instructor itinerante para los Blue Jays en 1995, y fue su coach de primera en 1996 y 1997. Fue entrenador del equipo de la República Dominicana que ganó el Clásico Mundial de Béisbol de 2013, y gerente general de las Estrellas Orientales en Liga Invernal de la República Dominicana, con quienes jugó 12 años fuera de la temporada de las mayores. El club retiró su número 4. Griffin fue electo al Salón de la Fama del Deporte Dominicano en 2002.

FUENTES

Además de las fuentes citadas en las Notas, el autor consultó el archivo de recortes de Griffin en el Salón de la Fama Nacional del Béisbol, Baseball-Almanac.com, Baseball-Reference.com, Retrosheet.org, y TheBaseball-Cube.com.

NOTAS

1 Mark Kurlansky, *The Eastern Stars: How Baseball Changed the Dominican Town of San Pedro de Macoris* (New York: Riverhead Books, 2010), 99.

2 Kurlansky, 99.

3 Kurlandky, 99.

4 Kurlansky, 100.

5 Kurlansky, 97.

6 Associated Press, "Switch Hitting Takes a Special Skill," *Daily News Online* (Longview, Washington), 2 de junio de 2018. Recuperado de tdn.com/sports/switch-hitting-takes-a-special-skill/article_c18ab4df-e8f4-55fa-a87b-3c918c90cf89.html.

7 Associated Press, "Switch Hitting Takes a Special Skill."

8 Russell Schneider, "Quick-Grower Griffin Brightens Indian Summer," *The Sporting News*, 25 de septiembre de 1976: 12.

9 Jim Prime, *Tales from the Toronto Blue Jays Dugout: A Collection of the Greatest Blue Jays Stories Ever Told* (New York: Sports Publishing, 2014), 117.

10 United Press International, "Co-winners for AL Rookie Honors," *Salina Journal*, 27 de noviembre de 1979.

11 Bob Bloss, *Rookies of the Year* (Philadelphia: Temple University Press, 2005), 135.

12 Ross Newhan, "Dodgers Pay a Big Price (Welch) to Improve: They Get a Shortstop and Two Relief Pitchers," *Los Angeles Times*, 12 de diciembre de 1987. Recuperado de articles.latimes.com/1987-12-12/sports/sp-6647_1_relief-pitcher.

13 Richard Griffin, "Alfredo Griffin Takes a Trip Down Memory Lane," *Toronto Star*, 3 de junio de 2009. Recuperado de thestar.com/life/travel/2009/06/03/alfredo_griffin_takes_a_trip_down_memory_lane.html.

14 John Feinstein, "Making the All-Star Team the Hard Way," *Washington Post*, 10 de julio de 1984. Recuperado de espn.com/espn/page2/story?page=list/worstallstars.

15 Newhan.

16 Newhan.

17 Sam McManis, "Hit, Throw and Run: Guerrero Throws Bat at Pitcher; Dodgers Lose 5-2," *Los Angeles Times*, 23 de mayo de 1988. Recuperado de articles.latimes.com/1988-05-23/sports/sp-2199_1_dodgers-lose.

18 Rich Marazzi, "Alfredo Griffin: Dominican Dandy," *Sports Collectors Digest*, 26 de enero de 2001: 70.

19 Bill Plaschke, "Baseball: Daily Report: Dodgers: Griffin Explains His Baserunning Ploy," *Los Angeles Times*, 1 de agosto de 1991. Recuperado de articles.latimes.com/1991-08-01/sports/sp-231_1_alfredo-griffin.

20 Plaschke.

21 Glenn Schwarz, "A's Expect Griffin to Cement the Infield," *San Francisco Examiner*, 4 de marzo de 1985: D1.

Pedro Guerrero

Por Frank Morris

Los regalos de Dios siempre llegan a tiempo. Pero Dios envía grandes bateadores con mucha menos frecuencia de la prometida incluso por el más clarividente de los profetas beisboleros. El SABR-ósofo Bill James una vez proclamó a Pedro Guerrero, de Los Angeles Dodgers, como "el mejor bateador que Dios ha hecho en mucho tiempo."[1] Eran mediados de los 80, y Guerrero estaba en la cúspide de su carrera. En poco más de media década, era MVP de la Serie Mundial como novato, Todos Estrellas y candidato al MVP perenne y el Dodger mejor pagado en la historia de la franquicia. Su temporada de 1985 fue un relámpago de récords. Sobraban las razones para creer que Guerrero tendría una carrera épica.

Pero el destino conspiraría para asegurarse de que Guerrero solo lograra fugazmente la grandeza predicha por James. La carrera de Pedro resultó ser una historia de héroe (o anti-héroe); una historia mítica de un joven prodigio de una isla arrancado de la oscuridad y la pobreza por ayuda sobrenatural, seguida por un camino arquetípico de triunfos y tentaciones. Un abismo obligatorio trajo la expiación y, más recientemente, resurrección divina.

Pedro Guerrero nació el 29 de junio de 1956 en San Pedro de Macorís, una densa ciudad provincial en la costa este de la República Dominicana. Antes de lograr la notoriedad como la "Tierra de los Paracortos" por su abundancia en reciente talento de grandes ligas, la nación caribeña había producido ya una serie de estrellas del béisbol incluyendo a Juan Marichal, Ozzie Virgil, Rico Carty, los hermanos Alou, y el futuro mentor de Guerrero en las ligas mayores, Manny Mota.

A principios de los 70, la comunidad insular de Pedro le ofrecía pocas perspectivas más allá de una vida de trabajo en los circundantes campos de caña. Guerrero era apenas un adolescente cuando dejó la escuela para ayudar a apoyar a su familia cortando caña para la industria ronera local de la isla. Aunque sus ganancias eran menos de $3 USD a la semana, el robusto joven era tan adepto como la mayoría de los hombres a labrar, deshojar y cargar grandes manojos de cañas.

Mientras el joven adolescente Pedro mantenía a su madre divorciada y a sus hermanos en el día, disfrutaba tocar los tambores en las noches y jugar béisbol organizado los fines de semana. A la edad de 16, Guerrero resaltaba entre sus semejantes en una liga juvenil local, primariamente como tercera base, botando por el vecindario pelotas distorsionadas, golpeadas contra edificios de apartamentos.

Se corrió la voz en los círculos beisboleros de la isla sobre un extraordinario joven talento entre los petromacorisanos en San Pedro. El pionero del escauteo latino Reggie Otero, representando a los Cleveland Indians, decidió que el adolescente merecía la visita. Otero describió su primera impresión del prodigio dominicano: "Medía cinco pies y cinco pulgadas, 157 libras. Miré el ancho de sus hombros, atrás y adelante, y supe que ganaría en peso y fuerza. Había vivido a base de arroz y frijoles."

A finales de 1972, Otero ofreció a Guerrero un contrato profesional, que incluiría un bono de $2,500 a pagarse el 1º de enero de 1973.

Guerrero comenzó su carrera profesional a la edad de 17 con su temporada de pelota rookie en la remota Gulf Coast League. Pedro eventualmente se distanció de sus homólogos en ese nivel, tanto atléticamente como geográficamente. En abril de 1974, los Indians, buscando ayuda en el pitcheo, traspasaron a Guerrero a los Dodgers por el lanzador zurdo de las menores Bruce Ellingsen.

El director de personal de los Dodgers Al Campanis tenía información de adentro. Los Angeles habían recientemente contratado a Reggie Otero, quien recomendó la adquisición de Guerrero.

Ellingsen resultó ser una adquisición desastrosa para los Indians, lanzando en 16 partidos de grandes ligas antes de abandonar el béisbol a la edad de 25. La falla de Ellingsen, contrastada con la distancia y altura de la carrera de Pedro, ubica el canje entre uno de los más desbalanceados en la historia de béisbol.

Los Dodgers vieron mucha promesa en su nuevo pelotero de las menores. Guerrero tenía una figura imponente, balanceando la fuerza en su tren superior con la velocidad de sus pies. No pasó mucho tiempo para que la sensación de las menores fuese catalogado como un prodigio de cinco herramientas que podía batear con poder además de fildear en varias posiciones.

Pese a su temprana aptitud, los Dodgers se conformaron con dejar que Guerrero madurara en su cosecha de prospectos. En cualquier caso, no había vacantes en el infield de Los Angeles en el futuro cercano. El paracorto Bill Russell y el segunda base Davey Lopes formaban una de las mejores combinaciones de doble matanza, y los perennes Todos Estrellas Steve Garvey y Ron Cey eran fijos en primera y tercera base. Los Dodgers eran claramente de los que tenían en el mundo abierto de la agencia libre en el béisbol. Ganaron tres banderines entre 1974 y 1978 recibiendo un estable suministro de talento de pitcheo del Albuquerque (Triple-A) y añadiendo talento por medio de canjes y agencia libre.

Pese a que los Dodgers no lograron título de Serie Mundial en derrotas ante los Yankees en 1977 y 1978, Guerrero brilló en las menores, compilando .300 o mejor en seis temporadas y siendo nombrado a equipos Todos Estrellas de las ligas menores tanto en primera como tercera base. En 1977, encabezaba la Pacific Coast League en Albuquerque (Triple-A) con promedio de .403 cuando se fracturó el tobillo izquierdo a la defensa. La lesión le costó una promoción a las mayores.

Guerrero se centró en superar su primera lesión significativa y se dedicó a una rigurosa rehabilitación. Reflejó sobre el contratiempo en una entrevista en 1982 con *Sports Illustrated*: "Antes, no me interesaba ser un buen corredor o trabajar en mi defensa. Lo único que me preocupaba era mi bateo. Luego de haberme lastimado tuve un poco de tiempo para pensar. Había mucho más dinero en el béisbol que cuando firmé, y estaba pensando que si jugaba mejor podía hacer un buen dinero algún día."[2]

El duro trabajo de Guerrero finalmente le valió para una promoción a las mayores a finales de 1978. Su primer turno al bate tuvo lugar en el quinto inning de una derrota desproporcionada en septiembre ante Randy

Foto cortesía de The TOPPS Company

Jones y los San Diego Padres. Pedro salió a batear de emergente por el ex compañero de habitación en las menores y futuro némesis Rick Sutcliffe, y ni corto ni perezoso conectó su primer cuadrangular ante el lanzador de os los Padres Bob Owchinko, apareciendo en 25 encuentros en 1979.

Pedro hizo contribuciones significativas al club principal en 1980. Ocupó un valioso puesto de utility en dos períodos esta temporada, sustituyendo por el lesionado Davey Lopes en segunda base y Rudy Law—que se hallaba en slump—en el central. En general, Guerrero jugó seis posiciones distintas en 1980 y compiló para un impresionante .322 con siete jonrones y 31 empujadas en 183 turnos.

El talentoso novicio hizo de todo para caer bien a la dirección durante estos primeros años, probando ser un compañero de equipo jovial y desinteresado que respondía con oportunos imparables y fildearía donde se necesitara. En el marco extra beisbolero, Guerrero se había comprado un nuevo juguete: un Ford Thunderbird, y era visto con frecuencia con una bella "amiga" además de andar armado.[3] Estaba cortejando a Denise, una joven de origen latino y europeo de Nuevo México. En la joven y bella acompañante, Pedro había conocido al amor de su vida. La pareja se casaría pronto, y se mudaría a un condominio en el Distrito Wilshire de Los Ángeles.

1981 comenzó de manera fortuita para el digno Dodger. El jardinero derecho titular Reggie Smith aún se rehabilitaba de una lesión en el brazo sufrida el año anterior, lo cual dejó un puesto abierto para Guerrero al inicio de la temporada. Pedro aprovechó la oportunidad al máximo. Sus números iniciales en 1981 fueron de un calibre estelar. Los Dodgers estaban en la cima de su división y el promedio de Guerrero bien por encima de .300 cuando la huelga de los jugadores detuvo la campaña a principios de junio.

La temporada se reanudó en agosto, pero el calendario había perdido dos meses. Los funcionarios de la liga consideraron formatos alternativos de play off luego del largo letargo. Las luchas por los banderines fueron sustituidas por un sistema de play off prostético que enfrentaba a los ganadores de la "primera mitad" contra los ganadores de la "segunda mitad" en cada división, imbuidos con dos equipos de comodines injertados con un play off divisional. Los Dodgers se beneficiaron con la asimétrica lógica, al tener garantizado un puesto de play off por su éxito en la primera mitad. El segundo acto sería una historia diferente.

El Juego de las Estrellas se jugó en Cleveland el 9 de agosto como una introducción al reinicio de la contienda. El promedio de bateo de .325 de Guerrero en la primera mitad le ganó un puesto en el roster de la NL, el primero de sus cinco Todos Estrellas. Pedro compiló apenas .269 en la campaña dividida, y los Dodgers tuvieron un desastroso registro de 27-26 el resto de la ruta.

El slump de Guerrero siguió hasta la postemporada. Los Dodgers fueron llevados al borde de la eliminación en rondas consecutivas de play off contra Houston y Montreal, pero pudo sobreponerse a los déficits en cada serie. En el juego final de la Serie por el Campeonato de la Liga Nacional contra los Montreal Expos, Rick Monday, de Los Angeles, conectó un milagroso cuadrangular en el noveno inning en el Olympic Stadium de Montreal para ganar el banderín para los Dodgers.

De manera apropiada, los acaudalados y poderosos Dodgers se encontraron con los acaudalados y poderosos New York Yankees en la Serie Mundial. Era su tercer enfrentamiento en clásicos de otoño en cinco años, y la más reciente entrega de una rivalidad que databa de más de 40 años entre dos costas y dos boroughs de la ciudad de New York.

Los Yankees lograron la temprana ventaja mientras los Dodgers se mostraron desorientados al bate, perdiendo los dos primeros encuentros. En el tercer partido, jugado en el Dodger Stadium, Los Angeles dejaron ir una ventaja de tres carreras cuando los Yankees fabricaron cinco ante el fenómeno novato Fernando Valenzuela. El relevista de los Yankees George Frazier se afianzó bien luego de entrar en el tercero por el abridor Dave Righetti, eliminando una amenaza de los Dodgers con dos en base y sin outs.

Guerrero vino a batear en el quinto contra Frazier con con Garvey y Cey en base sin outs. En el tercero, Pedro había enfrentado la misma situación, conectando de foul dos intentos de toque antes de poncharse con cinco lanzamientos. La decisión lógica era adelantar los corredores de nuevo. El instinto del manager de los Dodgers Tommy Lasorda le dijo lo contrario.

Esperando el sacrificio, el tercera base de los Yankees Aurelio Rodríguez mordió el señuelo cuando Guerrero se cuadró para tocar. Pedro se retiró del toque y soltó una rolata más allá del guante extendido de Rodríguez que jugaba por dentro. La fuerte rolata permitió que Garvey anotara y Cey avanzara a tercera base. Guerrero luchó para llegar a segunda base y Cey anotó con una subsiguiente doble matanza. Las dos carreras fueron suficientes pues Valenzuela aguantó para asegurar una victoria remontada 5-4.

Los Dodgers ganaron una batalla de altibajos 8-7 para emparejar la Serie en el Juego 4, pero fueron contra las cuerdas nuevamente en casa en el Juego 5. Ron Guidry abrumó a los Dodgers, transitando con tranquilidad hasta el séptimo con una blanqueada de dos hits y nueve ponches. Luego de despachar a Dusty Baker con tres lanzamientos, un golpe del Louisiana Lightning[4] tuvo como respuesta un estruendo de Blue Thunder, pues Guerrero conectó cuadrangular a lo profundo del jardín izquierdo. Pedro comentó sobre su jonrón solitario luego del juego: "Le pegué a una slider... tan pronto como le di, supe que se iba."[5] Steve Yeager le siguió con otro vuelacercas, y los bambinazos consecutivos fueron suficientes para un triunfo de 2-1, tercero de Los Angeles en línea.

Guerrero había influido en tres triunfos en la Serie Mundial, pero su desempeño consagratorio selló la serie para los Dodgers.

Pedro bombardeó al Bronx en el Juego 6 con cinco empujadas y ocho bases recorridas, logradas con tripe, jonrón y sencillo con bases llenas. Su desempeño individual coronó una victoria de 9-2 y dio a los Dodgers su primer título de Serie Mundial en 16 años. Guerrero fue nombrado co-MVP de la Serie junto con sus compañeros Ron Cey y Steve Yeager.

Pese a sus hechos heroicos en el clásico de otoño, se decía que la gerencia de los Dodgers había intentado un canje en el descanso que enviaría a Pedro a los Padres a cambio de su estelar paracortos Ozzie Smith. Los rumores persistieron y Guerrero era aún un miembro de los Dodgers al inicio de la campaña de 1982. Los Dodgers confirmaron su confianza en su floreciente estrella al darle el puesto de Steve Garvey como cuarto bate de los Dodgers. El ex MVP de la liga fue reubicado como tercero en el orden. Pedro respondió con una tremenda campaña. Al final de la temporada, Guerrero encabezó el equipo en bateo (.306), anotadas (86), jonrones (32), empujadas (98), slugging (.543) y se convirtió en el primer pelotero de los Dodgers en dar 30 cuadrangulares y robar 20 bases en una temporada. Terminó tercero en la votación por el MVP de la Liga Nacional detrás de Dale Murphy y Lonnie Smith. Sería la primera de cuatro ocasiones en que Guerrero terminaría entre los cuatro primeros en la votación por el MVP.

Pese a sus consagratorios números en 1982, Guerrero y los Dodgers flaquearon a final de temporada, perdiendo ocho juegos seguidos y cediendo el título de la división a Atlanta de manera ignominiosa. El agónico lapso vio a los Dodgers perder seis de los ocho encuentros por una carrera, tres en extra innings. La temporada se resumió en una última serie de cuatro juegos ante los Giants, en San Francisco, con el título de la división aún no decidido. Los Dodgers necesitaban ganar todos los juegos, pero Guerrero estuvo visiblemente ausente para todos. Había rumores sobre sus excesos fuera del terreno. Sin una explicación clara, se asumió que la causa era dolores en la mano y en la corva.

Aun así, los Dodgers ganaron los primeros tres sin su cuarto bate. En el Juego 162, el segunda base de los Giants Joe Morgan rompió un empate 2-2 en el séptimo inning con un jonrón de tres carreras que ganó el juego y mantuvo a los Dodgers fuera de la postemporada.

El enorme colapso fue el toque de difuntos para la vieja guardia de los Dodgers. Davey Lopes ya se había ido a Oakland. Ron Cey fue el próximo—sintiéndose irrespetado por la jefatura de los Dodgers, el tercera base hizo sus sentimientos públicos y fue traspasado a los Chicago Cubs. Steve Garvey también se fue, al firmar un atractivo contrato con un rival de la división: San Diego.

Con la partida de esos veteranos, los Dodgers se volvieron hacia el talento joven: Steve Sax, Greg Brock, Mike Marshall, y Guerrero. Pedro, o "Petey" como le decían afectuosamente, era ahora la pieza central del equipo dentro y fuera del terreno, apareciendo en comerciales locales y anuncios públicos, grabados tanto en inglés como en español.

Guerrero se hizo cargo de la tercera base para la temporada de 1983. Ofensivamente, estuvo sólido, al batear .298 con 32 jonrones, 103 empujadas y 23 bases robadas. A la defensa, fue una pesadilla, acumulando 30 errores. Las marfiladas enfurecieron a Pedro, y sus frustraciones granjearon conflictos con los oponentes.

Un incidente particular de pérdida de los estribos casi le cuesta la vida. En un juego contra Houston, Guerrero encabezó un ataque a la lomita contra el lanzador de los Astros Frank LaCorte, que se pensaba estaba tratando de golpear a su compañero Ken Landreaux en la cabeza. "Está en problemas," advirtió Guerrero en una entrevista después del juego. "Nunca olvido algo como eso."[6]

El lanzador de Houston Nolan Ryan, haría frente a la amenaza de Guerrero. En un enfrentamiento posterior, el veloz tirador de Houston accidentalmente dejó que se escapara un lanzamiento, golpeando a Guerrero en la cabeza con una recta que rompió su casco. "Pensé que estaba muerto," dijo el Dodger golpeado.[7] Guerrero hizo que el casco fuera enviado al clubhouse de los Astros después del juego para que Ryan lo firmara.

Pese a las inconsistencias, los "Baby Blues" prevalecieron y ganaron un título de división que los había eludido el año anterior, con récord de 91-71. Los Dodgers se encontraron con el Campeón del Este de la NL, los Philadelphia Phillies en la Serie por el Campeonato de la Liga Nacional, al mejor de cinco encuentros. Guerrero fue muy inefectivo. En el Juego 3, Pedro cometió un error mental a tirar a primera en lugar de home, permitiendo una carrera de los Phillies en un revés de los Dodgers 7-2. Guerrero le dijo a la presa posteriormente: "No puedo mirar la pelota y el corredor," dijo Guerrero. "Debo buscar ayuda."[8] Los Baby Blues fueron eliminados por Steve Carlton en el Juego 4, 7-2.

En febrero de 1984, los Dodgers premiaron a su toletero Todos Estrellas con un caro contrato de cinco años por $7 millones. Fue el contrato más grande en la historia de la franquicia. El chico de San Pedro de Macorís que dejó la escuela para cortar caña era uno de los atletas más acaudalados en Estados Unidos.

Cuando comenzó el entrenamiento de primavera en Vero Beach, el amigo más cercano de Guerrero en el equipo, Dusty Baker, no estaba en el clubhouse. El veterano había recibido agencia libre y había rubricado con los rivales Giants al principio de la temporada. Esto dejó a Guerrero como el único regular de la escuadra Campeona de 1981. Pedro estaba visiblemente estresado, llegando pasado de peso y exhibiendo letargos en el terreno. Había rumores sobre la ética de trabajo del toletero y fiestas fuera de temporada. En un mal día al inicio de la temporada regular, Guerrero logró solamente tres empujadas en sus primeros 60 turnos y terminó abril con un terrible .179 de promedio. Iba también camino a 30 errores.

Con el equipo languideciendo, el mentor Lasorda estalló con su equipo de bajo rendimiento y llevó a Guerrero a la banca por dos encuentros de mediados de temporada con una misteriosa lesión en la rodilla. Luego de la advertencia, Lasorda se encontró con Guerrero e intentó un poco de psiquiatría con su perplejo bateador. El manager mostró un escenario imaginario, y le preguntó a Pedro que se viera en tercera base con un juego en riesgo en el noveno inning. Lasorda le preguntó a su jugador qué estaba pasando por su mente.

"Dios, por favor, no deje que bateen la pelota hacia mí," contestó Guerrero.

El manager le preguntó qué estaba pasando.

Guerrero añadió: "Dios, por favor, no dejes que le bateen a Sax," haciendo referencia al segunda base Steve Sax, otro joven jugador de los Dodgers con manifiestos problemas a la defensa.[9]

Pedro fue rápidamente liberado de la tercera base y enviado a los jardines. El traslado permitió a Guerrero que se relajara y encontrara su ritmo ofensivo. Antes del cambio, su promedio era de .277; luego .336. Guerrero terminó la temporada con promedio de .303, pero había acumulado apenas 16 cuadrangulares y 72 empujadas. Fue una dura campaña para el recién millonario luego de dos temporadas seguidas con más de 30 jonrones y 100 impulsadas. "Si hubiese sabido que eso iba a suceder, no habría firmado por todo ese dinero," dijo Guerrero.[10]

El inicio de 1985 encontró inexplicablemente a Guerrero de nuevo en tercera base, nuevamente mal a la defensa y discreto a la ofensiva. Con su equipo un juego por debajo de .500 el 1 de junio, Lasorda liberó a Guerrero para el jardín izquierdo. Como un reloj, su ofensiva se disparó apenas pisó la hierba del outfield.

Esto iniciaría una explosión de proporciones históricas. Pedro conectó 15 jonrones—récord para junio—en una de las más grandes madejas de cualquier jugador en la historia del béisbol. En su último turno al bate de junio, Guerrero derrotó a Atlanta con un jonrón de dos carreras ante Bruce Sutter para lograr un triunfo de 4-3, su número 15 del mes.

El despertar ofensivo llegó a los titulares por todo el país y puso a Guerrero en la portada de Sports Illustrated. El artículo acompañante mostró a Guerrero en su apogeo personal y profesional. "Cuando estaba jugando tercera base el año pasado, no tenía paciencia en la caja de bateo," dijo Guerrero. "Este año la tengo." El coach de bateo Manny Mota atestiguó la agudeza mental de su prodigio. "Es un hombre cambiado. ... Es feliz, y su mente está clara."[11]

De manera increíble, Guerrero fue mejor aun en julio, compilando .460 con un OBP de .563 y un slugging de .784. El 23 de julio, inició una racha de entrar en circulación en 14 turnos consecutivos, récord para el Viejo Circuito y apenas dos por debajo de la marca de 16 al hilo en poder de Ted Williams. La racha terminó el 27 de julio, pero en ese espacio de cuatro días, Guerrero había hilvanado una cadena de dos sencillos, tres dobles, dos jonrones, seis boletos y un pelotazo.

El singular resurgimiento llevó a los inestables Dodgers a un puesto en la postemporada, pero Los Angeles eventualmente desperdiciarían una ventaja de 2-0 en la NLCS ante los St. Louis Cardinals, ganadores del banderín. Guerrero volvió a quedar a raya por parte del pitcheo oponente, compilando apenas .250 sin jonrones y con cuatro empujadas en la serie.

La campaña de 1986 terminó para Guerrero antes de comenzar. El 3 de abril, en el último encuentro de entrenamiento de primavera antes de la apertura de la temporada, Pedro atascó su spike en un intento abortado de deslizamiento. El resultado fue una ruptura en el tendón de la patela de su rodilla izquierda. Fue la tercera lesión de su carrera en corrido de bases. Guerrero se perdió hasta el último mes de la temporada, y los Dodgers terminaron 23 encuentros por debajo de los Houston Astros, que ganaron la división.

Guerrero se recuperó en 1987. Bateó .338—marca personal—, disparó 27 vuelacercas y empujó 89 carreras para ganarse el Regreso del Año. El promedio de bateo de Guerrero fue el más alto de un Dodger desde que Tommy Davis bateara .348 en 1962. Pero si bien estaba muy bien en la caja de bateo, Pedro se estaba convirtiendo en un agente desestabilizador en el clubhouse. Criticó abiertamente a su compañero de equipo Mike Marshall por no jugar lesionado, lo cual resultó en un altercado en el clubhouse entre ambos. Pese a haber hecho su cuarto equipo Todos Estrellas, Guerrero se quejó sobre la falta de turnos al bate en el encuentro de 1987, alegando una conspiración contra la franquicia de los Dodgers: "Todo el mundo odia a los Dodgers," declaró el amargado bateador.[12]

Los Angeles hizo una movida fatídica entre temporadas al fichar al agente libre Kirk Gibson de los Detroit Tigers. El nuevo tercer bate del equipo era en muchas maneras un contraste extremo con el veterano Dodger que bateaba detrás de él. Gibson era una especie de soldado trabajador que compensaba su estética rara con agudeza incomparable. Guerrero era el antagonista, implícito en incidentes superfluos para ganar juegos de béisbol.

Como estadista de más edad en el clubhouse, Guerrero gustaba de una atmósfera de inmadurez que provocó la consternación de Gibson. Un bromista anónimo hizo a Gibson el blanco de una broma de entrenamiento de primavera al pasar betún para el rostro por la parte interna de su gorra. Gibson estalló, llamando a sus compañeros "payasos" y saliendo de la instalación. La conclusión final fue que había sido Guerrero. Pedro negó haber tenido parte, pero se había trazado una línea. El clubhouse de los Dodgers se encontró ante una disyuntiva: la sonrisa de Guerrero o el ceño fruncido de Gibson.

El otrora desapego despreocupado de Guerrero era ahora silenciado por la apatía. Había adquirido el hábito de perder el temperamento en años recientes, y lo hizo en un encuentro en mayo ante los Mets cuando David Cone lo golpeó con una curva inofensiva. Pedro lanzó su bate contra el montículo, apuntando al abridor de los Mets. La acción provocó una suspensión de cuatro juegos por parte de Bart Giamatti, Presidente de la Liga Nacional. Muchos, incluyendo jugadores no nombrados de los Dodgers y el recientemente suspendido Pete Rose, pensaban que el estallido ameritaba una suspensión más severa.

Los Angeles permanecieron en contención hasta el verano de 1988. Aferrados a una estrecha ventaja en división con el plazo para transferencias acercándose, los Dodgers se hallaban en un precario punto entre esperar para ver y a por todas. Los Dodgers tenían una necesidad particular—lanzadores zurdos—un bien que lo St. Louis Cardinals estaban dispuestos a ofrecerlo en la forma del ya probado abridor John Tudor, líder en efectividad de la liga en aquel momento. Los Dodgers ofrecieron a Guerrero a cambio del mañoso siniestro.

El pacto se oficializó el 16 de agosto. Fue un cambio amargo para Pedro. Había ido de un líder de división en racha a una escuadra de St. Louis fuera de contención. Si bien esperó las últimas semanas de la temporada en primera base por St. Louis, los Dodgers aumentaron su ventaja ante los Reds, terminando 94-67. Con un staff balanceado encabezado por el mundano as Orel Hershiser y la ética de trabajo de Gibson difundida por el clubhouse, los sorprendentes Dodgers ganaron el banderín en una feroz serie de siete juegos sobre los New York Mets. El éxito del equipo se extendió hacia la Serie Mundial. Aupados por el milagroso jonrón de Gibson para dejar al campo a los poderosos Oakland A's en el Juego 1, Los Angeles lograron un increíble triunfo de cuatro juegos por uno para ganar la Serie Mundial de 1988. Kirk Gibson fue nombrado el Jugador Más Valioso de la Liga Nacional al final de la temporada.

Los gestos de agradecimiento luego de la campaña por parte de su antiguo equipo solo exasperaron a Guerrero. Los Dodgers le enviaron un collage enmarcado mostrando imágenes de sus años con el equipo—que se había roto durante la entrega. Guerrero lanzó el regalo a la basura.

Los Dodgers también le ofrecieron una parte de 50% de sus bonos de Serie Mundial, aunque Pedro se ofendió al recibir el dinero. "Lo que me alteró fue que le dieron a John Tudor más que a mí," dijo Guerrero respecto al 75% que le dieron a Tudor. "Les dije (a los Dodgers) si quieren su dinero, lo devuelvo. Tengo más que todos ustedes juntos."[13]

Guerrero haría más comentarios despectivos sobre los Dodgers y sus ex compañeros de equipo en el año siguiente. A su reencuentro con Lasorda meses después, Guerrero se mostró compungido. "El problema con los cronistas," se reportó que dijo, "es que escriben lo que digo y no lo que pienso."[14]

No se esperaba que los Cardinals contendieran en 1989. Pero en vez de esto, sorprendieron con una fuerte campaña que los vio luchando por un puesto en los play off antes de quedarse corto en las últimas semanas de la temporada.

Guerrero fue crucial en el éxito del club. Sus compañeros en los Cardinals expresaron su apoyo por él como el jugador más valioso de la liga. "No hay nadie como Pete cuando se trata de una lucha por banderín o momentos oportunos," dijo el receptor Tony Peña. "Se ha echado el equipo al hombro y lo ha llevado todo el año."[15]

En total, el primera base de los Cardinals tuvo otra temporada de Todos Estrellas con promedio de .311, 17 cuadrangulares, 42 dobles (líder) y marca personal de 117 empujadas. Guerrero compiló .400 con corredores en posición anotadora todo el año y terminó tercero en la votación por el MVP de la Liga Nacional.

1990 fue una decepción para el toletero ya envejeciendo, cuyo cumpleaños 34 el 29 de junio fue arruinado por su ex compañero de equipo Fernando Valenzuela. El zurdo de los Dodgers dejó sin hits a los Cardinals, y Guerrero roleteó para doble matanza para terminar el juego.[16] Hubo más confrontaciones con monticulistas oponentes y otro período en la lista de lesionados con una lesión en la parte baja de la espalda. Guerrero terminó la campaña con solamente 13 jonrones, 80 empujadas y un promedio de .281, 30 puntos por debajo del año anterior.

Su declive continuó en 1991. En agosto, una colisión con el receptor Tom Pagnozzi persiguiendo foul resultó en una fractura fina en su pierna derecha. Sorprendentemente, Pedro se mantuvo en el juego para empujar las carreras del empate en el noveno y 12mo innings, eventualmente anotando la de la victoria. Pese a su valiente esfuerzo, Guerrero fue ubicado en la lista de incapacitados. Fue inefectivo luego del regreso a finales de campaña, logrando sus peores marcas en jonrones e impulsadas.

Las cosas se desmoronaron para Pedro Guerrero en 1992. A mediados de abril, su compañero de equipo Todd Worrell se ofendió ante la invitación al clubhouse que Guerrero hiciera después de un juego a un joven jugador dominicano de los Cubs llamado Sammy Sosa. Los compañeros en los Cardinals comenzaron a gritar y Pedro saltó por encima de una mesa para lanzar un puñetazo a Worrell. El lanzador agarró al agitado toletero y lo depositó en un casillero antes de ser agarrado por otros.

Guerrero tuvo remordimientos después: "No debí haberlo traído," dijo. "Fue mi error."[17]

La temporada terminó mal para el otrora estelar. Una lesión en el hombro lo limitó a 43 encuentros en los que compiló apenas .219 con un jonrón.

Guerrero recibió agencia libre en octubre de 1992. En la próxima primavera, Pedro pasó tiempo con los Sioux Falls Canaries en la Northern League y los Charros de Jalisco de la Liga Mexicana. Regresó a los Canarias en 1994 y firmó con la escuadra de Doble-A de los California Angels antes de retirarse definitivamente en 1995.

En su carrera de 15 años en las mayores, Pedro Guerrero disparó un total de 215 vuelacercas, 898 empujadas, 1,615 hits, e incluso un promedio de por vida de .300. El cinco veces Todos Estrellas compiló .300 siete veces en diez temporadas con Los Angeles Dodgers, y estuvo entre los primeros en votación para cuatro premios por el Jugador Más Valioso.

No hay dudas de que Guerrero fue el mejor bateador de su era, y en 1985 sobraban razones para creer que la estrella iba camino a una carrera digna del Salón de la Fama. Su demora en las menores y casi cinco campañas perdidas por lesiones convirtieron a Pedro Guerrero en el clásico ejemplo de lo que pudo haber sido, con las circunstancias pesando más que el talento.

En vez de irse al retiro tranquilamente, Guerrero llegó a los titulares al final de la década de manera vergonzosa.

En 1999, Guerrero se vio implicado como el "hombre del dinero" en una investigación por parte de la Administración Antidrogas (DEA por sus siglas en inglés) por la compra de 15 kilogramos de cocaína en Miami. Un conocido, Adan "Tony" Cruz, le pidió a Guerrero ser el garante financiero de una gran compra de narcóticos. Durante dos meses, Guerrero y Cruz lidiaron con Nestor Lacerna, y en una reunión en un restaurante de Miami, Lacerna confirmó la luz verde al pacto. Guerrero debía pagar por adelantado $200,000 por el embarque de cocaína que se debía entregar a Cruz. Lacerna dijo que entregaría 15 "animalitos" a su asociado Cruz. Guerrero garantizó el pago, y la transacción fue registrada en cintas de grabación federal.[18]

Guerrero fue arrestado por agentes de la DEA, uno de los cuales resultó ser el propio Nestor Lacerna, quien había estado trabajando encubierto en operación. Guerrero fue liberado con una fianza de $100,000 y se declaró inocente en el juicio criminal en junio de 2002.

Guerrero escogió a un excelente abogado de defensa criminal llamado Milton Hirsch. Hirsch consideró la evidencia—la voz de Guerrero en la cinta y varios testigos oculares, todos agentes encubiertos de la DEA. Además, el ex ligamayorista había confesado el crimen. "Pero además de eso, no tenían nada," dijo Hirsch en una entrevista posterior.[19]

Hicieron falta cuatro horas para que Hirsch convenciera al jurado que su cliente era inocente de los cargos de conspiración. Al argumento de Hirsch fue que su cliente no tenía capacidad para entender todas las implicaciones de su supuesto negocio de drogas. Hirsch puso por el suelo detalladamente al ex Todos Estrellas de las mayores, haciendo referencia a su falta de educación y a su dificultad de ejecutar actividades personales diarias. El jurado se lo tragó, y Guerrero era un hombre libre.

Los cercanos a Guerrero fueron claros en su apoyo. Conocían al ex pelotero como un hombre amante de la familia, no el infeliz tonto que su defensa sugirió. Guerrero se había ganado el cariño de miles de fans y su legado en las mayores era el de una persona generosa y amigable que había destrozado el pitcheo de grandes ligas por 15 años y tenía sus antojos como el resto del mundo.

Tan lejos como el brillante Bill James lo adscribió al principio de su carrera, Guerrero ha sido honesto sobre no haber llegado a todo su potencial:

"Creo que hice un buen trabajo cuando jugué, pero no tan bueno como debería si hubiese vivido la vida que llevo ahora," dijo Guerrero. "Habría tenido mejores números y habría sido una mejor persona. No soy un mal tipo. Venía al estado con una resaca todos los días y aun así jugaba de ese modo. ¿Pueden imaginarse si hubiese estado sobrio todo el tiempo? Ahora es demasiado tarde para pensar en eso. ... "[20]

Casi una década después del juicio, Pedro experimentó un renacimiento personal. El ardor que le guio durante años en las menores y una cruel sucesión de lesiones habían reaparecido. Espiritualmente revitalizado, Guerrero puso su mira en una meta familiar: volver al béisbol profesional.

"Me siento como un hombre nuevo," declaró Guerrero. "Sé que hice muchas cosas mal y especialmente cuando jugaba... decepcioné a mucha gente. Ahora soy un hombre nuevo. Voy a la iglesia, estoy leyendo la Biblia, rezo todos los días. En los últimos tres años, dejé de beber. Ese era mi gran problema. Ahora trabajo con muchachos en la Dominicana. Les digo que se alejen de las drogas y el alcohol. Soy completamente diferente."[21]

Guerrero encontró éxito como mentor, dirigiendo a los Toros de Tijuana de la Liga Mexicana en 2012 y lo Vallejo Admirals de la Pacific Association of Professional Baseball Clubs de cuatro equipos en 2013. En 2014; Pedro estaba otra vez en la cima, llevando a los Rieleros de Frontera de las ligas menores mexicanas al campeonato de la Liga del Norte.[22]

Pedro volvió a aparecer en los titulares en febrero de 2015 luego de sufrir un derrame en la República Dominicana.[23] Apenas dos años después, el 3 de abril de 2017, a los 60 años, fue hospitalizado en new York luego de un segundo derrame.[24] Los doctores inicialmente declararon muerte cerebral, pero un seguimiento diagnóstico confirmó que estaba en coma, aunque con muy poca o ninguna actividad cerebral según mostraba el escanograma TAC.²⁵ Según su esposa, los médicos se le acercaron para retirar el soporte vital y firmar un documento certificando su muerte. Negándose a renunciar a su esposo, mantuvo las esperanzas de un milagro. "Fue su segundo ataque masivo," dijo el día en que fue ingresado. "Se está recuperando, el médico dijo que puede mejorar."²⁶

Sus rezos encontraron respuesta, increíblemente, Guerrero despertó de su coma dos días después. De muy buenos ánimos sorprendentemente luego de su experiencia cercana a la muerte, Pedro recibió llamadas de su familia y amigos, incluyendo deseos de recuperación por parte del ex presidente dominicano Leonel Fernández.

"Esto es un milagro," dijo la esposa de Pedro respecto a su recuperación.²⁷

Otro testamento de su fuerza vital infatigable, el tema de la resurrección había sido estoico en la parte final de la vida del improbable viaje de Pedro Guerrero.

NOTAS

1. Bill James, *The Bill James Baseball Abstract 1986* (New York: Ballantine Books, 1986), 279.
2. Jim Kaplan, "A Bolt Out Of The Dodger Blue." *Sports Illustrated*, 5 de agosto de 1985. https://www.si.com/vault/1985/08/05/622521/a-bolt-out-of-the-dodger-blue
3. Jim Kaplan, "A Hit Every Place He Plays." *Sports Illustrated*, 4 de octubre de 1982.
4. Louisiana Lightning: Apodo de Ron Guidry. (Nota del Traductor).
5. Ron Fimrite, "The Series Was Up For Grabs." *Sports Illustrated*. 2 de noviembre de 1981.
6. Herm Weiskopf, "Inside Pitch." *Sports Illustrated*, 11 de julio de 1983.
7. Associated Press, *Santa Fe New Mexican*, 16 de septiembre de 1983.
8. Ron Fimrite, "The Old And The Relentless Beat The Young And The Restless," *Sports Illustrated*. 17 de octubre de 1983.
9. "Baseball Anecdotes & Stories," Baseball Almanac, accedido el 18 de octubre de 2012 at www.baseball-almanac.com/humor1.shtml.
10. Gordon Edes, "Hotter Than a Heat Wave in June," *Los Angeles Times*, 30 de junio de 1985.
11. Kaplan, "A Bolt Out Of The Dodger Blue."
12. *St. Louis Post-Dispatch*, 19 de julio de 1987: 60.
13. Bruce Anderson, "Share and Share Alike, Kind Of." *Sports Illustrated*, 30 de octubre de 1989. https://www.si.com/vault/1989/10/30/120883/share-and-share-alike-kind-of-baseballs-judgment-day-comes-when-teams-vote-how-to-allot-world-series-loot
14. Paul Sullivan, "National League: The Week In Review." *Chicago Tribune*, 7 de mayo de 1988.
15. Peter Gammons, "A Series To Shout About." *Sports Illustrated*, 18 de septiembre de 1989.
16. Larry Stewart, "Guerrero in No Mood to Congratulate Friend: Cardinals: His double-play grounder in the ninth preserved no-hitter, spoiling his 34th birthday." *Los Angeles Times*, 30 de junio de 1990.
17. Rick Hummel, "'Enemy in Clubhouse Causes Guerrero and Worrell to Clash," *St. Louis Post-Dispatch*, 19 de abril de 1992.

18 "Former Dodger Is Acquitted of Drug Conspiracy Charges," Associated Press, 7 de junio de 2000.

19 Stan Sinberg, "When Milton Hirsch isn't churning out legal thrillers, he's championing the unjustly imprisoned," Super Lawyers, Junio de 2008. https://www.superlawyers.com/florida/article/the-storyteller/9b7eb25f-4ef2-4278-97fd-466b29a3eb06.html

20 Ken Gurnick, "Guerrero Sincere He's Turned Life around." MLB.com, 3 de mayo de 2010. http://losangeles.dodgers.mlb.com/news/print.jsp?ymd=2010050&content_id=9764478

21 Tom Hoffarth, "Pedro Guerrero's latest comeback attempt." Los Angeles Daily News, 3 de mayo de 2010. http://www.insidesocal.com/tomhoffarth/2010/05/03/pedro-guerreros/

22 Matt O'Donnell, "Pedro Guerrero introduced as manager of Vallejo Admirals," Vallejo Times-Herald, 13 de abril de 2013. http://www.timesheraldonline.com/article/zz/20130509/NEWS/130506824

23 Steve Dilbeck, "Ex-Dodger Pedro Guerrero recovering from apparent stroke," Los Angeles Times, 16 de febrero de 2015. http://www.latimes.com/sports/dodgers/dodgersnow/la-sp-dn-dodgers-pedro-guerrero-recovering-20150216-story.html

24 "Dodgers icon Pedro Guerrero in life-threatening condition after stroke," Sports Illustrated, 4 de abril de 2017. https://www.si.com/mlb/2017/04/04/dodgers-pedro-guerrero-health-update-stroke

25 Associated Press, "Former Dodger Pedro Guerrero hospitalized after stroke," 4 de abril de 2017.

26 Craig Calcaterra, "Pedro Guerrero out of coma, improving following stroke," NBCSports.com, 6 de abril de 2017.

27 Darren Hartwell, "Ex-Dodgers Star Pedro Guerrero Wakes Up From Coma In 'Miracle' Recovery," NESN.com, 5 de abril de 2017.

Vladimir Guerrero

Por Cosme Vivanco

Uno de los más electrizantes peloteros de su generación aseguró su lugar en la historia del béisbol siguiendo una regla simple: Ver la pelota, pegarle a la pelota. Vladimir Guerrero era una fuerza de la naturaleza. Ver a Guerrero batear desde las gradas era uno de los mayores placeres que un fan al béisbol podía tener en un día de verano. Mientras los récords de jonrones eran destrozados a un paso increíble, Guerrero se diferenció de la mayoría desafiando a los dioses del béisbol. Estaba bendecido con características de "cinco herramientas" pero jugaba de manera nada convencional. Vladimir estaba dotado de un brazo poderoso, pero uno nunca sabía si la pelota llegaría a su destino. Mostraba gran velocidad en las bases. Guerrero robó 40 bases en un año, pero lo pusieron out 20 veces, liderando la liga en esa categoría.

Pero era su bateo lo que nos quitaba el aliento.

El duelo entre un lanzador y un bateador es una compleja lucha de posesión del plato. Si un lanzamiento viene alto, o tres pies afuera, a Guerrero no le importaba. Lo quería mandar a otra galaxia sin importar su ubicación. Lanzarle mal a Guerrero era inútil. Al primer lanzamiento bateó .363 y tuvo un slugging de .660. En cuentas de tres y uno, compiló .417. Pegó 126 cuadrangulares al primer lanzamiento de un turno al bate, más que Barry Bonds y Mark McGwire. "Uno sabe que le lanza mal a vece a los bateadores," dijo el lanzador de los Cubs Kevin Tapani. "A él es imposible lanzarle mal. Puede batear cualquier lanzamiento, y yo nunca le haría el mismo envío dos veces seguidas."[1]

En la era que pertenecía a reyes de jonrones que destruían el continuo espacio/tiempo, los mejores años de Vladimir Guerrero se jugaron frente a anémicas multitudes en Montreal. Sin embargo, era muy estimado por muchos de sus semejantes y los fans.

Vladimir Alvino Guerrero nació el 9 de febrero de 1975, en el pueblo de Nizao Baní, República Dominicana. Cuando su madre, Altagracia, tenía tres meses de su embarazo con Vladimir, su padre desapareció. Junto con cuatro medios, hermanos, la familia vivía en condiciones angustiosas. La choza en la que vivían no tenía agua corriente o electricidad. Cuando un huracán arrancó el techo, los siete miembros de la familia se apretujaron en una pequeña habitación donde compartían dos camas. Cuando Vladimir tenía seis años, su madre se fue, pero no lo abandonó. Altagracia entró ilegalmente a Colombia y Venezuela para trabajar como cocinera y criada, y enviaba los cheques de pago a casa.[2]

Sin agua corriente, Guerrero bebía de los charcos. Como estudiante, dejó de ir a tantas clases trabajando en los campos cultivando vegetales, que dejó la escuela por completo luego del quinto grado. La falta de educación y las barreras del idioma fueron la principal razón por la que rara vez concedía entrevistas a la prensa. Con el trabajo en los campos con su abuelo, atendiendo el ganado, Guerrero desarrolló increíbles agarre y fuerza en su tren superior. "Yo tenía que entrar el ganado," dijo. "Los toros eran tercos, y tenía que tirar de ellos hasta que hicieran lo que debían." Señaló a sus brazos: "Eso es lo que me hizo fuerte aquí."[3]

Nizao Baní no era conocido como un hervidero de grandes peloteros, pero el béisbol era una parte esencial de la comunidad. Una lima o limón se envolvía en medias viejas. Una rama de guayaba era usada como bate y los cartones de leche eran usados para hacer guantes para fildear. A la edad de cinco años, Vladimir ya estaba desarrollando sus habilidades como gran bateador y compartía el terreno con muchachos mucho mayores. Su talento como bateador de bolas bajas surgió durante un tipo de béisbol que los niños llamaban "La Placa". El home era una placa de un auto, y el bateado tenía que mantener el bate en contacto con ésta hasta que el lanzador soltara la pelota.

Mientras Vladimir pulía sus habilidades, su hermano mayor Wilton, se estableció como el mejor pelotero de Nizao Baní. Provocando comparaciones con el paracorto Todos Estrellas Tony Fernández, Wilton era un prospecto de grandes ligas que había firmado un contrato con Lo Angeles Dodgers. El hermano de Wilton y Vladimir, Eleazar, era otro prospecto, pero no salió de la Academia de los Dodgers en República Dominicana. El hermano menor, Julio César, firmó un bono de $750.000 con los Boston Red Sox, pero eventualmente se apagó.

Cuando Vladimir tenía 16 años, fue a Campo Las Palmas, la academia de los Dodgers, para dos sesiones de dos semanas. La opinión de los scouts de los Dodgers fue que era un pelotero lento y gordo con un swing largo. Sin embargo, los sentimientos que se hicieron eco en muchos otros no impidieron que Vladimir cumpliera su destino. "Sabía que me iban a fichar," dijo. "Hay tantos equipos. Los Dodgers pensaron que tenía un swing largo y que era gordo, lo cual se debía a que era gordo. Comencé a perder peso en el campo de los Dodgers porque practicaba dos veces al día."[4]

Los Texas Rangers también observaron a Vladimir, pero también pasaron de firmarlo.

El scout de los Montreal Expos Fred Ferreira, un scout de Latinoamérica que era reconocido universalmente por muchos como el "Tiburón del Caribe", ofreció un tryout a Vladimir. Con un par de spikes diferentes el uno del otro y una media llenando el espacio del que le quedaba grande, Guerrero se montó en la parte trasera de la motocicleta de un amigo y se fue al campo de entrenamiento. Aunque se tiró un músculo corriendo a primera base en su único turno, Vladimir impresionó tanto a Ferreira con su brazo, velocidad decente y su esbelto físico que firmó con los Montreal Expos el 24 de febrero de 1993, dos semanas luego de cumplir 17 años, por $2,000.

Ahora miembro del sistema de granja de los Expos, Guerrero comenzó a escalar en las filas tan rápido como fue posible. En 1994, jugó 37 partidos para el equipo de los Expos en la Gulf Coast League (rookie) y bateó .314 con cinco jonrones y un OPS de .928. La temporada siguiente ascendió al número 85 en los primeros 100 en la lista de Baseball America al disparar 16 cuadrangulares y batear .333 por los Albany (Georgia) Polecats de Clase-A. El talento en bruto y la ética de trabajo de Guerrero impresionó al timonel de Albany

Doug Sisson. "Trabajaba duro, y tenía una cierta inocencia," dijo Sisson. "Salía y jugaba con una sonrisa en su rostro. Nunca pensó en echar las cosas a perder. Cuando tenemos seis años, tratamos de salir y hacer algo genial. Jugaba de ese modo. Simplemente pensaba cuánto podía divertirse y cuántas buenas jugadas podía hacer."[5]

En 1996, Guerrero impresionó a la jefatura de los Expos con .360/.431/.618 que incluyó 24 jonrones y 96 empujadas combinando Clase-A y Doble-A. El 19 de septiembre de 1996, Guerrero debutó en las mayores al irse de 5-1. Su único imparable fue un sencillo ante el zurdo de los Atlanta Braves Steve Avery. Dos días después, Guerrero pegó su primer jonrón en las mayores, ante Mark Wohlers sobre una recta que estaba baja y por fuera y apenas a unas pulgadas del plato.

En 1997, Guerrero quedó ubicado en el segundo puesto en la lista de prospectos de Baseball America detrás de Andruw Jones de los Braves. En el entrenamiento de primavera, se ganó un puesto como el jardinero derecho regular de los Expos, pero a finales de marzo se fracturó un hueso en su pie izquierdo cuando se pegó con un foul, lo cual demoró su debut en la temporada. El 3 de mayo, tuvo su primera aparición del año, contra los San Diego Padres. En dos turnos, se fue sin hits. Al día siguiente Guerrero conectó su primer jonrón en la temporada, en el quinto inning ante Sterling Hitchcock en una victoria de los Expos 9-3. Tres días después, Guerrero tuvo el mejor encuentro de su joven carrera al pegar doble y dos sencillos, empujar una carrera y anotar tres veces en una paliza de Montreal 19-3 sobre los San Francisco Giants.

En el juego del 3 de junio contra los locales New York Mets, Guerrero mostró sus habilidades defensivas cuando puso out al receptor Todd Hundley que trataba de anotar con un doble de Carlos Baerga contra la pared. Vladimir sacó el out desde la zona de aviso con un strike a primer rebote. Luego del encuentro, el manager de los Mets Bobby Valentine dijo, "Ese fue un tremendo tiro. Ese muchacho no necesita cortador o relevo. Necesita un estadio más grande."[6]

Luego de una segunda parada en la lista de lesionados, Guerrero regresó a la acción el 21 de junio. Pegó jonrón y dos sencillos en la victoria de Montreal 4-3 sobre los Florida Marlins. En la campaña, tuvo línea de .302/.350/.483 con 11 vuelacercas y 40 impulsadas, y terminó sexto en la votación por el Novato del Año de la Liga Nacional. También empató en la cima de la liga en errores para un jardinero con 13. Vivir en una ciudad diferente con un idioma diferente presentaba algunos retos. Mientras se acostumbraba a su nuevo modo de vida, Guerrero trajo a su madre a Montreal para que lo alimentara. Y cuando llevaba sobras para sus compañeros de equipo, la tradición se mantuvo hasta su etapa con Los Angeles Angels.

Tener al manager Felipe Alou y al ganador del Premio Cy Young Pedro Martínez como mentores ayudó a Guerrero tremendamente. Martínez le dio a Guerrero la dirección de su apartamento en caso de que se perdiera en la ciudad.

Los Expos sabían que no podían darse el lujo de pagar a Pedro lo que iba a atraer cuando llegara a la agencia libre, y canjearon a su lanzador Todos Estrellas a los Boston Red Sox. En las ruinas de una temporada de 1998 en la que los Expos perdieron 97 partidos, Guerrero surgió para convertirse en la nueva estrella del club. Terminó la campaña con línea de .324(.371/.589. Disparó 38 jonrones, con 109 impulsadas y 202 hits, y tuvo un WAR de 7.4. Guerrero terminó en el lugar 13 en la votación para el MVP del Viejo Circuito. Luego de la salida de Pedro Martínez, los fans clamaban que los Expos no permitieran que esta estrella en ascenso se fuera. Antes de que terminara la temporada de 1998, los

Expos ficharon a Vladimir hasta 2003 por $28 millones. La magia continuó en 1998, pues Wilton, el hermano de Vladimir, se unió al equipo en un traspaso de siete jugadores. Los dos hermanos vivían en un apartamento con su madre.

Con un nuevo pacto que aseguró su estancia en Montreal, Guerrero inició la temporada de 1999 con un desempeño de tres hits que incluyó un cuadrangular en el principio del primero ante el lanzador Francisco Córdova y cuatro impulsadas para que los Expos ganaran su desafío del Día de Apertura en Pittsburgh 9-2. Wilton Guerrero también pegó tres hits. El 27 de julio, Guerrero se fue de 4-1 en una derrota de 4-2 ante los Chicago Cubs, pero ese fue el inicio de una de la cadena de juegos consecutivos bateando de hit en 12 años. El 10 de agosto, Guerrero pegó dos jonrones y empujó cuatro carreras y los Expos superaron a los Dodgers 6-4. El 20, pegó jonrón y dos sencillos para ayudar a Montreal a vencer 5-3 a los Cincinnati Reds. Entonces, el 23, Guerrero pegó dos sencillos, jonrón al derecho, y fletó tres anotaciones para que los Expos derrotaran a los visitantes St. Louis Cardinals 11-7. Su cadena de 31 juegos bateando de hit llegó a su fin el 27 de agosto cuando los Expos perdieron 4-1 ante los visitantes Cincinnati Reds. Guerrero se fue de 2-0 con un boleto intencional. "Tal vez tuve un lanzamiento para batear en mi primer turno, pero después de eso, no volví a ver un buen lanzamiento," dijo. "Estaba tratando de batear, pero solo si eran strikes."[7]

En su juego siguiente, Guerrero extrajo su venganza con un jonrón decisivo con dos outs ante Scott Williamson para dar a los Expos un triunfo de 8-6 sobre los Cincinnati Reds.

En el penúltimo juego de la campaña de 1999, Guerrero pegó dos jonrones y empujó seis carreras para que los Expos derrotaran a los Philadelphia Phillies 13-3.

Guerrero completó su cuarta temporada en las mayores compilando .316/.378/.600 con 42 cuadrangulares, 131 empujadas 193 hits y un WAR de 4.4. Tuvo su primera aparición en Juegos de Estrellas, terminó en el puesto 11 en la votación por el MVP de la Nacional y ganó su primer Bate de Plata.

Guerrero estaba convirtiéndose tranquilamente en una de las más emocionantes superestrellas del béisbol de grandes ligas. Con tantas oportunidades de endorso a su disposición, se mantuvo humilde y comprometido con sus raíces dominicanas. Los Expos sugirieron que Guerrero tomara clases de inglés pero no hubo necesidad persistente. Su bate hablaba por él.

Los Montreal Expos de 2000 terminaron la temporada en cuarto lugar del Este de la Liga Nacional con registro de 67-95. Guerrero pegó 44 cuadrangulares con una línea de .345/.410/.664 y terminó con un WAR de 5.9. So momento más notable tuvo lugar el 26 de abril cuando conectó el jonrón número 100 de su carrera, ante Julian Tavarez, de los Colorado Rockies.

En 2001 y 2002, Montreal ganó 151 partidos y perdió 173. Major League Baseball propuso la eliminación de la franquicia (junto con la de los Minnesota Twins), una estratagema de los dueños para presionar al sindicato de los peloteros durante las discusiones de nuevos contratos. MLB adquirió la propiedad de la franquicia antes de la temporada de 2002, y a Jeffrey Loria le permitieron comprar los Florida Marlins. Pero la incertidumbre respecto al futuro de los Expos no descarrió la producción de Guerrero en el terreno. Tuvo línea de .322/.398/.580 en esas dos campañas, incluyendo 73 cuadrangulares. Se esforzó en su velocidad y se unió el club 30/30 (30 jonrones/ 30 bases robadas) en ambas campañas, y se quedó a un jonrón de hacer el 40/40 en 2002.

Lo que le faltaba a Vladimir Guerrero en su impresionante hoja de servicios era una aparición en la postemporada.

Bajo el mando del manager Frank Robinson en su segundo año, los Expos lucharon por el Wild Card en 2003, pero para Vladimir la temporada iba camino al desastre. Luego de lesionarse la espalda en un juego contra los Florida Marlins a finales de mayo, el jardinero derecho tenía tanto dolor que apenas podía salir de su cama en la habitación del hotel de Miami. Por vez primera en seis campañas, tuvo un período en la lista de lesionados, con una hernia discal. "Pensé que su temporada había terminado, y pensé que la nuestra había terminado," dijo el gerente general Omar Minaya.[8] Con Guerrero en la lista de lesionados desde el principio de junio a finales de julio, los Expos tuvieron maca de 18-29.

Pero desde el 13 al 28 de agosto, Vladimir llevó a los Expos al grueso de la lucha por el comodín, bateando .327/.407/.731 con cinco jonrones y 14 empujadas. Pero ni su poderoso bate fue suficiente para evitar que el equipo se desvaneciera en los finales. Montreal terminó la campaña en el cuarto puesto entre los cinco del Este de la NL con registro de 83-79. Pese a su larga estadía en la lista de lesionados, se las arregló para tener otra temporada productiva con .330/.426/.586 y 25 vuelacercas. En su partido más notable, el 14 de septiembre, bateó la escalera y empujó tres carreras en el triunfo de los Expos como locales ante los New York Mets, 7-3.

Con toda la ambigüedad que rodeaba a los Expos, era una certeza que Guerrero no firmaría con el equipo una vez que decidiera probar las aguas de la agencia libre, aun cuando la organización le ofreció un contrato de $75 millones por cinco años. (La rechazó.) Guerrero fue cazado por los Orioles, los Mets y los Dodgers. Baltimore le ofreció un pacto de seis años cerca de los $78 millones. Lo Anaheim Angels, bajo la directiva del nuevo dueño Arte Moreno, estaban activos en la caza de agentes libres en sus intentos de repetir su éxito de postemporada de 2002. Ficharon a los lanzadores Bartolo Colón y Kelvim Escobar. También querían al jardinero Jose Guillén. De la nada, Moreno atrapó al pez más grande en la laguna de la agencia libre, cuando fichó a Vladimir a un pacto de $70 millones por cinco años que incluyó un bono por fichar de $5 millones. Los Angels tenían una opción de $15 millones para 2009 que incluía una compra total de $3 millones.

Los New York Mets habían ofrecido a Guerrero un pacto de cinco años y $71 millones pero con solo tres años y $30 millones garantizados. Los Mets no pudieron obtener el seguro en caso de otra lesión en la espalda para Guerrero. Arte Moreno estaba dispuesto a correr los riesgos.

Cuando lo mostraron como nuevo miembro de los Angels, Guerrero habló a los cronistas deportivos en español al recibir su número 27. Arte Moreno se paró frente al atril a interpretar, "Dijo, 'Estoy muy feliz de estar aquí,'" dijo Moreno, "Y yo estoy muy feliz de estar aquí también."[9] El manager de los Angels Mike Scioscia estaba también complacido. "Atrapamos al número uno en la lista de todo el mundo," dijo Scioscia.[10]

El primer abril de Guerrero con los Angels fue productivo. Bateó .326/.374/.598 con seis jonrones y 15 empujadas y los Angels terminaron el mes con balance de 13-10. Pero fue el mes de septiembre el que rindió enormes dividendos para la organización. El 1 de septiembre, los Angels estaban a tres juegos de los Oakland Athletics, ocupantes del primer lugar. Vladimir despegó, bateando .363/.424/.726 con 11 vuelacercas y 25 impulsadas y los Angels superaron a los A's para ganar el Oeste de la Liga Americana. Guerrero finalmente mostraría sus talentos en el más grande escenario del béisbol, la postemporada. En su primer partido de play off, contra los Boston Red Sox, Guerrero se fue de 5-0. Con Anaheim debajo 6-2 en el séptimo

Foto cortesía de Dreamstime

inning del decisivo tercer juego, Vladimir disparó jonrón con bases llenas ante Mike Timlin para empatar el encuentro y dar nueva vida a los Angels, justo como había hecho en septiembre. Pero al final, el designado de los Red Sox, David Ortiz, pegó cuadrangular de dos carreras contra Jarrod Washburn para completar la barrida sobre los Angels en la Serie Divisional.

Aunque los Red Sox terminaron el sueño de los Angels, el riesgo que corrió Moreno resultó. Durante su carrera en Montreal, Guerrero jugó con relativa oscuridad. Ahora en un mercado mayor, con una experiencia de play off, Vladimir recibió el premio al Jugador Más Valioso de la Liga Americana. Bateó .337/.391/.598 con 39 vuelacercas y lideró la liga con 366 bases recorridas, 126 empujadas y un WAR de 5.6. Fue la quinta vez en la historia del béisbol que un pelotero cambió de liga y ganó el MVP en su primera temporada con el nuevo equipo.[11]

"Nuestras expectativas estaban altas, y las cumplió todas," dijo el manager Scioscia. "Llevó al equipo por su cuenta [en la lucha]. Todo el béisbol de grandes ligas tenía sus ojos en Vlad, y tuvo una increíble temporada, y creo que esto habla mucho sobre el talento que tiene."[12]

La temporada siguiente, los Angels repitieron como campeones del Oeste de la Americana. La producción de Guerrero decayó un poco; terminó promediando .317/.394/.565 con 32 jonrones y 108 empujadas. En la Serie Divisional contra los New York Yankees, Guerrero compiló .333 y los Angels derrotaron a los Yankees en cinco juegos. Sin embargo, la historia fue muy diferente en la ALCS, en la que los Chicago White Sox mantuvieron a Guerrero en jaque con un minúsculo promedio de bateo de .050, y los White Sox ganaron su primer banderín desde 1959.

Entre 2006 y 2008, Vladimir bateó .319/.384/.541 y promedió 29 jonrones. Los Angels ganaron título consecutivos de división en 2007-2008, pero terminaron perdiendo ante lo Red Sox en la Serie Divisional cada año. Guerrero compiló .360 en los siete encuentros de postemporada contra los Red Sox en 2007-08. En 2009, usado entonces primariamente como designado, Guerrero tuvo una deslucida temporada, jugando en apenas 100 encuentros (fue dos veces a la lista de lesionados), bateando solamente 15 cuadrangulares y empujando 50 carreras con un WAR de 0.7.

Los Angels volvieron a ganar el título de la división y aseguraron otra cita en la postemporada ante los Red Sox. En esta ocasión, los Serafines lograron su venganza al barrer a los Red Sox y lograr su ticket a la ALCS contra los Yankees. Guerrero bateó .400 en la serie contra Boston, con dos impulsadas.

Luego de caer en los dos primeros encuentros contra los Yankees en New York, los Angels necesitaban un triunfo en el Juego 3. En el final del sexto, con su equipo debajo 3-1, Vladimir pegó cuadrangular de dos carreras contra Andy Pettitte para empatar el juego, 6-6. Kendrys Morales pegó sencillo empujador de la ventaja para dar una nueva vida a los Angels con una victoria 7-6.

Pero al final, los Yankees resultaron ser demasiado y ganaron la ALCS en el Juego 6, 5-2 y fueron a la Serie Mundial. Justo como lo hizo en aquella resplandeciente campaña de 2004, Guerrero dio el paso al frente y elevó a su equipo cuando más lo necesitaba en ALCS. Bateó .370, con 10 hits y cinco empujadas.

Las lesiones comenzaban a acumulársele a Guerrero. Se separó el hombro parcialmente al lanzarse de cabeza en el home plate en 2005 y estuvo fuera tres semanas. En 2008, necesitó cirugía para reparar un desgarro meniscal en su rodilla derecha. El paso del tiempo no podía detenerse. En un juego de exhibición contra Los Angeles Dodgers, Guerrero se desgarró el músculo pectoral derecho cuando hacía un tiro desde el jardín derecho hasta la tercera base.

Después de la campaña de 2009, Guerrero dejó a los Angels y fue para el paraíso de los bateadores conocido como the Ballpark in Arlington. Como designado, gozó de una temporada productiva con los Texas Rangers. Bateó .300/.345/.496 con 29 jonrones y ayudó a los Rangers de 2010 a lograr su primer viaje a la Serie Mundial. La Serie fue diferente para Guerrero. En su primer turno en su primera aparición en Series Mundiales, pegó sencillo ante el lanzador de los San Francisco Giants Tim Lincecum en el principio del primero para dar ventaja de 1-0 a los Rangers. Pero se fue sin hits en los siguientes 13 turnos. En la postemporada de 2010, Vladimir bateó .220/.242/.271 sin jonrones. El padre tiempo le había dado alcance.

Como agente libre luego de la campaña, Guerrero firmó con los Baltimore Orioles para 2011. Fue una temporada decepcionante. Con 36 años, terminó .290/.317/.416 con apenas 13 vuelacercas. Los Orioles lo dejaron ir luego de la temporada, y a medida que se acercaba 2012, Guerrero seguía sin firmar. El 10 de mayo de 2012, firmó un pacto de liga menor con los Toronto Blue Jays. En su primer encuentro con el Dunedin Blue Jays (Clase-A), pegó jonrón. Luego de 20 turnos (cuatro cuadrangulares), fue promovido a Las Vegas 51s (Triple-A). bateó .303 pero pidió y recibió su liberación el 12 de junio.

Luego de la experiencia en las menores, Guerrero regresó a casa en la República Dominicana para tratar de buscar nuevamente la gloria beisbolera. El 4 de noviembre de 2012, firmó con los Tigres del Licey de la liga invernal. Pero después de dos semanas, Vladimir renunció cuando le informaron que sería usado primariamente como emergente.

Guerrero hizo un video suyo entrenando con la esperanza de que un club de las ligas mayores le daría una oportunidad de continuar su carrera. Pero el único club que le ofreció una oportunidad de regresar fue el Long Island Ducks de la Atlantic League (Independiente). Rechazó su oferta. El 14 de septiembre de 2013, Vladimir anunció su retiro durante una entrevista en la radio en la República Dominicana. Citando su familia como su principal prioridad, Guerrero dijo que lo que más lamentaba era no haber llegado a los 500 jonrones. Se retiró con línea de .318/.379/.553, 449 jonrones y 1,496 impulsadas. Junto con Garry Templeton son los únicos peloteros de las mayores que tienen un tercio de sus boletos de manera intencional.

En julio de 2015, su hijo, Vladimir Jr., jugador de cuadro, firmó un pacto de $3.9 millones con los Toronto Blue Jays a la edad de 16 años. Esa temporada, fue ubicado en la cima de los agentes libres internacionales por Baseball America. En septiembre de 2017, ESPN lo nombró el principal prospecto del año.

En una entrevista en marzo de 2009, Vladimir Guerrero divulgó que tenía 34 años, un año más que lo que decían los registros.[13]

En junio de 2012, luego de haber sido objeto de una demanda de paternidad por parte de una mujer llamada Heidy Ogando, le requirieron que diera detalles de sus finanzas y se reveló que había tenido ocho hijos con cinco mujeres distintas y había pagado $25,621 mensuales de manutención. El reporte decía que durante su carrera había acumulado más de $25 millones en bonos y acciones.[14]

En enero de 2017, Guerrero quedó fuera de la elección al Salón de la Fama por apenas 15 votos en su primer año de elegibilidad. El 24 de enero de 2018, el hombre que impresionó a los fans durante su carrera por su estilo poco ortodoxo logró entrar al Salón. Con el 92.9 de los votos, se unió a Chipper Jones, Jim Thome, y Trevor Hoffman como los más nuevos exaltados elegidos por los miembros de la Asociación de Cronistas del Béisbol de Estados Unidos (BBWAA). Jack Morris y Alan Trammell fueron seleccionados para exaltación en 2018 por el comité de veteranos el mes anterior.

"Estoy muy orgulloso y humilde," dijo Guerrero por medio de un intérprete. "Hubo tantos grandes peloteros dominicanos antes que yo, y nunc pesó que sería el primer jugador de posición en lograrlo.

"Sé que hay un grupo que de mi país que me traerá muy buena compañía: Adrián Beltré, David Ortiz, Albert Pujols. … Sé que tendré compañía muy pronto."[15]

Pese a haber tenido sus mejores años con el uniforme de los Expos, se anunció que Guerrero llevaría una gorra de los Angels en su placa del Salón de la Fama, el primer pelotero en hacerlo en la historia de la franquicia.

"Siempre estaré agradecido a los Expos y a la maravillosa gente de la ciudad de Montreal, triste de que el equipo ya no exista, y esto de algún modo facilitó un poco la decisión," dijo Vladimir al *Los Angeles Times*. "Pero con los Angels y lo mucho que creyó Arte en mí cuando invirtió en mí, la oportunidad de ganar, los grandes recuerdos con los play off, los fans, celebrando campeonatos, esto fue lo que me llevó a esta decisión."[16]

Guerrero se unirá a los lanzadores Pedro Martínez y Juan Marichal como el tercer miembro del Salón de la Fama que representa a la República Dominicana. Cuando regresó a la isla después que se anunciaran los votos, fue recibido en el aeropuerto por música y bailarines. Sus compatriotas rindieron respeto a su nuevo miembro del Salón de la Fama al organizar un pequeño desfile en su honor.

"Este premio es para toda la República Dominicana, es para todos nosotros," dijo Vladimir. "Esto es prueba de que hay que seguir los sueños. Cuando firmé, muchas personas dijeron que duraría solo tres meses y que me iban a dejar libre. Hoy puedo decir que jugué 16 años en las grandes ligas."[17]

FUENTES

Además de las fuentes citadas en las Notas, el autor consultó Baseball-Reference.com y Retrosheet.org.

NOTAS

1. Tom Verducci, "Expo 2000," *Sports Illustrated*, 1 de mayo de 2000: 44. si.com/vault/issue/704438/62/2.

2. Jay Jaffe, "JAWS and the 2017 Hall of Fame Ballot: Vladimir Guerrero," SI.com, 13 de diciembre de 2017. si.com/mlb/2016/12/13/jaws-2017-hall-of-fame-ballot-vladimir-guerrero

3. Esmeralda Santiago, "The Quiet Warrior," Sports Illustrated, 30 de agosto de 2004: 74.

4. Santiago.

5. Mark Simon, "Legend of Vladimir Guerrero Goes Way Beyond His Numbers," ESPN.com. espn.com/blog/sweetspot/post/_/id/77157/legend-of-vladimir-guerrero-goes-way-beyond-his-numbers.

6. Simon.

7. washingtonpost.com/archive/sports/1999/08/28/guerreros-hit-streak-comes-to-an-end-at-31/21cb30f4-a5a8-48a2-9e81-59bbe33416f4/?utm_term=.5c352856afdd.

8. Albert Chen, "The Last Run? Free-Agent-to-Be Vladimir Guerrero Has Kept Montreal in the Playoff Race," *Sports Illustrated*, 8 de septiembre de 2003: 83.

9. espn.com/mlb/news/story?id=1706614.

10. espn.com/mlb/news/story?id=1706614.

11. Los otros cuatro fueron Frank Robinson (1966), Dick Allen (1972), Rollie Fingers (1981), y Kirk Gibson (1988).

12. Dave Sheinin, "Angels' Guerrero Named AL MVP," *Washington Post*, 17 de noviembre de 2004: D06.

13. Tim Brown, "Angels' Guerrero Is A Year Older Than Listed," Yahoo! Sports, 6 de marzo de 2009. https://www.yahoo.com/news/angels-guerrero-older-listed-224800441--mlb.html?soc_src=mail&soc_trk=ma

14. Daily Mail Reporter, "Baseball Star Fathers EIGHT Children by FIVE Different Women... and They Cost Him $25,000 a Month," Daily Mail (United Kingdom), 11 de junio de 2012. http://www.dailymail.co.uk/news/article-2157578/Major-League-Baseball-star-Vladimir-Guerrero-My-children-cost-25k-month--thats-cool.html#ixzz55x77u996

15. Bill Shaikin, "Vladimir Guerrero Elected to Baseball Hall of Fame Along With Chipper Jones, Jim Thome and Trevor Hoffman," *Los Angeles Times*, 24 de enero de 2018. latimes.com/sports/mlb/la-sp-hall-of-fame-announcement-20180124-story.html.

16. Bill Shaikin, "Vladimir Guerrero Will Go Into Hall of Fame in an Angels Cap," *Los Angeles Times*, 25 de enero de 2018. latimes.com/sports/mlb/la-sp-vladimir-guerrero-hall-20180125-story.html.

17. Daniel Kramer y Dionisio Soldevila, "Vlad Receives Hero's Welcome in Return to DR," MLB.com. mlb.com/news/vladimir-guerrero-gets-heros-welcome-in-dr/c-265477118.

José Guillén

Por William H. Johnson

Durante la mayor parte de su carrera de jugador de grandes ligas, parecía ser una fusión polarizadora de habilidades. Una era un inusual talento para batear pelotas. Otra, en ocasiones, parecía ser un instinto infalible para verse en el medio de la controversia, grande o pequeña. José Manuel Guillén, jardinero, derecho para batear y tirar, lo suficientemente capaz con el bate para producir un promedio de .270, disparar 214 jonrones, y empujar 887 carreras en el curso de una carrera de grandes ligas de 14 años, era en ocasiones tan difícil que pasó por nueve organizaciones diferentes durante ese tiempo. Su carrera beisbolera se vio marcada por altos pronunciados y pocos bajos aparentes, estos últimos incluyendo implicaciones del uso de drogas para mejorar rendimientos en el Reporte Mitchell de 2007.[1]

La carrera beisbolera de Guillén, sin embargo, nunca fue predestinada para terminar de ignominia tan relativa. De hecho, es un testamento de sus habilidades y motivación que haya llegado a esa grado profesional. Nacido en San Cristóbal, República Dominicana, el 17 de mayo de 1976, el muchacho rápidamente creció para amar el béisbol, como muchos de sus contemporáneos. A la edad de 10, jugando con zapatos apretados en terrenos de piedra, y desafiando las objeciones de su padre, que trabajaba en una fábrica de botellas en el pueblo, José se fijó en el juego. Erzo Guillén pensaba en términos prácticos, que el muchacho debía aprender a ganarse la vida en la isla de una forma realista. Su madre, Modesta, discrepaba, y en realidad pagó por el uniforme para su liga formal de béisbol. La liga tenía implementos donados por un scout local y "sobras de los ligamayoristas que crecieron allí (República Dominicana) y nunca la olvidaron."[2] Guillén no tenía spikes, y ni siquiera tenía guante hasta que Raúl Mondesí le obsequió uno cuando el muchacho tenía 15 años. "Mi madre me compró mi primer bate cuando tenía 12 años. Estaba tan orgulloso."[3]

El muchacho tenía talento, pero un scout no nombrado de los Texas Rangers le dijo, "Eres demasiado flaco. Nunca lo lograrás."[4] Sin embargo, Guillén logró su venganza psicológica a la edad de 18 años (9 de agosto de 1993), cuando firmó con los Pittsburgh Pirates por $2,000 y se reportó al equipo de la Gulf Coast League para la campaña de 1994. Para 1996, bateando .322 por los Lynchburg Hillcats, fue nombrado Jugador Más Valioso de la Carolina League, y el 1 de abril de 1997, hizo su debut en las mayores ante los San Francisco Giants. Pese a irse de 4-0 en el encuentro, procedió a promediar .267 en 143 encuentros. Ese desempeño le valió un puesto en el Equipo Todos Estrellas de Novatos de Topps en 1997.

Para mediados de 1999, sin embargo, el desempeño de Guillén había declinado al punto de que los Pirates lo degradaron a Nashville de Triple-A. Aunque recuperó su forma y bateó .333 por más de un mes en la Pacific Coast League, los Pirates lo traspasaron junto a Jeff Sparks a los Tampa Bay Devil Rays por Joe Oliver y Humberto Cota. En los dos años siguientes, Guillén nunca bateó por encima de .275, y el 27 de noviembre de 2001 le dieron la liberación de manera absoluta.

Menos de un mes después, el 18 de noviembre, los Arizona Diamondbacks ficharon a Guillén para la campaña de 2002, pero lo dejaron ir el 22 de julio. Entonces los Rockies lo ficharon pero lo dejaron libre tres días después el 1 de agosto. A partir de esa puerta cerrada—en sentido figurado—surgió una ventana en Cincinnati. Los Reds lo firmaron el 20 de agosto y fueron premiados en 2003 por el mejor desempeño de Guillén hasta la fecha. Tuvo una línea de .337/.385/.629 en 91 encuentros ese año. Los Reds, aun no convencidos de que Guillén pudiese sostener ese paso, vendieron "alto" y lo cambiaron al Oakland por tres jugadores, incluyendo al futuro fijo en la rotación, Aaron Harang.

En una nueva liga y una nueva ciudad, Guillén siguió bateando bien y terminó el año con 31 vuelacercas y promedio de .311. Estos eran los Oakland Athletics, reconocidos por sus bajas nóminas y una voluntad colectiva para arriesgarse con jugadores jóvenes,[5] así que en vez de volver a firmar al jardinero a un contrato largo por más dinero, hicieron recortes y lo dejaron libre el 30 de octubre. Los Anaheim Angels lo firmaron como agente libre el 20 de diciembre de 2003 y pagó esa confianza empujando 104 carreras en 2004.

Fotografía cortesía del Salón de la Fama del Béisbol Nacional

Fue en Anaheim cuando surgió la primera controversia en torno a Guillén. Durante el octavo episodio de un juego ante Oakland a finales de campaña, el manager de los Angels Mike Scioscia lo sacó por un corredor. "Guillén caminó lentamente fuera del terreno, lanzó su casco al final del dugout donde Scioscia estaba parado. Luego caminó al extremo opuesto del dugout, y luego de entrar, lanzó sus guantillas contra la pared del dugout."[6] Al día siguiente, domingo, los Angels suspendieron a Guillén el resto de la temporada. De manera interesante, el incidente no fue el primer arranque; el jardinero "inició una tirada de obscenidades luego de que al ser golpeado en un juego en Toronto en mayo, se quejó de que sus compañeros de equipo no estaban buscando venganza por él."[7] Fue un difícil desenlace para lo que había sido la mejor campaña de Guillén en el diamante.

Pero la suerte estaba echada, y el 19 de noviembre los Angels traspasaron a Guillén a los Montreal Expos—en proceso de convertirse en los Washington Nationals—por Maicer Izturis and Juan Rivera. La llegada de los Nationals a Washington levantó mucha emoción en la ciudad normalmente cansada. Se estaba trabajando en un nuevo estadio en el Río Potomac, pero no estaría listo por tres años a lo sumo. El equipo adquirió el bate de bajo costo de Guillén[8] como parte de un esfuerzo a corto plazo para sostener el entusiasmo de los fans durante la transacción. Como se había vuelto su modus operandi, el jardinero respondió bien al cambio de sede, jugando 148 partidos y disparando 24 jonrones y 32 dobles.

Naturalmente, hubo discusiones. La más notable ocurrió durante una serie de tres juegos en Anaheim, la primera visita de Guillén desde su suspensión el año anterior. Durante el segundo juego de la serie, cuando los mentores Frank Robinson and Mike Scioscia se metieron en una discusión respecto a un asunto separado en el terreno, Guillén no pudo contenerse. "Sentado en el clubhouse de los visitantes el miércoles … Guillén se soltó contra Scioscia. "No le tengo ya nada de respeto porque estoy dolido por lo que pasó el año pasado. No quiero hacer todos estos comentarios, pero Mike Scioscia, para mí, es como una basura. No me importa. No me importa si me meto en líos. Se puede ir al infierno. Tenemos que pasar página. No le tengo ningún respeto … Quiero tanto derrotar a su equipo. Nunca voy a superar lo que pasó el pasado año. Es algo que nunca voy a olvidar. Cada vez que juegue con ese equipo, Mike Scioscia dirigiendo, siempre va a ser personal para mí."[9]

También siguiendo con la historia de Guillén, al año siguiente, 2006, vio un declive en sus números ofensivos. Esta vez, sin embargo, hubo una razón médica. En julio, luego de 69 partidos, fue diagnosticado con un desgarrón en ligamento colateral en el cúbito de su codo derecho. El Dr. James Andrews ejecutó una cirugía reconstructiva en el codo el 25 de julio, y envió a Guillén a su casa en Miami, Florida, para terapia física.[10] Por lo que fue probablemente una combinación de razones, los Nationals no volvieron a fichar a Guillén, ofreciéndole arbitraje salarial, y le dieron la agencia libre el 30 de octubre.

No estuvo fuera mucho tiempo. En busca de un "jardinero de esquinas con poder", los Seattle Mariners firmaron a Guillén el 4 de diciembre.[11] Guillén firmó por un salario personal de $5 millones, con una opción de $9 millones para el año siguiente. El más nuevo de los Mariners, jugando junto a profesionales tranquilos como Ichiro Suzuki y Adrian Beltré, produjo como se esperaba, bateando .290 y empujando 99 carreras. Para ese momento, también se había casado con su novia, Yamel, también de la República Dominicana y con quien había tenido a sus hijos José Jr. y José Manuel.

En lo que puede haber sido una especie de ritual anual, Guillén fue designado agente libre el 30 de octubre, con la posibilidad de vender sus servicios al mejor postor. Para complicar las cosas, sin embargo, apareció el primer indicio de su vínculo con sustancias para mejorar el rendimiento. El 6 de noviembre de 2007, Mark Fainaru-Wada y Lance Williams, escritores del *San Francisco Chronicle*, sacaron un reporte de que Guillén "ordenó más de $19,000 en drogas al (Centro de Rejuvenecimiento de Palm Beach) entre mayo de 2002 y junio de 2005."[12] Jerry Crasnick de ESPN siguió especulando sobre el potencial efecto de las acusaciones en el futuro de Guillén. "Le preguntaron al Gerente General de Kansas City Dayton Moore que si los Royals pudiesen repensar su interés en el jardinero agente libre. No, contestó Moore— algo así. Y solamente estuvo cómodo tocando el tema en términos generales. "Por desgracia, hubo un período de tiempo en el béisbol, en que todos sabemos que este tipo de circunstancias estaban sucediendo," dijo Moore al *Kansas City Star*. "Creo que hay que poner en perspectiva ese período en particular aunque sea una marca negativa para el juego."[13]

Los Royals presionaron, conscientes del peligro potencial, y ficharon a Guillén a un contrato de tres años por $36 millones. Fue suspendido por los primeros 15 días de la temporada por haber violado la política de drogas de la Major League Baseball,[14] pero ese castigo revocado luego de un acuerdo entre el Sindicato de Peloteros y la MLB respecto a todo el programa de pruebas de drogas. Pese al caos, Guillén se las arregló para disparar 20 jonrones y 97 empujadas en su primer año con el equipo. No siendo alguien que disfrutara de la tranquilidad, volvió a estar en las noticias el 26 de agosto cuando se metió en un escándalo con un fan en Arlington, Texas. Se dice que Guillén gritó obscenidades e hizo gestos a un fan que había estado acusándolo de manera ruidosa de no esforzarse mucho (aunque Guillén había pegado sencillo en su turno anterior). Luego de que sus compañeros lo contuvieran, y que el fan fuese retirado del juego por la seguridad, el desafío continuó sin incidentes.

Ese invierno, Guillén jugó por la República Dominicana en el Clásico Mundial de Béisbol de 2009, pero logró apenas un sencillo en 12 turnos. El normalmente fuerte elenco dominicano terminó el torneo con balance de 1-2 y un rápido regreso a casa. El 22 de julio de 2009, Guillén se desgarró un ligamento en su rodilla derecha mientras se ataba la canillera preparándose para batear ante Los Angeles Angels, y se perdió las 10 semanas siguientes, regresando para los desafíos del 1 y el 2 de septiembre y para cerrar su temporada.

Guillén bateó apenas .242 en esos 81 encuentros de 2009, y aunque logró su hit 1,500 el 21 de mayo de 2010, los Royals lo enviaron a los San Francisco Giants el 12 de agosto por dinero y un pelotero de las menores. Casi inmediatamente luego de unirse al equipo, Major League Baseball lo restringió de la elegibilidad para la postemporada debido a su aparición en el Reporte Mitchell.[15] El último juego de Guillén tuvo lugar el 3 de octubre de 2010, pero la sombra de las drogas ilegales le impidió volver a jugar.

El *New York Daily News* resumió el caso recurrente contra Guillén:

"... José Guillén solo se puso a sí mismo y a su esposa en un mundo de daños legales cuando el jardinero de los Giants supuestamente arregló un cargamento de casi 50 jeringuillas pre-cargadas de hormonas de crecimiento humano a su dirección de San Francisco en septiembre, mientras su equipo luchaba por un puesto en los play off. ... agentes (de la DEA), que estaban monitoreando las actividades del proveedor sospechoso, interceptaron el paquete cuando se le envió al jardinero de los Giants al cuidado de Yamel Guillén–la esposa de José, quien también es conocida como Yamel Acevedo.

Agentes federales contactaron al Departamento de Investigaciones de la Major League Baseball respecto al embarque y la fecha de la lesión, según las fuentes, siguen investigando el asunto y si alguien más en el béisbol puede haber estado involucrado, especialmente debido a que Guillén tiene un historial de adquirir hormonas de crecimiento humano y esteroides. Luego de que la DEA rastreara el paquete de septiembre, que se cree fue enviado de Miami a través del aeropuerto de San Francisco, los agentes arreglaron una entrega controlada a la casa de Guillén, donde Yamel Guillén firmó por el paquete. Una vez que estampó su firma, los agentes de la DEA se identificaron y ella accedió al registro. Se cree que abandonó el país en semanas recientes, y que regresó a la República Dominicana."[16]

El 1 de noviembre de 2010, José Guillén volvió a convertirse en agente libre, los Giants lo dejaron ir, su décima organización de grandes ligas. En 2012, Enrique Rojas de ESPNDeportes reportó que Guillén estaba entrenando en la República Dominicana tratando de regresar a los 36 años.[17] Rojas apuntó que Guillén había "aparentemente atraído la atención de al menos un par de equipos," pero el intento nunca ganó fuerza en verdad.

NOTAS

1. George Mitchell, Report to the Commissioner of Baseball of an Independent Investigation into the Illegal Use of Steroids and Other Performance Enhancing Substances by Players in Major League Baseball, 2007.

2. Paul Daugherty, "Ode to an Act of Kindness," Cincinnati Enquirer, 22 de junio de 2003 (online: reds.enquirer.com/2003/06/22/wwwred1doc22.html. Accedido el 1 de octubre de 2017).

3. Daugherty.

4. Daugherty.

5. Michael Lewis, *Moneyball* (New York: W.W. Norton and Company, 2003).

6. Jim Mone, "Angels Suspend Guillén Without Pay for Rest of Season," *USA Today*, 28 de septiembre de 2004 (online: usatoday30.usatoday.com/sports/baseball/al/angels/2004-09-26-Guillén -suspension_x.htm#).

7. Mone.

8. El promedio de la liga era de apenas por debajo de $2.7 milliones (cbssports.com/mlb/salaries/avgsalaries), mientras que el contrato de Guillénfue de $3.5 millines (baseball-reference.com/players/g/guilljo01.shtml).

9. Barry Svrluga, "Sparkling Debut for Nats' Drese," *Washington Post*, 16 de junio de 2005 (online en washingtonpost.com/wp-dyn/content/article/2005/06/16/AR2005061600099.html).

10. "Nationals Right Fielder Jose Guillén Has Successful UCL Reconstruction Surgery on Right Elbow," online en washington.nationals.mlb.com/news/press_releases/press_release.jsp?ymd=20060725&content_id=1574471&vkey=pr_was&fext=.jsp&c_id=was.

11. Corey Brock, "Mariners Targeting Ex-Nat Guillén," MLB.com, 2 de diciembre de 2006 (online en m.mariners.mlb.com/news/article/1749651//).

12. Mark Fainaru-Wada y Lance Williams, "Baseball's Jose Guillén, Matt Williams Bought Steroids From Clinic," *San Francisco Chronicle*, 6 de noviembre de 2007 (online at sfgate.com/sports/article/Baseball-s-Jose-Guillén-Matt-Williams-bought-3234893.php).

13. Jerry Crasnick, "Clubs at Mercy of Circumstances Beyond Their Control," ESPN.com, 23 de noviembre de 2007 (online en espn.com/mlb/hotstove07/columns/story?columnist=crasnick_jerry&id=3122788).

14. Dick Kaegel, "Royals Slugger Guillén Suspended," MLB.royals.com, 6 de diciembre de 2007 (online en m.royals.mlb.com/news/article/2320510).

15. Michael Schmidt, "Giants' José Guillén Linked to Drug Investigation," *New York Times*, 28 de octubre de 2010 (online en nytimes.com/2010/10/29/sports/baseball/29guillen.html).

16. Teri Thompson, "Probe of Giants OF Guillen deepens," *New York Daily News*, 14 de noviembre de 2010 (online en nydailynews.com/sports/baseball/dea-agents-intercepted-hgh-package-attention-giants-jose-guillen-wife-source-article-1.451054).

17. "Jose Guillen," NBCSports, rotoworld.com/player/mlb/2353/jose-guillen

CRISTIAN GUZMÁN

Por Gregg Omoth

En 2001, los Minnesota Twins proyectaron una serie de comerciales llamada "Get to Know 'Em," (Llegue a conocerlos) mostrando a sus jóvenes jugadores; uno de esos comerciales resaltaba a Cristian Guzmán. El enfoque del comercial fue en su velocidad y usó una imagen de un auto deportivo y un velocímetro para resaltar esa velocidad. Liderando la Liga Americana en triples tres veces durante su carrera, su habilidad para convertir hits a los jardines en extra bases lo hicieron uno de los jugadores más emocionantes a observar durante los primeros años de su carrera. Su velocidad fue su boleto a las grandes ligas, antes de que completara su juego para ser un bateador Todos Estrellas y un fildcador capaz. Lidió con una variedad de lesiones que afectaron su juego varias temporadas y eventualmente acortaron su carrera.

Nacido como Cristian Antonio Guzmán el 21 de marzo de 1978 en Santo Domingo, República Dominicana, hijo de Tilson y Nancy Guzmán. Cristian fue uno de 10 hijos—cinco hijas y cinco hijos. A diferencia de muchos jóvenes en la República Dominicana, no fue atraído al béisbol a una edad temprana. Pasó la mayor parte de su tiempo trabajando con su padre en la granja de la familia en Baní, cultivando tomates, yuca y papaya. Su deporte favorito fue el baloncesto, y ocasionalmente dejaba de ir a la escuela jugando juegos informales. Sus amigos preferían el béisbol y el fútbol, por lo que decidió darle una oportunidad al béisbol aunque lo encontraba aburrido.[1] Comenzó a jugar béisbol seriamente a la edad de 15 años cuando un amigo de la familia, Emerson García, fue fichado por los San Diego Padres. Ese fichaje abrió los ojos de Cristian a las oportunidades que el béisbol presentaba para una vida mejor para él y su familia.[2] También tenía a dos tíos jugando en la organización de los Phillies que lo alentaron a seguir el béisbol.

El scout de los New York Yankees Víctor Mata firmó a Cristian como agente libre amateur el 24 de agosto de 1994. Siguió en la República Dominicana jugando por los Yankees en la Liga Dominicana de Verano en 1995. En 1996 fue enviado a equipo de los Yankees en la Gulf Coast League en la Florida. Allí mostró promesa, bateando .294 en 42 encuentros. En 1997 dividió su tiempo entre Greensboro y Tampa, estableciéndose como prospecto.

Los Yankees tenían un paracortos establecido, Derek Jeter, pero necesitaban un segunda base. Los Minnesota Twins tenían a un segunda base descontento y necesitaban talento joven en toda la organización. El 6 de febrero de 1998, los Yankees traspasaron a Guzmán a los Twins junto con Brian Buchanan, Eric Milton, y Danny Mota por el segunda base Chuck Knoblauch.

El primer año de Guzmán en la organización de los Twins fue en New Britain de la Eastern League. Jugó bien a la ofensiva, pero cometió 32 errores al campo y se ponchó más de 100 veces. En 1999, fue al entrenamiento de primavera compitiendo con Denny Hocking y la selección de Regla 5 Joey Espada por el puesto de torpedero titular de los Twins. Los Twins eran un joven conjunto con pocas esperanzas de competir, por lo que abrir con un torpedero joven y de potencial era una opción. Pensaban que Guzmán podía hacer las jugadas a la defensa, pero les preocupaba su habilidad para batear. Los Twins decidieron arriesgarse e ir al norte con él como paracortos titular. Tenían preocupaciones adicionales con Cristian fuera del terreno—principalmente sus limitadas habilidades en el inglés. Después de cuatro campañas en las menores podía entender el inglés, pero tenía problemas para hablarlo. Los Twins arreglaron que tomara clases de inglés y que viviera con el lanzador LaTroy Hawkins, quien entendía el español pero que solo le hablaría en inglés a Guzmán.[3]

La temporada de Guzmán como novato mostró su promesa y sus limitaciones. A la defensa, mostró habilidad para hacer algunas de las jugadas difíciles pero tuvo problemas con las rutinarias. En 1999, un tirón en la corva derecha puso a Cristian en la lista de discapacitados al final de mayo. En septiembre cumplió una sanción de tres juegos por atacar la lomita en un encuentro el 31 de agosto contra los Toronto Blue Jays. Se molestó cuando un lanzamiento de Paul Spoljaric pasó cerca de su cabeza. Guzmán atacó a Spoljaric y le puso un ojo morado. Su bateo se desarrolló en el año; al principio tuvo problemas para hacer contacto, pero cuando lo hacía eran por lo general rolatas débiles. Con su velocidad, los Twins enfatizaron en la necesidad de batear por el suelo. Al final de la temporada, Guzmán estaba haciendo mejor contacto y comenzó a dirigir mejor la pelota.

La campaña de 2000 mostró una vasta mejoría para Guzmán en todas las facetas del juego. Estableció marca para los Twins en triples en una contienda con 20—el total más alto en una temporada en la Liga Americana desde que Willie Wilson conectara 21 en 1985. Mejoró en cada categoría ofensiva al tiempo que jugaba 156 encuentros. Fuera del terreno, siguió tomando clases de inglés cinco días a la semana cuando jugaban como locales y ya estaba más cómodo para dar entrevistas en inglés. Sus padres se mudaron a Minnesota para vivir con él durante la temporada, lo cual hacía más fácil la transición.[4] Los Twins estaban viendo a Guzmán como una parte importante de un equipo joven que tenía un futuro brillante.

El 4 de junio de 2001, en un encuentro contra los Cleveland Indians, Guzmán brindó un ejemplo de cómo su velocidad podría impactar un encuentro. En el séptimo inning tocó la bola y ésta fue fildeada por el lanzador, Ricardo Rincón. Rincón lanzó mal a primera y la bola se fue a la esquina del jardín derecho. Para cuando recuperaron la pelota y la devolvieron, Guzmán se deslizó por el plato, anotando una carrera con un hit en toque de bola y un error de tres bases.

En julio, Guzmán jugó en su primer Juego de Estrella, ponchándose en su único turno. Pero poco después se fue a la lista de incapacitados con una lesión en el manguito rotatorio. Dejó de jugar 33 encuentros y los Twins entraron en slump, perdiendo 25 de los juegos. Su enfoque poco serio en torno a la rehabilitación frustró a los Twins y llevaría a problemas futuros. Jugando en apenas 118 desafíos en 2001, Guzmán se la arregló para encabezar la AL en tiples con 14 y compiló .302.

Foto cortesía de los Minnesota Twins

La temporada de 2002 fue decepcionante para Guzmán debido a varias lesiones molestas, pero estableció marcas personales en turnos al bate con 623. Su juego en sentido genera, sin embargo, no cumplió las expectativas que se tejieron en los dos años anteriores. El enfoque despreocupado de Guzmán a las rehabilitaciones de lesiones volvió a ponerlo en conflicto con su manager, Ron Gardenhire. Sin embargo, los Twins ganaron el título de la División Central y Cristian tuvo su primera aparición en postemporada. Anotó la carrera ganadora en un triunfo de Juego 5 sobre los Oakland A's n la Serie Divisional. En la Serie por el Campeonato de la AL, los Twins cayeron ante los Anaheim Angels en cinco juegos. Luego de la temporada, Minnesota decidió no volver a fichar a David Ortiz, uno de los amigos más cercanos de Guzmán en el equipo. Como dominicano también, Ortiz recibió el crédito por haber ayudado a mantener a Guzmán motivado en el terreno.[5]

En 2003, por tercera vez en cuatro temporadas, Guzmán encabezó a AL en triples con 14. Los Twins, sin embargo, comenzaban a perder su paciencia con él y comenzaron a escuchar ofertas de transferencias en reuniones invernales.

La temporada de 2004 fue una de las más consistentes de Guzmán, segundo entre los torpederos de los AL en promedio defensivo con .983. Pero luego de la temporada, los Twins declinaron a tomar el quinto año en su contrato, convirtiéndolo en agente libre. Los Twins estaban trabajando con un presupuesto limitado y seguían teniendo dudas respecto al compromiso de Guzmán para mejorar su juego. El agente libre Guzmán firmó un pacto de cuatro años por $16.8 millones con los Washington Nationals. Una de las primeras grandes adquisiciones para los Nationals, se esperaba que anclara en su infield.

El primer año de Guzmán en Washington fue una lucha que lo vio batear en todos los turnos de la alineación para buscar una manera de ayudar al club. Para agosto, andaba bateando .190 y el manager Frank Robinson estaba comenzando a poner emergentes por él y llevarlo a la banca. Los fans abucheaban a Guzmán, y estaba perdiendo su confianza. Se hablada de que los Nationals lo dejarían libre y asumirían los años restantes de su contrato. Logró tener un buen mes de septiembre y elevar su promedio a .219. Este fue el peor año de Cristian desde su temporada de novato; los Nationals tenían más expectativas para su producción y defensa.

Entrando en la temporada de 2006, los Nationals firmaron al veterano torpedero Royce Clayton para asegurar la posición. En el invierno, Guzmán perdió peso y tuvo cirugía láser en sus ojos para no tener que usar lentes de contacto. Entró en el entrenamiento de primavera con una perspectiva positiva y esperaba recuperarse. A finales de marzo los Nationals lo pusieron en la lista de incapacitados por dolores en un hombro. Luego de un par de meses de descanso y rehabilitación, se anunció el 5 de mayo que la temporada de Guzmán terminaría con una cirugía para reparar la ruptura en el borde de su hombro.[6]

Cristian regresó como torpedero titular para los Nationals con el nuevo mentor Manny Acta en 2007. Con el hombro saludable, comenzó bien la temporada, incluso después de haberse perdido algunos juegos con una lesión en la corva. A finales de junio, compilaba .329 cuando en un partido ante Cleveland tocó a Josh Barfield, que trataba de robarse la segunda. En la jugada, Guzmán se dañó los ligamentos en su pulgar y tuvo cirugía al día siguiente. La lesión lo mantuvo fuera hasta finales de septiembre, cuando jugó tres partidos, terminando otra temporada frustrante tanto para él como para los Nationals. Justo cuando los fans en Washington comenzaban a simpatizar con él, su temporada se perdió y comenzaron a escucharse sugerencias de que llevaba el estigma de ser propenso a las lesiones.

En 2008, Guzmán regresó como torpedero titular y primer bate, y fue nombrado al Juego de las Estrellas por segunda vez en su carrera. Dio crédito de su éxito a una mejor visión gracias a la cirugía Lasik de la vista en 2006.[7] Su juego estelar también le valió para recibir una extensión de dos años por $8 millones anuales a finales de julio. Jugando lesionado en un pulgar, cayó en un slump en agosto. Al romperlo, comenzó a batear y el 28 de agosto logró la escalera en un juego contra los Dodgers con un triple en el octavo episodio. Su juego sólido continuó el resto del año y terminó cuarto en la NL en bateo con promedio de .316 y hits con 183.

Guzmán comenzó la campaña de 2009 con 17 imparables en sus primeros siete encuentros antes de que una lesión en la corva le forzara irse 15 días a la lista de incapacitados. A su regreso, jugó lo suficientemente bien para ser uno de los cinco jugadores que quedaron para el voto de los fans para llegar al equipo Todos Estrellas de la NL, eventualmente cayendo ante Shane Victorino, de los Phillies. En agosto, los Nationals lo ubicaron en waivers[8] y los Red Sox lo reclamaron, pero no pudieron acordar un trato para enviarlo a Boston. Dolores en el hombro derecho limitaron a Guzmán a funcione de emergente durante las dos últimas semanas de la temporada. Durante el descanso, tuvo cirugía artroscópica en el hombro.

Los Nationals tenían preocupaciones respecto a la durabilidad de Guzmán para la contienda de 2010, principalmente debido a problemas en el hombro. Comenzaron a discutir la posibilidad de que jugara segunda base, pasando el trabajo de paracortos a Ian Desmond. Éste sería un cambio significativo para Guzmán, quien nunca había jugado otra posición a la defensa excepto la de torpedero.

El 31 de julio, los Nationals enviaron a Guzmán con dinero a los Texas Rangers por los jugadores de las menores Tanner Roark y Ryan Tatusko. Inicialmente, Guzmán hizo saber a los Nationals que no iba a aceptar el canje basado en sus derechos como veterano de 10 años con cinco años de servicio con el mismo equipo. Eventualmente decidió aceptar el traspaso, al percatarse de que su tiempo con Washington había terminado. Luego de solamente tres imparables en 34 turnos, Guzmán fue a la lista de lesionados con tensión en el cuádriceps en agosto. Los Rangers decidieron no firmarlo nuevamente al final de la campaña.

Luego de perderse toda la temporada de 2011 con una lesión en el hombro, su ex manager Manny Acta, quien estaba dirigiendo a los Cleveland Indians, persuadió a Guzmán a ir a los entrenamientos de primavera con ellos en 2011. Firmó un contrato de liga menor con la esperanza de integrar el equipo como utility.

Comenzó bien en la primavera, pero un tirón en la corva limitó sus oportunidades a finales de la primavera. Cuando terminaron los entrenamientos, los Indians lo dejaron libre.

La carrera de Guzmán comenzó con un rápido ascenso como paracortos Todos Estrellas a la edad de 23 años con un futuro brillante. Las lesiones y las dudas respecto a sus deseos de jugar llevaron a una carrera corta que no cumplió las expectativas iniciales. Sin embargo, su velocidad llevó a su legado como no de los mejores bateadores de triples de su generación. En el retiro, pasa tiempo con su esposa y tres hijos, aun involucrado en el béisbol, y trabajando con jugadores jóvenes en la República Dominicana.[9]

FUENTES

Además de las fuentes citadas en las Notas, el autor también consultó Baseball-Reference.com y Retrosheet.org.

NOTAS

1 Gordon Wittenmyer, "Quick Study: Cristian Guzman Has Gone From Novice to All-Star in Eight Years," *St. Paul Pioneer Press*, 10 de julio de 2001: C1.

2 Jeff Perlman, "The Triple Threat: The Twins' Cristian Guzman Has Made Three-Baggers His Specialty," *Sports Illustrated*, 31 de julio de 2000.

3 LaVelle E. Neal III, "Everyone Is Pulling for Guzman," *Minneapolis Star Tribune*, 30 de julio de 1999: 16C.

4 Chip Scoggins, "Speaking of Success ... Twins Shortstop Cristian Guzman Is Becoming One of Baseball's Best Young Players, and He'll Soon Be Able to Tell Everyone About It," *Minneapolis Star Tribune*, 23 de julio de 2000.

5 Iom Powers, "Twins Probably Will Be Fine," St. Paul Pioneer Press, 21 de diciembre de 2004.

6 Steven Goff, "Guzman Will Have Surgery, Is Out for Year," *Washington Post*, 6 de mayo de 2006.

7 Rich Campbell, "Nats Get Eyeful of Improved Guzman a Better View of the Game: All-Star Cristian Guzman Finally Playing Up to Nationals' Expectations," *Free Lance-Star* (Fredericksburg, Virginia), 14 de julio de 2008.

8 Waivers: Cuando un equipo renuncia a los servicios de un pelotero para que un club contendiente lo reclame. (Nota del traductor).

9 Fox Sports North, "Catching Up with Former Twins All-Star Cristian Guzman," foxsports.com/north/video/1292067395855, 3 de agosto de 2018.

Rudy Hernández

Por Richard Bogovich

Puede resultar sorprendente descubrir que para 1960 apenas dos jugadores en la República Dominicana habían jugado en las mayores: Ozzie Virgil y Felipe Alou debutaron en 1956 y 1958, respectivamente. En 1960 se les unió Julian Javier en el segundo mes de la temporada. En 3 de julio de 1960, Rudy Hernández se convirtió en el primer lanzador dominicano en las mayores, poco más de dos semanas antes del famoso Juan Marichal.

Rodolfo Alberto Hernández Fuentes nació e 10 de diciembre de 1930,[1] en la ciudad de Santiago de los Caballeros, hijo de Serafina Fuentes, una puertorriqueña, y Rubén Néstor Hernández Polanco. El padre de Rudy nació en el cercano Tamboril.[2] Los hermanos de Rudy, Rubén y Lourdes, nacieron 13 meses antes y después que él, respectivamente. El árbol genealógico de Rudy se ha rastreado a varias generaciones previas. Su bisabuela materna, Bárbara Fuentes, era una esclavo puertorriqueño que no fue liberado hasta al menos 1872. Se reporta que los padres de Rudy se casaron en New York City en 1926,[3] aunque se indica 1928 en la entrada de su familia en el censo de Estados Unidos de 1930. El 10 de abril de 1930, la familia de tres residía en el 1171 de Elder Avenue en el Bronx. Con ellos vivía el hermano mayor de Rubén, Amado, y

Fotografía cortesía del Salón de la Fama del Béisbol Nacional

su cuñado de 16 años, Pablo Villafane. Rubén llevaba los registros de un banco en tanto el trabajo de Amado era limpiar para Interborough Rapid Transit, que era parte del sistema de metros de New York.

La familia regresó a la República Dominicana para la época en que nació Rudy. Sus padres eventualmente decidieron criar a sus hijos en los Estados Unidos. Serafina era categórica respecto a no querer vivir en la República Dominicana permanentemente, por lo que regresó a New York primero y luego la siguió su esposo. Rudy tenía unos siete años cuando los niños se mudaron a New York. Su padre trabajó posteriormente como contador para el Teamsters Union por muchos años.[4] Una lista de pasajeros de New York para el *S.S. Leif*, que salió de Puerto Plata, en la República Dominicana, el 21 de abril de 1939, incluía Rodolfo Alberto Hernández Fuentes, de 8 años, viajando con sus padres y su hermana. Basados primariamente en los directorios telefónicos de la ciudad de New York, desde al menos 1945 hasta 1960 la residencia de la familia era 803 West 180th Street en Manhattan.

Rudy tenía un tío que era agregado militar de la embajada dominicana en Washington, el Capitán Juan Hernández. Rudy lo visitaba frecuentemente durante el verano. Luego de debutar en las mayores, en el Griffith Stadium de Washington, dijo a un reportero del *Washington Post* que había estado anteriormente allí con su tío, que lo llevó cuando tenía nueve años. El chofer de su tía era fan del béisbol y llevaba a Rudy varias tardes seguidas a ver jugar a los Senators.[5]

Rudy asistió a la Preparatoria de Comercio de Manhattan, y los box scores en abril de 1947 muestran a un Hernández en la alineación del equipo como primera base.[6] Un año más tarde, fue uno de los 12 jugadores que aparecieron en una foto del equipo impresa en el *New York Post*.[7] En su primer año como su jardinero central, compiló .348,[8] y la escuela le otorgó un premio que llevaba el nombre de Lou Gehrig, su más famoso alumno atleta.[9] En 1948, el equipo de béisbol de Comercio terminó segundo tras la Preparatoria George Washington de Manhattan. Hernández siguió en el equipo en 1949 y tuvo uno de sus mejores juegos en una derrota 6-5 ante Newton High, cuando pegó tres hits en cuatro turnos y anotó dos veces.[10]

Como atleta de preparatoria, a Rudy se le apreciaba tanto por el baloncesto como por el béisbol. Se reporta que rechazó una oferta de beca de cuatro años ofrecida por Seton Hall.[11] Durante el año escolar 1948-1949, el equipo de baloncesto de Comercio estaba en los play off de la Liga Atlética de Escuelas Públicas (PSAL) de New York, pero perdieron en tiempo extra el 3 de marzo de 1949 ante el Stuyvesant High. Naturalmente, la atención de la prensa se centró en el equipo ganador. "Lanzados a un puesto secundario quedaron los esfuerzos de Rudy Hernández y Herman Taylor, con 17 y 14 puntos, respectivamente," escribió un reportero. "Un histórico tiro hecho con una mano casi desde el medio de la cancha por Hernández a cuatro segundos del final del tiempo reglamentario, extendió el partido una sesión extra."[12]

El equipo de Comercio lo hizo mejor al siguiente año escolar, y se hizo una especie de leyenda local a finales de los 1950, cuando sus estrellas se hicieron de sus propios nombres en otros sitios, incluyendo a Taylor, que jugaba con los Harlem Globetrotters. También, en 1949-1950, en el equipo de Comercio estaba Frank Kasprzak, cuyo equipo Holy Cross ganó el campeonato NIT[13] en 1954. Se les unió Tony Windis, de primer año, quien posteriormente promedió más de 20 puntos por juego como estrella de la Universidad de Wyoming, y jugó para los Detroit Pistons en 1960. El equipo de Comercio esa temporada ganó 21 encuentros consecutivos, camino a lograr el campeonato de PSAL.[14] Hernández estaba en la alineación de Comercio en noviembre, pero no cuando completaron su increíble paso en marzo.[15] Para la primavera de 1950, fue fichado a un contrato por parte del scout Bubber Jonnard y asignado a la Class-D Oshkosh (Wisconsin State League).[16]

El Día de Apertura para los Oshkosh Giants fue el 4 de mayo en Appleton. Al menos un día antes, el manager de Oshkosh Dave Garcia anunció su alineación inicial, y esta incluía a Hernández en el jardín central.[17]

En su primer inning oficial como profesional, Hernández fue acreditado con un error en tiro, pero lo compensó en el séptimo inning. Merle Barth, de Appleton había pegado doble, entonces intentó adelantar a tercera con un largo elevado al jardín central. Hernández lo retiró con un "tiro perfecto", y el periódico local imprimió una foto de la doble matanza cuando el antesalista de Oshkosh estaba "esperando a Barth para entrar." El juego terminó en 13 entradas, y el periódico explicó que el empate no figuraba en la tabla de posiciones, pero las estadísticas individuales sí. Hernández se fue sin hits pero robó una base.[18]

Los dos equipos debían medirse nuevamente al día siguiente, pero se cancelaron tres juegos de la liga debido a fuertes vientos.[19] Por tanto, los primeros indiscutibles de Hernández llegaron como local el 6 de mayo de 1950, ante los Green Bay Bluejays. En triunfo de 17-14, pegó dos hits en cinco turnos y anotó tres veces.[20] Menos de una semana después, en un triunfo de 8-1 ante el mismo conjunto, Rudy fue la estrella ofensiva con cuatro hits en cinco turnos.[21] El siguiente mes, estuvo en el centro de atención por dos "sensacionales" jugadas defensivas ante los Janesville Clubs. "Cubrió un amplio terreno como una tienda para robarle un hit a Pete Nitrini lanzándose de cabeza, atrapando la pelota con una sola mano en el segundo episodio, y también le robó un posible extra bases a Joe Yambor en el cuarto," escribió en editor de deportes de Janesville. "Hernández corrió a la cerca en el center-right para hacer una fácil atrapada al fuerte batazo de Yambor."[22]

A finales de la campaña, Hernández recibió atención de la prensa por una razón poco usual. Para la Noche Parker Pen en Janesville el 17 de agosto, una multitud récord de 4,000 recibió entretenimiento por una hora antes del juego. Además de las carreras y otros concursos que involucraban a jugadores y árbitros, hubo actuaciones musicales. Un cuarteto de los Janesville Cubs cantó dos números, como lo hizo "Rudy Hernández, veloz jardinero central de Oshkosh."[23]

El 2 de septiembre, los Oshkosh Giants alcanzaron el banderín. "Ganamos prácticamente cada honor que era posible ganar ese año," recordó Hernández tres años después.[24] Su promedio de bateo fue de apenas .241, pero esa cifra excluye 10 juegos de play off en septiembre. Oshkosh derrotó a Fond du Lac tres juegos por uno en la primera ronda, y entonces Hernández se encendió en el plato. Ayudó a Oshkosh a derrotar a Janesville en las finales, cuatro juegos por dos, con 8 hits en 18 turnos, cuatro anotadas, al menos cuatro boletos y una empujada, empuñando como octavo o séptimo en la alineación.[25]

Durante el descanso entre temporadas, Hernández jugó la primera de muchas campañas en la liga invernal de Puerto Rico, para el equipo en Ponce. Se requeriría que cada conjunto tuviese una cifra de puertorriqueños en su roster, y al su madre haber nacido allí, él contaba como tal. Su mentor era el miembro del Salón de la Fama Rogers Hornsby, y vivía en el mismo edificio que los futuros ligamayoristas Bill Skowron y Clint Courtney.[26]

Para 1951, Rudy fue promovido al St. Cloud de Clase-C (Northern League). Su promedio de bateo mejoró a .262. "E cierto, mi bateo sí mejoró," comentó en 1953, "pero no me consideraban un bateador notable ni por pura imaginación." No obstante, su habilidad como fildeador estaba clara, y compartió los honores para el jugador más valioso del equipo.[27]

Para comenzar 1952, Hernández fue promovido al Sioux City de Clase-A (Western League), donde a principios lo probaron en segunda base.[28] No estaba bateando bien, y antes de mediados de junio ya estaba con el Sunsbury de Clase-B (Interstate League). Se fracturó el tobillo deslizándose en un encuentro el 22 de julio y estuvo fuera el resto de la temporada.[29]

Rudy pasó todo 1953 con el Gastonia de Clase-B (Tri-State League). Al principio de la temporada, expresó sus preocupaciones sobre su estado de poco cambio. "Los Giants me han dejado fuera tres veces," dijo Hernández, "y creo que es hora de que haga algo." Todavía estaba empeñado en llegar a las mayores. "Es sencillamente por eso que tengo que aguantar y hacerlo bien acá." También aparentó confesar algo de exceso de confianza en 1950. "No quería jugar pelota en Clase D, aunque conocía todas las posibilidades," dijo respecto a haber sido asignado a Oshkosh. "De hecho, francamente creí haber estado listo para la Clase B, incluso Clase A en mi primer año."[30]

Hernández se desempeñó muy bien a principios de la temporada por Gastonia. Las estadísticas del equipo a finales de mayo lo mostraban con un promedio ofensivo de .293 en 150 turnos al bate, y a mediados de junio, dos reporteros con el *Asheville Citizen-Times* abogaban para que fuese nombrado en el todos estrellas de la liga.[31] Pero Rudy cayó en un considerable slump y su promedio patinó a .254 para cuando lo "regresaron" a la organización de los New York Giants antes de finales de julio.[32] Entonces, se desvaneció de las páginas deportivas en agosto y septiembre.

Era el momento de intentar algo diferente, y comenzó en la liga invernal de Puerto Rico. Su primer manager allí, Rogers Hornsby, había señalado un problema en su swing, y el algún punto le había recomendado que se convirtiera en lanzador.[33] Para la campaña de 1953-54 en Puerto Rico, el derecho de los Phillies Steve Ridzik le recomendó que intentara con el pitcheo. La persona que a la larga lo convenció fue Roberto Clemente. La primera campaña de Clemente en la liga invernal de Puerto Rico fue 1952-53,[34] y bromeó que si Hernández lo ponchaba, podía ponchar a cualquiera.[35]

Como lanzador, para 1954, Rudy fue enviado al Muskoee de Clase C (Western Association). Ganó sus primeras ocho aperturas, y los cronistas por toda la liga lo notaron. Un periódico en un titular trompeteaba, "Invicto Rudy Hernández lanzará ante el Joplin en Muskogee esta noche."[36]

Terminó la contienda con balance de 15-4. Permitió apenas 7.1 imparables por cada nueve entradas, gracias en parte a cuatro trabajos de tres hits.[37] También se destacó al bate: .425 en 80 turnos, con cinco dobles, tres triples y cinco jonrones, para un promedio de bases recorridas de .750.

En octubre, The Sporting News reportó que Hernández iba a volver a reunirse con el Sioux City de Clase A en 1955.[38] Pero su progreso hacia las mayores se demoró por el servicio militar, lo que impidió que lanzara por Sioux City hasta 1957. No jugó para ningún conjunto militar en sus dos años de servicio activo.[39]

Entre tanto, el 23 de septiembre de 1956, Ozzie Virgil debuto para los New York Giants y se convirtió así en el primer pelotero dominicano. "Sabía que era una carrera entre Rudy y yo," dijo Virgil 50 años después. "No tenía idea de que sería el primer dominicano. La República Dominicana tenía muchos peloteros que eran mejores que yo. Yo di un gran salto ese año."[40]

Rudy fue liberado del ejército a tiempo para jugar en la liga invernal dominicana de 1956-57, para el Escogido, junto con Virgil y Felipe Alou.[41] En abril, *The Sporting News* reportó que había sido asignado al Sioux City de Clase A. Pasó todo 1957 con se club.

A principios de la temporada, Hernández apareció en el *Sporting News* por su rol en hacer cumplir las reglas no escritas del béisbol ante los Lincoln Chiefs el 7 de mayo. El semanario escribió: "En el séptimo, después que Harry Williams pegara cuadrangular por los Chiefs, Hernández golpeó a Roberto Sánchez, paracorto de los Chiefs. Con Hernández al bate en el octavo, [Art] Murray lo hizo salir retrocediendo de la caja de bateo con cuatro lanzamientos pegados, y el lanzador de los Soos se abalanzó hacia la lomita, blandiendo su bate. Otros jugadores evitaron males mayores, pero cuando acabó el encuentro, Murray se lanzó sobre Rudy.[42]

El mejor desempeño de Hernández en el pitcheo durante la campaña tuvo lugar probablemente el 28 de junio, cuando derrotó a Topeka 2-1, permitiendo solamente dos sencillos.[43] Ganó nueve juegos y perdió ocho para los Soos, con un elevada efectividad de 5.66. Inició la temporada de 1958 en Doble A por vez primera, en el Corpus Christi de la Texas League. Pero luego de cuatro aperturas y registro de 0-3 con promedio de limpias de 8.00, fue devuelto a la Clase A, primero en Sioux City, luego Springfield (Eastern League). Su balance combinado con tres conjuntos fue un desalentador 0-9 con un promedio de 8.15. Los Giants lo dejaron libre después de la contienda.

En enero de 1959, Hernández firmó con los Miami Marlins, un afiliado de Baltimore en la Liga Internacional Triple A.[44] En abril, antes de que comenzara la campaña, Miami lo envió al Chattanooga de Doble A en la organización de los Washington Senators.[45]

Rudy pasó todo 1959 con los Chattanooga Lookouts. Luego de su noveno encuentro se encontraba cómodamente en la cima de la efectividad de la Southern Association con 2.21.[46] Sin embargo, se hizo un esguince en su mano en New Orleans a principios de junio cuando formó parte de unos 10 Lookouts que se treparon a las gradas a pelear con algunos fans abusivos. El 8 de junio, se sobrepuso al dolor en su mano ante New Orleans para llevar un juego de dos hits hasta el último out, y aguantó para vencerlos, 4-1.[47] Después de eso, pasó varias semanas sin lograr victorias. El 30 de julio ganó nuevamente, 5-1, en otro duelo con New Orleans.[48] Al final, su balance fue de 8-12, pero su efectividad fue un respetable 3.42. Esa resultó ser su última temporada como abridor.

Para 1960, finalmente, Rudy llegó a Triple A, con el equipo de los Senators en la American Association en Charleston. En 31 salidas hasta junio, todas de relevo, su promedio era de 2.70. Un potencial golpe de mala suerte resultó bien por sorpresa: "El as relevista de los Charleston Senators Rudy Hernández tiene el brazo lastimado y va camino a Washington, D.C. a someterse a tratamiento por parte del médico del club," reportó el Charleston Gazette el 2 de julio. "Hay posibilidades, si el brazo de Hernández mejora, de que Washington se quede con él y lo añada a su roster de grandes ligas."[49] Esa posibilidad se hizo realidad, y el 3 de julio de 1960, Rudy Hernández se convirtió en el primer lanzador dominicano en las ligas mayores.

Ese día, los Senators recibían a los Cleveland Indians para un doble programa. En el primer encuentro, el abridor de los Senators Bill Fischer toleró cinco carreras en los cinco primeros inning. El manager Cookie Lavagetto mandó a buscar a Rudy en el principio del sexto. El primer bateador de Cleveland que enfrentó fue Chuck Tanner, quien roleteó a segunda base. Transfirió al tercer bateador pero ponchó al cuarto para terminar la entrada. En el séptimo retiró a los Indians de 1-2-3, todos elevado al jardín central. En el octavo episodio, permitió un sencillo, pero por segunda vez enfrentó solamente a cuatro bateadores. Los Senators perdieron el juego, pero Hernández tuvo un muy buen debut.

Menos de una semana después, el 9 de julio, Hernández logró su primera victoria en las mayores, contra Baltimore. El juego estaba empatado 2-2 en el final del séptimo cuando el abridor de los Senators Hal Woodeshick permitió sencillos a los dos primeros bateadores de los Orioles. Hernández relevó y el primer bateador que enfrentó se sacrificó. El siguiente fue transferido intencionalmente para llenar las bases con un out. Hernández obligó a Gene Woodling a que elevara en territorio de foul y ponchó a Gene Stephens para terminar la amenaza. Los Senators siguieron con una explosión de cinco carreras y Rudy tuvo pocas dificultades en los últimos dos innings.

Hernández logró su segunda victoria ante los White Sox en casa el 29 de julio, su tercera el 8 de agosto en Kansas City y la cuarta el 14 de agosto en el Yankee Stadium, no muy lejos de donde había crecido. En este último encuentro, los Senators habían ganado ya el primer partido de un doble. Los Yankees empataron en el del cierre, 3-3 en el final de la novena entrada. Hernánde lanzó los innings 3 y 14, permitiendo en ambos que le entrara en circulación el primer bateador de la entrada, sin consecuencias. Los Senators anotaron tres en el principio del decimoquinto episodio y Chuck Stobbs salvó el encuentro en la parte baja del mismo para terminarlo. Luego de seis semanas, el registro del novato era de cuatro triunfos sin derrotas. Hernández sufrió su único revés de la temporada en casa ante Chicago el 30 de agosto. Lanzó en un total de 21 encuentros.

Los Senators se reubicaron hacia Minnesota y se convirtieron en los Twins en 1961, pero una nueva franquicia de Washington se creó con la expansión de la Liga Americana de ocho a diez equipos (el otro nuevo club fueron los Angels). Los nuevos Senators seleccionaron a Rudy de los Senators anteriores en el draft de expansión. Hernández, lanzando por Ponce en Puerto Rico, dijo, "Esta es la mejor noticia beisbolera que he recibido en mi vida. Me da confianza."[50] A mediados de febrero de 1961, se anunció que había llegado a un acuerdo con su nuevo club.[51]

El 10 de abril de 1961, Hernández experimentó el Día de Apertura en un roster de ligas mayores cuando los nuevos Senators jugaron en su primer encuentro oficial, en casa ante los White Sox. Lanzó en su último partido de las mayores menos de un mes luego de iniciada la campaña. Fue en casa el 4 de mayo ante los Tigers. El último bateador a quien enfrentó fue Al Kaline, a quien retire en primera base con una rolata. Era su séptima salida, y terminó con una buena efectividad de 3.00, pero fue víctima de circunstancias únicas. A cada equipo le habían permitido 28 peloteros en su roster durante el primer mes de la campaña, y Hernández fue uno de los tres peloteros que bajaron a Triple A para lograr el límite de 25 jugadores.[52]

Por el resto de 1961 hasta 1964, Hernández siguió lanzando en las lias menores, casi siempre en Triple A, en varios sistemas de granjas de las mayores. Siguió jugando en las ligas invernales del caribe mucho más tiempo.[53] Después de 1964, se retiró como pelotero. Tiene dos hijas, María Verónica "Vicky" Hernández y Jennifer Muñoz, aunque nunca se casó.[54]

Hacia 1971, hernández estab a operando un ba en San Juan, Puerto Rico, llamado Rudy's 10th Inning Lounge (El Salón del Décimo Inning de Rudy).[55] Luego de que su sitio fue vendido, abrió otro salón, Rudy's on the Beach.

Cuando un terremoto azotó Nicaragua a finales de 1972 y Roberto Clemente coordinaba la ayuda humanitaria en Puerto Rico, Hernández tuvo un modesto rol en los esfuerzos de ayuda y por ello fue entrevistado respecto a la muerte de Clemente el 31 de diciembre de 1972, cuando un avión cargado de suministros se estrelló. "En la última mañana de la vida de Roberto Clemente, Rudy Hernández estaba en su bar y de repente recordó el 'caldero de la misericordia,'" escribió el cronista deportivo Jerry Izenber, en el *Newark Star-Ledger*.

"Era un caldero grande de hierro y la gente echó dinero para las víctimas del terremoto desde que comenzó la campaña de socorro. Ponían dinero en cualquier causa que tuviera detrás a Roberto" dijo Hernández a Izenberg. "Llame a la casa para averiguar qué hacer con él y [su esposa] Vera me dijo que estaba dormido, pero recordé que quería ir a Nicaragua para demostrar a la gente cuánto le importaba."

"Le dije que lo mandaría con Manny (Sanguillen) al aeropuerto," Rudy dijo a Izenberg. "El día anterior, Roberto había pasado por el bar y recuerdo que le insistí en que no fuera porque era la víspera de año nuevo. Pero me dijo 'Si yo no voy, ¿quién va a ir?'" Hernández también abundó sobre cómo la muerte de Clemente devastó a los puertorriqueños.[56]

Pocos años después, Hernández cerró Rudy's on the Beach y se fue a trabajar para el Departamento de Deportes y Recreación de Puerto Rico. Por más de 25 años fue instructor de béisbol para jóvenes en barrios pobres y céntricos y proyectos de viviendas dentro y alrededor de San Juan, y luego se retiró allí. Rudy ha tenido otras conexiones con el béisbol, incluyendo servir de scout para los Cubs y los Orioles. Se enfocó más en reportar que en intentar ayudar a fichar peloteros. Cuando Orlando Cepeda comenzó una escuela de béisbol a finales de la década del 70 cerca de San Juan, Hernández se convirtió en uno de los instructores.[57]

Hernández tiene dos hijas, Maria Veronica "Vicky" Hernández and Jennifer Muñoz.[58]

Como instructor, Rudy compartía lecciones de vida con los atletas a los que tutoraba. Podía hablar de su experiencia personal respecto a no haber sido desalentado por contratiempos. Tal vez más importante, era testigo confiable en cuanto a ponerse metas altas mientras no se duda ante la posibilidad de cambiar los planes.

NOTAS

1. Casi todas las fuentes identifican 1931 como el año de nacimiento de Hernández, aunque se muestra como 1933 en su tarjeta de béisbol Topps de 1961. Cuando volvió a entrar a los Estados Unidos procedente de la República Dominicana el 29 de enero de 1960, su año de nacimiento en la lista de pasajeros era 1930 (con su dirección por mucho tiempo de 803 W. 180th St., N.Y., confirmando que no era otro Rudy Hernández. Su sobrino Rubén Hernández le dio al autor una foto del pasaporte actual de Rudy, que también muestra 1930 como su año de nacimiento.

2. Cuqui Córdova, "Béisbol de Ayer: Rudy Hernández," Listín Diario (Santo Domingo, Dominican Republic), 5 de julio de 2008: listindiario.com/el-deporte/2008/07/05/64968/beisbol-de-ayer. Córdova dedicó columnas de su semanario Béisbol de Ayer a diferentes fases o aspectos de la vida de Hernández durante julio y agosto de 2008.

3. Reportes de genealogía: Descendientes de María Rosario, genealogy.com/ftm/u/h/l/Jaimee-E-Uhlenbrock-NY/GENE1-0004.html; detalles sobre "Rudi" y Serafina Fuente aparecen en la misma página web, mientras que los detalles sobre Bárbara Fuentes están en la segunda página. Jaimee Uhlenbrock, Profesora Emerita en la Universidad del Estado de New York New Palz, en un correo al autor el 9 de julio de 2018, apuntó que los detalles en la página principal sobre la madre de Bárbara estaban sujetos a una revisión sustancial y debían por tanto ser desestimados.

4. Email al autor de Rubén Hernández, 28 de octubre de 2016.

5. Bob Addie, "Bob Addie's Column," Washington Post, 5 de julio de 1960: A15; Bob Addie, "Pitcher Hernandez and Chauffeur Often Watched Senators Play Here," Washington Post, 7 de marzo de 1941: A16. Respect los padres de Rudy, Thomas E. Van Hyning (ver Nota 25) "Su padre era hijo del principal general del ejército dominicano del [dictador Rafael] Trujillo." Sin embargo, en un email al autor el 5 de julio de 2018, Rubén, el sobrino de Rudy, añadió que esto puede estar confundiendo a Juan, tío de Rudy, el capitán, con el abuelo paterno de Rudy. Rubén añadió que el padre de Rudy también sirvió en el ejército dominicano aunque con un grado probablemente no más alto que el de sargento maestro. También señaló que la tía Margarita, esposa del mencionado tío Amado Hernández, era hermana de un presidente dominicano, pero ese era Joaquín Balaguer, no Trujillo. Amado y Margarita tuvieron una hija, también llamada Margarita, que fue secretaria de estado de su tío Joaquín. Ella y su primo Rudy se mantenían mucho en contacto.

6 "Flushing Wins over Commerce by 9-0 Score," *Long Island Star-Journal*, 9 de abril de 1947: 14; "Jamaica Leads in Short Game," *Long Island Star-Journal*, 15 de abril de 1947: 12. El segundo encuentro fue suspendido por lluvia alrededor del cuarto inning pero los periódicos imprimieron las estadísticas de todos modes. En el primer encuentro, Comercio logró apenas tres imparables, uno de ellos de Hernández.

7 *New York Post*, 22 de abril de 1948: 42.

8 Cuqui Córdova, "Béisbol de Ayer: Rudy Hernández," Listín Diario (Santo Domingo, Dominican Republic), 12 de julio de 2008: listindiario.com/el-deporte/2008/7/12/65826/Beisbol-de-ayer.

9 Addie, "Pitcher Hernandez."

10 "Jamaica Plays Tie with Commerce," *Long Island Star-Journal*, 29 de marzo de 1949: 13; "Newtown Nine Scores, 6-5," Long Island Star-Journal, 5 de abril de 1949: 13. Fue en el primer artículo en el que se refirieron a Comercio como "subcampeón el pasado año detrás de George Washington en Manhattan."

11 Ken Alexander, "Ken's Pen: Three Years under Giant Option[,] Rudy Figures This Is Do or Die," *Gastonia* (North Carolina) *Gazette*, 2 de mayo de 1953: 14.

12 "Bryant Five Bows in PSAL Playoffs," *Long Island Star-Journal*, 4 de marzo de 1949: 17.

13 NIT: National Invitational Tournaement Torneo Nacional por Invitación, por sus siglas en inglés. (Nota del Tradutor).

14 "Easy-Going Cowboy Star Getting Raves," *Uniontown* (Pennsylvania) *Morning Herald*, 30 de enero de 1958: 11. El artículo se centraba en Windis pero señalaba su conexión con Taylor, Kasprzak y "Rudy Hernández, quien el pasado año recibió $9,500 por firmar para lanzar para un equipo de granjas de los New York Giants."

15 "Cagers Warm Up as Football Fades," *Brooklyn Daily Eagle*, 16 de noviembre 1949: 27. La alineación del box score incluía a Taylor, Hernández y Kasprzak. Hernández no estaba en ninguna de las alineaciones de Comercio imprimidos en el *New York Times* el 3 de marzo, el 14 de marzo y el 19 de marzo. Lo mismo se aplica a "Commerce Five Wins School Final, 67-50," New York Times, 24 de marzo de 1950: 34.

16 Alexander: 14.

17 "Champion Oshkosh '9' Invades Goodland Field Thursday Night," *Appleton* (Wisconsin) *Post-Crescent*, 3de mayo de 1950: 26.

18 Orv Wonser, "Only 863 See Papers, Giants in Thrilling 13-Inning 5-5 Tie," *Appleton Post-Crescent*, 5 de mayo de 1950: 17, 19.

19 "Friday Night's Results," *Appleton Post-Crescent*, 6 de mayo de 1950: 11.

20 "Bluejays Drop 2 to 1, 13-Inning Thriller on Error at Oshkosh; Lose Opener by 17 to 14," *Green Bay Press-Gazette*, 8 de mayo de 1950: 17. García fue la gran Estrella, estableciendo marca para la liga con nueve empujadas.

21 "Appleton Hurler Fans 19 Fondy Batters; Papermakers Cop 14-3," *La Crosse* (Wisconsin) *Tribune*, 13 de mayo de 1950: 6.

22 George Raubacher, "Cubs' All-Star Hopes Given Boost by Fond du Lac," *Janesville* (Wisconsin) *Daily Gazette*, 26 de junio de 1950: 12.

23 "Sports Hash," *Janesville Daily Gazette*, 18 de agosto de 1950: 10. En otras partes de la página, el periódico decía que había 3,996 personas presentes.

24 Alexander: 14. El único otro pelotero de Oshkosh en llegar a las mayores fue el lanzador Joe Margoneri, con los Giants en 1956 y 1957.

25 Ver los box scores en *Janesville* (Wisconsin) *Daily Gazette*, del 11 al 16 de septiembre de 1950, en las páginas 11, 12, 10, 6, 11, y 10, respectivamente.

26 Thomas E. Van Hyning, *Puerto Rico's Winter League: A History of Major League Baseball's Launching Pad* (Jefferson, North Carolina: McFarland & Company, Inc., 1995), 121.

27 Alexander: 14.

28 Alex Stoddard, "Soos May Be in Thick of W.L. Race," *Beatrice* (Nebraska) *Daily Sun*, 14 de abril de 1952: 3.

29 "Caldwell First to Post No. 15," *The Sporting News*, 4 de agosto de 1952: 34.

30 Alexander: 14.

31 "Report on Rockets," *Gastonia Gazette*, May 30, 1953: 12: Ken Alexander, "Ken's Pen," *Gastonia Gazette*, 18 de junio de 1953: 22.

32 "Deals of the Week," *The Sporting News*, 29 de julio de 1953: 31.

33 Van Hyning, 121.

34 Van Hyning, 53-55.

35 Email al autor de parte de Rubén Hernández, 28 de octubre de 2016.

36 "Undefeated Rudy Hernandez to Pitch Against Joplin at Muskogee Tonight," *Joplin* (Missouri) *News Herald*, 9 de junio de 1954: 2B.

37 "Chico Hernandez Stops Joplin on Three Hits as Giants Win, 12-2," *Joplin* (Missouri) *Globe*, 27 de abril de 1954: 8; "Elks in Comeback after Three Losses," Hutchinson (Kansas) News Herald, 10 de junio de 1954: 2; "Elks Lose to Iola Indians," *Hutchinson News Herald*, 29 de junio de 1954: 2; "Elks in Split with Giants," *Hutchinson News Herald*, 30 de julio de 1954: 2. Hernández pegó cuadrangular en el primero de esos dos juegos. En el primero de estos artículos de hecho se dijo de manera implícita que a Rudy le habían dado el apodo de "Chico."

38 "Deals of the Week," *The Sporting News*, 20 de octubre de 1954: 28.

39 Email al autor de parte de Rubén Hernández, 28 de octubre de 2016.

40 "Virgil Celebrates 50th Anniversary" *Berkshire Eagle* (Pittsfield, Massachusetts), 22 de septiembre de 2006: C2.

41 Joe King, "Stoneham Seeks Another White in Dominican Loop," *The Sporting News*, 28 de noviembre de 1956: 21; Félix Acosta Núñez, "Lopat Takes Hill, Helps U.S. Stars Decision Natives," *The Sporting News*, 9 de enero de 1957: 20.

42 "Three Hits, Seven RBIs," *The Sporting News*, 15 de mayo de 1957: 37.

43 "Sioux City Tops Topeka Twice," *Albuquerque Journal*, 29 de junio de 1957: 15.

44 "Miami Goes South for More Talent," *Findlay* (Ohio) *Republican Courier*, 29 de enero de 1959: 17. La prueba de que no se trataba de otro jugador con el mismo nombre la brindó Luther Evans, "Marlins Deflated in Opener," *Miami Herald*, 23 de marzo de 1959: C1, cuando se refirieron a él como "Rudolph Albert Hernandez ... ex jardinero." Ver también Eddie Storin, "Indianapolis Mauls Marlins Again," *Miami Herald*, 3 de abril de 1959: 2C. este último fue un reporte de un juego en el que "Rudy Hernandez estuvo bastante efectivo, limitando a los Indians de la American Association a un hit y tres boletos en dos entradas."

45 "Deals of the Week," *The Sporting News*, 22 de abril de 1959: 28.

46 "Dixie Averages," *The Sporting News*, 27 de mayo de 1959: 35.

47 "Lookouts' Kaat Back in Form," *The Sporting News*, 17 de junio de 1959: 33.

48 "Bradey Has 5.01 ERA, Wins 15," *The Sporting News*, 12 de agosto de 1959: 35.

49 "Sore Armed Hernandez Leaves Sens," *Charleston* (West Virginia) *Gazette*, 2 de julio de 1960: 9.

50 "5 Drafted by Nats Pleased with Pick," *Findlay* (Ohio) *Republican Courier*, 16 de diciembre de 1960: 25.

51 Bob Addie, "New Nats Will Start Wednesday," *Washington Post*, 19 de febrero de 1961: C1. Hernández le tomó mucho aprecio a su nuevo manager, Mickey Vernon, según un email al autor de parte del sobrino de Rudy, Rubén Hernández, 28 de octubre de 2016.

52 Mike Rathet, "Major League Cutdown Time at Midnight," *Corpus Christi* (Texas) *Caller-Times*, 10 de mayo d 1961: 21.

53 Por ejemplo, ver Miguel J. Frau, "Pity Crabbers! Even Weather Adds to Woes," *The Sporting News*, 20 de noviemrbe de 1965: 29.

54 Email al autor de parte de Rubén Hernández, 28 de octubre de 2016.

55 Thomas E. Van Hyning, *The Santurce Crabbers: Sixty Seasons of Puerto Rican Winter League Baseball* (Jefferson, North Carolina: McFarland & Company, Inc., 1999), 118.

56 Jerry Izenberg, "It Was the Night the Happiness Died," Newark Star-Ledger, 30 de diciembre de 2002: 39.

57 Email al autor de parte de Rubén Hernández, 28 de octubre de 2016.

58 Email al autor de parte de Rubén Hernández, 28 de octubre de 2016.

Julián Javier

Por Paul Geisler

Aparte de ser excelente fildeador pero a veces poco ofensivo segunda base con los St. Louis Cardinals por más de una década, Julián Javier fue una figura central en la historia y desarrollo del béisbol en la República Dominicana.

Javier completó sus días de jugador con un promedio ofensivo de por vida de .257. Pero en 19 partidos de Serie Mundial, compiló .333 y pegó un cuadrangular de tres carreras en la Serie de 1967. Usando espejuelos, Javier también se convirtió en uno de los más grandes segundas bases defensivos en la historia de los Cardinals, además de uno de los mejores tocadores de bola del béisbol.

Manuel Julián Javier Liranzo, más conocido como Julián Javier, nació el 9 de agosto de 1936, en San Francisco de Macorís, República Dominicana, que se convirtió en su hogar durante toda su vida. Desde 1960 a 1972, jugó 12 campañas con los St. Louis Cardinals y una con los Cincinnati Reds. Alto y delgado con seis pies y una pulgada y 175 libras de peso, bateaba y lanzaba a la derecha. Segunda base durante toda su carrera, ganó dos campeonatos de Serie Mundial—1964 y 1967 con los Cardinals—y jugó en dos equipos Todos Estrellas.

Fotografía cortesía del Salón de la Fama del Béisbol Nacional

Hijo de un chofer de camión y el más alto de ocho niños, Julián desarrolló su velocidad en el corrido de bases corriendo con otros muchachos hacia y desde la escuela—eso, cuando no estaba saltándose clases para escuchar las transmisiones de la Serie Mundial. En la preparatoria jugó campo corto y bateó en el cuarto turno, compilando .375.

Aprendió a teclear casi tan rápido como podía correr, y consideró una carrera en contabilidad o ingeniería. Pero cuando los Pittsburgh Pirates celebraron un tryout en 1956 con 200 aspirantes, el cazatalentos Howie Haak persuadió a Javier a que apartara otras opciones de carreras y firmara el único contrato que los Pirates ofrecieron ese día, por apenas $500.[1]

Aquejado por lesiones, la carrera profesional de Javier comenzó lenta. Pero luego de tres temporadas ascendiendo por su esfuerzo en la cadena de los Pirates, floreció en su afiliado de Triple-A, el Columbus en 1959, encabezando la Liga Internacional con 19 toques de sacrificio y promediando .274. El reporte de scouting del Baseball Digest para él para 1960 describió con efectividad su futuro legado ligamayorista: "El hombre más veloz en la liga el pasado año, y tiene buen alcance con las rolatas. Buen brazo y excelentes manos. Buen bateador, pero sin poder. Tiene buena oportunidad pese a su falta de poder en la caja de bateo."[2]

Javier quería triunfar rápido y dijo, "Quiero construir una casa y necesito el dinero,"[3] pero los Pirates tenían ya a un segunda base todos estrellas y ganador del guante de oro en su alineación: el futuro miembro del Salón de la Fama Bill Mazeroski, quen era cuatro semanas más joven que Julián.

Su momento de suerte tuvo lugar el 28 de mayo de 1960, cuando los Pirates lo traspasaron junto con el lanzador Ed Bauta a los Cardinals por el lanzador veterano Wilmer "Vinegar Bend" Mizell y el también tirador Dick Gray. El canje benefició a ambas partes, pues Mizell ayudó a los Pirates a convertirse en campeones en 1960, mientras que los Cardinals habían encontrado a su segunda base para las próximas 12 campañas.

Julián debutó en las mayores el día del canje, y logró dos indiscutibles ante los San Francisco Giants. Los Cardinals mantuvieron el pacto en secreto hasta que publicaron su alineación. Incluso el comentarista Harry Caray no se enteró de esto hasta que llegó al estadio. El gerente general de los Cardinals Bing Devine sorprendió a la mayoría de los observadores al dejar ir a un lanzador veterano por un prospecto de liga menor sin probar; sin embargo, Eddie Stanky, director de adquisición de jugadores para los Cardinals, había insistido que Javier era lo mejor que había visto.[4]

Julián, o Hoolie[5], como muchos le llamaban durante su año de novato, terminó la temporada como primer bate. Compiló apenas .237 y fue líder de la Liga Nacional en errores con 24, pero también fue líder con 15 toques de sacrificio, y a la defensa mostró rapidez y buen alcance, suficientes para ser nombrado para el equipo Todos Novatos de Topps.

Un año después, Javier siguió impresionando con su guante e inició debates sobre quién era el más veloz de la liga, él o Vada Pinson. Los comentaristas comenzaron a vincularlo con los grandes segundas bases de los Cardinals Rogers Hornsby, Frank Frisch, y Red Schoendienst, quienes ganaron campeonatos con los Pájaros Rojos.[6]

Javier regresaba a su país natal durante los descansos entre temporadas para cazar, trabajar en su granja y jugar pelota invernal. Se metió en problemas a principios de 1963 por participar en juegos de exhibición no autorizados por equipos de las mayores y recibió una multa de $250 por parte del Comisionado Ford Frick. Bajo su acuerdo con Frick, los equipos de ligas invernales acordaron no firmar a ningún pelotero de los Estados Unidos sin aprobación de sus respectivos equipos, y los peloteros latinos jugarían en sus países de origen solo en encuentros organizados regularmente y previamente aprobados.

Julián mejoró su promedio de bateo más de 40 punto a .279 en 1961, y compiló .263 tanto en 1962 y 1963. Tuvo marcas personales en bases robadas (26) y carreras anotadas (97) en 1962. Encabezó la liga en outs por parte de un segunda base dos años seguidos con 377 en 1963 y 360 en 1964.

En 1963, cuando Bill Mazeroski se salió del roster del Juego de las Estrellas por lesión, Javier completó un infield abridor totalmente de los Cardinals, con Bill White en primera base, Dick Groat en el campo corto, y Ken Boyer en tercera base. También jugó en el Juego de las Estrellas de 1968.

Aquejado de dolores en la espalda en 1964, Javier logró sin embargo jugar 155 partidos en la temporada de campeonato de los Cardinals, con 12 cuadrangulares y marca personal de 65 empujadas. Su promedio de bateo cayó a .241, y volvió a encabezar el circuito en errores con 27. Al lastimarse la cadera no pudo jugar más que el primer encuentro de la Serie Mundial, en el que no tuvo comparecencias al plato, corrió de emergente y anotó una carrera, y jugó dos entradas a la defensa. Dan Maxvill defendió la segunda base en su lugar.

Las lesiones siguieron limitando a Julián en las dos temporadas siguientes, y su desempeño ofensivo disminuyó a su punto más bajo con los Cardinals. Compiló .227 en solamente 77 desafíos en 1965; entonces .228 en 147 encuentros en 1966. Se arriesgó a perder su trabajo de abridor ante el versátil utility Jerry Buchek, quien podía jugar segunda, tercera y el short.

Javier comenzó 1967 con algunos cambios sustanciales. Aumentó 10 libras de peso, empleó nuevos espejuelos, y comenzó a usar un bate más pesado, subiendo de 31 onzas a 35 onzas. Durante el entrenamiento de primavera, el coach de bullpen Bob Milliken le lanzó curva tras curva, trabajando para controlar la tendencia de Julián a sucumbir ante lanzadores derechos difíciles. Los cambios rindieron dividendos temprano, pues abrió la temporada con una racha de siete juegos seguidos bateando de hit y .407 de promedio.

El manager Shoendienst notó la obvia mejoría, diciendo "Hoolie ha estado viendo la pelota mucho mejor. Creo que sus nuevos espejuelos deben estar ayudándole más que nada. Ha estado dejando pasar los lanzamientos malos a los que antes les hacía swing, especialmente esas bolas afuera."[7]

Los buenos resultados se mantuvieron durante la contienda, pues Javier se mantuvo saludable y produjo una de sus mejores temporadas, con .281 de promedio (.325 ante los zurdos) en 520 turno, y marca personal de 14 jonrones. Terminó noveno en la votación para el Jugador Más Valioso de la Liga Nacional, ayudando a propulsar a los Cardinals a la postemporada por segunda vez en cuatro años.

En julio de 1967 una doble matanza que inició por una débil rolata que Javier conectara al pitcher, condujo a un aforismo espontáneo por parte del narrador de los Cardinals Jack Buck. El doble play por la vía 1-6-3 fue del lanzador John Boozer al paracortos Bobby Wine al inicialista Tony Taylor, pero Buck reportó "That double play went from Boozer to Wine to Old Taylor."[8] (Esa doble matanza fue de Boozer a Wine a Old Taylor.[9]

Los Cardinals liderados por el pitcheo de Bob Gibson derrotaron a los Boston Red Sox en el primer juego de la Serie Mundial de 1967. En el segundo encuentro, un derrota de los Cardinals 5-0, Julián rompió el cero hit cero carreras de Jim Lonborg en el octavo inning con un doble a la esquina del jardín izquierdo con dos outs. Lonborg procedió a permitir únicamente ese hit de Javier en la blanqueada completa.

Luego de dos victorias más por bando, la Serie Mundial se fue al séptimo juego. En el sexto inning de ese encuentro decisivo, Hoolie disparó jonrón de tres carreras ante Lonborg y aseguró la tercera victoria de Gibson en la Serie y el segundo campeonato de St. Louis en cuatro años. La renovación de Javier desde el principio de la contienda se extendió al final, al compilar .360 en la Serie.

Javier regresó a su natal República Dominicana como un héroe. El presidente Joaquín Balaguer le confirió la Orden de los Padres de la Patria, la distinción más alta del país.[10] Los Pittsburgh Pirates jugaron un partido de exhibición ante estrellas dominicanas en Santo Domingo una semana después de terminada la Serie, con los dominicanos Matty Alou y Manny Mota y el puertorriqueño Roberto Clemente, pero la mayor acogida del día la recibió el segunda base de los Cardinals.[11]

Los Cardinals volvieron a llevarse el banderín nuevamente en 1968, pero el promedio de bateo d Javier descendió 21 puntos, a .260. Jugó en el Juego de las Estrellas en esa temporada. Pese a su promedio de .333 en la Serie Mundial de 1968, los Cardinals cayeron ante los Detroit Tigers en siete encuentros.

El promedio de Javier se recuperó en 1969 a una marca personal de .282, y siguió como regular de los Cardinals hasta 1970. A principios de la temporada de 1971, Julián regresó a la República Dominicana para estar con su hermano, Luis, quien murió estando él allí. Su tiempo de juego disminuyó considerablemente ese año, iniciando apenas 68 encuentros en segunda base, cediendo gran parte del tiempo de juego a Ted Sizemore.

La orientación de Javier al béisbol profesional en los Estados Unidos no incluyó un entendimiento completo de sus obligaciones ante el Servicio de Rentas Internas (IRS, por sus siglas en inglés). En octubre de 1970, el IRS indexó derechos prendarios en su contra por hasta $84,320, cubriendo los años fiscales d 1961 y 1963 hasta 1969. Su salario anual era un estimado de $50,000 en aquel momento. Cuando fue informado de los procedimientos, ya había regresado a casa en la República Dominicana. La deuda sin resolver puso en riesgo su regreso a Estados Unidos a jugar en 1971.[12] Aparentemente, no había recibido asesoría, o tal vez había tenido información errónea. Pensó que abstenerse de su paga satisfacía sus obligaciones.[13] Empleó a un abogado, resolvió la deuda por una cantidad considerablemente inferior que la reclamada originalmente, y llegó a la Florida en 1971 a tiempo para el entrenamiento de primavera.[14]

En marzo de 1972, los Cardinals canjearon a Julián, de 35 años, a los Cincinnati Reds por el lanzador Tony Cloninger. Allí, se convirtió en jugador de cambio, abriendo en apenas 17 encuentros por los Reds, destinados a la Serie Mundial, jugando entonces mayormente tercera base y bateando solamente .209. Todavía un contribuyente hasta el final, Javier abrió en segunda base en el último juego de temporada regular de su carrera, el 1º de octubre. En su último turno al bate, tocó la bola para adelantar a la eventual única carrera del juego en un triunfo de los Reds 1-0 sobre Los Angeles Dodgers.

Javier jugó en su cuarta Serie Mundial esa campaña con los Reds. Su toque de sacrificio en su misma última comparecencia al plato contribuyó en una carrera para los Reds en el Juego 4, pero éstos cayeron ante los Oakland Athletics en siete encuentros. Los Red lo dejaron libre dos días después de terminada la serie.

Sin empleo en las grandes ligas, Javier se fue a casa en San Francisco de Macorís, donde comenzó a organizar una franquicia profesional para competir en la Liga Invernal Dominicana. Tomó una oportunidad como mentor en 1974 con los Leones de Yucatán en la Liga Mexicana, entonces regresó a casa para permanecer con su familia y ayudar en el desarrollo del béisbol en su país de origen. Para dar un buen inicio a los jóvenes en el béisbol, fundó la rama dominicana de la Khoury League, luego nombrada Liga Roberto Clemente para honrar a la leyenda de los Pirates.

En 1975, Javier armó una liga de verano de cuatro conjuntos que compitieron en su territorio local. Se unió a su hijo Stan para formar a los Gigantes de Cibao, que se convirtieron en uno de los contendientes regulares en la liga invernal dominicana. Fue escogido como el segunda base de todos los tiempos de las Águilas Cibaeñas, y su número (25) fue retirado en la Liga Invernal Dominicana de Béisbol.

Julián Javier construyó una carrera en las mayores principalmente por su velocidad y su guante sólido. Varias fuentes lo ubican como el segunda base de más alcance en la liga, gracias a su gran velocidad y agilidad. Sus dedos particularmente largos hacían recordar a muchos las manos de un pianista, sin embargo, dijo, "Me ayudaron a mecanografiar."[15]

Gene Mauch catalogó a Julián como "el mejor que vi persiguiendo elevados y uno de los mejores atacando la bola hacia adelante." Su compañero de combinación, Dal Maxvill, lo consideraba uno de los mejores de todos los tiempos, particularmente fildeando hacia su derecha. "Nunca he visto a más nadie hacer esa jugada," dijo Maxvill. "me pongo malcriado si no la hace." Respecto a las rolatas lentas, Maxvill dijo, "entra abajo, no se incorpora y dispara la pelota con fuerza. Le he visto tirar a esta distancia [seis pulgadas] del suelo."[16]

Javier se llevó otro apodo, the Phantom (el Fantasma). Orlando Cepeda señaló sus suaves movimientos alrededor de la segunda base: "Hoolie aparece de la nada como un fantasma." Maxvill dijo, "Hoolie es como un fantasma allí. Los corredores tratan de vencerlo, pero hace el tiro con tanta fluidez—entonces desaparece."[17]

Javier combinó su velocidad y su habilidad con el madero para ser ubicado como uno de los mejores tocadores de la liga. Se ubicó primero o segundo en toques de sacrificio en tres de sus cuatro primeros años con los Cardinals. También produjo una inusual combinación de juego chico con una sorprendente habilidad para batear con fuerza, especialmente en situaciones de presión. Sus tres jonrones en juegos de 1-0 lo ubican empatado en el sexto puesto en todos los tiempos, detrás de Ted Williams, que tiene cinco, y otros cuatro que tienen cuatro.[18]

Javier muchas veces sorprendía con sus repentinas muestras de vitalidad, como un jonrón con bases llenas que conectó en 1961 el día de su cumpleaños 25 para derrotar a los Pirates, 4-0. En mayo de 1964, los Cardinals se apoyaron en su jonrón de tres carreras para derrotar 3-2 a los Phillies. Ese día declaró que se había llenado de vitaminas que le dio su hermano, que era doctor. Cuatro días después, conectó otro grand slam y terminó la semana con 12 empujadas.[19] En julio de 1969, metió la pelota en el techo del Connie Mack Stadium en Philadelphia, luego de lo cual dijo, "No desayuné, y lo único que comí antes de ir al estadio fue una pequeña ensalada. Si hubiese comido una ensalada grande habría sacado la pelota por encima del techo y fuera del estadio."[20]

El promedio de bateo de Julián fluctuaba enormemente de un año a otro, parcialmente debido a lesiones pero también debido a otros factores como la selección de lanzamientos. Según el entrenador de bateo Dick Sisler, los mejores números parecían aparecer cuando se rehusaba a hacer swing ante lanzamientos malos, especialmente sliders y curvas abajo y afuera de lanzadores derechos.[21]

Sisler vio una constante en las estadísticas de Javier: Siempre bateó mucho mejor contra zurdos que contra derechos (.299 de por vida ante siniestros, .233 contra diestros). En tres temporadas (1965, 1968 y 1970) la diferencia llegaba a más de 150 puntos en promedio contra zurdos. El firme Branch Rickey sugirió una vez que Javier podría convertirse en un gran bateador si aprendía a batear ambidiestro, pero Javier siguió bateando solo a la derecha.[22]

Un incidente en febrero de 1964 en la Liga Invernal Dominicana involucrando a Javier y al árbitro Emmett Ashford, en aquel entonces un veterano de nueve años con la Pacific Coast League, tuvo una influencia importante para que Ashford rompiera la barrera racial para convertirse en el primer árbitro afronorteamericano en las ligas mayores. Con Javier al bate, Ashford le cantó dos strikes en lanzamientos bajos y afuera, el némesis común del dominicano en la caja de bateo. Protestó las decisiones, diciendo, "¿Por qué cantas ese lanzamiento? Sabes que no me gusta ese lanzamiento."

"¿Por qué demonios crees que lo está tirando?" contestó el umpire.

Javier ripostó: "Ah, ¡un comediante!" Ashford le dijo a Javier que se callara y bateara. Cuando se paró a batear, dejó pasar el tercer strike justo por el medio del plato. Se volvió a protestar y golpeó a Ashford en el mentón.[23] El árbitro respondió con un par de golpes, usando su máscara e incluso haciendo sangrar a Julián. Los fans "podían haberme linchado," recordó Ashford. "Pero estaban de mi lado, y creo que eso fue lo que me puso en la cima."[24]

Javier recibió una suspensión indefinida en un inicio, pero la pena fue rápidamente reducida a tres días y $50 de multa debido a su popularidad. La primera reacción de Ashford lo llevó a renunciar de la Liga Dominicana el resto de la temporada. Finalmente se apaciguó cuando Julián se disculpó en la radio. Poco tiempo después, el presidente de la Liga Americana Joe Cronin compró el contrato de Ashford, aparentemente convencido de que sabía cómo enfrentar situaciones difíciles. El popular Ashford entonces hizo historia en su debut en la Liga Americana en el Día de Apertura de 1966, en Washington.

Entre sus siete hijos, el hijo de Julián, Stan—quien fue nombrado en honor del gran Stan Musial, jugó en las ligas mayores por 18 temporadas, con ocho clubes diferentes. Otro hijo, Julián J. Javier, desarrolló un notable consultorio médico como cardiólogo en Naples, Florida. Su tercer hijo, Manuel Julián Javier, se convirtió en ingeniero en Santiago, República Dominicana.

El Estadio Julián Javier, el estadio de San Francisco de Macorís, fue construido como tributo a uno de los pioneros de los ligamayoristas dominicanos. Se convirtió en la sede de los Gigantes del Cibao, el equipo de béisbol que él formó, y en una corona a la popularidad y el éxito de Manuel Julian "Hoolie" Javier Liranzo.

FUENTES

Además de las fuentes citadas en las Notas, el autor también consultó Ancestry.com, Baseball-Reference.com, y Retrosheet.org.

NOTAS

1. Neal Russo, "Javier Something Special with Bat as Well as Glove," *The Sporting News*, 2 de septiembre de 1967.

2. Herbert Simons, "Scouting Reports on 1960 Major League Rookies," *Baseball Digest*, marzo de 1960.

3. Jack Herman, "Cards Find Comet in Swifty Javier," *The Sporting News*, 15 de junio de 1960.

4. Jack Herman, "Redbirds Boost Firepower with Changed Lineup," *The Sporting News*, 8 de junio de 1960.

5. Hoolie: No olvidar que lo sonidos de las letras entre el inglés y el español cambian, y una de las cosas curiosas que pasan los peloteros latinos en el Béisbol Organizado es precisamente la anglicanización de sus nombres, tanto en la forma de pronunciarlos como en la forma de escribirlos. (Nota del Traductor)

6. ,Neal Russo, "Swift Keystoner Rated Key Man in Redbirds Future; Cuts Down on Strikeouts," *The Sporting News*, 23 de agosto de 1961.

7. Neal Russo, "Hoolie's Hot Bat Fuels Redbird Takeoff," *The Sporting News*, 6 de mayo de 1967.

8. "Boozer-Wine-Old Taylor Knocks Cards on Ears," *The Sporting News*, 8 de julio de 1967.

9. La idea es hablar de bebidas: boozer es alcohol o alquien que consume mucho alcohol; wine es vino y Old Taylor es un tipo de bourbon whisky. (Nota del Traductor)

10. "Dominican Republic Gives Hero's Welcome to Javier," *The Sporting News*, 4 de noviembre de 1967.

11. Fernando Viscioso, "Pirates Defeat Native Stars Before 19,152," *The Sporting News*, 4 de noviembre de 1967.

12. Neal Russo, "$84,320 U.S. Tax Liens Brought Against Javier," *The Sporting News*, 17 de octubre de 1970.

13. Neal Russo, "Javier Figures in '71 Redbird Plans," *The Sporting News*, 30 de enero de 1971.

14. "Bunts and Boots – Javier Tax Settlement," *The Sporting News*, 3 de abril de 1971.

15. "Baseball's Week," Sports Illustrated, 8 de julio de 1963.

16. Neal Russo, "Hoolie's Hot Bat Fuels Redbird Takeoff," *The Sporting News*, 6 de mayo de 1967.

17. Neal Russo, "Redbird Phantom Striking Dread in Hearts of Enemies," *The Sporting News*, 23 de agosto de 1969.

18. Lyle Spatz, ed. *The SABR Baseball List & Record Book* (New York: Scribner, 2007).

19. "Baseball's Week," *Sports Illustrated*, 25 de mayo de 1964.

20. "Baseball's Week," *Sports Illustrated*, 21 de julio de 1969.

21. Russo, "Redbird Phantom."

22. Bob Broeg, "All-Star Team of Switch-Hitters," *The Sporting News*, 17 de febrero de 1979.

23. A. S. "Doc" Young, "Ashford Was One Ump with Box-Office Appeal," *The Sporting News*, 26 de diciembre de 1970.

24. Joe Falls, "The Ump GETS This Decision," *Baseball Digest*, julio de 1966.

Stan Javier

Por Richard Cuicchi

La herencia beisbolera de Stan Javier incluía a su padre ex ligamayorista y a un miembro del Salón de la Fama compañero de su padre. Podría pensarse que esta situación incitaría a un joven de la República Dominicana a buscar sin descanso una carrera de grandes ligas para sí. Pero por el contrario, el béisbol era visto por Javier como otro deporte que practicaba mientras crecía, e incluso al entrar al béisbol profesional a la edad de 17 años, todavía no tenía la vista puesta en llegar a las mayores.

Sin embargo, Javier sí llegó a las ligas mayores y jugó 17 temporadas con ocho conjuntos distintos. Pasó la mayor parte de su carrera luchando por un trabajo a tiempo completo como jardinero. Ya fuera que jugara con regularidad o como jugador de cambio, de manera rutinaria mostró su valor a su equipo con su sólida defensa, velocidad en el corrido de bases, habilidad para batear a ambas manos, y su versatilidad para jugar los tres jardines. Jugó en seis equipos de postemporada, incluyendo los Oakland A's ganadores de la Serie Mundial de 1989.

Nacido con el nombre de Stanley Julián Antonio Javier el 9 de enero de 1964 en San Francisco de Macorís, República Dominicana, era el hijo de Julián e Inés (Negrín) Javier. El cuarto de cinco hijos, tuvo un hermano y tres hermanas.[1]

Julián Javier había acabado de terminar su cuarta temporada de ligas mayores con los St. Louis Cardinals cuando nació Stan. Julián era el segunda base del infield de la Liga Nacional para el Juego de Estrellas de 1963 que también incluía a Bill White, Dick Groat, y Ken Boyer. Stan recibió su nombre de otro de los famosos compañeros de equipo de su padre, el miembro del Salón de la Fama Stan Musial.[2]

Javier (padre) había sido el tercer dominicano en llegar a las mayores en 1960, siguiendo a Ozzie Virgil Sr. y Felipe Alou. Stan estuvo entre los primeros 92 jugadores de la República Dominicana en llegar a las mayores desde 1956 a 1984. Para el final de la campaña de 2016, el número total de dominicanos había crecido a un total de 669 jugadores de grandes ligas del pequeño país.[3]

Las ligas organizadas de deporte amateur no abundaban durante el tiempo en que Javier creció en la República Dominicana. Los jóvenes jugaban mucha pelota callejera, aunque sí jugó en la Liga Roberto Clemente, la cual se comparaba con la Little League en los Estados Unidos. Jugó béisbol en la preparatoria La Altagracia, pero igualmente la organización de los equipos deportivos de preuniversitario era esporádica.⁴

Javier recordó que no recibió mucho entrenamiento para sus habilidades beisboleras por parte de su padre, pues el béisbol era solamente otro deporte que practicaba. Dijo, "De joven, no sabía que quería ser pelotero. Participaba en cualquier deporte que estuviese en temporada, aunque mayormente sin organización. Probablemente jugué más baloncesto que béisbol mientras crecía. Fue una especie de accidente que llegara al béisbol."⁵ (Los intereses de Javier por el baloncesto resurgieron una vez terminada su carrera beisbolera).

Bateador derecho natural, Javier aprendió a batear a las dos manos, porque sus oponentes en los juegos informales insistían que bateara a la zurda para no perder la pelota en el pequeño terreno de juego. Fue una habilidad que se convirtió en un activo importante durante su carrera profesional. Para cuando tenía 15 o 16 años, comenzó a mostrar promesa enfrentando competencia más dura. Refinó su juego con entrenamiento de José García, quien anteriormente trabajó con peloteros profesionales. Sin embargo, al no haber scouts profesionales asistiendo a los juegos, el padre de Javier, para entonces retirado como pelotero, decidió llevarlo a Florida para el entrenamiento de primavera de 1981, y arregló pruebas con varios clubes de grandes ligas.⁶

Después de las pruebas, los New York Mets, Pittsburgh Pirates y St. Louis Cardinals quisieron fichar a Javier. Los Javier decidieron firmar con los Cardinals debido a la relación previa de Julián con el club. Los Cardinals contrataron a Stan, de 17 años, como agente libre no pasado por draft el 26 de marzo de 1981.⁷

Javier regresó a la República Dominicana para terminar su año de la preparatoria y luego reportó al afiliado de los Cardinals en Johnson City (Appalachian League). Llevaba el número 6 en su uniforme, el número de Stan Musial.⁸ Sus dos años en Johnson City fueron marcados por un OBP de más de .400 y menos errores a la defensa. Fue nombrado al equipo Todos Estrellas de postemporada en 1982. De su tiempo en el sistema de los Cardinals, Javier dijo: "Los coaches George Kissell y Johnny Lewis me ayudaron tremendamente durante esos primeros años. Tuve una buena actitud, y me llevé bien con esos tipos."⁹

Pese a su éxito inicial, Javier dijo, no estaba pensando aun en jugar en las mayores. "Cuando estaba jugando en la liga rookie, pensé que estaba en un buen sitio en ese momento. Me estaba divirtiendo jugando pelota. No me preocupaba mi futuro. Como muchacho, no había hablado todavía con mi papá sobre una cerrera en el béisbol, así que por su parte no había presión ninguna para que llegara a las mayores."¹⁰

El 14 de diciembre de 1982, Javier fue transferido por Cardinals junto con Bobby Meacham a los New York Yankees por tres lanzadores de ligas menores. Se dice que los Yankees le debían a los Cardinals por haber dejado ir a Willie McGee en un canje el año anterior. Sin embargo, el gerente general de los Cardinals Joe McDonald dijo que el traspaso no tenía nada que ver con el de McGee.¹¹ Por otro lado, *The Sporting News* reportó en 1985 que el canje Javier-Meacham a los Yankees sí estaba de hecho relacionado con la transferencia de McGee en 1981, como una condición para que George Steinbrenner respaldara al dueño de los Cardinals, August Busch en su afán de despedir al Comisionado Bowie Kuhn.¹²

Javier pasó la campaña de 1983 completa con el Greensboro de la South Atlantic League (Clase-A), donde comenzó a adquirir reputación como prospecto importante de la organización al batear .311, con 12 jonrones, 77 impulsadas y 33 bases robadas – el manager de Greensboro Carlos Tosca fue una gran influencia en su mejoría ofensiva. Javier fue

Fotografía cortesía del Salón de la Fama del Béisbol Nacional

premiado con su ubicación en el roster de 40 de los Yankees para 1984.[13]

Junto con Brian Dayett y Otis Nixon, Stan era considerado entre los mejores prospectos de los jardines por los Yankees.[14] Inició el entrenamiento de primavera con los Yankees en 1984 porque el jardinero Steve Kemp se lesionó. Javier terminó quedándose con los Yankees todo el mes de abril debido a lesiones de Dave Winfield y Ken Griffey Sr. De esa breve estancia con los Yankees, Javier recordó, "Estaba esperando que me mandaran a las menores, pero los Yankees me dejaron con ellos para que jugara a la defensa cuando alguien se lesionaba. En un punto, pedí que me mandaran a las menores para poder jugar todos los días. Mi compañero de equipo Lou Piniella dijo que yo era probablemente el único jugador que había pedido la democión."[15]

Javier debutó en las mayores el 15 de abril de 1984, contra los Chicago White Sox, cuando remplazó a Dave Winfield en el jardín derecho y se fue sin hits en un turno. Jugó siete juegos para los Yankees en abril y pasó el resto de la temporada entre el Nashville de Doble A y el Columbus de Triple A.

Luego de la temporada de 1984, los Yankees, no muy convencidos, unieron a Javier con otros varios prospectos (Tim Birtsas, Jose Rijo, Eric Plunk) y Jay Howell en un canje con Oakland para obtener a Rickey Henderson, Bert Bradley, y dinero. El trato fue promovido por la falta de confianza que tenían los A's en poder retener a Henderson luego de la campaña de 1985. Su director de administración de béisbol, Walt Jocketty, insistió en que Rijo y Javier fuesen parte del trato y se mantuvo firme en esta posición durante las negociaciones.[16]

Un analista de los mayores canjes en la historia de las ligas mayores, en cuando al canje más grande por futuro talento de grandes ligas, ubicó esta transferencia entre las cuatro primeras usando la métrica de Win Shares. El traspaso fue citado por haber sido el modelo de pactos que involucraban prospectos por súper estelares que llegaban a la agencia libre.[17]

Después de haber estado entre los líderes de la liga en bases robadas, boletos y carrera anotadas con el Huntsville de Doble-A en 1985, Javier jugó parte de las temporadas de 1986 y 1987 en el roster de los A's. Sin embargo, bateó muy poco (.202 y .185) en ambas campañas.

Los A's decidieron no retener al jardinero central Dwayne Murphy en 1988, y comenzaron a usar a Javier y a Luis Polonia en rol de pelotón. En su primera contienda completa en las mayores, Javier jugó 125 partidos y bateó .257, con dos cuadrangulares y 35 empujadas. En sus primeros 48 encuentros, Javier había logrado marcas personales en hits (43) y empujadas (18).[18] Fue cogido robando apenas una vez en 21 intentos durante esa temporada, uno de los porcentajes más altos (95.2%) en una temporada para peloteros con al menos 20 bases robadas.¹⁹

Con un equipo en el que se incluían Mark McGwire, José Canseco, Don Baylor, Carney Lansford, Dave Henderson, y Walt Weiss, los A's barrieron a los Boston Red Sox en la Serie por el Campeonato de la Liga Americana, pero luego perdieron ante Los Angeles Dodgers en cinco juegos de la Serie Mundial. Javier compiló .500 en la postemporada, con tres empujadas. Se convirtió en el séptimo pelotero de segunda generación en jugar en un Clásico de Otoño.²⁰

Oakland repitió como campeón de la Liga Americana en 1989. Rickey Henderson volvió a ser adquirido en junio, pero entonces Canseco cayó en la lista de lesionados por una buena parte de la campaña, nuevamente dando a Javier más tiempo de juego. El 5 de agosto en Seattle, jugó su primer choque en segunda base, la antigua posición de su padre, fildeando tres rolatas y ayudando a completar una doble matanza. Javier bateó .248 en 112 encuentros.

Los A's barrieron a los San Francisco Giants en la Serie Mundial, marcada por el terremoto del Área de la Bahía, el cual interrumpió la serie por diez días entre los juegos 2 y 3. Cuando muchos de los peloteros de lo A's estaban mandando a sus familiares lejos cuando se suspendió la Serie, Javier mantuvo a sus parientes en el área. Dijo, "Ellos van a volver a Candlestick. Dijeron que vendrían a ver la Serie Mundial y van a verla."²¹ Stan tuvo una sola aparición en la Serie, como reemplazo defensivo de José Canseco en el Juego 3.

Javier evitó el arbitraje con los A's en enero de 1990 al firmar por un año y $310,000, pero el 13 de mayo fue canjeado a los Dodgers por Willie Randolph. El outfield de los A's se había superpoblado, con Félix José reemplazando a Javier como el pelotón para los regulares Dave Henderson, Rickey Henderson, y José Canseco. Javier estuvo feliz con el cambio en ese momento, diciendo "Era divertido jugar con los A's en algunos puntos, me divertí mucho ganando; pero no estaba jugando lo suficiente, por lo que fu bueno irme. Me considero un pelotero de todos los días. No iba a tener esa oportunidad en Oakland."²²

Con los Dodgers, Stan jugó con la confianza que ganó mientras estaba en Oakland. En sus primeras seis semanas, fue el bateador más sólido del club, con una cadena de 12 juegos bateando de hit en junio. Terminó la campaña con promedio de .304 en 104 encuentros. Con frecuencia cubrió el jardín central por Kirk Gibson, quien estaba lidiando con problemas en la pierna después de perderse los primeros meses de la temporada. Los Dodgers terminaron segundos en la División Oeste.

En el invierno, los Dodgers añadieron a los jardineros Darryl Strawberry y Brett Butler, quienes fueron adquiridos para ser regulares. Buscando una manera para entrar en la alineación regular, Javier pensó que podía buscarse un puesto en tercera base, aunque nunca había jugado allí. Jeff Hamilton había sido el tercera base de los Dodgers en 1988-89, y la cirugía en 1990 lo mantuvo fuera la mayor parte de la temporada. Javier se preparó para la nueva posición fildeando rolatas durante el invierno en la República Dominicana. Cuando el manager de los Dodgers, Tommy Lasorda, fue interrogado respecto a las perspectivas de que Stan jugara en la antesala, dijo, "¿Por qué no? Aprende bien. Quiere jugar. Veamos lo que pasa." Lasorda reconoció que Javier había sido su mejor jardinero en 1990.²³

Javier terminó jugando mayormente como cuarto jardinero en 121 partidos en 1991; so promedio ofensivo cayó casi 100 puntos, pues tuvo problemas con dolores en una muñeca la mayor parte de la campaña. Stan tomó su degradación como un proceso, diciendo, "Conozco mi trabajo. Sé que soy el cuarto jardinero. No me gusta, pero lo aprovecho lo que puedo y ayudo donde puedo."²⁴

En un punto durante la temporada, se fue de 24-0 como emergente. Stan tuvo cirugía en la muñeca dos semanas luego de concluida la campaña.

Comenzó la temporada de 1992 con los Dodgers, pero las lesiones en el hombre y el codo le disminuyeron el tiempo de juego. Logró apenas cinco aperturas durante los 73 primeros encuentros de los Dodgers. Sobre la temporada, rememoró, "Mi estilo agresivo de juego provocó que me perdiera encuentros. Los Dodgers sabían que podía batear, pero a la larga pensaban que no podían contar con que estuviese saludable."[25] Como consecuencia, los Dodgers traspasaron a Javier a los Philadelphia Phillies el 2 de julio. Javier se movió a un rol de regular con los Phillies, viendo acción en 74 encuentros al tiempo que compilaba .261 y robando 17 bases. Luego de la contienda, se convirtió en agente libre, y firmó con los California Angels para 1993, bateando .291 en 92 partidos. Como agente libre nuevamente luego de ese año, Javier regresó a los A's. Con Dave Henderson ya fuera del equipo, Stan fue el jardinero central regular de los A's en la temporada de 1994 acortada por la huelga. Bateó de hit en sus primeros 17 juegos. Luego de conectar apenas 13 vuelacercas en sus primeras ocho temporadas en las mayores, mostró un poder poco probable cuando disparó 10 cuadrangulares mientras compilaba .272 y robaba 24 bases—su mejor campaña hasta ese momento.

Javier volvió a firmar con los A's para la campaña de 1995 y logró su segundo año consecutivo sólido como regular. Bateó .278 con ocho jonrones y lideró al Oakland con 36 bases robadas. Desde el 31 de mayo al 1 de octubre, tuvo 28 bases robadas consecutivas, un récord para los A's hasta que Coco Crisp robara 36 al hilo en 2012.[26] Rompió el record para la Liga Americana para más lances (334) sin error para un jardinero, anteriormente en posesión de Brian Downing (330) en 1982.[27]

Cuando era regular, Javier mostraba a las gerencias de las grandes ligas que era un pelotero valioso debido a su versatilidad, su guante confiable y su velocidad. Su habilidad para batear ambidiestro y como primer bate eran atributos adicionales.

Luego de que los San Francisco Giants decidieran no volver a fichar a Deion Sanders siguiendo la campaña de 1995, Stan firmó un contrato por dos años, rechazando una oferta de los Texas Rangers. Comenzó 1996 como jardinero central regular de los Giants, pero una lesión en la corva limitó su campaña a mediados de julio.

La temporada de 1997 trajo nuevos retos para Javier, cuando los Giants adquirieron a Darryl Hamilton para que jugara el jardín central. Javier ganó en una competencia con los outfielders Darrin Jackson y Marvin Benard por el puesto de cuarto jardinero. Cuando Hamilton perdió varios encuentros en la temporada debido a lesiones en su pulgar y su corva, Javier pudo ocupar su puesto. El manager de los Giants Dusty Baker decidió posteriormente alternar a Javier en el jardín derecho con Glenallen Hill, quien sufrió lapsos en el bateo y la defensa.[28]

No conocido por conectar jonrones, Javier disparó el primer vuelacercas en el primer jugo de interligas de las ligas mayores, el 12 de junio de 1997.[29] En la parte alta del tercer inning, conectó el batazo ante el lanzador de los Texas Rangers Darren Oliver. Fue el jonrón 34 de su carrera. En toda la temporada, Javier bateó en prácticamente cada turno de la alineación y con frecuencia era insertado a la defensa cuando no abría jugando. En total, vio acción en 142 encuentros y bateó .286. Los Giants terminaron primeros en la División este de la Liga Nacional, pero cayeron ante el eventual campeón de la Serie Mundial, los Florida Marlins, en la Serie Divisional.

A los Giants les gustaba Javier por su versatilidad y lo tomaron como agente libre luego de la temporada de 1997. Comenzó 1998 como su jardinero derecho regular. Con la adquisición por parte de los Giants de los jardineros veteranos Joe Carter y Ellis Burks en el plazo de transferencias y el estallido de Benard esa esa temporada, las oportunidades de Javier de abrir como jardinero regular disminuyeron durante los dos últimos meses. De todos modos, jugó 135 encuentros y bateó .290.

Stan fue ubicado en el bloque de transferencias luego de la campaña, y los Giants lo usaron como carnada para adquirir a un lanzador. Sin embargo, los equipos no estaban dispuestos a asumir su salario de $1.7 millones.[30] Comenzó entonces alternando con Benard en el central, pero asumió como jardinero derecho cuando Barry Bonds cayó en la lista de lesionados por 10 semanas con una lesión en el codo. El 31 de agosto Javier fue finalmente traspasado a los Houston Astros, que necesitaban a un jardinero a corto plazo para que les ayudara a ganar su división.

El pacto rindió dividendos para los Astros. Javier compiló .328 en el último mes, y Houston terminó en el primer lugar de la División Centra de la Liga Nacional. Javier inició tres de los cuatro encuentros en la Serie Divisional, que los Astros perdieron ante los Atlanta Braves. De su experiencia con los Astros, Stan dijo, "Yo era un veterano que traía experiencia al equipo. Había estado bateando bien con los Giants, y yo me llevé ese impulso a los Astros. Los Giants ya no me necesitaban, así que entendí el canje. Los Astros jugaron duro, y me gustó jugar con ellos. Les gustaba como yo corría, jugaba a la defensa y tenía buenos turnos al bate. Fue divertido jugar junto a los 'Killer B's' (Jeff Bagwell and Craig Biggio)."[31]

En el invierno, Javier firmó con los Seattle Mariners, su octavo equipo de grandes ligas. Fue uno de los seis agentes libres que adquirió el gerente general Pat Gillick que alteraron la alineación y contribuyeron a que fuesen contendientes la mayor parte de la temporada de 2000.[32] Stan era uno de los siete jardineros que el mentor Lou Piniella mezclaba y emparejaba contra lanzadores oponentes. Pera ese momento en su carrera, ya Javier había perdido algunos pasos, pero era todavía un consistente ambidiestro y jugaba con sólida defensa en los tres jardines. Jugó 105 partidos y los Mariners terminaron segundos en la División Oeste. Derrotaron a los Chicago White Sox en la Serie Divisional, pero perdieron ante los New York Yankees en la Serie por el Campeonato. Stan compiló .275 en la temporada pero fue inefectivo en la postemporada.

Los Mariners decidieron tomar el año opcional del contrato de Javier para 2001. Problemas en un tendón en su rodilla izquierda limitaron su accionar, aunque terminó bateando .292 en 89 encuentros. Los Mariners ganaron 116 partidos para llevarse la División Oeste derrotando a los Cleveland Indians en la Serie Divisional ero volvieron a caer ante los Yankees en la Serie de Campeonato. En su sexta postemporada, Javier contribuyó con un cuadrangular en la ALCS.

Durante el entre temporada, Javier, entonces con 37 años, se vio ante una difícil decisión de su carrera: ¿Cuándo es hora para salirse del juego? Finalmente decidió retirarse. Sobre su argumento, dijo "[El manager de los Mariners] Piniella simpatizaba con la clase de pelotero que soy. Me gustaba que me trataran como veterano. Nos divertíamos, llenábamos el estadio a diario. Safeco era un estadio grande y lo aproveché para batear entre dos (jardineros) y como bateador situacional; sí que para mí era perfecto. Sin embargo, se estaba tornando cada vez más difícil para mí estar al 100% todos los días. Cuando estaba lastimado era infeliz. Respetaba el juego y cuando sentí que no podía dar el todo, sentí que era la hora de irme. Además, mis hijos están creciendo, y se han convertido en una prioridad para mí. Podía haber firmado por otro año y haber sido un jugador 'holgazán', pero no es la clase de pelotero o persona que era."[33]

Durante sus 17 campañas en las mayores, Javier bateó .269 con 1,358 imparables, 57 jonrones, 503 empujadas y 246 bases robadas. Está entre los primeros en mayor promedio de bases robadas de por vida (82.8% con un mínimo de 100 bases robadas).[34]

Javier se mantuvo activo en el deporte profesional luego de su carrera como jugador. Fue el gerente general del equipo de República Dominicana para los torneos de Clásico Mundial de Béisbol de 2006 y 2009 y era propietario del equipo de béisbol Gigantes del Cibao en la Liga Invernal Dominicana. Fue además asistente especial de la Asociación de Jugadores de la MLB. Hasta 2018, era vicepresidente de los Toros del Este en la Liga Invernal Dominicana.[35]

Regresando a su pasión de joven por el baloncesto en la República Dominicana, Stan fundó la Loga Nacional de Baloncesto y hasta 2018 era dueño de su equipo, los Indios de San Francisco de Macorís.[36]

Javier y su esposa, Genoveva, tienen tres hijos, Karla, Marcel, e Ines Marie.[37]

Javier terminó teniendo una sustancial carrera de grandes ligas como su padre. Sin embargo, no hubo temporada en la que no llegara a los entrenamientos de primavera luchando contra varios jugadores por un puesto en los jardines, a veces incluso como suplente. Nunca tuvo grandes números ofensivos que le aseguraran un rol de regular en ninguno de sus equipos. Sin embargo, se convirtió en un miembro valioso de algunos muy buenos clubes aprovechando todas sus oportunidades para entrar en la alineación debido a su estilo de juego.

FUENTES

Además de as fuentes citadas en las Notas, el autor tambien consultó información de prensa y guías de varios equipos de ligas mayores , y

Gardiner White, Sarah. *Like Father, Like Son: Baseball's Major League Families* (New York: Scholastic, Inc., 1993), 61-71.

Geisler, Paul Jr. SABR BioProject: Julian Javier, sabr.org/bioproj/person/b8bf06ec, accedido el 20 de marzo de 2017.

Nothington, Tom. "Stan Javier Is Making People Believe Baseball Is His Game," *Yankees Magazine*, 4 de agosto de 1983: 29.

Pietrusza, David, Matthew Silverman, and Michael Gershman, eds. *Baseball: The Biographical Encyclopedia* (New York: Total Sports Illustrated, 2000), 554.

Spatz, Lyle. *Yankees Coming, Yankees Going: New York Yankee Player Transactions, 1903 Through 1999* (Jefferson, North Carolina: McFarland & Company, Inc., 2000), 233-234.

NOTAS

1. Stan Javier, entrevista telefónica con el autor, 13-14 de febrero de 2017.
2. "Cards Sign Young Javier," *The Sporting News*, 11 de abril de 1981: 46.
3. Baseball-Reference.com.
4. Javier entrevista.
5. Javier entrevista.
6. Javier entrevista.
7. Javier entrevista. Numerosas publicaciones han reportado que Javier tenía 16 años cuando firmó su primer contrato con los St. Louis Cardinals en 1981. Javier piensa que este error se atribuye probablemente a que su cumpleaños se cambió de manera inadvertida del el 9 de enero por el 1 de septiembre, pues los dormatos de fechas típicos de la República DOminicana en esa época eran de dd/mm/aa.
8. "Another Stan the Man?" *The Sporting News*, 16 de agosto de 1982: 43.
9. Javier entrevista.
10. Javier entrevista.
11. Rick Hummel, "Cards Preparing for Arbitration," *The Sporting News*, 24 de enero de 1983: 40.
12. Dave Nightingale, "Yankees Got More for McGee Via 'Trade,'" *The Sporting News*, 2 de diciembre de 1985: 57.
13. " '84 Looks to be Exciting," *Yankees Magazine*, 26 de enero de 1984: 19.
14. Moss Klein, "A.L. East Notebook," *The Sporting News*, 6 de febrero de 1984: 42.
15. Javier entrevista.
16. Moss Klein, "Risky Business Has A's Prospering," *The Sporting News*, 9 de junio de 1986: 20.
17. Dave Studeman, "The Biggest Deals of All Time," *Hardball Times*, 30 de marzo de 2005, hardballtimes.com/the-biggest-deals-of-all-time/, accedido el 2 0 de marzo de 2017.
18. "A.L. West Notebook," *The Sporting News*, 20 de junio de 1988: 43.
19. Lyle Spatz, ed., *The SABR Baseball List & Record Book* (New York: Society for American Baseball Research, 2007), 336.
20. Stan Isle, "Pitching Coach No Longer a Yankee Barometer," *The Sporting News*, 7 de noviembre de 1988: 7.
21. "A.L. West: Athletics," *The Sporting News*," 6 de noviembre de 1989: 64.
22. Bill Plaschke, "For Dodgers, Rainout Beats Another Loss," *Los Angeles Times*, 14 de mayo de 1990: C1, C15.
23. "Javier to Pursue Third-Base Job," *The Sporting News*, 4 de febrero de 1991: 39.
24. "Baseball: N.L. West," *The Sporting News*, 1 de julio de 1991: 17.
25. Javier entrevista.
26. "Crisp's Club Record Steals Streak Ends at 36," June 21, 2012, m.mlb.com/news/article/33705134//, accedido el 20 de marzo de 2017.
27. Pedro Gomez, "A.L. West," *The Sporting News*, 9 de octubre de 1995: 50.
28. Henry Schulman, "N.L. West," *The Sporting News*, 9 de junio de 1997: 43.
29. "Interleague History," mlb.mlb.com/mlb/history/interleague/, accedido el 20 de marzo de 2017.
30. "American League: Toronto," *The Sporting News*, 22 de marzo de 1999: 35.
31. Javier entrevista.
32. "Baseball: Seattle," *The Sporting News*, 9 de octubre de 2000: 20.
33. Javier entrevista.
34. Spatz, 335.
35. Javier entrevista.
36. Javier entrevista.
37. Javier entrevista.

José Lima

By Rory Costello

La fastuosidad, igual que la no confiabilidad, escasea en el béisbol de grandes ligas. José Lima, el dominicano que lanzó por cinco equipos en las mayores desde 1994 a 2006, fue uno de los últimos "personajes" distintivos. Estrafalario e incontenible, extremo y exasperante, Lima era un artista natural a quien le encantaba ser el centro de atención. Era un artista de la grabación que escribía canciones y actuaba con sus propias bandas; una vez cantó el himno nacional antes de un partido en el Dodger Stadium. Se mezclaba alegremente con los fans, especialmente los niños. Incluso posteaba en foros de internet sobre el béisbol dominicano.[1]

El récord de Lima en las grandes ligas se vio marcado por altos sorprendentes; el diestro ganó 21 partidos en 1999 y luego regresó en 2003-04 cuando muchos pensaban que estaba acabado. También hubo profundos abismos, pues su registro en total fue de 89-102 con promedio de limpias de 5.26. Pero su amor por el deporte lo mantuvo activo en México, Corea del Sur, y ligas independientes hasta 2009. Al año siguiente, murió de un infarto a la temprana edad de 37 años. Su recuerdo perdura en su exuberante grito de rally: "It's Lima Time!" (Es la hora de Lima).

José Desiderio Rodríguez Lima nació el 30 de septiembre de 1972. Referencias beisboleras norteamericanas dan su lugar de nacimiento como Santiago (Santiago de los Caballeros, en verdad), la segunda ciudad más grande de la República Dominicana. Esto parece ser impreciso, porque Santiago también es el nombre de una provincia en la región del Cibao. Varias fuentes dominicanas, incluyendo una publicación de octubre de 2010, han mostrado como su lugar exacto de nacimiento a Salaya, parte de Sabana Iglesia, un área municipal en la provincia de Santiago.[2]

La información adicional respecto al antecedente familiar de Lima viene cortesía de una publicación de 1999 en *Sports Illustrated*, por Kostya Kennedy. "El mayor de siete hijos, creció en una casa de tres habitaciones en una fértil parcela de tierra fuera de la ciudad de Santiago. Su padre, Francisco Rodríguez, fue receptor por 12 años de un equipo viajero amateur dominicano y mantenía a su esposa, Nurys Lima, y a sus siete hijos trabajando en el sistema local de loterías y criando gallos para peleas."[3] Al igual que los hermanos Alou, el ejemplo dominicano más prominente, Lima se conoció en los Estados Unidos por la parte materna de su apellido doble. Lo mismo es cierto para su hermano menor, Joel (nacido en 1989), también lanzador que se hizo profesional en el sistema de los Dodgers en 2008.

Kennedy siguió, "A los Limas [sic] nunca les faltó la comida—mantenían animales de granjas y cultivaban mangos y plátanos—pero José comenzó a suplementar el sistema de ingresos de la familia a la edad de 11 años cantando en clubes nocturnos. A los 13 años, entró en una competencia en un festival y cantó ante una multitud de miles. Cantó una canción de la opereta *Magdalena*, de Villa-Lobos, cantando mejor que otros nueve vocalistas para ganar. Su éxito conllevó a que José asistiera a clases de música. Se comprometió tanto con una carrera de cantante que podría nunca haber jugado béisbol más allá de los solares."[4] Durante su época de jugador, tuvo grupos llamados Banda Mambo—"Mambo" era uno de sus apodos—y *La Fuga*. Logró al menos cuatro álbumes.[5]

"Cuando cumplió 15, sin embargo, Francisco le pidió que hiciera un esfuerzo serio de jugar béisbol, y José se unió a un equipo en la liga juvenil dominicana. Lanzó (con registro de 9-0), jugó el jardín central y fue nombrado el MVP de la liga."[6] El 5 de julio de 1989, Ramón Peña de los Detroit Tigers firmó a Lima de 16 años de la Preparatoria de Las Charcas por apenas $2,000.[7]

Las estadísticas de Lima en sus primeros cinco años de pelota de ligas menores (1990-94) no fueron atractivas. Nunca tuvo un registro—de hecho, tuvo 24-45 con efectividad de 4.03. Sin embargo, mostró un brazo fuerte, ponchando casi ocho bateadores por cada nueve entradas lanzadas. Sus tarjetas de béisbol de ligas menores, que mostraban a un delgado adolescente (6'2" y 170 libras), mencionan que ya tenía también un cambio en círculo.

Lima escaló con estabilidad, llegando a las mayores por vez primera a principios de la temporada de 1994. Vio acción en tres

Foto cortesía de los Kansas City Royals

encuentros en abril y mayo. En agosto de ese año, mientras las mayores estaban en huelga, lanzó un juego sin hits ni carreras para los Toledo Mud Hens de Triple-A. Ponchó a 13 bateadores de los Pawtucket Red Sox, mientras transfería solamente a uno frente al manager Sparky Anderson y el gerente general Joe Klein.[8]

Lima subió y bajó entre Detroit y las menores en 1995 y 1996. Tuvo 15 aperturas en 1995 pero fungió mayormente como relevista en el '96, abriendo apenas cuatro veces en 39 partidos. Su récord en sentido general no fue impresionante: 8-15 con efectividad de 5.90. En diciembre de 1996, los Tigers lo mandaron a los Houston Astros como parte de un canje de nueve jugadores.

Los Astros siguieron usando a Lima desde el bullpen en 1997, y nuevamente los resultados fueron débiles (1-6, 5.28 en 52 encuentros). Lanzó un inning de relevo cuando los Atlanta Braves barrieron a Houston en la Serie Divisional de la Liga Nacional. En 1998, sin embargo, floreció de repente luego de unirse a la rotación. Los Astros estaban lidiando con lesiones de sus otros abridores, y Lima virtualmente exigió al mentor Larry Dierker y al coach de pitcheo Vern Ruhle que lo usaran.[9] Comenzó con fuerza y no miró hacia atrás, con récord de 16-8 en 33 aperturas, y su promedio de limpias de 3.70 estuvo por debajo del promedio de la liga. El excelente control—apenas 32 boletos en 233 y 1/3 de actuación—fue una parte important de su éxito. No fue parte de la rotación de los play off, sin embargo, porque los Astros habían adquirido a Randy Johnson a finales de julio.

La campaña de 1999 fue por mucho la mejor de Lima. Tuvo balance de 21-10 con efectividad de 3.58; terminó segundo en el Viejo Circuito en victorias detrás de su compañero de equipo Mike Hampton y tercero en las mayores detrás de su compatriota Pedro Martínez. Nuevamente la ubicación de sus lanzamientos fue excelente, con 44 boletos en 246 entradas y 1/3 de trabajo. Fue elegido para el Juego de las Estrellas por única vez en su carrera, lanzando una entrada sin anotación, y terminó cuarto en la votación por el Premio Cy Young. Rememorando l canje luego de haber sido nombrado para el equipo Todos Estrellas, estuvo agradecido. "Detroit me salvó la vida," resaltó Lima con los ojos iluminados. "Fui del infierno al cielo. Estoy en un equipo ganador."[10]

Kostya Kennedy describió a Lima vívidamente en junio. "Sale al terreno con sus medias estilo estribo que se extienden desde la parte superior de sus pantorrillas y comienza un baile que dura todo el juego y evoluciona con cada lanzamiento. Bate sus brazos, presiona su puño, apunta, se encoge de hombros, hace gestos, asiente, salta, patea y se retuerce. Tuerce su torso después de un lanzamiento y gira su cadera después del otro. Luego de un ponche importante se gasta un movimiento que enorgullecería a John Travolta, haciendo a sus víctimas un disparo de burla con su índice y pulgar."[11] A los oponentes no siempre les agradaba el histrionismo de Lima, pero los que fueron sus compañeros sabían que iba en su corazón.

Houston ganó la División Central de la Liga Nacional por tercer año consecutivo, pero Lima perdió su única apertura mientras Atlanta vencía a los Astros en la primera ronda de los play off. Sin embargo, en enero de 2000, Lima firmó por $18.75 millones y tres años. Pero para ponerlo de manera gentil, el propietario Drayton McLane y el equipo no recibieron lo que pagaron. Los Astros se mudaron del Astrodome—que favorecía a los lanzadores—al Enron Field (como se conocía antes de que se revelara un fraude corporativo en masa a finales de 2001). Lima tuvo un año que podría catalogarse de terrible: 7-16, 6.65 de limpias, y 48 jonrones que encabezaron la liga en 196 y 1/3 de trabajo. *El Hamilton Spectator* (Ontario) lo resumió con claridad, "Lima es un lanzador que permite elevados y que está siendo masacrado por la cerca de 315 pies en Enron, que atrae las pelotas de la misma manera que una luz de neón atrae a los insectos en la noche."[12]

Las cosas fueron muy similares en 2001 y 2002. En general, Lima se fue con 10-18, 6.19, permitiendo 47 jonrones en 234 entradas. En junio de 2001, Houston lo transfirió de vuelta a Detroit por Dave Mlicki. Los Tigers ni siquiera lo mantuvieron por un año en 2002, y lo liberaron en septiembre.

Lima se fue a la pelota independiente por vez primera en 2003, e hizo un buen trabajo con los Newark Bears, con balance de 6-1, 2.33 en ocho aperturas. En su tributo a Lima, Joe Posnanski de *Sports Illustrated*, escribió, "El gran scout de los Royals Art Stewart había escuchado en su radio que Lima estaba lanzando bien." Esto fue importante porque la diferencia ente su recta y su cambio se había reducido.[13]

A principios de junio, Kansas City compró su contrato, y al estar tan desesperados por lograr pitcheo, lo enviaron directo a la acción. Luego de un encuentro sin decisión, ganó siete aperturas consecutivas antes de que una lesión en la ingle lo sacó de su paso; terminó con marca de 8-3 y 4.91 en 14 aperturas. "Bailaba y cantaba y decía las locuras más grandes," añadió Posnanski. "Sus compañeros sin duda lo adoraban y estaban al mismo tiempo molestos de la misma forma. Los reporteros siempre lo rondaban porque siempre era bueno para algo."[14]

Luego de que muriera Lima, Joe Torre, que lo vio cuando era manager de los Yankees, dijo, "Era un show, un exhibicionista. Pero ganaba juegos; y creo que muchas veces, no era su habilidad, sino su habilidad de tener la voluntad para hacerlo. Se convencía de ello, creo que de algún modo intimidó a parte de la oposición también."[15]

Los Royals querían a Lima de vuelta, y él quería quedarse, pero no podían ponerse de acuerdo. "Bob Dutton del *Kansas City Star* reportó que Lima piensa que tiene derecho a más de los $500,000 más incentivos que le ofrece el equipo y puede mirar en otra dirección para conseguir empleo."[16] Otros equipos no estaban exactamente esperándolo; firmó un contrato de liga menor a finales de enero de 2004 con el Los Angeles Dodgers. El invitado fuera de roster lo hizo bien en Los Angeles ese año: 13-5, 4.07 en 36 juegos (24 aperturas). Pero como escribió Jon SooHoo de ESPN, "Lima solo encontró su camino hacia el roster de los Dodgers de la manera en que lo hacen los jugadores marginales, gracias en parte a la mala fortuna de otros. Si Paul Shuey no se hubiese roto el tendón en su pulgar a finales de marzo de 2004, los fans de los Dodgers nunca habrían escuchado de 'Lima Time'."[17]

SooHoo añadió, "Fue casi un milagro que Lima se quedara en el roster. Su efectividad el 9 de mayo, luego de nueve salidas, era de 7.91. Pero entonces Lima comenzó a tener esos momentos de 'Lima Time'. Y aunque las malas salidas se acumulaban acá y allá, se convirtió en algo como un héroe improbable."[18] Antes del cambio, también llegó a los periódicos por haber cantado "The Star-Spangled Banner" antes de una apertura contra los Chicago Cubs el 13 de mayo. El *Los Angeles Times* y *La Opinión*, el principal periódico hispano de la ciudad, ambos mostraban una foto de el al micrófono, acompañado por su hijo de cinco años, José Jr. y su pechugona y rubia esposa Melissa.[19]

El mejor momento de Lima en las mayores tuvo lugar el 9 de octubre de 2004. Los Dodgers estaban debajo de los St. Louis Cardinals en la Serie Divisional de la Liga Nacional, dos juegos a cero, y el manager Jim Tracy se decidió por Lima en el Juego 3. Éste respondió con una blanqueada de cinco hits, regalando apenas un boleto mientras ponchaba a cuatro. Alex Cora, que jugó segunda base para él en el Dodgers Stadium esa noche, dijo, "Todavía recuerdo a 50,000 personas gritando 'Lima, Lima' en el noveno inning."[20] Lo Cardinals eliminaron a los Dodgers al día siguiente camino a la Serie Mundial, pero esa aun fue la primera victoria del club en postemporada luego dde que vencieran a Oakland para ganar todo en 1988. Lima tuvo apenas otra lechada en las mayores, que tuvo lugar en 1998 cuando estaba con Houston.

Casi al final de octubre, Lima se convirtió en agente libre. John SooHoo escribió, "No es de sorprender, el sentimiento popular en la ciudad era que los Dodgers tenían que volver a traer a Lima—¿cómo podrían no hacerlo? Pero... fue casi inevitable que Lima regresara. Basado en las reglas que existían en aquel momento, los Dodgers en realidad estaban operando en desventaja comparado con los otros 29 equipos en el béisbol en que tenían que ofrecerle un arbitraje salarial o perder el derecho de negociar con él en el mercado abierto. Esencialmente, el sistema en aquel tiempo requería que los Dodgers le pagaran a Lima más de lo que otro equipo tendría. Y dado el hecho de que el desempeño de Lima era tan inestable, simplemente no tenía sentido de que lo hicieran."[21]

En el Día de Navidad de 2004, regresó a los Royals en un contrato de un año. El Gerente General Allard Baird dijo, "Es un tipo probado que puede trabajar innings, y quiere la pelota en situaciones importantes, por lo que estamos contentos de tenerlo."[22] Lima fue el lanzador del Día de Apertura para K.C. en 2005, y no podía esperar por la primera oportunidad de su carrera. Como escribiría Bob Dutton, "Pase un tiempo cerca de José Lima, y rápidamente se evidencia que nunca le faltan palabras. En cualquier momento, lugar, cualquier tema. Sin siquiera preguntar, siempre está listo con una respuesta, un comentario, en ocasiones, solo ruido. Esas palabras, salidas del corazón y espontáneas, pocas veces se frenan por la duda que se requiere para la reflexión."[23]

Por desgracia, la inversión de $2.5 millones volvió a ser desastrosa. Kansas City terminó con registro de 56-106 ese año, pero el promedio de ganados y perdidos de Lima (5-16, 2.38) estuvo bien por debajo del club. No ganó su primer juego hasta el 15 de junio y permitió 31 jonrones en 168 y 2/3 de entrada, lo cual llevó a una efectividad de 6.99. No obstante, como siempre, estuvo optimista. A finales de septiembre, Bob Dutton apuntó, "Incluso ahora, cuando se acerca a su última apertura en una campaña miserable, el veterano de los Royals José Lima aun visualiza buenos tiempos."[24]

No fue sorpresa que los Royals no renovaran el contrato de Lima. Pero otra organización todavía estaba dispuesta a darle una oportunidad: los New York Mets, quienes lo ficharon a un pacto de liga menor en febrero de 2006. A su llegada al entrenamiento de primavera, "llevaba un traje plateado de tres piezas, un sombrero de fieltro negro y grandes aretes de diamantes. Posó con alegría para fotos, y no se esforzó en rememorar sus estadísticas nada estelares de la contienda precedente. Tenía otro número en mente, anunciar que poseía más de 2,000 trajes. 'Nunca he usado el mismo dos veces,' dijo. 'Doy los viejos a mis hermanos. Ellos usan la misma talla que yo.'"[25]

El registro de Lima en sus seis primeras salidas en Norfolk (Triple-A) fue poco notable (3-2, 5.10), pero New York lo promovió en mayo luego de las lesiones a Brian Bannister y John Maine.[26] El manager Willie Randolph dijo de Lima—que mostraba un pelo teñido de rubio, con el que también se hacía trenzas—"Nos va a ayudar según necesitemos. Lima ha estado en la liga. Uno espera que venga, ubique sus lanzamientos y haga un poco de magia Lima."[27]

La esperanza fue puesta en el sitio equivocado. Tuvo tres aperturas consecutivas—todas notablemente similares, todas derrotas. Sin embargo, "seguía llevando ese entusiasmo y esa energía distintivos al terreno de juego cada día."[28] Luego de aceptar ser reasignado a Norfolk, Lima tuvo su última oportunidad el 7 de julio, en el Shea Stadium contra los Florida Marlins. Permitió solamente una carrera en tres entradas, pero durante el cuarto, el cielo le cayó encima. Incluso luego de que el lanzador oponente Dontrelle Willis disparó un jonrón con bases llenas, Randolph mantuvo a Lima en el encuentro, pero lo extrajo tras otro imparable.

Luego de terminar la temporada en Norfolk (7-8, 3.92), el Lima Time se fue a México. Tuvo un buen año con los Saraperos del Saltillo en 2007, encabezando el staff con foja de 13-4, 3.60 en 22 aperturas y representando a la división Norte en el Juego de las Estrellas de México.[29] Pese a desaparecer de los escenarios de ligas mayores, Lima y sus acciones aún eran visibles en la prensa dominicana.

Fue entonces a la Organización de Béisbol de Corea en 2008, lanzando por los Kia Tigers.[30] "Lima jugó con los Tigers siete meses desde los inicios de la temporada de 2008, antes de haber sido dejado fuera a mediados de la campaña por mal desempeño. Tenía registro de 3-6 con promedio de 4.89 en 14 salidas."[31] Regresó a la Atlantic League, con balance de 5-5, 4.98 en 11 aperturas para los Camden Riversharks.

Lima pasó su último verano profesional en la Golden Baseball League en 2009, con números de 6-7, 3.95 en 16 aperturas, primero para los Long Beach Armada y luego para los Edmonton Capitals. Nunca perdió la esperanza de volver al Show. "Estamos todos aquí por la misma cosa," dijo al *Los Angeles Times* mientras lanzaba para Long Beach (uno de sus compañeros de equipo era otro lanzador que murió demasiado pronto, Hideki Irabu). "Si trabajas fuerte y te mantienes enfocado, no hay razón por la que no puedas ser escogido por algún equipo de ligas mayores. No me estoy rindiendo, hombre. Créeme, volveré. Será Lima Time nuevamente."[32]

La última acción profesional de Lima tuvo lugar en la pelota invernal dominicana. Jugó esporádicamente allí por 14 temporadas, comenzando en 1991-92 con su equipo local, Águilas Cibaeñas. Pasó varios inviernos con los Leones del Escogido antes de volver a las Águilas en 2004. En total, tuvo registro de 32-26, 3.12 en la Liga Dominicana. Aunque tuvo record de apenas 1-4 con 6.39 de efectividad en el invierno de 2009-2010, seguía planeando jugar de nuevo, aunque no firmó con ningún equipo para el verano de 2010.[33]

La vida personal de Lima fue complicada. Según un reporte de 2012, tuvo al menos seis hijos con seis mujeres diferentes.[34] Fuentes dominicanas dicen que tuvo dos matrimonios oficiales. Su primera esposa se llamaba Betzabel Osirys Knotts; se casaron el 15 de octubre de 1994 y se divorció el 6 de octubre de 1997. La segunda fue Melissa (nombre de soltera Langholz), aunque reportes no confirmados también la describen como esposa por derecho común. Era la madre de su hijo José Jr.; después de la muerte de Lima, se casó con Roberto Clemente Jr.

De su relación con la modelo dominicana Dalla Leclerc, Lima tuvo una hija llamada Kammiell. Se conocen los nombres—aunque no se especifican las madres—de otros dos hijos, Elijah José y Brianna. Por casi un año antes de morir, Lima estuvo en una relación con Dorca Astacio, aunque aparentemente no se casaron.[35]

Se sabe también que a principio de los 1990, Dorca, cuyo nombre de soltera era García Thomas, se casó con otro lanzador dominicano de grandes ligas, Pedro Astacio.[36]

Las relaciones de Lima tendían a coincidir parcialmente, subiendo y bajando mientras jugaba. En 2004, tuvo que pagar $475,000 a una mujer que entabló una demanda legal debido a las consecuencias desafortunadas de su encuentro de 2003.[37]

Lima y Dorca hicieron su hogar en Pasadena, California. Siguió disfrutando ir al Dodger Stadium; durante solamente el mes de mayo de 2010, fue varias veces. El viernes, 21 de mayo, "se sentó en la primera fila a nivel de terreno detrás del plato y recibió una gran ovación cuando lo presentaron entre innings."[38]

Lima salió a bailar el sábado por la noche, pero en la mañana siguiente, se sintió enfermo. Dorca dijo al sitio en español de ESPN, ESPNdeportes.com, "José se quejaba mientras dormía y yo pensé que estaba solo teniendo una pesadilla… llamé a los paramédicos, pero no pudieron ayudarlo. Fue un ataque masivo." Añadió, "Era un hombre lleno de vida, sin ningún problema físico aparente, y con muchos planes y proyectos en su agenda."[39]

Luchy Guerra, por mucho tiempo coordinador de asuntos latinoamericanos de los Dodgers, fue la primera persona a quien Dorca contactó. Dijo, "Cuando llegué a la casa, no podía creer que fuera posible. No lo creí hasta que lo vi sin vida. Comimos el sábado en la noche y lo único de lo que podía hablar era de su nueva academia beisbolera para niños y lo que podía hacer con ella."[40] Además de la academia planeada en el área de Los Angeles, tenía en mente una para niños dominicanos en el pueblo de Jinamagao. Estaba pensando también en meterse en la narración.[41]

El cuerpo de Lima fue traído primero a New York, donde hubo un velorio en la sección Corona en Queens, al que asistieron ligamayoristas latinos como David Ortiz, Robinson Canó, y Tony Peña.[42] Al día siguiente en la República Dominicana, miles de fans asistieron a su funeral en el Estadio Cibao, sede de las Águilas.[43] Lo enterraron en el cementerio de Salaya/Las Charcas.[44]

En septiembre, el Departamento de Forenses de Los Angeles reveló el reporte de autopsia, que no estableció de manera concluyente que la causa de muerte hubiese sido una falla cardíaca—la palabra usada fue "posible"—pero notaron algunos factores de riesgo para la arritmia cardíaca. El reporte también reveló que no había rastros de sustancias ilegales en su sistema. "Ahora José podrá descansar en paz," dijo Dorca a ESPNdeportes.com. "Los que queríamos a José no solo sufrimos su muerte, sino los juicios precipitados que muchos emitieron respecto a las supuestas razones de su muerte."[45]

Innumerables artículos dieron testimonio de la naturaleza gregaria, energía contagiosa, buen estado de ánimo y divertidas payasadas de Jose Lima. Es imposible capturarlas todas acá, por lo que dos últimas frases simples serán suficientes. El receptor Brad Ausmus, quien le recibió a Lima con los Tigers y los Astros, dijo, "Te das cuenta de que la energía que vez en la lomita no es un personaje falso, es José Lima."[46] La otra salió de Josh Rawitch, trabajador de relaciones públicas de los Dodgers: "No sé si Lima tenía algún remordimiento, pero de algo estoy seguro—vivió cada día de sus más de 37 años a plenitud. De hecho, me atrevo a pensar que puso 100 años de vida en sus 37 años en la tierra."[47]

FUENTES

Además de las fuentes citadas en las Notas, al autor tambien consultó Baseball-Reference.com, Retrosheet.org, y www.checkoutmycards.com.

Otras a José Lima no usadas en esta biografía

Borelli, Steven. "To many, 'Lima time' meant approachable, outrageous and fun." *USA Today*, 24 de mayo de 2010 (http://content.usatoday.com/communities/dailypitch/post/2010/05/to-many-lima-time-meant-approachable-outrageous-and-fun/1)

Brown, Tim. "Lima's legacy lives on." Yahoo! Sports, 23 de mayo de 2010 (http://sports.yahoo.com/mlb/news?slug=ti-lima052310)

Drellich, Evan. "Dodgers recall Lima's infectious personality." MLB.com, 23 de mayo de 2010 (http://mlb.mlb.com/news/article.jsp?ymd=20100523&content_id=10373838&vkey=news_la&fext=.jsp&c_id=la&partnerId=rss_la)

Jackson, Tony. "Lima 'loved being a Dodger.'" ESPNLosAngeles.com, 23 de mayo de 2010 (http://sports.espn.go.com/los-angeles/mlb/news/story?id=5212721)

Justice, Richard. "Lima holds special place in hearts of Astros fans." *Houston Chronicle*, 24 de mayo de 2010 (http://www.chron.com/sports/justice/article/Justice-Lima-holds-special-place-in-hearts-of-1695838.php)

Mellinger, Sam. "Lima's time was filled with joy." *Kansas City Star*, 23 de mayo de 2010. (Ya no está disponible online)

NOTAS

1. Como observó Rory Costello en noviembre de 2005 mientras investigaba a Midre Cummings, quien también jugó para las Águilas Cibaeñas en la Liga Dominicana durante la temporada de 2005-06. El pot de Lima ya no está visible, pero la parte memorable es que escribió "¡Sí, soy yo, Lima!"

2. "Recordando a José Lima," De La Zona Oriental.net, 23 de octubre de 2010 (http://www.delazonaoriental.net/2010/10/23/recordando-a-jose-lima/).

3. Kostya Kennedy, "The Mambo King," *Sports Illustrated*, 14 de junio de 1999 (http://sportsillustrated.cnn.com/vault/article/magazine/MAG1016148/index.htm).

4. Kennedy, "The Mambo King."

5. *Press-Enterprise* (Riverside, California), 13 de mayo de 2004.

6. Kennedy, "The Mambo King."

7. "Baseball Notebook." *Detroit News*, 1 de agosto de 1999. Este Ramón Peña, que ha fichado a decenas de ligamayoristas en varios años, no debe confundirse con el hermano del receptor de las mayores Tony Peña. Ese Ramón Peña participó en ocho juegos como relvista para los Tigers en 1989.

8. Clyde Hughes, "Hens' Lima tosses no-hitter," *Ioledo Blade*, 18 de agosto de 1994: 29.

9. Kennedy, "The Mambo King."

10. "Ex-Tiger Lima relishes All-Star attention," *Detroit News*, 13 de julio de 1999.

11. Kennedy, "The Mambo King."

12. "Last night in baseball," *The Spectator* (Hamilton, Ontario), June 23, 2000: E2.

13. Joe Posnanski, "Lima Time ended too soon, but the show, as always, must go on," *Sports Illustrated* website, 24 de mayo de 2010 (http://sportsillustrated.cnn.com/2010/writers/joe_posnanski/05/24/jose.lima/index.html).

14. Posnanski.

15. Keith Thursby, "Jose Lima dies at 37; pitcher helped Dodgers reach 2004 playoffs," *Los Angeles Times*, 24 de mayo de 2010.

16. Jim Baker, "PeepShow." ESPN.com, 26 de noviembre de 2003. (http://proxy.espn.go.com/insider/story?id=1671664&campaign=INOS05&source=INgspider).

17. Jon SooHoo, "Remembering Jose Lima: Time ticks away so fast," ESPN.com (http://espn.go.com/blog/los-angeles/dodger-thoughts/post/_/id/5139/lima).

18. SooHoo.

19. *La Opinión* (Los Angeles, California), 14 de mayo de 2004: 10C.

20. Ian Begley, "Mets' [José] Reyes on Lima: 'A great guy'," ESPNNewYork.com, 24 de mayo de 2010 (http://sports.espn.go.com/new-york/mlb/news/story?id=5213357).

21. SooHoo, "Remembering Jose Lima: Time ticks away so fast"

22. Reportes de servicios cablegráficos, 27 de diciembre de 2004.

23. Bob Dutton, "Lima can't wait," *Kansas City Star*, 4 de abril de 2005: C1.

24. Bob Dutton, "Lima shoots for big finish," *Kansas City Star*, 28 de septiembre de 2005: D5.

25. Richard Goldstein, "Jose Lima, Colorful and Popular Pitcher, Dies at 37," *New York Times*, 23 de mayo de 2010.

26. Marty Noble, "Notes: Lima set to start," MLB.com, 6 de mayo de 2006. (http://mlb.mlb.com/news/article.jsp?ymd=20060506&content_id=1440365&vkey=news_mlb&fext=.jsp&c_id=mlb)

27. "Hurting Mets turn to 'Lima magic'," *Chicago Tribune*, 7 de mayo de 2006: 16.

28. Begley, "Mets' Reyes on Lima: 'A great guy.'"

29. "José Lima convocado al Juego de Estrellas," *Listín Diario* (Santo Domingo, República Dominicana), 26 de mayo de 2007.

30. James Jahnke, "What's 'Lima Time' in Korean?" *Detroit Free Press*, 12 de enero de 2008: B2.

31. Yi Whan-woo, "Pitcher Jose Lima dies," *Korea Times*, 24 de mayo de 2010.

32. Kurt Streeter, "Jose Lima hopes his time will come again," *Los Angeles Times*, 14 de junio de 2009.

33. Enrique Rojas, "RD dedicará temporada a José Lima," ESPNDeportes.com, 3 de agosto de 2010 (http://espndeportes.espn.go.com/news/story?id=1072414&s=bei&type=story).

34. Candice M. Giove, "Former Mets pitcher Lima's legacy includes 6 kids with 6 moms," *New York Post*, 3 de junio de 2012.

35. Kennedy, "The Mambo King." "Recordando a Jose Lima." Felix Pérez, "Esposa de José Lima es oriunda de Gaspar Hernández," La Perla de la Costa Norte (Gaspar Hernández, Dominican Republic), 25 de mayo de 2010 (http://www.laperladelacostanorte.com/2010/05/esposa-de-jose-lima-es-oriunda-de.html). Giove, "Former Mets pitcher Lima's legacy includes 6 kids with 6 moms."

36 Pérez, "Esposa de José Lima es oriunda de Gaspar Hernández." "Astacio y su esposa reciben a la cigüeña," *La Opinión*, 28 de septiembre de 1994: 5C.

37 Robert Crowe, "Herpes victim wins $475,000 from ex-Astro Lima," *Houston Chronicle*, 2 de diciembre de 2004.

38 Thursby, "Jose Lima dies at 37; pitcher helped Dodgers reach 2004 playoffs."

39 Enrique Rojas, "Muere a los 37 años lanzador José Lima," ESPNdeportes.com, 24 de mayo de 2010. (http://espndeportes.espn.go.com/news/story?id=1026715&s=bei&type=story)

40 Rojas.

41 "Recordando a Jose Lima."

42 Associated Press, "Ortiz, Cano among mourners at Jose Lima's wake," 28 de mayo de 2010. (http://aol.sportingnews.com/mlb/story/2010-05-28/ortiz-cano-among-mourners-jose-limas-wake)

43 Marcelo Peralta, "Miles despide a José Lima en el Estadio Cibao," El Nuevo Diario (Santo Domingo, Dominican Republic), 30 de mayo de 2010.

44 Cornelio Batista, "José Lima recibió ayer su último adiós en el cementerio de Las Charcas, lugar donde nació," Diario Libre (Santo Domingo, República Dominicana), 31 de mayo de 2012. (http://www.diariolibre.com/deportes/2010/05/31/i247482_index.html)

45 Enrique Rojas, "Jose Lima likely died of heart failure," ESPNdeportes.com, 9 de septiembre de 2010. (http://sports.espn.go.com/mlb/news/story?id=5550824)

46 Thursby, "Jose Lima dies at 37; pitcher helped Dodgers reach 2004 playoffs."

47 Josh Rawitch, "Lima Time in Heaven," *Inside the Dodgers* blog, 23 de mayo de 2010, (http://insidethedodgers.mlblogs.com/2010/05/23/lima-time-in-heaven/)

Julio Lugo

Por Justin Krueger

Con seis pies, una pulgada de estatura y un peso de 165 libras, Julio Lugo estaba hecho para el infield. Era alto, delgado y rápido. Jugó para siete equipos de las ligas mayores: los Houston Astros, Tampa Bay Devil Rays, Los Angeles Dodgers, Boston Red Sox, St. Louis Cardinals, Baltimore Orioles, y Atlanta Braves.

Julio César Lugo nació el 16 de noviembre de 1975, en Barahona, República Dominicana, un pueblo escasamente poblado en el suroeste del país. El poblado está lejos de los caminos frecuentados cerca de los mayores destinos turísticos, y se considera una de las comunidades más pobres del país.[1] Lugo recuerda jugar pelota cuando "había palos y piedras [para bates y pelotas] y cartones de leche [para guantes]. ... era duro."[2] Cuando tenía 13 años, su familia se mudó a Sunset Park en Brooklyn, New York. Fue ahí donde se convirtió en fan de los New York Mets. Su pelotero favorito era Howard Johnson. Después de la mudanza a New York, su madre hizo múltiples trabajos, usualmente en una fábrica o un edificio de oficinas. Dieciséis horas de trabajo diarias no eran raras para ella si eso implicaba mantener a su familia.

Graduado de la preparatoria Fort Hamilton en Brooklyn, Lugo recibió una beca para jugar béisbol universitario a 1,400 millas en un pequeño pueblo de Oklahoma. Comenzando en agosto de 1993, asistió a la Connors State College, una facultad universitaria pública de cerca de 2,000 estudiantes en Warner, Oklahoma, un pueblo de 1,500 en la parte este del estado. Jugó para los Cowboys de Connors State por dos temporadas, y logró ser seleccionado para la All-American Asociación Atlética Nacional de Escuelas Semi-superiores. En el draft amateur de 1994, Julio fue seleccionado en la ronda 43 por los Houston Astros, y firmó con ellos luego de graduarse en 1995. Cuando debutó en las mayores en 2000, fue el jugador de los Astros que fue seleccionado en la ronda más lejana en llegar a las mayores con el club.

Luego de cuatro años en las ligas menores, Julio había forjado su camino para convertirse en un prospecto infielder de alta calidad en el sistema de granja de los Astros. Baseball America lo consideró el séptimo mejor prospecto de 1999 y el sexto de 2000.

Comenzó su carrera profesional en 1995 con 19 años como miembro de los Auburn Astros (Clase A baja) en la New York-Penn League. Pasó tiempo en segunda base, el campo corto y los jardines. En 59 partidos compiló .291, logró 16 empujadas, robó 17 bases y cometió 12 errores.

Foto cortesía de los Boston Red Sox

Con los Quad Cities River Bandits (Clase A, Midwest League) en 1996, Lugo promedió .295 y cometió 29 errores en 122 partidos. Pasó 1997 y 1998 con los Kissimee Cobras (Clase A Alta, Florida State League). En 1997, compiló .267 e hizo 41 errores en 124 juegos; y en 1998 bató .303 y cometió 42 pifias.

Pese a sus problemas a la defensa, Lugo avanzó de la Clase A y pasó la campaña de 1999 con los Jackson Generals (Doble A, Texas League). Cometió 29 errores en 115 encuentros, pero promedió .319 con 10 jonrones y llegó al equipo Todos Estrellas de la Texas League. Comenzó la contienda de 2000 con el New Orleans de Triple A, pero los Astros lo promovieron a mediados de abril. Durante su etapa en la menores, Lugo jugó mayormente el campo corto, pero había pasado tiempo también en segunda base, tercera base y los jardines. En cinco años y medio en las menores, Lugo fue un experto en el corrido de bases: Robó 164 bases y fue capturado en 62 intentos; robó marca personal de 51 con Kissimmee en 1998. Mostrando su velocidad, Julio conectó 14 triples en sus dos temporadas con Kissimmee.

Lugo debutó en las mayores como corredor emergente por Tony Eusebio en el octavo inning, el 15 d abril de 2000, y jugó en su último encuentro el 23 de agosto de 2011 con los Atlanta Braves. Su primer imparable tuvo lugar en su tercer encuentro, el 19 de abril en Los Angeles, y su primera carrera empujada una semana después, el 26 de abril, en Houston contra los Chicago Cubs. En la campaña (116 partidos), promedió .283 (tuvo un OBP de .346) con 40 impulsadas y 78 anotadas. En 60 encuentros como paracorto, cometió 12 errores, y tuvo porcentaje de .951.

En 2001, Lugo se estableció como el torpedero regular de los Astros, promediando .263 en 140 juegos. En agosto de 2002, su campaña se vio trunca en 88 partidos cuando un lanzamiento del lanzador de los Cub Kerry Wood le fracturó el antebrazo izquierdo. Antes de la contienda de 2003, Lugo ganó su caso de arbitraje con los Astros por $1.575 millones. Había ganado $325,000 en 2002.

A principios de su cuarta temporada con los Astros, en mayo de 2003, Julio fue designado para asignación de manera abrupta por los Astros. Muchos creyeron que esto fue una respuesta directa a su arresto acusado de un delito de asalto por supuestamente golpear a su esposa en el rostro y estrellar su cabeza contra el auto. Al día siguiente lo designaron para asignación. El gerente de los Astros Gerry Hunsicker dijo:

"El hecho es que muchas cosas influyeron en la decisión. Por varios días ya, todos en el lado beisbolero hemos estado discutiendo maneras de sacar a este club de su slump. ...

De hecho, Julio no debe ser señalado como la razón de que este equipo esté donde está. Pero todos los que hemos estado involucrados en nuestro club saben que la posición del campo corto ha sido objeto de escrutinio. Muchos de nosotros pensamos que un cambio allí, de tener la opción, podría ser posiblemente una de las maneras de mejorar nuestro club."[3]

En el momento de su designación, los Astros tenían un récord de 11-15 en el primer mes de la temporada. Hunsicker añadió:

"Pensamos que era lo mejor para Julio y para la organización dejar esta situación en el pasado lo más rápido possible y dejar que Julio siguiera con su carrera en otro sitio."[4]

Con la decisión, Adam Everett recuperó su puesto como paracorto titular de los Astros. Lugo, sin embargo, no estuvo mucho tiempo sin trabajo. Fue escogido por los Tampa Bay Devil Rays una semana después. Lou Piniella, manager de los Devil Rays, comentó, "Todo el mundo comete errores. ... Uno aprende de los errores y avanza. Al mismo tiempo, estamos intentando mejorar nuestro equipo de béisbol."[5] Se creía que Lugo añadiría una fuerza en la punta de la alineación y alrededor de la segunda base.

En julio de 2003, Julio fue absuelto del asalto por un jurado de Houston. Durante el juicio, su esposa, Mabely, cambió su declaración inicial y testificó que Lugo no la había lastimado intencionalmente y que fue ella quien provocó la discusión entre ellos. Luego de apenas 30 minutos de deliberación, el jurado regresó con el veredicto de inocente, brindando a Lugo su vindicación. Éste dijo que todo el problema no había sido más que un malentendido de los eventos. La fiscal del juicio, Catherine Evans, dijo después, "Es triste escuchar a una mujer decir una y otra vez, 'Me golpeé yo misma contra el auto. ... lo provoqué. ... fue mi culpa."[6] Algunos de los jurados le pidieron el autógrafo a Julio después de terminado el juicio.

Luego de la primera campaña de Lugo con los Devil Rays, su gerente general. Chuck LaMar, comentó, "Julio hizo un buen trabajo para nosotros en 2003. Nos dio más producción de carrera que la que hemos tenido en esa posición en el pasado, y su defensa mejoró según avanzó la temporada."[7] Lugo había empujado 53 carreras y anotado 58. De sus 17 errores en 117 encuentros con los Devil Rays, cometió apenas uno en los últimos 34 encuentros de la temporada. Parecía que el cambio de ambiente fue una experiencia positiva para él. Al final de la contienda, los Devil Rays y Lugo fueron a arbitraje salarial, que resultó en un salario de $3.35 millones para 2005.

Lugo terminó destacándose con los Devil Rays desde mayo de 2003 hasta julio de 2006, época en la que tuvo sus mejores estadísticas ofensivas. Logró marcas personales con 41 dobles y 75 empujadas en 2004, y 6 triples, 61 boletos y 182 hits en 2005. Una buena presencia en el clubhouse, Julio esperaba que sus esfuerzos le sirvieran para un contrato a largo plazo. Los Devil Rays ofrecían cerca de $8 millones al año por cuatro años; pero él estaba pensando en $10 millones anuales por los cuatro años.

Hacia el final del mes de julio, la temporada de 2006 estaba resultando ser el año de su carrera. Compilaba .308 y tenía un slugging de .498, con 18 bases robadas y 12 jonrones. Las estadísticas ofensivas combinadas con su rango defensivo de calidad, lo convertían en una valiosa pieza de canje para los económicamente modestos Devil Rays. En el límite de traspasos de 2006 fue transferido a Los Angeles Dodgers por el prospecto toletero Joel Guzman y el jardinero de ligas menore Sergio Pedroza. En los Devil Rays fue reemplazado por el novato Ben Zobrist.

Respecto a las noticias de su traspaso, Lugo dijo. "Estaba bastante sorprendido. No pensé que nada fuese a hacerse. Pensó que iba a pasar en el último minuto. No pensé que fuese a ser en el último, último minuto. ... Me gusta estar aquí [Tampa Bay]. Quiero decir eso en verdad. He intentado hacer algo, pero es un negocio. ... No estoy decepcionado porque sé que hubo esfuerzo por ambas partes."[8]

Los grandes problemas ofensivos fueron una constante en el tiempo de Lugo con los Dodgers: en 49 encuentros compiló apenas .219, sin jonrones y solamente 10 impulsadas. A la defensa, fue utilizado como utility: pasó tiempo en tercera base, segunda base y los jardines.

Después de un final tan difícil para la campaña de 2006, Julio se fue al mercado de la agencia libre. En diciembre de 2006 firmó un pacto de cuatro años, $36 millones con los Boston Red Sox. Se esperaba que Lugo ocupara el primer turno y le mejorara la ofensiva en la posición del campo corto. Pese a los mejores planes: su período en Boston no fue como se esperaba. A diferencia del hábil fildeador que era Alex González, el torpedero anterior de los Red Sox, Lugo era propenso a varias malas jugadas usualmente como resultado de tiros errantes debido a que no ubicaba sus pies de manera apropiada antes de soltar la bola. El propio Julio señaló, "Sé que soy un paracortos agresivo. Voy a correr riesgos que otros torpederos no corren. Así soy. Ese es mi juego."[9]

La agresividad de Lugo a la defensa y su fildeo pintarrajeado no le hicieron muy querido en Red Sox Nation, y los fans lo abucheaban.

En 2007, los problemas ofensivos de Lugo siguieron hasta desde el final del año anterior. Desde mediados de junio a principio de julio, tuvo una racha de 31-0 en la que su promedio de bateo cayó a .189. Luego de una cadena de 14 juegos consecutivos bateando de hit, su promedio ascendió a .226.

Pese a los problemas de su primer año en Boston, tuvo un buen momento en la campaña a finales de septiembre de 2007. Lugo logró enfrentarse a su hermano menor Ruddy, relevista de los Oakland Athletics, y logró un boleto. Después, comentó que la experiencia fue un sueño hecho realidad, "Fue raro enfrentarlo. Nunca antes nos enfrentamos."[10]

En total, en su primera temporada con los Red Sox, brindó adecuados números ofensivos aunque su promedio de bateo de .237 fue mucho mejor que en años anteriores. Aun así pegó 36 dobles, ocho cuadrangulares y fletó 73 carreras; además de 33 bases robadas en 39 intentos.

Durante la postemporada de 2007, compiló .300 con una base robada en la ALDS ante Los Angeles Angels, .200 con dos empujadas en la ALCS ante Cleveland, y luego promedió .385 (con tres boletos para lograr un OPB de .500) en su única Serie Mundial, en la que los Red Sox barrieron a los Colorado Rockies.

Lugo había jugado dos veces en la postemporada, al irse de 8-0 en la NLDS de 2001 con Houston, y de 4-1 con un doble en la NLDS de 2006 por los Dodgers.

La campaña de 2008 resultó ser difícil. Julio jugó apenas 82 encuentros, pasando tiempo en la lista de lesionados con una tensión en el cuádriceps izquierdo. Bateó .268, más de 30 puntos por encima de la temporada anterior, pero tuvo apenas un jonrón y empujó solamente 22 carreras. En 2009 sus problemas ofensivos continuaron. Comenzó a compartir tiempo de juego con el jugador de cuadro Nick Green. En 37 encuentros, Lugo logró apenas un cuadrangular, ocho fletadas y tres bases robadas. Su promedio ofensivo se había elevado nuevamente y en el mes de julio estaba justo en .284. Sin embargo, en un intento de deshacerse de su salario, los Red Sox lo enviaron y además dieron dinero por el jardinero Chris Duncan antes del plazo. A su llegada al Boston, dos años y medio antes, Lugo era considerado la solución a largo plazo en el campo corto. Pero su tiempo allí no cumplió las expectativas. En 51 partidos con los Cardinals, Julio compile .277. El paso a ser utility de cambio implicó un ajuste para Lugo, pues acostumbraba a ser jugador regular.

Justo antes del inicio de la campaña de 2010, los Cardinals traspasaron a Lugo a los Baltimore Orioles por dinero y un jugador a ser nombrado luego. Al cambio fue hecho por los Orioles para asegurar en caso de que su segunda base, Brian Roberts, que se recuperaba de una hernia discal, no estuviese listo para iniciar la contienda. Julio terminó participando en 93 encuentros, sin jonrones, 20 impulsadas, y por primera vez en su carrera fue puesto out intentando el robo más veces (siete) que las que logró robar (cinco).

Liberado por los Orioles luego de la temporada, Lugo firmó un contrato de ligas menores con los Atlanta Braves a finales de mayo de 2011. Esperando que el fichaje fuese el presagio de más éxito en las mayores, Lugo comentó, "Me siento muy optimista y feliz, jugar béisbol es lo que más me gusta hacer."[11] Luego de iniciar la contienda con los Gwinnett Braves de Triple A, Lugo fue llamado a las mayores una última vez y jugó los 22 juegos finales de su carrera en las mayores antes de que lo dejaran libre el 2 de septiembre. Compiló apenas .136 con tres empujadas. Un buen momento de su tiempo en Atlanta vino cuando anotó la carrera de la victoria ante los Pittsburgh Pirates en una decisión arbitral controversial en el final del inning 19. Los Braves ganaron 4-3, pero el árbitro Jerry Meals y MLB admitieron posteriormente que fue una mala decisión. Julio terminó su carrera con promedio defensivo de .967.

Para 2012 se malogró un pacto de liga menor con los Cleveland Indians. En 2013, Lugo jugó con los Peoria Explorers de la Freedom Pro Baseball League, una organización independiente basada en Arizona. En 27 partidos promedió .326. (La liga se desintegró antes de la temporada de 2014). Durante el invierno de 2013, Julio jugó con los Leones del Escogido de la Liga Invernal Dominicana.

En la Serie del Caribe de 2013, los leones lograron el mejor récord del torneo, 5-2, pero cayeron en el encuentro del campeonato ante México, 4-3 en 18 entradas.

Al notar que el fin de su carrera era inminente, Lugo expresó su deseo de pasar más tiempo con sus hijos [¿cuántos?] y tener un papel más protagónico en su negocio de construcción en la República Dominicana, "Jugué bien y tuve una buena carrera... y solo pienso que ahora es el momento correcto."[12]

En 12 años, Julio jugó 1,352 partidos de grandes ligas. Fue regular a tiempo completo siete temporadas. Su promedio de bateo de .269 de por vida incluye marca personal de .295 en 2005. Robó 198 bases en 267 intentos, para una efectividad ligeramente por encima del 74 por ciento.

En mayo de 2018, Lugo tuvo un regreso triunfal al Fenway Park. Estaba jugando en el primer jugo de los egresados de los Red Sox que se celebraba en 25 años. En el evento pactado a cuatro entradas, produjo las únicas carreras del juego con jonrón de dos carreras ante su amigo, el lanzador miembro del Salón de la Fama Pedro Martínez. "Fue increíble," comentó Lugo tras el cuadrangular.[13] Al menos por un momento, su deslucida etapa en Boston quedó en la sombra.

En agosto de 2018, fue exaltado al Salón de la Fama de la All American Amateur Baseball Association (AAABA) en Johnstown, Pennsylvania. Fue el MVP del torneo en 1994 (antes de ser reclutado por los Astros) cuando su equipo de Brooklyn ganó el campeonato ante Altoona. En el torneo, bateó .46 (de 28-13). Luego de su exaltación, reflexionando sobre el torneo, apuntó, "La AAABA me abrió la puerta" al béisbol profesional.[14] Una puerta que llevó a una carrera en las ligas mayores.

Lugo murió de un aparente ataque al corazón el 15 de noviembre de 2021 cuando salía de un gimnasio de Santo Domingo en su natal República Dominicana después de un entrenamiento matutino. Su muerte se produjo un día antes de cumplir 46 años.

FUENTES

Además de las fuentes citadas en las Ntoas, el autor usó información de los archivos de recortes de Lugo en el Salón de la Fama, además de Baseball-Almanac.com, Baseball-Reference.com, y TheBaseballCube.com.

NOTAS

1. Mark Kurlansky, *The Eastern Stars: How Baseball Changed the Dominican Town of San Pedro de Macoris* (New York: Riverhead Books, 2010), 210.

2. Michael Morrissey, "Longshot Lugo Making Most of Chance," *New York Post*, 3 de mayo de 2001. Recuperado de nypost.com/2001/05/03/longshot-lugo-making-most-of-chance/.

3. Jose de Jesus Ortiz, "Incident Disturbs Teammates," *Houston Chronicle*, 2 de mayo de 2003.

4. Michael A. Lutz, "Houston Shortstop Julio Lugo Arrested," *Beaumont Enterprise*, 2 de mayo de 2003. Recuperado de beaumontenterprise.com/news/article/Houston-shortstop-Julio-Lugo-arrested-758340.php.

5. Martin Fennelly, "Black Eye Doesn't Look Good on Rays," *Tampa Tribune*, 17 de mayo de 2003.

6. Jeffrey Gilbert, "Jurors Acquit Ex-Astro Lugo in Assault Trial," *Houston Chronicle*, 17 de julio de 2003.

7. Marc Topkin, "Lugo Retained, Perhaps at 2B," *St. Petersburg Times*, 30 de octubre de 2003.

8. Marc Topkin, "Lugo Trade Saga Ends Way Out West," *St. Petersburg Times*, 1 de agosto de 2006.

9. Nick Cafardo, "Detractors Having a Field Day with Lugo," *Boston Globe*, 18 de abril de 2008. Recuperado de archive.boston.com/sports/baseball/redsox/articles/2008/04/18/detractors_having_a_field_day_with_lugo/.

10. Mike Petraglia, "Brothers Lugo Realize a Family Dream," MLB.com, 26 de septiembre de 2007.

11. Enrique Rojas, "Julio Lugo Agrees to Deal with Braves," ESPN.com, 23 de mayo de 2011. Recuperado de espn.com/mlb/news/story?id=6580979

12. Alden Gonzalez, "Lugo Will Likely Retire Following Caribbean Series," MLB.com, 4 de febrero de 2013. Recuperado del archivo de recorte de Julio Lugo en el Salón de la Fama.

13. Ken Powtak, "Julio Lugo on His Homer off Pedro Martinez: "It Was Awesome," *Boston Globe*, 27 de mayor de 2018. Recuperado de boston.com/sports/boston-red-sox/2018/05/27/red-sox-alumni-game-pedro-martinez-julio-lugo

14. Mike Mastovich, "AAABA 'Opened the Door' for Hall of Famer Julio Lugo," *Tribune-Democrat* (Johnstown, Pennsylvania), 9 de julio de 2018. Recuperado de tribdem.com/sports/aaaba-opened-the-door-for-hall-of-famer-julio-lugo/article_f81f833a-8326-11e8-a5d8-9f13449373fb.html.

Juan Marichal

By Jan Finkel

Este tipo es un natural. Tiene ideas sobre lo que quiere hacer y lo hace. Me asombra
— Carl Hubbell

Ningún lanzador ha hecho un uso tan magnificente de su implemento divino
— Branch Rickey

Si se ubicaran a todos los lanzadores en la historia del béisbol detrás de una cortina transparente, donde solo se viera la silueta, el movimiento de Juan sería el más fácil de identificar. Él llevó a la lomita belleza, individualidad y clase.
— Bob Stevens in *Baseball's Greatest Quotes* (1982)

Excepto Sandy Koufax, que era de otro mundo, Juan Marichal fue el mejor lanzador—sin dudas el mejor derecho—de los años 60. Sus 191 victorias exceden al segundo lugar de Bob Gibson (164) por amplio margen. De hecho, ganó más juegos que Gibson en cada temporada de la década. Es el único lanzador de la década con más juegos completos (197) que victorias. Su efectividad de 2.57 es superada solamente por el 2.36 de Koufax y el 2.16 de Hoyt Wilhelm, pero este último lanzó solamente 1,103 1/3 innings. Es tercero en entradas lanzadas detrás de Don Drysdale y Jim Bunning. Sus 45 lechadas encabezan la década cuatro por encima de Gibson. Su promedio de ponches contra boletos (3.66) es superado solamente por el 3.73 de Koufax.

Se puede argumentar que es el más grande lanzador de la Liga Nacional en los Juegos de Estrellas, apareciendo en ocho de ellos, ganando dos sin perder, lanzando 18 entradas con siete hits, dos boletos, 12 ponches y dos carreras (una limpia) para una minúscula efectividad de 0.50.

El 2 de julio de 1963 lanzó un juego completo de 16 entradas, 1-0 ante el gran Warren Spahn.

Y sin embargo...

Nunca ganó el premio Cy Young.

Tuvo que esperar a su tercer año de elegibilidad antes de ser exaltado al Salón de la Fama.

Lo único que algunas personas quieren recordar de él es un horrendo día.

Marichal terminó con una impresionante línea estadística: 243 triunfos y 142 derrotas, efectividad de 2.89, 244 juegos completos (más de la mitad de sus aperturas), 52 blanqueadas, un radio de ponches contra boletos mejor de 3 contra 1. Encabezó la liga en victorias

Fotografía cortesía del Salón de la Fama del Béisbol Nacional

dos veces, otras dos en juegos completos y entradas lanzadas, y una en promedio de ganado y perdidos. Es una brillante hoja de servicios, pero nunca recibe el reconocimiento que tanto merece. ¿Por qué?

No ha sido falta de habilidades. Tenía cinco lanzamientos (slider, recta, cambio, curva y screwball) en su arsenal y podía lanzar strikes con la mayoría de ellos por encima del brazo, a tres cuartos o por el costado del brazo. Pete Rose, quien vio más lanzadores que cualquier otro hombre en la historia, dijo que Marichal era el mejor *pitcher* que enfrentó. (A Rose de hecho le fue muy bien ante Marichal, con .341 de promedio, .400 de OBP y .512 de slugging, con 42 hits en 123 turnos, incluyendo siete dobles, un triple y cuatro cuadrangulares.[1]) La patada alta de Marichal era inconfundible. ¿Entonces, qué era?

Surgen tres posibilidades. La primera, fuera de su responsabilidad, Marichal no llegó a participar extensamente en las Series Mundiales." Koufax y Gibson lo hicieron. Segundo, y nuevamente sin culpa suya, Marichal con seis pies y 185 libras no exudaba el poder atlético de Koufax y Gibson. Koufax y Gibson lucían como lanzadores que podían avasallar a un bateador con la recta o congelarlo con la curva. Marichal no lucía imponente. Lucía como un lanzador refinado y usualmente trabajaba de ese modo, pero podía avasallar a un bateador si tenía que hacerlo. Finalmente, su apariencia física y su química corporal podían haber tenido un efecto. Koufax (6'2"-210) y Gibson (6'1"-195), como ex jugadores de baloncesto, tenían figuras imponentes y lucían como hombres que trabajaban duro; en los cálidos días de julio y agosto, a medida que avanzaba un juego, los fans podían percibir las barbas de Koufax y Gibson oscureciendo y sus uniformes humedeciéndose cada vez más. No era el caso con Marichal. Él no sudaba. Desde el primer lanzamiento hasta el noveno inning lucía como un hombre recién bañado y afeitado llevando un traje nuevo y listo para ir a cenar con una dama. Para empeorar las cosas, siempre parecía estar sonriendo—uno de sus apodos era *Laughing Boy* o Muchacho que Ríe—sin importar la situación, la apariencia de un hombre que decía "Voy a ganar, ambos lo sabemos, y no hay nada que puedas hacer al respecto." El escucha Dewey Griggs notó esta característica a principios de la carrera de Marichal. "Nunca parece excederse," antes de concluir, "muy buena recta... debería llegar al extremo."[2] Koufax y Gibson imponían su poder ante los bateadores. Parecían decir, "Aquí está, ¿qué vas a hacer al respecto?" Marichal jugaba con ellos, los avergonzaba.

Natividad Sánches y Francisco Marichal tuvieron a Gonzalo, Rafael y María ante de que naciera Juan Antonio el 20 de octubre de 1937, en Laguna Verde, Monte Cristi, una provincia en la parte noroeste de la República Dominicana. La vida era dura para la mayoría de la gente en la pobre villa agricultora, y los Marichal no eran la excepción, viviendo en una casucha hecha de corteza de palma sin electricidad. Sin embargo, la agricultura les aseguraba tener comida. Francisco murió cuando Juan tenía tres años, lo cual dejó a la familia en incluso peor situación. Juan atendía los caballos, cabras y asnos de la familia, y pasaba su tiempo libre pescando y nadando en el río Yaque del Norte.

Cuando Juan tenía diez años, casi le atacó la tragedia—cayó inconsciente y estuvo en coma por nueve días. La causa fue mala digestión, pero era difícil tratarla con efectividad en un área tan remota. Parecía que no había esperanzas para el muchacho, pero un médico local sugirió que se le dieran baños de vapor, y recuperó el conocimiento.

Gonzalo, sólido pelotero, vio el interés de Juan y le enseñó a su hermanito los fundamentos del juego. No pasó mucho para que Juan estuviera jugando en los fines de semana con Gonzalo y sus amigos. No los muchachos no tenían implementos y muy poco o ningún dinero, pero eran creativos. Le pagaban un peso a un zapatero para que cosiera tela gruesa alrededor de las pelotas de golf que encontraban para hacerlas del tamaño adecuado. ¿Los bates? Difícil, pero no imposible. Los hacían de las ramas de los árboles de madera dura de la localidad. Los guantes eran un poco más fácil, pues los hacían de lona de toldos. Entre los principiantes peloteros del área estaban Felipe, Mateo, y Jesús Rojas (quienes usaron el apellido Alou en Estados Unidos), quienes tuvieron todos buenas carreras en las mayores, todos una u otra vez con los San Francisco Giants. Marichal y los Alou han sido amigos cercanos desde entonces.

Anquee "Manico" sabía desde los seis años que quería ser pelotero en los Estados Unidos, no recibió ánimos de su madre, que quería que tuviera una educación. Como no había peloteros de la República Dominicana en las mayores a principios de los años 40, los sueños de Juan parecían un poco inalcanzables, así que a la edad de once años pasó un tiempo cortando caña de azúcar para J. W. Tatem Shipping.

Marichal inició como torpedero. Sin embargo, aunque República Dominicana es conocida por producir paracortos, él no estaba destinado a ser uno de ellos. Antes de cumplir diez años, inspirado por Bombo Ramos, estelar del equipo nacional dominicano que venía de Monte Cristi, Marichal se inclinó por el pitchco, imitando el movimiento lateral de Ramos.[3]

Marichal abandonó el preuniversitario antes del undécimo grado (algo que posteriormente lamentaría) y pasó un año en Santo Domingo. Allí su hermano Gonzalo le enseñó a manejar un camión y le encontró un puesto en el equipo de la compañía Esso. Una vez que cumplió 16 años, Marichal volvió a casa y se unió a una liga de verano en Monte Cristi para jugar con un equipo que llevaba el improbable nombre Las Flores, patrocinado por la Compañía Ronera Bermúdez. Luego firmó con el equipo de la Compañía Grenada (la subsidiara dominicana de la United Fruit).

Su gran momento no estaba lejos.

Ramfís Trujillo, hijo del dictador dominicano Rafael Leónidas Trujillo, era un patrocinador principal del equipo de la Aviación Militar Dominicana. Ramfís vio a Marichal lanzar una victoria de 2-1 en Monte Cristi y casi inmediatamente Juan Marichal fue enlistado a la Fuerza Aérea. Resistirse al "reclutamiento" no era una opción—Ramfís y el hermano del Generalísimo, Petán Trujillo, se tomaban muy en serio su béisbol.[4] Marichal no voló, ni dio mantenimiento a nave alguna, ni participó en la defensa de su país.

Piloto no convencional, Marichal lanzó, desarrollando el preciso control que fue una de sus características. Al haber progresado tan rápido, fue fichado como agente libre amateur por los New York Giants, antes de la contienda de 1957. Al final, en 1958, fue fichado por un bono de $500 por parte de los scouts de los Giants Horacio "Rabbit" Martínez, Frank "Chick" Genovese, y Alex Pómpez. Debutó profesionalmente en el invierno de 1957-58 con los Leones del Escogido en la Liga Dominicana, que tenían un acuerdo de trabajo con los Giants.

El joven paseó la distancia por las ligas menores. Iniciando en 1958 con Michigan City (Indiana) en la Midwest League (Clase-D), Juan se fue con 21-8 y efectividad de 1.84, encabezando el circuito en victorias, promedio de limpias, entradas lanzadas (245), además de encontrarse entre los líderes de la Liga con 24 juegos completos y 246 ponches. A esto le siguió 1959 en Springfield (Massachusetts) en la Eastern League (Clase-A), encabezando las tablas con 18 triunfos (13 reveses), ocho blanqueadas, 200 ponches, y 271 entradas lanzada, trabajando además para 2.39 de efectividad. Durante casi toda la campaña lanzó exclusivamente por el lado del bazo, pero el manager Andy Gilbert, temiendo que esto provocara lesiones y explicándole que podía lanzar una mayor variedad de envíos con mayor velocidad, le convenció de comenzar alanzar por encima del brazo. El resultado fue el movimiento de la patada alta y la bola escondida por el cual cualquier fanático conocedor podía identificarlo. Promovido a Tacoma en la Pacific Coast League (Triple-A) en 1960, ganó 11 juegos, perdió cinco y tuvo efectividad de 3.11. Los Giants lo llevaron al club principal en julio.

Marichal disipó las dudas sobre cuán listo estaba para las grandes ligas en su debut el 19 de julio. Lo único que hizo fue blanquear a los Phillies, permitiendo un hit (sencillo como emergente de Clay Dalrymple en el octavo) mientras transfería a uno y ponchaba a 12. Probando que su debut no fue casualidad, cuatro días después venció a los eventuales campeones de la Serie Mundial, los Pirates y a Harvey Haddix, 3-1, con cuatro hits, cuatro boleto y seis ponches. Los Braves se convirtieron en su próxima víctima, el 28 de julio. Lanzó ese día 10 entradas, permitiendo dos carreras, un boleto, siete hits y seis ponches— para vencer a Warren Spahn, 3-2. Esto acumuló tres victorias y tres juegos completos en nueve días. Se enfrió un poco desde ese punto, terminando la contienda con registro de 6-2 y efectividad de 2.66 y seis juegos completos.

Convertirse en uno de los principales jugadores de los Giants no era lo único en su cabeza, al menos no con los problemas que había en casa. Trujillo fue asesinado por sus propias fuerzas armadas el 30 de mayo de 1961, lo cual lanzó a la República Dominicana al caos. Mientras tanto, Marichal se había comprometido con Alma Rosa Carvajal, vecina de los hermanos Rojas Alou. Al empeorar los disturbios en la República Dominicana, Marichal pidió permiso al manager de los Giants Alvin Dark durante el entrenamiento de primavera de 1962 por unos días para ir a casa. Dark dio su consentimiento. Juan fue a casa, regresó con Alma, y se casaron el 28 de marzo. Los Marichal tienen seis hijos (Rosie, Elsie, Yvette, Ursula Raquel, Charlene, y Juan Antonio), 13 nietos y un bisnieto, y celebraron sus bodas de oro en 2012.

Marichal se niveló un poro, pero desarrolló su habilidad en las dos temporadas siguientes, con registro de 13-10 y promedio de 3.89 en 1961. Para 1962, se había convertido ya en un muy buen lanzador, con balance de 18-11 para un poderoso equipo de los Giants que ganó 103 encuentros y aventajó a los odiados Dodgers 2-1 en una serie de desempate a tres juegos y avanzó a la Serie Mundial ante os poderosos veteranos Yankees. Los 18 éxitos de Marichal fueron terceros en el equipo detrás de Jack Sanford (24-7) y Billy O'Dell (19-14) y delante de Billy Pierce (16-6), pero su efectividad de 3.36 fue la mejor del staff. Como un extra,

DOMINICANOS EN LAS LIGAS MAYORES

Fotografía cortesía del Salón de la Fama del Béisbol Nacional

lanzó cuarto y quinto innings sin carreras de los dos primeros Juegos de Estrellas ese año y fue el lanzador ganador en la victoria 3-1 de la Liga nacional.

Debido a varias suspensiones por lluvia en San Francisco, la Serie de siete jugos, que ganaron los Yankees, se extendió del 4 al 16 de octubre. Marichal inició el Juego 4 en el Yankee Stadium y trabajó con ventaja 2-0 durante cuatro innings, permitiendo dos hits y dos boletos mientras ponchaba a cuatro. Al poncharse mientras trataba de tocar la bola ante Whitey Ford en el principio del quinto inning, se lesionó la mano y terminó la Serie para él.

Los Giants eran un equipo sólido, usualmente en contención durante los 60 y principios de los 70, por lo que nadie iba a imaginarse que no fueran a aparecer en otra Serie Mundial hasta 1989. Pese a la decepción del Clásico de Otoño, Juan Marichal se convirtió en un gran lanzador en 1963, y siguió siéndolo hasta 1969.

La temporada de 1963 no comenzó muy bien pues él l 10 de abril, pues duró apenas dos entradas en Houston, permitiendo ocho hits y cuatro limpias. Las cosas no mejoraron cuatro días después, pues cayó ante los Cubs en Chicago. De regreso a casa, se enderezó y venció a los Cubs 5-1 el día 19. Desde ese punto, fue prácticamente invencible, terminando la contienda con 25-8 (la primera de tres veces en las que ganó al menos 25 encuentros) con efectividad de 2.41. Además, encabezó el circuito con 321 y ⅓ de entradas lanzadas. En el proceso, logró su venganza ante Houston el 15 de junio, lanzando un juego sin hits ni carreras para vencer 1-0. De manera extraña, abandonó su patada alta en ese encuentro.

El 2 de julio derrotó 1-0 a Warren Spahn en 16 innings de lo que Jim Kaplan ha catalogado como el mejor juego que se ha lanzado jamás.[5] Fue todo lo que debía ser un juego, un testamento a la habilidad, el coraje, el orgullo y el honor de dos maravillosos lanzadores— un teatro perfecto presentando al veterano (Spahn tenía 42 años y mostraba 338 victorias de por vida en ese momento) y al joven en surgimiento. Spahn y Marichal eran casi espejos el uno del otro, con sus altas patadas y sus manos de lanzar casi tocando el sueño en su wind-up. Spahn había estado lanzando más con su cabeza que con su brazo por varios años ya; abriéndose camino con astucia por todo el poderoso lineup de San Francisco, dejando que hicieran contacto, permitió nueve hits mientras ponchaba solamente a dos y transfería a uno. Marichal tomó un enfoque diferente; en un año en el que ponchó una marca personal de 248 bateadores, permitió ocho hits, ponchó a 10 y transfirió a cuatro. Ninguno de los dos dio o pidió tregua. La edad no iba a dejarse superar por la juventud, y la juventud no iba a ceder ante la edad. El juego terminó como debía, cuando Willie Mays pegó cuadrangular con un out en el inning 16. Ilustró lo que podía ser el eje central del béisbol, señalado hermosamente por Bart Giamatti: "Te rompe el corazón. Está diseñado para romperte el corazón."[6]

Koufax, al igual que Marichal teniendo su primera gran temporada, ganó 25 encuentros, perdió cinco y encabezó la liga con 11 blanqueadas, 306 ponches y 1.88 de efectividad. Siguiendo esto, fue el Jugador Más Valioso de la Serie Mundial, lanzando dos victorias en juegos completos a medida que los Dodgers barrían a los Yankees. Por sus esfuerzos, recibió el premio Cy Young (apenas uno se presentó desde 1956 a 1966) y el premio al Jugador Más Valioso de la Liga Nacional.

Marichal tuvo otra buena temporada en 1964, con balance de 21-8 y efectividad de 2.48, con 22 juegos completos para encabezar la liga. Los números finales de Gibson fueron 19-12 y 3.01, pero se llevó el MVP en la Serie Mundial con dos victorias en juegos completos ante los Yankees. El Cy Young fue a manos de

Dean Chance de los Angels, quien acompañó su registro de 20-9 con efectividad de 1.65.

En el papel, la campaña de 1964 pareció otro típico desempeño de Juan Marichal. Marca de 22-13 con efectividad de 2.13 es impresionante, sobre todo cuando le acompañan 24 juegos completos y 10 blanqueadas para encabezar la liga.

Todo eso, y mucho más, se derrumbó el 22 de agosto.

Era un muy anticipado desafío dominical con los Dodgers en el Candlestick Park con mucho dependiendo del resultado y los dos mejores lanzadores del béisbol viéndose las caras—Koufax por los Dodgers y Marichal por los Giants. Más allá de la lucha por el banderín, los dos equipos se habían ido de Brooklyn y New York ocho años atrás, y llevaron consigo ese odio mutuo a sus nuevos hogares en California.

Ninguno de los dos estuvo particularmente efectivo. Los Dodgers anotaron una carrera tanto en el primer inning como en el segundo; los Giants recuperaron una en su mitad del segundo. Ambos lanzadores habían estado trabajando pegado, sin vacilar para despegar a los bateadores. Cuando Marichal vino a batear con un out en el tercer inning, el cátcher de los Dodgers Johnny Roseboro pidió a Koufax que ripostara. Sandy le lanzó pegado a Marichal dos veces, pero sin reacción. Pero entonces, Roseboro le devolvió la pelota a Koufax muy cerca de la oreja de Marichal. El dominicano explotó, atacando a Roseboro con su bate, levantándolo sobre su cabeza como un verdugo en tiempos antiguos para dejarlo caer sin piedad en la cabeza de Roseboro, abriendo una herida de dos pulgadas en su frente. Se inició una de las peores broncas en la historia de los Dodgers y los Giants. Cuando la paz—tal como era—fue restaurada, Marichal fue expulsado, y Koufax bien conmocionado, sacó el segundo out del inning, transfirió a Jim Davenport y Willie McCovey, y permitió jonrón de tres carreras a Willie Mays. Los Giants ganaron 4-3, pero Marichal sufrió una multa de $1,750 (la más alta en la historia del Viejo Circuito hasta la fecha) y una suspensión de nueve días. Muchos observadores consideraban que los números debían haber sido a la inversa. Los Giants pagaron también, terminando segundos en la temporada, a dos partidos de los Dodgers.

El juego se ha revisado varias veces, convirtiéndose en una obra de moralidad. En 2011 Roger Guenveur Smith escribió y actuó en una obra solo llamada *Juan and John*. Roseboro perdonó a Marichal y lo apoyó para el Salón de la Fama, y las familias se mantienen cercanas hasta la fecha.

Koufax fue Koufax en 1965: 26-8, 2.04 y en aquel entonces récord de 382 ponches (roto por Nolan Ryan en 1973 con 383), 2-1, pese a una efectividad de 0.38 en la Serie Mundial, donde logró su segundo premio al MVP, un segundo Cy Young. Como si no fuera suficiente, lanzó un juego perfecto (su cuarto cero hit cero carreras) en el Dodger Stadium el 9 de septiembre, venciendo a los Cubs y a un desafortunado Bob Hendley, quien permitió un inatrapable, con marcador de 1-0.

Tony Blengino argumenta en *Baseball's Top 100* que la mejor campaña de Marichal tuvo lugar en 1966.[7] Determinar la mejor tempora de Marichal es difícil porque al igual que Warren Spahn, tuvo muchas notables. Una marca de 25-6 combinada con efectividad de 2.23, líder de la liga en promedio de ganados y perdidos (.806), WHIP (.859), hits y boletos por cada nueve innings (6.7 y 1.1, respectivamente), lanzando 25 juegos completos es todo muy impresionante. Desafortunadamente para él, Koufax lo excedió encabezando la liga con 27 victorias, 1.73 de efectividad, 323 entradas lanzadas, 27 juegos completos, 317 ponches y cinco blanqueadas. Sus 27 triunfos son récord para la Liga Nacional en el Siglo XX para un zurdo, igualado por Steve Carlton en

1972. Para sorpresa de nadie, logró su tercer Premio Cy Young. La sorpresa fue el anuncio de su retiro a la edad de 30 años, lo que hizo esa temporada la mejor última temporada que haya tenido jamás un lanzador.

La contienda de 1967 fue un misterio. Juan estaba teniendo su usual buen año durante la primera mitad. Llevaba 12-7 con 2.29 de limpias e inició el Juego de las Estrellas el 11 de julio. Había lanzado una victoria completa ante los Dodgers el día 8 y luego hizo su usual apertura el 14, pero fue castigado n cinco entradas ante Houston y perdió el juego. Recibió otro castigo y cayó en Pittsburgh el 18 y lo siguió el 22 con otra corta salida (5⅓ innings, dos hits, dos carreras, una limpia, y sin decisión en el choque) en Chicago. Parecía estar en un slump de dos semanas, pero de vuelta en San Francisco y con uno o dos días extras de descanso derrotó a los Phillies en un juego completo y cuatro días después hizo lo mismo ante los Pirates. Sin embargo, el 4 de agosto, sufrió un tirón en la corva corriendo en los jardines en el Shea Stadium. No lanzó de nuevo hasta el 25 de agosto contra los Braves, durando solamente 4 y ⅔ y cargando con el revés. Es fue su último encuentro de la campaña, quedando con 14-10, 2.76, nada cerca de su forma habitual. Su compañero de equipo Mike McCormick (22-10) se llevó el Cy Young.

En St. Louis, mientras tanto, Bob Gibson, se conformaba con marca de 13-7 y 2.98, su temporada acortada el 15 de julio cuando una línea de Roberto Clemente por el medio le fracturó la pierna; siempre un guerrero, Gibson enfrentó a otros tres bateadores antes de abandonar el encuentro. Totalmente recuperado para la Serie Mundial, destruyó a los Red Sox del Sueño Imposible con victorias en tres juegos completos, efectividad de 1.00 y fue votado el MVP de la Serie. Dos lanzadores que sufrieron temporadas por debajo de sus posibilidades y acortadas por las lesiones, se preparaban para la épica campaña que se avizoraba en el horizonte.

La contienda de 1968 ha sido catalogada como el Año del Pitcher con buena razón. Parecía que la mayoría de los bateadores habían dejado sus bates guardados, a medida que los promedios resbalaban a profundidades no vistas desde los días de la "Bola Muerta" de 1901 a 1919. Carl Yastrzemski encabezó la Liga Americana con promedio de .301, la marca más baja de todos los tiempos para un campeón de bateo. Todos los lanzadores parecían teniendo el mejor año de carreras destinadas al Salón de la Fama. Tres lanzadores sobresalieron. Denny McLain de los Tigers tuvo 31-6, el primer lanzador en ganar 30 partidos desde que Dizzy Dean lo hiciera en 1934; nadie lo ha hecho desde entonces. En la Liga Nacional, fueron Juan Marichal y Bob Gibson.

Juan encabezó la liga con 26 victorias ante nueve fracasos, con efectividad de 2.43 y encabezó el circuito con 30 juegos completos y 325 ⅔ innings de trabajo; en la mayoría de las temporadas, un lanzador con esos números se habría llevado el Cy Young, pero 1968 fue extraordinario. Gibson tuvo una buena marca de 22-9, pero su promedio de limpias de 1.12 es el más bajo desde la era de la "Bola Muerta", y sus 13 blanqueadas (empatados con la marca de Jack Coombs en 1910) se ubican segunda detrás del récord de 16 para las grandes ligas, establecido en 1916 por Grover Cleveland Alexander. Además, los Cardinals fueron a la Serie Mundial, donde Gibson lanzó valientemente, extableciendo récord con 17 ponches en el Juego 1 y venciendo a McLain dos veces antes de ser traicionado por su defensa ante Mickey Lolich en el Juego 7. Por su labor recordista, Gibson se llevó el Cy Young y el MVP del Viejo Circuito.

Los bateadores de ambas ligas se recuperaron un poco en 1969, y aunque retrocedieron un poco, Marichal, Gibson y McLain tuvieron temporadas excelentes. Marichal se fue con 22-11 y encabezó la liga con ocho blanqueadas y 2.10 de efectividad. Pero había un nuevo pistolero en el pueblo. Tom Seaver ganó 25 partidos mientras ponía a los hasta ese momento desventurados y desesperanzados New York Mets en sus hombros y los llevaba a una barrida en tres juegos sobre los Braves por el campeonato de la Liga Nacional y a sorprender en cinco juegos a los poderosos Baltimore Orioles en la Serie Mundial. Ganó el Cy Young.

La contienda de 1970 fue un desastre para Marichal. Comenzó durante el entrenamiento de primavera con una severa reacción alérgica a la penicilina. Perdió peso durante varias semanas y nunca recuperó su fuerza completamente. El efecto a corto plazo fue una marca de 12-10, un horrendo promedio de limpias de 4.12, y una recta menguada seriamente. El único momento agradable fue haber logrado su victoria 200 el 28 de agosto: un juego completo 5-1 ante los Pirates en el Candlestick Park. El efecto a largo plazo fue peor: artritis crónica y severos dolores de espalda.

Aun con control preciso y astucia, Marichal logró su última buena campaña en 1971, con registro de 18-11 y promedio de carreras limpias de 2.94. Lanzó en la victoria que le dio la división a los Giants, venciendo 5-1 a los Padres en San Diego el último día de la campaña. Finalmente, en la postemporada, lanzó bien en el Juego 3 pero cayó en un juego completo de ocho entradas, 2-1 ante los Pirates, eventuales campeones de la Serie Mundial: cuadrangulares de Richie Hebner y Bob Robertson lo derrotaron.

Como sucede con los lanzadores de astucia, el declive—como había sucedido con Warren Spahn—tuvo lugar de forma veloz, abrupta y repentina para Marichal. Comenzó la contienda de 1972 el 15 de abril con ocho entradas sin carreras para vencer en Houston. Entonces perdió siete aperturas al hilo. El 17 de mayo, tenía foja de 1-7 pese a una buena efectividad de 2.83. La pesadilla terminó el 19 de septiembre con la derrota número 15 y solo seis triunfos además de un no tan malo promedio de limpias de 3.71. Luego de una operación en la espalda, las cosas no mejoraron en 1973, pese a una aparente evolución de 11-15 pero una efectividad de 3.82.

Tras la decepción de estos dos años, los Giants vendieron a Marichal a los Red Sox el 7 de diciembre. Con 36 años, regresó a la pelota invernal por vez primera en seis años, con registro de 5-5, efectividad de 2.12 para el Escogido. Durante sus ocho campañas con los leones, "El Monstruo de Laguna Verde" ganó 36 y perdió 22. (Los disturbios políticos interrumpieron las operaciones de la Liga Dominicana en 1961-62 y borraron las temporadas de 1962-63 y las de 1965-66.[8]) Juan Marichal es el líder en efectividad de todos los tiempos con 1.87 en 557⅓ innings.

En 1974, Marichal logró con trabajo una foja de 5-1, pero una efectividad 4.87, con los Sox, quienes lo dejaron libre el 24 de octubre. En los Idus de Marzo de 1975, firmó como agente libre con los odiados Dodgers. Inició dos encuentros, durando seis innings y permitiendo nueve carreras. Todo terminó el 16 de abril.

Luego vinieron cinco años de espera. Marichal y Bob Gibson se volvieron elegibles para el Salón de la Fama en 1981. Pese a sus estadísticas similares, Gibson lo logró en su primer intento mientras que Marichal obtuvo solo 233 de los 301 votos que necesitaba. En 1982, con Hank Aaron y Frank Robinson recibiendo el honor merecido, quedó decepcionantemente a siete votos de los 312 que necesitaba. John Roseboro anunció públicamente que todo estaba perdonado, e incitó a los cronistas a que votaran por su amigo, y el 12 de enero de 1983, Juan Marichal fue finalmente electo al Salón de la Fama, el primer pelotero nacido en República Dominicana que recibió el honor.[9]

Marichal se ha mantenido en el béisbol y en el deporte de manera general luego de su retiro. Dirigió el programa de los Oakland Athletics en la República Dominicana desde finales de los 80 a mediados de los 90; el programa envió a varios peloteros a las mayores, el más prominente el MVP de la Liga Americana en 2002, Miguel Tejada. Trabajando como narrador para la radio en español en 1990, vio a su entonces yerno José Rijo ganar los honores al MVP de la Serie Mundial por ayudar a los Cincinnati Reds a barrer a los Athletics en cuatro juegos. Desde 1996 hasta 2000, sirvió en el gabinete del presidente dominicano Leonel Fernández como el Ministro de Deportes y Educación Física del país. Todavía analiza juegos para ESPN Deportes.

Pese a los honores, hubo un momento de controversia. Él y Pedro Martínez fueron filmados en una pelea de gallos en la República Dominicana en 2008. Un segmento del público norteamericano se molestó, pero tal práctica es legal en la República Dominicana, y tanto Marichal como Martinez estaban allí puramente de espectadores.

Marichal tiene una granja en su país y viaja con frecuencia hacia y de los Estados Unidos. "Tengo 48 cabezas de ganado y muchos pollos," dijo a Stuart Miller. "Viajo mucho, pero cuando estoy acá en la República Dominicana, vengo casi todas las tardes. Disfruto pasar tiempo con los animales y hablar con mis trabajadores. Es muy relajante."[10]

Juan Marichal es un hombre respetado y admirado por todos los que lo conocen. Es invariablemente generoso con la gente que no esté en posición de hacerle favores. Gabriel Schechter estaba trabajando en la Biblioteca Giamatti cuando escuchó que Marichal estaba en la galería con unos amigos. Fue a presentarse ante el miembro del Salón de la Fama. "Marichal," dijo Schechter, "me presentó a sus amigos y ¡por diez minutos actuó como si *yo* fuera el miembro del Salón de la Fama en el grupo!" otra vez Schechter y un amigo decidieron armar dos equipos teóricos de miembros vivos del Salón de la Fama, buenas personas y no tan buenas personas. Marichal fue la opción fácil para el lanzador de los que son buenas personas.

Marichal resume su meta en su autobiografía: "Antes de morir, seré feliz si la gente dice que de mí que hice algo bueno por otras personas…. Quiero que me recuerden más por ayudar a la gente que por lo que hice en el béisbol."[11] Ha logrado ese objetivo.

AGRADECIMIENTOS

Agradecimientos a Mark Armour por su excelente edición, a Rory Costello por brindarme material adicional y alcararme sobre nombres en español, a Rob Ruck por su ayuda con la línea cronológica, a Carl Riechers por su rigurosa verificación de los hechos, y a Bill Nowlin por la edición complementaria y el format. Mejoraron mi trabajo.

FUENTES

Además de las fuentes citadas en las Notas, también se consultó:

Bjarkman, Peter C. "Dandy, Sandy, and the Summer of '65," *Elysian Fields Quarterly*, Winter 1998, 47, 49-55, 57-59.

Boyle, Robert H. "The Latins Storm Las Grandes Ligas," *Sports Illustrated*, 9 de agosto de 1965: 24-26, 29-30.

Burgos Jr., Adrian. *Playing America's Game: Baseball, Latinos, and the Color Line* (Berkeley, Los Angeles, and London: University of California Press, 2007).

James, Bill, and Rob Neyer. *The Neyer/James Guide to Pitchers: A Historical Compendium of Pitching, Pitchers, and Pitches* (New York: Simon & Schuster, 2004).

Kaplan, Jim. *The Greatest Game Ever Pitched: Juan Marichal, Warren Spahn, and the Pitching Duel of the Century* (Chicago: Triumph Books, 2011).

Klein, Dave. *Bob Gibson, Juan Marichal, Vida Blue, Hoyt Wilhelm. Great Pitchers Series 2.* (New York: Grosset & Dunlap, 1972).

Lugo, Carlos J. *Prospectus Q & A with Juan Marichal*, 5 de abril de 2005. www.baseballprospectus.com/article.php?articleid=3905

Mandel, Mike, ed. "Juan Marichal," *San Francisco Greats* (San Francisco: Mike Mandel, 1979), 130-36).

Marichal, Juan, with Charles Einstein. *A Pitcher's Story* (Garden City, New York: Doubleday, 1967).

Ruck, Rob. *The Tropic of Baseball* (Westport, Connecticut: Meckler Publishing, 1991).

Wendel, Tim, and José Luis Villegas. *Far from Home: Latino Baseball Players in America* (Washington, DC: National Geographic, 2008).

Wendel, Tim. *The New Face of Baseball: The One-Hundred-Year Rise and Triumph of Latinos in America's Favorite Sport* (New York: HarperCollins, 2003).

La lista es una muestra del material disponible sobre Marichal. El archivo de Marichal en la Biblioteca Giamatti del Salón de la Dama del Béisbol fue particularmente útil. Baseball-Reference.com y Retrosheet.org fueron invaluables por las estadísticas y los play-by-play. Paper of Record brindó acceso a The Sporting News. The Baseball Index (TBI) fue indispensable como material de consulta. El registro de Marichal con el Escogido viene de www.lasemanadeportiva.com.

NOTAS

[1] El bateador más exitoso ante Marichal fue Dick Allen: de 105-39 (.371) con ocho jonrones. Joe Torre – de 100-35 (.350), también con ocho jonrones–estuvo bien cerca. Ken Boyer y Hank Aaron también le pegaron ocho cuadrangulares a Marichal.

[2] John Odell, "The Hall of Fame Looks at Baseball Scouts," en Jim Sandoval y Bill Nowlin, eds., *Can He Play? A Look At Baseball Scouts And Their Profession* (Phoenix: Society for American Baseball Research: 2011), vi. E-Book.

[3] Ramos murió en el accidente aéreo de 1948 que es la mayor tragedia en la historia del béisbol dominicano.

[4] Rafael Trujillo estaba interesado en el béisbol principalmente como herramienta populista. Era aficionado de las carreras de caballos.

[5] Para ver una completa discusión y detalles fascinantes sobre el duelo entre Spahn y Marichal, ver el excelente libr de Kaplan *The Greatest Game Ever Pitched: Juan Marichal, Warren Spahn, and the Pitching Duel of the Century* (Chicago: Triumph Books, 2011). Otros meritorios candidatos para el más grande juego existen: el juego perfecto de Addie Joss, 1-0 sobre Ed Walsh durante la dura batalla por el banderín el 2 de octubre de 1908; el triunfo 1-0 de Joe Wood ante Walter Johnson el 6 de septiembre de 1912 (uno de los muchos juegos que Johnson ganó y perdió 1-0 en su carrera); la victoria de Babe Ruth 1-0 en 13 innings ante Johnson el 15 de agosto de 1916; el cero hit cero carreras de Fred Toney 1-0, en 10 innings ante Jim Vaughn (quien lanzó sin hits durante nueve entradas) l 2 de mayo de 1917; el duelo entre Leon Cadore y Joe Oeschger en 26 innings 1-1 el 1 de mayo de 1920, lo supera todo por la resistencia; el triunfo de Carl Hubbell en 18 innings, con 12 ponches, sin boletos, 1-0 ante Tex Carleton y Jesse Haines de los Cardinals el 2 de julio de 1933; los 12 innings perfectos de Harvey Haddix ante Milwaukee y Lew Burdette el 26 de mayo de 1959, que resutó en una derrota 1-0 n el inning 13, y el juego perfecto de Sandy Koufax 1-0 ante el 9 de septiembre de 1965 ante los Cubs y Bob Hendley, quien permitió solamente un hit.

[6] "The Green Fields of the Mind," *Yale Alumni Magazine*, noviembre de 1977; reimpreso en Paul Dickson, ed., Baseball's Greatest Quotations (New York: HarperCollins, 1991), 155-56.

[7] Tony Blengino, "Juan Marichal–1966," en John Benson y Tony Blengino, eds., *Baseball's New Top 100: The Best Individual Seasons of All Time* (Wilton, Connecticut: Diamond Library, 2001), 182-85.

8   No parece que Marichal haya jugado nunca en otra liga invernal. Los Indios del Oriente en Venezuela intentaron reclutarlo en enero de 1962, luego de que la temporada de la Liga Dominicana terminara prematuramente, pero no se unió a ese club. Durante el invierno de 1965-66, la Feeración de Peloteros Dominicanos formó un circuito de tres equipos conocidos por colores–pero Marichal se mantuvo en forma buceando en busca de orejas de mar en el Océano Pacífico.

9   Hay preguntas sobre porqué Marichal tuvo que esperar para lograr la elección al Salón de la Fama. La idea convencional e que un grupo de votantes decidió castigarlo por el incidente de Roseboro. Sin embargo, hay razones para creer que fue perdonado bastante pronto después pues menos de un año después, el 10 de junio de 1966, *Time* publicó un artículo de Charles Parmiter y Richard Saltonstall Jr. con el título de "The Dandy Dominican." La portada mostraba una secuencia en nueve partes de fotos de su distintiva patada alta decía "The Best Right Arm in Baseball." Los autores cubrieron mucho terreno y mencionaron sin hacer énfasis el incidente de Rosboro.

10 Stuart Miller, "30 Seconds With Juan Marichal," *New York Times* Baseball Blog, enrevista el 7 de mayo de 2011. bats.blogs.nytimes.com/2011/05/07/30seconds-with-juan-marichal/

11 Juan Marichal con Lew Freeman, *Juan Marichal: My Journey from the Dominican Republic to Cooperstown* (Minneapolis: MVP Books, 2011), 243.

Horacio Martínez

Por Rory Costello

Horacio "Rabbit" (Conejo) Martínez (1912-1992) fue el prototipo de la gran hornada de paracortos de la República Dominicana: buen fildeador, rápido, y una amenaza entre las bases. Tuvo una notable carrera en las Ligas Negras con los New York Cubans (1935-36, 1939-47). Aunque el béisbol profesional fue mayormente ausente en su patria mientras Martínez estuvo activo, aun jugó allí, al igual que en Cuba, Venezuela y Puerto Rico. Hacia el fin de su carrera también fue manager-jugador en Panamá.

Martínez recibió su apodo debido a su velocidad.[1] También podía saltar como un conejo, como mostrara el afamado fotógrafo de Pittsburgh Charles "Teenie" Harris. Con cinco pies nueve pulgadas y 155 libras de peso, era el clásico hombre defensivo que bateaba poco. Aunque no era un poderoso bateador, su defensa excelente lo llevó a los Juegos de Estrellas Este-Oeste de las Ligas Negras cinco veces: 1940, 1941, 1943, 1944, y 1945. En estas exhibiciones, entre los mejores peloteros de esa y cualquier otra era, compiló .545 (de 11-6).[2]

De haber sido su ascendencia africana menos obvia, podría haber llegado a jugar en las mayores. En Cuban Star, una biografía completa del dueño de los Cubans y miembro del Salón de la Fama Alex Pómpez, el autor Adrián Burgos, Jr. brindó una panorámica sobre la situación de Rabbit. "Como reflejo de la caprichosa política de la división racial en el béisbol, trece latinos jugarían tanto en los circuitos negros y las ligas mayores durante esta era de Jim Crow [1902-1945]… la clave de su participación en las segregadas ligas mayores fue su delineación como negros no norteamericanos.

"Horacio Martínez… sintió el impacto de esta verdad. En 1943, los cronistas ofrecieron su nombre como un potencial destructor de barreras en las mayores. El escritor del *Daily Worker* Nat Low citó a los Brooklyn Dodgers como posible destino, debido su 'debilidad' en el campo corto. Erróneamente refiriéndose a Martínez como 'primero, último y siempre cubano', el escritor del *Norfolk Journal and Guide* Len Graves apuntó que había 'muchos cubanos jugando en las ligas mayores que no eran más claros [de piel] que Martínez'. El problema, como fue el caso de docenas de otros peloteros latinos, era su cabello. Esto fue lo que Pómpez informó al cronista, admitiendo haber tenido oportunidades previas de vender a Martínez a los Washington Senators u otros clubes 'si 'Rabbit' hubiese tenido el cabello lacio.'"[3]

Aunque sus días de jugador llegaron demasiado pronto, el legado de Martínez en las

Dominio público.

grandes ligas como scout es extremadamente significativo. Alex Pómpez se fue a trabajar con los New York Giants en 1950, luego de haber disuelto su equipo de los Cubans. Contrató a Horacio como su perro de presa, y el Rabbit eventualmente se convirtió en el principal scout de los Giants para Latinoamérica tras la muerte de Pómpez en 1974. Su principal logro fue haber traído la primera oleada de peloteros dominicanos: hombres como los hermanos Alou, Juan Marichal, y Manny Mota.

Horacio Antonio Martínez Estrella nació el 20 de octubre de 1912 en Santiago, la segunda ciudad más grande de República Dominicana. Sus padres eran Antonio "Toño" Martínez y Ana Rita Estrella. Como sucede con muchos peloteros (mucho más los dominicanos), hay incertidumbre respecto tanto al año como al lugar de nacimiento. Algunas fuentes muestran 1915, y hay sugerencias de que el lugar fue San Pedro de Macorís, la ciudad que ha dado muchos torpederos dominicanos, o Santo Domingo. Sin embargo, el Salón de la Fama del Deporte Dominicano (que exaltó a Martínez en 1970 como parte de su cuarta clase) muestra la fecha de 1912 y Santo Domingo.

La familia Martínez tuvo cuatro hijos y cinco hijas. Todos los hermanos de Horacio—Toñito, Aquiles y Julio—fueron también destacados peloteros en su tierra.[4] A finales de su adolescencia, Horacio se convirtió en parte del equipo llamado General Trujillo, en honor al presidente-dictador dominicano, quien había llegado al poder en 1930. La escuadra viajó por todo el Caribe y Centroamérica durante 1931 y 1932. En 1933 y 1934, Martínez fue el paracortos de los Tigres del Licey. Licey (color azul) y los Leones del Escogido (rojo) son los dos más antiguos y mejor conocidos equipos dominicanos. En aquella época, sin embargo, la nación no contaba con una liga profesional.

Martínez se casó con Idalia Tejeda Burgos de Santo Domingo en marzo de 1935. La pareja eventualmente tendría tres hijos: Horacio Augusto, Roberto Pedro Antonio y Mirtha Altagracia. Poco después de su matrimonio, Horacio y otro destacado dominicano, el receptor Enrique "El Mariscal" Lantigua, se unieron a los New York Cubans. Fueron el tercero y cuarto de sus compatriotas en jugar en las Ligas Negras, luego del lanzador Pedro Alejandro San (quien debutó con los Cuban Stars de Pómpez en 1926) y Juan "Tetelo" Vargas, quien es considerado el más notable de los primeros peloteros dominicanos. Entre otros peloteros de primera clase en los Cubans de 1935 estaban el miembro del Salón de la Fama Martín Dihigo, Alejandro Oms, Luis E. Tiant, y Manuel "Cocaína" García.

En el invierno de 1935-36, Martínez jugó pelota profesional en Cuba por vez primera. Se unió a Santa Clara, que presentaba al entonces manager jugador Martín Dihigo—pero tuvo que quedarse en segunda base porque en el campo corto se hallaba otro miembro del Salón de la Fama: Willie Wells.[5] Rabbit pasó partes de siete inviernos en Cuba desde 1935 hasta 1944, sin contar 1938-39 y 1939-40. Compiló .258 con un cuadrangular y 92 empujadas en 978 turnos principalmente con el Santa Clara y el Habana (también jugó brevemente con el Almendares).

En 1936, el entrenamiento de primavera con los Cincinnati Reds incluyó un viaje a Puerto Rico. Hacia el final del viaje, los Reds dividieron su escuadra, enviando un grupo de 16 jugadores a Ciudad Trujillo (como conocían a Santo Domingo desde 1936 hasta 1961) para jugar con equipos dominicanos el 3 y el 4 de marzo.[6] Los Reds barrieron a Escogido y Licey, 7-1 y 4-2. Martínez—catalogado en el box score norteamericano como "Horacio"—jugó por el Licey. Se fue de 4-2 aunque también cometió dos errores.[7]

Los New York Cubans no operaron durante las contiendas de 1937 y 1938. El fiscal especial Thomas Dewey tenía en su mira a Alex Pómpez por su involucración con la lotería clandestina en New York y Pómpez se escondió en México por un período de este tiempo. Sus jugadores, entre ellos Horacio, fueron principalmente a América Latina en busca de empleo.

Como ha sido reseñado varias veces, 1937 fue un año notable en el béisbol dominicano. El libro de 1991 escrito por Rob Ruck, *The Tropic of Baseball*, brinda una reseña mostrando recuerdos de primera mano de gente que estuvo allí. Rafael Trujillo no era fan del béisbol (aunque su hijo Ramfis sí lo era); realmente le encantaban las carreras de caballos. Aun así, el Generalísimo no estaba feliz porque el campeonato de 1936 había ido a parar a manos de San Pedro de Macorís, y la gente alrededor de él normalmente buscaba más gloria para el dictador. Además, el béisbol era una herramienta populista en manos de Trujillo—la temporada de 1937 fue dedicada a su reelección.

Así que Ciudad Trujillo armó un Trabuco. Licey, para quien había jugado Martínez en 1936, y Escogido fueron combinados. Además, los mejores peloteros de las Ligas Negras de la época fueron atraídos para jugar allí. La lista de luminarias en los Dragones incluían a Satchel Paige, Josh Gibson, "Cool Papa" Bell, y más. Muchos de los peloteros de las Ligas Negras llegaron en verdad relativamente tarde en la temporada, que se jugó de marzo a julio; desplazaron a los dominicanos y a los cubanos. La proporción de peloteros nativos ese año terminó siendo muy baja—pero Martínez estuvo allí todo el tiempo, jugando con Santiago.[8]

El decano de los cronistas de béisbol dominicanos, Emilio "Cuqui" Córdova, se centró exclusivamente en los eventos de 1937 en el decimoséptimo libro de su serie Historia del Béisbol Dominicano.[9] Una entrega inicial estuvo dedicada a Horacio Martínez, aunque por desgracia esa completa biografía no estuvo disponible como fuente a esta historia.[10]

Luego de los excesos de 1937, el béisbol profesional oficial cayó en hiato en la República Dominicana durante 14 años. A pesar de esto, luego del colapso, Martínez jugó por el Licey cuando se reformó el club.[11] Durante esta etapa, también jugó en su patria contra equipos visitantes (de Puerto Rico, por ejemplo) y en las Series Inter Antillanas con Cuba y Puerto Rico. También, durante los años que no hubo pelota profesional, el béisbol siguió siendo el deporte escogido por los dominicanos. Siguieron desarrollándose encuentros en la nación y Horacio era un participante frecuente.

También se aventuró a otros lugares de América Latina. Un libro llamado Historia del Béisbol en el Zulia, que se centra en el estado más occidental de Venezuela, apunta que él y el paracortos cubano Silvio García fueron a jugar en 1937 con el club Pastora.[12]

El Rabbit permaneció en el Pastora en 1938, participando en un memorable partido de 20 innings el 5 de junio. El lanzador ganador, el también dominicano Andrés Julio Báez, trabajó toda la ruta en la batalle de seis horas y veinte minutos y anotó la única carrera del encuentro.[13] Báez era conocido como "Grillo B"—era el hermano mediano de tres "Grillos" que están todos en el Salón de la Fama del Deporte Dominicano.

Martínez jugó también 11 partidos por el Vargas en Venezuela en 1938, bateando de 49-9 (.184) con una empujada. Además, reforzó a los Leones de Ponce en la temporada inaugural del béisbol invernal de Puerto Rico, 1938-39. Hasta 1941, este circuito no tuvo estatus totalmente profesional—era conocido como La Liga de Béisbol Semiprofesional de Puerto Rico (LBSPR).[14] Aunque el nombre de Horacio no aparece en la Enciclopedia Béisbol Ponce Leones, 1938-1987 por Rafael Costas, el historiador de la Liga de Puerto Rico Jorge Colón Delgado ha confirmado que el Rabbit estuvo allí (las estadísticas se mantienen bajo investigación).[15]

Alex Pómpez volvió al béisbol en 1939, y también sus New York Cubans. Martínez volvió a unirse al roster. En junio y julio de 1939, no obstante, tuvo lugar una serie en Ciudad Trujillo entre a República Dominicana (representada por Licey y Escogido) y Puerto Rico (representado por los Leones Ponce). "Licey se llevó el trofeo del campeonato y Horacio Martínez fue el mejor bateador de la competencia."[16] Esto siguió a una serie anterior en Puerto Rico, que presentó al Licey contra Ponce y San Juan.[17]

Acá y allá, Martínez atrajo la atención de la prensa norteamericana. En julio de 1942, antes de un doble jugo frente el semiprofesional Brooklyn Bushwicks en el Dexter Park, el *New York Times* lo resaltó, diciendo, "Los Cuban Stars han estado viajando a un gran paso desde que Horacio Martínez asumió el rol de paracortos hace un mes."[18] El día anterior, el Brooklyn Eagle había explicado que Martínez se unió al club tarde por n haber tenido transporte hacia el norte por seis semanas.[19]

Tal vez, la razón verdadera fue la misma que la que tuvo lugar en 1943 cuando Martínez también se reportó tarde a los Cubans. Según reportó el New York Post en mayo de ese año, el Rabbit había ignorado los cables de Alex Pómpez porque estaba ganando buen dinero en su patria, la República Dominicana—pero cambió de opinión, aparentemente, porque le había estado bateando demasiado bien al lanzador favorito de Trujillo.[20]

En julio de 1943, los Cubans se fueron al norte para jugar ente el Niagara Falls Days en el Hyde Park Stadium (posteriormente cambiando su nombre por el del héroe local Sal Maglie). El *Niagara Falls Gazette* escribió, "Horacio Martínez, en el campo corto, sigue mostrando por qué se dice que no tiene igual en esa posición. Rápido y seguro, Martínez proviene de los dominicanos de Cuba [sic] considerado sin dudas el mejor paracortos de esa isla desde el gran Checon [sic], aunque muchos críticos sostienen que es igual que este último."[21] La doblemente confusa comparación fue con Pelayo Chacón, el cubano que había sido una estrella por mucho tiempo en las Ligas Negras, y cuyo hijo Elio fue ligamayorista.

Un día antes, el *Gazette* había escrito que Horacio "sensacional torpedero", junto con Dave "Impo" Barnhill y Roy Campanella (escrito erróneamente como "Campinello") habían estado a punto de un tryout en 1942 con los Pittsburgh Pirates, que nunca se materializó.[22] La biografía de Campanella escrita por Neil Lanctot detalla como el dueño de los Prates William Benswanger inicialmente alentó la noción, pero entonces se retractó—pero este relato no muestra a Martínez como uno de los candidatos.

Stanley Glenn, estelar receptor que irrumpió en las Ligas Negras con los Philadelphia

Stars en 1944, dijo al autor Brent Kelley que veía a Martínez como un pelotero miembro del Salón de la Fama. "Era mejor bateador que [Phil] Rizzuto; era también mejor fildeador. Podía recoger, amigo."[23] Otro cronista de las Ligas Negras, William McNeil, escribió, "Martínez era un mago a la defensa, del calibre de Ozzie Smith. Tenía velocidad, gracia, intuición excepcional, guante seguro, y un cohete en el brazo. Era generalmente reconocido como el mejor paracortos den las Ligas Negras durante finales de los años '30 y principios de los '40."[24]

Glenn daba demasiado crédito a Horacio con el bate. William McNeil también escribió, "La grieta en la armadura de Martínez que le impedía convertirse en un grande de todos los tiempos fue su débil ofensiva. Durante su carrera en las Ligas Negras su promedio anduvo alrededor de los .230."[25] Los registros de las Ligas Negras son incompletos, pero la indicación general coincide con la más completa información de los Cubans. El Rabbit compensaba hasta cierto grado, sin embargo, con habilidades de "juego chico". En su *Biographical Encyclopedia of the Negro Baseball Leagues*, James A. Riley escribió que Martínez era "un buen tocador, rápido en las bases, y bueno en cada aspecto de la jugada de bateo y corrido... siempre un luchador."

Martínez era también un líder. En algún punto se convirtió en mentor; posiblemente la primera vez que lo hizo fue durante la Serie Inter-Antillana Centenario de 1944. Este torneo conmemoró el 100 aniversario de la independencia de República Dominicana de Haití. El Rabbit y Manuel Henríquez fueron codirectores del equipo local, que sorprendió a Cuba—apenas la tercera vez que Cuba perdía una competencia internacional en 20 años.[26] Horacio también dirigió el equipo nacional durante la Serie Mundial Amateur de 1944, pero la séptima edición de este torneo se vio marcada por varias protestas. Una de ellas vino de él en una derrota contra Cuba; objetó el uso inapropiado de bateadores emergentes.[27]

En el invierno de 1945-46, Venezuela estableció su liga profesional principal de béisbol. Martínez fue a jugar con los Patriotas de Venezuela, y se fue de 52-14 (.269) en 13 juegos sin jonrones y con siete empujadas.[28] En ese invierno también fue manager-jugador en Panamá. Según fuentes dominicanas, el equipo era Colón; y de ser asó, ese club estaba en la Liga de la Zona del Canal, y contaba con el jardinero centralo de los Cardinals Terry Moore. El 3 de enero de 1946, sin embargo, la Liga Profesional de Panamá comenzó a jugarse con 228 peloteros importados de México, los Estados Unidos, y Cuba. Este circuito de cuatro equipos, el cual The Sporting News comparó con pelota de Clase-B, sería al que se unió Martínez.[29]

A medida que teminaba la carrera del Rabbit con los New York Cubans en 1946 y 1947, Alex Pómpez trajo una variedad de notables jugadores. Uno de ellos era Orestes Miñoso, conocido posteriormente como "Minnie", que jugó tercera base en 1946. El paracortos ese año fue Silvio García, quien desplazó a Martínez a segunda base. García saltaría sin embargo a la Liga Mexicana ese verano, pues Jorge Pasquel estaba atrayendo jugadores al sur de la frontera con más dinero en su empeño para lograr conseguir status de Liga Mayor.

El Rabbit regresó a la Liga Profesional de Panamá en el invierno de 1946-1947 a jugar para la Cadena Panameña de Radiodifusión. En 1947, cuando se había ido el brillo de la escena mexicana, Silvio García regresó a New York. No hay evidencia concluyente de que Martínez haya jugado en México.[30] No obstante, concluyó su carrera en los Estados Unidos con un campeonato, pues los Cubans (Negro National League) derrotaron a los Cleveland Buckeyes (Negro American League) en la Serie Mundial de las Ligas Negras. Lo que pueden haber sido sus últimos partidos como profesional fueron con el Cervecería Nacional en Panamá en 1947-48.

El domingo, 11 de enero de 1948, el béisbol dominicano sufrió su más grande tragedia—un evento que afectó directamente a Horacio Martínez. Un avión bimotor volando desde Barahona (en la parte suroccidental de la república) a Santiago (en la región central del Cibao) se estrelló en las montañas de Río Verde. Excepto el receptor Enrique Lantigua, que tuvo una premonición y decidió ir en auto, pereció el equipo completo de Santiago. Esto incluía a Toñito y Aquiles Martínez, el primero receptor popular y el segundo buen defensor de la segunda base. Julio Martínez, la mascota adolescente del equipo, también escapó porque su propio equipo tenía un encuentro programado.[31]

La edición de 1949 de los anales de la Universidad de Santo Domingo mostraba que Horacio estuvo empleado allí como instructor deportivo (i.e., coach de béisbol). Eventualmente se convirtió en director atlético de la universidad, ocupando este trabajo mientras servía de escucha para los Giants. Felipe Alou, estudiante de medicina, era su cuarto bate en 1955.

El 28 de diciembre de 1956 dirigió el equipo de su patria contra una escuadra de peloteros norteamericanos en el Juego de las Estrellas de la Liga Dominicana. Los fans dominicanos, que seleccionaron a ambos equipos, extendieron una invitación especial a Eddie Lopat para que volviera del retiro y lanzara. Lopat lanzó los dos primeros episodios y obtuvo el triunfo; Bill Mazeroski conectó el único cuadrangular del encuentro. Los yanquis fueron dirigidos por John "Red" Davis, un mentor de liga menor para los Giants que también dirigía al Escogido (una señal de los lazos entre la franquicia de Horace Stoneham y la República Dominicana).[32]

Martínez fue coach para Escogido; también dirigió al Licey por tres juegos en 1951, la primera temporada de la actual Liga Dominicana. Además, siguió dirigiendo al equipo nacional dominicano en competencias amateurs. Un ejemplo fue los Juegos Panamericanos de 1959, celebrados en Chicago.[33] Aunque los dominicanos terminaron octavos con balance de 2-3, un poderoso joven llamado Rico Carty (quien cumplió 20 años durante el torneo) causó una fuerte impresión en los escuchas norteamericanos. Fue detectado por el scout de los Milwaukee Brewers Ted McGrew y pronto se convertiría en otra temprana estrella dominicana.

Aunque Martínez no firmó a Carty, sí logró otros pocos jugadores para los Giants además de los Alou y Manny Mota. Entre los hombres que llegaron a las mayores estaban José Vidal y Freddie Velázquez (quien firmó en 1958), Ricardo Joseph (1959), Pepe Frías (1966), Rafael Robles (1967), y Elías Sosa (1968). Sosa fue el único de ellos que jugó con los Giants, sin embargo. Tal vez por esa razón, con el paso del tiempo se desgastó e interés de la franquicia por el talento dominicano. No obstante, grandes jugadores a quienes Martínez fichó sentían gran lealtad y respeto hacia él. En julio de 1993, Juan Marichal relató el mordaz final de la carrera de scout del "Rabbit" a los autores Marcos Bretón y José Luis Villegas.

"Cuando otros cazatalentos ganaban veinticinco mil y treinta mil dólares al año, Horacio ganaba solamente nueve mil dólares. Así que cuando los Giants buscaban liquidar algunas de sus posiciones de scouts, iban a retirar a Horacio a mitad de su salario. Yo estaba fuera de la organización, pero los Giants me pidieron mi opinión y les dije que debían retirarlo con todo su salario porque no ganaba ni un tercio de lo que estaban ganando los otros escuchas. Y eso hicieron, pero [antes de eso] cuando los Giants me ofrecieron un trabajo [a finales de los 70] iban a dejarlo libra pero no permití eso. Para mí, Horacio era como un padre y no iba a permitir que le quitaran su trabajo. Él fue el mejor escucha que han tenido."34

A finales de su vida, Martínez sufría de la enfermedad de Parkinson. Rob Ruck ofreció una imagen en The Tropic of Baseball. "Horacio Martínez, de 77 años, está confinado a una silla de ruedas en su hogar de Santo Domingo... el otrora grácil paracortos ahora puede apenas hablar. Mientras pasaba apuros para describirme su carrera en un viaje anterior, los ojos de Horacio Martínez se habían llenado con lágrimas, causadas por la frustración. Cometo el error de hablarle a Julio de los esfuerzos de su hermano y el coach de las Águilas se disculpa. Camina hacia la línea de primera base hacia la esquina del jardín derecho donde derrama sus lágrimas propias."35

Horacio Martínez murió el 14 de abril de 1992. Al año siguiente, un poderoso testamento vino de otra de las más eminentes figuras dominicanas, Felipe Alou. Alou contó a Marcos Bretón y José Luis Villegas cuánto significó Horacio para él en lo personal.

"Hay peloteros negros norteamericanos que han sido elevados al Salón de la Fama, quienes han sido recuperados del olvido, y todo ese trabajo ha sido hecho por norteamericanos. Pero no tenemos ni tendremos nunca esa representación para promover a Horacio Martínez. No era solamente un scout. Fue un gran atleta y me habló mucho antes de que me fuese a jugar a Estados Unidos. Esto fue hacia los años 50, cuando había mucho racismo en Estados Unidos, pero vine consciente de todas esas cosas porque tuve un gran maestro. Fui el primer pelotero que él firmó en llegar a las grandes ligas y para mí, era como si estuviese en una misión."36

Alou explicó sobre este tema con Rob Ruck. Cuando estaba en su primea temporada profesional con los Giants, y sufrió el racimo en un largo viaje en autobús en el sur, el joven Felipe se vio tentado a renunciar y volver a casa. Pero "Pensé en Horacio Martínez, no tanto en mi mamá y mi papá. No quería decepcionarlo y me quedé."37 Alou, por su parte, procedió a convertirse en inspiración para muchos dominicanos.

Haciéndose eco de Marichal y Alou, Manny Mota ofreció su propio tributo personal en 2012. En un tono firme y calmado, enfatizó, "El Señor Horacio Martínez fue sin dudas uno de los más grandes peloteros en la historia de la República Dominicana. Aparte de ser un gran jugador, fue como un padre para mí. Siento un gran respeto y admiración hacia él."38

En 2005, Martínez se convirtió en uno de los 94 candidatos preliminares nombrados por el Comité Especial de las Ligas Negras del Salón de la Fama. El proceso había cambiado desde que Felipe Alou hablare obre el tema en 1993—había al menos representación latina entre el grupo de figuras prominentes. El comité de selección incluyó a un experto en América Latina en Adrián Burgos. En 2012, Burgos discutió lo que sucedió con la candidatura de Horacio.

"Los cinco miembros del comité de nominación39 votaron para reducir la lista. Cada nominado tenía que cumplir con el límite de tres cuartos que requiere el Salón de la Fama; 39 hicieron el grado. La falta de estadísticas y de más que algunos testimonios de algunos miembros de las Ligas Negras afectaron las oportunidades de Horacio. De seguro, sabemos que era un fantástico fildeador, pero no había premios Guantes de Oro o una votación sobre los mejores fildeadores de las Ligas Negras. Eso también limitó sus oportunidades."40

Pocos años después de la elección del Comité Especial, sin embargo, se formó el Salón de la Fama del Béisbol Latino para reconocer a los peloteros hispanos. Como parte de su segunda clase, anunciada en octubre de 2010 y exaltada en 2011, Horacio Martínez fue electo por el Comité de Veteranos del Salón. Esta institución se ubica en la República Dominicana, y Martínez fue el cuarto dominicano horado. Siguió a Tetelo Vargas—y sus dos protegidos especiales, Felipe Alou y Juan Marichal. No obstante, este hombre gentil y modesto dijo en 1975, "No tengo quejas de la vida, y aunque no tengo dinero, es mi satisfacción personal haber sido una persona honesta."[41]

Agradecimiento especial a Peggy Fukunawa por contribuir con informaciones de su investigación sobre el béisbol dominicano, y a Rub Ruck por la presentación y su consejo. Gracias también a Manny Mota y José Mota; Adam Chodzko, Media Relations, Los Angeles Angels of Anaheim; miembros de SABR Alfonso Tusa, Jorge Colón Delgado, y Adrián Burgos; Jesús Alberto Rubio.

FUENTES

Libros:

Figueredo, Jorge S. *Cuban Baseball: A Statistical History, 1878-1961* (Jefferson, North Carolina: McFarland & Co., 2003).

Riley, James A. *The Biographical Encyclopedia of the Negro Baseball Leagues* (New York: Carroll & Graf Publishers, Inc., 1994).

Gutiérrez, Daniel, Efraim Álvarez, and Daniel Gutiérrez, Jr. *La Enciclopedia del Béisbol en Venezuela* (Caracas, Venezuela: Editorial Norma, 2007).

Recursos de internet:

Pabellón de la Fama del Deporte Dominicano (http://www.pabellondelafamadeportedom.com)

Edwin "Kako" Vázquez, "Horacio Martínez de Santiago Rep Dom," 1-800-BEISBOL (http://www.1800beisbol.com/baseball/Deportes/Beisbol_Dominicano/Horacio_Martínez_de_Santiago_Rep_Dom/)

www.licey.com

NOTAS

1 Marcos Bretón and José Luis Villegas, *Away Games: The Life and Times of a Latin Baseball Player*, New York, New York: Simon & Schuster, 1999, 51. Algunas fuentes indican que también le llamaban "Millito," pero esto puede ser una confusión con otro pelotero de esa era llamado Luis Emilio Martínez.

2 Larry Lester, *Black Baseball's National Showcase* (Lincoln, Nebraska, University of Nebraska Press, 2001).

3 Adrian Burgos, Jr., *Cuban Star: How One Negro-League Owner Changed the Face of Baseball* (New York, New York: Hill and Wang, 2011), 159-160.

4 Rob Ruck, *Raceball: How the Major Leagues Colonized the Black and Latin Game* (Boston, Massachusetts: Beacon Press, 2011), 65.

5 Roberto González Echevarría, *The Pride of Havana* (New York, New York: Oxford University Press, 1999), 274.

6 "Red Rookie Trying to Emulate [Augie] Galan," *The Sporting News*, 5 de marzo de 1936: 6.

7 *The Sporting News*, 12 de marzo de 1936: 10.

8 Rob Ruck, *The Tropic of Baseball* (Westport, Connecticut: Meckler Publishing, 1991), Capítulo 3.

9 Ubi Rivas, "Libro de Cuqui Córdova narra la calidad del torneo de 1937," *Hoy* (Santo Domingo, Dominican Republic), 24 de octubre de 2009.

10 Cuqui Córdova, *Horacio Martínez: El Rabbit* (Santo Domingo, Dominican Republic: Revista Historia del Béisbol, 2004).

11 En algún momento de su carrera, también jugó una campaña con el Escogido.

12 Luis Verde, *Historia del Béisbol en el Zulia* (Maracaibo, Venezuela: Editorial Maracaibo, S.R.L.), 1999.

13 Cuqui Córdova, " 'Grillo B' ganó un juego de 20 innings en Venezuela (05.06.1938), venciendo al zurdo cubano Lázaro Salazar 1 x 0," *Listín Diario* (Santo Domingo, Dominican Republic), 30 de marzo de 2010.

14 Thomas E. Van Hyning, *Puerto Rico's Winter League* (Jefferson, North Carolina: McFarland & Co., 1995), 9.

15 El libro de Cuqui Córdova cita también fuentes de Puerto Rico, Thomas Van Hyning también menciona que los fans de Puerto Rico llegaron a ver a Martínez.

16 William McNeil, *Black Baseball Out of Season* (Jefferson, North Carolina: McFarland & Co., 2007), 147.

17 Reportes de 1939 en el periódico dominicano *La Opinión*, según investigó Peggy Fukunaga.

18 "Bushwicks Meet Cubans," *New York Times*, 19 de julio de 1942.

19 "Dimout Law Again Saves Bushwicks," *Brooklyn Eagle*, 18 de julio de 1942: 10.

20 Stanley Frank, "Negro Ball Teams Carry On Despite All Difficulties," *New York Post*, 29 de mayo de 1943: 34.

21 "Barley Definitely Slated to Pitch for Days Against Cubans Wednesday," *Niagara Falls Gazette*, 13 de julio de 1943: 13.

22 "New York Cubans Have Strong Team Here for Game Here Wednesday with Days," *Niagara Falls Gazette*, 12 de julio de 1943: 11.

23 Brent Kelley, *Voices from the Negro Leagues* (Jefferson, North Carolina: McFarland & Co., 1998), 155.

24 William McNeil, *Baseball's Other All-Stars* (Jefferson, North Carolina: McFarland & Co., 2000), 174.

25 McNeil.

26 Cuqui Córdova, "Serie Interantillana Centenario 1944," *Listín Diario*, 17 de diciembre de 2011.

27 Rafael V. Peña, *El Big Show Desde New York blog*, 14 y 21 de noviembre de 2011 (http://www.radiario.com/index.php?option=com_content&view=article&id=368:radiario)

28 *The Biographical Encyclopedia of the Negro Baseball Leagues* declara de manera incorrecta que Martínez fue director-jugador con Caracas.

29 "Panama Pro Loop Begins Play," *The Sporting News*, 10 de enero de 1946: 16.

30 *The Biographical Encyclopedia of the Negro Baseball Leagues* también declara que Horacio jugó pelota invernal en México (La Liga de la Costa del Pacífico comenzó en la campaña de 1945-46). Sin embargo, el importante investigación dl béisbol mexicano Jesús Rubio no pudo encontrar evidencia de ello. No hay entrada sobre Martínez tampoco en las referencias del béisbol mexicano de verano, *La Enciclopedia del Béisbol Mexicano*, consideraba que había brechas en ese volumen (por ejemplo, el miembro del Salón de la Fama Willard Brown).

31 Rafael V. Peña, "La Tragedia de Río Verde 1948," *El Día* (Santo Domingo, Dominican Republic), 11 de enero de 2011. Ruck, The Tropic of Baseball, 102.

32 Feliz Acosta Núñez, "Lopat Takes Hill, Helps U.S. Stars Decision Natives," *The Sporting News*, 9 de enero de 1957: 20.

33 Ruck, *Raceball*, 205.

34 Bretón and Villegas, 52.

35 Ruck, *The Tropic of Baseball*, 103.

36 Bretón and Villegas, 51-52.

37 Ruck, *Raceball*, 150.

38 Manny Mota, entrevista telefónica con Rory Costello, 21 de mayo de 2012.

39 Rob Ruck estaba entre los 12 miembros del comité de votación.

40 Adrián Burgos, e-mail to Rory Costello, 11 de abril de 2012.

41 Arturo Industrioso, *El Caribe* (Santo Domingo, República Dominicana), 21 de junio de 1975.

Pedro Martínez

Por Norm King

Fred Claire no era un político. Sin embargo, al igual que muchos políticos, el pasado presidente ejecutivo del Los Angeles Dodgers dijo una cosa cuando hablaba de Pedro Martínez en 1992, terminó haciendo lo opuesto, y lamentó su acción.

"No voy a traspasar a Pedro Martínez, no me importa lo que ofrezcan," dijo Claire.[1]

Bien, pues sí transfirió a Martínez, y perdió los servicios de uno de los mejores lanzadores de los últimos 50 años, tres veces ganador del Cy Young con un registro de 219-100 y una efectividad de 2.93 de por vida. Más sobre el traspaso posteriormente.

Pedro Jaime Martínez nació el 25 de octubre de 1971, en Manoguayabo, Distrito Nacional, República Dominicana, el quinto de seis hijos de Paolino y Leopoldina Martínez. Manoguayabo era un pueblo sumido en la pobreza a nueve millas de la capital del país, Santo Domingo, y la familia vivía en una casucha con techo de hojalata y piso de tierra. Paolino mantenía a la familia como conserje y haciendo algunos trabajos pequeños, mientras que Leopoldina era lavandera. Los hijos de los Martínez crecieron en la pobreza, pero iban bien vestidos para la escuela y se tomaban la educación con seriedad.

También se tomaron en serio el béisbol... muy en serio. Pedro, junto con su hermano mayor Ramón, tenía el pitcheo en sus genes gracias a Paolino, que fue un lanzador de alto vuelo durante los años 50 (jugó con los eventuales ligamayoristas Felipe y Matty Alou, y ambos dijeron que era lo suficientemente bueno para jugar en las mayores) con una sinker siniestra.

"Era demasiado pobre para irme del país," dice Paolino. "Cuando los Giants me invitaron a una prueba, no tenía spikes. Así que no pude asistir a la prueba."[2]

Pese a esto, los jóvenes Martínez crecieron jugando béisbol, usando ramas de árboles u otros palos que pudieran encontrar para imitar los bates. Como pelotas, volvían a representar a la Revolución Francesa con las cabezas de las muñecas de sus hermanas. "Cuando mis hermanas volvían de la escuela, las encontraban sin cabeza y gritaban '¡Mami! ¡Mami!'" dijo.[3]

Además de haber tenido a su padre como un modelo a seguir en el pitcheo, Pedro admiraba a su hermano Ramón dentro y fuera del terreno. Casi cuatro año mayor que Pedro, Ramón se convirtió de facto en el cabeza de familia a los 13 años cuando Paolino y Leopoldina se divorciaron, mostrando la madurez y liderazgo que influyeron en Pedro hasta el día de hoy.

"Lo que sé del béisbol y la vida fuera del terreno, se lo debo a Ramón," dijo Pedro. "Todo lo que soy, lo aprendí de Ramón."[4]

Ramón lanzó para el equipo de República Dominicana durante los Juego Olímpicos de 1984 en Los Angeles a la edad de 17 años, y fue fichado como agente libre por el scout de los Dodgers Raphael "Ralph" Ávila el 1 de septiembre de ese año. Los Dodgers lo enviaron a su academia de béisbol en la República Dominicana para que comenzara su carrera profesional.

Como es costumbre de los molestos hermanos menores en todas partes, Pedro, con 13 años, se unió a Ramón cuando éste fue a la academia. Ávila eventualmente lo notó lanzando una pelota y decidió medir su velocidad—marcó 80 millas por hora. Sabiamente, Ávila le dijo a Pedro que siguiera lanzando. Pedro hizo justamente eso, y en 1988, Ávila lo fichó, a los 16 años, para los Dodgers, antes de que se convirtiera en profesional. Pedro siguió lanzando localmente en 1988-89 con el afiliado de los Dodgers en la Liga Dominicana de Verano, con balance combinado de 12-3 en dos campañas.

Finalmente, en 1990 a la edad de 18 años, comenzó a escalar en el sistema de ligas menores de los Dodgers con el Great Falls de la Liga Pioneer en el nivel rookie. Esta campaña sería un presagio de cosas por venir, al tener registro de 8-3 con efectividad de 3.62. Su total de victorias fue el más alto del equipo, como lo fue el total de boletos de 40 en 77 episodios.

Si desempeño le arrojó un viaje por el suroeste de los Estados Unidos en 1991. Comenzó en Bakersfield de la California League (Clase-A), donde ganó sus ocho decisiones con efectividad de 2.05. Como estaba claro que era demasiado bueno para ese nivel, fue ascendido al San Antonio de la Texas League (Doble-A), y si bien su récord allí fue de 7-5, tuvo un brillante 1.76 de efectividad, lo cual hizo que el club principal lo moviera nuevamente, esta vez a los Albuquerque Dukes de la Pacific Coast League (Triple-A). Pedro tuvo problemas en este nivel, con foja de 3-3 y efectividad de 3.66.

En total, Martínez se fue con 18-8, promedio de limpias de 2.28 y 192 ponches con 66 boletos en 177 y 1/3 de trabajo, convirtiéndose en el primer jugador en transitar por los tres niveles del sistema de los Dodgers en una campaña, desde que su hermano Ramón lo hiciera tres años antes. The Sporting News lo nombró jugador del año en las ligas menores.

"Aunque Pedro mide solamente cinco pics nueve pulgadas y pesa unas 160 libras, su recta ha marcado 90 millas por hora," escribió Mike Eisenbath. "También posee un difícil cambio de velocidad que parece ser un don de familia."[5]

Fue durante el entrenamiento de primavera de 1992 que Claire pronunció sus fatídicas palabras. Martínez lo estaba haciendo muy bien en Dodgertown, la instalación del equipo en Florida en aquel tiempo, y su reputación crecía al punto que otros equipos preguntaban por él. En aquel momento, no iba a otro lado a no ser Albuquerque, pues los Dodgers consideraban que era necesario otro año d experiencia en Triple A para el joven de 20 años.

En 1992, Martínez tuvo récord de 7-6 con promedio de limpias de 3.81, pero con 124 ponches en 125 y 1/3 de entradas y apenas 57 boletos. Su campaña le hizo merecer una promoción en septiembre y su primera apertura en las mayores, una derrota 3-1 en juego completo en Cincinnati.

Pedro tuvo un buen entrenamiento de primavera en 1993 pero volvieron a "bajarlo" a Albuquerque justo antes de que comenzara la temporada, pero luego de lanzar apenas tres episodios en un partido con los Dukes, regresó a los Dodgers el 9 de abril cuando el relevista Todd Worrell fue puesto en la lista de lesionados por 15 días.

Participó en su primer partido con los Dodgers ese año, al entrar de relevo por su hermano Ramón, quien había permitido solo una carrera en seis entradas ante los Atlanta Braves, pero perdía 1-0. Pedro permitió otras dos en 1 y 2/3 de trabajo. El marcador final fue de 3-0. Pedro y Ramón se convirtieron en los primeros hermanos en lanzar en el mismo juego para el mismo equipo desde que Rick y Mickey Mahler lo hicieran en 1979 por, casualmente, los Braves.

Su salida siguiente, que fue su primera derrota de la campaña, tuvo lugar la noche siguiente en el primer juego de los Dodgers como local ante St. Louis. Gerald Perry de los Cardinals llegó al estadio menos de una hora antes del juego porque pensaba que sería un juego nocturno. Martínez deseó que hubiese permanecido alejado, pues Perry pegó cuadrangular de tres carreras en su contra para durante el séptimo inning para borrar una ventaja que tenían los Dodgers, 7-5. El marcador final fue de 9-7 a favor de St. Louis.

Aunque la temporada no comenzó como hubiese querido, Pedro enderezó su pitcheo y procedió a tener un buen año de novato. Apareció en 65 partidos, todos excepto dos como relvo, y terminó con récord de 10-5 y promedio de limpias de 2.61. Tal vez su estadística más impresionante fueron sus 119 ponches en 107 innings de trabajo.

Pese a su buena temporada de novato, Claire sí escuchó una propuesta de traspaso que no podía rechazar, y en noviembre envió a Martínez a los Montreal Expos a cambio del veloz segunda base Delino DeShields. Para los Expos era una operación de recorte de costos, pues DeShields ganó $1,537,500 en 1993 y era elegible para arbitraje. Martínez, por otro lado, había ganado $114,000 en la contienda anterior y no podía ir a arbitraje en otros dos años.

Los Dodgers habían utilizado a Pedro casi exclusivamente de relevo porque no pensaban que tuviese el tamaño y la fuerza para lanzar

Fotografía cortesía del Salón de la Fama del Béisbol Nacional

varias entradas. Los Expos lo vieron como un abridor pese a pesar menos de 160 libras, y lo pusieron en la rotación junto con Ken Hill, Jeff Fassero, Butch Henry, y Kirk Rueter.

Es bien conocido entre los fans del béisbol que los Montreal Expos de 1994 tuvieron el mejor balance en todo el béisbol con 74-40 cuando su temporada y una posible aparición en la Serie Mundial se fueron a pique por la huelga de los peloteros. El staff de pitcheo tuvo la más baja efectividad en la Liga Nacional (3.56), y Martínez fue un contribuyente principal en el éxito del equipo. Tuvo foja de 11-5 con 3.42 de limpias y 142 ponches en 144 2/3 innings.

También se hizo conocido como cazador de cabezas por su tendencia a lanzar alto y por dentro, y adquirió el apodo "Señor Plunk" por parte de la prensa de Montreal. Encabezó la liga en pelotazos propinados con 11, fue expulsado en 12 encuentros y se involucró en tres peleas. La primera de ellas ocurrió el 13 de abril, cuando Reggie Sanders se abalanzó hacia la lomita luego de que Martínez le pegara en el codo con un out en el octavo inning. Incluso los compañeros de Sanders pensaban que era poco probable que Martínez tratara de golpearlo deliberadamente en ese punto porque estaba lanzando un juego perfecto en ese momento.

"Así es como hay que lanzar," dijo el receptor de los Reds Brian Dorsett, quien rompió el cero hit en el noveno al pegar sencillo con las bases limpias en el principio del noveno. "hay que pegarles la bola [a los bateadores] y tirar strikes."[6]

"No está tratando de golpear a nadie," dijo el coach de pitcheo de los Expos Joe Kerrigan. "No es un chico malicioso."[7]

Una venta desenfrenada de los Expos les vio perder a Hill, Larry Walker, Marquis Grissom, y John Wetteland antes de la contienda de 1995. Lo que había sido un club poderoso el año anterior fue un equipo segundón que terminó en el último puesto de la División Este de la Liga Nacional con balance de 66-78. Sin embargo, Martínez siguió mejorando, con 14-10 y 3.51 de limpias más 174 ponches en 194 y 2/3 innings. Volvió a golpear a 11 bateadores, pero eso fue una mejora, pus lanzó 30 entradas más que el año anterior, y quedó en el tercer lugar detrás de Mark Leiter de los Giants con 17 y Darryl Kile de Houston con 12.

El hito en su contienda de 1995, y tal vez en su carrera, tuvo lugar el 3 de junio ante los Padres en San Diego. Esa noche, Martínez se convirtió en apenas el segundo lanzador en la historia en llevar un juego perfecto a extra innings. Harvey Haddix lanzó 12 entradas perfectas por los Pirates ante los Braves en 1959 antes de perder el cero hit y el juego en el inning 13. Pedro estuvo perfecto hasta el noveno, pero el marcador seguía 0-0. Los Expos anotaron una en el décimo, pero Martínez permitió un doble en la baja del inning ante el primer bateador Bip Roberts. El cerrador Mel Rojas lo relevó y retiró a los tres bateadores siguientes para preservar el triunfo.

Los Expos se recuperaron en 1996 con balance de 88-74, perdiendo el wild card de la Liga Nacional por dos juegos. En la superficie, parecería que la temporada de Martínez no fue tan buena como la del año anterior: se fue con 13-10, y la efectividad más alta de su carrera hasta la fecha, 3.70. Su registro de victorias y derrotas fue afectado por el hecho de que los Expos anotaron apenas 22 carreras en los diez fracasos. Sin embargo, tuvo su primer Juego de Estrellas y permitió dos hits en un inning de trabajo mientras la Liga Nacional blanqueaba 6-0 a la Liga Americana en Philadelphia.

Cualquier duda sobre las habilidades de Pedro fue disipada en 1997. En la misma temporada en que DeShields se fue de los Dodgers luego de tres contiendas sin brillo (.241 de promedio y OBP de .326 desde 1994 hasta 1996), Martínez se fue con 17-8, encabezó a liga con efectividad de 1.90, 305 ponches y 13 juegos completos. También ponchó a dos bateadores del Nuevo Circuito en un inning de labor en el Juego de Estrellas. Se convirtió en el primer y único ganador del Cy Young en la historia de los Expos, recibiendo 25 de 28 votos por el primer puesto (Greg Maddux obtuvo los otros tres). Para el dominicano, el premio fu más que un logro personal, al haberse convertido en el primer lanzador de su país en ganarlo. No solo se sentía orgulloso, sino que pensaba que su compatriota Juan Marichal debía haber ganado al menos uno durante su gran carrera. Llegó incluso a darle su premio a Marichal en un banquete al terminar la temporada. Marichal, aunque profundamente conmovido por el gesto, le devolvió el galardón.

Desde el punto de vista de los Expos, el primer Cy Young en la historia del equipo había

Fotografía cortesía del Salón de la Fama del Béisbol Nacional

que celebrarlo solamente porque aumentaba el valor de Martínez para un canje. A Pedro le quedaba solamente un año para la agencia libre, y la gerencia del club quería traspasarlo cuando todavía pudieran obtener algo por él. Eventualmente lo mandaron los Boston Red Sox cambio de Carl Pavano y Tony Armas. Luego de la transferencia, el lanzador firmó un contrato de seis años con los Red Sox por un valor de $75 millones, que lo convirtió en el lanzador más pagado del béisbol en ese momento.

Los Red Sox de 1997 bajo el mando de Jimy Williams terminaron cuartos en el Este de la Liga Americana con registro de 78-84. Con Martínez en la rotación en 1998, Williams se convirtió de repente en un mucho mejor mentor, pilotando a los Red Sox a un record de 92-70, suficiente para segundo lugar en la división y el boleto del comodín. Pedro tuvo otra temporada magnífica, con balance de 19-7, efectividad de 2.89 y 251 ponches. Fue Todos Estrellas por tercer año seguido—esta vez por la Liga Americana—pero no jugó en el encuentro. Terminó segundo en la votación por el Cy Young detrás de Roger Clemens de los Toronto Blue Jays.

También tuvo su primera experiencia en postemporada, al subirse en la lomita en el

Juego 1 de la Serie Divisional ante los Cleveland Indians. Lanzó siete entradas sólidas, permitiendo tres carreras, con ocho ponches y sin boletos para que los Red Sox ganaran fácilmente, 11-3. Fue su única aparición en la serie, pues los Indians procedieron a ganar los tres encuentros siguientes para avanzar a la Serie por el Campeonato de la Liga Americana.

En 1999, Pedro tuvo una temporada memorable. Ganó la triple corona de los lanzadores, encabezando la liga en victorias (23 con cuatro derrotas), efectividad (2.07), y ponches (313). No solo abrió y ganó el Juego de las Estrellas por la Liga Americana en el Fenway Park, sino que lo hizo con estilo, al ponchar a cinco de los seis bateadores que enfrentó en dos entradas de trabajo para llevarse el MVP del encuentro.

Los Red Sox volvieron a llegar a la postemporada como wild card en una repetición de 1998 ante los Indians. Pedro inició el Juego 1 y lanzó cuatro entradas sin carreras antes de abandonar el choque con un tirón en un músculo de la espalda. Cleveland anotó en el final del noveno para ganarlo 3-2. Boston ganó dos de los tres encuentros siguientes para empatar la serie y obligar al quinto juego. Mientras tanto, el problema en la espalda de Martínez desaparecía.

Bret Saberhagen abrió el decisivo para Boston y fue reemplazado por Derek Lowe en el segundo inning. Luego de tres entradas, el marcador favorecía a Cleveland 8-7. Boston empató en el final del cuarto; entonces trajeron a Pedro Martínez en el final del inning. Lo que pasó a continuación se convertiría en parte de la leyenda de los Red Sox.

Durante las cinco entradas siguientes, Pedro silenció por completo los bates de los Indians. Lanzó 97 envíos, sin carreras ni hits, transfirió a tres y ponchó a ocho. Mientras tanto, los Red Sox anotaban otras cuatro carreras para tomar ventaja de 12-8. Pedro mostró estilo al ponchar a Omar Vizquel para terminar el juego y la serie.

Luego, sería el único aspecto positivo en la ALCS contra los Yankees, ganada por los Mulos en cinco encuentros. Roger Clemens estaba en ese momento con New York, y lo que fue publicitado como un gran duelo entre Pedro y Clemens en el Juego 3 en el Fenway terminó como terminan algunos juegos que son promocionados como grandes enfrentamientos. Los Sox apabullaron a Clemens con cinco carreras en dos innings y vencieron 13-1. Martínez lanzó siete entradas sin carreras para llevarse el triunfo.

Si bien el susto del año 2000 no fue nada más que un mito en la industria de la tecnología, la temporada de Pedro mereció toda la publicidad que recibió. Ganó su segundo Cy Young consecutivo por voto unánime con registro de 18-6, y encabezó la Liga Americana en promedio de limpias (1.74), blanqueadas (cuatro), y ponches (284). Su contienda fue especialmente impresionante porque tuvo lugar en el boom de la era de los esteroides, cuando el pitcheo de la Liga Americana ese año fue 4.91. Llevó a los oponentes al peor OBP de rival (.213) en 100 años.[8] Los Sox terminaron segundos nuevamente en su división, pero no llegaron a los play off.

La contienda de 2001 fue una odisea de frustración y decepción para Martínez, pues luchó con serias lesiones por primera vez en su carrera. Se perdió dos meses con un desgarrón menor en el manguito rotatorio, y no lanzó en el resto de la temporada luego de una derrota 3-2 ante los Yankees. También entró en disputa con el gerente general Dan Duquette, quien dijo a principios de septiembre que Pedro estaba lo suficientemente bien para lanzar. "Creo que Dan sabe tanto de medicina como yo, o quizás menos," dijo Martínez. "Por eso me sorprende que diga que estoy bien."[9]

En la campaña, tuvo registro de 7-3 en 18 aperturas con respetable efectividad de 2.69 en 116⅔ innings lanzados.

Pedro se reivindicó en 2002. Llegó a 20 triunfos por segunda vez (20-4), ganó los títulos de efectividad y ponches (2.26 y 239, respectivamente) y fue seleccionado para el Juego de Estrellas, aunque no participó (el infame empate a siete n Milwaukee). También terminó segundo en la votación por el Cy Young detrás del zurdo de Oakland Barry Zito.

Su temporada de 2003 sería recordada por dos controvertidos incidentes en los que se vio involucrado durante la ALCS ante los Yankees.

Martínez tuvo 14-4 ese año y ganó nuevamente el título de efectividad con 2.22. El manager de los Red Sox, Grady Little, comenzó a limitar el número de entradas para Pedro y le daba un día extra de descanso cuando podía. Los Red Sox terminaron con 95-67 y lograron su primer viaje a los play off desde 1999. Luego de disponer de los A's en la ALDS, los Sox se metieron en una memorable serie que tuvo palizas en más de una forma.

Pedro tuvo su primera apertura en el Juego 3, con la ALCS empatada a un juego. Los Yankees acababan de irse delante 3-2 en el cuarto cuando Martínez golpeó al jardinero derecho Karim García con un lanzamiento. No comenzó ninguna pelea, pero se tensó una ya eléctrica atmósfera, y las bancas se vaciaron en el final de la entrada cuando Clemens le tiró a golpear a Manny Ramírez.

Las broncas beisboleras generalmente involucran a jugadores de ambos equipos corriendo al terreno y gritándose "¿Ah, sí?" unos a otros. Por alguna razón, el coach de banca de 72 años de los Yankees Don Zimmer decidió atacar a Pedro, que no estaba de muy buen ánimo al haber perdido la ventaja en el principio del episodio. El dominicano lanzó a Zimmer al suelo, y aunque nadie sufrió lesiones, el juego sí se vio afectado. Zimmer luego admitió que el encontronazo fue su culpa.

Aunque perdió ese juego, los Red Sox aguantaron y obligaron a un Juego 7. Little se decidió por su as, que fue una buena idea, al menos por la mayor parte del juego. En el octavo inning, los Red Sox ganaban 5-2. Con un out y una carrera, y Hideki Matsui compareciendo, Little fue a la lomita y preguntó a Pedro si le quedaba algo, a lo que él respondió que sí, pero resultó estar equivocado.

"Little fue a la lomita, habló con Martínez y le dio una palmadita de ánimo, pero regresó al dugout sin saber que estaba a punto de unirse a Bill Buckner en la mitología de los Red Sox," escribió Buster Olney.[10]

Matsui conectó doble por reglas, que dejó corredores en segunda y tercera. El receptor de los Yankees Jorge Posada conectó entonces un hit con poca fuerza que empató el partido. Aaron Boone conectó el jonrón que decidió la serie ante el relevista Tim Wakefield en el inning 11.

Como es más fácil reemplazar managers que lanzadores estelares, Little fue despedido después de la temporada de 2003 y Martínez permaneció en la rotación. No fue tan dominante en 2004, pues aunque tuvo registro de 16-9, su efectividad no era la típica de Pedro, con 3.90. Los Red Sox volvieron a los play off en lo que resultaría una histórica campaña para el club.

Los Yankees y los Red Sox volvieron a medirse en la ALCS. Pedro perdió el Juego 2, trabajando seis entradas en una derrota de 3-1. Los Yankees gastaron el plato de tantas veces que lo pisaron en la paliza del Juego 3, 19-8, dándoles una ventaja de 3-0. Pero los Yankees olvidaron que tenían que ganar cuatro partidos.

Los Sox permanecieron con vida al ganar el Juego 4, 6-4, en 12 entradas. Pedro lanzó el Juego 5, permitiendo cuatro carreras y dejando el partido luego de seis entradas perdiendo 4-2. Los Sox lo empataron en el octavo, y lo ganaron en el inning 14, para poner la serie 3-2. Luego del valeroso empeño de Curt Schilling en el sexto partido, Boston completó la remontada en el séptimo juego.

Martínez tiró el octavo inning y permitió dos carreras con tres hits, pero los Red Sox ganaron fácilmente 10-3.

Luego de una tan inspiradora remontada, la Serie Mundial fue anti-paroxística, pues dispusieron con facilidad de los St. Louis Cardinals en cuatro partidos seguidos. Luego de una mediocre ALCS, Martínez estuvo excelente en su única apertura de la Serie Mundial, tirando siete innings sin carreras en el Juego 3 y llevándose la victoria 3-1.

En el jubiloso clubhouse de los vencedores en el Busch Stadium, Martínez se tomó un momento para recordar a los fans de los egresados Montreal Expos cuán importante la ciudad fue para él, al compartir con ellos la victoria de los Red Sox.

"Me alegro recibirlo [el título en la Serie Mundial] y me gustaría compartirlo con la gente en Montral que ya no van a tener un equipo," dijo en una entrevista. "Mi corazón y mi anillo está [sic] con ellos también."[11]

Ganar no lo es todo en los deportes, tampoco es lo único. El deporte profesional es un negocio, y como cualquier hombre de negocios, Pedro aprovechó la oportunidad de vender sus habilidades al mayor postor una vez que se convirtió en agente libre después de la campaña de 2004. Ese mayor postor resultó ser los New York Mets, que lo ficharon a un contrato de cuatro años por $53 millones en diciembre de 2004, incluyendo $3 millones de bono por firmar. A Boston le preocupaba cuánto podía aguantar su hombro y le ofrecieron $40.5 millones por tres años. Además del salario, el contrato de Pedro incluía cláusulas con incentivos por ganar el Cy Young y ser nombrado al Todos Estrellas, además de una suite de lujo en el Shea Stadium.

Martinez demostró valer el precio para los Mets, al menos en el primer año. Tuvo registro de 15-8 y llegó al Todos Estrellas. En el plano personal, se casó con su amada Carolina Cruz ese año, a quien conoció a través de su Fundación Pedro Martínez y Hermanos en 1998, cuando ella estaba en segundo año en Boston College. Ella pudo asistir a la universidad gracias a una beca brindada por la fundación.

En 2006 volvió al Juego de las Estrellas, pero tuvo registro de apenas 9-8, con un astronómico promedio de limpias d e4.48, pues lesiones en su cadera, su pantorrilla y el dedo del pie le limitaron a solamente 23 aperturas. Se sometió a cirugía mayor para un desgarrón en el manguito rotatorio en octubre de ese año y se perdió la postemporada de los Mets, que los vio a un juego de ir a la Serie Mundial. Si bien la operación pude haberle aliviado el dolor, le costó la velocidad en su recta. Hicieron falta 11 mees para que Pedro se recuperara, y no hizo su primera apertura de 2007 hasta el 3 de septiembre contra los Reds en Cincinnat. Ese fue un juego importante, pues se convirtió en el lanzado número 15 en lograr 3,000 ponches cundo dispuso de Aaron Harang con una recta de 87 millas por hora. En la campaña, tuvo foja de 3-1 en cinc aperturas con efectividad de 2.57.

El declive siguió en un 2008 lleno de lesiones, pues Martínez tendría la peor campaña de su carrera, un récord de 5-6 con 5.61 de limpias para un equipo que tuvo balance de 89-73. Los Mets se perdieron los play off por un juego y no había dudas que de haber tenido a Pedro lanzando a plena capacidad los habría catapultado por encima de los Brewers hacia el comodín.

El annus horribilis que fue 2008 también incluyó tristeza personal para Martínez, pues su padre murió de cáncer cerebral en julio a la edad de 78 años.

Cuando comenzó la temporada de 2009, Pedro podía entender a la proverbial adolescente que espera una llamada telefónica el sábado por la noche. Martínez era agente libre, pero su edad de 37 años y sus mediocres estadísticas no atraían a los equipos.

Finalmente, los Philadelphia Phillies, que esperaban repetir como campeones de la Serie Mundial, lo firmaron por un año y un millón de dólares el 15 de julio. Esperaban que les diera algunas aperturas de calidad y les ayudara a superar algunas lesiones a su staff de pitcheo. Luego de tras aperturas en las menores, regresó a las mayores el 12 de agosto en el Wrigley Field y fue el ganador en una victoria de los Phillies 12-5 ante los Cubs. Lanzó cinco episodios, permitió tres carreras limpias y ponchó a cinco.

Contribuyó a que los Phillies ganaran la División Este de la Liga Nacional al compilar registro de 5-1 con efectividad de 3.63 en nueve aperturas. No jugó en la NLDS, que los Phillies ganaron ante los Colorado Rockies en cuatro juegos. Lanzó encomiablemente en el Juego 2 de la NLCS ante los Dodgers, con siete entradas sin anotación y dejando ventaja de 1-0. El bullpen no pudo aguantar y los Phillies perdieron, 3-1. Fue la única derrota del club en la serie, que ganaron en cinco encuentros.

Entonces, llegó la Serie Mundial ante sus antiguos rivales en los días de los Red Sox, los odiados Yankees. Pedro inició el segundo partido y permitió tres en seis entradas y fracción. El lanzador de los Yankees A.J. Burnett estuvo casi imbateable esa noche, y los Yankees ganaron 3-1.

En lo que sería el último juego de su carrera, Martínez inició el Juego 6 con los Phillies debajo 3-2. Simplemente no tenía mucho esa noche, permitiendo cuatro anotaciones en cuatro entradas para que los Mulos ganaran el juego 7-3 y con él la Serie.

Tuvo una temporada decente en sentido general, pero algo le faltaba y sabía que había llegado la hora de colgar los spikes.

"Te ves solo, planchando tu ropa nuevamente, y te ves moviendo tu auto, y parqueando, y manejando solo a casa tarde en la noche luego de estar de gira," dijo en una entrevista. "Luego de lograr lo que logré en el béisbol, sentía que si iba a pasar por todo eso solo para lograr solo un poco más, preferiría no hacerlo."[12]

El retiro ha sido bueno para Pedro, quien es tanto un hombre profundamente religioso y un orgulloso dominicano que no ha olvidado sus raíces pese a los millones que ganó jugando béisbol. Dirige la fundación, con sede en Santo Domingo, junto con Carolina. Su fundación ha construido una escuela de tres pisos, una instalación que ofrece a los chucos la oportunidad de aprender sobre computadoras, inglés y música, así como a combatir la violencia doméstica y el embarazo adolescente.

Recibió un honor singular en 2011, cuando la Galería Nacional de Retratos del Instituto Smithsonian develó una pintura suya hecha por Susan Miller-Havens.

También restableció lazos con los Red Sox al convertirse en asistente especial para el Gerente General Ben Cherington en enero de 2013. Celebró otra victoria de Serie Mundial con el quipo esa misma temporada.

Pedro recibió el principal honor de un pelotero el 6 de enero de 2015 cuando fue electo al Salón de la Fama del Béisbol en su primer año de elegibilidad. Su nombre apareció en el 91.1% de las boletas de la Asociación Norteamericana de Cronistas de Béisbol.

Nada mal para un muchacho que tenía que arrancar las cabezas de las muñecas para practicar el deporte que amaba.

FUENTES

Además de las fuentes citadas en las Notas, el autor consultó también:

http://www.mlbtraderumors.com

http://www.jockbio.com

http://www.baseball-reference.com/

http://www.nytimes.com/

http://dev.baseballlibrary.com/ballplayers

http://www.boston.com/sports/baseball/redsox/articles/2003/10/08/thrills_were_in_season/

http://www.hardballtimes.com

http://ftw.usatoday.com

http://www.nydailynews.com/

http://mlb.com

http://www.playerwives.com/mlb/boston-red-sox/pedro-martinezs-wife-carolina-cruz-de-martinez/

NOTAS

1 "Pedro Martinez turning some heads in Dodgers' camp," *Ocala* (Florida) *Star Banner*, 2 de marzo de 1992.

2 Peter Gammons, Clemson Smith Muniz, "Pedro Martinez could throw Boston its best party in a long, long time," ESPN Mobile Web Archive, 10 de julio de 2012 (entiéndase que esta fecha se refiere a cuando el artículo archivado fue ubicado en el sitio web de ESPN. Fue probablemente escrito cuando Martínez fue traspasado a los Red Sox a finales de 1997.)

3 Mike Shalin, *Pedro Martinez: Throwing Strikes* (Sports Publishing LLC, 1999), 21.

4 Ibid., 23.

5 Mike Eisenbath, "Minor League Player of the Year," *The Sporting News*, 28 de octubre de 1991.

6 Tim Kurkjian, "An Inside Job," *Sports Illustrated*, 25 de abril de 1994.

7 Tim Kurjkian, "Baseball," *Sports Illustrated*, 16 de mayo de 1994.

8 Estadíticas proporcionadas por el libro Red Sox Threads, de Bill Nowlin publicado por Rounder Books.

9 Howard Ulman, "Martinez Criticizes Duquette," *Pittsburgh Post-Gazette*, 5 de septiembre de 2001.

10 Buster Olney, "Boone's Blast, Rivera's Arm Lift Yankees," *ESPN the Magazine*, octubre de 2003.

11 Television interview, Reseau des sports 27 de octubre de 2004. http://www.youtube.com/watch?v=RUXq7ZVXgvU

12 Sean Deveney, "Happily retired Pedro Martinez reflects on time with Red Sox," sportingnews.com, 20 de abril de 2012.

Ramon Martínez

Por Gregory H. Wolf

Pedro Martínez, el miembro del Salón de la Fama con tres Premios Cy Young, es el lanzador más famoso en su familia, pero su hermano mayor Ramón Martínez fue increíble en su propio derecho. "Lo que sé del béisbol, y de la vida fuera de terreno, se lo debo a Ramón," dijo Pedro. "Todo lo que soy lo he aprendido de Ramón."[1] Tres años después de debutar con el Los Angeles Dodgers, Ramón ganó 20 juegos y empató el récord de la franquicia con 18 ponches en 1990. Durante su carrera afectada por lesiones, también lanzó un juego sin hits ni carreras rumbo a una foja de 135-88 en parte de 14 campañas.

Ramón Jaime Martínez nació el 22 de marzo de 1968, en Manoguayabo, un poblado pobre a unas nueve millas al oeste de Santo Domingo, la capital de la República Dominicana. Fue el primero de seis niños del matrimonio de Paolino, un conserje en una escuela local, y Leopoldina Martínez, quien comenzó a hacer lavandería y encontraba trabajos poco sistemáticos. Criaron a su familia en un humilde domicilio con un techo corrugado de hojalata y sin baño interior. Por generaciones en la pequeña nación insular, el béisbol había servido como escape, aunque temporal, de las realidades del hambre y la pobreza, y eso no fue diferente para la familia Martínez.

Fotografía cortesía del Salón de la Fama del Béisbol Nacional

Paolino, un ex lanzador que rechazó un tryout de grandes ligas en los años 50 por no poder costearse el boleto a los Estados Unidos, crio a sus hijos para amar el deporte tanto como él lo hizo. Para principios de su adolescencia, Ramón parecía un natural, la estrella de su escuadra local, los Bravos, que jugaban 51 semanas al año, con pausas solo para Navidades. El delgado derecho modeló su pitcheo basado en su ídolo, Mario Soto, el estelar tirador dominicano de lo Cincinnati Reds.

A la edad de 15 años, el espigado Ramón de seis pies tres pulgadas y 130 libras atrajo la atención de Ralph Ávila, el legendario scout de los Dodgers y la fuente más influyente y mejor conectada en la isla. Martínez dejó el preuniversitario luego de su segundo año para mudarse para la academia beisbolera de Ávila, una vitrina para prospectos de grandes ligas. Contra las expectativas, Ramón estuvo en la escena internacional en el verano de 1984 como miembro del equipo nacional de República Dominicana, que también fue dirigido por Ávila. El béisbol fue un deporte de exhibición en los Juegos Olímpicos celebrados en Los Ángeles. El jugador más joven de cualquiera de los equipos participantes, Martínez de 16 años, subió a la lomita en el Dodger Stadium frente a docenas de scouts de grandes ligas y lanzó tres entradas sin anotación ante Taiwán, sellando su destino. Poco tiempo después, Martínez hizo una prueba con los Dodgers, quienes lo firmaron el 1 de septiembre de 1984, tras recomendaciones de los escuchas del equipo Ávila y Eleodora Arias.

La carrera profesional de Martínez comenzó en 1985 con el club de los Dodgers en el nivel Rookie en la Gulf Coast League. En la campaña siguiente, tuvo problemas (4-8, 4.75 efectividad) con el Bakersfield de Clase A en la California League, y también extradeportivos. A casi 4,000 millas de casa, estaba nostálgico y perdía peso, lo cual afectaba su fuerza y resistencia. En el descanso entre temporadas, los Dodgers trataron de "engordar" su cuerpo de ya seis pies cuatro pulgadas a 160 libras. Ese invierno, Ramón vistió la franela de los Tigers del Licey, el afamado equipo de la capital en la Liga Invernal Dominicana, con siete salidas como relevista. Regresó a los Estados Unidos en 1987 y encendió la Florida State League de Clase A (16-5, 2.17), logrando honores de todos estrellas con Vero Beach.

La inequívoca joya del sistema de granjas de los Dodgers, Martínez fue muy cotizado en las reuniones de invierno en 1987, pero había adquirido la etiqueta de "intocable" de parte del vicepresidente Fred Claire.

Añadido al roster de 40 de los Dodgers, Martínez participó en el entrenamiento de primavera de 1988, logrando elogios por parte de quienes le vieron lanzar. Está "más desarrollado que cualquier lanzador de 19 años que haya visto, incluyendo a Dwight Gooden," dijo Karl Kuehl, director de los Dodgers para desarrollo de jugadores.[2] Con apenas 51 aperturas en las ligas menores, Martínez comenzó la temporada con el San Antoni de Doble A (Texas League) y progresó al Albuquerque de Triple A (Pacific Coast League). Con un récord combinado de 13-6 (2.58 de efectividad), era solo cuestión de tiempo para que regresara a la ciudad donde primero llegó a los titulares.

El sueño de infancia de Ramón se hizo realidad cuando los Dodgers lo llamaron para reemplazar a Don Sutton, de 43 años, en agosto de 1988. En su debut el 13 de agosto, el segundo jugador más joven de las mayores (detrás de Roberto Alomar, de los San Diego Padres) dejó a los San Francisco Giants en cuatro hits y una carrera en 7 y 2/3 de entradas de labor en el Dodger Stadium, pero se fue sin decisión. La "Ramonmanía" estaba en su apogeo cuando logró su primera victoria, lanzando siete entradas y permitiendo una carrera inmerecida a los Montreal Expos en el Olympic Stadium para bajar su efectividad a 1.73 luego de cuatro aperturas. "Este muchacho tiene su cabeza en el juego," comentó el receptor Mike Scioscia, "y no tiene miedo de realizar lanzamientos."[3] El mentor Tom Lasorda elogió la madurez de Martínez y caviló "No se altera con facilidad."[4] Ramón permitió más carreras (10) que entradas lanzadas (9 y 2/3) en el último mes de la contienda y no estuvo en el roster para la postemporada de los campeones del Oeste de la Liga Nacional.

En su preparación para otro entrenamiento de primavera con los Dodgers. Martínez volvió a lanzar por el Licey, con registro de 9-2 y efectividad por debajo de 2.00 en alrededor de 100 entradas (incluyendo la postemporada).[5] Fue asignado a Albuquerque para iniciar la temporada de 1989 para trabajar en el desarrollo de una curva para aumentar su repertorio de una poderosa recta de más de 90 millas por hora y cambio engañoso. Con récord de 8-1 y promediando más de un ponche por inning con los Dukes, Martínez fue promovido para llenar un vacío temporal en el staff de los Dodgers. En el primer juego de un doble ante los Braves en Atlanta el 5 de junio, Martínez impresionó a todos con una blanqueada de seis hits y nueve ponches. Justo después de encuentro, el vicepresidente Claire anuncio que Martínez regresaría de inmediato a Albuquerque. Aunque deprimido y herido por haber sido degradado, Ramón blanqueó a Vancouver con cuatro hits en su siguiente salida, en la PCL. Volvieron a llamarlo luego del descanso de las estrellas y terminó con registro de 6-4 (3.19 de limpias). La prensa hollywoodense hizo fiesta con el delgado cuerpo de Martínez, describiéndolo como la "antítesis física de Fernando Valenzuela ... incluso más flaco que Orel Hershiser[,]"[6] y "con el cuerpo de un signo de exclamación";[7] pero el tirador no era una muñeca de porcelana. Tiró 143 envíos cuando blanqueó a los Braves en Los Angeles y ponchó a 12 el 15 de septiembre.

"Este año estoy acá para quedarme," prometió Martínez, de 22 años, en 1990 cuando los Dodgers iniciaron el centenario de su franquicia. "Mi meta es ganar 15 juegos. Pero creo que puedo ser ganador de 20 juegos en las ligas mayores."[8] Tuvo razón—en ambas afirmaciones. Bill Plaschke, cronista deportivo del *Los Angeles Times*, describió la temporada como el "ascenso [de Martínez] al estrellato."[9] Nombrado el cuarto abridor del club detrás de Valenzuela, Mike Morgan, y Tim Belcher, la fiesta de mayoría de edad para él tuvo lugar el 4 junio en Chavez Ravine cuando blanqueó a los visitantes Braves con tres hits y empató el récord del club de 18 ponches en manos del inmortal Sandy Koufax a pesar de haber desarrollado una ampolla en el dedo del medio de su mano derecha. Los bateadores de los Braves, dijo Plaschke, hacían swing como "boxeadores embriagados de golpes que apenas podían sostener un bate" ante las ofertas de Martínez.[10] Esa victoria fue la primera en una notable racha de cinco aperturas en las que ganó cuatro veces, produjo una efectividad d 1.10 y abanicó a 52 bateadores en 41 entradas mientras promediaba 130 envíos por salida para llevarse el premio al Lanzador del Mes en la Liga Nacional.[11] En su única aparición en el Juego de Estrellas, lanzó una entrada sin anotaciones, transfiriendo a dos y ponchando a uno. Los Dodgers desafiaron a los Cincinnati Reds a finales de la campaña en el Oeste de la Liga Nacional, pero eventualmente terminaron en segundo lugar, y Ramón cerró la temporada bien. Cuando más lo necesitaba su club, Martínez ganó por juego completo las cuatro decisiones que tuvo en el último mes de la contienda. En su última salida, permitió solamente cinco hits ante los Padres para convertirse en el segundo lanzador más joven de los Dodgers en ganar 20 juegos, detrás solamente de Ralph Branca, que lo hizo a los 21 años en 1947. Martínez encabezó las mayores en juegos completos (12), terminó tercero en la Liga Nacional en entradas (234 2/3), empató en el segundo lugar de los ponches (223 con Dwight Gooden de los New York Mets), y terminó en un distante segundo puesto detrás de Doug Drabek (22-6) de Pittsburgh, en el Premio Cy Young.

Pese a perderse los primeros 11 días del campo de entrenamiento por una disputa contractual, Martínez retomó en 1991 las cosas como la había dejado en la temporada anterior.

Terminó abril con lechadas de cinco hits de forma consecutiva, las dos primeras de siete victorias al hilo. "Es uno de los lanzadores únicos en el béisbol," dijo Lasorda. "No tira tenedores. No tira rectas cortadas. Sale y tira duro. Simplemente juega béisbol fuerte a la antigua."[12] Aun esencialmente lanzador de rectas y cambio, Martínez era "más astuto", opinaba Plaschke. "Ya no piensa que tiene que superar a los bateadores con su velocidad para retirarlos."[13] Nombrado a su segundo Juego de Estrellas, Martínez ganó su partido 12 (líder de la liga) el 7 de julio, pero la victoria resultó ser costosa. Se hizo un esquince en su cadera izquierda y se perdió el clásico veraniego (siendo reemplazado por su compañero de equipo Mike Morgan). Aparentemente camino a otra campaña de 20 triunfos, Ramón mejoró su registro a 14-5 y descendió su efectividad a 2.25 con un juego completo de seis hits ante los Mets el 30 de julio, para mantener a los Dodgers con ventaja de 4 juegos y medio en el Oeste. Virtualmente fatigado, Martínez perdió sus siguientes tres salidas (15 limpias en 17 y dos tercios de trabajo), entonces se hizo un hematoma en el bíceps derecho con una línea de Jack Howell, de los Padres, el 20 de agosto. Esa lesión resultó tener consecuencias duraderas en su temporada y tal vez en su carrera. Una resonancia magnética no reveló daños estructurales y Ramón no se perdió ninguna salida, pero era obvio que no fue el mismo lanzador después de eso, lo que llevó a Plaschke a preguntarse: "¿Qué pasa con Martinez?"[14] Privado se su recta y requiriendo inyecciones de cortisona para reducir la inflamación en su brazo, Martínez lanzó siete entradas sin anotación ante los Braves el 22 de septiembre para mantener a los Dodgers en primer lugar; sin embargo, también se hizo un esquince en su cadera derecha. Perdió sus últimas dos aperturas y los Dodgers se cayeron del primer lugar en la última semana de la contienda. Los números de Ramón se veían bien en el papel 17-13, 3.27 en 220 entradas y un tercio), pero el colapso producto de lesiones en los últimos dos meses (3-8 5.50 de efectividad) y el descenso en ponches (150) tenían a los Dodgers preocupados.

La emoción de Ramón de tener a su hermano Pedro en el campo de entrenamiento en 1992 (los Dodgers lo habían fichado en 1989) fue arruinada por dolores crónicos en su cadera izquierda, probablemente el resultado de sobre-compensar por su brazo lesionado. Con 24 años, el tirador tuvo problemas en el entrenamiento de primavera y fue castigado el día de apertura, con siete hits y tres carreras en 2 y $2/3$ de actuación) y no logró su primer triunfo hasta pasado el primer mes de la campaña. Ingenuamente convencidos de que Martínez les diría si estaba lesionado, la jefatura del club achacó su falta de efectividad y control a su pobre mecánica y no a su afectada cadera la cual requirió varios exámenes por parte del médico del equipo Frank Jobe.[15] Mientras los Dodgers cayeron a su primer último puesto en el Oeste de la Liga Nacional y su mayor cantidad de derrotas (99) desde 1908 (cuando el equipo era conocido como los Brooklyn Superbas), Martínez fue sacado de circulación por el resto de la temporada luego de su tercer descalabro consecutivo el 25 de agosto. Diagnosticado con el codo del tenista, Ramón (8-11, 4.00 en 150 y $2/3$ de trabajo) comenzó a escuchar los rumores de que podía estar acabado luego de cinco campañas, plagado de problemas en la cadera y el brazo.[16]

Un hecho positivo en el descanso para Ramón fue su casamiento con Doris Altagracia Abria Leonardo en enero de 1993. Trajeron dos hijas al mundo, Doranni y Kisha.

Su estado de salud era la gran incógnita de los Dodgers de cara a la justa de 1993. Con los veteranos Hershiser (34), Tom Candiotti (35), y Kevin Gross (32) en la rotación, el club necesitaba que su joven pistolero se recuperara para tener una oportunidad de llevarse la corona de la división. Jugando pese a un molesto dolor en su cadera izquierda, Martínez ganó dos de cinco decisiones en abril, adquiriendo el mote de "desafortunado" pues los Dodgers fueron blanqueados dos veces en sus derrotas. Mantuvo ese sobrenombre toda la campaña pues los Dodgers, desprovistos de ofensiva, terminaron en el lugar 12 de 14 equipos en carreras anotadas luego de terminar en el último puesto la temporada anterior. Seis días después de tirar una blanqueada de tres hits contra los Rockies el 23 de mayo, Martínez lanzó una de cuatro hits para vencer a los Pirates y extender la cadena de triunfos consecutivos de los Dodgers a 11, su más larga desde 1976. Mientras los Dodgers se mantuvieron sobre .500 toda la campaña, Martínez cementaba su caso como as del staff al blanquear a los Cardinals con cuatro hits el 22 de agosto para mejorar su récord a 9-8 y descender su efectividad a 2.87. Pero una combinación de fatiga en el brazo y dolores en la cadera causaron estragos en su efectividad y su control durante sus últimas siete aperturas, durante las cuales ganó apenas un juego y tuvo una efectividad de 6.19. Pese a su balance poco extraordinario (10-12), Martínez se unió a Hershiser, Candiotti, y Gross como miembros del club de 200 o más entradas y tuvo una sólida efectividad (3.44, por debajo del 4.18 que promedió la liga), pero también encabezó el circuito en boletos (104).

El entrenamiento de primavera fue agridulce para Ramón en 1994. Su hermano, Pedro, que había sido un confiable relevista en la temporada de novato, había sido transferido a los Montreal Expos por Delino DeShields durante el descanso entre temporadas. Ramón hizo una declaración en su debut en la campaña, al ponchar a 10, primera vez que tenía doble dígitos desde el 9 de agosto de 1990, y permitió solamente una carrera a los Florida Marlins el 7 de abril, pero encajó una derrota de 1-0. Para final del mes, tenía una efectividad de 5.23, que provocó discusiones de si debía ser movido de la rotación abridora. Encontró su paso en mayo y comenzó junio con dos lechadas consecutivas, como parte de 20 entradas al hilo sin carreras. En la segunda de esas dos victorias fue alcanzado en una muñeca por una línea de Jerry Browne, de los Marlins, en el sexto inning, y terminó con tres hits permitidos. "Algunos de sus lanzamientos son imbateables," declaró el coach de pitcheo Ron Perranoski.[17] Martínez había estado trabajando diligentemente con el ex relevista para mejorar su mecánica y desarrollar una entrega más compacta que ejerciera menos presión sobre su brazo y su cadera. Aunque los rayos X que se le aplicarían en la muñeca luego resultaron negativos, los Dodgers se preocuparon. Si algo, Martínez era de rachas: un as cuando podía controlar su recta, o era bombardeado cuando no podía. A medida que se calentaron las conversaciones sobre los peloteros yendo a una huelga, también lo hizo Ramón. Ganó sus últimas cuatro aperturas, culminando con una blanqueada de siete hits ante los Reds en Cincinnati el 11 de agosto, cuatro días después del nacimiento de su primera hija, para mantener a los Dodgers (58-56) en primer lugar. En lo que debe haber sido un momento espectral en el camerino antes de ese juego, el representante de los Dodgers ante el sindicato de peloteros, Brett Butler, encabezó las discusiones sobre lo que necesitarían hacer los peloteros después del juego cuando estaba por comenzar el primer paro laboral del béisbol desde 1981. Ramón (12-7, 3.97) terminó sexto en la Liga Nacional en vitorias y entradas (170 $^2/_3$) y se reestableció como uno de los principales serpentineros de la liga.

El cronista de Los Angeles Jim Murray una vez lo describió como eternamente "pasado por alto" y "nunca el lanzador glamoroso del staff."[18] Unió la era de los íconos Valenzuela y Hershiser con la de Hideo Nomo, el célebre fenómeno japonés que debutó en 1995. La falta de atención de la prensa, incluso en Los Angeles, dio a Martínez la posibilidad de enfocarse en el pitcheo. Libre de dolores crónicos en la cadera por primera vez en cuatro años comenzó la campaña de 1995 al ganar cuatro de sus cinco primeras salidas, incluyendo la del Día de Apertura. El 5 de mayo se convirtió en la respuesta a una pregunta de trivia al convertirse en el primer lanzador visitante en derrotar a los Colorado Rockies en su nuevo estadio, el Coors Field. La siguiente oportunidad en que los enfrentó, fue abucheado por sus propios fans cuando fue extraído del box luego de permitir ocho limpias en 4 2/3 el 2 de julio. Expió sus tres malas salidas consecutivas en el Dodger Stadium, por mucho considerado uno de los mejores parques para lanzadores en las mayores, al lanzar un juego sin hits ni carreras el 14 de julio ante los Florida Marlins, con ocho ponches y un boleto. Bob Nightengale reportó que Martínez abandonó un cambio y su curva ocasional luego del tercer inning, lanzando solamente rectas en el resto del partido.[19] Con solo 27 años, pero siendo el lanzador de más estadía en el staff, Ramón, con su personalidad de buen espíritu y bajo perfil ayudó a eliminar la presión que se armaba en la lucha de los Dodgers durante toda la campaña por el banderín. "Cada vez que los Dodgers parecían estar en pánico," opinó Murray, "tratando de mirar por encima de ambos hombros a la vez, Martínez los calmaba."[20] Ramón se fue con 9-1 luego del descanso de las Estrellas, ayudando a los Dodgers a llevarse la corona de la División en la última semana por un juego sobre os Rockies. En la que resultaría ser su última campaña totalmente libre de lesiones, Martínez (17-7, 3.66 de efectividad) terminó tercero en el circuito en victorias y entradas (206 1/3). Lanzando con siete días de descanso, fue castigado en el Juego 1 de la NLCS, permitiendo siete carreras en 4 1/3 de trabajo durante la decepcionante barrida que sufrió el club ante los Reds.

Agente libre cotizado en el descanso, Martínez se convirtió en el lanzador mejor pagado en la historia de los Dodgers cuando firmó un pacto de tres años por una suma que se reportó en $15 millones. Luego de ganar en el Día de Apertura, sufrió un severo desgarrón en un músculo de la ingle en su salida siguiente cuando resbaló en la caja de bateo. Limitado por cinco semanas, se reafirmó como el taponero de los Dodgers en una situación tensa que vio a Lasorda retirarse debido a problemas de salud, reemplazado por el coach Bill Russell. "Como novato," dijo Martínez respecto a su transformación como lanzador provocada por las lesiones, "solo trataba de lanzarle la recta duro a todo el mundo. Ahora me percato de que para ganar, no tienes que hacer eso."[21] El 12 de agosto logró la victoria número 100 de s carrera, y no perdería nuevamente en el resto de la contienda, en la que los Dodgers batallaron contra los advenedizos Padres por la corona de la división. En uno de los enfrentamientos más anticipados del béisbol, Ramón enfrento a su hermano Pedro el 29 de agosto en Montreal. El juego se desencadenó como un clásico duelo de lanzadores. Pedro trabajó completo, ponchando a lo que entonces fue una marca personal de 12 y permitiendo apenas seis inatrapables; sin embargo, Ramón resultó victorioso al dejar a los Expos en tres hits durante ocho episodios en una tensa victoria de 2-1. Ramón ganaría cuatro aperturas seguidas en septiembre, incluyendo una convincente blanqueada de seis hits (la última de las 20 que lanzaría en su carrera) con 12 ponches sobre los Padres el 19 de septiembre, y luego dejó a los Giants en dos hits durante siete entradas el 24 de agosto para dar a su equipo ventaja de juego y medio. Necesitando solo una victoria en los últimos cuatro encuentros para lograr la corona, los Dodgers los perdieron todos para terminar en el segundo puesto, pero aseguraron el puesto de wild card como premio de consolación. Los Dodgers volvieron a ser barridos en la NLCS, pero eso no fue culpa de Martínez, quien trabajó para tres hits y una carrera en ocho entradas en el Juego 1 enfrentando al ganador del Cy Young de los Braves John Smoltz en una eventual derrota de 2-1 en 10 entradas.

Un fuerte competidor que jugaba soportando el dolor y nunca lo usó como excusa para malos desempeños, Martínez batalló durante una campaña de altibajos en 1997. Luego de una difícil salida el 14 de junio, fue diagnosticado con un pequeño desgarrón en el manguito rotatorio izquierdo. Optando por descanso en vez de una operación que potencialmente terminaría su carrera, Ramón regresó nueve días después y lo castigaron con seis carreras en tres entradas contra los Mets el 20 de agosto. Por suerte para él, ese juego se suspendió por lluvia y las estadísticas se borraron. Con los Dodgers en posesión de una ventaja de un juego en la lucha divisional, Martínez recibió una segunda oportunidad en el primer juego de un doble el 25 de agosto. Mantuvo a los Pirates en cinco hits y una limpia para salir victorioso camino a ganar sus primeras tres aperturas luego de su largo descanso y dar a los Dodgers un empujón en la lucha por la clasificación. Pero el club perdió 12 de su últimos 19 para caerse del primer puesto y perderse también el wild card.

Los Dodgers se mantuvieron optimistas de que el éxito de Martínez a finales de campaña se transfiriera a la de 1998; sin embargo, la importancia del serpentinero no se limitaba al diamante. El cronista de Los Angeles Ross Newhan lo describió como uno de los líderes en un camerino diverso y un modelo a seguir no solo para los lanzadores, sino para todos los latinos del club.[22] Con solamente 30 años, Martínez era un veterano, cuyo deseo de competir en su undécima temporada pese a las lesiones inspiraba a su equipo. Era conocido como un trabajador incansable y adicto a la forma física que corría más que los novatos. En su segunda apertura de la contienda, coqueteó con un cero hit durante 7 $1/3$ y se fue luego de ocho episodios con una carrera ante los Reds. En mayo, ganó sus cuatro decisiones, incluyendo un trabajo de dos hits ante los Diamondbacks. En todo ese tiempo, le dolía el hombro. El 14 de junio, la fecha exacta del año anterior, Ramón se vio obligado a salir temprano de una apertura por el dolor. Una resonancia magnética reveló daño extenso en su manguito rotatorio, al igual que daño en el cartílago, terminando un positivo regreso (7-3, 2.83) y poniendo en riesgo su carrera.

Martínez se sometió a una cirugía en el manguito rotatorio a finales de junio de 1997. Jugó otras tres temporadas, pero ya no fue el mismo lanzador. Luego de lograr la agencia libre en el descanso entre campañas, Ramón tuvo varios pretendientes. El 11 de marzo de 1999, firmó un pacto de dos años con los Boston Red Sox para poder tener una oportunidad de lanzar con su hermano, quien había sido transferido al equipo el año anterior. Luego de una larga rehabilitación en las menores, Ramón sorprendió a todos con una promoción de septiembre, ganando sus dos últimas decisiones, permitiendo un total de seis hits y una carrera en 13 entradas combinadas. Cuando los Red Sox, ganadores del wild card, estaban a punto de ser barridos en la ALDS, Ramón lanzó valientemente durante 5 entradas y $2/3$, permitiendo dos carreras, pero no tuvo incidencia en la victoria eventual de Boston. Los Red Sox lograron los dos juegos siguientes para avanzar a la ALCS, donde caerían en cinco juegos ante los New York Yankees. Martínez cargó con la derrota en el Juego 2, permitiendo tres anotaciones en 6 $2/3$ de trabajo. Su segunda temporada con Boston fue una constante pesadilla. Comúnmente beneficiado por la potente ofensiva de los Red Sox, tuvo foja de 10-8, pero efectividad de 6.13 y promedió menos de cinco entradas por apertura.

Agente libre nuevamente, Martínez firmó un contrato cargado de incentivos con los Dodgers, pero fue dejado libre durante el entrenamiento de primavera de 2001. Luego de firmar con los Pirates, Ramón recibió su liberación incondicional luego de cuatro aperturas, poniendo así punto final a su carrera de grandes ligas tras 11 campañas. Pese a las lesiones, Martínez se retiró como el segundo lanzador más ganador de la República Dominicana, solo superado por Juan Marichal (243). Pedro superó el total de su hermano en 2002, camino a 219 de por vida. Ramón trabajó durante 1,895 ⅔ innings con una efectividad de 3.67, completó 37 juegos, y lanzó 20 blanqueadas. Fue especialmente efectivo contra Ozzie Smith (2 en 25, .080), Jay Bell (3 en 37, .081), y Ryne Sandberg (7 en 40, .175); pero tuvo problemas ante Roberto Alomar (13 en 29, .448), Mark Grace (20 en 46, .435), y Will Clark (19 en 46, .413).

Ramón Martínez se mantuvo vinculado al béisbol luego de sus días como jugador activo. Inicialmente vinculado con un número de academias de lanzadores en la República Dominicana, fue nombrado instructor de pitcheo en tarea especial para los Dodgers en 2010, asignado para trabajar con lanzadores latinos. Sirvió en esa función durante cinco años, añadiendo además el título de asesor principal. En 2015, aceptó un trabajo similar con los Baltimore Orioles, donde se reunió con el coach de pitcheo Dave Wallace a quien había considerado uno de los entrenadores que más influyó en su desarrollo como lanzador. Hasta 2017, todavía mantenía esa posición.

FUENTES

Además de las fuentes citadas en las Notas, el autor también accedió a Retrosheet.org, Baseball-Reference.com, la base de datos de las Ligas menores de SABR, accedida online en Baseball-Reference.com, SABR.org, y el archivo de The Sporting News vía Paper of Record.

NOTAS

1. Mike Shalin, *Pedro Martinez: Throwing Strikes* (Champaign, Illinois: Sports Publishing LLC, 1999), 21.

2. Stan Isle, "Giants Clark Will Not Make Comparison," *The Sporting News*, 11 de abril de 1988: 6.

3. Sam McManis, "Dodgers Rookie Martinez Gets First Win at Last, 2-1," *Los Angeles Times*, 30 de agosto de 1988: III, 1.

4. Sam McManis, "Dodgers Win, but Martinez Is Still Looking for His First," *Los Angeles Times*, 19 de agosto de 1988: III, 8.

5. Página de Ramon Martinez, Winter Ball Data. (winterballdata.com/).

6. Sam McManis, "A Dandy Dominican," *Los Angeles Times*, 26 de febrero de 1988: III, 10.

7. Mike Downey, "Dodgers Have Their Splendid Splinter," *Los Angeles Times*, 23 de septiembre de 1991: III, 17.

8. Bill Plaschke, "Martinez, Dodger Fans Have Ball in 2-0 Victory," *Los Angeles Times*, 23 de abril de 1990: III, 10.

9. Bill Plaschke, "Game of Catch Is Won by Martinez, Dodgers, 5-2," *Los Angeles Times*, 17 de junio de 1990: III, 1.

10. Bill Plaschke, "Martinez Strikes It Rich," *Los Angeles Times*, 5 de junio de 1990: III, 1. Martínez tuvo una oportunidad de lograr el récord faltando cuatro outs, pero eso los logró con un elvado y tres rolatas, incluyendo una que hizo saltar al primera base Mickey Hatcher.

11. El total de lanzamientos de Martínez fue 127, 123, 148, 117, y 134. Baseball-Reference no brinda un total de envíos para el cuarto juego, pero el *Los Angeles Times* sí lo hizo. Bill Plaschke, "Atlanta Tires of Martinez in 5-2 Dodgers Win," *Los Angeles Times*, 26 de junio de 1990: III, 1.

12. Alan Drooz, "Dodgers, Martinez Make Win Over Phils Look Easy," *Los Angeles Times*, 4 de mayo de 1991: III, 1.

13. Bill Plaschke, "American League to See a Smarter Martinez," *Los Angeles Times*, 7 de julio de 1991: III, 1.

14. Bill Plaschke, "Atlanta Answer Is Grand, Leaving Dodgers Slammed," *Los Angeles Times*, 16 de septiembre de 1991: III, 1.

15 "Baseball Daily Report," *Los Angeles Times*, 25 de marzo de 1992: III, 4.

16 Steve Dilbeck, "Dodgers: Success Very Questionable," *San Bernardino County* (California) *Sun*, 4 de abril de 1993: C1.

17 Maryann Hudson, "No Bullpen – Dodgers' Martinez Does It Alone," *Los Angeles Times*, 9 de junio de 1994: A9.

18 Jim Murray, "Just Give Him the Ball, Please," *Los Angeles Times*, 1 de octubre de 1995: III, 1.

19 Bob Nightengale, Martinez Basks in His Glory," *Los Angeles Times*, 16 d julio de 1995: III, 6.

20 Murray.

21 Steve Springer, "Martinez Reflects After 100th Victory," *Los Angeles Times*, 13 de agosto de 1996: III, 5.

22 Ross Newhan, "Dodgers Hoping $36 Million Buys Some Leadership," *Los Angeles Times*, 1 de febrero de 1998: III, 13.

JOSÉ MESA

Por Joséph Wancho

"¿Qué has hecho por mí en los últimos tiempos?" es una frase común que se escucha entre los fans de todos los deportes. Los fanáticos empedernidos e informales se conocen por ser caprichosos. Cada vez que un pelotero tiene un desempeño notable en un juego, se brinda en su nombre. Al día siguiente trastabillan y son los villanos. Es desafortunado que en muchas instancias los abucheos sean más altos y duren más que os vítores. Excepto el atleta elite, ningún jugador se libra de recibir "el negocio" o el "aplauso del Bronx" por parte del público.

El 15 de octubre de 1997, los Cleveland Indians estaban en el Camden Yards para enfrentar a los Baltimore Orioles en el Juego 6 de la Serie por el Campeonato de la Liga Americana. Un duelo de lanzadores entre Charles Nagy de los Indians y Mike Mussina de los Orioles fue un deleite. Ambos lanzadores avanzaron en el encuentro (Nagy 7 1/3 de innings y Mussina ocho) sin permitir carreras. Los bullpens fueron igual de raquíticos, hasta el principio del inning 11, cuando Tony Fernández, de la Tribu, pegó un jonrón con dos outs para dar a Cleveland el más estrecho de los márgenes, 1-0.

El manager de los Indians Mike Hargrove llamó a José mesa para cerrar ante los O's y enviar a Cleveland a su segunda Serie Mundial en tres años. Mesa permitió sencillo con dos outs ante Brady Anderson, entonces ponchó a Roberto Alomar para el tercer out. Era el segundo rescate de la serie para Mesa, que había perdido su puesto de cerrador ante Mike Jackson durante la campaña.

Once días después, el 26 de octubre, Mesa volvió a ser llamado por Hargrove en el Juego 7 de la Serie Mundial para cerrar a los Florida Marlins en el noveno inning. De haber tenido éxito, habría sido el primer título de Serie Mundial para Cleveland desde 1948.

Los Indians ganaban 2-1 cuando Mesa se hizo cargo de la lomita. Pero Moisés Alou abrió con sencillo al medio. Mesa ponchó a Bobby Bonilla, pero Charles Johnson siguió con sencillo al derecho. El elevado de sacrificio de Craig Counsell trajo a Alou al plato para empatar el juego. Los Marlins eventualmente ganaron, 3-2 en 11 innings, y su primer título de Serie Mundial.

Justo como cuando un equipo gana tiene muchos contribuyentes, pasa lo mismo cuando pierde. Sin embargo, en el competitivo mundo del deporte profesional, donde ganar es lo único que importa, se deben señalar con el dedo, aparentemente, las razones por las que un equipo se queda corto de la meta.

Desafortunadamente, esos dedos señalaron a Mesa entonces, y hasta el día de hoy. Para un cerrador, el péndulo tiene grandes oscilaciones: gloria hoy, fracaso mañana.

Pero Mesa se repuso de esto, se convirtió en un exitoso cerrador para Philadelphia y disfrutó de una carrera de 19 años. Reinventó su juego para convertirse en uno de los mejores relevistas de su época. Hasta 2018, Mesa se ubicaba en el top 20 en juegos salvados con 321.

José Ramón Mesa nació el 22 de mayo de 1966 en Pueblo Viejo, Azua, República Dominicana. Fue el duodécimo de 15 hijos de Narciso y María Mesa. La familia Mesa residía en una granja donde cultivaban papas, pimientos verdes, sandías, y lo que sacaban de plantas de cocos y bananas. Todos los hijos de los Mesa pasaron tiempo trabajando en la granja. Narciso se fue y comenzó otra familia que produjo otros nueve hijos y murió de repente de una apoplejía en 1976.

A la edad de 15 años, Mesa fue a una prueba organizada por los Toronto Blue Jays. Su posición principal era la de jardinero; nunca había probado lanzar. "Yo era jardinero central, con algo de fuerza al bate," dijo Mesa. "(El scout de los Bue Jays Epy Guerrero) me midió un tiempo de 7.4 segundos en 60 yardas, lo cual significaba que probablemente era demasiado lento para jugar en los jardines. Pero aun así me hizo tirar desde el outfield."[1]

Mesa exhibió ante Guerrero su mayor virtud, su poderoso brazo derecho. Aunque Mesa nunca había lanzado, Guerrero lo hizo lanzar desde el montículo. Después de unas horas, Guerrero fichó al adolescente por un contrato de $3,000. "Yo era el hombre de la familia y tenía que buscar un trabajo para ayudar a mi madre," dijo Mesa. "Cuando firmé y me fui a jugar a Estado Unidos, mandaba dinero a ella cada dos semanas."[2] Cuando Mesa se fue de su casa, solamente había completado el séptimo grado en la escuela.

José se reportó a la Rookie League en la Gulf Coast League en 1982. Lanzó bien, con registro de 6-4 y efectividad de 2.70. Encabezó el circuito en blanqueadas con tres.

Sin embargo, Mesa nunca lanzó más allá de Doble A con Toronto. El 4 de septiembre de 1987, fue "el jugador a ser nombrado posteriormente" para completar un pacto en el que Baltimore envió al lanzador Mike Flanagan a Toronto por el lanzador Oswaldo Peraza y, subsiguientemente, Mesa.

Pese a su relativa inexperiencia lanzando a niveles más altos, los Orioles activaron a Mesa inmediatamente y éste debutó en las mayores el 10 de septiembre de 1987, en Boston. Mesa dio una buena demostración; trabajó seis entradas y permitió tres carreras limpias mientras ponchaba a cuatro bateadores. Ganó su primer encuentro en las mayores el 30 de septiembre en Detroit. La victoria echó a perder las aspiraciones de los Tigers de dar alcance a Toronto por la corona del Este de la Liga Americana. "Solo fui a por ellos," dijo Mesa. "No me importaba quiénes eran."[3] Mesa, quien trabajó $8^{2/3}$ de innings, lanzó 150 envíos y ponchó a cuatro.

Baltimore envió a Mesa a las menores para que alcanzara más experiencia. Por desgracia para él, tanto la campaña de 1988 como la de 1989 fueron acortadas debido a cirugías en su codo derecho en ambos casos. Lanzó solo 21 encuentros entre esas dos campañas entre el Hagerstown de Doble-A y el Rochester de Triple-A. José regresó a Baltimore a finales de la contienda de 1990. Ganó tres juegos seguidos para lograr una foja de 3-2 con efectividad de 3.86.

Recibió su primer período de tiempo extendido en las mayores con los Orioles en 1991. Los Orioles como franquicia estaban algo en desgracia en comparación con los equipos ganadores que armaban usualmente. Desde 1986 hasta 1991 su balance promedio fue de 71-91. Mesa tuvo registro de 6-11 en

1991 con 5.97 de efectividad. Tuvo un total de 64 ponches con 62 boletos en 123⅔ de trabajo. Increíblemente, Mesa empató en el tercer lugar del equipo con esas seis victorias, pues Bob Milacki fue el líder con 10.

Pese a no haber permitido carreras en los entrenamientos de primavera de 1992, su desempeño no se transfirió a la temporada regular. En 12 aperturas tuvo balance de 3-8 con efectividad de 5.19. Ponchó a 22 bateadores, pero también otorgó 27 pasaportes gratis. Esa era la historia con mesa. Podía lanzar 95 millas por hora, pero no tenía control. Baltimore traspasó a Mesa hacia Cleveland el 14 de julio de 1992, a cambio del jardinero Kile Washington. "Lanzó bien ante nosotros el pasado año," dio Hargrove. "Lanza duro y ha tenido problemas de control. Pero cuando ha tirado strike ha sido efectivo."[4]

Mesa se convirtió en la respuesta a una pregunta de trivia el 9 de septiembre de 1992, cuando permitió el hit 3,000 de Robin Yount en el County Stadium. Yount también había pegado el 1,000 y el 2,000 ante el pitcheo de Cleveland. "Vi eso y dije, 'Bueno, tal vez este tipo logre el número 3,000 también ante Cleveland,' dijo Mesa. "Y lo hizo."[5]

La contienda de 1992 estuvo amortajada en negro. Sería una justa emocional para muchos, pues los Indians estaban jugando su última temporada en el Cleveland Stadium. Aunque les esperaba una nueva instalación al aire exclusivamente para el béisbol en 1994, había muchos que tenían recuerdos maravillosos del estadio de frente al lago.

Pero todo pasó a un segundo plano el 22 de marzo de 1993, cuando Steve Olin, Tim Crews, y Bob Ojeda se vieron involucrados en un accidente de bote en Little Lake Nellie, cerca de la instalación de entrenamiento de primavera en Winter Haven, Florida. El trío se precipitó de cabeza a un muelle extendido. Olin murió al instante y Crews al día siguiente. Ojeda se recuperó para lanzar más tarde ese año.

El impacto de ese accidente ensombreció al equipo toda la campaña. Mesa, sin embargo, tuvo un año consagratorio. Aunque su registro fue de 10-12, encabezó el club en victoria, juegos completos (3) y ponches (118). Estaba aprendiendo a lanzar y no solo lanzar duro. Su radio de ponches contra boletos (118/62) indicaba que estaba progresando mucho. Luego de uno de esos juegos completos, un triunfo de 6-2 sobre Kansas City el 12 de mayo, el coach de pitcheo de Cleveland Rick Adair brindó una pista sobre el éxito de Mesa. "Cuando (Mesa) está lanzando bien no está tratando de lanzar con más fuerza, lo que comenzó a hacer al final" dijo Adair. "Solo le dije que mantuviera la concentración y no tratara de lanzar demasiado duro. Cuando lanza bien, tiene tres buenos lanzamientos, lo cual hizo esta noche."[6]

La campaña de 1994 trajo nuevos aires a la franquicia de los Indians. La Tribu estaba en su nueva sede del Jacobs Field y de repente se pusieron en gran demanda. Dennis Martinez, Tony Peña, y Eddie Murray firmaron como agente libres entre temporadas, y Jack Morris llegó justo antes de que empezara la contienda. Omar Vizquel llegó luego de un canje con Seattle. Estos cinco jugadores proporcionaron instantánea credibilidad y liderazgo veterano a un equipo joven que tenía a los talentosos jugadores Jim Thome, Albert Belle, Manny Ramirez, Carlos Baerga, Kenny Lofton, Charlie Nagy, y Sandy Alomar Jr.

El nuevo coach de pitcheo de los Indians en 1994, Phil Regan, habló con Mesa respecto a que cambiara para el bullpen. Tenía uno de los atributos claves para ser un cerrador exitoso, una recta a la que le habían marcado 98 millas por hora. "Le dije que no sabía que podía hacer el trabajo," dijo Mesa.[7]

Los entrenadores hicieron el cambio lentamente, usándolo inicialmente como relevista intermedio, entonces como preparador y finalmente como cerrador. En el último paso, cerrador, tuvo problemas. Mesa no pudo proteger cuatro de seis oportunidades de rescate. "No estaba preparado," dijo. "No entendía el trabajo."⁸

Sin embargo, terminó la campaña con registro de 7-6, efectividad de 3.82 y dos salvados. Siguió logrando el control sobre la zona de strike, con 63 ponches contra 26 boletos.

La campaña de 1994 trajo un nuevo alineamiento de las divisiones en las ligas mayores. Lo Indians estaban entonces en la Central de la Liga Americana, y terminaron la contienda un juego detrás de los White Sox. La temporada terminó prematuramente debido a una huelga de los jugadores el 12 de agosto. El paro laboral canceló la postemporada completa y demoró el inicio de la de 1995 hasta el 25 de abril de 1995.

El mejor año de Mesa en las grandes ligas fue 1995. Tuvo éxito en 46 de 48 oportunidades de salvamento y dominó a los bateadores con su veloz recta. Sus 46 juegos salvados son un récord para la franquicia. "Me encanta ver a esos bateadores hacer swing y fallar contra José," dijo el receptor Peña. "Algunos dicen, 'Dios mío.' Yo les digo 'Más te vale empezar el swing temprano.'"⁹

En un momento en la temporada, Mesa convirtió 38 oportunidades al hilo. Fue electo a su primer Juego de las Estrellas, lanzando un inning sin carreras en el Ballpark at Arlington. "Ha sido nuestro MVP," dijo Paul Sorrento. "Lo que ha hecho es increíble—38 seguidas y 44 de 46. Cuando entra sabes que se acabó el juego."¹⁰ Mesa fue el Rolaids Relief Man of the Year (el premio al mejor relevista) de la Liga Americana y fue nombrado AL Fireman of the Year (Apagafuegos del Año de la Americana) por The Sporting News.

Cleveland ganó la División Central en 1995 por 30 juegos sobre Kansas City. Los Indians egresaron a la postemporada por primera vez desde 1954. José registró un rescate tanto en la ALCS como en la Serie Mundial, pero

Fotografía cortesía del Salón de la Fama del Béisbol Nacional

sus Indians cayeron en seis juegos ante los Atlanta Braves.

Parecería casi imposible duplicar una campaña tan buena, pero José se acercó en 1996. Convirtió 39 de 44 oportunidades de rescate para Cleveland. Los Indians regresaron a la postemporada, pero fueron eliminados por Baltimore en la ALDS. En el Juego 4, Mesa permitió una carrera a los Orioles que empató el encuentro a tres, luego toleró la decisiva. Había lanzado 3²/₃ de entradas, la mayor cantidad que había lanzado en dos temporadas. "Era más que obvio cuánto tuvo que ver la situación con que nosotros mandáramos a José a lanzar," dijo Hargrove. "No hemos hecho eso en dos años, pero estaba bien fuerte en la entrada anterior. Fuimos y le preguntamos si podía lanzar todavía y dijo que sí."¹¹

José Mesa tuvo un año turbulento en 1997 dentro y fuera del terreno. Todo comenzó realmente el 22 de diciembre de 1996, cuando fue arrestado por imposición sexual vulgar en un motel suburbano justo al oeste de Cleveland. Se agregó un cargo por esconder un arma cargada posteriormente cuando ésta se encontró en la consola de su vehículo en el momento de su arresto.

Mesa salió libre con una fianza de $10,000 y se reportó al entrenamiento de primavera en Winter Haven con el resto de los Indians. Sin embargo, la dura experiencia permanecía en su mente, y su efectividad en los entrenamientos fue de 6.93. Seguía teniendo fuerza en su brazo de lanzar pero el fantasma de la ubicación reapareció.

La audiencia en la corte se fijó para el 31 de marzo, justo dos días antes del comienzo de la temporada de 1997. El abogado defensor Gerald Messerman ni siquiera planteó la defensa. El jurado deliberó por ocho horas antes de volver con un veredicto absolución. La credibilidad de los acusadores de Mesa fue cuestionada. "Independientemente de que se haya cometido o no un crimen, lo fundamental es que no había suficiente evidencia para condenar más allá de la duda razonable," dijo el miembro del jurado Bruce Pixler.[12]

Luego del veredicto, un lloroso y agradecido Mesa dijo, "Ha sido duro. Estaba nervioso, pero sabía que Dios estaba conmigo. Y con Dios puedo hacer lo siguiente: ganar la Serie Mundial."[13]

El cargo por el ara oculta, que fue juzgado de manera separada, también fue desestimado. El juez dictó que los policías la habían tomado ilegalmente.

José perdió su rol de cerrador ante Mike Jackson, y era constantemente atacado en su propio estadio con gritos de "¡Violador!" Era un hombre libre ante los ojos del sistema legal, pero no en la corte de la opinión pública. En sus primeras 19 salidas, su balance era de 0-3 y su efectividad de 7.45. "José tuvo que manejar una crisis en su vida mucho más grande que el béisbol," dijo Hargrove. "Una experiencia como esa te sacude hasta el alma, y cuando regresó no tenía la misma actitud de confianza."[14]

Eventualmente, recuperó su status de cerrador y salvó 16 de 21 encuentros en 1997. Pero es la derrota en el séptimo juego de la Serie Mundial lo que resultó ser su legado en Cleveland. "Simplemente no hice mi trabajo," dijo Mesa. "Me duele mucho pensar que estuvimos a solo dos outs."[15]

Mesa nunca se recuperó de su temporada de 1997. Luego de un balance de 3-4 con efectividad de 5.17 en 1998, fue incluido en un pacto de cinco peloteros que lo mando a San Francisco el 23 de julio de 1998.

Entre temporadas, firmó con Seattle. Convirtió 33 de 38 oportunidades de rescate por Seattle en 1999. Pero sus problemas de control volvieron a ser un problema, al transferir a 40 bateadores mientras ponchaba a 42. Fue retirado de su rol de cerrador en 2000 a favor de Kazuchiro Sasaki. Apareció en 66 encuentros y los Mariners terminaron segundos a medio juego de Oakland en el Este de la Americana. Seattle barrió a Chicago en la ALDS, y Mesa recibió el crédito por la victoria en el Juego 1; pero el equipo fue eliminado en seis juegos por los Yankees en la ALCS.

Luego de la contienda, José optó por la agencia libre y firmó con Philadelphia por un contrato que se reportó era de $6.8 millones por dos años. Demostró que valía la inversión, salvando 87 encuentros en dos campañas. En 2001, los Phillies terminaron dos juegos detrás de Atlanta en el Este de la Liga Nacional. Philadelphia arrancó con un registro de 34-18 en abril y mayo y aventajaba a Atlanta por ocho encuentros. Pero los Phillies no pudieron mantener su ventaja, jugando por debajo de .500 el resto de la contienda. El único aspecto positivo fue Mesa, quien convirtió 42 de 46 oportunidades. "Cuando lo fichamos hubo varias risitas burlonas en el béisbol—

'¿Cómo le van a dar esa cantidad de dinero a este tipo?'" dijo el manager de los Phillies Larry Bowa. "Pero es definitivamente tremendo. No tengo idea de dónde estuviéramos sin este hombre. La gente dirá todas esas cosas sobre su carácter. Pero lo que puedo decir es que en dos años, es un ciudadano sólido."[16]

Mesa demostró que 2001 no fue casualidad al lograr 45 rescates en 2002, cuarto en la Liga Nacional. Sin embargo, empató en la cima de la liga en blown saves[17] con nueve. Sin embargo, los 45 salvamentos fueron la mayor cantidad de un lanzador de los Phillies desde que Mitch Williams salvara 43 en 1993. En 2003, José convirtió 24 de 28 oportunidades de rescate. Dejó los Phillies luego de la contienda de 2003, como el número uno en la historia de la franquicia con 112 rescates. Eventualmente fue superado por Jonathan Papelbon, en 2015.

En abrill de 2002, el ex compañero de equipo de Mesa, Omar Vizquel, publicó una autobiografía, *Omar!: My Life On and Off the Field*. El capítulo 1 se centraba en el séptimo juego de la Serie Mundial de 1997. Decía "Los ojos del mundo estaban fijos sobre cada movimiento que hacíamos. Por desgracia, los ojos de José estaban vacíos. No había nadie en casa. Casi que se podía ver a través de él. Poco después de que mirara sus ojos vacíos, echó a perder el rescate y los Marlins empataron el juego."[18]

"Si nos enfrentamos, lo voy a golpear," dijo Mesa. "No voy a tratar de pegarle en la cabeza, pero le voy a pegar. Y si me ataca, lo mataré."[19] José respondió golpeando a Vizquel con un envío el 12 de junio de 2002, en Cleveland. Golpeó a Vizquel tres veces luego de publicado el libro. El último suceso tuvo lugar el 22 de abril de 2006. Mesa lanzaba con Colorado y Vizquel jugaba con los Giants. José recibió una suspensión de cuatro partidos por sus acciones.

En 2004 se trasladó a Pittsburgh, y lanzó con los Pirates esa temporada y en 2005. Demostró que todavía podía lanzar con velocidad, al salvar 70 encuentros con los Pirates. Posteriormente lanzó por Colorado (2006), Detroit y Philadelphia (2007). El 25 d julio de 2007, José lanzó en su partido número 1,000. Fue apenas el undécimo lanzador de las mayores en llegar a esa marca.

José Mesa se retiró después de la contienda de 2007. En 19 años, su récord de por vida fue de 80-109 con 4.36 de efectividad. Ponchó a 1,038 bateadores y transfirió a 651. A partir de 2021, Mesa ocupa el puesto 21 de todos los tiempos con 31 salvamentos.

Mesa y su esposa Mirla se establecieron en el área de Atlanta. Tienen cinco hijos y nietos. José ayuda a entrenar equipos de ligas infantiles. Observa de cerca a José Jr., lanzador en el sistema de granjas de los New York Yankees, quien fue nombrado Prospecto Regreso del Año de los Yankees en 2017.

El 19 de junio de 2016, los Cleveland Cavaliers derrotaron a los Golden State Warriors para el primer campeonato de la franquicia. También marcó el fin de la sequía de 52 años para que un equipo profesional de Cleveland ganara un título. Poco después del encuentro, José Mesa Jr. publicó un tweet "¡Ahí tienen, Cleveland ahora dejen atrás el pasado y fundaméntense en esto!"[20] Era su forma de decir que dejaran en paz a su padre y dejaran de culparlo por la incapacidad de la ciudad para ganar.

A partir de 2021, Mesa Jr. está lanzando en el sistema de los Miami Marlins.

NOTAS

1 Paul Hoynes, "Rise and Sign," *Cleveland Plain Dealer*, 16 de julio de 1995: 1-D.

2 Hoynes, "Rise and Sign": 16-D.

3 Tim Kurkjian, "Mesa Defies Logic and Tigers, Gives Orioles 7-3 Win," *Baltimore Sun*, 1 de octubre de 1987: F-1.

4 Paul Hoynes, "Indians Reneging on Changes," *Cleveland Plain Dealer*, 17 de julio de 1992: 1-E.

5 Rick Braun, "Mesa Enjoys Making History," *Milwaukee Sentinel*, 10 de septiembre de 1992: 1B.

6 Russell Schneider, "Mesa Perfect Cure for What Ails Tribe," *Cleveland Plain Dealer*, 13 de mayo de 1993: 4F.

7 Jerome Holtzman, "There's No Mess When Cleveland Calls In Mesa," *Chicago Tribune*, 21 de septiembre de 1995: 4-10.

8 Holtzman.

9 Hoynes, "Rise and Sign": 16-D.

10 Holtzman, "There's No Mess When Cleveland Calls in Mesa."

11 Paul Hoynes, "A Dream Slips Away; Indians Eliminated by Orioles", *Cleveland Plain Dealer*, 6 de octubre de 1996: 1-D.

12 James F. McCarty and James Ewinger, "Mesa Found Not Guilty: Indians Star Says Justice System, God On His Side," *Cleveland Plain Dealer*, 11 de abril de 1997: 1-A.

13 McCarty and Ewinger.

14 Tim Crothers, "Trial and Errors," *Sports Illustrated*, 18 de enero de 1998: 57.

15 Crothers.

16 Claire Smith, "Veteran Mesa Has Steadied the Phillies," *Philadelphia Inquirer*, 23 de julio de 2001: E5.

17 Blown Saves: Oportunidades de rescate desperdiciadas. (Nota del Traductor)

18 Omar Vizquel with Bob Dyer, *Omar!: My Life On and Off the Field* (Cleveland: Gray and Company Publishing, 2002), 1.

19 "Mesa Being Investigated by Commissioner's Office," ESPN.com, 12 de marzo de 2003, Achivo del Jugador, Salón de la Fama del Béisbol.

20 Jose Mesa Jr., Twitter.com, 19 de junio de 2016, accedido online en https://twitter.com/JoeTable/status/744728829000884225, 19 de julio de 2018

Raúl Mondesí

Por J.W. Stewart

Raúl Ramón Mondesí poseía un grupo de habilidades que lo hicieron un jugador codiciado en los inicios de su carrera pese al cuestionable temperamento. Con un poderoso brazo en el jardín derecho, causaba temor en los corredores. La potencia de su swing empujaba corredores al plato y pelotas por encima de las cercas. Más sorprendente, dado su físico de cinco pies once pulgadas y unas 220 libras, era que era un corredor ágil y un atrevido robador de bases. Sus talentos naturales y su ardiente ética de trabajo lo convirtieron en una amenaza en todas las fases del juego, pero su disposición y su incapacidad periódica para trabajar con los managers llevó a una carrera que se quedó por debajo de las expectativas trazadas en los inicios.

Nacido en San Cristóbal, República Dominicana, el 12 de marzo de 1971, Raúl y sus cinco hermanos fueron criados por su madre luego de que su padre, Ramón, muriera cuando Raúl era muy joven. Su madre, Martina, trabajaba en una lavandería y logró mantener a la familia.[1] Mondesí encontró su camino hacia el béisbol profesional en 1987 a la edad de 16 años. El joven talento hizo una prueba para los Oakland Athletics en su instalación dominicana, pero el equipo lo dejó pasar, declarando que era demasiado pequeño para las mayores.[2] Pero Pablo Guerrero y Ralph Ávila, scouts de los Dodgers, descubrieron a Mondesí cuando un vecino arregló una invitación al año siguiente al campo de desarrollo de los Dodgers. Ávila había escuchado a Mondesí antes de verlo; el sonido de la pelota golpeando el bate de Mondesí llamó su atención de inmediato. Luego de ver el entrenamiento, Ávila ordenó que su gente firmara a Mondesí de inmediato. Con su fecha, y un bono para firmar de $4,000, Mondesí se convirtió en parte de la organización de los Dodgers. Pese a su talento natural, a experiencia de la futura estrella con el béisbol era de las calles de su barrio y con implementos inventados. La organización de los Dodgers lo ubicó en su liga de verano dominicana por dos años para desarrollar sus habilidades y conocimiento beisbolero.[3]

En 1990, la organización asignó a Raúl a los Great Falls Dodgers en la Pioneer League (rookie). En 44 encuentros, conectó 53 hits con 31 empujadas, 30 bases robadas y un slugging de .543. Con claridad había desarrollado las habilidades que Ávila notó faltaban en 1987. Al año siguiente, se vio en los Bakersfield Dodgers de Clase-A, p ro sus habilidades lo empujaron rápidamente hacia los San Antonio Missions de Doble-A y luego a los Albuquerque Dukes de Triple-A para los dos últimos encuentros de la campaña. Terminó su primer año completo en las menores con promedio de .277 y 39 empujadas. Sus estadísticas de 1991, sin embargo, también revelaron un problema recurrente para él: selectividad de lanzamientos. Se ponchó 69 veces con apenas 13 bases por bola.

Durante su campaña de 1992 con los Albuquerque Dukes, exhibió otro elemento que caracterizó su carrera: problemas de arranques emocionales. Hacia el final de la contienda de 1992, los Dodgers promovieron a su compañero de equipo Tom Goodwin a las mayores. Mondesí, con estadísticas algo mejores, pensaba que los Dodgers le debían la promoción. Los Dukes se fueron de gira poco después, y Mondesí, molesto, perdió intencionalmente el avión del equipo. Normalmente, este tipo de artimañas resultaba en una multa; sin embargo, los Dodgers decidieron que una democión sería más instructiva. Raúl fue enviado a San Antiono (Doble-A) para los restantes 18 encuentros de la temporada.[4]

Con el inicio de la temporada de 1993, Mondesí estaba de vuelta con los Albuquerque Dukes. En 110 encuentros, compiló .280 con 65 empujadas. Entonces, en julio, los Dodgers lo llamaron a las mayores. A medida que se ajustó, su promedio en realidad ascendió, a .291 en los 42 encuentros que le quedaban a la temporada. Cuando ésta terminó, Raúl fue a la República Dominicana a jugar por el club de los Tigres del Licey durante el invierno. Los Tigres ganaron la Serie del Caribe y Mondesí bateó .450 en el torneo.[5]

Con el inicio de la temporada de 1994, había significativa anticipación sobre el desempeño de Mondesí. Los periódicos indicaban que ganaría el premio al Novato del Año, que su nuevo compañero de equipo Mike Piazza había ganado el año anterior.[6] La única interrogante para los Dodgers era si Raúl o Cory Snyder patrullaría el jardín derecho. Pese al

Fotografía cortesía del Salón de la Fama del Béisbol Nacional

status de veterano de Snyder, lo observadores señalaban la velocidad y el poderoso bate del dominicano y predecían que ganaría el puesto con facilidad.[7] Y así lo hizo.

Mondesí pasó la mayor parte de la contienda de 1994 en el jardín derecho. Con 16 asistencias, se ganó rápidamente la reputación de convertir dobles en sencillos e hizo que los corredores que retaran su brazo lo lamentaran. Para abril, ya los entrenadores mencionaban a Mondesí y a Roberto Clemente en la misma oración. Con casi siete semanas de la temporada canceladas debido a la huelga de los peloteros, Raúl terminó con promedio de .306, 56 impulsadas y 16 bases robadas. Su único problema, según el manager de los Dodgers Tommy Lasorda, era su terrible radio de boletos por ponche.[8] No obstante, su potente bateo y su impresionante defensa lo convirtieron en la decisión unánime entre los votantes para el Novato del Año de la Liga Nacional.

Su campaña de 1995 fue casi tan productiva como su año de novato, con incrementos en los jonrones, empujadas y base robadas. Su desempeño en el jardín derecho siguió siendo una amenaza serie en la liga, que le llevó a ganar un Guante de Oro al final de la temporada. Las estadísticas que mostró en 1995 son más impresionantes porque jugó parte de la contienda con un cartílago de la rodilla desgarrado. Los Dodgers llegaron a la postemporada, y Raúl e fue de 9-2 mientras su equipo era barrido por los Reds en tres encuentros. A finales de octubre, Mondesí se sometió a cirugía artroscópica para reparar el cartílago dañado.[9] Para enero ya estaba nuevamente jugando en la Liga Dominicana.[10]

En la primavera de 1996, Mondesí reportó que su rodilla se sentía excelente y firmó un pacto de dos años con los Dodgers por $3.65 millones. Pese a la sensación celebratoria del inicio de su tercer año con los Dodgers, su promedio de bateo descendió seriamente en un período de dos semanas que incluyo 24 turnos consecutivos sin hits. El 5 de mayo, promediaba apenas .192.[11] La razón del slump era típica de Mondesí: le estaba haciendo swing a todo y a cualquier cosa. Lasorda y Mondesí estuvieron de acuerdo con el diagnóstico y el tratamiento, trabajo intensivo con el coach de bateo. Al final de abril, pegó dos sencillo y un jonrón de tres carreras y empujó cinco en un juego. Para junio, había logrado llevar su promedio a .258. Pese al mal comienzo de campaña, terminó bateando .297, con 88 empujadas y el récord de extra bases para los Dodgers con 71. El equipo se quedó fuera de la postemporada por poco.

Mondesí pasó otras tres temporadas con los Dodgers, por un tiempo, se tornó más selectivo con los lanzamientos y armonizó con el nuevo manager Bill Russell. Además de sus supersticiosas rutinas de donde ponía el guante entre innings, Raúl también comenzó a usar las medias altas luego de que un experimento exitoso le llevara a seis hits en dos días.[12] La campaña de 1997 resultó ser su mejor ofensivamente, al batear .310 con muchos más boletos y menos ponches. Los Dodgers volvieron a firmarlo en 1998 a un pacto de cuatro años, con $36 millones garantizados.[13] Sin embargo, la justa de 1998 trajo lesiones repetidas, un no deseado traslado al jardín central y un arresto por conducir bajo los efectos del alcohol.[14]

En 1999, Raúl Mondesí regresó al jardín derecho, pero su puesto en la alineación se convirtió en un nuevo punto de discusión. El equipo lo trasladó del tercer al quinto puesto en el orden, y se tornó más extrovertido sobre su frustración. Incluso con 99 empujadas al final de la campaña, su promedio descendió al más bajo de su carrera hasta ese momento, .253. Durante un encuentro el 29 de julio, Mondesí se sentó en el bullpen mientras su equipo bateaba. En mayo, el jardinero derecho Gary Sheffield lo defendió públicamente, pero en agosto pidió que lo transfirieran a menos que el equipo lidiara con las distracciones de Mondesí.[15] Luego de ser llevado a la banca por llegar tarde a un juego el 10 de agosto, Raúl inició una "perorata llena de palabrotas" contra el manager Davey Johnson y el gerente general Kevin Malone y declaró que "ya no se considera miembro de los Dodgers." Pese a una disculpa, el equipo no tuvo otro remedio que transferirlo.[16]

Para noviembre, Mondesí fue rumbo a Toronto junto con el lanzador Pedro Borbón a cambio del jardinero derecho Shawn Green y un segunda base de ligas menores.[17] Con nueva casa y un nuevo contrato de $45 millones por cuatro años, Raúl parecía haber vuelto a su antigua forma en la campaña de 2000. Impresionados por su defensa y su audaz velocidad en el corrido de bases, los Blue Jays también pensaban que era una influencia positiva en el clubhouse.[18] Pese a un redescubrimiento en su actitud y su ética de trabajo, su falta de selección de lanzamientos regresó, lo cual resultó en un notable descenso de su productividad como tercer bate.[19]

Raúl comenzó la temporada de 2001 convirtiéndose en el primer jugador de los Toronto Blue Jays en robarse el home. En un juego contra los New York Yankees el 17 de abril, adelantó en la línea de tercera base, y con el windup del lanzador Randy Keisler, corrió hacia el plato con un lanzamiento alto y afuera. El receptor Jorge Posada no estuvo ni cerca de tocarlo y ponerlo out.[20] El resto de la temporada, sin embargo, ofreció poco más de Mondesí. Su promedio decreció a .252 en un serio slump al final de campaña. Necesitados de reducir la paga y comenzar un proceso de reconstrucción, los Blue Jays buscaban comprador para el caro contrato del dominicano.[21]

Raúl regresó a Toronto para la temporada de 2002 aunque el equipo aún tenía al jardinero derecho de 31 años en el mercado. Los Yankees se llevaron a Mondesí en julio, entregando a un lanzador de ligas menores y pagando el resto de su salario en 2002 más $7 millones de los $13 millones que se le debían para 2003.[22] De inmediato, el mentor Joe Torre hizo saber al público que esperaba disciplina y que se diera más importancia al equipo.[23] Nuevamente, sus comentarios a los periódicos armonizaron y parecía estarse ajustando al sistema. Pegó su primer vuelacercas para los Yankees tres días después del traspaso, pero en agosto tuvo su primera desavenencia con las expectativas de Torre. Luego de un cuadrangular ante los Tampa Bay Rays, trotó hacia la primera base con el bate en la mano y luego lo lanzó con desenfado frente al dugout de los Rays. A Torre no le hizo gracia y reprendió al bateador.[24]

Después de la temporada de 2002, los Pirates ofrecieron un traspaso por Mondesí, pero George Steinbrenner se rehusó, alegando que los Pirates querían que New York pagara demasiado del salario del jugador. El equipo quería que perdiera peso en el verano, y Jorge Posada trabajó con él en su agarre para mejorar su bateo.[25] Algunos observadores y el equipo estaban todavía preocupados por su falta de disciplina en la caja de bateo. Sus preocupaciones fueron justificadas. El 11 de julio, Raúl tenía apenas un hit en sus últimos 24 turnos. Torre lo llevó a la banca.[26] Luego, en julio, Torre lo sustituyó por un emergente. Enfurecido, Mondesí abandonó el terreno, se duchó y fue a casa. Al día siguiente, Torre lo expulsó por la charada. A través de su agente, el pelotero pidió ser traspasado. En pocos días, el 29 de julio, iba camino a los Arizona Diamondbacks por el resto de 2003.[27]

Después de la campaña de 2003, Mondesí entró en la agencia libre, pero su declive productivo y su reputación de difícil le dejaron pocas opciones. Los Pirates, que habían intentado comprar su contrato en el invierno anterior, lo ficharon en febrero de 2004 por $1.15 millones, apenas el 12 por ciento del salario más alto de su carrera, alcanzado en 2003.[28] La campaña de 2004 siguió trayendo problemas a Raúl. El ex ligamayorista Mario Guerrero lo demandó junto a otros peloteros declarando que le debían una porción de su salario por haberlos conectado con equipos de las mayores. Según Guerrero, Mondesí le había prometido un uno por ciento de su salario.

Una corte en la República Dominicana falló a favor de Mario Guerrero y ordenó a Mondesí pagar un millón. Preocupado por su familia y para apelar la decisión de la corte, pidió un permiso para ausentarse de los Pirates. Había tenido números estelares con los Pirates antes de que el caso en la corte se convirtiera en un problema. La distracción lo llevó a un serio slump, así que el equipo accedió darle un tiempo.²⁹ No obstante, Mondesí no regresó para una serie de tres juegos con San Diego como había prometido. No se sentía capacitado para regresar y el equipo no podía darse el lujo de pagar a un jugador ausente, así que dieron por terminado su contrato.³⁰

Una semana después, firmó un contrato con los Anaheim Angels, que estaban en primer lugar. Luego de solamente ocho encuentros, un desgarrón en su cuádriceps derecho terminó su tapa con el equipo. Mientras estaba en la lista de lesionados, dejó de ir a varias citas de rehabilitación. Los Angels dieron por terminado su contrato a finales de julio.³¹

Regresó al béisbol en 2005 más delgado y sin las distracciones de demandas legales y problemas en casa. Los Atlanta Braves y Mondesí accedieron a un contrato de $1 millón que incluía bonificaciones si recuperaba su poder de antes en la caja de bateo. El regreso duró solamente dos meses. El equipo lo designó para asignación el 1 de junio, con juego limitado debido a dolencias en una rodilla. La carrera beisbolera de Raúl Mondesí había terminado.³²

A lo largo de su carrera, Mondesí demostró profunda dedicación a la República Dominicana y en especial a San Cristóbal. Lugo de que el huracán George golpeara la isla en 1998, Mondesí hizo arreglos para que la primera ayuda humanitaria llegara a su ciudad natal.³³ Entre su compromiso a su patria y la afición de la República Dominicana para hacer candidatos políticos de celebridades, la entrada de Mondesí a la política quisqueyana fue poca sorpresa. Primero como miembro de la legislatura y luego como alcalde de San Cristóbal desde 2010 a 2016, Mondesí hablaba mucho de ayudar a los pobres de su ciudad y su país. Otra causa esperada para el nuevo político era apoyar e invertir en las instalaciones deportivas para los jóvenes. En 2014 encabezó una gran renovación al Radhames Park, que incluía instalaciones para varios deportes.³⁴

Pese a algo de éxito como alcalde, las continuas quejas sobre mala administración plagaron su término. Luego de dejar la oficina en 2016, el nuevo alcalde ordenó una audición de las finanzas de la ciudad. Poco después, Raúl fue condenado por varios crímenes relacionados con la mala administración de los fondos de la ciudad y corrupción. La corte los sentenció a ocho años de prisión y una multa de cerca de $1.25 millones. Sus defensores declararon que fue víctima de cortes corruptas y un sistema político que buscaba desacreditarlo.³⁵

Mondesí terminó su carrera con un promedio de por vida de .273, con su mejor año en 1997, cuando compiló .310 con un slugging de .541 Su OBP siempre estuvo por debajo debido a la rareza de sus boletos. Solamente en su último año con Los Angeles y el segundo con Toronto mostró selectividad en sus lanzamientos, logrando 71 y 73 transferencias, respectivamente. El resto de los años, sus ponches mitigaron su habilidad para batear y robar bases. Su valor en el jardín derecho se aprecia más por la impresión de otros peloteros y los cronistas que las estadísticas. Los cronistas atribuían la caída en su número de asistencias al temor de los bateadores hacia su brazo y su decisión de no desafiarlo.

Los dos hijos de Mondesí también entraron al béisbol profesional. Raul Mondesí Jr. jugó unos años en las menores. Adalberto Mondesí comenzó su carrera en 2012 y ascendió en la organización de los Kansas City Royals. Debutó con éstos durante el Juego 3 de la Serie Mundial de 2015 ante los New York Mets, y se ponchó en su único turno. Había jugado con los Royals en 2016, 2017, y 2018.

Para los compañeros de equipo y mentores que tuvo, su bateo y excelente fildeo eran el producto de una seria ética de trabajo, talento natural y pasión por el deporte. Sin embargo, esa misma pasión aseguró una seria dosis de discordia entre Mondesí y sus equipos cuando caía en slump. Su incapacidad para controlar sus peores instintos dio lugar a varios traslados y malas relaciones con aquellos que debían apoyarlo, probablemente borrando algo de la grandeza que Ralph Ávila vio en el verano de 1998.

FUENTES

Además de las fuentes citadas en las Notas, el autor también hizo uso de Baseball-Reference.com.

NOTAS

1. Johnette Howard, "The Next Clemente?" *Sports Illustrated*, 29 de mayo de 1995: 38.
2. "Playing Hardball," *The Sporting News*, 23 de junio de 1997: 38.
3. Johnette Howard, "The Next Clemente?"
4. Johnette Howard, "The Next Clemente?"
5. Gordon Verrell, "Los Angeles Dodgers," *The Sporting News*, 21 de febrero de 1994: 23.
6. Steve Dilbeck, "Taking Care," *San Bernardino County Sun*, 3 de abril de 1994: C4.
7. Gordon Verrell, "Los Angeles Dodgers," *The Sporting News*, 7 de marzo de 1994: 26.
8. Gordon Verrell, "Los Angeles Dodgers," *The Sporting News*, 18 de julio de 1994: 23.
9. Gordon Verrell, "Los Angeles Dodgers," *The Sporting News*, 23 de octubre de 1995: 19.
10. Gordon Verrell, "Los Angeles Dodgers," *The Sporting News*, 29 de enero de 1996: 42.
11. Gordon Verrell, "Los Angeles Dodgers," *The Sporting News*, 13 de mayo de 1996: 27.
12. Steve Springer, "Club's Pitch," *The Sporting News*, 11 de agosto de 1997: 25.
13. "Inside Dish," The Sporting News, 9 de febrero de 1998: 53.
14. "Mondesí Back in the Lineup After DUI," *Daily Herald* (Chicago), 15 de junio d 1998: 2.
15. Jason Reid, "Getting Mondesí Stirred Up," *The Sporting News*, 10 de mayo de 1999: 32; Jason Reid, "Positively Negative," The Sporting News, 23 de agosto de 1999: 72.
16. Jason Reid, "Getting Mondesí Stirred Up," *The Sporting News*, 10 de mayo de 1999: 32; Jason Reid, "Positively Negative," The Sporting News, 23 de agosto de 1999: 72.
17. "Mondesí Traded for Blue Jays' Green," *Paris* (Texas) *News*, 9 de noviembre de 1999: 10A.
18. Tom Maloney, "Toronto," *The Sporting News*, 18 de septiembre de 2000: 62.
19. Tom Maloney, "Toronto," *The Sporting News*, 5 de junio de 2000: 41.
20. Tom Maloney, "Toronto," *The Sporting News*, 30 de abril de 2001: 19.
21. Tom Maloney, "A.L. East," *The Sporting News*, 17 de diciembre de 2001: 18.

22 Jack Curry, "Yanks Acquire Mondesí in Bid to Boost Offense," *New York Times*, 2 de julio de 2002: D1.

23 Liz Robbins, "Mondesí Is Forced to Follow New Rules," *New York Times*, 3 de julio de 2002: D3.

24 Ken Davidoff, "New York Yankees," *The Sporting News*, 5 de agosto de 2002: 23.

25 Tyler Kepner, "Fit and Feisty, Mondesí Predicts Big Year Ahead," *New York Times*, 22 de febrero de 2003: D3; Charles Nobles, "Mondesí Ready to Shift Hands, Not Teams," *New York Times*, 14 de marzo de 2003: D4.

26 Tyler Kepner, "Told to Take a Seat, Mondesí Is Down and Up," *New York Times*, 11 de julio de 2003: D3.

27 Bill Finley, "Yankees Criticize Mondesí's Early Exit," *New York Times*, 31 de julio de 2003: D3.

28 "Majors," *Gettysburg Times*, 24 de febrero de 2004: A1.

29 Jeffrey Cohan, "Mondesí Still Stuck in Courtroom Mess," *Pittsburgh Post-Gazette*, 16 de mayo de 2004: A1.

30 Alan Robinson, "Pirates Cut Ties with Mondesí," *Indiana* (Pennsylvania) *Gazette*, 20 de mayo de 2004: 17.

31 "Baseball Buzz," *Toronto Star*, 31 de julio de 2004: C5.

32 "End of the Line for Braves' Mondesí," *Toronto Star*, 1 de junio de 2005: C8.

33 Roberto Valenzuela, "Mondesí no sabe defenderse de una injusticia," *Diario Digital RD*, 2 de octubre de 2017. diariodigital.com.do/2017/10/02/mondesi-no-sabe-defenderse-una-injusticia.html.

34 "Inician trabajos de remodelación del Parque Radhames," *Diario Digital RD*, 5 de agosto de 2014. diariodigital.com.do/2014/08/05/inician-trabajos-de-remodelacion-del-parque-radhames.html.

35 Roberto Valenzuela, "Mondesí no sabe defenderse de una injusticia," *Diario Digital RD*, 2 de octubre de 2017. diariodigital.com.do/2017/10/02/mondesi-no-sabe-defenderse-una-injusticia.html.

Manny Mota

Por Rory Costello

Many Mota nunca parecía envejecer. "Da miedo," dijo Steve Garvey, su compañero de equipo en Los Angeles Dodgers. "Quisiera que una primavera apareciera con una cana al menos."[1] Eso fue en junio de 1979, un par de meses antes de que el dominicano estableciera marca de hits de emergente con 150, una marca que se mantuvo hasta que Lenny Harris la superó en 2001. Mota era un tremendo bateador de contacto, con promedio de .304 de por vida. Los cronistas y comentaristas gustaban de sacar analogías de cómo podía responder en cualquier momento y bajo cualquier condición. El más conciso de todos vino de Jim Murray del *Los Angeles Times*: "Podía pegarle a una bala."[2]

El jardinero jugó 20 campañas en la Liga Invernal Dominicana, empatado para la mayor cantidad en la historia de la liga— habrían sido más de no ser por los conflictos políticos en su patria. Es el líder de todos los tiempos en bateo con .333. También fue un exitoso mentor en casa. Si Tom Lasorda no hubiese estado tan arraigado a os Dodgers, y si Mota no fuese un hombre tan leal a la organización, habría sido interesante ver lo que este hombre callado, humilde y notablemente afable habría podido hacer como mentor de grandes ligas.

Fotografía cortesía del Salón de la Fama del Béisbol Nacional

Manuel Rafael Mota Gerónimo fue el sexto de ocho hijos en una familia mezclada. Su madre, Fredesvinda Gerónimo, tuvo cuatro hijos con su primer esposo, un hombre de apellido Peña. Los medio hermanos y hermanas d Manny se llamaban Darío Odilia, Luisa y Adriana. Fredesvinda entonces tuvo cuatro hijos con Andrés Mota: otro hijo llamado

Andrés, luego dos hijas después de Manny llamadas Bárbara y Josefina.

Andrés Mota, soldado del Ejército Dominicano, murió cuando Manny tenía entre seis y siete años, antes de que el niño pudiese formar recuerdos duraderos de su padre. In embargo, Andrés dejó a su hijo un apodo por el que todavía le conocen en su tierra, aunque no en los Estado Unidos—*El Chory*. Quiere decir algo así como pequeño o bajo; según explicara el mismo Mota en 2011. "Yo jugaba con muchachos mayores, más altos y fuertes que yo."[3]

Después de la muerte de Andrés, Fredesvinda abrió una tienda de víveres para mantener a sus hijos. También hacía caramelos, que Manny ayudaba a vender.[4] "Trató de criarme de la manera correcta," dijo él en 1969. "Y yo iba a jugar pelota en la escuela católica que quedaba a tres cuadras de nuestra casa y escuchaba a los sacerdotes."[5] Esa escula era la Escuela Salesiana de Artes y Oficios, conocida ahora como Colegio Don Bosco. La misión principal de la Sociedad Salesiana es la educación cristiana de los jóvenes, especialmente de las clases pobres. Esta causa resonó en Mota, cuyo cumplimiento de la fe cristiana y su empatía con los niños pobres lo inspiró a hacer muchas buenas obras.

"No tenía ningún héroe en particular cuando estaba creciendo," dijo Mota a *American Chronicle* en 2006, "pero mi ídolo en el béisbol fue siembre Jackie Robinson." Aunque era un joven poco privilegiado, a Mota le gustaba jugar béisbol cuando podía y "simplemente pasarla bien con ello."[6]

Hacia 1956, Mota jugaba con el equipo de la Fuerza Aérea Dominicana, donde cree que fue la primera vez que los cazatalentos lo notaron.[7] El club era patrocinado por Ramfis Trujillo, hijo del dictador dominicano Rafael Trujillo. Varios otros futuros ligamayoristas estaban en el roster, incluyendo a Juan Marichal y Mateo Rojas (conocido en EE.UU. como Matty Alou), quienes serían sus compañeros de equipo en San Francisco.[8] Manny dijo en 2011 que el otro principal beneficio que se derivó de jugar con Aviación Militar fu la disciplina militar.

El 21 de febrero de 1957, los New York Giants ficharon a Mota, que había cumplido 19 años unos días antes. Muy tempranamente, los Giants reconocieron el valor del talento en Latinoamérica, comenzando en Puerto Rico y luego extendiéndose a la República Dominicana. Uno de sus scouts era Alex Pómpez, quien había sido dueño de los New York Cubans en las Ligas Negras. Horacio Martínez, quien había jugado como paracorto para Pómpez, era coach con los Leones del Escogido en la Liga Dominicana. En 1956, el presidente del club del Escogido Paco Martínez Alba—cuñado de Rafael Trujillo—formó un acuerdo de cooperación con los Giants. Desde entonces, varios hombres de la cadena de los Giants—Red Davis, Frank Genovese, y Salty Parker—dirigieron el Escogido.[9] Juntos a Pómpez y Matínez, Mota también citó a Genovese como uno de los scouts que lo fichó. El bono fue de apenas $400.[10]

En las menores, Mota jugó primera y segunda base además de los jardines. Su primera temporada regular, con el Michigan City, Indiana en la Midwest League (entonces Clase D), fue sólida: promedio de .314 con siete jonrones y 91 empujadas. La primera experiencia de Mota en la Liga Dominicana tuvo lugar en el invierno de 1957-58. Se unió al Escogido, uno de los dos equipos que todavía gozaba de gran tradición local. El otro era el de los Tigres del Licey. El Escogido lleva rojo y el Licey azul, y aunque esta rivalidad es no tan enconada como los Blood contra los Crips, ha sido muy intensa. Lo que resultó, sin embargo, fue que la mayor parte de la carrera dominicana de Mota fuese con el Licey.

En 1958, Mota tuvo otro buen año con el Danvill (Virginia) en la Carolina League (Clase B), al irse con .301-8-55, pese a lo mal que se sentía enfrentando la segregación racial en el sur. Posteriormente dijo al autor Bruce Adelson. "Al menos en el '57 se podía ir en el ómnibus como un ser humano, todos juntos, sin importar el color de tu piel. Eso no lo podías hacer en Danville." Pero ese pasaje se abrió., "Mi meta era jugar béisbol; no iba a dejar que nada me impidiera jugar en las ligas mayores."[11]

Mota saltó a Triple-A (Phoenix) para iniciar la campaña de 1959. Resultó ser demasiado y demasiado pronto, y a finales de mayo fue enviado al Springfield en la Eastern League de Clase-A (.314-3-28). Se reanudó después de eso una progresión normal: Doble A en 1960 (.307-4-79 para Rio Grande Valley en la Texas League) y Triple A en 1961 (.289-3-43 para Tacoma en la Pacific Coast League).

En 1960-61, ganó el primero de tres título de bateo en casa con marca de .344 con el Licey. Sin embargo, luego del asesinato de Trujillo el 30 de mayo de 1961, la atmósfera en el país siguió siendo tensa. Una huelga general nacional y enfrentamientos en la calle afectaron la asistencia, y al circuito dominicano cesó la temporada de 1961-62 luego d los partidos del 3 de diciembre.[12] Aunque varios peloteros dominicanos siguieron sus campañas en otras ligas, como en Puerto Rico, Mota se quedó en casa el resto del invierno.

Hacia el final de la contienda de 2018, más de 700 hombres de la República Dominicana habían jugado en las ligas mayores. El décimo de ellos fue Mota, quien llegó al roster de los Giants luego de un excelente desempeño en el entrenamiento de primavera de 1962. Según apuntó UPI, ligeramente ajena a que su temporada dominicana había sido trunca, el "pequeño jardinero de 160 libras... puede aventajar a los otros porque jugó pelota invernal."[13] Su debut en grandes ligas no tuvo lugar hasta el séptimo encuentro de la temporada; su primer hit tuvo lugar en su primer juego en la alineación abridora, en el viejo Crosley Field de Cincinnati. Fue una rolata ante Jim Brosnan que atravesó limpia y suavemente la parte derecha del infield.[14]

Mota sufrió el ultraje de ser llamado "Mickey" algunas veces en los periódicos norteamericanos a principios de la temporada. Jugó en 47 encuentros con San Francisco hasta finales de julio, iniciando 12 veces y conectando apenas 13 en 74 turnos (.176). Había pocas oportunidades para los jardineros de cambio, pues Willie Mays jugó en cada uno de los 162 encuentros ese año, el también dominicano Felipe Alou participó en 154, y Harvey Kuenn jugó 130. Mota fue utility, con acción en tercera y segunda base. Lo Giants volvieron a enviarlo a Doble A, donde compiló .349 en 30 partidos con El Paso. No estuvo en la Serie Mundial que los Giants perdieron en siete juegos ante los Yankees.

El 30 de noviembre de 1962, San Francisco canjeó a Mota y Dick LeMay a los Houston Colt .45s por Joey Amalfitano. Cerca de finales de año, *The Sporting News* describió a Mota como un "jugador de excelente velocidad que ha mostrado habilidad en los entrenamientos de primavera pero nunca ha podido jugar en el outfield de los Giants, algo comprensible cuando [se considera] la competencia que tiene."[15] Ese grupo también incluía a Matty y Jesús Alou, además de Willie McCovey, quien jugaba también un poco como jardinero en esos años.

La pelota de la Liga Dominicana siguió suspendida totalmente en 1962-63. Gracias a las conexiones del ejecutivo del Licey Ernesto "Monchín" Pichardo, Mota fue a Venezuela ese invierno, donde compiló .308 en 120 turnos durante 31 encuentros. Cuando su club, Oriente, se desintegró en enero, firmó con el San Juan de la Liga de Puerto Rico.[16]

En el plano personal, Mota se casó con Margarita Matos el 16 de febrero de 1963, poco después de que terminara la temporada invernal. Según recordó Margarita en 1990, ella "observaba a un adolescente Manny caminar frente a su casa en Santo Domingo durante cinco años antes de que él comenzara a cortejarla. 'Vivíamos en el mismo barrio, pero nunca me hablaba' dijo Margarita. 'Creo que le tenía temor a mi madre, y no fue hasta que ella murió que se me acercó.'"[17] El padrino de la boda fue Felipe Alou, quien era para Mota un admirado mentor.[18]

Después de su regreso a Estados Unidos, lo Colts lo enviaron a los Pittsburgh Pirates no mucho tiempo ante de que comenzara la contienda de 1963 (recibiendo a cambio a Howie Goss y $50,000 en efectivo). Mota pasó a primera mitad de la campaña de 1963 en el Columbus de Triple A, produciendo .293-5-20 en 75 partidos. A mediados de julio, los Piratas lo promovieron y nunca más volvió a jugar en las menores.

El 12 de octubre de 1963, Mota participó en el primer y único Juego de Jugadores Latinoamericanos, el último celebrado en el Polo Grounds. Empujó dos carreras y los peloteros hispanos de la Liga Nacional ganaron, 5-2. Luego prodcedió a ganar otro título de bateo dominicano (.379).

De regreso a Pittsburgh en 1964, Mota se benefició con el apoyo del gran Roberto Clemente. Según escribiera David Maraniss en su biografía de Clemente, el estelar jardinero derecho "se identificaba con los problemas y se convirtió en el más cercano amigo y asesor de Mota en los Pirates. En el estadio cada día antes de los juegos, trabajaban en el bateo, los toques, el fildeo y los tiros. 'Siempre ha sido un buen bateador,' dijo Clemente de Mota a mediados de temporadas, dando fuerza a su caso ante los escépticos cronistas de los Pirates. 'Puede batear el pitcheo de grandes ligas si le dan una oportunidad.'"[19]

El manager Danny Murtaugh usó a Mota en 115 encuentros y le dio 271 turnos al bate ese verano (.277-5-32). Incluso llegó a utilizarlo como receptor el 13 de julio en el Forbes Field. Luego de pegar doble abriendo el octavo inning, el abridor Jim Pagliaroni fue sustituido por el corredor emergente Orlando Macfarlane, el segundo receptor. El tercer cátcher Smoky Burgess—cuyo record como emergente Mota rompería con posterioridad—se ponchó bateando por Roy Face. Pero cuando Macfarlane tuvo que abandonar el juego por una lesión menor en el décimo episodio, Mota se trasladó del jardín izquierdo hacia atrás del plato. Fue una experiencia dura, pues cometió dos passed balls, el segundo de los cuales ayudó a los Cardinals a anotar la carrera decisiva en el inning 12.

Luego de la temporada de 1964, Danny Murtaugh tuvo que retirarse por razones de salud y Harry Walker se convirtió en el nuevo mentor de Pittsburgh. Aunque la forma en que Walker enseñaba a batear no era para todo el mundo, Mota era la clase de bateado chocador que "The Hat" estimaba. "Presté atención a Harry y aprendí," dijo mota en 1969. "Él me convenció de que si bateas hacia arriba, usualmente la bola es capturada. Ahora bateo por el suelo hacia todas las bandas. Enseñó nuevos trucos a este perro viejo."[20]

Mota ganó su tercera corona de bateo dominicana (.364) en el invierno de 1964-65. Aun así, jugó solo un poco más por los Pirates en 1965 que en 1964, con estadísticas casi idénticas (.279-4-29). Tuvo que recuperarse de un mal comienzo de 54-5; había estado preocupado por la seguridad de su familia porque la situación política en su país se había complicado nuevamente. El gerente general de Pittsburgh, Joe L. Brown, logró que el director de programas latinoamericanos del Cuerpo de Paz viera si la familia de Mota estaba bien y las trajera a Estados Unidos.[21] Meses después, las cosas no estaban normalizadas del todo; la liga invernal no operó en 1965'66. En lugar de esto hubo un circuito de tres equipos formados por la Federación de Peloteros Dominicanos. Los clubes representaban colores en lugar de ciudades: los Azules, los Amarillos y los Rojos. Mota estuvo con los Azules.[22]

En 1966, Manny compile .332 para los Pirates mientras alternó con Matty Alou, otro bateador al estilo Harry Walker. En un artículo sobre ambos en junio de ese año, el cronista de Pittsburgh Les Biederman dijo, "Mota se destaca cada vez que juega. Aparentemente, está destinado a ser uno de eso súper sustitutos de los que uno lee en el béisbol y podría ser regular en muchos equipos en las mayores ahora. Hay pocas cosas que Mota no puede hacer. Puede correr, batear, se poncha poco, es un corredor Grado A en las bases y defiende en los jardines. Mota es uno de los mejores tocadores del béisbol. También le gusta tocar con dos strikes."[23]

Es importante resaltar que Biederman añadió, "Como Alou abre la mayoría de los juegos, Mota viene bien como emergente. En los primeros ocho juegos en que lo mandaron, conectó cinco hits."[24] Mientras estuvo con los Pirates, Mota también tenía su propia superstición; si lograba hit, tomaba un baño exactamente a las 3 P.M. del día siguiente y también comía a la misma hora. "Clemente pensaba que estaba loco" dijo en 1974.[25] En 2011, sin embargo, Mota subrayó la importancia de una rutina regular, dándole crédito por haberse mantenido en forma durante su carrera como pelotero y más allá. "Tienes que disciplinarte y disciplinar a tu cuerpo," dijo. "Tienes que comer apropiadamente, ejercitar, y descansar tanto como puedas."

Mota siguió teniendo unas 300 veces al bate con los Bucaneros en 1967 y 1968, compilando .321 y .281. Entre esas dos temporadas, tuvo su primera experiencia como manager, con un registro de 13-14 con Licey luego de hacerse cargo a mediados de la temporada por Hal Smith.[26] Todavía había tensiones en la dominicana, y había soldados apostados en el Estadio Quisqueya de Santo Domingo para registrar a la personas en busca de armas.[27]

Les Biederman se centró en Mota en varios otros artículos durante el resto de su tiempo en Pittsburgh. Los encabezados lo llamaban "Un tipo altamente diestro con un bate en la mano" y "El hombre sin el que los Bucs no podrían vivir." Pero al final, los Pirates decidieron que era prescindible. Por alguna razón, "pusieron su nombre en la hoja del 'Ghoul Pool' (Grupo Morboso), una lista de jugadores disponibles para recuperar un equipo de ligas mayores que, ni que Dios lo quiera, perece totalmente en un accidente de aviación."[28] Entonces, Pittsburgh lo puso disponible en el draft de expansión de octubre de 1968, y los Montreal Expos lo hicieron su segunda selección. Pasó allí menos de media temporada, pues éstos lo canjearon a Los Angeles el 11 de junio de 1969. Maury Wills también regresó a los Dodgers en el trueque, mientras que Ron Fairly y Paul Popovich se fueron a Montreal. Menos en la pelota invernal, Mota fue solamente Dodger desde entonces.

Mota señaló el 7 y el 8 de julio de 1969 como su explosión más fuerte en las mayores. En tres encuentros contra Atlanta, castigó a los lanzadores de los Braves con 10 sencillos y un doble en 14 turnos. En 2006 recordó, "Tenía confianza y estaba centrado. Estaba en un buen momento, haciendo swing y poniendo la pelota en juego. Tienes que conocer tus fortalezas y debilidades. Yo no era bateador de poder."[29]

En el invierno de 1969-70, jugando nuevamente con el Licey, Mota se hizo cargo del equipo por Fred Hatfield para los play off dominicanos. Los Tigres ganaron el campeonato y entonces se unieron a regreso de la Serie del Caribe en febrero de 1970, luego de un hiato de nueve años. Los dominicanos terminaron detrás de Puerto Rico y Venezuela con registro de 1-7.

Los Dodgers dieron a Mota una oportunidad de jugar más contra lanzadores derecho en 1970 y compiló .305 en 417 turnos (marca personal). Un momento triste tuvo lugar el 17 de mayo, cuando una línea de Mota golpeó a un fan de 14 años llamado Alan Fish en la cabeza. El chico murió cinco días después. En 2008, Mota—conocido por su amor hacia los niños—dijo, "Es muy difícil... son malos recuerdos. Me siento culpable porque pegué un foul, y un chico perdió su vida."[30]

En ese invierno, sin embargo, lo Dominicanos se fueron con 6-0 en la Serie del Caribe bajo el manager/jugador Mota, quien volvió a tomar las riendas por Hatfield en la temporada. Mota se fue de 19-11 (.579) y fue nombrado el MVP de la serie. En 2011, no obstante, seguía hablando de este logro con notable humildad, desviando el crédito hacia otros. "Estaba en el lugar indicado a la hora indicada," dijo. "Hice mi parte traté de ayudar al equipo. No lo habría hecho sin mi familia, mis compañeros de equipo y los fans, nuestro décimo jugador. Tenía la bendición del Señor." Sin embargo, sí se enorgullecía de haber ayudado a llevar este título a su patria.

En 1971, Manny era el cuarto jardinero de los Dodgers, pues el novato Bill Buckner jugó su primera temporada completa en las mayores. Aunque Frank Robinson llegó a Los Angeles en 1972, Mota fue nuevamente el jardinero izquierdo regular apoyado en su promedio de .323. Un momento que mostró su estilo fue cuando se robó el home ante Scipio Spinks de St. Louis. La audaz jugada en el sexto inning rompió un empate a cero y los Dodgers ganarían 2-1. Luego del encuentro, Manny dijo, "Si no lo intentas, nunca lo lograrás."[31]

Justo nueve días antes de esa jugada, Mota disfrutó de lo que calificó una experiencia sin igual en su vida. Mientras entraba caminando al terreno del Dodger Stadium para practicar, detectó a un canoso Jackie Robinson sentado en las gradas. Los Dodgers iban a retirar el #42 de Robinson junto con el #39 de Roy Campanella y el #32 de Sandy Koufax. Mota expresó su gratitud por lo que Robinson había hecho por los afronorteamericanos, los hispanos y por la humanidad en general. Robinson, quien moriría en octubre de ese año, agradeció a Mota con un apretón de manos y una sonrisa.[32]

En 1973, pese a ser jugador de cambio nuevamente, Mota hizo el Todos Estrellas por única vez en su carrera. El manager Sparky Anderson de Cincinnati lo nombró en la novena de la Liga Nacional diciendo, "Podemos hacer muchas cosas con los muchachos de en este equipo. Manny Mota es el mejor emergente derecho en el béisbol."[33] En el Royals Stadium en Kansas City, Mota roleteó para una jugada forzada como emergente en el octavo inning y luego defendió el jardín izquierdo en el noveno.

Dede 1974 en adelante, Mota fue casi exclusivamente emergente—un lujo casi insólito hoy en la era de los staff de pitcheo de 12 y 13 hombres. Apareció a la defensa en solamente 17 encuentros desde 1974 hasta 1979. Cuando el manager Walter Alston le informó sobre su nueva función en la primavera de 1974, Mota tomó "las noticias con calma. 'Teneos tanto talento joven y estos jóvenes jugadores tienen que jugar. Este club tiene mucha profundidad. El manager cree que puedo contribuir en este club así que yo... me gusta mi trabajo. Me gusta hacer cosas que ayuden a mi equipo a ganar juegos.'"[34]

Durante esas seis temporadas, Mota bateó de 243-76 (.313) como emergente, con un jonrón y 51 empujadas. Tan temprano como marzo de 1976, la prensa de L.A. reconoció que estaba apuntando a la marca de por vida de Smoky Burgess de 144.[35] En junio de ese año, cuando Mota estaba a punto de lograr su hit 100 como emergente, Jim Murray escribió un vívido reportaje sobre él. Entre los puntos clave: el éxito de Mota viene de su enfoque mental y su poder de concentración, así como de su condicionamiento.[36] Mientras que Burgess era descrito como "una bolsa de lavandería caminante" o "una pelota de playa con brazos", el peso de Mota rara vez varió durante su carrera. El manager Tom Lasorda bromeó en 1978 que Manny era "mesero en La Última Cena" y "más viejo que la tierra". Agregó, "Mota debía ser santificado. Puede que bate hasta que tenga 60." Mota dijo, "Solo trato de concentrarme en lo que pueda hacer para ayudar al equipo."[37]

En ese período, los Dodgers ganaron tres banderines: 1974, 1977 y 1978. Mota se fue de 5-3 con dos dobles en los play off de la Liga Nacional. Uno de esos dobles fue en el Juego 3 de la NLCS de 1977, el cual él calificaría en 2006 como "el juego que nunca olvidaré."[38] Los Dodgers estaban debajo 5-3 en el principio del noveno en el Veterans Stadium de Philadelphia, Vic Davalillo, con 41 años, llegó safe con un toque. Mota, con dos strikes, pegó doble al izquierdo. La bola fue por encima de la cabeza y el guante de Greg "The Bull" Luzinski, quien nunca fue mal fildeador (normalmente entraba como reemplazo defensivo por Jerry Martin en tales situaciones). Los Dodgers procedieron a ganar el encuentro 6-5 y avanzar a la Serie Mundial. Davey Lopes, quien estaba en el círculo de espera cuando Mota respondió, dijo, "Cuando se volteó y sonrió de la manera en que lo hizo, yo sabía que iba a batear una para nosotros."[39]

Por desgracia, Mota no dejó ninguna marca en Series Mundiales. No vio acción en 1974, se fue de 3-0 en 1977 y recibió boleto en su única comparecencia en 1978.

Sin embargo, para Mota, una de sus emociones mayores no fue en la postemporada, sino en juego de exhibición. El 19 y 20 de marzo de 1977, los Dodgers jugaron dos desafíos ante los New York Mets en la República Dominicana. En el segundo, ante unos 10,000 extasiados fans en el Estadio Quisqueya y con audiencia televisiva internacional, Mota conectó un jonrón de dos carreras ante el as de los Mets Tom Seaver para coronar un triunfo de 4-0. En 1991 dijo, "Nunca olvidaré eso porque fue una de las mejores sensaciones que tuve jamás como emergente, al salir delante de mi gente. Los fans enloquecieron, y no puedo describir lo que sentí a haber respondido ante los fans por toda Latinoamérica, la República Dominicana y en Los Ángeles."[40]

En octubre de 1979, el Presidente Jimmy Carter invitó a Mota a la Casa Blanca para felicitarlo por haber establecido la marca para hits como emergente (el #145 tuvo lugar en el Dodger Stadium el 2 de septiembre ante Lynn McGlothen de los Cubs). Manny obsequió al sonriente jefe ejecutivo varios *souvenirs*, incluyendo una chaqueta de los Dodgers que tenía escrito PRESIDENT CARTER en la espalda. También le pidió que Estados Unidos comprara más azúcar dominicana.[41]

Mota anunció su retiro después de la campaña de 1979, pero fue reactivado tanto en 1980 como en 1982. Durante la lucha por el banderín de 1980, se fue de 7-3 como emergente. Su último imparable tuvo lugar el 5 de octubre—el último encuentro de la temporada regular—ante Joe Sambito, de Houston. Fue un sencillo empujador en el séptimo capítulo, lo cual puso a los Dodgers a una carrera (3-2) en un juego que eventualmente ganarían 4-3. Ese partido dejo a L.A. y Houston empatados en la cima de la División Oeste de la Liga Nacional con 92-70. Sin embargo, los Astros ganaron el play off de un juego al día siguiente.

La última acción de Mota como pelotero en la Liga Dominicana ocurrió en el invierno de 1980-81. No obstante, a la edad de 44 años el 1 de septiembre de 1982, compareció a la caja de bateo una última vez en las mayores. Era simplemente su tipo de situación: en el final del inning 13 en el Dodger Stadium, con los Dodgers debajo 6-5, Steve Garvey estaba en segunda base con un out. Pero Jim Kaat—quien tenía 43 años—obligó a Mota a roletear por segunda. Posteriormente recordó este como el día más triste de su vida porque su madre (a quien había traído a L.A. a vivir sus últimos días) murió en el hospital antes de que pudiera verla una última vez.⁴²

Los 150 hits de emergente de Mota tuvieron lugar en 500 turnos, para un promedio exacto de .300. Para comparar, Lenny Harris logró 212 hits como emergente en 804 turnos (.264). El hombre que estaba en el segundo puesto hasta 2018, Mark Sweeney, pegó 175 en 679 (.258). En aquel momento, 18 jugadores tenían 100 o más hits de por vida en ese rol. Solamente otros dos promediaban por encima de .280: Steve Braun y Burgess (ambos con .283).⁴³

Mota siguió sirviendo a la organización de los Dodgers en varios frentes, notablemente como coach de bateo desde 1980 hasta 1989. A inicios de 1999, asistía y se comunicaba con los peloteros latinos de los Dodgers mientras coordinaba todos los aspectos de trazo de mapas de oponentes. También trabajaba en las transmisiones en español antes y después del juego. En 2007, Major League Baseball recortó el número de entrenadores que un club podía tener en el banco. Esto quiso decir que por un tiempo (hasta que hubo cambios en el cuerpo de entrenadores) Mota no podía irse de gira con el equipo.

La temporada de 2012 marcó la número 33 de Mota como entrenador, la etapa más larga en la historia de los Dodgers. Solamente Nick Altrock (42 campañas consecutivas desde 1912 hasta 1953 con los Washington Senators) estuvo más tiempo con un club. L viejo número 11 se veía casi igual de bien que siempre en el uniforme. Los Dodger cambiaron el rol de Manny en la organización en 2013, expandiendo su rol en las transmisiones en español. También le asignaron nuevas tareas como instructor de bateo de ligas menores y para hacer comparecencias en las comunidades. Mota aceptó el cambio con elegancia.⁴⁴

Sin embargo, en 2016, el manager de lo Dodgers Dave Roberts decidió traer a Mota a trabajar junto con el coach de bateo Turner Ward y el asistente Tim Hyers durante las actividades previas al juego como locales. Roberts, que conocía a Mota desde su etapa de jugador con los Dodgers (2002-04), dijo, "Solo creo que aporta mucho, teniendo en cuenta la confianza que los jugadores tienen con él."⁴⁵ Hasta la fecha, muchos bateadores se han beneficiado de usar el Manny Mota Grip Stick, un sustituto de alquitrán de pino que ha estado en el mercado desde al menos 1991.⁴⁶

Mota dirigió por 16 temporadas completas o parciales en la pelota invernal, 12 en la República Dominicana. Ganó títulos seguidos con el Licey en 1982-83 y 1983-84. En las Series del Caribe correspondientes, los dominicanos terminaron terceros (3-3) y últimos (1-4), respectivamente. Esas fueron sus dos únicas campañas completas dirigiendo a los Tigres; al año siguiente se mudó a los Caimanes del Sur. Fue el Manager del Año y entonces se convirtió en mentor del Escogido, con quienes los Dodgers habían formado un convenio de trabajo. Considerando los profundos lazos que Mota había establecido entre el Licey y Los Angeles, esto fue parecido a un golpe de estado. Sirvió con los Leones hasta un punto en la temporada de 1987-88, cuando tomó un puesto en la gerencia y dejó paso a Phil Regan en el dugout.

En 1992, Mota regresó a dirigir con Mexicali en la Liga Mexicana del Pacífico, donde pasó tres temporadas invernales y parte de una cuarta. Las Águilas se había acercado a él año anterior, pero como los Dodgers estaban en una dura pelea por los play off con Atlanta, declinó. En 1993, hablando con *La Opinión*, un periódico de habla hispana en L.A., Mota admitió que algún día en un futuro no muy lejano esperaba tener una oportunidad como manager de grandes ligas, como la había tenido su ejemplo a seguir, Felipe Alou.⁴⁷

Lo más cerca que estuvo fue en 1996— desde el 29 de julio en adelante, luego de que Tommy Lasorda se retirara por motivos de salud, Mota era el coach de banca de Bill Russell. De hecho, Russell fue expulsado en el noveno inning de un juego contra St. Louis el 13 de septiembre, así que se puede deducir que Manny dirigió el equipo por el resto del juego.[48] Sin embargo, Mike Scioscia lo reemplazó como coach de banca a inicios de 1997. Los Dodgers sí entrevistaron a Mota para el trabajo de director luego que despidieran a Davey Johnson en 2000. Ese invierno también fue su última labor como mentor hasta la fecha, cuando regresó al Licey y sustituyó a Grady Little a mitad de contienda.

Manny y Margarita Mota tienen seis hijos: José, Andrés, Domingo, Manuel Jr., Rafael, y Antonio. Andrés, conocido como Andy en los EE.UU., y José fueron ligamayoristas en los años '90; Manuel Jr. (conocido como Gary), Domingo y Tony también fueron peloteros profesionales. Luego de dejar de jugar, José inició una exitosa carrera narrando. Los Mota también tienen dos hijas (Cecilia y María de Lourdes, o Lulu).[49]

Su amor por los niños inspiró a Manny y Margarita a formar la Fundación Manny Mota. Todo inició en 1967 con una gran cacerola de arroz para alimentar a los niños hambrientos en su isla natal. Iniciando en 1992, su apoyo humanitario se extendió al área mayor de Los Ángeles. Las clínicas de béisbol son apenas uno de los muchos programas de la Fundación. Tal vez el más ambicioso de los proyectos sea el complejo multifuncional Campo de Sueños, para el cual el gobierno dominicano donó 15 ares en 1995. Campo de Sueños es también el nombre de la cena anual de la fundación y su subasta en Los Ángeles. Cuando el sitio web de la fundación aun operaba, había un mensaje de Manny y Margarita que iniciaba: "Ayudar a los poco favorecidos a mejoras sus vidas es una experiencia extremadamente gratificante. Durante las últimas tres décadas hemos ido bendecidos con la oportunidad de ayudar a otros de diferentes maneras."

El mensaje de Manny Mota como humano se mantuvo notablemente consistente. En 2011 dijo, "Estoy muy agradecido a la gente en mi país y los Estados Unidos por haberme dado esta oportunidad. Mi esposa y mi familia me han inspirado. Estoy bendecido." Esto fue muy fiel a lo que dijo en 1979. "Quiero tener una vida amistosa. Quiero ser amistoso con todos porque creo que es la forma en que los seres humanos podemos llegar a conocernos mejor. Para mí no hay diferencia en raza o si la persona es un muchacho o un adulto. Trato de respetar a todos porque quisiera que me respetaran. Crecí de ese modo y así voy a morir."[50]

Muchas gracias a Manny Mota por sus recuerdos (entrevista telefónica, 11 de febrero de 2011) y a José Mota por la presentación. Agradecimiento especial a su vez a Jennifer Hoyer (Relaciones de Prensa, Los Angeles Angels of Anaheim) por presentar a José Mota.

Esta biografía fue publicada originalmente n febrero de 2011. Fue actualizada y expandida en diciembre de 2018.

MANNY MOTA SOBRE EL ARTE DE BATEAR DE EMERGENTE

"Batear de emergente es más mental que físico. Hay que poner toda la preparación y el pensamiento positivo en un turno al bate."

"Me encantaba la presión, batear en momento tenso con un hombre en posición anotadora y el juego apretado. Tenía confianza en ese tipo de situaciones."[51]

"Cuando eres emergente, lo primero que debes mantener en mente es que estás ahí para batear. Pónchate haciendo swing si tienes que hacerlo, pero recuerda que lo peor que puede pasarle a un emergente es que le canten el tercer strike. Nadie puede culparte como emergente si eres agresivo, si te esfuerzas, haces swing, y haces buen contacto."[52]

"La concentración es la clave… tienes que hacer swing a buenos lanzamientos y tienes que conocer a los lanzadores."[53]

FUENTES

Además de las fuentes citadas en las Notas, el autor consultó además:

www.Baseball-Reference.com

www.MannyMotaFoundation.org (el sitio ya no opera)

www.licey.com

www.PuraPelota.com (estadísticas venezolanas)

Bjarkman, Peter C. *Diamonds Around the Globe: The Encyclopedia of International Baseball* (Westport, Connecticut: Greenwood Press, 2005).

Bjarkman, Peter C. *Baseball with a Latin Beat* (Jefferson, North Carolina: McFarland & Co., 1994).

NOTAS

1 Bud Tucker, "Manny Mota Always Ready," *Pittsburgh Press-Courier*, 16 de junio de 1979: 15.

2 Jim Murray, "Nobody Knows Manny – Except the Pitchers," *Los Angeles Times*, 22 de septiembre de 1971.

3 Entrevita telefónica, Rory Costello on Manny Mota, 11 de febrero de 2011. A menos que se cite de otra manera, todas as frases de Mota salieron de esta entrevista.

4 Cary Osborne, "'The utilityman in this organization,'" *Dodger Insider blog*, 8 de junio de 2018 (https://dodgers.mlblogs.com/the-utilityman-in-this-organization-2b159cfc45f1).

5 Roy McHugh, "Manny's World," *Pittsburgh Press*, July 30, 1969: B-1.

6 Christina Hamlett, "Going to Bat for the Kids: Manny Mota's Real Life," *American Chronicle*, 11 de octubre de 2006.

7 David Laurila, "Prospectus Q&A: Manny Mota," Baseball Prospectus website, 6 de julio de 2010.

8 Rob Ruck, *The Tropic of Baseball* (Westport, Connecticut: Meckler Publishing, 1991), 70.

9 Jack McDonald, "Giants Reap Bumper Crop from Seeds Planted in Caribbean," *The Sporting News*, 5 de noviembre de 1958: 7.

10 Maria E. Pérez, "Manny Mota: 'Yo soy un hijo de Don Bosco," *El Caribe* (Santo Domingo, Dominican Republic), 15 de marzo de 2018 (https://www.elcaribe.com.do/2018/03/15/gente/10-momentos/manny-mota-yo-soy-un-hijo-de-don-bosco/).

11 Bruce Adelson, *Brushing Back Jim Crow* (Charlottesville, Virginia: University of Virginia Press, 1999), 234.

12 "Political Turmoil Forces Dominican League to Fold," *The Sporting News*, 13 de diciembre de 1961: 34.

13 Fred Down, United Press International, *Bridgeport Post*, March 14, 1962: 43.

14 Al Doyle, "Manny Mota: The Game I'll Never Forget," *Baseball Digest*, Mayo de 2006: 70.

15 Clark Nealon, "Colts Sound Call for Picket Race – Hardy Top Entry," *The Sporting News*, 29 de diciembre de 1962: 28.

16 Eduardo Moncada, "Oriente Folds; Forfeits Games Left in Season," *The Sporting News*, 26 de enero de 1963: 32.

17 Steve Henson, "Growing Up True Blue: Oldest Four Sons of Dodgers' Mota Make Baseball Their Chosen Field," *Los Angeles Times*, 12 de agosto de 1990.

18 Pérez, "Manny Mota: 'Yo soy un hijo de Don Bosco."

19 David Maraniss, *Clemente* (New York: Simon & Schuster, 2006), 171-172.

20 James Collins, "Mota Was More Than A 'Throw-In'," *Baseball Digest*, noviembre de 1969: 58.

21 Robert F. Buckhorn, United Press International, "Pirates to Peace Corps DP Helps Mota End Slump," *Daily Courier* (Connellsville, Pennsylvania), 27 de mayo de 1965: 9.

22 J. A. Sabino, "Olivo and Rivas Show Top Form in Mound Bows," *The Sporting News*, 6 de diciembre de 1965: 36.

23 Les Biederman, "If You Could Buy Stock in Matty and Manny, Price Would Soar," *The Sporting News*, 4 de junio de 1966: 15.

24 Biederman.

25 Bill Shirley, "Baseball Superstitions Are Still With Us," *Baseball Digest*, Diciembre de 1974: 80.

26 Fernando Vicioso, "Fuentes Ties Two Records In One Game," *The Sporting News*, 30 de diciembre de 1967: 47. El Hal Smith a quien Mota sustituyó fue Harold Raymond Smith, no Harold Wayne Smith. "Smith, Former Bucco Aid, Joins Red Coaching Staff," The Sporting News, 2 de dicimbre de 1967: 47.

27 Russell Schneider, "Fans Are Frisked at Dominican Loop Games," *The Sporting News*, 2 de diciembre de 1967: 53.

28 Jim O'Brien, "Manny Mota: Baseball's Premier Pinch-Hitter," *Baseball Digest*, Septiembre de 1979: 88.

29 Doyle, op. cit.

30 Kevin Baxter, "Foul Play," *Los Angeles Times*, 17 de junio de 2008.

31 Ken Rappoport, Associated Press, "Aaron Pops, Mets Plop," *Courier-News* (Bridgewater, New Jersey), 14 de junio de 1972: 45.

32 Luis Rodríguez Mayoral, "Manny Mota: Incredible in the Pinch," LaVidaBaseball.com, 5 de junio de 2018 (https://www.lavidabaseball.com/mayoral-manny-mota/).

33 Bob Smizik, "All-Star Game: Showcase or Battleground?" Pittsburgh Press, 24 de julio de 1973: 23.

34 United Press International, "Mota: Tough in the Pinch,"– *Palm Beach Post*, 3 de agosto de 1974: 54.

35 Las estadísticas de Retrosheet ahora otorgan a Burgess 145.

36 Jim Murray, "Mota Is Highest Paid Player In Sport At 5 Grand Per Hit," *Los Angeles Times*, 12 de junio de 1976.

37 United Press International, "Mota Sparks Dodgers," *Daily Chronicle* (De Kalb, Illinois), 23 de mayo de 1978: 11.

38 Doyle, op. cit.

39 United Press International, "KC's McRae in Spotlight Again, LA Wins," *Waukesha* (Wisconsin) *Daily Freeman*, 8 de octubre de 1977: 14.

40 "Dodgers Zero in on Seaver, Mets," St. Petersburg Times, 21 de marzo de 1977. Manny Mota, según se dijo a George Vass, en "The Game I'll Never Forget," *Baseball Digest*, abril de 1991: 79.

41 Associated Press, 10 d octubre de 1979.

42 Osborne, "'The utilityman in this organization.'"

43 Análisis basado en estadísticas de Retrosheet, las cuales varían ligeramente respecto a otras fuentes.

44 Bill Shaikin, "Dodgers' Manny Mota Enters a New Mode," *Los Angeles Times*, 22 de abril de 2013.

45 Hoornstra, J.P. "Manny Mota has a locker in the Dodger Stadium coaches' room again." *Los Angeles Daily News*, 15 de abril de 2016.

46 Matt Winkeljohn, "On-deck Circle Sn Island of Calm," *Atlanta Constitution*, 11 de agosto de 1991: 51.

47 Manolo Hernández Douen, "Mota feliz con su cargo como manager de Mexicali," *La Opinión* (Los Angeles, California), 14 de agosto de 1993: B1.

48 Chris Baker, "Dodgers Lose a Game of Tag," *Los Angeles Times*, 14 de septiembre de 1996.

49 Fernando Dominguez, "In Manny Mota's Family, Hope Running High for More Major-Leaguers," *Los Angeles Times*, 13 de febrero de 1992.

50 United Press International, "Mota: Pinch Hitter with a Philosophy," *Opelousas* (Louisiana) *Daily World*, 16 de julio de 1978: 16.

51 Doyle, op. cit.

52 Vass, op. cit.: 78.

53 George Vass, "These Are the Game's Five Greatest Pinch Hitters!" *Baseball Digest*, Enero de 1977: 83.

DIÓMEDES OLIVO

Por Rory Costello

En La Ilíada de Homero, Diómedes era uno de los más fuertes guerreros griegos. Era también el más joven—a diferencia de su tocayo, el lanzador dominicano Diómedes Olivo. Olivo debutó en las grandes ligas con los Pirates de 1960 a los 41 años. Hasta 2018, seguía siendo el segundo "novato" de más edad en la historia de las mayores, detrás solamente de Satchel Paige. Al igual que Paige, Olivo había ya sido un estelar lanzador duradero por muchos años. Y como se dice que señalaban Roberto Clemente y Danny Murtaugh, el hombre podía andar por los 40, pero su brazo era de 20.[1]

"Guayubín" (como llamaban a Olivo, por su pueblo natal) ganó status de élite entre los tradores de su nación durante los años 50. Ni siquiera se hizo profesional hasta casi los 30 años, pero desde que lo hizo, lanzó en al menos otras seis naciones: Puerto Rico, México, Cuba, Venezuela, Nicaragua y Colombia. Su carrera profesional—tanto en verano como en invierno—se extendió desde 1947 hasta 1964.

En las mayores, el balance de por vida del zurdo fue apenas de 5-6, con efectividad de 3.10 en 85 encuentros (196; 1962-63). Durante la contienda de 1962, a la edad de 43 años, Olivo fue una revelación para los fans norteamericanos. Su recta seguía teniendo vida, y "la forma en que ese hombre tira la curva es un asesinato," dijo un jugador no nombrado.[2] Aunque Pittsburgh promovió a Olivo demasiado tarde para que fuese elegible para la Serie Mundial de 1960, se unió Virgil Trucks a para lanzar en la práctica de bateo del equipo durante el Clásico de Otoño.[3]

Diómedes Antonio Olivo Maldonado nació el 22 de enero de 1919 (pero los rumores decían que en realidad era mayor). Sus padres eran Arcadio Emilio Olivo Báez y Juana Ramona Maldonado Mejía, "Mamá Juana", como le decían, murió en 1983 a la increíble edad de 103 años. Tuvo otros cinco hijos además de Diómedes: los hijos Arcadio, César Blas, y Federico; las hijas Zena y Lucrecia. Federico—conocido como Chichí (o Chi-Chi en los EE.UU.)—fue también un lanzador estelar en su país que tuvo una corta carrera en las mayores (1961; 1964-66).

Guayubín (el nombre completo es San Lorenzo de Guayubín) es la segunda ciudad más grande en la provincia de Monte Cristi, en la parte noroccidental de la República Dominicana. Por esa razón, Olivo se ganó otro apodo, La Montaña Noroestana. Emilio "Cuqui" Córdova, el decano de los cronistas del béisbol dominicano, hizo de este el subtítulo sobre su pequeño libro sobre Diómedes, que se convirtió en la biografía definitiva en 2006.

Arcadio Olivo era ranchero de ganado. Durante el entrenamiento de primavera de 1960, Diómedes recordó a través del intérprete Román Mejías, "Cuando guardaba las vacas, iba al pueblo a jugar. Comencé cuando tenía 5 ó 10 con equipos informales en Guayubín."[4] Olivo nunca entndió más que un inglés superficial, confiando en compañeros de equipo como Mejías, Clemente, Julián Javier, y Al McBean para que llevaran su mensaje. Lo que sí no necesitaba traducción, era su personalidad vivaz y animada.

En 1990, un dominicano llamado Dr. José de Jiménez contribuyó con una corta pero incisiva mirada a la vida y la carrera de Olivo en el Baseball Research Journal de SABR. Él escribió, "Para 1940 o algo así, el dueño de un equipo de béisbol en Puerto Plata, una provincia cercana, estaba interesado en sus servicios. Como nadie lo conocía en Puerto plata, entre los comentarios entre los fans y los cronistas estaban: 'Firmaron a un gran pitcher de Guayabín;' 'Llegó el pitcher de Guayabín.' Desde ese momento, lo bautizaron como Guayabín Olivo."

En 2010, el cronista deportivo dominicano Rafael Peña relató los primeros años de Olivo en el béisbol dominicano, apuntando que en un inicio jugó en la capital del país, Santo Domingo, en 1944.[5] Ese año, Olivo fue nombrado al equipo nacional que fue a Caracas, Venezuela, para la séptima Serie Mundial Amateur. Dos años después, los dominicanos fueron a Barranquilla, Colombia, para los Juegos Centroamericanos y del Caribe. El destacado desempeño de Olivo en el certamen incluyó una victoria de 13 entradas ante Colombia, en la que permitió apenas una carrera y cuatro imparables.[6]

El béisbol profesional había estado en paro en la República Dominicana desde 1937, y no se reanudó hasta el verano de 1951—pero aun había una activa presencia de clubes. El 28 de septiembre de 1947, Olivo lanzó un cero hit cero carreras para el Escogido ante sus archirrivales del Licey, el equipo por el que luego jugaría 11 temporadas. Ese invierno se unió al Aguadilla de la Liga Invernal de Puerto Rico, fungiendo tanto como lanzador como jardinero. Era un hombre robusto (seis pies una pulgada, 195 libras) que se enorgullecía de su bateo.

Olivo dijo en 1960 que rechazó una oportunidad de unirse a los Chicago White Sox en 1948 porque no hablaba inglés y no quería ir a los Estados Unidos y jugar en las ligas menores.[7] El cronista y narrador de Pittsburgh Myron Cope abundó sobre el tema en un artículo para Sports Illustrated en el verano de 1962. "Allá en Guayabín ... Olivo es dueño de 500 acres de tierra de pastoreo, 50 vacas y 200 acres en los que planea construir un pequeño complejo de viviendas. Laboró duro durante décadas, ordeñando vacas y lanzando pelotas y aunque fue tanteado ocasionalmente por equipos de grandes ligas, los rechazó. Por una cosa, no 'le daba gusto tener que abrirse camino por las menores; además, también temía ser enviado a un pueblo sureño segregado y pensaba que su ignorancia del inglés le haría la vida doblemente difícil."[8] Olivo era un hombre de piel color café que era catalogado de "Negro" según los estándares estadounidenses.

Así que sus viajes lo llevaron en vez de esto a Colombia durante el verano de 1948, cuando comenzó la pelota profesional en esta nación. Se unió a los Tejedores de Filtta, un equipo industrial patrocinado por un molino de lana en Barranquilla. En su debut, el 27 de junio, llevó un juego perfecto hasta el noveno inning, pero terminó permitiendo dos imparable.[9] El historiador colombiano del béisbol Raúl Porto dijo que Olivo regresó a Filtta tanto en 1949 como en 1950. Fue todos estrellas de la liga tanto en el '48 como en el '49, encabezando el circuito en ponches en ambos años. En 1949, los Tejedores se coronaron campeones de la liga.

Olivo jugó también en Venezuela durante ese período. Una visión proviene de mayo de 1950, cuando el zurdo estaba con los Gavilanes, uno de los equipos de La Liga Occidental, en el estado occidental de Zulia. Los Gavilanes tenían una rivalidad con pastora, otro equipo basado en la ciudad petrolera de Maracaibo.[10] Los miembros de las Ligas Negras Max Manning y Terris McDuffie (este último compañero de Olivo) también estaban en la liga.[11] Sandalio "Sandy" Consuegra, entonces en el Sistema de granjas de los Washington Senators, también había firmado con los Gavilanes el año anterior. El cubano, sin embargo, gastó su bono por firmar de $3,000, y cuando le pidió al dueño de los Senators Clark Griffith que lo reembolsara en la primavera, Griffith envió a consuegra de regreso a La Habana, demorando así su debut en las grandes ligas.[12]

Olivo permaneció en Puerto Rico otros seis inviernos. En la contienda de 1950-51, Aguadilla lo vendió a San Juan luego de que sufriera siete derrotas consecutivas.[13] Este fue un buen break porque los Senadores eran un equipo ganador, y los Tiburones no lo eran—de hecho, San Juan absorbió a Aguadilla para el resto de la campaña 1951-52. Ese equipo ganó el campeonato puertorriqueño y fue a la Serie del Caribe como resultado de ello. El torneo se celebró en Ciudad de Panamá (no se sabe con certeza si Olivo jugó alguna vez en la Liga Invernal de Panamá). El dominicano relevó en dos encuentros por Puerto Rico, en lo que se fue sin victorias, y se convirtió en el primero de su país en lanzar en la Serie del Caribe.[14]

Diómedes estuvo entre los líderes de la liga en victorias (9) y efectividad (2.07) en 1952-53. En esa campaña, concibió un hijo con una mujer puertorriqueña llamada Crucita Rondón, el chico, Gilberto Rondón, nació el 18 de noviembre de 1953, en el Bronx, New York. Gil heredó algo del talento de su padre, y lanzó en 19 encuentros por los Astros en 1976 y cuatro por los White Sox en 1979. En años posteriores, se convirtió en entrenador de pitcheo, y una de sus paradas fue el equipo nacional de Nicaragua. Dijo al historiador del béisbol de Nicaragua Tito Rondón (bromeaban llamándose entre ellos "primo"), "Mi mamá tenía atracción hacia los peloteros, y un día vio a Guayubín Olivo y decidió estar con él, y inací yo!" Sin embargo, Olivo se casó con su esposa, Olga Chávez Gómez en 1953.[15] Tuvieron tres hijos: Pedro, Olga (conocida como Titi), y Guillermo.

Cuando regresó el béisbol profesional a la República Dominicana en el verano de 1951, Olivo regresó a casa y se unió a los Tigres del Licey. Ganó la Triple Corona de los lanzadores es año, con registro de 10-5 (en un programa de 54 encuentros), ponchando a 65 y promedio de limpias de 1.90 en 128 entradas. Sin embargo, la contienda de 1951 estuvo mancillada por un incidente falto de carácter el 22 de julio. Luego de discutir con el árbitro Willis Thompson el conteo de bolas y strikes, Diómedes lanzó la pelota hacia la cabeza del imparcial, dejándolo sin conocimiento. Fue expulsado del estadio y pasó la noche en prisión. Originalmente, el estelar lanzador iba a ser suspendido por toda la temporada, pero luego de las presiones de Licey y que él mismo escribiera una carta pública de disculpa en la revista La Nación, el castigo fue reducido a solamente seis encuentros.[16]

Olivo encabezó la Liga Dominicana en efectividad nuevamente tanto en 1952 como en 1954. Entre los momentos destacados de la justa de 1954 se encuentran haber roto el intento de cero hit cero carreras del miembro de las Ligas Negras Johnny Wright el 22 de mayo. Su hit como emergente en el noveno inning dio la victoria a Ewell Blackwell, quien todavía estaba lanzando (a carrera de 'El Látigo' en las mayores terminó en 1955). Una semana después, Diómedes lanzó su propio cero hit cero carreras sobre Escogido, que tuvo al miembro del Salón de la Fama Ray Dandridge y otro poderoso miembro de las Ligas Negras, Bob Thurman (quin se unió al año siguiente a los Cincinnati Reds).

Después de terminada la temporada de 1954-55 en Puerto Rico, Olivo regresó a casa para enfrentar al principal equipo de Japón, los Yomiuri Giants, como parte de una gira por el Caribe de estos últimos. Los dominicanos se llevaron cuatro de los cinco partidos, perdiendo solo el primero en el que Olivo permitió las dos carreras del empate en el noveno y otras cinco en el décimo.[17]

Poco después, jugó en las ligas menores norteamericanas por vez primera. Un factor fue la usencia de pelota veraniega dominicana. Havana, de la International League lo fichó, pues el dueño Bobby Maduro fortaleció su equipo con peloteros que habían jugado por todo el Caribe.[18] No obstante, Olivo lanzó apenas 13 entradas en siete encuentros para los Sugar Kings antes de irse a la Liga Mexicana. "Me aplasto el dedo un día con la puerta del auto," recordó en 1960. "Se inflamó, pero me pusieron a lanzar. Entonces me vendieron a Ciudad México."[19]

Olivo estuvo desde 1955 hasta 1958 con los Diablos Rojos de Ciudad México, con un registro total de 34-21. Su balance de 15-8, 2.65 ayudó a los Diablos Rojos a ganar el campeonato de la liga en 1956. Sin embargo, en 1957 lanzó apenas cinco partidos en México. La Liga Nicaragüense (que se jugó en los veranos de 1956 y 1957) lo atrajo junto con el compañero cubano Vicente López.[20] Tito Rondón y el también historiador del béisbol local recordaron como Olivo era parte de un grupo llamado El Escuadrón Perdido, que debía reforzar al club de Bóer pero demoró semanas en llegar. Cuando finalmente lo hicieron, el hecho inspiró al poeta nicaragüense Óscar Pérez Valdivia a escribir versos en su honor.

Foto cortesía de los Pittsburgh Piratas.

Olivo lanzó bien con los Indios, con registro de 8-5 y 2.16 de limpias en 23 encuentros (16 aperturas). Era, sin embargo, demasiado tarde para el Bóer, que perdió el campeonato ante León (no había serie de play off). López y Olivo volvieron entonces a México.[21]

Olivo siguió lanzando en casa luego de que la Liga Dominicana se cambiara para el invierno. Una historia de Myron Cope en Sports Illustrated iniciaba con un recuerdo de un compañero de equipo. "En 1959, Dick Stuart, el inconforme primera base de los Pittsburgh Pirates, regresó de la Liga Invernal en República Dominicana y describió ante la directiva de los Pirates a un lanzador zurdo entrado en años que había visto allá. 'Les dije que había estado bateando ante este tipo por tres años y solo tenía dos hits ante él,' narra Stuart. 'Les dije, '¡Fichen a este hombre!' Pero saben cómo es conmigo. Lo que diga Stuart, ellos piden que se olvide'."[22]

Diómedes se unió a los Petroleros de Poza Rica en México para el verano de 1959, que fue uno de sus mejores como profesional. Tuvo foja de 21-8, con 3.02 de efectividad, ayudando a los Petroleros a convertirse en campeones de la liga al encabezar las victorias y los ponches (con 233 en 247 innings). Estableció récord de la liga al lograr 16 ponches en un juego de siete innings (el primero de un doble).[23] Lo siguió con otro año típicamente sólido por los Tigres (7-6, 2.33).

Howie Haak, el pionero escucha que abrió todo para América Latina, "persuadió al gerente general Joe L. Brown a que se arriesgara" en firmar a Olivo.[24] Myron Cope escribió, "Aun después de que los Pirates persuadieran a Diómedes de firmar un contrato ... no se reportó al campo de entrenamiento. Los Pirates finalmente mandaron un telegrama: REPÓRTESE AL CAMPO DE ENTRENAMIENTO DE INMEDIATO. Al día siguiente, Diómedes dijo a través de un intérprete que fue ese telegrama lo que le convenció de que lo querían en EE.UU."[25]

Olivo impresionó en el campo, sorprendiendo a muchos con la fuerza de sus envíos y "sin entregas truculentas."[26] Pero al inicio de la campaña de 1960, Pittsburgh decidió quedarse con el derecho Paul Giel. Devolvieron a Olivo a Poza Rica, que a su vez vendió su contrato al principal equipo de los Pirates, el Columbus en la International League. Lanzó bien (7-9, 2.88 en 42 juego, incluyendo 12 aperturas), y así Pittsburgh promovió al veterano de 41 años en septiembre de ese año. Debutó en las mayores el 5 d septiembre—convirtiéndose en el sexto pelotero (y tercer lanzador) de la República Dominicana en El Show.

Olivo lanzó en cuatro juegos por Pittsburgh ese mes, con tres de ellas en juegos desbalanceados. Su salida más significativa fue el 27 de septiembre, en el Forbes Field, en un triunfo de 16 innings sobre Cincinnati. Lanzó del décimo hasta el decimotercer episodio, ponchando a seis de los 19 que los bateadores de los Bucaneros abanicaron esa noche.

Aunque la visa d Olivo debía vencer el 1 de octubre, se extendió para que pudiera estar disponible para la Serie Mundial de 1960.[27] Luego de que los Pirates vencieran a los Yankees, el equipo le premió con una modesta suma de $250 en efectivo por sus servicios de práctica de bateo en septiembre y la postemporada (Virgil Trucks, quien se unió al equipo en agosto, recibió $500). En ese invierno, Olivo volvió a ganar la Triple Corona de pitcheo para el Licey. Tuvo 10 victorias (contra seis derrotas), ponchó a 160 hombres—un récord para el circuito que hasta 2018 estaba vigente—en 142 entradas, y tuvo una efectividad de 1.58.

Pese a su desempeño, Olivo se volvió a ver en Columbus en 1961. Los Pirates habían logrado adquirir por traspaso a otro veterano zurdo, Bobby Shantz, en diciembre del '60; Olivo fue uno de los tres hombres que el mentor Murtaugh dejó fuera en el entrenamiento de primavera. Lanzó buen en Triple-A, con registro de 11-7, 2.01 de efectividad 20 recates en 66 juegos. Los Jets ganaron el banderín de la temporada regular (aunque fueron vencidos en los play off) y el manager Larry Shepard seguía hablando de la importancia del veterano para ese club casi cuatro años después.[28] La asociación de cronistas del circuito seleccionó a Olivo el lanzador más valioso de la liga.

El dictador dominicano Rafael Trujillo fue asesinado el 30 de mayo de 1961, y la atmósfera en el país se mantuvo extremadamente tensa. Una huelga nacional y enfrentamientos en las calles dañaron la asistencia a los estadios, y la Liga Dominicana paró la temporada de 1961-62 luego de los juegos del 3 de diciembre.[29] Olivo entonces pasó otro corto período en Puerto Rico con San Juan.

Antes de la campaña de 1962, Baseball Digest emitió su reporte de escouteo de Olivo: "Excelente relevista—tal vez el mejor en la International League. Impresionante prospecto: Algunos dicen que tiene hasta 45 años—pero todavía lanza con gran efectividad." Danny Murtaugh mantuvo a Olivo con los Pirates ese año, y logró su primer triunfo en las mayores en el Wrigley Field el 16 de abril. Se desarrolló estupendamente con trabajo frecuente, con 62 apariciones, y formó un poderoso tándem de zurdo y derecho con Elroy Face. Se fue con foja de 5-1 y 2.77 de limpias, mientras lograba además siete rescates. Murtaugh utilizó a Olivo en una forma que sería mucho más común en el futuro: como especialista zurdo para lograr uno o dos outs. Sin embargo, también podía hacer relevos largos, y tuvo una apertura, en el último juego de la campaña regular.

La Liga Dominicana se mantuvo suspendida en 1962-63, pero se jugaban juegos de exhibición, y Olivo participaba.[30] También atendía su granja, aunque en diciembre de ese año, unos cuatreros se robaron ¡siete de sus becerros![31] Mientras tanto, el 19 de noviembre, los Pirates lo canjearon junto con Dick Groat por el lanzador Don Cardwell y el infielder Julio Gotay. Diómedes comenzó la contienda de 1963 con St. Louis, pero las cosas no le salieron buen, al irse con 0-5 y 5.40 de efectividad en 19 salidas. El manager Johnny Keane tambien usó al veteran en rol de especialista, dándole apenas un total de 13 entradas y 1/3 de trabajo. Una de esas salidas fue ante los New York Mets en el Polo Grounds el 7 de junio. Ron Taylor se había debilitado en el noveno inning, y había puesto dos corredores en circulación. Le tocaba comparecer a Duke Snider y otro zurdo, Ed Kranepool, estaba en el círculo de espera. Los Mets ganaron 3-2, pues Duke pegó jonrón de tres carreras para terminar el juego.

Keane dio a Olivo otras tres oportunidades de lanzar antes de que los Cardinals mandaran al veterano de 44 años a Atlanta en la Triple-A a principios de julio. Allí logró un hito de finales de carrera a lanzar un juego sin hits en siete innings el 22 de julio en el primer encuentro de un doble ante Toronto. Pudo haber sido un jugo perfecto, pero regaló boleto a Bubba Morton con cuatro lanzamientos. No solo eso, Olivo pegó hit y anotó la única carrera dl encuentro en el tercer inning.

Diómedes puso punto final a su carrera profesional con una última campaña en la pelota invernal dominicana. Se fue con 9-3, 2.37 en 18 encuentros por el Licey. En 2006, su hijo Guillermo dijo, "El día más triste en la vida de mi padre fue cuando jugó su último partido con el Licey en 1964. Siempre se sentía cómodo cuando lo llamaban para lanzar con ese equipo."[32] Los números totales de Olivo don el Licey desde 1951 hasta 1964 fueron 86-46, 2.11 en 198 juegos y 1,166 1/3 innings de trabajo. Esa efectividad solo es superada por el 1.87 de Juan Marichal en la historia de la liga, pero Diómedes lanzó el doble de las entradas. La Liga Dominicana le dio su nombre al equivalente del premio Cy Young.

Luego de su retiro como jugador, Olivo pasó siete años de scout para los Cardinals y uno más con los Mets en 1971. Fichó al menos a un jugador de las mayores, Pedro Borbón, Sr.[33] También es probable que haya firmado a su sobrino Milcíades "Mike" Olivo, quien jugó pelota profesional desde 1964 hasta 1975, llegando hasta Triple-A por algunos años. Mike y Chichí Olivo fueron parte del equipo del Licey que ganó la Serie del Caribe de 1971 para la República Dominicana, dirigidos por el manager-jugador Manny Mota. Cuarenta años después, Mota y Diómdes Olivo siguen siendo los dos ídolos principales del Licey.

Hasta 1977, Olivo era vicesecretario de estado para deportes en la República Dominicana.[34] Como coincidencia extraña, tanto él como su hermano Chichí murieron apenas con dos semanas de diferencia. José de Jiménez escribió, "El 15 de febrero de 1977, a 57 año de edad, [Diómedes] Olivo se veía joven y fuerte. Esa tarde se fue a jugar softbol y temprano en la noche, leyendo algunos comentarios sobre el fallecimiento de su hermano Chi-Chi ... Olivo sufrió un repentino ataque al corazón, falleciendo minutos después.

"Su muerte fue una catástrofe nacional, el país entero estaba de luto, no había música en ningún sitio, el cielo estaba nublado. ... El presidente de la República Dominicana, el Dr. Joaquín Balaguer, envió un telegrama de condolencias a su viuda. Para ser francos: todos lloramos."

En la primavera de 1960, Julián Javier (entonces en la granja de los Pirates) discutió la estatura de Olivo en la República Dominicana. Javier dijo, "Su nombre allá significa algo como lo que significan [Willie] Mays y [Mickey] Mantle en los Estados Unidos. Si tuviéramos un Salón de la Fama en la Dominicana, Olivo estaría en él."[35] El Salón de la Fama del Deporte Dominicano fue establecido en 1967, y en 1973 exaltó a Guayubín Olivo. Juzgando por las muchas historias que todavía se escriben sobre él, su leyenda en casa no ha perdido brillo alguno desde entonces.

Agradecimiento especial a Eddy Olivo Cruz por proporcionar el árbol genealógico compilado por su primo segundo Emilio Olivo (sobrino de Diómedes Olivo). Gracias además a Raúl Porto (información colombiana) y al miembro de SABR Tito Rondón.

FUENTES

Además de las fuentes citadas en las Notas, el autor consultó Baseball-Reference.com, Retrosheet.org, http://www.pabellondelafamadeportedom.com, y los siguientes:

Córdova, Cuqui. Guayubín Olivo: *La Montaña Noroestana. Número 5 de Historia del Béisbol Dominicano* (Santo Domingo: Revista Historia del Béisbol, 2006).

De Jiménez, José. "The Great Dominican, Diómedes Olivo." *Baseball Research Journal*, Volumen 20. Society for American Baseball Research: 1990: 91-92.

Crescioni Benítez, José A. *El Béisbol Profesional Boricua* (San Juan, Puerto Rico: Aurora Comunicación Integral, Inc., 1997).

Bjarkman, Peter C. *Baseball with a Latin Beat* (Jefferson, North Carolina: McFarland & Co., 1994).

Bjarkman, Peter C. *Diamonds Around the Globe: The Encyclopedia of International Baseball* (Westport, Connecticut: Greenwood Press, 2005).

NOTAS

1. "Pirate Profiles," *Evening Standard* (Uniontown, Pennsylvania), 3 de abril de 1962: 20.

2. United Press International, "Buc Rookie's Oral English Sparse, but His Baseball 'English' Is Most Fluent," *Daily Courier* (Connellsville, Pennsylvania), 7 de julio de 1962: 7.

3. Lester J. Biederman, "Olivo, Trucks New York-Bound, Too," *Pittsburgh Press*, 6 de octubre de 1960.

4. Associated Press, "Old Buc Rookie Has Been Around," *Evening Sun* (Hanover, Pennsylvania), 1 de abril de 1960: 16.

5. Rafael V. Peña. "Guayubín Olivo." Blog of Asociación de Cronistas Deportivos de Santo Domingo – Filial Nueva York, 14 de mayo de 2010. (http://acdny.blogspot.com/2010/05/guayubin-olivo.html)

6. Cuqui Córdova, "La crónica de los martes," *Listín Diario* (Santo Domingo, República Dominicana), 9 de diciembre de 2008.

7. Red Smith, "Can Youthful Pirates Grow Up in 1960?", *New York Herald Tribune*, 7 de gosto1960.

8. Myron Cope, "An Elderly Diomedes In The Big Show," *Sports Illustrated*, July 16, 1962.

9. Córdova.

10. Alexis Salas H. *Los Eternos Rivales: 1908-1988* (Caracas, Venezuela: Seguros Caracas, 1988, 112).

11. "Sulia [sic] State League Opens," *The Sporting News*, 19 de abril de 1950: 48.

12. *The Sporting News*, 19 de abril de 1950: 52. Jack Hand, Associated Press, "Cuban Talent Pays Off For Senators," Danville (Virginia) Bee, 22 de junio de 1950. 22.

13. Santiago Llorens, "Yankee Rookie Tops Star Poll in Puerto Rico," *The Sporting News*, 3 de enero de 1951: 25.

14. Bienvenido Rojas, "Serie del Caribe: Olivo, primer criollo en lanzar," *Diario Libre* (Santo Domingo, República Dominicana), 26 de enero de 2007.

15. Bob Broeg, "He Comes on Strong," *Baseball Digest*, julio de 1963: 32.

16. Rafael Baldayac, "José Offerman revive caso Guayubín Olivo," *La Información* (Santiago, Republica Dominicana), 28 de enero de 2010.

17. Robert K. Fitts. *Wally Yonamine* (Lincoln, Nebraska: University of Nebraska Press, 2008), 183.

18. Pedro Galiana, "Cubans Rolling on Warm-Up in Winter Loops," *The Sporting News*, 4 de mayo de 1955: 29.

19. "Sportswriters Chat with Olivo via Mejias," *Pittsburgh Post-Gazette*, 2 de abril de 1960: 15.

20. Miguel A. Calzadilla, "Trautman Probes Reports of Raids," *The Sporting News*, 1 de mayo de 1957: 36.

21. Miguel A. Calzadilla, "Sultans Renew Cincy Pact," *The Sporting News*, 21 de agosto de 1957: 46.

22. Cope.

23. "Ramon Lopez in Whiff Show," *The Sporting News*, 6 de junio de 1964: 35.

24. Harry Keck, "How Old Is Olivo? 'About 42,' He Says," *The Sporting News*, 23 de mayo de 1962: 17.

25. Cope, op. cit.

26. Les Biederman, "Olivo, Pirates' 40-Year-Old Rookie, Dominican Hill Ace," *The Sporting News*, 23 de marzo de 1960: 15.

27. "Spanish Rolls, Pirate Olivo To See Series," *Pittsburgh Press*, 6 de septiembre de 1960.

28. "Sam Jones to Lead Pennant Push by Jets, Shepard Says," *The Sporting News*, 1 de mayo de 1965: 35.

29. "Political Turmoil Forces Dominican League to Fold," *The Sporting News*, 13 de diciembre de 1961: 34.

30. Associated Press, "Alou Fined for Winter Activities," *Baltimore Sun*, 5 de febrero de 1963: 17.

31. Associated Press, "Olivo Is Victim," *Journal Times* (Racine, Wisconsin), 19 de diciembre de 1962: 29.

32. Nathaneal Pérez Neró, "El Licey bautiza 'dogout' con el nombre de Guayubín Olivo," *Diario Libre* (Santo Domingo, República Dominicana), 12 de diciembre de 2006.

33. Cuestionario recibido por Rod Nelson del comité de scouts de SABR. Salvedad: en retrospectiva, Nelson no ha podido confirmar los otros dos nombres que aparecen en el cuestionario, Larry Dick y Monchín Pichardo, como escuchas de los Cardinals. Sin embargo, Pichardo se convirtió en `residente y gerente general del Licey en 1963-64, y Borbón Sr. pasó toda su carrera dominicana con Licey.

34. "Obituaries," *The Sporting News*, 5 de marzo de 1977: 54.

35. Biederman, "Olivo, Pirates' 40-Year-Old Rookie, Dominican Hill Ace."

David Ortiz

Por Bill Nowlin

"Es un super héroe sin capa. Así lo vemos"
— Alex Cora[1]

Muchos de los más importantes batazos en la historia beisbolera de Boston salieron del bate de "Big Papi", David Ortiz. Presenta tres anillos de campeonato y luego terminó su carrera con una de las mejores temporadas finales que cualquier jugador haya tenido. Meses después de haberse retirado, fue honrado por los Red Sox, quienes retiraron su camiseta número 34. Ya se había convertido en un ícono instantáneo en la Red Sox Nation.

De no haber hecho más que llevar al equipo de 2004 a vencer ante los Yankees y luego los Cardinals, habría pasado a la historia del club por su papel crucial para ayudarlos a ganar u primera Serie Mundial en 86 años. Pero respondió también en 2007 y fue abrumador en 2013.

Ortiz disparó 541 cuadrangulares en el curso de su carrera de ligas mayores, además de 632 dobles. Los otros dos bateadores antes de él en pasar de 500 jonrones y 600 dobles fueron Hank Aaron y Barry Bonds.

Y Ortiz fue, como dijo un subtítulo del *New York Times*, "un maestro en el arte contra-estadístico de batear con oportunidad."[2]

El nombre por quien se brinda en Boston, David Américo Ortiz Arias salió del más humilde de los orígenes. Nació n Santo Domingo, República Dominicana, el 18 de noviembre de 1975, pero desde la edad de 14 años creció en la comunidad de Haina, en la costa sur al oeste de la capital. La ciudad de cerca de 84,000 habitantes ha sido nombrada el Chernobyl dominicano y es considerada una de las más contaminadas del mundo. "De acuerdo con las Naciones Unidas, se considera que la población de Haina tiene los más altos niveles de contaminación por plomo en el mundo, y toda su población lleva indicaciones de envenenamiento por plomo."[3] El problema casi seguramente emanó de la planta Baterías Meteoro, un fundidor reciclador de baterías de automóviles actualmente cerrado. El propio David Ortiz dijo, "Pilas de baterías, algunas tan altas como edificios de tres pisos, se podían ver en la ciudad. Solamente eso ponía en peligro nuestras vidas. … El ácido de las baterías y el plomo podían escurrirse en la tierra."[4]

Por si eso no fuera suficiente, la ciudad estaba llena de "Tiroteos. Puñaladas. Drogas. Pantillas. … Éramos pobres y nuestro barrio rebosaba de violencia y crimen." Una día, camino a la bodega, el joven David vio como asesinaban a un hombre delante de él.[5] De no haber sido por los valores inculcados por sus padres, Enrique y Ángela, podría haber crecido y tener una vida totalmente diferente—o haber muerto a una temprana edad. Enrique trabajaba en una reparadora de automóviles, "desde piezas a reparaciones a ventas," aunque raramente tuvo más que un ciclomotor. Ángela originalmente trabajaba como secretaria para el Departamento de Agricultura en Santo Domingo, pero "siempre estaba aceptando trabajos para recibir dinero extra. A veces viajaba a otras partes del Caribe, tan lejos como Curazao y Santo Tomás, para comprar ropas y venderlas a los turistas en hoteles locales."[6] Trabajaban duro, sacrificándose para mantener a David y a su hermana menor, Albania.

David tenía talento en los deportes, el baloncesto al igual que el béisbol, aunque su padre hizo presión para que se enfocara en el segundo. Ortiz pasó mucho tiempo en la instalación de los Florida Marlins pero surgió una inflamación en el hombro y le dejaron saber que ya no lo veían como prospecto. Un buscón[7] llamado Héctor "Machepa" Álvarez tomó a David bajo su protección y en una semana y media después de cumplir 17 años, firmó con los Seattle Mariners por $7,500 a $10,000.[8] Lo enviaron a jugar en la clase Rookie en Peoria, Arizona, en el verano de 1994. Su salario era de $59 semanales.[9] Estaba lejos de casa, en un ambiente extranjero, y pasó dificultades. De no haber sido por su sentido de la obligación hacia sus padres y un fuego competitivo en sí mismo, no habría perseverado. Ese primer verano, jugó en 53 encuentros y compiló .246. En el verano de 1995, sin embargo, aumentó su promedio a .332.

Ortiz era zurdo y llegó a medir entre seis pies tres pulgadas y seis pies cuatro pulgadas, registrado además con 230 libras.

En su tercer año, Ortiz fue asignado al Wisconsin Timber Rattlers en Appleton, Wisconsin Clase-A (Midwest League). Allí tenía cinco compañeros de habitación, todos dominicanos, viviendo en una casa de dos cuartos. (Hasta que llegó a las mayores, David siempre jugó profesionalmente como David Arias, no David Ortiz.) Ese verano de 1996 lo vio batear con poder y promedio, con 18 cuadrangulares y 93 impulsadas (encabezando por amplio margen al equipo en ambas categorías), y un promedio de bateo de .322. Primariamente primera base, ya estaba ganando $400 a la semana. Fue seleccionado el mejor primera base defensivo de la liga.[10]

También conoció a una joven de Kaukauna, Wisconsin, llamada Tiffany Brick. Ella era estudiante de fotografía en Madison, y jugadora de softbol que había sido seleccionada "Chica Más Atlética" en su preuniversitario. Conectaron inmediatamente, y en dos semanas, dice él, apareció por vez primera la palabra "matrimonio."[11]

Los Timber Rattlers llegaron a los play off de la liga 1996 pero perdieron en la ronda final.

El 13 de septiembre de ese año, Ortiz se convirtió en el jugador a ser nombrado con posterioridad en un canje con los Minnesota Twins, completando un pacto que se hizo el 29 de agosto, cuando los Mariners adquirieron a Dave Hollins en lo que puede haber sido una movida de los Twins para reducir costos.

Ortiz jugó con cuatro equipos en 1997, primero fue enviado a Fort Myers para jugar en el equipo de Clase-A de los Twins en la Florida State League. Bateó .331 en 61 juegos, logrando promoción a Doble-A (con los New Britain Rock Cats de la Eastern League en New Britain, Connecticut). Allí conectó 14 vuelacercas (.332 de promedio) en 69 juegos. Fue promovido entonces al Salt Lake City de la Pacific Coast League (Triple-A) y apareció en 10 partidos, luego vio una promoción tardía en septiembre a los Twins.

Los dos primeros turnos de Ortiz en las mayores fueron como emergente durante desafíos de interligas en el Wrigley Field de

Chicago. El 2 de septiembre conectó elevado a lo profundo del left-center. El 3 de septiembre, conectó doble a lo profundo del right-center para su primer indiscutible de grandes ligas. Se fue de 5-2 con su primera empujada el 8 de septiembre, y, para el final de la temporada, había dejado una buena impresión con apenas un jonrón, pero con 16 hits en 49 turnos (.327).

De joven, el primer pelotero que había causado impresión en él, viendo la Serie Mundial de 1991 en un simple televisor en la República Dominicana, fue Kirby Puckett. Tan pronto como pudo, David tomó el número 34 en tributo a Puckett. Pero los Twins no eran ya el equipo que lo inspiró en 1991. Desde 1992 no habían ganado más que la mitad de sus juegos; jugaban en el rutinario Metrodomo, y estaban cerca del final de la liga en asistencia. Ortiz también tuvo una relación difícil con el mentor Tom Kelly.[12]

Tras los primeros juegos de la temporada de 1998, Ortiz estaba bateando bien por encima de .300 con 20 empujadas, y era segundo de los Twins en slugging, pero una fractura en su muñeca le vio sin poder jugar desde el 9 de mayo al 9 de julio, y dañó sus números de poder en el año. (De manera interesante, se había quedado jugando después de la fractura, e incluso pegó jonrón a finales del partido.)[13] Compiló .360 en 18 partidos en septiembre, terminando con promedio de .277. En el año, empujó 46 carreras a pesar de haberse perdido dos meses; más nadie en los Twins fletó más de 77.

En 1999, aunque los Twins claramente necesitaban un buen bateador, Ortiz fue uno de los primeros jugadores que cortaron en el entrenamiento de primavera, y pasó la mayor parte del año de vuelta en Salt Lake City. Tuvo buenos números, bateando .315 con 30 vuelacercas y 110 impulsadas. Cuando lo llamaron en septiembre, sin embargo, estaba jugando con una ruptura en el ligamento cruzado anterior y resultó ser decepcionante al batear

Foto cortesía de los Boston Red Sox

de 20-0 con 12 ponches.

Luego siguió algo de una campaña de jornalero en el año 2000. David apareció en 130 juegos de grandes ligas, mayormente como designado, compilando .282 y empujando 63 carreras. Su total de impulsadas lo ubicó quinto en los Twins y fue tercero en slugging.

En 2001 apareció en apenas 89 juegos, casi todos como designado. Otra fractura en la muñeca lo dejó fuera por dos meses y medio. Aunque conectó 18 jonrones al final (desde el 9 al 12 de agosto jonroneó en cuatro partidos consecutivos), compiló solamente .234, empujando 48 carreras. Había comenzado muy bien, con 15 impulsadas en sus primeros 16 encuentros, y estaba bateando .311 en el momento de la lesión. Claramente, nos e recuperó totalmente en esa temporada. Había mostrado disciplina en la caja de bateo;

tanto en 2000 como en 2001, tuvo suficientes boletos para añadir otros 82 puntos a su OBP. La nómina de los Twins en 2001 era la menos pagada de las mayores cuando comenzó la temporada.[14]

El primer día del año de 2002, hubo una tragedia: la madre de Ortiz, Ángela Rosa Arias, murió en un accidente automovilístico. Los que han visto a David Ortiz conectar jonrones recordarán que, incluso después, cuando cruzaba el plato apuntaba al cielo para compartir el momento con su amada madre.

El año 2002 fue el primero de Ortiz exclusivamente en las mayores, y vio acción en 125 partidos. (Una cirugía a mediados de abril para retirar astillas óseas en su rodilla le costó casi un mes en la Lista de Incapacitados). Ortiz compiló .272, con 20 cuadrangulares y 75 impulsadas, totales que habían sido más altos de no haberse perdido tantos juegos. Aun así, terminó tercero en los Twins en ambos departamentos. Jugó 15 juegos en primera base, pero fue típicamente designado. Los Twins llegaron a la postemporada, y el doble de Ortiz en el noveno inning empujó la carrera del gane en el último juego de la Serie Divisional ante los Athletics. Los Twins perdieron la Serie por el Campeonato de la Liga Americana ante Anaheim; David bateó .313, pero impulsó solamente dos carreras.

Aun escatimando en pago, los Twins no estaban preparados para pagar el dinero necesario para firmar a Ortiz en un nuevo contrato, y no querían ir a arbitraje con él, lo que les habría obligado a pagar el doble de los $900,000 o $950,000 que le estaban pagando.[15] Trataron de canjearlo, pero todos los equipos pasaron, y simplemente lo liberaron el 16 de diciembre de 2002.[16] Por difícil de creer que parezca el hombre que pronto se convirtió en tal vez el mejor designado en la historia y uno de los más temidos bateadores oportunos en postemporada, fue sencillamente dejado libre. Era un hombre sin equipo. Es de notar, sin embargo, que la respuesta de Tiffany Ortiz fue, "Bien. Ahora podemos solicitor un trabajo en Boston."[17]

Y el as de pitcheo de los Red Sox Pedro Martínez (que estaba comiendo en el mismo restaurante en Santo Domingo la noche que Ortiz se enteró de que lo habían liberado) puso manos a la obra, acribillando a la gerencia de los Red Sox con llamadas telefónicas y diciéndoles que sencillamente tenían que fichar a David Ortiz. Así lo hicieron, con oferta de $1.25 millones por un año por parte del nuevo gerente general de Boston Theo Epstein. No fue un gran compromiso en ese momento, y la firma de Ortiz apenas llegó a los periódicos bostonianos. El equipo tenía a Shea Hillenbrand, y estaba involucrado en negociaciones para firmar a Kevin Millar y Jeremy Giambi. Pero Ortiz puso una especie de show en la Liga Invernal Dominicana, bateando .351 ccon 23 impulsadas en 20 encuentros.[18] El equipo dominicano ganó la Serie del Caribe, y Ortiz fue nombrado MVP.[19]

El fichaje en sí fue famosamente apodado un ejemplo de los Red Sox "comprando en Wal-Mart."[20]

De hecho, Epstein había demostrado ser ahorativo, gastando $5.3 millones y llevándose a David Ortiz, Kevin Millar y Bill Mueller.[21] Millar encendió el equipo con su movimiento "Cowboy Up!" en 2003 y su mantra de "¡No nos dejen ganar esta noche!" en 2004. Mueller compiló .326 para ganar el título de bateo de la Liga Americana en 2003. Y Ortiz, bueno, en tres años lo comparaban con Babe Ruth y lo describían como "una de las ganga del béisbol de todos los tiempos."[22]

Se esperaba que Ortiz compitiera por el puesto de primera base. Epstein envió al scout Dave Jauss a que lo observara y dijo, "Mostró buenas manos y pies alrededor del cojín. Jauss dio un muy buen reporte. Estamos cómodos con él defensivamente, y más que cómodos con él ofensivamente."[23]

No era que Epstein necesitaba que Pedro Martínez y Manny Ramírez hablaran bien de David, pues lo había estado rastreando cuando trabajaba para los Padres.[24]

Ortiz recibió el casillero al lado de Manny Ramírez. En ambas autobiografías, Ortiz habló del enfoque totalmente diferente al juego (y la atmósfera diferente) que sintió cuando se encontró en la organización y el clubhouse de los Red Sox. "Mano, sentí que acababa de salir de la cárcel," escribió. "Sentí que podía batear de la manera en que quería batear."[25]

David tuvo un mal comienzo con los Red Sox de 2003, con apenas un jonrón en abril y bateando solo .200 el 1º de mayo. Pegó solo dos cuadrangulares en mayo, pero elevó su average a .272. A Ortiz lo pasaban por alto a favor de otros, hasta que Pedro Martínez dio el inusual paso de decir al mentor de los Red Sox Grady Little que quería a Ortiz en la alineación cuando él lanzara. Hillenbrand había sido canjeado, y Giambi sufrió numerosas lesiones y, por último, cirugía en e hombro. El trabajo cayó sobre los hombros de Ortiz por defecto.

Fue durante esa primera temporada en Boston que Ortiz adquirió el apodo de "Big Papi", conferido por el narrador de los Red Sox Jerry Remy.[26]

Jonroneó apenas dos veces en junio. Pero añadió ocho en julio y comenzó a calentarse. Conectó dos jonrones en un juego el 4 de julio en el Yankee Stadium y luego otros dos en el encuentro del día siguiente, convirtiéndose en el primer visitante en hacerlo.[27]

Su primer batazo victorioso para los Red Sox fue un sencillo de emergente en el final del noveno el 26 de julio ante los Yankees. Ese turno al bate fue descrito a detalle y en contexto por Jackie MacMullan del *Boston Globe*.[28] Desde el 27 de julio al 7 de agosto, 12 imparables consecutivos fueron extra-bases (cinco dobles, dos triples y cinco jonrones). Hubo varios encuentros en los que pareció hacer la diferencia, como un triunfo 5-4 en 10 innings en Chicago, cuando Ortiz empujó cuatro de las carreras, incluyendo la decisiva.

Para el final de la temporada, una que vio a los Red Sox llegar a los play off, Ortiz tenía 31 cuadrangulares y 101 impulsadas. Su slugging de .592 fue el mejor del equipo. Quedó ubicado quinto en la votación por el Jugador Más Valioso.

Boston cedió en los dos primeros juegos de la ALDS de 2003 ante Oakland, pero luego ganaron los dos siguientes. Ortiz no había conectado imparables hasta el final del octavo en el Juego 4, pero pegó doble y empujó dos carreras, ganando el juego para los Red Sox, 5-4, y forzando la Serie al quinto encuentro, donde Boston prevaleció. En la Serie por el Campeonato de la Liga Americana, ante los archirrivales Yankees, Ortiz pegó jonrón de dos carreras para iniciar el primer juego. Las carreras siguientes que empujó fueron en el sexto juego, su hit de dos carreras puso el juego 4-1, y sus tres impulsadas del juego fueron el margen de la victoria de Boston 9-6.

El jonrón solitario de Big Papi en el principio del octavo del séptimo juego extendió la ventaja de los Red Sox a 5-2 y parecía que habría viaje a la Serie Mundial… hasta que Grady Little le pidió a Pedro Martínez volver a la lomita y lanzar otra entrada—solo para verlo permitir tres carreras, ver como se empataba el encuentro, ver a los Red Sox perder en el inning 11. Cualquier viaje a la Serie Mundial tendría que esperar hasta 2004.

Ortiz dijo que el entre-temporadas de 2003-2004 estuvo lleno de noches en vela para él. "La derrota del séptimo juego ante los Yankees me destrozó, sabiendo que estábamos apenas a cinco outs de ir a la Serie Mundial. Cada vez que me acercaba a la satisfacción, sentía el dolor de esa derrota."[29]

Trabajó realmente duro y volvió mejor que nunca. En 2004, ya asegurado como regular (34 partidos en primera base, 115 como designado), tuvo mejores números que nunca:

41 jonrones (segundo en la liga solo detrás de los 43 de su compañero de equipo Manny Ramírez), 139 impulsadas, un promedio de .301. Ortiz y Ramírez formaron una potente combinación en la alineación de Boston. Seis veces en esa temporada, jonronearon de manera consecutiva; el 22 de agosto en el octavo inning de un juego en el Comiskey Park, pegaron cuadrangulares ante lanzamientos consecutivos—primero Manny ante Freddy Garcia, y luego Ortiz ante el relevista Dámaso Marte. Dos compañeros con 40 cuadrangulares y 100 impulsadas, con al menos .300 de promedio es algo que se había logrado apenas otras ocho veces desde que Babe Ruth y Lou Gehrig lo hicieran en 1931.

Ortiz fue premiado con su presencia en la escuadra de Estrellas de la Liga Americana por primera de 10 ocasiones. Pegó vuelacercas en el Juego de las Estrellas. En mayo, había sido firmado a un contrato de dos años con una opción para el equipo para 2006.

Los Red Sox terminaron segundos ante los Yankees en el Este de la Liga Americana. Como equipo wild card, se llevaron los dos primeros encuentros ante Anaheim en la ALDS. En el final del décimo del tercer juego, luego de que los Angels superaran un déficit de 6-1 para empatar el juego, Ortiz compareció con dos outs y pegó jonrón hacia la banda opuesta ante Jarrod Washburn para avanzar a los Red Sox a la ALCS—donde volverían a enfrentarse a los Yankees. En la ALDS, Ortiz se fue de 11-6 con cuatro impulsadas y cinco boletos.

Empujó dos carreras en el primer juego ante los Yankees, pero Boston perdió los tres primeros partidos, el tercero una vergonzosa paliza 19-9 en casa. La historia del cuarto juego se ha contado a detalle en todas partes.[30] El juego llegó al final del noveno con ventaja 4-3 para los Yankees. Dos de las tres de los Red Sox habían sido empujadas por Ortiz en el quinto. Con Mariano Rivera en la lomita, Kevin Millar fue transferido, el corredor emergente Dave Roberts se robó la segunda, y Bill Mueller lo empujó para empatar el encuentro. Con las bases llenas, Ortiz elevó a segunda base y el juego fue a extra-innings. Pero Rivera no iba a estar si Ortiz venía de nuevo, y dijo, "Me gustaban mis probabilidades contra cualquiera que no fuera él."[31]

En el final del inning 12, aun con empate, Ortiz tuvo otra oportunidad. Paul Quantrill estaba lanzando y Manny Ramírez pegó sencillo al izquierdo. David, quien al ser designado no jugaba a la defensa, estudió Quantrill en video, y estaba listo. Pegó jonrón hacia las gradas de jardín derecho, ganando el partido 6-4 y salvando a los Red Sox de la ignominia de ser barridos. Y "David Ortiz se convirtió en el único jugador en la historia del béisbol en conectar dos jonrones para dejar al campo en la misma postemporada" mientras que los Red Sox se convirtieron en el primer equipo desde los Chicago Cubs d 1910 en estar debajo tres juegos a cero y ganar el cuarto en extra-innings.[32]

Ningún equipo había remontado luego de perder los tres primeros para ganar todo, pero sencillamente el indulto de ganar el cuarto juego había servido de bálsamo para los fans de los Red Sox.

Luego llegó el quinto juego. El cuarto juego había terminado después de la medianoche, en las primeras horas del 18 de octubre. El cuarto juego inició esa noche. David empujó la primera carrera del encuentro, en el primer episodio. Los Yankees tomaron ventaja de 4-2 hasta el octavo, y Ortiz pegó jonrón para poner el encuentro 4-3, luego vio como un elevado de sacrificio de Jason Varitek empataba el juego ante Rivera. Ortiz abrió el final del décimo y se ponchó. Enfrentando al relevista Esteban Loaiza en el inning 12, fue transferido pero luego cogido robando.[33] El juego se fue al inning 14, Loaiza aún en la lomita. Alternó ponche, boleto, ponche, boleto, y enfrentó a Ortiz nuevamente. Fue un turno de 10 lanzamientos. En el último envío, Ortiz pegó sencillo al central, empujando a Johnny Damon, y por segunda vez en el mismo día calendario, había dado a los Red Sox un triunfo de muerte súbita, dejando al campo al contrario en extra-innings.

De repente, era una Serie totalmente diferente. Ambos equipos volvieron al Yankee Stadium para el sexto juego. Con cuatro carreras en el cuarto, tres por el jonrón de tres carreras de Mark Bellhorn, los Red Sox, dejando las cosas listas para otro séptimo juego.

Se podría decir que los Red Sox estaban mareados con el éxito y los Yankees tensos y tal vez en pánico. Ortiz pegó jonrón de dos carreras en el principio del primero. Damon empujó seis. Los Red Sox ganaron con facilidad 10-3. Ortiz había impulsado 11 carreras en la ALCS y fue nombrado MVP. En ALCS consecutivas ante New York en 2003 y 2004, había pegado cinco vuelacercas y fletado 17 carreras.

Luego de ganar cuatro consecutivos para superar a los Yankees, los Red Sox ganaron los cuatro juegos siguientes también, barriendo a los St. Louis Cardinals en la Serie Mundial de 2004. Por vez primera en 86 años, los Red Sox eran campeones de la serie mundial.

Ortiz había empujado cuatro carreras, todas en el primer juego, las tres primeras por jonrón en el primer inning.

Y todos sabían que había respondido en momentos cruciales cuando los Red Sox lo necesitaban.

En el verano de 2005, Mariano Rivera declaró lo que se había hecho evidente. Ortiz se había desarrollado como bateador. "Tenía huecos en la zona interna. Irías hacia afuera. ¿Huecos? Ahora ya no están ahí."[34] El trabajo de Ortiz con el video se hizo legendario, y se scribió, "David Ortiz de los Red Sox no parece un nerd de las computadoras, pero lo es. Ortiz es un esclavo de la laptop inclinado ante ella varias veces al día, especialmente durante los juegos, para analizar los turnos al bate. Quiere ver cómo los lanzadores lo enfrentan, cómo reaccionó y si ellos tuvieron una contra-respuesta."[35]

Con Ortiz como designado, los Red Sox siempre se vieron en una disyuntiva cuando jugaban en un estadio de la Liga Nacional, para juegos de interligas o en Series Mundiales: ¿Lo dejan jugando en primera base para mantenerlo en la alineación, o tal vez optan por mejor defensa usando a su primera base regular, quienquiera que éste sea en cada ocasión? La decisión era más fácil porque Ortiz era buen fildeador, con alcance decente. En sus 20 temporadas en las grandes ligas, tuvo 2,169 lances con apenas 22 errores—un .990 de promedio defensivo. También registró 164 asistencias, una particularmente importante indicando consciencia de la situación. Fue en el tercer juego de la Serie Mundial de 2004, el primer juego en St. Louis. Era apenas el segundo encuentro que Ortiz abría en primera base desde el 22 de julio, y había llovido anteriormente durante el día, por lo que no había podido hacer practica de infield. Pero cuando llegó el momento, estaba listo. En el final del tercer inning, con el marcador 1-0 a favor de Boston, el abridor de los Cardinals Jeff Suppan abrió la entrada con sencillo. Luego de que Edgar Renteria pegara doble al derecho, los Cardinals tenían corredores en segunda y tercera sin outs. Larry Walker roleteó por segunda base, y Mark Bellhorn tiró a primera para ponerlo out. Ortiz registró el out, pero ya tenía la vista en Suppan, quien se había dirigido a home de manera indecisa pero decidió luego regresara tercera, solo para ser puesto out cuando Ortiz dio un par de pasos hacia tercera y disparó la bola a través del infield para la doble matanza. Los Cardinals no pudieron anotar en la entrada.

Aunque el equipo no tuvo postemporada en 2005, David Ortiz tuvo una muy buena campaña regular. Encabezó las mayores en empujadas con 148. Aumentó su total de jonrones a 47, pero nuevamente terminó segundo. Compiló .300 exactamente, y fue transferido 102 veces, apenas poniendo su OPS sobre la mágica marca—a 1.001. Su mejor día fue probablemente el 12 de agosto contra los White Sox; se fue de 5-4 con dos cuadrangulares y empujó seis carreras. Los Red Sox ganaron, 9-8. Luego de un juego el 6 de septiembre, cuando un jonrón solitario de Ortiz derrotó a los Angels en el final del noveno, 3-2, los dueños de los Red Sox le obsequiaron una placa que habían preparado y conservado para el momento adecuado, proclamándolo el "Más Grande Bateador Oportuno en la Historia de los Boston Red Sox."[36] No podían haber sabido cuánta historia quedaba aún por escribirse.

Los Red Sox llegaron a la postemporada, pero era el turno de los White Sox de romper una maldición aún más larga que la que habían sufrido los Red Sox. Barrieron a Boston en tres juegos en la Serie de División; Ortiz compiló .333 con un cuadrangular. Los White Sox vencieron a Houston y ganaron su primera Serie Mundial desde 1917.

A principios de 2006, Ortiz jugó por la República Dominicana en el Clásico Mundial de Béisbol. Conectó tres cuadrangulares (y recibió un boleto con bases llenas) pero Japón ganó el torneo y cuatro jugadores igualaron o superaron los tres cuadrangulares de Ortiz.[37] En abril, accedió a una extensión de cuatro años a su contrato con los Red Sox, por una suma que se pensaba sería $52 millones.[38]

En 2006, Ortiz tenía 31 jonrones antes del descanso de las estrellas. Estableció marca para la franquicia con 54 cuadrangulares, esta vez encabezando la liga. (Jimmie Foxx había tenido el récord de los Red Sox, con 50 jonrones en 1938). Las 137 empujadas de Ortiz también encabezaron la Liga Americana, al igual que sus 355 bases recorridas. Fue un año en el que Boston terminó tercero, sin embargo, y fuera de la postemporada.

Y hablando de actuaciones oportunas, solamente en los cuatro años desde 2003 hasta 2006, Ortiz dejó al campo 15 veces a los rivales—dos en 2003, cinco en 2004, tres en 2005, y cinco en 2006.

Los Red Sox habían terminado en segundo lugar ocho años consecutivos, desde 1998 hasta 2005, y luego tercero en 2006. En 2007 estuvieron en primer lugar desde el 18 de abril y nunca cedieron el puesto.

El equipo ganó otra Serie Mundial en 2007, nuevamente por barrida (en esta ocasión sobre los Colorado Rockies). Ortiz promedió para una marca personal de .332, en tanto su OBP de .445 lideró la liga. Pegó 35 cuadrangulares y fletó 117 carreras. Su OPS de 1.066 fue el más alto de su carrera; fue el tercer año consecutivo en que superó los 1.000 puntos.

Luego de pegar jonrón y empujar dos carreras para ayudar a vencer a los Angels 4-0 en el primer juego de la Serie Divisional, los Angels lo transfirieron cuatro veces en el segundo juego. Peró cuadrangular nuevamente en el Juego 33, y Boston barrió esa serie con Ortiz compilando .714. Fueron necesarios siete juegos para vencer a Cleveland en la ALCS. Ortiz contribuyó con tres impulsadas y siete anotadas; compile .292. En la Serie Mundial, impulsó cuatro carreras y anotó cuatro. Se fue de 15-5 con tres dobles.

Una historia divertida surgió en abril de 2008. Resulta que Gino Castignoli, miembro del equipo de construcción que hizo el nuevo Yankee Stadium, había enterrado en el concreto un jersey de los Red Sox llevando el número 34 de Ortiz. Cuando la historia se hizo pública, el equipo ordenó que martillos neumáticos fueran usados para retirar la ofensiva camiseta.[39] (La camiseta fue posteriormente puesta en subasta en eBay para recaudar dinero para el Jimmy Fund, y alcanzó $175,110.)[40]

Las dos veces siguientes que los Red Sox llegaron a la postemporada, David no pudo igualar sus altos estándares de producción. En 2008 tuvo un año difícil: jugando apenas 109 partidos, compiló .264 con 23 jonrones y 89 empujadas. Se convirtió en ciudadano norteamericano en junio, pero una seria lesión en la muñeca en el fin de semana del Memorial Day hizo que una temporada difícil (debido a un mal comienzo) lo fuese más aún. El equipo derrotó a los Angels en cuatro juegos de Serie Divisional con apenas una empujada de Ortiz, una carrera para aumentar ventaja con un sencillo en el primer juego. Estaban debajo tres juegos por uno ante Tampa Bay en la Serie de Campeonato con Ortiz incluso impulsando una carrera, y con el manager Joe Maddon empleando una dramática formación defensiva cuando Ortiz venía al bate. El Juego 5 fue en Fenway Park, y cuando los Red Sox fueron a batear en el final del séptimo, estaban perdiendo 7-0 y al borde de la eliminación. Luego de que Dustin Pedroia empujara una carrera, Ortiz pegó jonrón con dos a bordo y los metió en el juego. Anotaron otras tres para empatar en el octavo, y J.D. Drew ganó el partido con un sencillo empujador con dos outs en el final del noveno. David empujó la cuarta carrera de un triunfo 4-2 en el sexto encuentro pero los Rays resistieron y se llevaron el decisivo. Ortiz había promediado solamente .154 en la ALCS.

Usar el shift[41] ante Ortiz fue muchas veces efectivo, aunque tuvo un número significativo de hits ante la banda opuesta y se sabe que ocasionalmente tocó la bola con éxito hacia la tercera base.

En medio de la campaña de 2009, una historia en el *New York Times* reportó que tanto Ortiz como Manny Ramírez habían aparecido en la lista de 2003 que incluía jugadores que habían dado positivo para esteroides. Ese año fue el primero en que se hicieron pruebas y se suponía que las mismas fuesen anónimas.[42] Ortiz negó con vehemencia haber consumido a sabiendas alguna sustancia que resultara en una prueba positiva, y dijo que consideraba que todos los peloteros debían hacerse pruebas. Si alguien era culpable, sugirió una pena mayor que la que empleaban: "Suspéndanlos por un año."[43]

Se reporta que a Ortiz nunca le informaron para qué sustancia dio positivo, y por tanto esto permanece oscuro. Dado el hecho de que era el primer año de pruebas, puede que éstas hayan tenido defectos. El mismo artículo decía que Barry Bonds no había dado positive, pero una prueba posterior sí mostró la presencia de esteroides. Años después, el Comisionado Rob Manfred anunció el 2 de octubre de 2016 que había "dudas legítimamente científicas de si éstos fueron o no fueron en verdad positivos," reconociendo que había defectos en las pruebas y que era "totalmente posible" que en verdad Ortiz no había dado positivo.[44] En las 13 temporadas después de 2003 y las siete campañas y media después del artículo del Times, Ortiz fue examinado en numerosas ocasiones y nunca resultó positivo.

Los Angels barrieron en la Serie Divisional en 2009. Ortiz se fue de 12-1 (.083) con un sencillo. Durante la temporada regular, había sufrido un mal comienzo y en un punto no pegó cuadrangular durante 149 turnos. Llegó a pensar que estaba pensando demasiado su enfoque en el bateo y decidió "actuar como si estuviera en la Little League"—solo jugar para divertirse y despejar su mente.[45] Al final, compiló .238 pero había encontrado su ritmo y hecho daño: empujó 99 carreras con 28 cuadrangulares.

Los Red Sox no volvieron a ver la postemporada hasta 2013.

El promedio ofensivo de Ortiz se recuperó en 2010 y 2011 (.270 y .309). Había comenzado mal en 2010 (.143 al final de abril, con un cuadrangular, y no pasando de .200 hasta el 14 de mayo) y muchos se alarmaron, pensando que la edad estaba haciendo aparición. Pero para

El ex lanzador de los Boston Red Sox Pedro Martínez (derecha) y el ex jardinero izquierdo de los Boston Red Sox Manny Ramírez posan para selfie con el trofeo de campeones de la Serie Mundial de 2004, junto a David Ortiz, de los Red Sox, durante la ceremonia honorífica de retiro de este último en su último juego de temporada regular en el Fenway Park contra los Toronto Blue Jays, el 2 de octubre de 2016.

Foto: Billie Weiss/cortesía del Boston Red Sox

el final de la campaña tenía 32 jonrones y 102 impulsadas—números que muchos jugadores dieran cualquier cosa por tener. El equipo terminó en tercer lugar.

En 2011, los Sox terminaron terceros otra vez. Ortiz bateó con estabilidad toda la campaña, quedándose a cuatro fletadas del centenar, y pegando 29 cuadrangulares.

En 2012, firmado a solamente un pacto de un año, tuvo una muy fuerte primera mitad, pero tuvo un severo esguince en el tendón de Aquiles que le vio aparecer solamente en un juego luego del 16 de julio. Jugó apenas 90 partidos, aunque impulsó 60 carreras, jonroneó otras 23 veces, y compiló .318. Bajo las órdenes del manager Bobby Valentine, los Red Sox terminaron en último lugar. Aunque no es algo sobre lo que queramos hablar acá, Ortiz destrozó absolutamente a Valentine en su libro *Papi: My Story*.

El año 2013 fue mágico, aunque comenzó con la horrible tragedia del bombardeo en el Maratón de Boston. Fue el 15 de abril— Patriots Day—y los Red Sox, por tradición local, comenzaron el juego a las 11:05 AM, con tiempo para terminar alrededor de la hora en que los primeros corredores del Maratón de Boston cruzaran la línea de meta, a dos paradas en metro del Fenway Park. Ortiz no estaba en el juego, pero estaba en el estadio. Todavía se estaba rehabilitando de su problema en el tendón de Aquiles, y no jugó su primer partido hasta el 20 de abril. El juego del Patriots Day terminó a las 2:08, y el equipo se vistió para tomar el chárter que iba a Cleveland para el juego del día siguiente. A las 2:40, dos bombas explotaron con 12 segundos de diferencia y tres jóvenes murieron, incluyendo a Martin Richard, de ocho años. Docenes resultaron lesionados y la ciudad estuvo bajo una situación de "refugio en el lugar" (shelter in place)[46] posteriormente en la semana cuando los bombarderos asesinaron a un oficial de policía de M.I.T. y se dieron a la fuga sin ser capturados. Ortiz estaba en la gran área de Boston todo el tiempo, y vivió lo que experimentaron los residentes en el área.

El equipo parecía atraer un sentido de unidad, personificado en el movimiento "Boston Strong", y en un poderoso discurso antes del siguiente partido en Fenway, un Ortiz sin censura dijo, "Esta es nuestra puta ciudad. Y nadie va a dictar nuestra libertad. Manténganse fuertes."

Ortiz abrió su temporada con un partido de 4-2, que inició una racha de 15 juegos consecutivos pegando de hit. Luego de los primeros nueve juegos, a finales de abril, tenía 15 empujadas y bateaba .500. Casi no dejó de jugar desde que comenzó, apareciendo en 137 partidos y bateando .309 con 103 impulsadas y 30 jonrones. Los Red Sox despegaron de últimos a primeros, de un registro de 69-93 en 2012 a 97-65. Derrotaron a Tampa Bay y Detroit, y jugaron ante los St. Louis Cardinals en la Serie Mundial. Uno de los jonrones más célebres de su carrera tuvo lugar en el Juego 2 de la ALS. Los Tigers habían ganado el primer partido, 1-0, y llevaban ventaja de 5-1 en el final del octavo en el segundo encuentro.

Tres meses y medio antes, el 23 de junio, Joaquin Benoit había ponchado a Ortiz en el noveno inning de un juego en Detroit. Ortiz archivó el lanzamiento en su mente y estaba esperando otra oportunidad de atacarlo. Con corredores en todas las bases por Boston, el manager Jim Leyland llamó a Benoit para lanzarle a Ortiz. Big Papi estaba a la espera.[47] Haciéndole swing al primer lanzamiento de Benoit, Ortiz conectó jonrón con bases llenas hacia el bullpen de los Red Sox para empatarlo. Boston ganó en el noveno. ¿Oportuno? Ningún fan diría lo contratrio.[48]

No había certeza de que los Red Sox fuesen a ganar la Serie Mundial. Los Cardinals estaban delante dos victorias a una, y el marcador estaba empatado a mitad del cuarto encuentro. "Estábamos jugando como zombis," dijo Ortiz posteriormente. "Tranquilos, sin emoción, un poco rígidos."[49] Así que convocó una rápida reunión justo en ese momento y allí en el dugout básicamente les dio una charla inspiradora, explicándoles lo inusual que era llegar a la Serie Mundial, que eran mejores que St. Louis, y que era momento de ponerse a funcionar. Un jonrón de tres carreras de Jonny Gomes tuvo lugar después de eso, y el equipo nunca miró hacia atrás.

Ortiz bateó un espectacular .688 en la Serie Mundial (de 16-11), con ocho bases por bolas dándole .760 de OBP. Fue el más alto promedio de bateo en la historia de las Series Mundiales. Empujó seis carreras y anotó siete (dos con sus propios jonrones). Los Red Sox ganaron en seis juegos, y Ortiz logró su tercer anillo en 10 años (2004, 2007 y 2013). Fue nombrado MVP de la Serie.

Luego del clásico, el dueño John W. Henry llamó a Ortiz y le ofreció un contrato que en efecto le brindaba una opción de jugador por el tiempo que quisiera—un contrato mientras durara su carrera de jugador.[50]

En cada una de las tres temporadas siguientes—sus últimas tres como jugador— Big Papi empujó más de 100 carreras, en cada una superando la cantidad de la anterior. En 2014 tuvo 35 cuadrangulares y fletó 104. En 2015 pegó 37 vuelacercas e impulsó 108. Y en su última temporada—2016, luego de anunciar su retiro antes del inicio de la campaña—tuvo tal vez el mejor año que hay tenido cualquier jugador en su última contienda. Jugando 151 partidos, compiló .315, encabezó las mayores con 48 jonrones, lideró la Liga Americana con 127 impulsadas (empatado con Edwin Encarnación), y fue puntero de todas las mayores en slugging (.620) y OPS (1.021).

Habría sido agradable decir que Ortiz se retiró con otro anillo, pero los Cleveland Indians barrieron a los Red Sox en la ALDS. David se fue de 9-1 con un doble. Luego de la campaña, Ortiz fue reconocido por segunda vez con el Premio Hank Aaron (la primera vez había sido en 2005). Ganó su séptimo Bate de Plata.

Le esperaba el retiro, aunque Ortiz fue visto muchas veces en Boston durante 2017. David y Tiffany Ortiz seguían manteniendo su residencia principal en Massachusetts, con sus tres hijos, Jessica, Alexandra y D'Angelo. Hubo un tiempo a principios de 2013 en que la pareja se separó, pero se reconciliaron. Tiffany le dijo posteriormente, "Fuiste oportuno en el terreno, pero hiciste eso y más para reconquistarme y unir a nuestra familia otra vez."[51]

El número 34 de David fue retirado durante el verano. Le pusieron su nombre a una calle, al igual que el puente que atraviesa Mass Pike cuando la gente se va de Kenmore Square para ir al Fenway Park. Y se convirtió en el Doctor David Ortiz cuando la Universidad de Boston le confirió un título honorífico en mayo de 2017.

Ortiz era activo en acciones caritativas, y también vio su segunda autobiografía publicada. Luego de una visita muy conmovedora a un hospital dominicano en febrero de 2005 donde se encontró con niños que se recuperaban de cirugía en el corazón, estableció en 2007 el David Ortiz Children's Fund y se asoció con el Hospital General de Massachusetts y CEDIMAT, el primer centro de diagnóstico y medicina avanzada en la República Dominicana. El fondo patrocina un torneo anual de golf en La Romana, República Dominicana, y recaudó más de dos millones de dólares. Reconoce haber "salvado más de 500 vidas en la República Dominicana" y ayudado a otras en Nueva Inglaterra.[52]

En total en su carrera, Big Papi bateó mejor contra derechos, compilando .294 contra ellos comparado con el .268 ante zurdos. Por supuesto que enfrentó más derechos, pero conectó 421 cuadrangulares ante ellos y 120 contra los siniestros. Ante el pitcheo de los Blue Jays, jonroneó 62 veces; contra los Orioles, 55 veces, y contra tanto los Rays como los Yankees, 53. Según progresaba la temporada, parecía batear más jonrones. En mayo: 79, en junio disparó 86, en julio 95, en agosto: 105. En septiembre/octubre, conectó 102. La mayoría de sus jonrones fueron conectados como visitante (300) que en casa (241). Contradictoriamente, empujó más anotaciones en casa (953) que en la carretera (815).

El 13 de septiembre de 2017, los Red Sox anunciaron un compromiso mutuo a largo plazo entre el equipo y Ortiz: "En su nuevo rol, Ortiz fungirá como mentor para jugadores actuales, participará en esfuerzos de reclutamiento, hará una variedad de apariciones especiales para el club, y trabajará en una capacidad para desarrollo de negocios para Fenway Sports Management y sus asociados."[53]

A David Ortiz le dispararon en la espalda el 9 de junio de 2019, cuando estaba sentado fuera en el Dial Bar and Lounge en Santo Domingo. En 10 días después del disparo, arrestaron a 11 sospechosos con muchos más aún sueltos, pero el 19 de junio los fiscales anunciaron que Ortiz no había sido el blanco pretendido de un asesinato por contrato, pero que el tirador había estado tras otro hombre que estaba sentado cerca de Ortiz. Muchos dominicanos estaban escépticos.[54] Entre tanto, según se reporta sufriendo de lesiones en ambos intestinos, la vesícula y el hígado, había sido transportado a Boston para recibir tratamiento, donde sufrió varias cirugías en más de un mes en el Massachusetts General Hospital. Fue dado de alta el 26 de julio.

El 9 de septiembre, antes de un juego de lunes por la noche contra los Yankees. David Ortiz subió los escalones del dugout de los Red Sox y entró al terreno a lanzar la primera bola del juego. Dijo algunas palabras, agradeciendo a los fans en Boston por su apoyo y agradeciendo a algunos de los Yankees por haberse tomado el tiempo de ir a visitarlo. Tenía su gran sonrisa, estaba lleno de energía, y se sentó en las butacas al lado del dugout la mayor parte del juego—en un momento dándole el jersey que había usado a un joven sentado varias filas detrás de él. Big Papi estaba de vuelta.[55]

UNA POSTDATA SOBRE LAS VECES QUE DEJÓ AL CAMPO A LOS RIVALES WALK-OFF

Para abundar sobre los walk-offs, el número que pueda tener un pelotero está limitado por el hecho de que solamente pueden lograrse como local. David Ortiz tuvo 20 en temporadas regulares. Dos jugadores tuvieron más que él–Frank Robinson (26) y Dusty Baker (21). Ningún jugador en la historia ha tenido más de dos en la postemporada–pero David Ortiz tuvo tres en 2004.

DAVID ORTIZ Y SUS HITS WALK-OFF

Para los Twins:

4 de abril de 2000 - sencillo para romper empate en el noveno

31 de julio de 2002 - sencillo en el décimo

25 de septiembre de 2002 - jonrón en el inning 12

Para los Red Sox:

26 de julio de 2003 - senccillo contra la pared en el novenoc contra los Yankees

23 de septiembre de 2003 - jonrón en el décimo

11 de abril de 2004 - jonrón en el inning 12

11 de junio de 2004 - sencillo en el noveno

8 de octubre de 2004 - jonrón en el final del décimo para lograr triunfo en la ALDS contra los Angels

17 de octubre de 2004 - jonrón en el inning 12 para ganar el Juego 4 de la ALCS contra los Yankees

18 de octubre de 2004 - sencillo en el inning 14 para ganar el Juego 5 de la ALCS contra los Yankees

2 de junio de 2005 - jonrón de tres carreras en el novena para venir de atrás y vencer a los O's

6 de septiembre de 2005 - jonrón en el noveno

29 de septiembre de 2005 - sencillo en el noveno

11 de junio de 2006 - jonrón de tres carreras para superar un déficit de 4-2

24 de junio 2006 - jonrón de dos carreras en el décimo

26 de junio de 2006 - sencillo en el inning 12

29 de julio de 2006 - sencillo en el noveno

31 de julio de 2006 - jonrón de tres carreras en el novena para superar un déficit de dos carreras

12 de septiembre de 2007 - jonrón de dos carreras en el novena para superar un déficit de una carrera

26 de agosto de 2009 - jonrón solitario para romper empate en el noveno

31 de julio de 2010 - doble de tres carreras en el novena para superar un déficit de dos carreras

6 de junio de 2013 - jonrón de tres carreras para romper empate en el noveno

14 de mayo de 2016 - doble en el inning 11

FUENTES

Además de las fuentes citadas en esta biografía, el autor también accedió la *Encyclopedia of Minor League Baseball*, Retrosheet.org, y Baseball-Reference.com.

NOTAS

1. Peter Abraham, "Ortiz Was All That Mattered at Fenway," *Boston Globe*, 10 de junio de 2019: C4.

2. Jack Curry, "An Island of Calm in a Sea of Doubt: Ortiz's Clutch Hitting Keeps Red Sox Moored Despite Struggles," *New York Times*, 17 de septiembre de 2005: D1.

3. worstpolluted.org/projects_reports/display/50.

4. David Ortiz, con Michael Holley, *Papi: My Story* (Boston: Houghton Mifflin Harcourt, 2017), 2.

5. *Papi: My Story*, 2-3.

6. *Papi: My Story*, 9, 125. El nombre del padre de David era Américo Enrique Ortiz y quería ser pelotero. Esa aspiración fue una de las razones por las que trabajó tan fuerte con David y lo alentó en cada paso. Ver David Ortiz, con Tony Massarotti, Big Papi: My Story of Big Dreams and Big Hits (New York: St. Martin's, 2007), 20-23.

7. Un buscón, en la República Domincana es un scout y agente por cuenta propia.

8. En Big Papi, dijo que fueron $7,500. En *Papi: My Story*, dijo que fueron $10,000.

9. *Papi: My Story*, 13.

10. David Ortiz, con Tony Massarotti, *Big Papi*, 69.

11. *Papi: My Story*, 18.

12. En ambas autobiografías, Ortiz expresa su insatisfacción con Kelly.

13. Gordon Edes, "Sox Officially Bring in Ortiz," *Boston Globe*, 23 de enero de 2003: E3. También ver Big Papi, 95-96.

14. Murray Chass, "Surprising Twins Give Foes a Run for Their Money," *New York Times*, 24 de abril de 2001: D1.

15. Bob Hohler, "Epstein Negotiating for Millar," *Boston Globe*, 18 de enero de 2003: F3.

16. Ver, en particular, *Big Papi*, 191-192. La Associated Press dijo que Ortiz fue "liberado.. antes del draf para abrirle espacio al paracortos Jose Morban." Ver, por ejemplo, AP, "Anderson Released by Pirates," *Augusta* (Georgia) *Chronicle*, 17 de diciembre de 2002: C4.

17. *Papi: My Story*, 38. David y Tiffany habían sellado su larga relación con matrimonio el 16 de noviembre.

18. Bob Hohler, "Epstein Negotiating for Millar."

19. Joe Burris, "Opportunity Knocks for Sox' Ortiz," *Boston Globe*, 12 de junio de 2003: C8.

20. Gordon Edes, "Sox Officially Bring in Ortiz."

21. Tyler Kepner, "Red Sox Trying to Picture the Parade," *New York Times*, 8 de febrero de 2004: SP1.

22. Harvey Araton, "New Babe in Boston Has Torre Looking for the Right Move," *New York Times*, 1 de octubre de 2005: D1.

23. Araton.

24. Gordon Edes, "Smashing Success," *Boston Globe*, 12 de septiembre de 2003: E1.

25. *Big Papi*, 128.

26. Ricky Doyle, "Where Did David Ortiz's 'Big Papi' Nickname With Red Sox Come From?' NESN.com, 3 de octubre de 2016. Ver nesn.com/2016/10/where-did-david-ortizs-big-papi-nickname-with-red-sox-come-from/.

27. El ultimo Yankee en hacerlo fue Roger Maris en 1961 (25 de julio). Gloria Rodriguez, "After a Boom, the Red Sox Go Bust," *New York Times*, 7 de julio de 2003: D3.

28. Jackie MacMullan, "Ortiz's Bat Does Talking in the Ninth," *Boston Globe*, 27 de julio de 2003: D1.

29. *Papi: My Story*, 62.

30. La referencia claramente prejuiciada del auto res la historia oral de la temporada contada por 59 jugadores, entrenadores, cuerpo de apoyo y otros en Allan Wood & Bill Nowlin, *Don't Let Us Win Tonight: An Oral History of the 2004 Boston Red Sox's Impossible Playoff Run* (Chicago: Triumph Books, 2014).

31. *Papi: My Story*, 80.

32. *Don't Let Us Win Tonight*, 137.

33. Ortiz se robó 17 bases en su carrera de temporada regular y fue puesto out nueve veces.

34. Jack Curry, "Big Guy, Big Numbers, Big Smile," *New York Times*, 14 de julio de 2005: D1.

35. Uno de lo mejores artículos del trabajo de Ortiz con el video es Jack Curry, "A Scientific Hitter in the Computer Age," *New York Times*, 12 de octubre de 2007: D1.

36. Chris Snow, "A Blast, Like the Past," *Boston Globe*, 7 de septiembre de 2005: F1.

37. Seung-Yeop Lee, KOR – 5; Adrian Beltre, DOM – 4; Derrek Lee, USA – 3; Hitoshi Tamura, JPN – 3; y David Ortiz, DOM – 3.

38. Associated Press, "Ortiz Agrees to Four-Year Extension," *Register-Star* (Rockford, Illinois), 11 de abril de 2006: 27.

39. Karen Matthews, Associated Press, "Sox Shirt Found in Yanks' New Stadium," *Daily Northwestern* (Evanston, Illinois), 14 de abril de 2008: 15.

40 Joshua Robinson, "Ortiz Jersey Cemented at the New Yankee Stadium Brings $175,110," *New York Times*, 5 de abril de 2008: D3.

41 Shift: Formación defensiva que se usa mayormente ante bateadores que halan bola o batean para su mano, en la que la defensa se le carga hacia esa banda buscando tener más jugadores en posición para una conexión, dejando algo desprotegida la banda opuesta. (Nota del Traductor)

42 Michael S. Schmidt, "Stars of Red Sox Title Years Are Linked to Doping," *New York Times*, 30 de julio de 2009: A1.

43 Schmidt.

44 Alex Speier, "Commissioner: 'Entirely Possible' Ortiz Did Not Test Positive in 2003," *Boston Globe*, 2 de octubre de 2016.

45 Jack Curry, "To Enjoy the Game Again, Ortiz Tries Playing It as if He Were a Boy," *New York Times*, 26 de septiembre de 2009: D5.

46 Shelter in place: Una orden que se da en situaciones de emergencia en las que se recomienda buscar protección en el lugar en que uno se encuentra o dentro de edificios o habitaciones en lugar de evacuar el área.

47 Ver la descripción de Ortiz en *Papi: My Story*, 195, 200.

48 Benjamin Hoffman del *New York Times*, sin embargo escribió un artículo titulado "Ortiz's Consistency Comes Across as Clutch." Ver el periódico el 15 de octubre de 2013: B12. El jonrón del octavo inning vio al jardinero derecho de los Tigers Torii Hunter hacer un valiente esfuerzo de capturar la pelota antes de que ésta cayera en el bullpen de Boston. Cayó él al bullpen, ambas piernas levantadas detrás suyo, formando una "V" mientras el policía de la ciudad de Boston Steve Horgan que estaba en el lugar levantó ambos brazos en una "V" de celebración–creando una icónica imagen capturada por el fotógrafo del *Boston Globe* Stan Grossfeld. Ver, por ejemplo, sports.yahoo.com/blogs/mlb-big-league-stew/boston-cop-fenway-bullpen-celebrates-david-ortiz-grand-132350182--mlb.html.

49 *Papi: My Story*, 204.

50 *Papi: My Story*, 207. Henry dijo a Ortiz que era "un contrato que te permite jugar por el tiempo que quieras."

51 *Papi: My Story*, 205.

52 davidortizchildrensfund.org/.

53 Comunicado de prensa, Boston Red Sox, 13 de septiembre de 2017. La verdadera descripción de sus laboeres fue vaga en extremo, tanto que Craig Calcaterra escribió un artículo titulado "David Ortiz Will Be Doing … Um, Stuff and Things for the Red Sox." Ver nbcsports.com/2017/09/13/david-ortiz-will-be-doing-um-stuff-and-things-for-the-red-sox/. Se pensaba que su trabajo estaría en el rol de "consultante de desarrollo de jugadores", junto con Carl Yastrzemski y Dwight Evans, pero con Ortiz tal vez más activo.

54 Danny McDonald, David Abel, y Aimee Ortiz, "David Ortiz Was Not Intended Target in Shooting, Officials Say," *Boston Globe*, 20 de junio de 2019: A1. Ver también David Abel, "Many Are Skeptical of Mistaken-Identity Explanation," *Boston Globe*, 20 de junio de 2019: A8. Un detallado resumen de la historia, informado por una visita a la República Dominicana, es el de Danny Gold, "David and the D.R.," *Sports Illustrated*, 20 de julio – 5 de agosto de 2019.

55 En sus primeros comentarios a una publicación de habla inglesa, habló de la experiencia al *Boston Globe*. Ver Bob Hohler, "Near Death, Ortiz Pushed Through Despair," *Boston Globe*, 15 de septiembre de 2019: 1, C9.

Alejandro Peña

Por Alan Cohen

"¡En un año que ha sido tan improbable, ha sucedido lo imposible!"

— Vin Scully, 15 de octubre de 1988[1]

Alejandro Peña apareció en tres Series Mundiales durante su carrera de 15 años en las mayores, pero su primera aparición fue de la clase de cosas con las que uno solo puede soñar. Fue llamado del bullpen del Los Angeles Dodgers en el Juego 1 de la Serie Mundial de 1988. Su equipo perdía 4-3 ante Oakland en el parque de los Dodgers. Lanzó dos entradas sin anotación, ponchando a tres y permitiendo un imparable, un inofensivo infield hit con dos outs en el noveno inning, salido del bate de Stan Javier. Peña debía batear como cuarto en el final del noveno inning, y estaba decidido que lo iban a quitar por un emergente. Con dos outs, el relevista de los A's Dennis Eckersley transfirió al emergente Mike Davis mientras que Dave Anderson, el aparente sustituto de Peña, miraba desde el círculo de espera.[2] Pero mientras Davis iba hacia la primera base, Kirk Gibson agarró un bate y Anderson volvió al dugout. "Gibson, mitad hombre, mitad bestia, cuya llegada como agente libre en febrero había

Fotografía cortesía del Salón de la Fama del Béisbol Nacional

transformado tan dramáticamente a los Dodgers, cojeaba ahora hacia el plato para enfrentar a Eckersley," escribió un testigo.[3] Peña estaba en el dugout cuando el icónico jonrón de dos carreras de Gibson como emergente ante una slider en la cuenta de 3-2 dio la ventaja a los Dodgers en la Serie Mundial y Alejandro Peña tuvo su primera y única victoria en los Clásicos de Otoño.

Alejandro Peña Vázquez, nació el 25 de junio de 1959, en el poblado campesino de Cambioso, Puerto Plata, República Dominicana. De muchacho, trabajó con su padre, llamado también Alejandro, construyendo hornos de tierra cerca de su casa. Era un trabajo duro, y los domingos, cuando paraban de trabajar, el joven Alejandro jugaba béisbol. Uno de siete hijos (cinco chicos y dos chicas), jugaba tercera base de joven, y no fue hasta que cumplió 15 años que jugó en algo parecido a una liga organizada.

No está muy claro cómo Peña evolucionó de un flacucho tercera base a un veloz lanzador, pero Antonio Taveras, Alex Taveras, y Ralph Ávila estuvieron involucrados en el cambio de dirección en la vida de Peña. La primera vez que apareció para una prueba con los Dodgers en la isla, mostró un fuerte brazo y Ávila le dijo que "su única oportunidad, en mi opinión, es firmar un contrato para ser lanzador."[4] Alex Taveras, infielder de los Dodgers que vivía en la República Dominicana, concordaban que Peña no iba a tener éxito como tercera base.

Cinco meses después, Peña se estableció como lanzador y estaba jugando pelota semiprofesional en la Española, la isla que comparte la República Dominicana con Haití. Antonio Taveras, el padre de Alex, era scout de los Dodgers, y recomendó a Ávila que era hora de dar otra mirada a Alejandro. Ávila asume la historia en este punto: "Esa noche el sinvergüenza la ponchó a 15 bateadores, estrictamente con rectas. Sabía que si no lo firmaba, alguien más iba a hacerlo."[5] Peña firmó con Ávila como agente libre en 1978 por $4,000 y un estipendio mensual de $500.

Peña estuvo con Clinton en la Midwest League en 1979, con registro de 3-3 y promedio de limpias de 4.18. En 1980, se fue con 10-3 con Vero Beach en la Florida State League. Fue promovido a la Triple-A para la contienda de 1981. Cuando lo promovieron, encabezaba el circuito con 22 rescates y 1.61 de efectividad con el Albuquerque. Su presencia los había posicionado para ganar el campeonato de la Pacific Coast League al final de la zafra. Ganaron la Southern Division por 25 encuentros y derrotaron a Tacoma en la serie de postemporada por el campeonato de la liga.

Peña fue promovido por los Dodgers el 12 de agosto de 1981, poco tiempo después del final de la huelga de los peloteros. El derecho de seis pies y una pulgada y 205 libras viajó a Atlanta y debutó en las mayores en la noche siguiente, lanzando un noveno inning sin carreras ante los Braves en un juego que los Dodgers perdieron 9-1. Al día siguiente, logró su primer rescate de grandes ligas, lanzando las últimas cuatro entradas ante los Braves en un triunfo 5-0 para los Dodgers. Fue su presentación más largan de 1981 hasta esa fecha. (Su salida más larga con Albuquerque había sido de 2⅓ innings.)[6] En Pittsburgh el 25 de agosto, Peña entró al juego luego de que los Pirates empataran el choque en la parte baja del noveno inning. No había outs y la carrera de la victoria estaba en segunda base. Obligó a Tony Peña a batear de frente al box para el tercer out y el juego se fue a extra-innings. Nadie anotó en el décimo y Peña retiró la entrada por su orden. Logró el primer triunfo de su carrera cuando los Dodgers lograron par de anotaciones en el inning 11 y Tom Niedenfuer entró a salvar, lanzando la parte baja del inning.

Peña tuvo actuación en 14 encuentros en 1981, registro de 1-1 y dos salvamentos. Su efectividad fue de 2.84. Los Dodgers avanzaron a la Serie Mundial, derrotando a los Expos en la Serie por el Campeonato de la Liga. Peña apareció dos veces durante los cinco partidos contra Montreal, lanzando dos entradas y un tercio sin carreras. No jugó en la victoria de la Serie Mundial sobre los Yankees al habérsele diagnosticado con sangramiento de úlcera. Había colapsado luego del segundo juego y fue admitido en un hospital de Los Angeles para que le observaran.

Tellie (diminutivo de Telesila) Ceballos era operadora de teléfonos en Los Angeles en 1981. Había nacido en 13 de agosto de 1958 y viajó a Estados Unidos cuando tenía 12 años. Conoció a Peña poco después de la Serie Mundial y ambos fueron en una cita a cenar. Se casaron en 1983 y tienen dos hijos, Alejandro Jr. (nacido el 16 de junio de 1984) y Arianna Cristina (nacida el 19 de octubre de 1989). Hasta 2015, su hijo era doctor en Phoenix y su hija vivía en Georgia y aspiraba a ser música.[7]

Incluso con amor en su vida, Peña era el hombre tranquilo en el clubhouse porque tenía problemas para aprender inglés. Aunque había varios jugadores hispanohablantes en el equipo, Peña, originario de un poblado campesino, era mucho menos sofisticados que sus camaradas latinos.

En 1982, Peña tuvo un buen inicio con los Dodgers, con promedio de 1.29 en sus primeras 13 salidas, pero se metió en dificultades. Para el 15 de julio, tenía registro de 0-2 y su efectividad se había elevado a 4.54. Lo mandaron de vuelta a Albuquerque, donde no le fue mucho mejor, por el resto de la temporada.

Entre las temporadas de 1982 y 1983, Peña lanzó para el Licey en la Liga Invernal Dominicana, y fue dirigido por el coach de los Dodgers Manny Mota. Peña buscó la oportunidad de lanzar como abridor y Mota se la dio. Logró cuatro blanqueadas y se abrió camino a la rotación de los Dodgers en 1983.

Peña pasó dos años en la rotación. En 1983, lanzó en 34 encuentros, 26 como abridor. La mayoría de sus apariciones como relevista vinieron a principios de la temporada. Hasta el 12 de junio, pese a perderse dos semanas debido a dolores de cabeza por migraña, había relevado en ocho ocasiones y abrió cinco encuentros. En el momento, exhibía balance de 5-1 con promedio de 2.32. Tres de esas primeras cuatro victorias habían sido como abridor, incluyendo su primera lechada, el 24 de mayo en Philadelphia. Esa lechada tuvo lugar luego de blanqueadas de Bob Welch y Fernando Valenzuela, y representó la primera vez que el staff de los Dodgers lanzaba tres blanqueadas consecutivas desde 1966 cuando Claude Osteen, Don Drysdale (con ayuda del relevista Phil Regan), y Sandy Koufax lanzaron blanqueadas consecutivas desde el 9 al 11 de septiembre, llevando a los Dodgers al banderín. En la contienda, Peña se fue con 12-9 y efectividad de 2.75. Los Dodgers ganaron el Oeste de la Liga Nacional y Alejandro lanzó una vez en la Serie por el Campeonato de la Liga contra los Phillies, una salida inefectiva de relevo en 2 entradas y ⅔. Los Dodgers perdieron la Serie al mejor de cinco en cuatro encuentros.

En 1984, Alejandro tuvo su mejor campaña y se perdió por poco que lo seleccionaran al Juego de las Estrellas, pues Fernando Valenzuela fue escogido por el manager Paul Owens. En el momento del descanso, llevaba 10-4 con promedio de 2.40 y tres blanqueadas. Pero el impacto de la marca personal de 199 entradas y ⅓ había cobrado factura y a principios de agosto comenzó a experimentar dolores en su brazo de lanzar. El dolor se apaciguó y el 12 de agosto derrotó a los Giants 5-4 en 10 entradas. Su zafra terminó con foja de 12-6 y una efectividad de 2.48 que encabezaba liga. Había lanzado ocho juegos completos y había liderado la liga con cuatro lechadas.

La situación empeoró por los problemas de idioma de Peña. En las entrevistas con la prensa, tenía que usar los servicios del intérprete Jaime Jarrin. No podía comunicar su condición al personal médico de los Dodgers, y la cirugía se demoró. Estaría esencialmente inactivo por dos temporadas. Se esperaba que el descanso durante los entre-temporadas le ayudaría con los dolores en el hombro, pero la cirugía resultó necesaria. El Dr. Frank Jobe realizó cirugía en el hombreo (una artroscopia) en febrero del año siguiente.[8] Peña estuvo en la lista de lesionado durante virtualmente toda la campaña de 1985, haciendo solamente dos salidas como relevista a finales de temporada.

Peña estuvo restringido a actividades de bullpen a principios de 1986, con nueve apariciones improductivas. En julio, regresó a la rotación abridora. Logró su primer triunfo desde 1984 el 7 de julio, cuando permitió dos hits en cinco entradas para que los Dodgers vencieran a los Cardinals, 1-0. Fue su única victoria de la contienda. Lanzó en 24 encuentros en 1986 (10 como abridor) y se fue con 1-2, un salvamento y una efectividad de 4.89.

El hombre que inició sus 28 salidas en 1984 evolucionaría a un lanzador relevista durante las tres temporadas siguientes y relevaría exclusivamente comenzando 1988, cuando apareció en una maca personal de 60 encuentros. Hablando de su nuevo rol, dijo, "Me gusta ese rol. Me gusta la presión y me he convertido en un buen lanzador de salidas cortas. Espero que otros lo crean también."[9] Aunque su registro de ganados y perdidos fue de 6-7, tuvo 12 rescates y ponchó a 83 bateadores en 94 y ⅓ de trabajo. Los Dodgers ganaron el Oeste de la Liga Nacional y Peña regresó a la postemporada para su tercera aparición. Tuvo una victoria y un rescate ante los Mets en la NLCS.

En el Juego 2, los Mets vinieron de abajo en el noveno inning, habían reducido el déficit a tres carreras y tenían dos corredores en base con un out cuando mandaron a buscar a Peña. Aseguró la victoria al retirar a Gary Carter en un elevado al derecho. En el Juego 3 fue parte de una implosión de bullpen en el octavo inning, permitiendo doble ante Wally Backman mientras New York fabricaba cinco anotaciones ante cuatro relevistas de los Dodgers y tomaron ventaja de 2-1 en la serie a siete encuentros. En el Juego 4 en New York, Peña entró en el juego en el noveno inning con el marcador empatado a cuatro. Lanzó tres entradas sin actuación sin permitir hits antes de que lo quitaran por un emergente. Terminó logrando el triunfo cuando Kirk Gibson pegó jonrón en la parte alta del inning 12.

Luego de que Kirk Gibson disparara su cuadrangular victorioso en el Juego 1 de la Serie Mundial, los Dodgers vencieron a los A's en cinco partidos.

Peña estaba en óptima forma y su recta marcaba alrededor de 95 millas por hora. Sin embargo, la velocidad de su recta contrastaba fuertemente con su ritmo de juego. Era lento, metódico, paciente y deliberado en la lomita durante toda su carrera y no iba a cambiar. "He sido así toda mi carrera. ¿Para qué cambiarlo ahora?" dijo. "He tenido éxito, así que ¿por qué querría cambiar algo? Si puedo retirar a un bateador con este estilo, ¿por qué querría lanzar rápido?"[10]

Los Dodgers no pudieron repetir en 1989. Peña tuvo 4-3 con promedio de limpias de 2.13 en 53 choques, pero apenas cinco rescates, pues los Dodgers le dieron el rol de cerrador a Jay Howell. El club terminó en cuarto puesto con foja de 77-83 y había que hacer cambios. Al final de la justa, Peña fue canjeado a los Mets junto con el primera base y jardinero Mike Marshall por el jugador de cuatro Juan Samuel. En nueve contiendas con los Dodgers, Alejandro tuvo balance de 38-38 con 32 rescates y 2.92 de promedio de limpias.

Llegó a New York cuando los Mets comenzaban a verse menos como la escuadra de campeonato que habían sido cuando ganaron la Serie Mundial en 1986 y el campeonato de la división de 1998 antes de caer ante los Dodgers en la NLCS.

Durante la temporada de 1990, Peña se fue con 3-3, cinco rescates y 3.20 de efectividad. Los Mets pedalearon en el agua a inicios de la campaña. Bud Harrelson había reemplazado a Davey Johnson como manager el 29 de mayo, y el 4 de junio, luego de perder seis, el balance de los Mets era de 21-26. Entonces revirtieron su temporada. Entre el 5 de junio y el 3 de agosto, ganaron 40 de 55 juegos para llevarse la ventaja de la división. Durante ese período, Alejandro logró una victoria, un rescate y cuatro holds.[11] Pero luego del Día del Trabajo, lo Mets no pudieron mantener su ritmo y terminaron en el segundo puesto, a cuatro encuentros detrás de los Piratas.

Peña comenzó la justa de 1991 con los Mets, pero fue canjeado a los Atlanta Braves el 28 de agosto. Para ese entonces, los Mets se habían caído de la pelea y estaban en el cuarto puesto, a 13 juegos y ½ de los líderes de la división. Peña había tenido una excelente contienda con los Mets, con balance de 6-1 y cuatro rescates más efectividad de 2.71. Sin embargo, se percataron de que sus posibilidades de volver a firmarlo—se convertiría en agente libre al final de la temporada—eran nominales y obtuvieron a Joe Roa y Tony Castillo por parte de Atlanta. Los Braves, entre tanto, necesitaban ayuda en el bullpen, pues su principal relevista, Juan Berenguer, se había lesionado. Según apuntó el cronista de béisbol de Atlanta Mark Bradley, Peña fue de un barco naufragado a un crucero de lujo.[12] Tuvo un fenomenal trecho de cinco semanas con los Braves, al tener foja de 2-0 y 11 rescates en 15 salidas. Desde el 3 de septiembre al 4 de octubre actuó en 14 partidos, todos ganados por Atlanta.

Uno de esos rescates fue contra los Padres el 11 de septiembre. En ese encuentro, entró en el noveno episodio con los Braves delante 1-0. Los Padres se habían ido sin hits en ocho entradas contra Kent Mercker y Mark Wohlers. Alejandro retiró rápidamente a los dos primeros bateadores, pero Darrin Jackson conectó un machucón estilo Baltimore Chop[13] hacia el lado izquierdo del infield que el tercera base Terry Pendleton perdió en las luces. La pelota dio en el guante del paracortos Rafael Belliard y Jackson llegó safe a primera. El anotador oficial Mark Frederickson decidió que había sido error de Pendleton. El cero-hit se mantuvo intacto, y cuando el bateador siguiente, Tony Gwynn, elevó a manos del jardinero izquierdo Otis Nixon, Peña había completado el no-hit combinado.[14]

Los Braves, que habían terminado en último lugar la temporada anterior, tuvieron balance de 21-8 durante la excelente racha de Peña y ganaron el oeste de la Liga Nacional por un juego. El 5 de octubre, el día del último rescate de Peña en la temporada (y tercero en igual cantidad de días), sus servicios no hicieron falta, pues John Smoltz lanzó una victoria completa sobre Houston, logrando el título de la división para los Braves. En la Serie por el Campeonato de la Liga, vencieron a los Pittsburgh Pirates en siete juegos. Peña logró salvamentos en tres de los cuatro triunfos. Apareció en cuatro encuentros, no soportó carreras, no permitió que le anotara ninguno de los corredores que heredó y permitió solamente un inatrapable en 4 y ⅓ de trabajo. En el Juego 3, entró a relevar en la baja del octavo inning. Lo Braves llevaban ventaja de 7-3, pero los Bucaneros llenaron las bases con un out contra Mike Stanton y Wohlers. Orlando Merced fue retirado en foul fly y ponchó a Jay Bell sin tirarle. Retiró el noveno de 1-2-3 para lograr el salvado y Atlanta tomó ventaja en la serie de dos juegos a uno.

En el Juego 6, con los Braves debajo 3-2 en la Serie, Peña entró a relevar el noveno en Pittsburgh con Atlanta delante 1-0. Gary Varsho, de los Pirates, abrió el novena con sencillo al medio. Un toque lo llevó a segunda. Con dos outs y Andy Van Slyke al bate, Peña lanzó un wild pitch y puso la posible carrera del empate en tercera base. La cuenta se puso en una y dos y se inició un clásico duelo entre bateador y lanzador. El jardinero central de Pittsburgh conectó foul sobre cuatro lanzamientos consecutivos, los últimos tres conexiones fuertes.

Durante los primeros siete lanzamientos del turno, Alejandro había lanzado una variedad de lanzamientos. Van Slyke dijo "Tiró una slider, una recta, un tenedor."[15] El receptor de los Braves Greg Olson, que había empujado la única carrera del juego con un doble en la parte alta del noveno, pensó que era momento de probar algo distinto y pidió un cambio. Van Slyke se quedó congelado en el plato y dejó pasar el tercer strike. Luego del encuentro, Van Slyke dijo, "Ni siquiera sabía que tenía ese lanzamiento."[16] El cambio había estado en el arsenal de Peña desde principios del año 1984, cuando lo aprendió del coach Silvano Quesada mientras lanzaba por el Licey en la Liga Invernal Dominicana, y lo perfeccionó bajo la tutela del coach de pitcheo de los Dodgers Ron Perranoski.[17]

Los Braves cayeron ante los Twins en siete juegos de la Serie Mundial. En el Juego 7, en el ruidoso Metrodome, Alejandro entró en la batalla a cero en el noveno inning. Los dos primeros bateadores de la entrada habían pegado sencillos ante Mike Stanton. Peña entró y apagó el fuego. El partido se fue a entradas extras. En el final del décimo, los Twins llenaron las bases con un doble, un sacrificio y dos boletos intencionales. Según reportó Steve Rushin de Sports Illustrated, el emergente Gene Larkin "golpeó el primer lanzamiento que recibió de Alejandro Peña al left-center, por encima de la cabeza de Brian Hunter, quien, al igual que el resto del outfield de Atlanta, estaba jugando apenas 30 yardas detrás del infield en un esfuerzo para evitar que Dan Gladden, hiciera precisamente lo que hizo: abrirse paso hasta el home desde tercera base en el final del décimo, a través de una corriente cruzada de enloquecidos y aturdidos compañeros que saltaban desde dentro del dugout de tercera base hacia el terreno."[18]

Pela volvió a firmar con los Braves luego de la temporada por $2.65 millones, un incremento sustancial por encima del millón que le pagaron en 1991. Aunque Cleveland había hecho una oferta de dos años, Peña optó por firmar un pacto de un año con los Braves "porque es cuando más se ha divertido," según su agente, Tom Reich.[19]

Pero la promesa de las últimas cinco semanas de 1991 no se extendió a 1992. No instantáneamente, de todos modos. Aunque tuvo tres rescates en abril, su desempeño de mayo fue horrendo. En siete apariciones se mes, su registro de 0-3 incluía un salvamento malogrado, y su efectividad estaba en 9.72. El 16 de mayo, luego de una mala actuación, la multitud se molestó mientras Peña abandonaba el montículo, y cuando regresó al parqueo, descubrió que su auto había sido dañado por alguien que usó una llave para arañar la pintura. Ya no era el cerrador del equipo. Fue ubicado en la lista de lesionados (eventualmente se determinó que sus problemas eran en parte debido a bronquitis, faringitis estreptocócica, y una infección en la cavidad nasal). Un vez que regresó de la lista de lesionados, el coach de pitcheo Leo Mazzone detectó un defecto en su entrega relacionado con su punto de soltar la pelota.[20] Y lentamente Peña revirtió las cosas.

Saludable y lanzando como el Peña del pasado, Alejandro regresó a su forma y, el 8 de julio, con los Braves en peligro de perder su cuarto partido consecutivo, le dieron la pelota en el noveno inning contra los Mets en Atlanta. El "cerrador olvidado" entró en el encuentro con las bases llenas y sin outs. Los Braves llevaban ventaja de 2-1. Peña retiró a Howard Johnson en un palomón y obligó a Willie Randolph a batear para doble play.[21] El salvamento fue su cuarto de la contienda desde el 28 de abril. Desde el 18 de junio, cuando regresó de su lesión, hasta el final de la campaña, Peña salvó 12 encuentros y tuvo 2.30 de efectividad. Desde el éxito del 8 de julio hasta el 25 de julio, los Braves entraron en racha. Ganaron 13 partidos en línea para remontar de estar a seis juegos del primer lugar a tomar la delantera por dos encuentros. La única victoria y ocho de los salvamentos de Peña tuvieron lugar durante los primeros 12 encuentros de la racha, y recibió un hold en la decimotercera victoria seguida de los Braves.

El equipo nuevamente terminó en primer lugar y enfrentó a los Pirates en la NLCS. Pero la temporada de Peña había terminado. Con dolores en el codo (tendinitis), había estado en la lista de lesionados a finales de agosto e inicios de septiembre. El dolor llegó a su umbral, sorprendentemente, luego de uno de sus mejores esfuerzos. En Pittsburgh, el 17 de agosto, lanzó en el final del décimo inning para salvar un triunfo de 5-44. El último bateador fue Barry Bonds. Según recuerda el manager Bobby Cox, "Primer lanzamiento: recta, ¡whoosh! Gundo lanzamiento: otra recta—y más dura que la primera. Tercer lanzamiento: recta otra vez, y juro que tenía más velocidad que cualquiera de los dos primeros. Me quedé boquiabierto con Peña. En cuanto a Bonds (quien dejó pasar el tercer strike), sus ojos sobresalían; estaban más grandes que dos bolas de billar. Así que todos corremos a la lomita a darle la mano a Alejandro, y cuando me le acerco, me dice, 'No lo hagas. Mi brazo me está matando.'"[22] Peña fue puesto en la lista de lesionados y su trabajo de septiembre se limitó a tres salidas sin rescates.

Hacia el final de la campaña, Tellie, la esposa de Alejandro, organizó un evento de subasta donde las esposas de los peloteros de los Braves recaudaron dinero para las víctimas del huracán Andrew subastando bates rotos, camisas autografiadas y otros artículos.[23] Para Peña, la temporada terminaría con una nota amarga. El 30 de septiembre, con el campeonato de la división ya logrado, los Braves le pidieron que lanzara el octavo inning contra los Giants, con su equipo debajo 1-0. Aunque completó la entrada, retirando a tres de los cuatro bateadores que enfrentó, tenía dolor.[24] No lo usaron en la NLCS, y lo dejaron fuera del roster cuando Atlanta cayó ante los Blue Jays en la Serie Mundial.

Nuevamente agente libre, Peña firmó con los Pirates durante la temporada muerta, pero no jugó en 1993. El 26 de marzo se sometió a cirugía para reconstruir el ligamento de su codo de lanzar. Su contrato con los Pirates fue reestructurado a uno de dos años, y regresó a la lomita en 1994. Cuando le reestructuraron el contrato, Peña mostró gran clase. Podía haber logrado su salario, más de $1 millón, por 1993 y seguir su camino. Decidió devolver su bono por firmar de $500,000 y firmó un pacto de dos años por $175,000 en 1993 y $1.35 millones en 1994. Al describir el contrato, dijo, "Podía vivir mejor conmigo mismo. No me sentía bien tomar el dinero y no hacer nada por el equipo. No quería tomar el dinero y luego irme a jugar por otro club."[25]

Afectado por sangramiento en úlceras al principio de la temporada de 1994, Peña comenzó la campaña en la lista de lesionados. Regresó a la lomita en mayo y fue nombrado cerrador de los Pirates en junio, luego de una excelente actuación de cuatro innings el 26 de mayo cuando entró en el décimo y no permitió hits para que los Pirates ganaran en 13 entradas. Tuvo un mes brillante con siete rescates, pero su campaña terminó el 28 de junio. Tenía inmensos dolores luego de lanzar el último envío de su séptimo salvamento de la campaña, y un examen indicó que tenía daños en los ligamentos de su codo. La temporada terminó para él y Pittsburgh lo dejó libre el 30 de junio.[26]

Peña lanzó para tres equipos de grandes ligas en 1995. Inició la campaña con los Red Sox y estaba lanzando tan bien en sus 10 primeras salidas con un salvado, un hold y efectividad de 2.70. Pero entonces cayó en un mal momento. Le anotaron en seis de sus últimas siete salidas con Boston y su efectividad se incrementó a 7.40. Los Red Sox lo dejaron libre el 13 de junio. Dos semanas más tarde, firmó con los Charlotte Knights, el afiliado de Triple-A de los Marlins, y lanzó nueve juegos con cinco rescates y un promedio de limpias de 0.96. Los Marlins lo promovieron el 29 de julio.

Con la ayuda de una sinker desarrollada bajo la tutela del coach de pitcheo de los Marlins Larry Rothschild durante agoto recibió el crédito por seis holds y dos victorias en 13 encuentros. Su efectividad era de 1.50 y había ponchado a 21 bateadores en 18 entradas. Al final del mes fue canjeado de vuelta a los Braves por Chris Seelbach.

Los Braves estaban virtualmente asegurados para los play off, encabezando la Liga Nacional por 14 juegos y ½ cuando llegó Peña. Le dieron el número 26 que había usado en 1991 y se convirtió en el preparador para el cerrador Mark Wohlers. Apuntaló el sólido staff de los Braves, participando en 14 encuentros. Fue acreditado con tres holds y ponchó a 18 bateadores en 13 entradas.

En la Serie Divisional al mejor de cinco contra Colorado, Peña fue acreditado con victorias en los dos primeros encuentros. En cada uno de ellos, permitió doble de una carrera luego de entrar al partido, solo para ver como sus compañeros anotaban para ganar luego de que él se convirtiera en el lanzador de la decisión. En el Juego 4, entró por Greg Maddux en el octavo episodio con los Braves delante por seis carreas. Dante Bichette lo saludó con un sencillo y entonces Peña retiró a los seis bateadores siguientes y fue abrazado en la lomita luego de que ponchara a John Vander Wal para el último out del juego y la serie. En la NLCS contra Cincinnati, Alejandro lanzó en tres de los cuatro juegos en ña la barrida de los Reds. Lanzó en el octavo inning en los juegos 1, 2 y 4 y no permitió anotaciones.

"Oh, sí, pensé que estaría acá otra vez. Nunca me doy por vencido conmigo. Pensé que me quedaban un par de buenos años luego de que Boston me dejara libre este año."

– Alejandro Peña, 22 de octubre de 1995 en víspera del séptimo juego de la Serie Mundial de 1995.[27]

En la Serie Mundial ante Cleveland, Peña entró en el Juego 2 en el séptimo inning. Los Braves llevaban ventaja de 4-3 y tenían corredores en las esquinas con dos out. Albert Belle entró a batear. Eddie Murray acechaba en el círculo de espera. Sobre enfrenta a Belle, dijo, "A principio de esta temporada, cuando estaba con Boston, me pegó jonrón (con una recta). Esta era la venganza. Le abrí con una slider y luego lo retiré con tres rectas seguidas."[28] Retiró a Belle en un elevado que el receptor Javy Lopez capturó detrás del home plate.

En el octavo inning, Peña logró dos outs antes de transferir a Jim Thome y Bobby Cox trajo a Mark Wohlers, quien logró el rescate. Alejandro fue acreditado con un hold, y los Braves encabezaban la serie, 2-0. El tercer partido de la serie se fue a extra innings, y Peña entró a relevar en el inning 11. Luego de haber tenido éxito en cada una de sus siete salidas de postemporada en 1995, tuvo una mala salida, permitiendo doble de Carlos Baerga y sencillo empujador de Eddie Murray que lo dejó al campo. No esperaba lanzar esa noche, pues se había dado un tirón en la parte baja de la espalda durante los calentamientos previos al juego. Luego del encuentro, admitió "No podía seguir hasta el final, pero tenía que lanzar." (Los Braves ya habían pasado por cuatro relevistas)."[29] Fue su última salida de la Serie Mundial. Los Braves ganaron en seis juegos, y Peña se había ido con registro de 2-1 y 1.29 de efectividad en ocho salidas de postemporada.

Peña se convirtió nuevamente en agente libre luego de la justa de 1995. Tras firmar un contrato de liga menor con los Marlins en diciembre de 1995, tuvo un excelente entrenamiento de primavera y llegó al roster de ligas mayores. Pero luego de lanzar en cuatro partidos en abril, fue puesto en la lista de lesionados el 17 con un tirón en el manguito rotatorio. El Dr. James Andrews practicó cirugía el 18 de junio, pero Peña no volvió a lanzar profesionalmente.

En 15 años en grandes ligas, tuvo registro de 56-52 con efectividad de 3.11. Como abridor tuvo siete blanqueadas, y como relevista 74 rescates.

Luego de su retiro del béisbol Peña prestó seria atención a su golf en su casa en Georgia y se quedó lejos del juego por más de 10 años. Fue coach de pitcheo para los Dodgers de la Liga de Dominicana de Verano desde 2010 hasta 2013.

FUENTES

Además de las fuentes citadas en las Notas, el autor usó Baseball-Reference.com y el archivo de Peña en el Salón de la Fama del Béisbol.

NOTAS

1. Orel Hershiser (con Jerry B. Jenkins), *Out of the Blue* (Brentwood, Tennessee: Wolgemuth and Hyatt Publishers, 1989), 188.
2. Larry Schwartz, "Hollywood Ending for L.A., Gibson's HR Wins in Ninth," *Bergen Record* (Hackensack, New Jersey), 16 de octubre de 1988: S01.
3. Peter Gammons, "The Home Run," *Sports Illustrated*, 24 de octubre de 1988.
4. Gordon Edes, "Alejandro's Pain Is Real," *Los Angeles Times*, 5 de marzo de 1986: Sports-1.
5. Edes.
6. Gordon Verrell, "Dodgers: Kiddies in Pen," *The Sporting News*, 5 de septiembre de 1981: 47.
7. I.J. Rosenberg, "Whatever Happened to Alejandro Peña?" *Atlanta Journal Constitution*, 2 de mayo de 2015.
8. Verrell, "Fastball No Longer in Peña's Arsenal," *The Sporting News*, 11 de marzo de 1985: 32.
9. Terry Johnson, "No Stopping Him: To Dodgers' Relief, Peña Back in Form," *Daily Breeze* (Torrance, California), 25 de abril de 1989: D3.
10. Johnson.
11. Hold: Ventaja preservada. Anotación para un relevista cuando interviene como intermedio y preserva la ventaja. (Nota del Traductor).
12. Mark Bradley, "Peña Feels Lucky to Be a Brave," *Atlanta Journal*, 30 de agosto de 1991: H2.
13. Una bola bateada que da en el suelo cerca del home plate y se eleva con suficiente altura como para que el bateador llegue safe a primera base. (Nota del Traductor).
14. Bob Nightingale, "A No-Hitter by Decision in Baseball: Mercker, Wohlers, Peña get Help from Scorer's Controversial Ruling as the Braves Beat the Padres, 1-0," *Los Angeles Times*, 12 de septiembre de 1991: 1.
15. Joe Sexton, "Baseball: Peña Strikes a Big Blow," *New York Times*, 17 de octubre de 1991: B15.
16. Murray Chass, "Baseball: No Runs, No Pennant: Braves Force Game Seven," *New York Times*, 17 de octubre de 1991: B13.
17. Terry Johnson, "Peña Gets Results with New Pitch," *Daily Breeze* (Torrance, California), 30 de abril de 1984: D1.
18. Steve Rushin, "A Series to Savor," *Sports Illustrated*, 4 de noviembre de 1991.

19 Associated Press, "Atlanta Keeps Peña," *Augusta* (Georgia) *Chronicle*, 20 de diciembre de 1991: 1B.

20 I.J. Rosenberg, "The Fire Burns Again: To Braves' Relief, Alejandro Peña has Regained His Health and Fastball to Fuel 11-Game Win Streak," *Atlanta Constitution*, 24 de julio de 1992: E1.

21 Rosenberg, "Mets Fall 2-1, as Peña Saves Glavine's 13th," *Atlanta Constitution*, 9 de julio de 1992: D1.

22 Dave Nightingale, "Hurtin' and Uncertain," *The Sporting News*, 5 de octubre de 1992: 10.

23 Susannah Vesey, "What Am I Bid?" *Atlanta Constitution*, 25 de septiembre de 1992: G2.

24 Aileen Voisin, "Baseball: The Braves 1992 NL West Division Champions: Peña Feels Pain in His Elbow While Pitching Scoreless 8th," *Atlanta Constitution*, 1 de octubre de 1992: E8.

25 John Mehno, "Giving Something Back," *The Sporting News*, 21 de marzo de 1994: 16.

26 Ron Cook, "Peña's Release a Sad Farewell," *Pittsburgh Post-Gazette*, 1 de julio de 1994: C1.

27 Lyle Spencer, "Peña Still has Shades of '88 Series in Him," *Riverside* (California) *Press-Enterprise*, 23 de octubre de 1995: D01.

28 Scott Tolley, "Indians Get Home Cooking," *Palm Beach* (Florida) *Post*, 23 de octubre de 1995: 3C.

29 Mike Berardino, "'Hired Guns' Shine at Just the Right Time in Braves Title Run," *Augusta* (Georgia) *Chronicle*, 30 de octubre de 1995: 4C.

Tony Peña

Por Blake W. Sherry

En el folklore de la Tribu, Tony Peña siempre hará recordar momentos de júbilo y esperanza desatada por un campeonato de Serie Mundial luego de que conectara un jonrón temprano en la mañana hacia el jardín izquierdo para lograr la victoria en el inning 13 del Juego 1 de la Serie Divisional de la Liga Americana. Para los Indians, fue su primera postemporada desde 1954, y dejó a los fans soñando, "¿Sería este el año de los Indians?"

Antonio Francisco (Padilla) Peña nació el 4 de junio de 1957 en Monte Cristi, República Dominicana. Proviene de una familia de padres trabajadores. Su padre, Octaviano, era granjero y su madre, Rosalia, maestra por más de 30 años. Tony creció con tres hermanos y una hermana. Mientras su padre trabajaba muchas horas, fue su madre quien le enseñó los fundamentos del béisbol. Tony dijo una vez que su madre era la estrella de la familia. "Ella era una verdadera Todos Estrellas," dijo en su año de novato. "Jugó softbol y lanzaba y bateaba mejor que la mayoría de los hombres."[1] Rosalia era estricta con que la familia recibiera una educación, insistiendo que Tony y sus hermanos siguieran estudiando y no solo jugaran béisbol. Si él o cualquiera de sus hermanos tenía un examen al día siguiente, el estudio tenía que venir primero.

Tony Peña fue fichado como agente libre amateur en julio de 1975 por los Pittsburgh Pirates. Originalmente fichado como jardinero, se pasó a la receptoría en su segundo año en las menores. Ascendió en el sistema de granja de los Pirates con paradas en su equipo de la Gulf Coast League, Salem (Clase-A), Charleston (Clase-A), Shreveport (Doble-A), Buffalo (Doble-A), y Potland (Triple-A) antes de que lo promovieran cuando los rosters se expandieron el 1 de septiembre de 1980. En ocho encuentros, compiló para un robusto .429 (de 21-9).

Peña llegó al roster de los Pirates en 1981, pero inicialmente se quedó atascado detrás del fuerte dúo de receptores de Steve Nicosia y Ed Ott. Esto había llevado a los Bucaneros al campeonato de la Serie Mundial de 1979. Sin embargo, no pasó mucho tiempo para que Peña se convirtiera en el receptor titular. Su sólida demostración a finales de la temporada en 1980 permitió que los Pirates traspasaran a Ott a los California Angels en abril de 1981. En ese punto, el manager Chuck Tanner insistió en que tenía dos titulares con Peña y Nicosia.

Luego de haber visto acción en apenas 66 encuentros de esa temporada de 1981 acortada por la huelga, Peña emergió como el receptor titular hacia el final de la campaña. Uno de

Fotografía cortesía del Salón de la Fama del Béisbol Nacional

los atributos de su juego que los fans notaron a principios de su carrera era su amor por el juego, nada diferente de la alegría de uno de sus predecesores en los Pirates, el perennemente sonriente Manny Sanguillén. Pña dijo, "Me encantaría este juego aun si no me pagaran por jugar."[2] Tanner vio venir cosas incluso más grandes, declarando, "Es solo cuestión de tiempo para que Peña sea reconocido como uno de los receptores destacados."[3] Tanner no estaba solo en sus observaciones; el mentor de Atlanta Bobby Cox dijo que Peña, "paree ser un excelente prospecto."[4] Su promedio ofensivo de .300 y su excelente defensa le valieron para terminar en el sexto puesto en la votación por el Novato del Año. Fue nombrado como receptor al Todos Estrellas de Novatos de Topps y fue seleccionado al Equipo Todos Estrellas de Novatos de UPI. El duro trabajo de Peña y su deseo por mejorar le serían de mucho bien. Al final de año dijo, "Seré mejor el año que viene por la experiencia que recibí este año," agregando, "he cometido errores. Chuck me habló de ellos."[5]

Como receptor titular de los Pirates en 1982, Peña comenzó a batear. En julio fue nombrado al equipo Todos Estrellas de la Liga Nacional. Bateó .296 y conectó 11 cuadrangulares en su primera temporada completa como regular. Luego sería nombrado a más equipos Todos Estrellas en su carrera. Había llegado.

En 1983, Peña se estableció como una de las estrellas del juego. Recibió su primer Guante de Oro mientras compilaba para marca personal en una temporada completa de .301. Añadió algo de poder para acompañar su alto promedio con marca individual de 15 jonrones y 70 empujadas. En los tres años siguientes, Tony fue una figura fija en los Pirates, y se hizo conocer por agacharse bien bajo detrás del plato con una pierna bien extendida. Los fans de Pittsburgh también gustaban de su exuberancia por el juego y fue favorito de las multitudes durante su estancia allí.

La campaña de 1983 fue buena para los Pirates también. Estuvieron empatados en el primer lugar hasta el 17 de septiembre con los Phillies. Pero los Bucaneros se apagaron en las últimas dos semanas de esa temporada, y entonces entraron en una fase mala para la franquicia que duró casi hasta el final de la década. Un miserable equipo en 1985 tuvo registro de 57-104 y no pudo atraer ni siquiera 750,000 fans en la temporada. Durante ese período, se requirió un gran empuje del Alcalde Richard Caliguiri para juntar un consorcio de negocios locales solo para mantener al equipo en la ciudad.[6]

Mientras los Pirates luchaban a mediados d los 80 para lograr un equipo competitivo y para quedarse en Pittsburgh, la habilidad de Peña para mantener entusiasmo por el juego se vio afectada. Con tres últimos lugares consecutivos, el juego ya no era tan divertido. La contienda de 1985 fue el peor momento de su carrera. "No era divertido—para nada," dijo. "Hubo juicios por drogas, el club estaba en venta y nosotros perdiendo, perdiendo, perdiendo. No soy un perdedor."[7] Un grupo de ligamayoristas, incluyendo varios Pirates, pero no Peña, fueron llamados ante un gran jurado de Pittsburgh que investigaba el uso de cocaína. Como alguien que no había consumido drogas, Peña sentía resentimiento por la culpabilidad por asociación que sufrieron todos los Pirates. "El mundo pensaba que Pittsburgh estaba en juicio," dijo. "Dondequiera que todos iba, escuchaban sobre peloteros y drogas, y escuchaban sobre Pittsburgh. Era injusto, no estaba bien. Pittsburgh es una buena ciudad."[8] No fue hasta 1988 que los Pirates comenzaron a ganarse de nuevo a sus fans.

En 1986, el último año de Peña con los Pirates, compiló para un respetable .288 e integró el equipo Todos Estrellas por tercer año consecutivo, pero el club perdió 98 encuentros. Ofensivamente, los años de Peña en los Pirates fueron los más productivos de su carrera. La consistencia de su defensa, sostenida por tres Guantes de Oro, cuatro apariciones al Todos Estrellas, y un promedio ofensivo de .286 durante sus siete temporadas en Pittsburgh le valieron para ser considerado para el lineup los Pirates de todos los tiempos. El sitio baseball.about.com ubica a Peña entre los cuatro mejores catchers de todos los tiempos en los Pirates por el experto en MLB Scott Kendrick.[9]

El 1 de abril de 1987, Peña fue parte de un gran traspaso que trajo dos jugadores claves a los Pirates para su cadena de coronas del Este de la Liga Nacional a principios de los 90 y llevó a Peña a su primera aparición en Series Mundiales. Fue traspasado a los St. Louis Cardinals por el lanzador Mike Dunne, el receptor Mike LaValliere, y el futuro Todos Estrellas y ganador del Guante de Oro, el jardinero Andy Van Slyke. Dada la popularidad de Peña, fue una sorpresa para lo fans de los Pirates, pero razón de emoción para los Cardinals y sus fans. El gerente general de los Cardinals Dal Maxvill dijo, "Estamos obteniendo a uno de los principales jugadores del béisbol, como evidencia de lo que tuvimos que dejar ir para adquirirlo,"[10]

Peña, sin embargo, estaba emocionalmente afectado por el canje. "Lloré por una semana," dijo. "El traspaso me lastimó psicológicamente. Perdí mi ritmo."[11]

Peña pasó los tres años siguientes con los Cardinals, y terminó siendo uno de los ingredientes claves para sus pretensiones de campeonato en 1987. Al recibir su primera probada de postemporada en esa campaña, compiló .381 en la NLCS cuando los Cardinals superaron a los San Francisco Giants en siete encuentros, y luego compiló .409 en una causa perdida en la Serie Mundial, ganada por los Minnesota Twins en siete encuentros.

Un año después del traspaso, el 21 de abril de 1988, Peña logró algo de satisfacción personal durante un regreso a Pittsburgh a principios de temporada. Se fue de 4-3, con dos jonrones y tres anotadas en una victoria de los Cardinals 9-3 sobre los Bucaneros. "Fue agradable volver a mi antiguo estadio," dijo Peña. "He tratado de dejar el traspaso detrás, solo quiero olvidarlo y hacer mi trabajo."[12] Jugó dos años más en St. Louis y lograría otra aparición al Juego de las Estrellas en 1989.

Peña se fue de St. Louis como agente libre luego de la contienda de 1989 y firmó con los Boston Red Sox, con los que estuvo desde 1990 hasta 1993. Sus habilidades de liderazgo se hicieron notar también en el camerino de los Red Sox, mientras se adaptaba a la Liga Americana. Al igual que sus estancias en Pittsburgh y St. Louis, Peña mostró excelente defensa y conducción del staff de pitcheo, que era exactamente lo que esperaba el gerente general Lou Gorman. Tony dijo que Gorman le dijo, "Quiero que recibas, que conduzcas el juego y que saques out a los corredores. Eso

Fotografía cortesía del Salón de la Fama del Béisbol Nacional

es lo que necesito."[13] Peña cumplió esas expectativas, ganando un cuarto Guante de Oro en 1991. (Se convirtió en apenas el segundo receptor en ganar un Guante de Oro en cada liga; Bob Boone fue el primero.)

El coach de pitcheo de los Red Sox Bill Fischer fue más lejos con sus elogios, ubicándolo por encima del miembro del Salón de la Fama Johnny Bench, a quien observó cinco años en Cincinnati como entrenador. "Creo que Peña es el mejor receptor que he visto," dijo Fischer. "Bench hacía mucho ruido con su bate, pero en lo que se refiere a la receptoría, creo que Peña es mejor. Es tan importante para el staff de pitcheo por la forma en que conduce el juego y los mantiene relajados."[14]

No obstante, un Peña humilde huye de tanto encomio. "No creo que pueda llevarme tanto crédito," dijo, "Ellos (los lanzadores) lanzaron la pelota y efectuaron los lanzamientos. Ellos tuvieron el éxito. Mi trabajo es ayudar al lanzador tanto como pueda. Si algo sale mal, mi trabajo es arreglarlo. Mantengo total concentración en el juego."[15]

Peña prestaba especial atención a los jóvenes latinos en los Red Sox, como Carlos Quintana e Iván Calderón, para alentarlos a que se asimilaran dentro del equipo. Además, ayudaba a la comunidad latina. (Como ejemplo, tomó parte en un evento en la altamente latina ciudad de Lawrence para recaudar dinero para ayudar a las familias hispanas migrantes.[16])

El 7 de febrero de 1994, con 37 años, Peña firmó un contrato de agente libre con los Cleveland Indians como suplente de Sandy Alomar Jr. Fue la primera vez que Peña firmaba un contrato como no regular. Preocupado por el reemplazo de los Indians, el gerente general John Hart se acercó a él en la República Dominicana ese invierno. Le dio una gorra de la Tribu a Tony y le pidió que considerara la posibilidad de ser el receptor suplente en Cleveland. Pocos días después, Peña llamó a Hart y le dijo, "Estoy usando mi gorra de los Indians,"[17] y así fue como Hart supo que lo tenía de su lado. En rol de suplente, brindó tanto chispa como liderazgo veterano para manejar el staff de pitcheo de los Indians, con los que estaría tres temporadas.

La justa de 1995 comenzó con Alomar en la lista de lesionados, por lo que Peña se vio de nuevo en la alineación regular. Los Indians tuvieron el mejor inicio de todas las mayores, al irse de 41-17. Con Peña como receptor, el staff de pitcheo tenía el más bajo promedio de efectividad del circuito hasta el 1 de julio. Tony jugó toda la primera mitad de la temporada y terminó jugando más de la mitad de los encuentros esa contienda en la que los Indians ganaron 100 de su 144 partidos (fue acortada por la huelga del año anterior). Ganaron la división con impresionante ventaja de 30 juegos.

Peña fue uno de los ingredientes claves de ese éxito. Compiló .262, y como receptor se conoció por sus rápidas y productivas visitas a la lomita con los lanzadores cuando sentía que no estaban lo suficientemente centrados. "Tony tiene una maestría en el juego," dijo el coach de pitcheo de los Indians Jeff Newman. "Saca el desempeño que debe de un lanzador. Si un lanzador no tiene nada un día, hay muy poco que pueda hacer un receptor. Pero si el lanzador está bien en sus envíos, un buen receptor puede hacer que los ponga en ciertos puntos pidiendo el lanzamiento indicado a la hora indicada. No todos los receptores pueden hacer eso, pero nosotros tenemos dos que pueden."[18] De regreso de la lista de lesionados, Alomar estuvo detrás del plato para los play off.

Fue una reivindicación para él. "Sé que había dudas respecto a mí," dijo. "No sabían si podía recibir todos los días. Pero yo lo hice todos los días en la pelota invernal en Dominicana para prepararme para la campaña. Lo he hecho todos los años que he jugado en grandes ligas." Añadió que piensa que "el sr humano es como un auto. Si manejas tu auto diariamente por seis meses, y luego lo apagas otros seis meses, se romperá cuando lo enciendas de nuevo. Por eso no me tomo tiempo libre."[19]

Con Alomar de regreso, Peña jugó poco en la postemporada. Pero el 3 de octubre, hizo que contara. Su jonrón decisivo en el final del inning 13 del Juego 1 de la Serie Divisional de la Liga Americana ante os Red Sox dio ímpetu inicial a los Indians. El cuadrangular fue ante el relevista de Boston Zane Smith, unas seis horas luego de que iniciara el juego. Fue la primera victoria de Cleveland en postemporada desde su campeonato en 1948, una sequía que duró 47 años. De su batazo, Peña dijo, "No estaba seguro si dejarla pasar o no. Pero cuando él [el lanzador de los Red Sox Zane Smith] hizo el lanzamiento, era demasiado buena para dejarla pasar."[20]

Los Indians derrotarían a Boston en la ALDS, y luego a Seattle en la Serie por el Campeonato de la Liga Americana, antes de sucumbir frente a los Atlanta Braves en seis encuentros de la Serie Mundial. Peña jugó en cuatro juegos en la ALCS, pero en solamente dos de la Serie Mundial. Pese a la derrota de Cleveland en la Serie Mundial, el jonrón de Peña en la ALDS sigue siendo citado como uno de los momentos más memorables en la historia de los Indians. El sitio web didthetribewinlastnight.com describe el jonrón como "el momento más grande en el año más grande de la historia de la franquicia."[21]

Tony jugó 67 partidos con los Indians en 1996. Agente libre luego de la justa, firmó con los Chicago White Sox en enero de 1997. Jugó con ellos apenas 31 partidos antes de que lo traspasaran a los Houston Astros el 15 de agosto. Jugó nueve juegos con estos últimos y, ya con 40 años, lo dejaron libre después de la contienda.

Ese invierno estuvo como manager/jugador de las Águilas Cibaeñas en la Liga Dominicana. A medida que la temporada avanzó, fue jugando cada vez menos pese a conectar algunos batazos clave en el principio. Se retiró como jugador al final de esa campaña y comenzó a centrarse en ser manager y coach.

Los años siguientes los pasaría como manager de ligas menores antes de convertirse en coach de grandes ligas y finalmente en manager. Dirigió el equipo de los White Sox en la Arizona Fall League en 1998. Luego se hizo cargo como mentor de los New Orleans Zehyrs de la Pacific Coast League para la organización de los Houston Astros. Ganó el título del Este de la PCL en 2001, antes de convertirse en coach de banca para los Astros en 2002.

A principios de la temporada de 2002, el 15 de mayo, Peña fue contratado para dirigir a los Kansas Cita Royals luego del despido de Tony Muser. Se convirtió en apenas el tercer dominicano en dirigir un equipo de grandes ligas. El 25 de junio, cuando intercambió alineaciones con el mentor de los Detroit Tigers Luis Pujols fueron el primer dúo dominicano que lo hacía en las mayores. Por caprichos del destino, Felipe Alou, el primer director dominicano, también estaba allí como coach de banca de los Tigers. El presidente dominicano Hipólito Mejía también estuvo presente para una presentación especial por parte el Comisionado Bud Selig. O era la primera vez que Peña y Pujols, también ex receptor, habían sido oponentes como mentores, pues ya se habían enfrentado en esos puestos en la Liga Invernal Dominicana.

En 2003, su primera temporada completa como manager, experimentó éxito inicial con los Royals al terminar por encima de .500 desde la temporada de 1994 acortada por la huelga. Había restaurado el entusiasmo y responsabilidad en el equipo apretado de presupuesto. Fue una elección fácil para manager del año en la Liga Americana por The Sporting News y la Asociación de Cronistas del Béisbol de Estados Unidos (BBWAA, por sus siglas en inglés), recibiendo 24 de los 28 votos del primer lugar, y convirtiéndose en apenas el quinto manager que logra el premio en su primera contienda completa.

Los Royals no pudieron capturar la magia de nuevo en 2004 y perdieron 104 encuentros. Luego de otra mala arrancada en la temporada de 2005 (8-25), Peña renunció el 10 de mayo. Luego de su derrota final 31 ante los Blue Jays, dijo, "Ya no puedo soportarlo. No estamos jugando bien. Es difícil ir al estadio y perder juego tras juego. No he estado comiendo. No he estado durmiendo."[22]

En noviembre de 2005, Peña fue contratado por los New York Yankees como coach de primera base, posición que mantuvo hasta convertirse en coach de banca en 2009. También fungió como instructor de receptores ene le equipo. En 2015 regresó como coach de primera base y todavía mantenía ese puesto durante la lucha de los Yankees por la postemporada de 2017.

El 11 de febrero de 2012, en una ceremonia en La Romana, República Dominicana, Peña fue exaltado al Salón de la Fama del Béisbol Latino.

En marzo de 2013, Peña dirigió al equipo de República Dominicana en el Clásico Mundial de Béisbol. El equipo ganó invicto—algo sin precedentes—en ocho juegos, venciendo 3-0 a Puerto Rico. El equipo fue liderado ofensivamente por el MVP del torneo, Robinson Canó. El lanzador Fernando Rodney tuvo siete rescates. Dirigió a los campeones defensores nuevamente en 2017, pero fueron eliminados en la segunda ronda de grupos, ganando uno y perdiendo dos.

Peña tiene un notable número de logos como pelotero. Hasta el inicio de la contienda de 2015, era el sexto entre los receptores de las mayores con 1,950 juegos en la posición, octavo en outs (11,212), y sexto de por vida en dobles matanzas para un receptor con 156. Tuvo numerosas temporadas ubicado en el Top 10 en WAR Defensivo (Victorias Sobre Reemplazo).

Peña se casó con la chica de su calle, Amaris, quien vivía apenas a tres casas de la suya. Tuvieron tres hijos juntos; Tony Jr. y Francisco Antonio, y una hija, Jennifer Amaris. Tony Jr. fue firmado como agente libre amateur en el campo corto por los Atlanta Braves en 1999. Debutó en 2006 y tuvo una carrera de cuatro años en las mayores. Francisco Antonio ha estado en las menores desde 2007, y hasta 2015 estaba jugando en el sistema de los Royals. Su hija, Jennifer Amaris, ganó el desfile de belleza Miss República Dominicana-USA en 2007.

Uno de los hermanos menores de Tony, Ramón, también jugó en las mayores. Apareció en ocho juegos como relevista de los Detroit Tigers en 1989. No registró decisiones y tuvo una efectividad de 6.00 en 18 entradas lanzadas.

NOTAS

1. Charley Feeney, "Tanner Rates Pena All-Star of the Future," *The Sporting News*, 17 de octubre de 1981: 31.
2. Charley Feeney, "Bucs Given Strong Charge By 'Dominican Connection'," *The Sporting News*, 20 de junio de 1981: 31.
3. Feeney, "Tanner Rates Pena All-Star of the Future."
4. Feeney, "Bucs Given Strong Charge By 'Dominican Connection'."
5. Feeney, "Tanner Rates Pena All-Star of the Future."
6. Ron Cook, "A Terrible Time of Trial and Error," *Pittsburgh Post-Gazette*, 20 de septiembre de 2000: CC-3.
7. Charley Feeney, "Pena Wiser After Nightmare of '85," *The Sporting News*, 10 de marzo de 1986: 39.
8. Feeney, "Pena Wiser After Nightmare of '85."
9. Scott Kendrick, "Pittsburgh Pirates All Time Lineup," *About.baseball.com*, 27 de marzo de 2017, recuperado el 5 de diciembre de 2017.
10. "Pirates Deal Pena to Cardinals," *New York Post*, April 4, 1987. Archivo de jugador en el Salón de la Fama del Béisbol.
11. Paul Hoynes, "What a Catch," *Plain Dealer*, 2 de julio de 1995.
12. "Pena Finally Gets Back at Pirates," *Los Angeles Times*, 22 de abril de 1988: Part 3-7.
13. Robyn Norwood, "This Free Agent Was a Catch for the Red Sox," *Los Angeles Times*, 9 de agosto de 1990: C6.
14. Joe Giuliotti, "Red Sox catch Pena Fever," *Boston Herald*, 11 de abril de 1991: R27.
15. Sean McAdam, "A Good Guy to Have," *Providence Journal*, 15 de mayo de 1991.
16. Paul Lafond, "Sox' Tony Pena: I really like to help kids who are needy'," *Lawrence Eagle-Tribune*, 29 de junio de 1990: 25-27.
17. Hoynes: 11-D.
18. Hoynes.
19. Hoynes.
20. Jim Ingraham, "Picture-Perfect Play," *Morning Journal* (Lorain, Ohio), 4 de marzo de 1996: B1.
21. Steve Eby, "The Greatest Summer Ever: Tony Pena," Didthetribewinlastnight.com, 20 de junio de 2015. Recuperado el 5 de diciembre de 2017.
22. Bob Dutton, "Royals Manager Tony Pena Resigns," KansasCity.com, 11 de mayo de 2005. Recuperado el 5 de diciembre de 2017.

Neifi Pérez

Por Ralph Carhart

Quando Neifi Pérez firmó su primer contrato de grandes ligas, el 9 de noviembre de 1992, su empleador todavía no había participado en un juego profesional. Denver había recibido un equipo de béisbol en junio de 1991, y los recién creados Colorado Rockies ya habían participado en el draft amateur de 1992. Sin embargo, no fue hasta los días cercanos al draft de expansión a mediados de noviembre que firmaron a su primer agente libre amateur, Pérez, de 19 años. Nacido el 2 de junio de 1973 en el municipio de Villa Mella, en la sección Santo Domingo Norte de la República Dominicana, Pérez se convertiría en un héroe en la República Dominicana y una leyenda en la historia de las Series del Caribe. Pero como muchos peloteros de su era, las medidas extremas que tomó durante su carrera terminaron costándole.

Desde el principio, estuvo claro que el versátil y ágil Pérez podía cubrir terreno a la defensa. Torpedero principalmente, podía jugar segunda base. La pregunta mayor era cuán bien podía batear. Con la ola de poder en los años 90, el béisbol había dejado atrás el molde de paracortos que fildeaban pero no bateaban, que había sido la norma en décadas anteriores. Ante tales expectativas, Neifi se exoneró bastante bien en su primera temporada profesional, en 1993, con los Bend Rockies (Oregon) en la Northwest League. Sus números no fueron memorables; bateó un ordinario .260 en Clase-A baja. Pero encabezó el equipo en hits y bases robadas. También fue líder del club en juegos jugados, una estadística distintiva de inicios de su carrera.

Al año siguiente fue promovido a la Clase-A alta, a los Central Valley Rockies de la California League. Su promedio ofensivo cayó a .239, pero se mantuvo consistente, y volvió a superar a sus compañeros en juegos jugados. También se sentía más cómodo en las bases, lo que le permitió transformar su velocidad natural en triples, apartado en el que también lideró el club. Por desgracia para él, a medida que comenzó gradualmente a desarrollar su juego ofensivo, comenzó a tener problemas a la defensa. Cometió 39 errores ese año. Fue sin embargo el protagonista de un hito en la California League, el primer triple play sin asistencia en los 53 años de historia del circuito.[1] El 9 de mayo, en un encuentro contra los Bakersfield Dodgers, con Mike Kinney en segunda base y Matt Schwenke en primera, Miguel Cairo pegó una línea directa a Pérez. Los corredoras iban ya en movimiento, y Neifi pudo atrapar la pelota de aire, pisar segunda base y correr a Schwenke que iba hacia ésta para así lograr el tercer out.

Su ascenso continuó cuando le enviaron a los New Haven Ravens de la Doble-A al comienzo de 1995. La organización siguió trabajando con él en su bateo, con ocasionales signos de esperanza. No le estaba yendo bien en la caja de bateo cuando el manager de New Haven Paul Zuvella se le acercó antes de un juego a mediados de julio y lo retó a que llevara su ofensiva a un "nivel más alto."[2] Pérez respondió con cinco empujadas en la noche, incluyendo un triple empujador de dos carreras y un cuadrangular de tres anotaciones. También redujo a la mitad su total de errores con respecto la noche anterior. Al final de la temporada, había llegado a la escuadra de Triple-A de los Rockies, los Colorad Springs Sky Sox.

Pérez comenzó la campaña de 1996 en Colorado Springs, y fue en el curso de esa campaña que la prensa de Colorado comenzó finalmente a llamarlo el "paracorto del futuro de los Rockies." Tuvo un año eléctrico, compilando .316 con 12 triples, superado solo por el eventual destacado ligamayorista Bobby Abreu para el liderato de la liga. A finales de junio, había rumores sobre su promoción. Pero siguió con problemas defensivos, especialmente cuando tenía que hacer tiros precipitados a primera base cuando atrapaba pelotas bateadas hacia el hueco. Reconoció que tenía que "tomar mejores decisiones. Tengo que aprender cuándo quedarme con la pelota y no forzar una jugada."[3] Fue seleccionado para el Juego de Estrellas de Triple-A, donde anotó la carrera del empate cuando Brook Fordyce pegó jonrón en el octavo inning y dio a las futuras estrellas de la Liga Nacional una victoria 2-1 ante su similar de la Liga Americana.[4]

Pese a lo bien que le iba, los Rockies estaban comprometidos con su paracorto de entonces Walt Weiss. No fue hasta que se

Foto cortesía de los Kansas City Royals

expandieron los rosters a finales de agosto que promovieron a Pérez. Debutó rápidamente el 31 de agosto, una apertura en la que jugó el partido completo. Cubrió la segunda base, dando la noche libre al regular Eric Young, y realizó tres asistencias y un out. En la caja de bateo, se fue de 4-0 con un ponche. Logró su primer inatrapable el 12 de septiembre, en una noche en que consiguió sus dos primeras empujadas en grandes ligas. Pérez tuvo algunas otras aperturas antes de que terminara la contienda, y cubrió a la defensa varias veces por Weiss. Por su parte, Weiss encabezó la liga en errores en el campo corto con 30. La breve audición de Neifi fue lo suficientemente impresionante como para crear incertidumbre en la organización de los Rockies sobre quién sería el paracorto regular para 1997.

El propio Weiss dijo a la prensa que esperaba que lo traspasaran.[5]

Pero estaba equivocado. Cuando los Rockies jugaron ante los Cincinnati Reds en el Día de Apertura de 1997, Weiss era el torpedero y siguió siéndolo durante la mayor parte de los 100 primeros juegos del equipo. Pérez se mantuvo en Colorado Springs, donde castigó a la liga. Para finales de junio, a mediados de la temporada, estaba bateando .363 con ocho cuadrangulares, ya marca personal. Se tornó bastante elocuente respecto a que pensaba que debía estar en las mayores, dando una impulsiva entrevista a un periódico en la que dijo, "Todo lo que puedo aprender en Triple-A, ya lo aprendí. Mi tiempo acá acabó. Espero que me promuevan... antes de que se agote mi paciencia y cometa una locura."[6]

Claramente los Rockies coincidían con su presuntuoso joven infielder. A una semana de la entrevista estaba de regreso a las mayores. Llenó espacios en el infield, jugando campo corto, segunda y tercera base. Weiss estaba teniendo una campaña adecuada, pero una lesión en la ingle a finales de julio lo puso en la lista de lesionados y le abrió las puertas a Perez para jugar de manera regular su posición natural.[7] Se destacó durante la ausencia de Weiss, compilando .333 con tres jonrones en 20 encuentros. Cuando Weiss regresó, el manager de los Rockies Don Baylor no tenía intenciones de sacar a Neifi de la alineación.

Por el contrario, los Rockies traspasaron a su segunda base regular Eric Young al Los Angeles Dodgers y pasaron a Neifi al lado derecho del infield, donde jugó el resto de la temporada. Estuvo preciso en segunda base, a ritmo de un promedio defensivo de .992, y terminó la contienda con un excelente promedio como novato de .291. Pese a haber jugado solamente 83 encuentros, la mitad de la temporada, encabezó al equipo en triples. Incluso logró un voto para el premio al Novato del Año, que fue a manos del destacado jugador de los Phillies Scott Rolen. Entre temporadas, los Rockies se comprometieron con su "torpedero del futuro," pues Weiss se acogió a la agencia libre cuando se rehusó aceptar la petición de los Rockies de pasar a segunda base para abrirle espacio a Pérez.[8]

Neifi regresó a casa en República Dominicana ese invierno para jugar por su equipo nacional en la Serie del Caribe. El año anterior, la República Dominicana había ganado su sexto campeonato desde que el torneo revivió en 1970, luego de un hiato de 10 años tras el final de la Liga Invernal Cubana en 1961. Pérez, quien normalmente jugaba con los Leones del Escogido en la Liga Invernal Dominicana, fue invitado a unirse al campeón de la liga, las Águilas Cibaeñas, para el torneo de cuatro equipos. Enfrentando a México, Puerto Rico y Venezuela, Pérez lideró a las Águilas a su segundo cetro consecutivo. En el torneo, compiló .478 con cinco impulsadas y seis dobles. Conectó cuadrangular de dos carreras en la final de la serie, asegurando la victoria sobre Venezuela. Fue nombrado MVP de la Serie del Caribe.[9]

Fresco aún de su logro y ubicado como paracorto regular para los Rockies en 1998, Pérez parecía tener un futuro brillante. En el entrenamiento de primavera, el manager Baylor lo comparó con Luis Aparicio. Pérez, quien ocho meses atrás estaba alardeando de su habilidades con ruido, había aprendido un poco sobre la humildad en poco tiempo. Rechazó la comparación diciendo, "Quiero esperar a ver qué pasa... simplemente voy a jugar como juego."[10] En combinación con el nuevo segunda base Mike Lansing, adquirido de los Montreal Expos, Neifi encabezó la liga en 1998 en dobles jugadas completadas por un torpedero con 127, más de 30 por encima de sus más cercanos perseguidores, Edgar Rentería y Chris Gomez.

Su versatilidad en el terreno se puso a prueba el 7 de junio en un juego contra los

Anaheim Angels. Una lesión y estrategias de la alineación dejaron a los Rockies sin receptor en un juego que habían empatado a cinco con dos outs en la parte alta del noveno. Neifi fue ubicado detrás del plato y a la larga terminó influyendo en el marcador final. No pudo bloquear un wild pitch de Jerry DiPoto y el toletero de los Angels Jim Edmonds anotó la carrera de la victoria antes de que Pérez pudiera recuperar la bola. Fue su única actuación profesional como receptor.

Su rendimiento como bateador descendió un poco respecto al año anterior, pues su promedio cayó .017 puntos. También parecía tener problemas para controlar su inherente velocidad. Robó apenas cinco bases y conectó un triple menos que el año anterior, cuando jugó media temporada. Sí encabezó la liga en toques puesto en juego, con 67, pero le dio trabajo convertirlos en hits. En el lado positivo, sus 22 sacrificios encabezaron las mayores y logró la rareza estadística de batear una escalera l 25 de julio, pese a no ser un jonronero. Fue también una presencia sin lesiones, apareciendo en los 162 partidos de una temporada generalmente decepcionante para Colorado. Los Rockies terminaron en el cuarto puesto, a 21 partidos de los campeones de la división, los San Diego Padres.

Pérez y los Rockies tuvieron el placer de ser aguafiestas cuando, en el último día de la campaña, derrotaron a los San Francisco Giants, privándoles del Wild Card. Los Giants ganaban 7-0 en el quinto, pero los Rockies remontaron, y fue Pérez, con un jonrón abriendo el noveno inning, apenas su número nueve de la temporada, lo que dio el tiro de gracia a los Giants.[11] La derrota forzó un juego de desempate contra los Cubs, que los Giants perdieron.

Neifi regresó a la Liga Dominicana y la Serie del Caribe luego de la contienda de 1999 y logró hacer historia. Encabezó al Escogido al campeonato de la temporada regular con un jonrón de tres carreras en el final del noveno inning del último juego de la campaña. Los Leones perdieron la serie al mejor de nueve ante los Tigres del Licey, y fueron estos los que aseguraron su viaje a Puerto Rico donde representarían a la República Dominicana en la Serie del Caribe.[12] Nuevamente, Pérez se unió al equipo nacional para el torneo, y nuevamente llevó a República Dominicana a la victoria, su récord de tres al hilo. Jugando junto a nombres con David Ortiz y Adrian Beltré, ambos probablemente destinados a Cooperstown, fue Pérez quien se llevó su segundo trofeo de MVP, bateando de hit en los seis encuentros (12 imparables) del torneo.

En las dos campañas siguientes, Pérez siguió mejorando en Colorado, a la defensa y en la caja de bateo. Encabezó las mayores en veces al bate y triples en 1999 y vio su promedio ofensivo elevarse en ambas temporadas llegando a .287 en 2000. Ganó ese año su único Guante de Oro, cuando lideró a todos los paracortos de la Liga Nacional en asistencias, outs, y dobles matanzas. Su dWAR (Victorias Sobre Reemplazo en la defensa) de 2.1 fue el tercero del circuito. El nuevo siglo también trajo al arbitraje para Pérez, y su salario se disparó de $400,000 en 1999 a $3.5 millones para la campaña de 2001. Se había convertido en uno de los principales nombres del béisbol.

Pero los Rockies siguieron sumidos en la mediocridad. Pérez y su robusto contrato se habían convertido en una atractiva carnada para traspasos,[13] el 25 de julio fue incluido en un canje de tres equipos que envió al toletero Jermaine Dye a los Oakland A's, al tiempo que el propio Neifi Pérez terminó con los Kansas City Royals. Pérez tuvo problemas en la caja de bateo ajustándose a la nueva liga y promedió solamente .241 en 49 encuentros. También vio como se desvanecía la fortuna de su equipo: los Royals eran incluso peor que los Rockies, terminando el año en el último puesto con 65-97.

Pérez siguió participando en las ligas invernales y tal vez fue ese constante juego lo que llevó al declive en la caja de bateo en 2002. O tal vez fue porque envejeció dos años de la noche a la mañana. Neifi fue uno de los jugadores nombrados en un gran escándalo entre temporadas cuando se reveló que un grupo de peloteros dominicanos había estado mintiendo respecto a su edad. El aumento en el escrutinio de documentación de nacimiento, un efecto secundario de los ataques del 11 de septiembre, reveló que Pérez tenía 28 años en lugar de 26, como había declarado en sus registros de empleo.[14] Cualquiera que haya sido la razón, compiló para un pálido .236, y tal vez, haciendo más evidente su declive, apenas cuatro triples en 145 encuentros. Los Royals perdieron 100 encuentros esa campaña, y con su conclusión, pusieron a Pérez en waivers.

Lo reclamaron los San Francisco Giants, quienes un mes después lo dejaron libre antes de volver a firmarlo el 31 de diciembre. La operación fue una medida para recortar costos por su parte, pues firmó por el salario de $1.5 millones, $2.5 millones menos que su salario el año anterior con los Royals. Con los Giants, Pérez vio como su tiempo se dividía todavía más entre segunda base y el campo corto. Jugó en 120 encuentros, sustituyendo al paracorto regular Rich Aurilia y al segunda base Ray Durham, quien estuvo dos veces en la lista de lesionados es año, incluyendo el haberse perdido casi todo el mes de agosto.

Los Giants significaron también la primera vez en la carrera de Pérez en las mayores que jugaba con un club ganador. Los Giants de 2002 fueron los campeones de la Liga Nacional, y Neifi llegó al campo de entrenamiento en 2003 optimista de pertenecer a una escuadra exitosa. Los Giants no decepcionaron, ganando 100 juegos en 2003 (solo un año luego de que Pérez había perdido 100 con los Royals). Los Giants, con Barry Bonds en forma, eran los amplios favoritos para vencer a los Florida Marlins, ganadores del Wild Card, en la Seri Divisional. Los Marlins sorprendieron al mundo del béisbol, ganando no solo el banderín, sino también la Serie Mundial ante los New York Yankees en seis juegos.

Pérez, relegado a su rol de suplente, tuvo apenas cuatro comparecencias en la postemporada. Tuvo un hit, un doble para iniciar el noveno episodio del cuarto y último encuentro de la Serie Divisional. J.T. Snow lo empujó con un sencillo, poniendo a los Giants a una carrera de empatar el encuentro. Después de esto, el cerrador de los Marlins Ugueth Urbina cerró la puerta, terminado la serie y la campaña de 2003 para los Giants.

Cuando los Giants decidieron no firmara Aurilia para la temporada de 2004, Pérez volvió a verse elevado a ser jugador regular, al asumir las tareas como paracorto. Las cosas comenzaron bien cuando tuvo un buen día en la caja de bateo en apenas la segunda jornada de la temporada, al irse de 4-4 con dos dobles y cuatro empujadas, elevando a los Giants a un triunfo de 7-5 sobre los Houston Astros. En los tres meses siguientes, sin embargo, se notó un precipitado declive para él. A mediados de agosto, compilaba .232. San Francisco también se tambaleaba, a 7½ y en el tercer peldaño. Los Giants lo dejaron libre el 17 de agosto para promover al lanzador Kevin Correia de la Triple-A. En las palabras del manager de los Giants Felipe Alou, "(Pérez) asistía a diario y no se quejaba. ... Sencillamente necesitábamos añadir un brazo."[15] Dos días después, lo firmaron los Chicago Cubs.

Pérez comenzó su etapa con Chicago en Iowa, jugando con lo Cubs de Triple-A. Su primera visita a las menores desde 1997 no fue bien; compiló solamente .206 en diez encuentros. Chicago, en persecución de los resurgentes Giants por el Wild Card, tuvieron un asueto de cinco días a principio de septiembre cuando su serie ante los Marlins fue pospuesta debido al Huracán Frances. Cuando volvieron a la acción el 6 de septiembre, Pérez estaba en el roster, pese a su pobre desempeño en las menores. Tuvo 67 comparecencias con los Cubs en ese último mes de la temporada, y tuvo una de las más largas rachas de excelencia ofensiva de su carrera, al batear .371 durante la lucha por la clasificación. Por desgracia para los Cubs, los Astros se fueron con 28-7 en sus últimos 35 encuentros, destruyendo los sueños de Chicago de alcanzar el comodín.

Cuando comenzó la campaña de 2005, los Cubs era un equipo con un infield en movimiento, hecho que se exacerbó cuando el estelar torpedero Nomar Garciaparra se lesionó severamente si ingle en abril. Intentaron hacer frente al asunto haciendo que Pérez alternara entre el torpedero y la segunda base. En este momento de su carrera, sin embargo, Pérez ya no tenía la versatilidad que una vez tuvo en el infield. Esto se demostró de forma dolorosa en un juego el 15 de mayo ante los Washington Nationals. Además de irse de 5-0 en la caja de bateo, Neifi cometió dos errores en la misma entrada jugando segunda base. Trató de mantenerse optimista, declarando, "Es el día más difícil en el béisbol, que no quieres llegar a ver, pero tienes que superarlo. ... pero tienes que olvidar [lo que pasó] hoy y volver mañana."[16] Los Cubs, por su parte, parecieron haber aprendido la lección. Si bien Neifi siguió cubriendo segunda y tercera base ocasionalmente el resto del año, luego de ese encuentro rara vez jugó otra posición que no fuera el campo corto.

Tuvo una temporada tan buena que cuando Garciaparra regresó a principios de agosto, el manager de los Cubs Dusty Baker lamentó haberlo perdido en la alineación. "Creo que ha demostrado que es más que un utility. ... ¿Tengo que llevar a Neifi al banco ahora? Este muchacho nos salvó."[17] Baker lo dejó en la alineación, y Pérez respondió, bateando .299 en los dos últimos meses. Los Cubs, sin embargo, tuvieron un mes de agosto terrible, que los eliminó de las posibilidades de llegar a la postemporada. Aunque Pérez terminó el año con su más alto promedio de bateo desde 2001, se fue a casa al final de la contienda aun añorando la gloria de la postemporada.

Las fortunas de los Cubs no mejoraron en 2006, y para mediados de la campaña los fans clamaban por el despido de Baker.[18] Esto tuvo entre sus causas su dedicación a Pérez. Aunque estaba teniendo otra temporada promedio, los Cubs tenían a un grupo de jugadores jóvenes esperando por una oportunidad. Los fans estaban desesperados porque Baker dejara de ubicar a Neifi de segundo en la alineación. No solo tenía un average muy por debajo para el turno en la alineación, sino que también estaba siendo fiel a la forma que tuvo siempre en su carrera de recibir muy pocas bases por bolas. Para mediados de agosto, Pérez tenía un OBP de .266.

El 20 de agosto, tanto los fans de los Cubs como Neifi fueron complacidos cuando lo traspasaron de los Cubs (en quinto lugar) a los Detroit Tigers (en primero). Los Tigers habían perdido a su segunda base regular, Plácido Polanco, con una lesión en el hombro y el gerente general de Detroit Dave Dombrowski transfirió al cátcher de ligas menores Chris Robinson por Pérez, en espera de que una estable presencia veterana ayudara a su equipo en las última semanas de la contienda. El manager de los Tigers Jim Leyland, quien había dirigido a Neifi con los Rockies en el año 2000, estaba emocionado con la nueva adquisición, declarando "Encaja justo en nuestro molde. Es un sinvergüenza que tiene un swing salvaje."[19] Pérez, que debe haber estado ansioso por jugar con un contendiente al banderín, debe haberse sentido un poco maldito. Los Tigers, que habían estado en el primer lugar desde el 16 de mayo, tuvieron un deplorable mes de septiembre, en el que perdieron sus últimos cinco encuentros. Detroit tenía cinco juegos y medio de ventaja cuando él se les unió y luego de su derrota en el último día de la temporada solo clasificaron para el comodín.

Los Tigers se recuperaron en la postemporada, llegando a la Serie Mundial. Por desgracia para Pérez, Polanco estaba de vuelta en la alineación desde la última semana de septiembre y Neifi pasó la mayor parte de la postemporada mirando desde el banco. Tuvo su primera aparición, y la primera vez en la alineación de un juego de postemporada, el 11 de octubre en la Serie por el Campeonato de la Liga Americana. El primera base de los Tigers Sean Casey se lesionó la pantorrilla izquierda en el primer encuentro de la ALCS[20] contra los Oakland Athletics, y Leyland tuvo que barajar su infield, ubicando al paracorto regular Carlos Guillén en la inicial y a Neifi cubriendo la posición vacante. No tuvo prácticamente incidencia en el resultado final, un triunfo de 8-5 en el que se fue de 4-0 con un sacrificio. A la defensa tuvo un lance y una asistencia. Su contribución a los ganadores del banderín de la Liga Americana de 2006 terminó esa noche. Serviría como reemplazo en los Juegos 1 y 3 de la Serie Mundial (en la que los Tigers cayeron ante lo St. Louis Cardinals en cinco juegos), pero nunca volvió a batear en la postemporada en su carrera.

Aunque tenía un contrato garantizado, 2007 no fue nada seguro para Neifi de cara al entrenamiento de primavera. Terminó venciendo a Chris Shelton y Ramon Santiago por el último cupo en el roster,[21] pero su permanencia en Detroit y las ligas mayores había casi terminado. Metido ya en una muy terrible temporada, compilando apenas .172, el 6 de julio Pérez se convirtió en el primer pelotero penalizado por resultar positivo a un estimulante bajo el nuevo programa de drogas de Major League Baseball. El programa perdonaba a los jugadores que daban positivo en una primera prueba, lo cual significaba que la que Pérez no pasó fue su segunda. Negó las alegaciones declarando, "Digo a mis fans que no soy estúpido. Sé cuál es la diferencia entre el bien y el mal, y se sabrán cosas, pero mi abogado me ha recomendado que n hable por ahora."[22]

Cualquiera que sea la defensa que iba a brindar, fue desatendida cuando el 3 de agosto, mientras todavía cumplía su primera suspensión, Pérez dio positivo una tercera vez a estimulantes y recibió una suspensión adicional de 80 juegos. El castigo se habría extendido más allá de 2007 y hacia 2008, pero cuando se hizo agente libre luego de la contienda nadie lo reclamó. Siendo un problema a la ofensiva, era además mercancía dañada. Ningún jugador había sido castigado anteriormente por violar el programa de drogas y esto significó el final de su carrera en las mayores.

En 2008-09, Pérez regresó a la Liga Invernal Dominicana, jugando con su antiguo equipo, el Escogido. Sus días de campeonato adornados con gloria en la Serie del Caribe habían terminado. Compiló .179 en 25 juegos ese año y en esta ocasión, cuando las Águilas representaron a República Dominicana en el torneo, no le pidieron que se les uniera. Sí tuvo otro momento de gloria cuando en 2012 fue nombrado para el Salón de la Fama del Béisbol del Caribe junto con su compatriota Joaquín Andújar. Recibió los votos obligatorios de un grupo de 200 periodistas, comentaristas de radio y televisión e historiadores de México, Puerto Rico, Venezuela y la República Dominicana. Para celebrar el logro, le pidieron que lanzara la primera bola de un juego de la Serie del Caribe entre los Yaquis de Ciudad Obregón, de México, y sus adorados Leones, en el estadio del escogido ante miles de admiradores y fans locales.[23] Fue un momento consagratorio en una carrera que conoció el gran orgullo de la victoria nacional y la gran vergüenza de haber sido expulsado de la cumbre de su deporte.

NOTAS

1. "Shortstop Turns Triple Play," *Santa Maria* (California) *Times*, 11 de mayo de 1994: B-3.

2. Cheryl Rosenberg, "Perez Has Five RBI as Ravens Defeat Navigators, 9-4," *Hartford Courant*, 13 de julio de 1995: C3.

3. "Rockies Future Shortstop Waits Patiently," *Casper* (Wyoming) *Star-Tribune*, 30 de junio de 1996: D5.

4. "NL edges AL in AAA All-Star Game," *Bloomington* (Illinois) *Pantagraph*, 11 de julio de 1996: B2.

5. Bruce Pascoe, "Shortstop for Rockies Is Status Quo," *Arizona Daily Star* (Tucson), 22 de febrero de 1997: C-5.

6. John Mossman, "The Future is Now: Perez in Majors," *Casper Star-Tribune*, 19 de junio de 1997: D1.

7. "Notes," *The Journal News* (White Plains, New York), 29 de julio de 1997: 6D.

8. Kevin Clerici, "Perez Ready for His New Role as Colorado's Starting Shortstop," *Arizona Daily Star*, 23 de febrero de 1998: C1.

9. "Domincan Roars Through Caribbean Series," *San Francisco Examiner*, 10 de febrero de 1998: B-7.

10. John Mossman, "Perez Gets Rave Reviews," *Casper Star-Tribune*, 24 de febrero de 1998: D-1.

11. John Mossman, "Giant High Turns into Low," *Boston Globe*, 28 de septiembre de 1998: D6.

12. Tracy Ringolsby, "Neifi Just Loves the Game," *Casper Star-Tribune*, 9 de febrero de 1999: D-1.

13. "Athletics Acquire Dye, Royals Get Perez in Three-Team Deal," *Florida Today* (Cocoa, Florida), 26 de julio de 2001: 2D.

14. Phil Rogers, "More Dominican-Born Players Admit Ages," *St. Louis Post-Dispatch*, 3 de marzo de 2002: D1.

15. "Giants Release Perez," *Honolulu Star-Bulletin*, 14 de agosto de 2004: B7.

16. Howard Fendrich, "A Day to Forget for the Cubs," *Munster* (Indiana) *Times*, 16 de mayo de 2005: C3.

17. David Brown, "Garciaparra's Return Likely to Affect Perez," *Northwest Herald* (Woodstock, Illinois), 27 de julio de 2005: 5B.

18. David Haugh, "Blogosphere Therapy," *Chicago Tribune*, 7 de julio de 2006: 4-7.

19. John Paul Morosi, "Trade With Cubs Brings Help at 2B," *Detroit Free Press*, 21 de agosto de 2006: D1.

20. "Rookies to Take Mound for Game 1," *Palm Beach West Post*, 21 de octubre de 2006: 9C.

21. "The Next Step," *Lansing* (Michigan) *State Journal*, 1 de abril de 2007: 6C.

22. Larry Lage, "Tigers' Perez Hit with 25-Game Suspension," *Daily Journal* (Vineland, New Jersey), 7 de julio de 2007: C2.

23. Javier Maymi, "Francisco Liriano Lifts Escogido Leones," ESPN.com, 5 de febrero de 2012. espn.com/mlb/story/_/id/7544803/caribbean-series-francisco-liriano-andy-dirks-lift-dominican-republic-escogido-leones.

Luis Polonia

Por John Struth

Luis Polonia, mejor conocido como "la hormiga atómica" en su natal República Dominicana, tuvo una carrera nómada, jugando por seis equipos en sus 12 temporadas de ligas mayores. Bateó .293 de por vida, y jugó para cuatro equipos de Serie Mundial, incluyendo los Atlanta Braves campeones de 1995 y los New York Yankees campeones de 2000.[1] Se hizo de un nombre en América Latina, siendo eventualmente electo al Salón de la Fama del Béisbol del Caribe. Su carrera no careció de controversia dentro y fuera del terreno. Hombre visceral, podía estar feliz un momento y gruñón o amargado al siguiente. Lo que nunca le faltó, sin embargo, fue confianza.

Polonia nació el 10 de diciembre de 1963, en Santiago, República Dominicana. Su padre, Luciano, era médico. Antes de entrar en la medicina, Luciano jugó "junto a Juan Marichal, Julian Javier y los hermanos Alou. Pero Luciano Polonia mide 5'4", y nunca tuvo oportunidad de irse de la República Dominicana."[2] Luis tuvo al menos tres hermanos—Umberto, Francisco, y José.[3] En enero de 1984, fue fichado como agente libre amateur por Juan Marichal, quien entonces era escucha de los Oakland Athletics. Lo descubrieron jugando en la Liga Dominicana, donde se había distinguido a una temprana edad.

Comenzó su carrera profesional en 1984, jugando para los Madison Muskies de la Midwest League (Clase-A). Compiló .307, robó 55 bases, estableció marca para el equipo con 10 triples, y anotó 103 carreras en 135 encuentros. Era un favorito de los fans en Madison, y lo tanto el club como los fans lo nombraron el MVP del equipo.[4]

Polonia ascendió a Huntsville, el afiliado de Doble-A de los A's, en 1985, y en 1986 jugó con Tacoma, su equipo en Triple-A. Promedió .289 para en Huntsville y .301 para el Tacoma. A inicios de la contienda de 1987 en Tacoma, Luis estaba bateando .321 luego de 14 encuentros con 18 anotadas, y ya había impresionado lo suficiente a los A's para que lo llamaran a Oakland luego de que una colisión en el terreno entre Mike Davis y Dwayne Murphy sacó a este último de juego.

Poco después de su promoción, Polonia conectó su primer jonrón de grandes ligas y su primer tiple en un choque ante los Boston Red Sox el 28 de abril. Estaba muy emocionado por su primer jonrón en las mayores. Respecto al triple, dijo, "Iba en busca del triple, detesto los dobles."[5]

Polonia siguió impersonando a sus compañeros y al manager Tony LaRussa hasta principios de junio. Mike Davis dijo, "De

Foto: Focus on Sport/Getty Images

alguna manera tenemos que mantener a Luis en este line-up. Para mí es la chispa de nuestro equipo ahora mismo."⁶

En agosto, Polonia culminó un prolongado slump con un doble, triple, elevado de sacrificio y tres empujadas ante los Seattle Mariners. Tal vez lo que comenzó este cambio de actitud fue que antes del juego tuvo una disputa con su compañero de equipo José Canseco. Lo que comenzó como una pelea a gritos se amplió a empujones. Reggie Jackson y el coach de bateo Bob Watson tuvieron que meterse en medio antes de que la pelea escalara. Polonia dijo, "A veces cuando bromeas con alguien, asumes la broma. Pero si no te sientes bien, no la asumes. ... No tengo miedo a nadie. No voy a lastimar a José, pero podría buscar formas de hacerlo. No tengo miedo."⁷ Polonia al final tuvo absolución en su campaña de novato. Compiló un sólido .287, robó 27 bases, y anotó 78 carreras en 125 partidos.

Los A's terminaron la temporada con .500, pero tenían un núcleo de jóvenes peloteros y liderazgo veterano que prometía buenas cosas para el futuro.

La contienda de 1988 comenzó con Polonia anticipando una temporada completa con los A's. Pero tenían otros planes y lo asignaron a Tacoma. Para un jugador de 24 años, con un año parcial de experiencia en grandes ligas, creó problemas al pedir un traspaso. "En este momento, ese es mi deseo. Estoy cansado de bajar a las menores cada año y esperar que alguien se lastime," dijo. "¿Qué puedo esperar? Ficharon a tres peloteros. ¿Quién llevó la peor parte? Luis Polonia. Siempre me toca la peor parte."⁸

Eventualmente lo promovieron y pasó la segunda mitad de la justa con los A's. Lo que se hizo aparente durante toda la campaña era que Polonia no encajaba en los planes de Oakland nada más que como cuarto jardinero. Y era un jardinero con una vulnerabilidad: mal fildeador. De hecho, luego de que le costara un juego a Oakland en la Serie Mundial con dos malas jugadas, el Los Angeles Times escribió sobre él: "La desventuras de Luis Polonia de Oakland en el outfield la noche del marte hizo recordar esta frase de Mike Penner, del Time: 'Fue mejor descrito la pasada campaña por un compañero que brindó un reporte de escouteo en forma de pregunta de Jeopardy. A. Catch-22.⁹ Pregunta, ¿Qué recibes cuando conectas 100 elevados hacia Luis Polonia?'"¹⁰ Pese a ese sentir, en 84 encuentros y 288 turnos, Polonia compiló, .292, anotó 51 carreras y robó 24 bases. Pero entre sus quejas de ir a las menores y su mala defensa, su permanencia en los A's estaba en duda.

Luis comenzó la contienda de 1989 con Oakland, pero fue traspasado a los New York Yankees el 21 de junio. Comenzó su campaña lentamente, y para finales de abril bateaba .214. Para cuando el traspaso se consumó, su promedio había aumentado a .286 en 59 choques. Fue transferido, junto con Eric Plunk y Greg Cadaret, por Rickey Henderson. Estaba emocionado por ser un Yankee, en gran parte debido a la gran presencia dominicana en la ciudad. Para los Mulos compiló .313 en 66 juegos.

Un hecho en Milwaukee cambio su fortuna con el equipo. El 17 de agosto lo arrestaron y le pusieron cargos por atacar sexualmente a una muchacha menor de edad. Al día siguiente se declaró sin disputa, evitando así cargos criminales. Fue liberado y le ordenaron regresar para sentencia luego de la campaña. El 2 de octubre fue sentenciado a 60 días y multado por $1,500. También le ordenaron "hacer una contribución de $10,000 al Centro Médico Samaritano Sinai para el tratamiento al acoso sexual en Milwaukee."[11]

Polonia comenzó 1990 con los Yankees. Pero estaba en terreno inseguro debido principalmente al incidente en Milwaukee. Luego de apenas 11 partidos, fue traspasado el 29 de abril a los California Angels. "En la superficie, fue meramente un intercambio de un hombre de hits por otro [Claudell Washington] con algo de poder, un caso de tanto los Yankees como los Angels satisfaciendo necesidades vitales," escribió un cronista deportivo de New York. "Esa es la razón obvia del canje. Las implicaciones subyacentes son más intrigante. Polonia se convirtió en persona non grata luego de declararse culpable de haber tenido sexo con una menor. ... Polonia, por otro lado, nunca encajó. Era un primer bate, pero los Yankees tenían ya a uno muy bueno en Steve Sax. Y era un problema a la defensa. Entonces, el incidente de Milwaukee lo hizo vulnerable."[12]

Para Luis el traspaso a los Angels fue una bendición: hasta 1003 fue jugador regular. Probablemente haya ayudado que se llevara bien desde el inicio con el manager Doug Rader. Pero no se podía deshacer de las repercusiones negativas de su condena por asalto sexual.

Dos incidentes separados, el primero durante la contienda de 1990 y el segundo en 1991, ilustran las dificultades que tuvo con los fans. En julio, el *Los Angeles Times* reportó, "El fiscal del distrito del Alameda County decidirá hoy si las alegaciones de un espectador de 18 años que fue golpeado por el jardinero de los Angels Luis Polonia el jueves en el Oakland Coliseum ameritan que se presenten cargos. ... Aparentemente, Polonia abofeteó o empujó al fan luego de la práctica de bateo el jueves, cuando escuchó que el joven gritaba insultos. ... Polonia al parecer trepó por la baranda e hizo contacto con el muchacho."[13]

En mayo, el *Arkansas Gazette* (Little Rock) reportó, "Esta temporada, Polonia, jardinero de los California Angels y el manager Doug Rader se metieron en una pelea a gritos con [Jim] Northrup porque este último llamó a Polonia 'Luis Lockup' (Encierro). ... Polonia le dijo a Rader que había sido amenazado, y Rader intentó, infructuosamente, que expulsaran a Northrup. ... 'Luis Polonia montó en cólera porque lo llamé "Luis Lockup." Bien, pues era culpable. ¿Qué clase de ejemplo es ese?'" dijo Northrup.[14]

No todo fue negativo para Polonia, sin embargo. Encontró un hogar con su nuevo club rápidamente, y el 29 de agosto tuvo un break que lo pasó de pelotero de pelotón a jugador regular. Ante os Texas Rangers, con el marcador empatado en el séptimo inning, Jack Howell había llegado a segunda base y el manager de Texas Bobby Valentine hizo que transfirieran a Dick Schofield intencionalmente. Entonces puso en la lomita al zurdo John Barfield.

"Luis Polonia miró a su izquierda, pero nadie se movió," escribió el *Los Angeles Times*. "... Polonia miró a la derecha. Todavía nadie se movía. Miró a su manager, Doug Rader, y escuchó las palabras que nunca pensó escuchar."

Polonia reportó que Rader le dijo, "Prepárate para batear contra el zurdo... Ve para allá," y agregó, "Eso fue lo mejor que podía hacer por mí."[15] Polonia empujó a Howell con sencillo. Eso abrió los aliviaderos, y antes de que se terminara el inning, los Angels habían anotado siete veces.

Dos semanas antes, Polonia había ejercido algo de venganza ante los Yankees, cuando pegó jonrón dentro del terreno con bases llenas contra ellos el 14 de agosto. Reflexionando respecto al encuentro, dijo. "Los Yankees y los A's me rompieron el corazón. Me enciendo cada vez que los enfrento. Siento que quiero hacer mucho. Mi corazón arde. ... Fueron los Yankees los que ardieron el jueves en la noche."[16]

Terminó la contienda bateando .336 con los Angels. Jugó en 109 encuentros. También se abrió paso al status de jugador regular de cara a la nueva campaña. Polonia promedió 150 partidos jugados en las tres justas siguientes. Promedió unas 50 bases robadas por temporada y 80 carreras anotadas. Sin embargo, sus promedios cayeron cada temporada de .296 a .286 a .271. AL llegar a la agencia libre, Polonia firmó con los Yankees.

Siempre había mantenido que quería volver a New York. Pero para 1995 su rol había cambiado y encontró su tiempo de juego disminuido. Polonia y el manager de los Yankees Buck Showalter no estaban de acuerdo en algunas cosas.

Polonia bateó un sólido .311 en 95 partidos en 1994. Fue un contribuyente positivo en la campaña de los Yankees. Sus compañeros lo apreciaban y no les molestaba hacerle bromas ocasionales: "Los Yankees colgaron un bate envuelto en papel de aluminio en su clubhouse ayer para conmemorar el jonrón de Luis Polonia el martes en la noche. Lo llamaron el Premio bate de Plata. Fue el primer cuadrangular de Polonia en 650 turnos."[17] Los Yankees estaban en primer lugar cuando la huelga de los peloteros terminó la temporada en agosto.

Mientras limpiaba su casillero, Polonia dijo, "Un día extraño. ... Me voy a quedar cinco, seis días. Puede que algo pase."[18] Y como agregó el artículo: "No sucedió."

Justo desde el inicio de la justa de 1995, Polonia y Showalter estaban en malos términos. Esto se remontaba desde el año anterior cuando Polonia fue llevado a la banca en cuatro juegos consecutivos ante abridores zurdos en julio. Showalter fue franco con él, diciéndole que vería poco juego ante lanzadores zurdos. Pero Polonia no lo tomó bien. "No estoy contento. Sé que está expcrimentado, pero no me gusta la idea. No me gusta jugar a la pelota, bateando octavo o novena. Creo que lo hice excelentemente el año pasado. ... Me estaba divirtiendo. ... Imagínenme bateando solo contra derechos y en el octavo turno."[19]

Polonia molestó a la persona equivocada. Con menos tiempo de juego, se tornó ansioso, ¡lo cual no es una fórmula exitosa! En junio dijo, "No quiero que me traspasen, pero si llega al punto en que voy a ser quien esté en la banca, deberían ser razonables y dejarme ir a un sitio donde pueda jugar."[20]

Y razonables fueron, mandándolo a Atlanta el 11 de agosto. Los Braves lo adquirieron para que ayudara al equipo en la recta final. Polonia jugó esporádicamente, participando en 28 encuentros. En los play off y la Serie Mundial, contribuyó al campeonato de los Braves. En el Juego 1 de la Serie Divisional entre los Braves y los Colorado Rockies, empujó a David Justice con una rolata lenta que empató el choque en el sexto inning. Un sacrificio suyo en el Juego 1 de la Serie por el Campeonato de la Liga Nacional ante Cincinnati puso en posición anotadora la carrera de la victoria en el inning 11. En la Serie Mundial contra los Cleveland Indians, Polonia jugó a la defensa en los juegos del tres al cinco, y se fue de 14-4 con un jonrón y cuatro empujadas.

Con la agencia libre acechando, Polonia firmó un contrato no garantizado con los

Seattle Mariners en el invierno. Fue liberado durante el entrenamiento de primavera. El 19 de abril, firmó con los Baltimore Orioles y fue asignado a su afiliado de Triple-A en Rochester. Luego de 13 encuentros, los Orioles lo promovieron.

Su juego no impresionó a club. El 19 de junio tuvo una metedura de pata en las bases que pareció sellar su destino. El Baltimore Sun escribió: "... el mayor transgresor en este juego de Estúpidos Trucos de los Orioles fue Luis Polonia, quien fue sorprendido en segunda base mientras se ajustaba y sacudía el polvo de los pantalones de su uniforme. ... 'No estaba mirando al lanzador o el paracorto,' dijo [el manager] Davey Johnson, 'estaba mirando al suelo. Entonces el lanzador se volteó. Sencillamente no estamos prestando atención. Fue simplemente un bloqueo de vapor,"[21]

Los Oriols designaron a Polonia para asignación el 2 de agosto. En 58 partidos, había compilado .240. De salida, obviamente resentido, dio un golpe de despedida. Buster Olney reportó "Polonia criticó duramente la forma de jugar de los Orioles, diciendo aunque tienen el talento para ganar, no lo harán a menos que asuman el juego de una manera menos egoísta." Olney siguió, citando a Polonia, "La gente en los Orioles siempre andan preocupándose por lo que hacen otros, criticando, en vez de simplemente salir y jugar el juego bien."[22]

"¿Los jugadores son críticos? 'Los jugadores y los entrenadores,' dijo."[23]

Dos semanas después, el 17 de agosto, volvió a firmar con los Braves. Tal vez esperaban que repitiera el éxito anterior. Durante el resto de la contienda, lo usaron esporádicamente. En 31 turnos, compiló .419. Igualmente, vio poco juego en la postemporada, al irse sin hits en 10 turnos con un boleto. Pero se le pidió que contribuyera a los Braves de una forma muy singular. "Polonia es el único jugador de los Braves que ha jugado por los Yankees, que tiene una ida de la dinámica del Yankee Stadium, que tiene una idea de lo que jugar ante los fans más rabiosos y volátiles que hay. ... Polonia dijo que los mayores temas de conversación serían las dimensiones del terreno de juego."[24]

Tal vez sí ayudó a Atlanta. Ganaron los dos primeros juegos de la Serie Mundial en New York, antes de sucumbir 4-2 ante los Yankees.

Cuando terminó la justa, Luis no tenía contrato. En marzo de 1997, firmó con los Tampa Bay Devil Rays, quienes lo asignaron a los Tigres de Ciudad México. Compiló .377 en 110 encuentros, anotó 105 carreras y robó 48 bases. Eto condujo a una invitación al entrenamiento de primavera. Sin embargo, Tampa Bay no lo firmó y Polonia regresó a Ciudad México para la campaña de 1998. Tuvo otra estelar contienda, compilando .381.

El 18 de diciembre de 1998, Luis Polonia firmó un contrato de liga menor con los Detroit Tigers. Fue asignado a Toledo, su afiliado de Triple-A, para iniciar la temporada. Luego de 42 encuentros, lo promovieron. Para mediados de junio, el manager de los Tigers Larry Parrish había dicho que Polonia había ganado la titularidad como primer bate. Para Polonia, Detroit representaba el triunfo de la perseverancia. Dijo, "Cuando aguantas, Dios siempre te da una oportunidad. Me dio un par de malos años, tal vez para ver cómo lo asimilaba. Siempre mantuve mi fe."[25]

Utilizado casi exclusivamente como designado, jugó 87 encuentros. Compiló .324, y añadió algo de fuerza, conectando 21 dobles, 8 triples y 10 jonrones. Su slugging de .526 fue 100 puntos más alto que en cualquiera de las otras temporadas de su carrera. Esto le sirvió para lograr regresar en la temporada de 2000.

Día de Apertura. Comerica Park. Luis Polonia, abriendo por los Tigers, pega triple. Entonces anotó con un sencillo, anotando la primera carrera en la historia del estadio. Se podía discutir que fu lo mejor de su temporada con Detroit en 2000. Aunque bateó bien, los Tigers estaban interesados en ver a algunos de sus más jóvenes prospectos en el nivel de grandes ligas. Cuando se acercó el plazo para finalizar los traspasos, tenían otro incentivo para dejarlo atrás. Con solo 53 turnos más, se le garantizaba un contrato para 2001. Sin poder traspasarlo en el plazo, lo dejaron libre el 31 de julio. En 80 partidos, había compilado .273.

Polonia no tuvo que esperar mucho antes de que los Yankees lo llamaran. Firmó para un tercer período con ellos el 3 de agosto. Respecto al fichaje, Joe Torre dijo, "Estamos en un punto en que tenemos que mirar las cosas pequeñas que nos permiten ganar un juego aquí, allí. ... Siempre me ha gustado como bateador. Tiene buena velocidad. Eso compensa los problemas que tiene a la defensa. Y trabaja duro."[26]

En 37 partidos, Polonia compile .286. Su rol principal era aliviar a David Justice a la defensa y permitirle ser designado a medida que avanzara la temporada. Viendo juego limitado en la postemporada, sí tuvo una notable aparición en la Serie Mundial. En el Juego 1, su sencillo ayudó a los Yankees a superar un déficit de una carrera en el noveno inning. Los Yankees ganarían en extra innings. También procederían a ganar la Serie Mundial, derrotando a los New York Mets. Esta fue la despedida de Luis Polonia. Después de esta Serie Mundial se convirtió en agente libre y no volvió a jugar en las ligas mayores.

Pero no había terminado en el béisbol. Regresó a jugar con los Tigres de Ciudad México para las temporadas de 2001 y 2002. También siguió jugando pelota invernal en la República Dominicana. Esto llevó a continuas apariciones en la Seri del Caribe, que el equipo dominicano ganó con regularidad. En total, Polonia apareció en 14 Series. También representó a la República Dominicana en el Clásico Mundial de Béisbol. En 2006, a la edad de 42 años, sustituyó a un lesionado Vladimir Guerrero en el WBC.

También abrió una academia de béisbol en la República Dominicana. En 2016 fue nombrado al Salón de la Fama de Béisbol Caribeño. Terminó su carrera de jugador en 2010.

Luis tuvo tres hijos. Un hijo, Rodney, estuvo firmado por la organización de los Pirates. Sus otros dos hijos tuvieron carreras en el entretenimiento: Albert es artista de rap, Bianca animadora y cantante. Luis también actuó en la película de 2018 Jugando a' Bailar. Sorprendentemente, encarna a un jugador de béisbol.

En un final, Polonia tuvo una carrera fructífera. Jugó 1,379 partidos y bateó .293. Tuvo un papel importante en dos equipos que ganaron banderines, los A's de 1988 y los Yankees de 1994, que no jugaron en la postemporada por la disputa laboral. Jugó en cuatro Series Mundiales con: los A's, Braves (dos veces) y Yankees.

Tal vez sobrevaloraba sus propias contribuciones. Sin dudas se consideraba un pelotero regular. Con la excepción de los California Angels, ninguno de los equipos para los que jugó pensaba lo mismo. Sus fortalezas eran que podía batear, tenía velocidad, y según opiniones, era un buen compañero de equipo.

Su debilidades consistían en que era un bateador d sencillos unidimensional. Era un mal corredor de bases, y si bien robó 321 bases en las ligas mayores, fue puesto out en 145 ocasiones, encabezando la liga en esta categoría tres veces. También era mal fildeador. Su índice de victorias sobre remplazo (WAR) de por vida es de 9.0.

Pero Polonia realmente resalta por su tenacidad. Nunca dejó de creer en sí mismo. Habría sido fácil renunciar a su sueño luego de pasar dos años en Ciudad México, pero se repuso y se rehusó a dejar que su sueño muriera. Dos veces, a mediados y finales de su carrera, firmó contratos de loga menor, y entonces se ganó un puesto en el roster de las mayores. Así que se puede decir de él que tuvo una buena carrera.

FUENTES

Además de las fuentes citadas en las Notas, el autor también consultó:

baseball-reference.com/bullpen/Caribbean_Baseball_Hall_of_Fame#2011.

baseball-reference.com/players/p/polonlu01.shtml.

NOTAS

1. Polonia tabién jugó en la Serie Mundial de 1988 con los Oakland Athletics y en la de 1996 con los Braves.
2. Robyn Norwood, "Polonia Aims to Give Angels a Quick Start," Los Angeles Times, 3 de marzo de 1992: 222.
3. Mark Kriegel, "Bronx Beams as Luis Makes Turn for Home," New York Daily News, 4 de abril de 1994: 52.
4. "Polonia's First Season a Most Valuable One," Wisconsin State Journal (Madison), 12 de septiembre de 1984: 23.
5. Frank Blackman, "Polonia Just Having Fun," San Francisco Examiner, 29 de abril de 1987: 58.
6. Frank Blackman, "Polonia Has Made His Mark: A's Must Find Him a Spot," San Francisco Examiner, 2 de junio de 1987: 53.
7. Frank Blackman, "Pugnacious Polonia Beats Up Mariners," San Francisco Examiner, 11 d agosto de 1987: 51, 55.
8. Frank Blackman, "Majors: Polonia Wants Trade," San Francisco Examiner, 11 de abril de 1988: 56.
9. Situación imposible. (Nota del Traductor).
10. "Boston Masterpieces Hang in the Garden," Los Angeles Times, 20 de octubre de 1988: 183.
11. Michael Kay, "Luis Gets Sixty Days," New York Daily News, 3 de octubre de 1989: 68.
12. Phil Pepe, "Luis Swapped for Claudell," New York Daily News, 30 de abril de 1990: 43.
13. Helene Elliott, "Bay Area District Attorney Mulls Charges Against Angels' Polonia," Los Angeles Times, 27 de julio de 1990: 50.
14. Ken Boatmen, "Players See, Know Their Enemies," Arkansas Gazette (Little Rock), 29 de mayo de 1991: 42.
15. Helene Elliott, "Angels Let Polonia Hit, and Hit He Does," Los Angeles Times, 30 de agosto de 1990: 54.
16. Helene Elliott, "An Inside Job for Polonia," Los Angeles Times, 15 de agosto de 1990: 114, 118.
17. Jeff Bradley, "Flashes," New York Daily News, 30 de junio de 1994: 78.
18. Jeff Bradley, "Short Year," New York Daily News, 12 de agosto de 1994: 23.
19. Jeff Bradley, "Buck Tinkering Peeves Polonia," New York Daily News, 18 de abril de 1995: 44.
20. Tom Pedulla, "Ripken, Orioles Pound Yankees," Journal News (White Plains, New York), 20 de junio de 1995: 25.
21. Ken Rosenthal, "It Might Be Difficult to Seek Shelter, When You're Not in the Storm," Baltimore Sun, 20 de junio de 1996: 173.
22. Buster Olney, "Polonia, Heading Toward Exit, Takes a Shot," Baltimore Sun, 3 de agosto de 1996: 31.
23. Ibid.
24. Curtis Bunn, "Polonia Spreading The News About Playing in New York," Atlanta Constitution, 19 de octubre de 1996: C11.
25. John Lowe, "Polonia's Arrival a Top Surprise," Detroit Free Press, 10 de junio de 1999: 49.
26. Ronald Blum, "Yanks Re-Sign Luis Polonia," Ithaca Journal, 4 de agosto de 2000: 17.

Manny Ramírez

Por Bill Nowlin

"Manny being Manny (Manny siendo Manny)"—solo la frase parece capturar sin distinción la esencia de su personalidad beisbolera. Fue uno de los mejores bateadores derechos de los últimos 50 años. Hasta 2015, estaba en el noveno puesto de todos los tiempos en slugging de por vida (.5854), tiene 555 jonrones en grandes ligas (que lo ubican en el número 14—y tiene otros 29 jonrones en postemporada—más que cualquier otro pelotero), y se ubica en el número 32 en OBP de por vida (.4106). Ganó la corona de bateo de la Liga Americana en 2002 y fue el MVP de la Serie Mundial para los Boston Red Sox en 2004. Tiene 12 nominaciones a Juegos de Estrellas, con nueve Bates de Plata, y es tercero de todos los tiempos en jonrones con bases llenas.

Y aun así, su juicio fue cuestionable. Fue suspendido por 50 partidos por haber resultado positivo a sustancias prohibidas en 2009, y cuando volvió a resultar positivo en 2011, se retiró antes de asumir la suspensión requerida de 100 partidos.[1]

Se le ha llamado un sabio erudito del bateo. Y con sus "desaciertos en el fildeo, uniformes anchos, los dreadlocks, grandes batazos, y agotadas anécdotas, el público se quedó con caricaturas suyas como un súper estelar descuidado, tonto de capirote y malcriado."[2] Ganó más de $200 millones como ligamayoristas. Sin embargo, los biógrafos Rhodes y Boburg también escriben que, independientemente de lo inescrutable que pueda ser, se "define a sí mismo por lo que menos se le conoce—un dedicado atleta, apreciado compañero de equipo, y amado padre, esposo e hijo."[3]

Ramírez también era querido por los fans hipnotizados por su bateo y su carisma en las tres principales paradas de su carrera—Cleveland, Boston, y Los Ángeles. En cada uno de los lugares, dejó malas relaciones, a los fans decepcionado y hasta peor, aunque uno no podría ver eso solo desde el punto de vista estadístico.

Nombrado como su padre (y un estadista de la antigua Atenas) como Manuel Arístides Ramírez, nació el 30 de mayo de 1972, en Santo Domingo. Su preparatoria, sin embargo, fue la Preparatoria George Washington en New York. Jardinero toda su carrera, fue seleccionado en primera ronda por los Cleveland Indians (13 en general) en el draft de 1991.

Manny se mudó a New York cuando tenía 13 años. Su madre, Onelcida, había tenido un empleo de oficina en el instituto de dermatología de la República Dominicana, pero en

Foto cortesía de los Boston Red Sox

new York tuvo que asumir uno de costurera en una fábrica de costura. Su padre Arístides había trabajado como chofer de ambulancia y luego, tras el matrimonio, manejando camiones cisterna. En New York era trabajador de una fábrica y a veces no tenía empleo. Manny era el único hijo varón en lo que parecía ser una familia matriarcal, con su madre y su abuela Pura; tenía tres hermanas mayores. Se mudaron a un apartamento en un edificio ubicado en el barrio de Washington Heights que estaba plagado de narcotraficantes y asesinatos.[4] Pero Manny comenzó a jugar béisbol a la edad de cinco años, usando los proverbiales palo de escoba y tapa de botella en la República Dominicana—e incluso anunciando públicamente a los siete años su ambición de jugar profesionalmente. En New York encontró el Highbridge Park, cerca del apartamento, y se inscribió para la Little League (Liga Infantil) bajo la tutela del coach Carlos "Macaco" Ferreira. Resulta extraño que mantuviera el béisbol separado de su familia y ni siquiera sus hermanas o su madre supieron que fue nombrado el Jugador del Año de las Escuelas Públicas de la Ciudad de New York, al punto de que su hermana Evelyn admitiera, "Cuando descubrimos que Manny había sido reclutado, no teníamos idea. Es decir, nadie lo sabía. Alguien nos llamó y nos dijo que encendiéramos la televisión... la noticia de las seis de la tarde. Sabíamos que le gustaba jugar béisbol, pero no teníamos idea."[5]

Manny estuvo activo en la Liga de Servicio de Jóvenes de Brooklyn desde los 14 años, y jugaba en varios lugares de los distritos, no siempre dejando que la escuela se interpusiera en el camino del béisbol. Por lo general era el primero en el terreno y el último en irse. Es probable que al ser un prerrequisito la asistencia a la escuela para permanecer en el equipo de la preparatoria le haya ayudado a terminar la escuela. También puede que hayan aflojado un poco con él: "tal vez fue entonces cuando comenzó a percatarse de que para un atleta dotado como él, las reglas no se aplicaban."[6]

Su falta de habilidades en el idioma inglés lo dejó inseguro de sí mismo en situaciones donde se requería una conversación, pero su ética de trabajo se dejó ver desde edad temprana en fuertes entrenamientos, levantándose a las 5 de la mañana de forma regular para correr—y muchas veces corriendo cuesta arriba en la ciudad, halando un neumático detrás de él asegurado con una cuerda en su cintura. Incluso años después, compañeros en, por ejemplo, los Boston Red Sox, mencionado que nadie trabajaba más duro en las pesas y con el entrenamiento que Manny Ramírez. Bajo los uniformes sueltos había un cuerpo esculpido que podía haberse presentado en una revista de estado físico; como ligamayorista, estaba registrado con seis pies y 225 libras.

Una vez en el equipo del Washington Heights bajo el coach Steve Mandl, Manny brilló en verdad. A la edad de 17 años, hizo sus dos primeros viajes a Nuevo México con la Youth Service League para jugar en la Serie Mundial Connie Mack.[7] Compiló para .630 en su tercer año y fue nombrado al equipo Estrellas de la ciudad. En su cuarto año, superó eso, bateando .650. Fue nombrado el Jugador del Año en la Ciudad de New York.

No es necesario mencionar que los cazatalentos comenzaron a prestar atención—incluso si eso significaba viajar a vecindarios que uno podría subestimar al llamarlos arriesgados. El escucha de los Cleveland Indians Joe DeLucca siguió cuidadosamente a Ramírez, pero también a cierta distancia para que los demás scouts no vieran lo interesado que estaba. Quería hacer de Manny una selección de primera ronda, pero había otros 12 clubes que escogían primero. El scout de los Indians George Lauzerique le dijo a DeLucca "Ningún muchacho latino ha sido escogido en primera ronda," pero eso no desconcertó a DeLucca, quien mantuvo su posición.[8] Los Indians eligieron a Ramírez en el draft de junio de 1991, y lo firmaron por un bono de $250,000.

Los Indians hicieron que Ramírez asistiera a un mini campo de dos semanas y luego que fuera a Burlington, North Carolina, para jugar en la Appalachian lague (Nivel Rookie). Le fue bien—compilando .326 con 19 cuadrangulares y más de una empujada por encuentro—63 empujadas en 59 partidos.

Su campaña de 1992 fue más dura. Los Indians le pidieron que jugara en la pelota invernal de República Dominicana, pero renunció luego de 15 jornadas y regresó a New York. Jugando por los Kingston Indians, en la Clase-A de la Carolina League, y tuvo un muy mal comienzo, pero comenzó a batear en junio y a principio de julio—cuando se rompió un hueso ganchoso en su mano derecha, que le costó el resto de la justa. Bateó apenas .278 en 81 partidos.

En 1993, Ramíre fue asignado a los Canton-Akron Indians (Doble-A, Eastern League), tuvo 89 juegos (.340, 17 HR, 79 CI) y fue promovido a Triple-A, con los Charlotte Knights (International League). Jugó en otros 40 partidos y empujó 36 anotaciones, con promedio de .317—y también logró que lo promovieran a las mayores, en Cleveland. Luego fue nombrado el Jugador del Año en las Menores por *Baseball America*.

Cuando le promovieron, Manny pidió al manager de Charlotte Charlie Manuel, "¿Puedes venir conmigo?"[9] El sentimiento era emblemático de su apego a ciertos mentores en su vida. No es necesario decir, que Manuel no podía dejar todo—tenía a los Knights camino al banderín de la liga. Ramírez se unió a los Indians en Minenapolis el 2 de septiembre y se fue de 4-0, aunque tres de ellas fueron elevados bien conectados. Al día siguiente, jugaron en el Yankee Stadium, con muchos amigos y familiares suyos presentes. Conectó un doble por reglas al izquierdo en su primer turno, elevó en el cuarto, pegó jonrón de dos carreras al izquierdo en el sexto ante Melido Pérez, y también conectó otro—también al izquierdo—ante Paul Gibson. Dos cuadrangulares, tres empujadas, y un triunfo de Cleveland 7-3.

Fue un buen momento, pero Ramírez tuvo problemas desde ese punto, con apenas otros seis inatrapables en 45 turnos, otras dos empujadas y sin extra-bases. Con una excepción, fue designado y emergente en cuatro juegos—y, tal vez algo raro, fue corredor emergente en cinco. Terminó la contienda luego de aparecer en 22 partidos, compilando .170.

Nuevamente los Indians le pidieron que jugara pelota invernal. Fue otro fiasco; incluso tomó uno de los autobuses del equipo y se fue, ausente sin permiso, por todo un día. No quisieron recibirlo más.[10]

La campaña de 1994 terminó con una huelga de peloteros. Los Indians efectuaron 113 partidos, y Ramírez vio acción en 91 de ellos. Fue su año oficial de novato, y terminó segundo en la votación por el Novato del Año, aunque comparado con el resto de sus estadísticas, fue uno de sus años menos productivos. Sí empujó 60 carreras.

Los Indians abrieron la contienda de 1995 en Texas. El equipo pasó a Detroit, y cuando se fueron, hubo un momento típico de Manny—había dejado su cheque de pago en una bota debajo de su casillero. Hubo que enviárselo. Conectó 11 cuadrangulares solo en el mes de mayo. (Fue nombrado Jugador del Mes en la Liga Americana). Llegó por vez primera al Juego de las Estrellas, empujó 107 anotaciones (ayudado por 31 vuelacercas), y ayudó a los Indians a llegar a la Serie Mundial. Compiló apena .222 en la Serie (con OBP de .364), con un cuadrangular, pero hubo un solo compañero que compiló más—Albert Belle con .235. La ofensiva de Cleveland estuvo obviamente carente—19 carreras en seis encuentros, cayendo ante los Atlanta Braves.

El principio de la carrera de Manny estuvo lleno de lapsos defensivos y en el corrido de bases. Le dejaron pasar bastante, por supuesto, debido a su ofensiva—en 1996 empujó 112 carreras con 33 cuadrangulares. Tuvo mejor promedio en 1997 (.328), pero sus empujadas declinaron a 88. Matt Williams, Jim Thome, y David Justice empujaron en justo más de 100 cada uno. Los Indians volvieron a llegar a la postemporada y avanzaron hasta la Serie Mundial, jugando ante los Florida Marlins. En algún que otro momento, los Indians tuvieron ventaja en cada uno de los siete encuentros, pero al final perdieron cuatro. Ramírez contribuyó con algunos batazos claves en las dos primeras rondas, pero en la Serie Mundial se fue de 26-4 (.154). Solo el promedio resultó engañoso, pues empujó seis anotaciones en los siete encuentros.

Lapsos ocasionales aparte, Manny tenía un brazo fuerte y preciso. Dos veces encabezó la Liga Americana en asistencias desde su posición: 1996 como jardinero derecho con 19 y 2005 como jardinero izquierdo con 17.

Hubo una vez que Manny hizo una visita sin avisar a su antigua preparatoria, y entró al gimnasio donde el coach Steve Mandl hablaba con el equipo de béisbol. Cuando le preguntaron si quería decir algo sobre el bateo al equipo, Manny lo dijo de la forma más simple posible, "Miren la pelota. Golpeen la pelota."[11]

Con 45 cuadrangulares y 145 empujadas en 1998, Ramírez tuvo una campaña excepcionalmente productiva, pese a batear seis puntos por debajo de .300. En un momento en septiembre, pegó jonrón en cuatro turnos seguidos y ocho veces en un lapso de cinco encuentros. Fue el segundo año que llegó al Juego de las Estrellas, y el primero de lo que se convertiría en una cadena de 11 nominaciones seguidas al Todos Estrellas. Los Indians derrotaron a Boston en la ALDS, pero cayeron ante lo Yankees en la ALCS. Manny pegó dos vuelacercas en cada ronda, compilando .357 y .333, respectivamente.

Había ideas, no obstante, de que su defensa podría haberle costad a los Indians la oportunidad de llegar al Clásico de Otoño. Fue en el Juego 6, en el Yankee Stadium, y los Indians habían acabado de fabricar cuatro carreras en el quinto inning para ponerse a una de New York (Thome pegó jonrón con bases llenas, pero Ramírez se había ponchado con las bases llenas). En el final del sexto, Derek Jeter pegó triple para lograr dos importantes carreras de garantía—pero la pelota era fildeable. Un artículo del *New York Times* estaba titulado: "Ramirez: Big Bat, Blunders. (Ramírez: Buen bate. Meteduras de pata.)" Manny había saltado para atrapar la pelota, pero esta cayó en sus pies. No le apuntaron error, pero claramente había errado al anticipar la trayectoria de la conexión.

Ramírez empujó en 20 carreras más (para un total de 165, empatado en el lugar 14 para de todos los tiempos para una campaña). Compiló .333 (con .442 de OBP) y anotó 131 carreras. Disparó 44 vuelacercas. Por quinto año consecutivo, los Indians llegaron a la postemporada, pero en esta cayeron ante los Red Sox en la Serie Divisional. Ramírez logró solo un imparable en 18 turnos (.056), pero sí logró cuatro boletos y anotó las cinco veces que entró en circulación. Manny se ubicó en el tercer puesto en la votación por el MVP, la más alta que lograría. (Ubicación que empataría en 2004).

El año 2000 fue el año de contrato de Manny en Cleveland, y comenzó muy bien, pero estuvo en la lista de lesionados con una seria lesión en la corva desde el 29 de mayo hasta el 13 de julio, por lo que se perdió 39 encuentros. Pese a perderse un cuarto de la temporada, tuvo 122 empujadas y 38 cuadrangulares. Compiló .351 y encabezó la liga en sluggng (.697) y OPS (1.154). No había dudas de que le esperaba un gran contrato.

El erente general de los Red Sox, Dan Duquette ganó la batalla. Ramírez era favorito de los fans en Cleveland y los Indians siguieron aumentando su oferta, pero él firmó con Boston por una cifra que se reporta fue de $160 millones por ocho años.[12] Manny tuvo una última condición antes de firmar: que los Red Sox contrataran al responsable de clubhouse de Cleveland, Frank Mancini, para que lo acompañara a Boston.[13] Fue reminiscente de él que quisiera que Charlie Manuel fuera con él desde Charlotte. Esta vez tampoco sucedió.

Algunos se preguntaban si Ramírez podría manejar la intensidad del mercado en Boston. Rhodes y Boburg citaron a Macaco diciendo que "La falta de anonimato de Manny en los centros comerciales fue una de sus principales insatisfacciones hacia la vida en Boston." Por extraño que pueda parecer, "Manny siempre quiere ir a los centros comerciales. A veces va dos o tres veces al día." Y no era necesariamente para comprar nada.[14] Simplemente le gustaba ir a los centros comerciales, pero naturalmente no quería ser constantemente adulado y seguido por los fans.

Ramírez fue el designado de los Red Sox hasta junio, cuando comenzó a jugar en el jardín izquierdo. A finales de agosto regresó al designado. (Fue designado por 87 juegos y jardinero izquierdo otros 55). Tuvo marca personal en ponches con 147, pero aun así logró OBP de .405 (bateando .360), y empujó 125 carreras, 37 más que cualquier otro en los Red Sox. Disparó 41 cuadrangulares, 14 más que los 27 de Trot Nixon, en el segundo lugar.

Manny se perdió más de un mes en 2002 debido a una fractura en el dedo índice de su mano izquierda, debido a un deslizamiento de cabeza en el home plate el 11 de mayo (fue out), y no regresó hasta el 25 de junio. En 120 partidos, impulsó 107 carreras, con 33 cuadrangulares. Su promedio de .349 (.450 de OBP) le sirvió para ganar el título de bateo de la Liga Americana.

En 2003 volvió a los play off, el primer año completo con los nuevos propietarios. Ramírez jugó una marca personal de 154 partidos, y encabezó la liga en OBP (.427). Compiló .325, apenas un punto debajo del campeón de bateo de la Liga Americana, su compañero de equipo Bill Mueller. Disparó 37 vuelacercas, empujó 104 anotaciones (una menos que su coequipero Nomar Garciaparra), y anotó 117 carreras. Demasiadas veces pareció haber una nota discordante. A finales de agosto, los Yankees viajaron a Boston para una serie clave. Le dieron permiso a Manny para no participar en el juego por una inflamación en la garganta—pero lo descubrieron en el bar Ritz-Carlton con Enrique Wilson de los Yankees, lo cual no agradó a la fanaticada de los Red Sox. Ni Ramírez ni David Ortiz batearon tan bien en esa Serie Divisional, pero el equipo avanzó y el jonrón de tres carreras de Manny en el Juego 5 marcó la diferencia en triunfo de 4-3.

Ramírez pegó dos cuadrangulares y empujó cuatro carreras en la ALCS contra los Yankees, una serie que se fue a siete juegos y pareció estar en manos de Boston hasta que el manager Grady Little (quien había sido el coach de banca de los Indians en los últimos años de Manny allí) puso a Pedro Martínez de vuelta en el juego cuando era obvio que estaba agotado. Los Yankees vinieron de abajo y empataron, para luego ganar con el cuadrangular de Aaron Boone abriendo la parte baja del inning 11. Little fue despedido, y Terry Francona fue contratado como mentor para 2004.

Manny tuvo más de un deseo expresado de irse de Boston. A finales de octubre, los Red Sox lo pusieron en waivers—podían haber vuelto a llamarlo si algún equipo lo recamaba, pero nadie lo hizo. Después de todo, quedaban unos $100 millones en su contrato. Tal vez el club solamente quería mostrarle el punto del buen contrato que tenía—tan bueno que ningún otro equipo estaba dispuesto a pagar el recargo por tenerlo.

Hubo también discusiones respecto a traspasarlo, como parte de dos canjes que habrían traído a Alex Rodríguez de los Rangers por Manny y Jon Lester, y que mandaba a Garciaparra a los White Sox por Magglio Ordóñez. A-Rod quería irse a Boston y estaba dispuesto a asumir un recorte de $25 millones en su paga para hacerlo, pero la Asociación de Jugadores se rehusó a dejar que se concretara un recorte tan millonario.

A principios de 2004, Ramírez se convirtió en ciudadano norteamericano, y cuando asumió su posición antes de un juego el 11 de mayo, corrió al jardín izquierdo llevando una bandera norteamericana en miniatura. Luego se la entregó a un espectador. Posteriormente bromeó, "Ahora no pueden expulsarme del país." Ante de su primer turno, el equipo tocó la canción "Proud to Be an American" (Orgulloso de ser un norteamericano) en el sistema de audio.[15]

Manny Ramírez fue el MVP de la Serie Mundial en 2004, esta vez con los Red Sox arrollando a Anaheim en la Serie Divisional (tuvo siete empujadas en tres encuentros) y luego cayeron en los tres primeros encuentros de la ALCS ante los Yankees, solo para remontar y ganar los últimos cuatro seguidos—algo que nunca se había logrado. De manera extraña, no impulsó ni una carrera en la ALCS, aunque sí compiló .300 y anotó tres.

Enfrentando a los St. Louis Cardinals en la Serie Mundial, Manny se vio inepto en el jardín izquierdo, cometiendo dos errores en el Juego 1. Se pasó corriendo tras una pelota en la parte alta del octavo, permitiendo que anotara una carrera, y entonces hizo un extraño deslizamiento para atrapar una pelota justo en la jugada siguiente, dejando que la pelota lo pasara mientras anotaba otra carrera—la del empate—, algo que costó la ventaja a los Red Sox. Se fue de 5-3 en el encuentro con dos carreras empujadas.

En el Juego 3, pegó jonrón en el primer inning, y empujó otra carrera más tarde en el partido, victoria de los Red Sox, 4-1. Derek Lowe blanqueó a St. Louis en el Juego 4 y Boston barrió en la Serie. Fue su primer triunfo en Series Mundiales en 86 años. Varios jugadores en el club podían haber sido nombrados MVP, pero Ramírez (de 4-1 en el Juego 4, sin anotadas o empujadas) recibió el premio, tal vez como reconocimiento a haber tenido al menos un inatrapable en cada uno de los 14 juegos de play off que efectuaron los Red Sox.

La ética de Manny había sido señalada antes. Billy Broadbent, coordinador de video de los Red Sox, dijo que Ramírez dedicaba tanto tiempo al video como cualquier otro jugador, o hasta más, y añadía recodos a su estudio. Al prepararse para quien podía enfrentar, si era un lanzador ante el que nunca había bateado, pedía turnos al bate de otro toletero derecho, como Miguel Tejada, y miraba cómo le trabajaba ese lanzador. "Es algo que se le ocurrió a él solo," dijo Broadbent. "No es nada que hayamos sugerido. Llegó a esas determinaciones por su cuenta. Fue uno de los trabajadores más dedicados que quisieran ver."[16]

Puede que Ramírez haya parecido obvio en ocasiones, o solo categóricamente tonto, pero hubo tal vez dos aspectos inesperados respecto al enfoque que daba a su bateo. Primero, la forma en que se dejaba caer en una especie de modo zen le ayudaba a crear una concentración casi preternatural, enlenteciendo el tiempo y permitiendo usar todo lo que había aprendido. Podía dejar fuera las distracciones. Para ponerlo más simple, según Jim Thome, "Es bueno para no dejar que las cosas le afecten."[17] Era tal vez como el "profesor ensimismado, cuya mente está tan especializada y consumida por su habilidad que es tan inofensivo como un cordero fuera del laboratorio."[18] Había también maña en la forma en que trataba de entrampar a los lanzadores. Según se dice, Allard Blair dijo al columnista Joe Posnanski que él pensaba que "Manny hará swing y fallará con un lanzamiento en abril para que el lanzador se le haga el mismo lanzamiento en septiembre."[19] Alex Rodríguez dijo al *New York Times*, "Cuando se trata de su oficio, su arte, su habilidad, está entre los más inteligentes de la Liga Americana. Y se lo toma tan en serio como cualquier otra persona en el béisbol."[20] Si era un erudito, era un erudito estudioso. Lo cual no quiere decir que no fuera también poco confiable y un poco ingenuo.

Manny no bateó sobre .300 en ningún momento de 2005, y cayó tan bajo como .224 más de un cuarto de la temporada (el 27 de mayo, luego del juego 47). Un mes después, el 26 de junio, encabezaba la Liga Americana en empujadas (66) y terminó la justa con marca personal en jonrones (45, igualando su total de 1998 con Cleveland) y empujó 144 carreras, apenas cuatro menos que el líder de la liga, David Ortiz. Esta fue la temporada en que Manny entró al Monstruo Verde durante una visita a la lomita y no salió hasta que se había hecho el primer lanzamiento luego de la reanudación del juego. También iba a su propio compás, cuando insistió tomarse un día libre programado pese a que su compañero de equipo Trot Nixon había sufrido un tirón muscular oblicuo a finales de julio. Había tensión en el camerino de los Red Sox, que tenían a un jugador aparentemente sin disposición de poner a un lado sus deseos personales para ayudar a su equipo en la búsqueda del banderín. Hubo un sentir mucho más fuerte de que él podría abandonar al equipo en 2006, cuando se reportó imposibilitado de jugar debido a tendinitis rotular y se perdió 22 encuentros a finales de agosto hasta septiembre. Aun así empujó 102 anotaciones pero los Red Sox no pudieron llegar a la postemporada (habían llegado a la ALDS en 2005, pero los barrieron en tres encuentros, con Manny bateando .300).

En 2007, los Red Sox volvieron a ganar la Serie Mundial. Ramírez comenzó mal, entró en una buena racha, y luego sufrió su propio tirón en los músculos oblicuos. Sus números de poder bajaron ese año, con solamente 20 cuadrangulares y 88 empujadas (la primera vez que tenía menos de 100 en una década, desde 1997), pero cuando llegaron los play off, contribuyó. En el Juego 2 de la Serie Divisional, cuando el mentor de los Angels Mike Scioscia hizo que transfirieran a Ortiz para que el lanzador enfrentara a Manny con dos outs en el final del noveno inning, puede que haya despertado algo en él—los dejó al campo con un jonrón de tres carreras. Su jonrón en el cuarto inning dl Juego 3 fue literalmente el decisivo, pues dio a Boston ventaja de 2-1 en un juego que ganaron, 9-1.

En la ALCS de 2007, Ramírez enfrentaba a su antiguo equipo, los Indians. Empujó 10 carreras, con dos jonrones y promedio de .409. Los Red Sox barrieron a los Rockies en la Serie Mundial; bateó .250 y empujó dos carreras, pero en total tuvo promedio de .348 con 16 impulsadas en 14 juegos de postemporada.

El último año garantizado en su contrato con los Red Sox era 2008. Fue el año que llegó al club de los 500 cuadrangulares, al jonronear ante Chad Bradford en Baltimore el 31 de mayo. Junio fue un mes difícil para su reputación en Boston. Primero se peleó con Kevin Youkilis en el dugout de los Red Sox durante un juego. Luego, el 28 de junio, tuvo una discusión por boletos complementarios con el secretario de viajes Jack McCormick y empujó al hombre de 64 años al suelo.[21] Hubo situaciones de juego en las que parecía no estar dando todo. Había sensación de que estaba provocando que el equipo lo canjeara. El 31 de julio, en el plazo para traspasos, se concretaron dos pactos: el contrato de Manny fue transferido al Los Angeles Dodgers, quienes accedieron a asumir el dinero que faltaba en su contrato (los Red Sox lo liberaron de los dos años opcionales), y Boston adquirió al jardinero izquierdo Jason Bay de Pittsburgh para que ocupara su lugar.

Si no se estaba esforzando, no era totalmente evidente; Ramírez había bateado .347 durante el mes de julio. Pero ya su presencia en Boston no era agradable. Una vez que llegó a LA, se convirtió en una sensación instantánea, y se deleitó en el apodo de "Mannywood" que le dieron. En 53 partidos, empujó 53 anotaciones y promedió .396. Los Dodgers ganaron la NLDS (Manny compiló .500 con dos jonrones), pero perdieron en cinco juegos en la NLCS (Manny pegó otros dos jonrones y empujó otras siete carreras, promediando .533).

Pero al llegar 2009, su bateo volvió a la tierra—tenía 37 años, y compiló .290 en 104 encuentros con 63 impulsadas. Es posible que hubiese jugado más juegos, pero resultó positivo a una sustancia prohibida y lo suspendieron 50 encuentros, desde el 7 de mayo hasta el 2 de julio.[22]

En 2010, comenzó bien con los Dodgers, estaba bateando .322 hasta el final de junio. Pero jugó apenas dos juegos en julio y, después de un mes, regresó a jugar en cinco juegos a finales de agosto. Los Dodgers lo ubicaron en waivers y fue elegido por los Chicago White Sox el 30 de agosto. Para los White Sox, jugó en 24 encuentros en septiembre pero promedió solamente .261, con apena un jonrón y solo dos empujadas en 224 encuentros. Los White Sox decidieron no intentar volver a ficharlo. A finales de enero, los Tampa Bay Rays ficharon a Ramírez tal vez para arriesgarse, pero volvió a resultar positivo a una sustancia para mejorar el rendimiento y por tanto enfrentó una suspensión de 100 encuentros. Jugó en cinco juegos (bateando .059) pero entonces anunció su retiro.[23]

Después que terminó la justa de 2011, Ramírez tuvo un pacto bajo el cual aceptaría una suspensión de 50 partidos y se le permitiría regresar. Firmó con lo Oakland Athletics para 2012. Jugó 17 encuentros, bateando .302 con un cuadrangular para el club de Oakland en Triple-A en Sacramento, pero nunca jugó en las mayores. Los Athletics lo dejaron libre en junio.

Ramírez jugó en Taiwán para los EDA Rhinos, pero se fue a mitad de la temporada. Su agente, Barry Praver, dijo, "La decisión de no regresar para la segunda mitad fue para liberase y estar disponible para jugar en Estados Unidos. Este asunto con Manny en Taiwán fue un fenómeno. Revigorizó la liga. La asistencia se disparó y fue una experiencia muy positiva para ambas partes."[24]

Los Texas Rangers firmaron a Manny a un contrato de liga menor en julio de 2013, pero seis semanas después, después de compilar

.259 para el Round Rock de Triple-A en 30 partidos, lo dejaron libre.

Hacia finales de mayo de 2014, firmó con los Chicago Cubs y le volvieron a pedir que jugara en Triple-A, esta vez con los Iowa Cubs como jugador/entrenador. Decía ser un hombre nuevo, que su esposa, Juliana, había estado en la iglesia por casi cuatro años. "Ahora me percato de que me comporté mal en Boston," dijo. Christopher L. Gasper, del *Boston Globe*, escribió, "Manny siendo Manny significa algo muy diferente ahora, si van a creer a Manny, quien cumplirá 42 años este viernes. Castigado por el tiempo, la disminución de sus habilidades, y su recién descubierta fe, finalmente ha encontrado a un mentor que le agrada—Dios."[25] Por supuesto el tiempo dirá. El presidente de operaciones beisboleras de los Cubs, Theo Epstein, esperaba que se convirtiera en un mentor para los jóvenes prospectos de los Cubs. Jugó 24 partidos y compiló .222 con tres vuelacercas.

NOTES

1. La droga de 2009 era gonadotropina coriónica humana, un medicamento de fertilidad para las mujeres. Ver *New York Times*, 10 de mayo de 2009.
2. La mejor fuente de más información sobre Mann Ramírez y la principal fuente de esta biografía es Jean Rhodes y Shawn Boburg, *Becoming Manny: Inside the Life of Baseball's Most Enigmatic Slugger* (New York: Scribner, 2009). La cita de aquí es de la página 3.
3. Rhodes y Boburg, 5.
4. La "familia Ramírez se estableció en uno de los barrios más peligrosos y plagados de drogas de New York (entre 1987 y 1991, hubo 462 homicidios, 58 por ciento de ellos relacionados con las drogas, en el precinto policial de Washiington heights)." Rhodes y Boburg, 49.
5. Rhodes y Boburg, 9, 10.
6. Sara Rimer, *New York Times*, 26 de abril de 2011. El extensor perfil de Rimer sobre Ramírez, alguien a quien conoció y observe desde sus años de preparatoria, es recomendado para los lectores.
7. Rhodes y Boburg, 84, 85, 96.
8. Rhodes y Boburg, 111, 118.
9. Rhodes y Boburg, 147.
10. Rhodes y Boburg, 152, 153.
11. Rimer, New York Times.
12. New York Times, 12 de diciembre de 2000.
13. Rhodes y Boburg, 193.
14. Rhodes y Boburg, 128, 143.
15. Boston Globe, 12 de mayo de 2004.
16. Entrevista del autor con Billy Broadbent el 28 de junio de 2013.
17. New York Times, 22 d julio de 1999.
18. Rhodes y Boburg, 290.
19. Rhodes y Boburg, 292.
20. *New York Times*, 17 de abril de 2008.
21. No era la primera vez que Ramírez lastimaba a un empleado de un equipo. En 1998 abofeteó al asistente de clubhouse de Cleveland Tom Foster. Ver *New York Times*, 30 de marzo de 1998.
22. Para un reporte complete sobre la suspension, ver 8 de marzo de 2009, New York Times.
23. *New York Times*, 9 de abril de 2011.
24. "Manny Ramirez leaving Taiwan," ESPN.com, June 19, 2013. espn.go.com/mlb/story/_/id/9403816/manny-ramirez-parts-ways-eea-rhinos-taiwan-league. Publicado el 30 de junio de 2013.
25. *Boston Globe*, 29 de mayo de 2014.

Rafael Ramírez

Por Josh Sullivan

En marzo de 1993, Rafael Ramírez estaba tratando de asegurarse un puesto en la banca de unos Oakland Athletics en reconstrucción. Estuvo entre los primeros cortados, cuidando un brazo adolorido y siendo superado en juego por otro veterano, Dale Sveum.[1] La carrera del paracortos de 35 años había llegado a su fin. Pasó 13 temporadas de grandes ligas fildeando rolatas en dos de las más inhóspitas superficies de las ligas mayores: el rocoso terreno del Atlanta-Fulton County Stadium y el terreno sintético—duro como el concreto—del Astrodome de Houston. Ambos terrenos eran diferentes en su composición, pero similares en cuanto a lo mal que trataban a los jugadores de cuadro. En Atlanta, los malos rebotes salían disparados de piedrecitas y rocas, mientras que en Houston, las costuras convertían a batazos supuestamente fildeables en sencillos errantes, sin embargo, Ramírez se mantuvo inmutable en su servicio a la posición, pese al constante escrutinio y la crítica que enfrentó. Era propenso a los errores, pero eso rara vez lo mantuvo fuera de la alineación. Lo que lo mantuvo en juego fue su habilidad en la caja de bateo y su deseo de hacerlo mejor cada noche.

Rafael Emilio Ramírez Peguero nació en San Pedro de Macorís, República Dominicana, en 1958. Provino de una familia pudiente y se graduó la preparatoria en el Liceo Gastón Fernando Deligne en 1977.[2] Lo que le faltaba a su país lo compensaba en paracortos y era conocida como "La Tierra de los Torpederos."[3] Ramírez fue uno de los muchos jóvenes que escapó de la región sumida en la pobreza en busca de los diamantes de los Estados Unidos durante los años '70 y '80. Sin embargo, Rafael no era inicialmente torpedero.

Luego de firmar con los Braves como agente libre sin draft en 1976, Ramírez jugó en los jardines por vario juegos con el Bradenton de la Gulf Coast League (nivel rookie). El manager Pedro González, responsable de haber fichado al jardinero, haría un movimiento que cambiaría por siempre la carrera del joven. Los Braves habían languidecido en el último puesto durante la mayor parte de los años '70 luego de una temporada de 1969 que los vio aparecer en la primera Serie por el Campeonato de la Liga Nacional en la historia. Uno de los más grandes huecos en la alineación de Atlanta era el campo corto. Varios jugadores, incluyendo a Sonny Jackson and Pepe Frías, habían intentado tomar posesión del puesto. Con el inconforme nuevo propietario Ted Turner, hubo grandes expectativas de que el equipo iba a ganar… y pronto. Si lo iba a hacer, era necesario un nuevo paracorto.

Era evidente que la transición sería difícil. Incluso en su posición normal, Ramírez cometió tres errores en 11 encuentros antes de pasar al infield. Luego de haber sido pasado al campo corto, cometió 29 errores en 30 juegos. Como bateador, no le fue mucho mejor, compilando para un débil .177. Pero tenía apenas 19 años. En 1978, Rafael alternó entre el Greenwood (Clase-A) y el Savannah (Doble-A), donde los errores siguieron. El torpedero pasó todo 1979 en Savannah, y aunque su promedio ofensivo cayó a .207, justo encima de la línea Mendoza,[4] su defensa siguió mejorando. Al cierre de los años '70, parecía haber una oportunidad de ligas mayores para el naciente paracorto.

En 1980, los Braves entraron en el entrenamiento de primavera con grandes esperanzas. Ted Turner había prometido traer a un ganador a Atlanta. "No quiero ver más titulares llamando a Atlanta 'Loserville, USA, (Ciudad de Perdedores)'" anunció.[5] El club presentaba a los jóvenes toleteros Dale Murphy y Bob Horner, junto al veterano nudillista Phil Niekro afianzando la rotación. Para añadir experiencia de postemporada, el equipo adquirió el primera base Chris Chambliss de Toronto junto con el defensivo torpedero Luis Gómez. Aunque hubo otros aspirantes a la posición, Gómez resultaría ser el mayor obstáculo de Rafael. El prospecto fue el último corte de la primavera.[6] El mentor Bobby Cox la tenía difícil, pero sabía que Atlanta necesitaba un defensor estable para una posición que había sido problemática durante una década.

Para agosto, se había agotado la paciencia del mentor, y había llegado la hora de promover a Ramírez.[7] Gómez lo estaba haciendo bien a la defensa, pero su ofensiva era un problema. El aparente heredero estaba bateando .281 con cinco jonrones en Richmond. El titular, aunque no estaba contento de ir a la banca, había visto las señales del futuro.

Fotografía cortesía del Salón de la Fama del Béisbol Nacional

Dijo Gómez, "Cuando llegué a los Braves estaba realmente emocionado porque no veía a ningún torpedero en la organización que estuviera listo para jugar. Entonces vi a Raffy en la primavera, y supe inmediatamente que sería el hombre del futuro. El talento no se te escapa. Me doy cuenta de que mi papel será el de utility en el futuro." Perder su puesto ante un "macorisano" no era nada nuevo para Gómez. Varios años antes, había perdido su titularidad en Toronto ante otro natural de San pedro de Macorís, el entonces recién adquirido Alfredo Griffin, quien procedería a ganar el premio al Novato del Año.[8]

El 4 de agosto de 1980, Ramírez debutó como corredor emergente en las postrimerías de un encuentro ante Los Angeles. Al día siguiente abrió como torpedero y se fue sin hits en tres turnos, aunque combinó con Glenn Hubbard para fabricar una doble matanza, la primera de muchas que vendrían de una de las más subvaloradas combinaciones de doble play de la época. En aquea ocasión Ramírez también cometió su primer error, en una rolata salida del bate de Ron Cey. El 6 de agosto, los problemas defensivos de Rafael causaron controversia. Con un out en la parte alta del noveno, Bill Russell y Dusty Baker de los Dodgers conectaron sencillos consecutivos. Steve Garvey conectó entonces una rolata por segunda. Hubbard fildeó la pelota y se la pasó a Ramírez que cubría la almohadilla. El novato no hizo contacto con la base antes de lanzar a primera base. Garvey fue out en la inicial, pero el árbitro de segunda base Jerry Dale decretó a Baker *safe* en segunda. Esto encendió a Bobby Coz, quien corrió hacia Dale para discutir que el corredor había sido out. Durante la discusión, un poco de saliva de tabaco se las arregló para ir de la boca del manager hacia el ojo izquierdo del árbitro. Dale dijo que Cox le había escupido, y el manager no comentó al respecto. Pese a esto, Baker siguió siendo *safe* en segunda y no se le apuntó error a Rafael; los Braves perdieron 6-2. De la mala jugada, Dale comentó, "Ramírez debe haber pensado que todavía estaba en la International League donde tienen dos árbitros y no tienes que tocar la base. Tenemos cuatro árbitros y hay que tocar la base."[9] El 9 de agosto, Ramírez logró su primer hit, un sencillo impulsador ante Bob Knepper en el segundo inning, el primero de sus cuatro imparables en el encuentro. Muy poco sospechaban tanto él como lo Braves que había llegado el salvador para el club en el campo corto, aunque no sería un camino fácil.

Ramírez bateó .276 en 1980, y los Braves mejoraron en las últimas semanas de la campaña.[10] Cometió 11 errores en 46 encuentros y ayudó a facturar 25 dobles matanzas. Las cosas se veían bien en Atlanta. Sin embargo, la temporada acortada por la huelga en 1981 acabó con las esperanzas del club. Ramírez tuvo problemas tanto a la defensa como a la ofensiva, y su promedio cayó a .218 mientras encabezaba la liga con 30 errores. Luego de una campaña desastrosa, Cox fue despedido, y con el nuevo mentor Joe Torre, el puesto de Rafael parecía en riesgo.[11] Pero Torre trajo consigo una actitud positiva y un nuevo equipo completo de entrenadores. Uno de ellos era Dal Maxvill, ex jugador de cuadro con mucho que enseñar al joven torpedero.[12] Ramírez iba a necesitar su ayuda si quería permanecer en las grandes ligas.

Tal vez sin sorprender, tras la desastrosa temporada de 1981, los Braves parecían listos a irse nuevamente de compras en el campo corto. El club exploró la opción de fichar al veterano Mark Belanger. Igualmente, Joe Torre señaló al suplente Jerry Royster como una posible opción de tener problemas Ramírez. "Ramírez es nuestro torpedero, pero si Royster tiene una buena primavera y parece más adecuado para el puesto, naturalmente se ganará la posición," dijo Torre.[13] En un final, el club se quedó con el titular. El gerente general John Mullen anunció, "El campo corto ya no es una prioridad." Sin embargo, un respaldo por parte de Ted Turner ayudó todavía meas. "A todos nos cae bien. ... Todo el mundo dice que va a ser un gran jugador," comentó el propietario.[14]

Maxvill, con 14 años en las mayores, notó rápidamente algunas cosas respecto a su nuevo pupilo. "Tenía todas las cualidades. Tenía un gran brazo, buenas manos, buen alcance y muy buen temperamento. Lo único que le faltaba era experiencia y experiencia bajo presión, y ya la está teniendo ahora," dijo el coach.[15] Su tutelaje sobre Ramírez rindió dividendos en 1982. Aunque encabezó el circuito con 38 errores, Rafael lideró a todos los paracortos de la Liga Nacional en outs (300) y dobles matanzas (130). Su promedio ofensivo también regresó de entre los muertos, aumentando 60 puntos a .278. La forma de jugar a la defensa provocó comparaciones con el perenne Todos Estrellas Dave Concepción de

Cincinnati.[16] Con comparaciones como esa, la presión mencionada por Maxvill fue en busca de Ramírez como una conexión de línea.

Los Braves tuvieron un inicio bueno en 1982. Ted Turner había catalogado el club como "America's Team (El Equipo de Estados Unidos)"[17] antes del inicio de la contienda, y había pronosticado que iban a terminar en el primer lugar del Oeste.[18] Tomándose en serio la predicción de su jefe, el equipo ganó 13 encuentros al hilo para comenzar la temporada. Ramírez bateaba .333 con un cuadrangular y nueve empujadas en el período y cometió dos errores mientras asistía en 11 dobles matanzas. Se corrió la voz por toda la Liga Nacional respecto a los sorprendentes Braves. Comentando sobre las constantemente crecientes multitudes en el Atlanta-Fulton County Stadium, Bob Horner dijo, "Por lo general, cuando hay emoción en un juego que jugamos es porque el otro equipo está haciendo algo especial."[19] Torre comentó sobre el trastrueque de la suerte por parte del equipo con respecto al desastre del año anterior, "Son los mismos rostros, pero no los mismos jugadores. Creo que llega un día cuando, con experiencia, algunos muchachos comienzan a llegar a su potencial. Creo que es lo que está sucediendo acá."[20] Aun así, el mentor mantuvo las cosas en perspectiva, destacando, "El béisbol tiene un larga temporada. Lo que trato de hacer es mantener la idea de una racha fuera de las mentes de los jugadores y que piensen en jugar buen béisbol."[21] Los Braves necesitarían seguir ese sabio consejo si iban a sobrevivir la temporada y llevarse la división, pues pronto aprenderían que los dioses del béisbol dan y quitan.

Luego de la cadena de triunfos, Atlanta sufrió cinco reveses seguidos y comenzaron un viaje de montaña rusa que los vio en la punta por la mayoría de la temporada. Para el 29 de julio, "America's Team" estaba en la cima de la división delante de San Diego (segundo lugar). Ramírez compilaba .267 y él y Hubbard encabezaban el circuito en dobles matanzas. "El año pasado lo intenté demasiado," dijo Rafael. "Ahora me siento más cómodo. Este es un buen equipo. Llegaremos con facilidad a la Serie Mundial si seguimos jugando como hemos estado haciéndolo."[22] Pero el 30 de julio, las cosas comenzaron a colapsar.

Desde el 30 de julio hasta el 18 de agosto, se fueron con 2-19, incluyendo una racha de 11 derrotas seguidas, y se cayeron del primer puesto. Rafael compiló .205 en 19 encuentros de esos terribles 21 juegos. Ahora los Braves estaban a cuatro juegos de Los Angeles. De repente, la prensa comenzó a cambiar su tono. "Are Torre's Braves Folding Their Tent? (¿Se están dando por vencidos los Braves de Torre?)" decía el titular del *New York Times*.[23] El cronista Mike Davies fue todavía más cruel: "Está bien—avisen a los paramédicos. Enciendan la respiración artificial. ¡Denle un poco de oxígeno a este equipo! Los Braves están tragando con más dificultad que un estudiante de primer año de preparatoria en su primera cita. Ya les han ponchado los boletos—viaje de ida a Ciudad Mordaza. Es hora de ahogarse en Georgia." También le disparó a Ramírez. "Su alineación incluye algún talento legítimo, como Murphy y Horner y Glenn Hubbard. Pero también hay gente llamada Rafael Ramírez y Rufino Linares."[24] Se estaba poniendo feo.

Pero no todo estaba perdido. Los Braves lograron seis triunfos luego de su mala rache y se vieron empatados en primer lugar. Lucharon contra los Dodgers el resto de la justa, logrando asegurar la división en el último día, gracias a una derrota de los Dodgers en San Francisco. Por su parte, Ramírez compiló .333 con seis jonrones siguiendo el patinazo de 2-19. Aunque la crítica acompañaría al paracortos durante su carrera, en un principio las protestaciones tenían poco efecto en él por una simple razón: el idioma. A principios en

1982, el dominicano dijo, "Veo los periódicos el año pasado, pero no entiendo todo."25 Había pocas quejas entonces: los Braves estaban en la postemporada.

Los oponentes de Atlanta en la NLCS eran los St. Louis Cardinals. Los expertos rápidamente señalaron la superioridad del paracorto de St. Louis Ozzie Smith por encima de Ramírez. El torpedero de los Braves tuvo ocho errores menos que todo el infield de los Cardinals. El promedio defensivo de Smith fue de .984 comparado con el .956 de Ramírez. Aunque Smith fue superior como fildeador, Rafael lo superó en la caja de bateo. En la temporada, superó a Smith .278 a .2447 y tuvo ocho jonrones más (10 vs. 2). Durante la recta final en septiembre, Ramírez se encendió productivamente, compilando .324, en tanto Smith logró apenas .152 en 46 veces al bate. Pero la postemporada es el inicio de una nueva temporada: todos comienzan de cero.

En el Juego 1, Bob Forsch de los Cardinals mantuvo a los Braves en tres hits para un triunfo de 7-0. Ramírez se fue sin hits. Atlanta lograría sus dos primeras anotaciones de la Serie en el Juego 2, con un sencillo del dominicano que se convertiría en "cuadrangular". Con dos outs y Bruce Benedict en segunda base, el paracorto pegó sencillo al medio. El batazo permitió fácilmente al corredor anotar desde segunda base, pero la pelota pasó por debajo del guante del fildeador Willie McGee y fue a la pared, permitiendo que Ramírez aplicara velocidad en las bases en lo que sería anotado como un error de tres bases.26 Pero los Cardinals vinieron de abajo y vencieron a los Braves 4-3. En el Juego 3, St. Louis anotó cuatro veces en la segunda entrada y no perdieron la ventaja. Rafael abrió el encuentro con sencillo, pero fue su único imparable en tres turnos. A la defesa cometió su primer error de la serie. Los Braves perdieron, 6-2, y su mágica campaña había llegado a su fin, pero sin dudas había demostrado ser algo sobre lo cual desarrollarse.

En 1983, los Braves pasaron 83 días en el primer lugar, pero lo que cuenta es dónde uno está el último día de la campaña. En el momento final, el 2 de octubre, Atlanta estaba en segundo lugar, a tres encuentros de los Dodgers. Fue un final decepcionante, pero Ramírez estuvo muy bien. Coqueteó con .300, al concluir con .297, y terminó en el puesto 16 en la votación para el MVP (Ozzie Smith terminó en el 21), ganado por su compañero en los Braves Dale Murphy. Nuevamente volvió e liderar la liga en errores con 39, pero también encabezó a los torpederos con 116 dobles matanzas. El dúo Ramírez/Hubbard había formado una fluida combinación de doble play que selló el otrora poroso medio infield de los Braves. Joe Torre dijo, "Mentalmente, esos dos son muy parecidos. Quieren estar en la alineación todos los días. Uno trata de darles una noche libre de vez en vez y andan inventando razones por las que deberían estar jugando. Uno oye a la gente hablar de que tal jugador da el 110%. No estoy seguro de saber lo que significa eso, excepto que nadie en los Braves juega tan fuerte como estos muchachos."27 Hubbard dijo, "Para mí significa mucho encabezar la liga en dobles matanzas, porque el año pasado no nos ubicaron ni entre los 20 mejores." Sobre su compañero de combinación, comentó, "Siempre dije que, una vez que Rafael se sintiera cómodo, haría un gran trabajo, y creo que se día viene."28

La contienda de 1984 trajo un poco más de brillo a la estrella de Ramírez. El paracorto fue seleccionado como suplente para el equipo de Estrellas de la Liga Nacional. Fue el primer torpedero en ser seleccionado desde Johnny Logan en 1959, y el primero del club en Atlanta. Se unió a sus compañeros Dale Murphy y Claudell Washington en el roster, aunque no participó en el encuentro. Fue la única selección de su carrera.

Tanto a la ofensiva como a la defensa, 1984 no fue un año productivo para él. Su promedio descendió 31 puntos hasta .266. Cometió solamente 30 errores, pero todavía con eso encabezó la liga en su posición. También lideró los paracortos de la Nacional con 251 outs y 94 dobles jugadas. En su mejor momento, compiló .325 a mediados de la zafra. En la segunda mitad, cayó en slump, bateando .220. Los Braves terminaron en segundo puesto, a 12 encuentros de los eventuales campeones de la Liga Nacional, los San Diego Padres. Joe Turro, uno de los que más apoyaba a Rafael, fue despedido como director. Torre lamentó, "Probablemente lo peor que me sucedió fue ganar el primer año que estuvimos acá porque la gente se hace ilusiones con lo que viene después, y nunca llegamos a ese objetivo."[29] Eddie Haas se convirtió en el tercer mentor que tendría Ramírez en su carrera.

El año 1985 vio como seguía desinflándose el "America's Team" y el surgimiento de una nueva amenaza para la seguridad laboral de Rafael. Los Braves ganaron solamente 66 encuentros y pasaron por dos managers, Haas y Bobby Wine. Terminaron en el quinto puesto, a 29 encuentros de la punta. Aunque Ramírez había accedido a un contrato de cinco años a principios de enero,[30] la primavera no fue fácil. En los entrenamientos, Paul Zuvella compitió con él por la titularidad en el campo corto, terminando con mejor promedio y seis errores menos.[31] Ramírez ganó al final, pero al parecer esto vislumbraba lo que se avecinaba. Otro torpedero, Andrés Thomas, estaba al acecho. Thomas debutó el día 3 de septiembre al ser promovido ese mes. Parecía que las probabilidades estaban contra Rafael.

Otro de los que lo apoyaban fue despedido luego de la campaña de 1985, el gerente general John Mullen. Su remplazo fue Bobby Cox, cuya primera decisión fue contratar al mentor Chuck Tanner. Tanner había liderado a la escuadra "We Are Family" (Somos Familia) de los Pittsburgh Pirates al título de la Serie Mundial en 1979. El veterano mentor llegó a un equipo de Atlanta que se encotnraba en una encrucijada. Le gustaba la alineación, pero tenía sospechas hacia la rotación de pitcheo.[32] Los Braves se mantuvieron alrededor de .500 durante la mayor parte de la campaña hasta que una racha de derrotas hizo que el equipo se fuera a pique. Para el final de la temporada, los Braves estaban en el último lugar. El promedio de Ramírez se precipitó a .240. Jugó 57 encuentros en tercera base y Thomas vio más acción en el campo corto. Rafael cometió 21 errores en 86 encuentros como torpedero mientras que Thomas comctió 19 cn 97 choques. Thomas lo superó, al batear .267. Con el año 1987 en el horizonte, Ramírez solo podía preguntarse lo que le sucedería a su tiempo de juego en Atlanta.

Rafael entró al entrenamiento de primavera de 1987 con esperanzas de mantener su puesto de regular. Andrés Thomas se atendía un hombro. Ramírez podía escuchar rumores sobre su futuro, incluyendo rumores de un traspaso. Pero el veterano no podía centrarse en nada de eso. Tenía que enfocarse en mantener su trabajo. "Están hablando sobre usar a Andrés, hacer esto o aquello," dijo el paracorto. "Pero yo tengo que olvidarme de esas habladurías. Sé que puedo hacer el trabajo. Pero si pienso en esto, me hará mal."[33] No estaba listo para jugar como utility o ser suplente. "Me están moviendo demasiado," continuó. "Ya no juego relajado. Quiero jugar todo el año en una posición, como antes."[34] Nunca pesimista, Chuck Tanner comentó sobre la situación de Ramírez, "Se le van a dar todas las oportunidades en esta primavera. Creemos que tiene un mundo de talento."[35] Cuando los Braves abrieron el campo, Ramírez se vio en el dugout viendo a Thomas jugar la posición que él había ocupado desde agosto de 1980.

A principios de 1987, Rafael estaba alternando con Graig Nettles y Ken Oberkfell en tercera base. Pero el 19 de abril, Thomas se lastimó el tobillo deslizándose en una base.[36]

La lesión obligó a Tanner a usar a Ramírez en el short. Pero el ex regular no estaba contento. "No quiero jugar así, porque no quiero que nadie se lesione," dijo.[37] Aunque el veterano seguía pidiendo un traspaso, su optimista mentor dijo, "Tenemos suerte de tener a Ramírez. Hará un gran trabajo para nosotros."[38] Al regreso de Thomas, ambos paracortos parecieron intercambiar varias veces la titularidad con los viajes a la lista de lesionado; Thomas tenía problemas en el hombro y el tobillo mientras que Rafael tenía problemas en un rodilla.[39] Esta rutina duró casi hasta principios de agosto, cuando los Bravos llamaron a otro torpedero más, Jeff Blauser. Thomas bateaba .231 con 20 errores mientras que Ramírez compilaba .267 con nueve errores en 38 partidos en el momento de la llegada de Blauser. Con tanto Ramírez como Thomas enfrentando lesiones, parecía que ninguno de los dos sería regular en la próxima contienda.

En diciembre de 1987, luego de pasar toda la temporada deseando un traspaso, finalmente le concedieron su deseo. Los Braves enviaron al veterano de 28 años a los Houston Astros a cambio de los prospectos Ed Whited y Mike Stoker. El manager de Atlanta Chuck Tanner finalmente admitió lo obvio, al declarar al respecto, "Decidimos ir en una dirección distinta en eta organización. Nos decidimos por nuestros jugadores más jóvenes, provenientes de nuestro sistema de granjas."[40] Los Astros, por otro lado, querían ganar ya. Ramírez estaba muy complacido con su nueva situación. "Quería que me traspasaran," dijo. "... no me gusta estar sentado. Creo que soy mejor pelotero cuando juego todos los días."[41] Ramírez estaba ya saludable y la distracción de bisoños peloteros invadiendo su sustento era algo del pasado.

Su llegada a Houston trajo un sentido de optimismo. El veterano penaba que su defensa mejoraría. "No doy excusas por mi nivel de juego, pero fildear en el AstroTurf debe ayudar," dijo. "La pelota vendrá rápido, pero no habrá los malos bounds que me salían en Atlanta."[42] Defensivamente, las cosas mejoraron. Rafael cometió 23 errores, seis menos que los líderes de la liga, Barry Larkin de los Cincinnati Reds y su antiguo compañero en Atlanta, Andrés Thomas. Compiló .276. Tuvo grandes batazos importantes, incluyendo el primer jonrón con bases llenas de su carrera a finales de mayo en el Wrigley Field de Chicago. Ramírez alegó que el viento estaba soplando a su favor y solo estaba tratando de conectar un elevado. El director de los Cubs Don Zimmer pensó que la pelota se fue muy rápido. "Parpadeé y la pelota se había ido," dijo.[43] El batazo fue ante Mike Capel y ayudó a los Astros a lograr una victoria de 7-1.[44] Houston terminó en el quinto puesto, dos juegos por encima de .500, pero 27 juegos delante de los Braves, quienes cayeron en 106 partidos; Chuck Tanner fue reemplazado tras 39 encuentros en la temporada reconstructora de los Braves. Hal Lanier fue reemplazado como mentor de los Astros por Art Howe después de la justa.

En su segunda campaña en Houston, su promedio cayó nuevamente, pero eso no le impidió conectar batazos importantes. Raras carreras empujada para ganar juegos parecían ser su fuerte ese año. El 4 de junio llegó una de las empujadas mejor recibidas de la temporada y posiblemente su carrera. Los Dodgers visitaron a Houston para una serie de cuatro juegos. El juego del sábado comenzó a las 7:35 pm. Los abridores eran Bob Knepper por Houston y Tim Leary por Los Angeles. Luego de seis entradas, el marcador iba igualado a cuatro. De repente, los bates enmudecieron y nadie anotó en otras 16 entradas. Comenzaron a verse cosas raras como lanzadores jugando a la defensa y jugadores de posición lanzando, lanzadores bateando de emergente, y el futuro miembro del Salón de la Fama Eddie Murray jugando tercera base. Orel Hershiser y Jim

Clancy, usualmente abridores, se combinaron para trabajar 12 entradas sin anotación entre ambos. Los Astros usaron 21 jugadores mientras los Dodgers usaron 23. En la parte baja del inning 22, el tercera base Jeff Hamilton se subió en la lomita para enfrenta al agotado lineup de los Astros. Bill Doran pegó sencillo. Un out después, Terry Puhl fue transferido intencionalmente. Hamilton ponchó a Ken Caminiti. Compareció Rafael Ramírez. En cuenta de dos strikes sin bolas, Ramírez pegó un sencillo hacia el derecho que superó el salto de Fernando Valenzuela en primera base que empujó a Doran y dio a los Astros triunfo de 5-4. El encuentro terminó a las 2:50 am del domingo. "Me gusta jugar solamente nueve entradas. Basta es basta," dijo Ramírez.[45] Otra extraña carrera empujada decisiva tuvo lugar en agosto en el Astrodome. El mentor de los Cubs Don Zimmer odenó un boleto intencional con dos outs en el noveno para lanzarle a Ramírez. Uno de los elementos en su contra era que no tenía disciplina en la caja de bateo. Con las bases llenas, el lanzador de los Cubs Jeff Pico transfirió a Rafael con cinco lanzamientos, dando a los Astros triunfo de 6-5. Sobre Zimmer, Ramírez dijo, "Él hace cosas extrañas. Sabe que hago mucho swing, pero tenía en mente ser paciente y solo hacer swing en cuenta de tres y dos."[46] ¿Quién necesita sencillos impulsadores cuando puedes recibir boleto con las bases llenas?

En el campo corto, las cosas volvieron a la normalidad en 1989. Para el descanso de las Estrellas, Ramírez encabezaba la liga con 21 errores, casi igualando el total que tuvo en la campaña anterior.[47] Sobre sus problemas, señaló, "Cuando comencé profesionalmente, podía fildear y no podía batear. Ahora puedo batear y no puedo fildear."[48] No obstante, logró estabilidad en la segunda mitad de la campaña y terminó con 30 errores, pero igual lideró a los torpederos de la Liga Nacional.

En noviembre, Rafael firmó un contrato de dos años para seguir siendo el paracorto titular de los Astros. "Su fichaje nos brinda una continuación de servicio de uno de los mejores paracortos ofensivos de la Liga Nacional," dijo el gerente general de los Astros.[49] Sin embargo, había una cláusula muy interesante en su nuevo contrato: un "bono por peso." Aunque no era una nueva idea a los contratos, esta cláusula de peso tenía interesante salvedad. Ramírez sería pesado diariamente iniciando el entrenamiento de primavera. Si promediaba 187 libras al final de cada mes, los Astros le pagarían unos $12,500 adicionales. Esto le daba una oportunidad de ganar una cifra adicional de $87,500 en la temporada encima de su salario de $1.1 millón.[50] Mantenerse delgado no solo le permitiría ser más efectivo en el terreno, sino que le daría más dinero en el banco.

Ramírez jugó 132 partidos en 1990. Pero tenía ya 31 años y sufría de problemas con las lesiones y su peso. Los Astros comenzaron a contemplar ofertas de traspaso mientras buscaban opciones más jóvenes en el campo corto, incluyendo a Orlando Miller, Dave Hajek, Eric Yelding, y Andújar Cedeño. Su primera selección en el draft ese año fue también un para cortos, Tom Nevers, quien se refirió a Ramírez como "anciano". "Eso es lo que deseaba, poder ir a un equipo con un torpedero anciano y no mucha gente subiendo en el sistema de granjas," dijo Nevers.[51] Parecía ser que Rafael iba de salida. En cuanto a la cláusula de peso, no acertó la marca en ningún momento durante la temporada, fallando por tres libras en todo el año.[52]

En 1991, Ramírez seguía llevando el uniforme de los Astros, alternando y estando en el banco. Jugó como suplente de Eric Yelding y vio acción en varias posiciones, incluyendo su primera apertura en segunda base, el 28 de mayo en Los Ángeles. Jugó en poco más de 100 encuentros, pero inició apenas 45 de ellos. Para decepción de los Astros, ni Yelding ni Ramírez lo hicieron bien a la defensa. De hecho, el 25 de mayo en casa ante San Diego, ambos cometieron errores que le costaron el encuentro a los Astros. El infielder de los Padres José Mota pegó sencillo y llegó a tercera cuando Yelding jugó mal en el jardín derecho. Ramírez, que había asumido el campo corto por Yelding en el octavo episodio, entonces fildeó una rolata de Bip Roberts y lanzó a primera base contra el suelo, permitiendo a Mota anotar la carrera que resultaría decisiva. Aunque los Astros habían sido optimistas en cuanto a cómo sería su temporada, el equipo ya no estaba contendiendo y comenzó a buscar maneras de recortar nómina de pago. Volvieron a presentar ofertas por el veterano paracorto. A medida que se acercaba el verano, los Dodgers expresaron interés, como también lo hizo Oakland, buscando reemplazo por el lesionado Walt Weiss.[53] Pero Ramírez se mantuvo en su sitio.

En 1992, el descenso cuesta abajo siguió. Ramírez firmó un contrato de liga menor para quedarse con el club.[54] El paracorto titular era entonces Andújar Cedeño, pues los Astros, reminiscente de los Braves de los 1970, siguieron con su desfile de torpederos. Pero para mediados de abril, cuando el impaciente Cedeño no producía en la caja de bateo, Houston colocó a Ramírez de vuelta en el rol de titular.[55] El veterano tuvo aperturas esporádicas durante toda la temporada, excepto por un tiempo que pasó en junio en la lista de lesionados. En total, los Astros usaron seis paracortos diferentes en 1992, incluyendo a Ramírez, Cedeño, Yelding, el novato Juan Guerrero, y los veteranos Casey Candaele y Ernie Riles. Desesperados, los Astros incluso consideraron pasar a la selección número uno del draft, Phil Nevin, al campo corto, probándolo en la posición durante una sesión de práctica a principios de septiembre.[56] Rafael inició su último juego como torpedero el 22 de agosto en Philadelphia. Tuvo un hit en cinco turnos y anotó dos veces; cometió dos errores. El 29 de septiembre los Astros estaban perdiendo 5-4 y enfrentaban al cerrador de los Padres Randy Myers como locales. Ramírez abrió el final del noveno con hit como emergente. Luego de un sacrificio de Craig Biggio y boleto a Steve Finley, Luis Gonzalez disparó doble decisivo al left-center para dejar al campo a los Padres y dar el triunfo a los Astros. Fu el último indiscutible en las mayores para Rafael. A finales de octubre, optó por la agencia libre, uniéndose a Oakland en la primavera, pero no integró el equipo.

Rafael Ramírez acumuló 1,432 imparables en su carrera y compiló .261. Cometió 290 errores en el campo corto. Aunque tal vez no sea merecedor del Salón de la Fama, Ramírez sin dudas sacó lo mejor de su carrera de 13 años. Ahora ex ligamayorista, regresó a San Pedro de Macorís. Su hijo, Edgar Ramírez, fue fichado con 16 años como infielder por los Tampa Bay Devil Rays en 1996 y jugó hasta 1999, pero no llegó a las grandes ligas. Murió a la edad de 28 años cerca de San Pedro de Macorís.[57]

Como fildeador, Ramírez era propenso a cometer errores, pero siempre estaba listo para la próxima oportunidad, sin querer nunca estar en la banca. Como bateador, fue líder en su posición en una época cuando los torpederos eran conocidos solo por su defensa. Ignoró las críticas de la prensa y cumplió con su trabajo en cada jugo, aunque no fuera lindo o el terreno de juego no fuera tan amistoso. ¿Qué manager no quisiera un jugador como Rafael Ramírez?

FUENTES

Además de las fuentes citadas en las notas, el autor consultó el archivo de jugador y cuestionario de Rafael Ramírez en el Salón de la Fama del Béisbol, la enciclopedia online de SABR, Retrosheet.org, Baseball-Reference.com, MLB.com, y Newspapers.com.

NOTAS

1. McClatchy News Service, "A's Notebook: Tigers Nibble About Rickey," *Santa Cruz Sentinel*, 15 de marzo de 1993: B-4.

2. Steve Wulf, "Standing Tall at Short," *Sports Illustrated*, si.com/vault/1987/02/09/114833/standing-tall-at-short-with-more-than-70-shortstops-in-organized-baseball-the-tiny-impoverished-dominican-republic-has-emerged-as-the-worlds-leading-exporter-of-mediocampistas, accedido el 31 de mayo de 2018.

3. Enrique Rojas, "Buena cosecha de paracortos dominicanos," *Plainview* (Texas) *Daily Herald*, 24 de noviembre de 2004. myplainview.com/news/article/Buena-cosecha-de-paracortos-dominicanos-8951737.php , accedido el 31 de mayo de 2018.

4. Línea Mendoza: Relacionado con la pobre ofensiva de Mario Mendoza, un promedio de .200. (Nota del Traductor).

5. Joyce Leviton, "Skipper Ted Turner Buys the Braves and Promises to Turn Atlanta into Winnersville, U.S.A.," *People*, 2 de febrero de 1976. people.com/archive/skipper-ted-turner-buys-the-braves-and-promises-to-turn-atlanta-into-winnersville-u-s-a-vol-5-no-4/, accedido el 29 de mayo de 2018.

6. "Watch These 13 Rookies," *Democrat and Chronicle* (Rochester, New York), 13 de abril de 1980: 6E.

7. United Press International, "Atlanta Moves Up Ramirez," *Hartford Courant*, 5 de agosto de 1980: 83.

8. Ken Picking, "Braves Bench SS Gomez, Promote Ramirez," Recorte no atribuido el 23 de agosto de 1980, en el archivo de jugador de Ramírez en el Salón de la Fama.

9. Mike Littwin, "Dodgers Get a Call – and a 6-2 Victory," *Los Angeles Times*, 7 de agosto de 1980: 39.

10. Associated Press, "Cox's Move Looks Good Now," *Herald and Review* (Decatur, Illinois), 20 de agosto de 1980: 21.

11. See AP, "Braves Finally Sign Torre," *The Day* (New London, Connecticut), 24 de octubre de 1981: 24, y un artículo no atribuido titulado "Braves Give Up on Ramirez Deal," del archivo de jugador de Ramírez en el Salón de la Fama.

12. Lee Whitney, "Have You Noticed Rafael Ramirez?" *Braves Banner*, 11 de octubre de 1983.

13. "Braves Give Up on Ramirez Deal."

14. "Braves Give Up on Ramirez Deal."

15. Whitney, "Have You Noticed Rafael Ramirez?"

16. Kent Hannon, "Are Torre's Braves Folding Their Tent?" *New York Times*, 8 de agosto de 1982.

17. Jason Foster, "The Untold Story of 'It's a Long Way to October,' a groundbreaking, forgotten baseball documentary," *The Sporting News*, 2 de mayo de 2017. sportingnews.com/mlb/news/its-a-long-way-to-october-atlanta-braves-documentary-video-1982-wtbs-glenn-diamond-joe-torre/yaabhb6wm7h91kirw1ijy0wm9, accedido el 2 de junio de 2018.

18. AP, "Atlanta's Turner Ready to Fly Pennant," *Galveston Daily News*, 12 de marzo de 1982: 17.

19. Ira Berkow, "Braves Win 12th Straight to Set Record," *New York Times*, 21 de abril de 1982.

20. Berkow.

21. Berkow.

22. George Maselli, "Absurd: Who Would've Thought the Braves Would Be in 1st?," *Tallahassee Democrat*, 12 de julio de 1982: 15.

23. Kent Hannon, "Are Torre's Braves Folding Their Tent?"

24. Mike Davis, "Braves' New World Is Coming Apart," *San Bernardino County Sun*, 7 de agosto de 1982: 33.

25. AP, "Baseball Tidbits: Quotes," *Quad-City Times* (Davenport, Iowa), 9 de marzo de 1982: 16.

26. Bob Fowler, "Brewers Force Final Game – Cards Win: Oberkfell's Single in 9th Turns Back Atlanta, 4-3," *Orlando Sentinel*, 10 de octubre de 1982: D1.

27. Phil Elderkin, "Hubbard and Ramirez Give Braves Solid Infield Tandem," *Christian Science Monitor*, 21 de junio de 1983.

28. Mark Whicker, "Playing Well Is Mounds of Fun for Hubbard," *Philadelphia Daily News*, 1 de septiembre de 1982: 74.

29. AP, "Braves Fire Manager Torre," *Washington Post*, 2 de octubre de 1984. washingtonpost.com/archive/sports/1984/10/02/braves-fire-manager-torre/03373120-47fc-4b18-8598-3ff312b281fc/?utm_term=.86fe389a26a9, accedido el 29 de mayo de 2018.

30. AP, "A.M. Sportwatch: Braves Sign Ramirez," *Arizona Daily Star* (Tucson, Arizona), 17 de enero de 1985: 9.

31. "Play Ball: Mahler Gets Call in Braves' Opener," *Anniston Star* (Anniston, Alabama), 9 de abril de 1985: 11.

32. David Moffitt, "Brave Hopes Hurt Again by Pitching," *Tennessean* (Nashville, Tennessee), 18 de febrero de 1986: 37.

33. Joe Santoro, "All Ramirez Wants Is a Fair Chance," *News-Press* (Fort Myers, Florida), 20 de marzo de 1987: 37.

34. Santoro.

35 Santoro.

36 Gerry Fraley, "Rafael Wants Out, But…," artículo no identificado en archivo de jugador de Ramírez en el Salón de la Fama.

37 Fraley.

38 Fraley.

39 "Braves Ship Ramirez to Astros," artículo no atribuido en el archivo de jugador de Ramírez en el Salón de la Fama.

40 "Braves Ship Ramirez to Astros."

41 Neil Hohlfield, "…While New Astro Ramirez Soars," artículo no identificado en el archivo de jugador de Ramírez en el Salón de la Fama.

42 Frank Carroll, "Astrodome New Home to Ramirez: Ex-Brave Looks to Mend Erring Ways in Houston," *Orlando Sentinel*, 26 de febrero de 1988: 36.

43 AP, "Ramirez Slam Humbles Cubs," *Herald and Review* (Decatur, Illinois), 29 de mayo de 1988: 11.

44 "Ramirez Slam Humbles Cubs."

45 Paul Hagen "In Orderly Fashion: Expos' Rodgers Goes Alphabetically to Bullpen," *Philadelphia Daily News*, 9 de junio de 1989: 121.

46 AP, "'Percentage Baseball' Costs Cubs, Aids Astros," *Lincoln* (Nebraska) *Star*, 19 de agosto de 1989: 9.

47 AP, "The Inside Pitch: National League: Rose Offers Interesting Insight Into Baseball's Top Performers," *Press and Sun-Bulletin* (Binghamton, New York), 11 de julio de 1989: 20.

48 Wire Services, "N.L. Notebook: Houston Astros." *South Florida Sun Sentinel* (Fort Lauderdale, Florida), 16 de julio de 1989: 36.

49 AP, "Astros Agree to Terms with Rafael Ramirez," *Galveston Daily News*, 16 de noviembre de 1989: 20.

50 Sun News Services, "Kaleidoscope: Calorie Counter Will Be Cash Counter," *San Bernardino County Sun*, 19 de noviembre de 1989: 27.

51 Dave Dye, "Brewers' Dalton Hasn't Mastered the Art of the Deal: Draft Story II," *Detroit Free Press*, 10 de junio de 1990: 44.

52 Tennessean News Services, "Sports A.M.: Sanderson, Yanks at Standstill," *Tennessean*, 30 de diciembre de 1990: 22.

53 "Dodgers Notes," San Bernardino County Sun, and Paul Hagen, "Tonight: Phillies vs Houston Astros." *Philadelphia Daily News*, 12 de junio de 1991: 84.

54 "Dodgers Notes," "Tonight: Phillies vs Houston Astros," and "Briefly: Baseball," *Clarion-Ledger* (Jackson, Mississippi), 9 de enero de 1992: 24.

55 Rick Hummel, "Baseball Notebook: Free Agents Are Costing Cubs Plenty," *St. Louis Post-Dispatch*, 19 de abril de 1992: 20.

56 Ray Finocchiaro, "NL Notebook: No. 1 Pick Green's Future May Hinge on Shoulder Surgery," *News Journal* (Wilmington, Delaware), 13 de septiembre de 1992: 64.

57 "Scorecard: Obituaries," atículo no identificado en el archivo de jugador de Ramírez en el Salón de la Fama.

JOSÉ RIJO

Por Charles F. Faber

Pocos, si acaso alguno, peloteros han tenido jamás tantos altibajos en sus carreras o sus vidas como José Rijo. Criado en la pobreza en la República Dominicana, formó un contrato con los New York Yankees a la edad de 15 años. Luego de tres años en las menores, llegó a las mayores a la edad de 18. Combatiendo lesiones, no fue capaz de ganar de forma consistente, y fue traspasado dos veces en cuatro años. Se casó con la hija del más célebre lanzador de su país, y la demandó en divorcio. Aunque se perdió parte de la contienda de 1990 por lesiones, se recuperó a tiempo para llevar a los Cincinnati Reds al campeonato de la Serie Mundial, y fue nombrado el Jugador Más Valioso de la misma. Se convirtió en un héroe para sus compatriotas. En 1995, Rijo estuvo fuera por varias serias lesiones en el codo y estuvo fuera del béisbol por cinco años. En 2001 intentó regresar, pero nuevamente lo afectaron las lesiones. Dos veces ganó premios por su conducta dentro y fuera del terreno. Ganó el Premio Tony Conigliaro por su espíritu, determinación y coraje para superar la adversidad. Luego de retirarse como jugador, se convirtió en asistente del gerente general de los Washington Nationals. Fue despedido en medio de alegaciones sobre falta de decoro en una academia beisbolera que operaba en la República Dominicana. Su academia fue cerrada. Fue investigado por su asociación con una persona acusada de tráfico de drogas y lavado de dinero. Fue declarado inocente de cualquier delito. Hasta 2015, Rijo estaba de nuevo ayudando a los jóvenes dominicanos con sus aspiraciones beisboleras. Nuevamente es un héroe en su tierra natal.

José Antonio Rijo Abreu nació el 13 de mayo de 1965 en el municipio de San Cristóbal, en la provincia del mismo nombre en la República Dominicana, en la costa caribeña a unas 20 millas al este de Santo Domingo, en el área azucarera de la isla. Era hijo de Glady Abreu, enfermera, y Reynaldo Rijo, taxista, el décimo de los 13 hijos de Rijo. El padre de José abandonó la familia cuando él tenía cuatro años. José entonces compartió estrechas habitaciones en una casa de cuatro cuartos y techo de aluminio con su madre, abuelos, tías, tíos, y muchos de sus hermanos y medios hermanos. "Éramos tan pobres," dijo, "que tenía que jugar béisbol con los zapatos de un amigo, que eran demasiado pequeños. Los zapatos estaban tan rotos y apretados que tenía ampollas en mis dedos."[1] No volvería a ver a su padre de nuevo en 19 años.[2]

Se conoce muy poco de principios de su niñez. Le llamaban Chago en su tierra, pero

Fotografía cortesía del Salón de la Fama del Béisbol Nacional

el apodo nunca llegó a Estados Unidos. Como muchos muchachos dominicanos, aprendió a jugar béisbol en las calles de su empobrecido pueblo. Su primera pelota puede haber sido hecha en casa, con una pequeña piedra en el centro y pedazos de tela enrollados alrededor del centro. Los bates eran hechos de palos de escoba y ramas de árboles. Cuando tenía 12 años, José estaba jugando en un club organizado equipado con pelotes y bates de verdad. Era muy bueno, un *jugador de béisbol estrella*.

Luego de que Jackie Robinson rompiera la barrera racial, la República Dominicana se convirtió en una fuente importante de peloteros de grandes ligas. Para cuando José ara adolescente, los escuchas estaban viajando al país en busca de peloteros talentosos. El 1 de agosto de 1980, el cazatalentos Willie Calvino firmó a un José Rijo de 15 años a un contrato con los New York Yankees por $3,500. El joven abandonó la escuela en noveno grado. "Firmé porque odiaba la escuela y mi familia necesitaba el dinero," explicó. "Sabía que era un gran riesgo abandonar la escuela. Si no triunfaba en el béisbol, no sabía qué iba a hacer."[3]

Rijo nunca lo dijo públicamente, pero debe haber sido tremenda emoción para un muchacho dominicano pobre de 15 años firmar un contrato con los New York Yankees, quienes frecuentemente eran considerados el más prominente club beisbolero del mundo entero.

La Major League Baseball ahora prohíbe el fichaje de peloteros caribeños menores de 16 años, pero esa regla no estaba en efecto en 1980. De todos modos, Rijo cumplió 16 antes de iniciar su carrera profesional en 1981 en el sistema de granjas de los Yankees por $600 al mes. En su primer año, fue usado de manera esporádica en el equipo de los Yankees en la Gulf Coast League (Nivel Rookie), ganando tres y perdiendo igual cantidad. En 1982, fue promovido a Paintsville, Kentucky, en la Appalachian League (Rookie Avanzada), donde tuvo registro de 8-4. Rijo dijo que tenía dolores en su codo desde que tenía 17 años. Unos Rayos-X que se le hicieron al codo en 1982 revelaron una anormalidad en su hueso, posiblemente una astilla ósea. Pero siguió lanzando. A veces el dolor empeoraba; a veces mejoraba.

En 1983, Rijo fue asignado a los Fort Lauderdale Yankees de la Florida State League (Clase-A). Era un flacucho de 18 años que no hablaba inglés. Resolvió intentar aprender tres palabras diarias en inglés.[4] Encontró alojamiento cerca de una playa que era un hervidero de consumidores de drogas y personas de los barrios pobres. Nostálgico, gastaba la mayor parte de su dinero en llamadas a su familia en Dominicana. Afortunadamente, escuchó sobre una familia local que se conocía por alojar ocasionalmente a peloteros latinos. John Cummings era programador de computadoras y su esposa provenía de México. No estaban deseosos de acoger a otro pelotero. Ocuparse de los peloteros era demasiado exigente para su programa. Tenían que llevarlo a y del estadio, pero decidieron acoger a José. "Era como nuestro bebé," dijo Cummings. "Fue con el que más nos compenetramos, al punto de que era como un miembro de nuestra familia. Fue uno de esos muchachos con los que uno no podía permanecer molesto. Hacía lo que hacía porque no quería que nada le echara a perder su carrera en el béisbol. Cuando regresó para el entrenamiento de primavera en el '84 ... había una regla de ligas mayores de que los peloteros debían permanecer en el hotel del equipo. Rijo se rehusó a hacerlo porque quería quedarse con nosotros."[5]

José tuvo su mejor temporada en las menores en 1983, con registro de 15-5 y efectividad de 1.68 con el Fort Lauderdale antes de que lo promovieran a los Nashville Sounds de la Southern League en Doble-A (3-2). Encabezó la Florida State League en victorias, juegos completos y promedio de efectividad. Fue nombrado Jugador Más Valioso de la liga. Su desempeño le valió a Rijo una promoción a "The Show". A la edad de 18 años estaba en la cima del mundo beisbolero.

En 1984, Rijo ganó el Premio James P. Dawson como el mejor novato en el campo de entrenamiento de primavera de los Yankees. Logró su meta de llegar a las ligas mayores. George Steinbrenner, dueño de los Yankees, esperaba que Rijo pudiera competir con Dwight Gooden, el sensacional lanzador adolecente de los New York Mets, por el afecto de los fans en Ciudad Gótica. El 5 de abril de 1984, el derecho de seis pies y una pulgada, y 200 libras de peso, debutó en las grandes ligas. Rijo entró en el encuentro ante Kansas City en el Royals Stadium en el tercer inning, con dos en base, dos outs, y los Yankees perdiendo 14-0. Ponchó a Greg Pryor, el primer bateador que enfrentó en las mayores. Terminó el juego, permitiendo apenas una carrera limpia con cuatro imparables y dos boletos, mientras ponchaba a cinco en 5 y ⅓ de trabajo. Parecía un excelente inicio de una estelar carrera en las mayores. Sin embargo, sus esperanzas de una gran campaña de novato pronto se vinieron abajo. Ganó solamente dos juegos y perdió ocho ese año. No pudo igualar al llamativo Gooden ni en la lomita ni en los corazones de la fanaticada. El 5 de diciembre de 1984, fue canjeado junto con Tim Birtsas, Jay Howell, Stan Javier, y Eric Plunk a los Oakland Athletics por Bert Bradley, Rickey Henderson, y dinero.

Rijo estaba complacido por el traspaso. "Creo que tenía a los Yankees mezclados en mi cabeza el año pasado," dijo. "Tuve muchos entrenadores de pitcheo en New York. Uno me dijo que hiciera las cosas de una manera. Otro me dijo que hiciera las cosas de otra manera, y estaba un poco confundido. ... Estoy muy contento de estar aquí. Espero jugar aquí el resto de mi vida. Hay menos presión, es un lugar mejor para que juegue un joven pelotero."[6]

Estaba contrariado por cómo los Yankees lo manejaron. "Entré como relevista," dijo. "Dos días después me dijeron que iba a ser abridor. La gente no sabe lo que se siente."[7]

Cuando se reportó a los A's estaba cansado de jugar pelota invernal. Dijo a su compañero de equipo Jay Howell que su brazo y su hombro le molestaban y le hacían tirar todo en la zona alta. No tenía rompimiento. Dijo haberlo perdido en New York cuando lo estaban alternando entre abrir y relevar.[8]

Su permanencia en Oakland se vio marcada por lesiones. En 1985, dividió la contienda entre Oakland y los Tacoma Tigers (equipo de granja del club en la Pacific Coast League de Triple-A). Mientras estuvo en Tacoma, desarrolló un cambio para acompañar a su recta y su slider. En 1986 lo promovieron a Oakland. Durante el entrenamiento de primavera se perdió un par de días de práctica porque tenía una infección en un dedo del pie derecho. El manager Jackie Moore atribuyó la infección al intento de Rijo de estar a la moda y no usar medias.⁹

En la primavera de 1986, todavía le irritaban las comparaciones con Gooden. Dijo al cronista del Área de la Bahía Lowell Cohn que habría igualado las 24 victorias de Gooden el año anterior si le hubiesen dado la oportunidad. ¿Era Rijo un muchacho arrogante que debía callarse hasta que lograra una temporada respetable en su hoja de servicios? Cohn escribió que Rijo sabía que tenía un talento inusual, no estaba alardeando, sino declarando lo que consideraba hechos. "Cuando uno habla con él, e lo suficiente agradable. Tiende a usar ropas llamativas como pantalones rojo juego con zapatos blancos y sin medias, pero habla pausadamente, estrecha las manos de los reporteros, y admite con inocencia contar sus ponches a medida que avanza el juego,"¹⁰ Cohn concluyó diciendo que la aparente arrogancia de José no era un defecto de carácter, sino un prerrequisito de grandeza. Para tener éxito, Cohn escribió, un lanzador debe creer en sus habilidades, debe cultivar el pecado del orgullo.¹¹

Cuando estuvo saludable, Rijo dio muestras de brillantez. El 19 de abril de 1986, ponchó a 16 bateadores de los Seattle Mariners en el Kingdome para establecer marca para el club. Cinco días después, en el Oakland-Alameda County Stadium ante los mismos Mariners, lanzó un juego dos hits, ponchando a 14. Nuevamente parecía a punto del estrellato. Estaba en la cima del mundo. Pero nuevamente la euforia no duró.

Poco después de su destacado desempeño ante Seattle, Rijo desarrolló problemas con su pierna izquierda. En ocasiones no sentía nada en la pierna. Sin poder lanzar la recta, tuvo que depender de su slider. En junio dijo a un escritor para el *Kansas City Times*, "Anoche fue malo, no pude dormir. Tengo que olvidarme de la pierna, pero es un tanto difícil. Ahora mismo estoy evadiendo. No he lanzado ninguna recta todavía. Todavía no la siento. ... mi pierna se tambalea cuando la apoyo. No tengo control."¹²

Los A's lo probaron en el bullpen, pero no funcionó. Lo volvieron a poner en la rotación, sin resultados. Ganó nueve partidos para ellos en 1986, y solamente dos en 1987. Antes de que terminara la justa del '87, lo enviaron de vuelta a Tacoma.

Durante la campaña, Rijo estuvo saliendo con Rosie Marichal, estudiante de la San Francisco State University e hija del lanzador miembro del Salón de la Fama Juan Marichal, el lanzador más célebre que ha salido de la República Dominicana. Marichal no sabía que estaban saliendo, y cuando anunciaron planes de matrimonio, se puso furioso. "Tal vez porque sabe cómo son los peloteros, los estilos de vida de los muchachos," dijo José. "No lo culpo. Yo tenía la reputación de salir mucho. ... Cada día de cacería."¹³ Rosie y José se casaron en septiembre, fue su segundo matrimonio. Se sabe muy poco sobre su matrimonio con Alma Rijo, su primera esposa.

El 8 de diciembre de 1987, Rijo fue traspasado junto con el lanzador Tim Birtsas a los Cincinnati Reds por el veterano toletero Dave Parker. En tres años con los A's había ganado apenas 18 encuentros.

Comenzó su carrera en Cincinnati como relevista intermedio. Su primera aparición por los Reds fue el día de apertura. Lanzó el sexto y séptimo innings en el Riverfont Stadium mientras los Red hundían a los St. Louis Cardinals, 5-4. Su siguiente salida se produjo en el inning 16 de un juego en Cincinnati, cinco días después. Le batearon con fuerza, permitió cinco carreras y le cargaron la derrota en un encuentro en que los Reds cayeron 8-3 ante Houston. Sería el único encuentro que Rijo perdería como relevista en la contienda. En las semanas siguientes fue dominante en el sexto, séptimo, y octavo innings. Dio crédito a su éxito en la fe del manager Pete Rose en su juicio. "En Oakland no era tan inteligente para elegir mis propios lanzamientos. Ellos decidían muchos. Pasé un infierno, pero aprendí," dijo.[14]

Para principios de junio, Rijo había ganado seis juegos con una sola derrota. Estaba feliz como relevista, pero los Reds traspasaron al abridor Dennis Rasmussen el 8 de junio y necesitaban otro abridor. Esa misma noche, Rose presionó a Rijo para que llenara ese espacio. En su primera apertura, derrotó a los San Diego adres, 7-1, permitiendo solamente una carrea con dos hits en seis entradas y ponchando a ocho bateadores de los Padres. En vez de disfrutar su éxito, José estaba en conflicto. "Me considero relevista, y no quiero arruinarlo al comenzar de nuevo. Hoy ayudo al equipo lo mejor que pueda. Ahora espero volver a mi bullpen. Espero que alguien más haga las aperturas."[15]

Rose respondió diciendo, "¿Quiere volver al bullpen? Díganle que puede volver al bullpen—hasta el martes por la noche contra Houston, su próxima apertura. ... lo tengo programado para otros 21 juegos iniciados entre ahora y el final de la temporada. Es un verdadero caballo de batalla, y va a ganar muchos juegos—como abridor."[16] Rijo haría entonces 19 aperturas, y ganaría siete de 14 decisiones como abridor, lo cual le dio una foja de 13-8 en todo el año. En agosto, experimentó dolores y debilidad en su hombro y lo ubicaron en la lista de lesionados 21 días el 18 de agosto, la primera de 10 veces que lo pondrían allí durante su carrera en Cincinnati. Lo reinsertaron el 8 de septiembre y lanzó bien el resto de la justa.

Los Reds contaban con Rijo para fuese uno de sus mejores lanzadores y tal vez les ayudara a ganar el banderín en 1989. Luego de terminar segundos en el Oeste de la Liga Nacional cuatro campañas consecutivas, los Reds tenían expectativas razonables de lograr el campeonato en el '89. Comenzaron muy bien, encabezando la división en abril y gran parte de mayo. Entonces aparecieron las lesiones. Uno tras otro fueron cayendo los jugadores, y los Reds se precipitaron hasta el quinto lugar. Los Reds habían contado n Rijo para que ganara mucho. Tenía registro de 7-6 con efectividad de 2.84 el 17 de julio cuando sufrió una fractura por stress en la parte baja de la espalda que lo sacó de juego el resto de la contienda.

Luego de la temporada de 1989, Rosie y José se convirtieron en padres de un bebé, José Jr., llamado Josie. Pero su matrimonio había comenzado a deteriorarse. "No quería que visitara a mis amigos, saliera a tomar un trago, lo que fuera. Quería que le dijera todo lo que hacía, dónde y en qué gastaba mi dinero. ... Es difícil tener a alguien tratando de controlarlo a uno," dijo. "Cuando la mujer quiere asumir el control, usted sabe, eso no va a funcionar. Sabe, un hombre es un hombre. Y yo llevo los pantalones en la casa. Yo llevo la comida a la casa, así que yo debo tener el control."[17] Pese a las desavenencias maritales, la unión duró hasta pasada la campaña de 1990.

Cómo le fuera a Cincinnati en 1990 dependía, entre otras cosas, de cómo sus heridas tropas se recuperaran de sus lesiones y cómo los jugadores respondieran a su nuevo mentor, Lou Piniella. Los resultados fueron positivos en ambos frentes. La mayoría de los jugadores se recuperó de sus lesiones, y la mayoría respondió bien al fuerte liderazgo de Piniella. Los Reds comenzaron muy bien, ganando nueve juegos consecutivos para iniciar la temporada, y nunca fueron aventajados, encabezando su división de punta a punta. Aunque se esperaba que Rijo fuera el as del equipo, no pudo contribuir en la racha, sufriendo de tendinitis en su brazo de lanzar. Sin embargo, otros lanzadores asumieron la responsabilidad. Cuando José ganó su primer encuentro de la campaña, el último día de abril, el récord de Cincinnati era de 13-3. Por supuesto que no podían seguir ganando a ese ritmo. El 29 de junio, Rijo fue a la lista de lesionados por un tirón en un músculo de su hombro derecho. Los Reds tenían balance d 45-26 en ese momento y él estaba con 5-3. Cuando regresó el 21 de julio, los Reds tenían 57-32. Rijo ganó su primer juego después de regresar, pero perdió tres de las cinco decisiones siguientes.

Durante los cálidos días de agosto, Cincinnati ganaba más de lo que perdía. Perdieron cinco seguidos del 17 al 20 de agosto. El 21 de agosto, el coach de pitcheo Stan Williams encendió un fuego debajo de Rijo. Reunió a los abridores y les dijo que estaba pensando en una rotación de cuatro hombres. "Excelente," dijo Rijo.[18] "Bueno, pues bien, José, porque no eres uno de ellos," respondió el entrenador.[19] Piniella dijo que la rotación incluiría a Tom Browning, Danny Jackson, Norm Charlton, y José Rijo o Jack Armstrong—"quienquiera que esté lanzando bien."[20]

De hecho, Williams y Piniella no se fueron por una rotación de cuatro lanzadores. Si la estrategia fue un truco motivacional, funcionó. En sus siguientes nueve aperturas, Rijo tuvo registro de 6-2 con efectividad de 1.27. Los cronistas John Erardi y Joel Luckhaupt escribieron que Rojo puso a los Reds en su espalda y os cargó hasta la línea de meta.[21]

Los Reds ganaron la división y se enfrentaron a los favoritos Pittsburgh Pirates en la Serie por el Campeonato de la Liga Nacional. Como el as del staff, José recibió la tarea de abrir el primer encuentro de la NLCS en el Riverfront Stadium. Lanzó cinco y un tercio, y fue relevado por Norm Charlton con dos en base y un out y el marcador empatado a tres en la parte alta del sexto inning. Charlton escapó del problema, pero perdió el encuentro 4-3 por doble de Andy Van Slyke en el séptimo episodio. Luego de que la serie se trasladara a Pittsburgh, Rijo inició el Juego 4 en el Three Rivers Stadium. Esta vez logró el triunfo, lanzando siete entradas en triunfo de Cincinnati 5-3. Los Reds ganarían la NLCS en seis encuentros para su primer banderín de la Liga Nacional desde 1976.

Cincinnati enfrentaría a los campeones defensores de la Serie Mundial, los Oakland Athletic en la Serie Mundial de 1990. Encabezado por los "Barh Brothers", Mark McGwire y José Canseco, y con un increíble staff de pitcheo, los A's eran los amplios favoritos. El manager Lou Piniella escogió a Rijo para abrir el Juego 1, y éste estuvo magistral, lanzando siete entradas sin carreras antes de entregar el juego a los Nasty Boys (Chicos Malos) Rob Dibble y Randy Myers para que aseguraran el triunfo de 7-0. Los Reds volvieron a ganar en el Juego 2, esa vez 5-4, y se llevaron el Juego 3, 8-3. Rijo volvió a abrir en el Juego 4 y selló el campeonato para Cincinnati con otra excelente salida, lanzando 8 y 1/3 y permitiendo una carrera. Myers entró a cerrar la puerta y los Reds se llevaron el encuentro, 2-1. José Rijo fue nombrado el Jugador Más Valioso de la Serie Mundial.

En la Serie, había vencido dos veces a Dave Stewart, el as del staff de Oakland. Stewart no era muy buen perdedor. Dejó entrever que la victoria de los Reds había sido casualidad. "No siempre es el mejor equipo el que gana. Es el equipo que mejor juega," dijo. "Yo no le quité nada a Cincinnati. Simplemente no admitiré que eran mejor equipo que nosotros. No pienso que lo hayan sido. Y no lo pienso así ahora. Sólo fueron mejores que nosotros en cuatro juegos. No fui yo quien hizo las probabilidades para la Serie Mundial. Alguien más dijo que íbamos a ganar, que éramos mejores como equipo. Hasta los fans de Cincinnati penaban que los Reds iban a perder."[22]

Menos de dos meses después de que terminara la Serie Mundial, Rijo optó por el divorcio de su esposa, Rosie. En la demanda, establecida en la Corte del Condado de Hamilton para Causas Comunes, alegó que él y Rosie eran incompatibles y que Rosie era culpable de negligencia grave del deber, cargos que ella negó. "Mi esposo, José, es un tremendo jugador de béisbol y un atleta de clase mundial, pero tiene mucho que aprender del matrimonio. José no entiende que un matrimonio exitoso, como un equipo ganador, requiere del esfuerzo de más de un jugador."[23] Rosie alegó que José nunca le dijo que estaba planeando demandarla en divorcio. Dijo que se enteró de los procesos de divorcio por los reportes de noticias "Estoy impactada," dijo. "Acabamos de regresar de un crucero, y estoy embarazada."[24] (La hija de los Rijo, Sasha, nació en el verano siguiente).

"Sí le dije," dijo José, "pero creo que siempre pensó que estaba bromeando. Nunca pensó que lo haría. ... amo a Rosie. Amo a mi esposa. No creo que vaya a encontrar nadie mejor que ella. Ella es una persona muy confiable. Solamente creo que su actitud era difícil de soportar. Ella pensaba que era la jefa."[25]

Marge Schott, dueña de los Reds, intentó salvar el matrimonio. "Ha habido un problema en el que he trabajado muy duro con Rijo y su esposa. ... Me metí en el asunto hace cerca de un año. Tienen un hijo, ella está embarazada de nuevo. No hay nada que desee más que Rijo y su esposa permanezcan juntos."[26]

Por su parte, José resentía la interferencia de Schott. Cuando sus esfuerzos de lograr una reconciliación fracasaron, Schott proporcionó a un abogado para que velara por los intereses económicos de Rosie. "Ella le recomendó un abogado," dijo Rijo. "Eso es vida personal. Nadie debe interferer en mi vida personal. Pero ella intentó convencerme de que volviera (con Rosie). No quería que me divorciara."[27]

"No quiero andar cambiando esposa como me cambio de uniforme," dijo. "Pero un hombre tiene que hacer lo que un hombre tiene que hacer."[28]

Con los procesos del divorcio en marcha, parecía que el matrimonio estaba condenado sin salvación. Entonces, sorprendentemente, la pareja se reconcilió tranquilamente. Se habían escrito muchas páginas sobre el pendiente divorcio, pero ningún periódico mencionó la reconciliación. Se mencionó brevemente en el *USA Today Baseball Weekly*,[29] pero los demás medios lo ignoraron. Aparentemente, las fuentes noticiosas no lo consideraban una historia. De todos modos, José y Rose estaban juntos de nuevo.

Luego de su actuación estelar en la Serie Mundial de 1990, Rijo tenía buenas razones para creer que merecía un gran aumento salarial. Para evitar el arbitraje, los Reds lo firmaron a un contrato de $9 millones por tres años. Dave Stewart, tal vez todavía molesto por sus derrotas en la Serie Mundial, tenía comentarios. "El dinero se ha vuelto ridículo en el béisbol para jugadores mediocres. No estoy diciendo que no valga $3 millones. Digo que no creo que sus estadísticas ahora mismo indiquen que se le deba pagar ese dinero. Tal vez le están pagando por potencial. Si miran sus estadísticas en los últimos dos, tres años, no veo un valor de $3 millones. ... si pueden verlo, genial. Lo aprecio. Pero muchos muchachos están recibiendo mucho dinero cuando no se lo han ganado del todo. Pero si los dueños quieren darlo, está bien. Funciona para peloteros como yo, que nos lo hemos ganado."[30]

El preguntaron a Schott si ella pensaba que Rijo valía $3 millones al año. Aunque fue ella quien autorizó su salario, contestó. "Solo tuvo un año realmente bueno—el último. Pero soy an culpable como el resto de los dueños. ¿Quién en verdad merece esa cantidad de dinero? La persona que dirige General Motors no recibe esa cantidad de dinero. El president de los Estados Unidos no recibe esa cantidad de dinero. Además (los lanzadores) solo juegan parte del tiempo."[31] Rijo, por supuesto, pensaba que merecía cada centavo que le pagaban.

Durante el entre temporadas, Rijo gastó parte de su dinero en la República Dominicana. La estrella de la Serie Mundial recibió nuevo status en su patria. "Me convertí en rey," dijo. "Era como una especie de héroe, lo cual no soy. Soy sólo una persona muy afortunada."[32] "Había 30 personas al día pidiéndome dinero," dijo. "Y la gente comenzó a llamarme El Millonario. Incluso mis amigos comenzaron a mirarme de manera diferente, lo cual me dio tristeza."[33]

"La gente no solo me pedían $100," siguió. "Hubo gente que me pidió dos millones de pesos para montar un negocio. Una persona quería venderme un hotel. Todo el mundo tenía un problema diferente. Alguno decían, 'Necesito medicina para mi bebé.' Otros decían, 'Necesito dinero para comprar ron.'... Es triste. Me gusta ayudar a la gente que realmente necesite ayuda. Pero había gente intentando usarme. Y odio que me usen."[34] Construyó una cerca alrededor de la casa de su madre para mantener fuera a los interesados.

En algunas maneras, Rijo fue generoso con su nueva fortuna. Cuando regresó a la Dominicana, llevó un cargamento de guantes, bates, camisetas y zapatos para dar a los niños. Gastó unos $60,000 en dos ambulancias, una para el departamento de policía, otra para el hospital de su pueblo natal. "Se lo merecen," dijo. "Lo necesitan. Sufren mucho. He visto morir a mucha gente porque no tenían transporte para ir al hospital. Pienso que mientras que tenga el dinero, puedo ayudarlo."[35]

Rijo no regaló todo su dinero. Gastó mucho en su pasión por automóviles clásicos. En 1989, había comprado un Porsche 960 Turbo rojo cereza a Pete Rose. Hacia 1991, conducía con orgullo un BMW 750IL de color blanco, uno de los siete autos que mantenía en sus tres residencias en Florida, Ohio y la República Dominicana.[36]

Durante el entrenamiento de primavera de 1991, Rijo discutió sus perspectivas futuras. "Soy capaz de hacer mucho si puedo mantenerme saludable la temporada completa," dijo. "Por eso estoy rezando, por ser saludable y por un año completo y ver lo que puedo hacer. Tengo una meta en mente, llegar al Juego de las Estrellas y ganar el Cy Young."[37]

Cuando le prguntaron por su incapacidad para mantenerse saludable, respondía: "Me molesta mucho. Ha pasado en los últimos tres años y ahora ustedes se preguntan si pasará de nuevo."[38]

No pudo mantenerse saludable. Poco antes del Día de Apertura, le retiraron los cordales, lo cual llevó al manager Lou Piniella a abrir con Tom Browning en vez de Rijo en el primer juego de la temporada. José se puso iracundo por la acción de su mentor. "No creo que sea justo," dijo.[39]

Las lesiones siguieron persiguiéndole. En un encuentro contra los Montreal Expos en el Riverfront Stadium el 20 de junio, se fracturó un tobillo intentando robarse la segunda base. Se perdió seis semanas, y no regresó a la acción hasta el 5 de agosto. Entre tanto, la cizaña atacó al camerino. La unidad y la camaradería que marcaron la temporada de campeonato de 1990 habían desaparecido. Rijo contribuyó en el rencor. Luego de un revés 13-0 en San Diego el 11 de agosto, dijo, "Es difícil comprender la situación, pero cuando se ve se cree. Veo un equipo perdedor. Veo un equipo que se rinde faltando dos meses. Miren el juego de hoy. Si hubiesen dicho que jugaríamos así, yo habría dicho, 'Ni modo.'"[40]

Cuatro días después, Rijo estaba lanzando una blanqueada en los innings iniciales de un juego en el Candlestick Park de San Francisco hasta que el tercera base de los Reds Chris Sabo cometió error que llevó a dos carreras sucias. Luego de que Cincinnati perdiera 4-1, Rijo confrontó a Sabo en el dugout y le lanzó un golpe. Hicieron falta seis peloteros separarlos y evitar una pelea más violenta.[41]

Sus problemas con sus compañeros pronto se solucionaron. Cerca del 1º de septiembre, su codo empezó a doler de nuevo, Rijo soportó el dolor y lanzó algunos de los mejores juegos de su vida. Siete entradas sin carreras ante Houston el 15 de septiembre le dieron su sexta victoria seguida y pusieron su registro en 14-4. Se hablaba de él como candidato al premio Cy Young. Piniella dijo, "José se está convirtiendo en el mejor lanzador de la Liga Nacional, así de simple. Lo tiene todo. ... cuando se trata del mejor pitcher de la liga, tiene mi voto."[42]

José dijo, "Estoy en la cima en casi cada categoría. No sé si van a tomar esto (la fractura de tobillo) en cuenta, pero si lo hacen, tengo una buena oportunidad. ... Creo que me estoy convirtiendo rápidamente en el lanzador más afortunado de la liga, por cómo se siente mi codo."[43]

Lástima, Rijo perdió dos de sus tres últimas salidas y terminó cuarto en la votación por el Cy Young. Sin embargo, tuvo una buena temporada. Pese a perderse tres semanas con el tobillo fracturado, ganó 15 encuentros por primera vez en su carrera de grandes ligas. Encabezó la liga en promedio d ganados y perdidos y WHIP (bases por bolas y hits por entradas lanzadas, por sus siglas en inglés), y fue segundo en efectividad y ponches por entrada.

En 1992, Rijo volvió a ganar 15 encuentros pese a otra parada en la lista de lesionados. Estuvo imposibilitado desde el 18 de abril hasta el 3 de mayo debido a una inflamación en su codo derecho. Cuando regresó, Piniella, con el consejo del Dr. Frank Jobe y del Dr. James Andrews, lo ubicó en una cuenta de 65 a 70 lanzamientos por seis o siete salidas. Temía que Rijo se desmoronara si intentaba regresar demasiado rápido. Cuando el lanzador protestó los conteos, Piniella le advirtió que tuviera la boca cerrada. "Se le está pagando por lanzar. Hará lo que le digamos. Estamos haciendo lo mejor para él."[44] Según Retrosheet, en las siguientes siete salidas que lanzó José, su más baja cantidad de envíos fue 83; tres veces pasó de 100 lanzamientos.

Mientras estaba incapacitado, tomaba cuatro cápsulas de una poderosa droga anti-inflamatoria a diario. Debido a los posibles efectos negativos, la droga, Fenilbutazona, comúnmente llamada Bute, solo se administraba en casos de dolores severos. El Dr. Mark Siegel del Centro Ortopédico y de Medicina Deportiva de Cincinnati, dijo, "Es como una droga de último recurso. Se utiliza en casos en los que se necesita una buena respuesta rápido porque por lo general es esto o posiblemente cirugía."[45]

Rijo equilibró sus apuestas en qué religión podía ayudarlo más. Por mucho tiempo mantuvo una muñeca de vudú y una botella de aceite de serpiente en su casillero. En 1991 buscó una nueva fuente de ayuda. Comenzó a llevar consigo una foto del Papa Juan Pablo II en su kit de afeitar. Antes de una apertura en Pittsburgh, sacó la foto de su estuche y la puso en un gancho en su casillero. Se dijo, "Si se cae del gancho, perdemos. Y si aguanta, ganamos."[46] Tal vez la intervención papal funcionó. De cualquier modo, el 2 de julio, Rijo lanzó siete entradas con seis hits, y los Reds vencieron a Pittsburgh, 2-1, para concluir una racha de tres derrotas seguidas.

José terminó la contienda de 1992 sin necesidad de cirugía, pero fue extremadamente difícil. En julio no sabía si podía terminar. El dolor en el codo era su mayor preocupación. "Todo lo que sé es que no está mejorando. Voy a tratar de soportarlo como un hombre. Pero no me estoy divirtiendo aunque estemos ganando. ... Lo estoy intentando. Lo estoy haciendo lo mejor que puedo. Es malo, pero tengo que tragarme mi dolor y salir a lanzar. ... pero se hace cada vez más difícil."[47]

De alguna manera, logró terminar la contienda. Puede haber sido el Bute, o el vudú, o el aceite de serpiente, o el papa, o simplemente mucha determinación de su parte. Sus números no fueron tan excelentes como en el

'91, pero fueron buenos. Su radio de ponches contra boletos fue el segundo mejor de la Liga Nacional.

El capítulo de Cincinnati de la Asociación de Cronistas del Béisbol de Estados Unidos presenta de manera anual Joe Nuxhall Good Guy Award (Premio al Buen Tipo) a un jugador que muestre conducta ejempla dentro y fuera del terreno. En 1992, el que lo recibió fue Rijo. (Diez años después lo volvería a ganar, el primer jugador de los Reds en ser honrado dos veces).

Por primera vez en seis campañas, Rijo evitó pasar por la lista de lesionados en 1993. Nuevamente ganó 14 encuentros, y habría ganado más de haber recibido un poco más de ayuda de sus compañeros de equipo. Cinco victorias potenciales fueron echadas a perder por el bullpen en el noveno inning y otras tres las dejó escapar el relevo en el octavo. En ocho de sus derrotas, los Reds habían anotado un total de siete anotaciones. Tenía buena razón en lo que decía. "Denme la alineación que (los Atlanta Braves) tuvieron el año pasado, y habría ganado 25. Sin dudas habría ganado más de 20."[48]

Encabezó la liga en ponches en 1993, y fue segundo en efectividad y tercero en WHIP. Lideró la liga en juegos iniciados y fue segundo en entradas lanzadas. Pero terminó quinto en la votación por el Cy Young ese año. Pese a esos números estelares, Rijo no fue un campista feliz en 1993. Tuvo problemas maritales con Rosie y volvieron a separarse—esta vez parecía permanente. Los Reds estuvieron llenos de problemas. La dueña Marge Schott fue suspendida del béisbol organizado por un año debido a comentarios inapropiados. El manager Tony Pérez fue suspendido. Rijo tuvo discusiones con varios de sus compañeros de equipo, incluyendo una perorata acalorada llena de improperios cuando pensó que no estaban apoyando a Pérez. "Para mí él es el mejor manager que hemos tenido acá. Nos deja divertirnos y nos hace saber cuando hacemos algo mal. Ha sido genial."[49] Después que despidieran al mentor, José dijo, "Hemos definitivamente alcanzado el más alto nivel de bochorno."[50]

Los Reds perdieron 89 encuentros, la mayor cantidad de derrotas que habían tenido desde 1984. "No había felicidad," dijo Rijo. "No hubo buenos tiempos para nada. Todo era molestias, irritación. Perder todos los días no es divertido. Aunque lances bien, no hay consuelo porque es lo que debes hacer. Tienes que ganar. Eso es lo más importante."[51]

Los Reds cambiaron las cosas en 1994. Tuvieron un buen comienzo y lideraron su división casi todos los días hasta que la temporada tuvo una parada abrupta. La slider de Rijo fue una de las principales razones para el éxito de los Reds. Cuando era un adolescente, Pascual Pérez le enseñó cómo tirar el lanzamiento. La slider es típicamente tan agresiva para el codo que algunos clubes se rehúsan a enseñársela a sus nuevos tiradores. Tal vez el sobreuso de la slider sea en parte responsable de las lesiones en el codo y el hombro que persiguieron a Rijo durante la mayor parte de su carrera. Se contenía de lanzarlas entre aperturas y tempranos desafíos de exhibición, pero cuando comenzó la campaña estaba dispuesto a lanzar sliders todo el tiempo. Para 1994, la estaba lanzando el 50 por ciento de las veces. En una encuesta conducida por *The Sporting News*, la slider de José Rijo fue elegida la mejor en la Liga Nacional por un margen abrumador. Recibió 43 votos; John Smoltz y Larry Andersen empataron en el segundo puesto con cuatro votos cada uno.[52]

Rijo logró una de sus metas al haber sido seleccionado para el Juego de las Estrellas de 1994, aunque no lanzó en el partido. Su récord en ese momento era de 8-4. Ganó apenas otro encuentro luego de la pausa. Sus esperanzas de competir en otra Serie Mundial fueron frustradas cuando la temporada beisbolera terminó por una huelga el 12 de agosto.

Aunque los Reds estaban en aquel momento en el primer lugar, no hubo postemporada para ellos o ningún otro equipo. Rijo tuvo balance de 9-6, con efectividad de 3.08. Lideró la liga en juegos iniciados y fue segundo en ponches.

Al paro laboral terminó cuando la Jueza del Distrito de Estados Unidos Sonia Sotomayor emitió un interdicto judicial contra los dueños de equipos el 31 de marzo de 1995. Luego de un entrenamiento de primavera abreviado, la temporada comenzó a finales de abril. Nuevamente se esperaba que los Reds ganaran la División Central de la Liga Nacional. El cronista Bob Nightengale predijo que Rijo ganaría el premio Cy Young que por tanto tiempo había deseado.[53] Pero en vez de esto, su mundo se le vino encima una vez más.

El 2 de junio, Rijo fue ubicado en la lista de lesionados con tendinitis en su codo derecho. Salió de la lesión el 17 de junio e intento lanzar nuevamente, pero aun con la ayuda de las inyecciones que cortisona el dolo era demasiado. Las astillas óseas que lo habían molestado por años estaban empeorando. Para 1995, las astillas óseas eran dos veces y media más grandes que cuando tenía 17 años. El 19 de julio fue puesto nuevamente en la lista de lesionados con la esperanza de que el descanso aliviara el dolor y le permitiera lanzar con efectividad de nuevo. Pero no funcionó. La resonancia magnética mostró que el ligamento colateral cubital (UCL) al igual que alguna formación ósea dentro del ligamento. También se detectó algo de sangramiento.

El 22 de agosto de 1995, el Dr. James Andrews le practicó la cirugía Tommy John en el codo derecho en Birmingham, Alabama. La operación consistía en retirar un UCL y reemplazarlo con un tendón de otra parte del cuerpo. Andrews estimó que Rijo iba a poder lanzar de nuevo en aproximadamente un año. Consideraba que había un 80 por ciento de probabilidades de que Rijo recuperara su plena capacidad de lanzar. Advirtió que la recuperación física luego de la cirugía no es más que una fracción en el proceso de recuperación. "De lo que estamos hablando en verdad es mente sobre materia," dijo Andrews. "Estamos hablando de entre seis meses y un año, y hasta más, en recuperación, y un pelotero tiene que prepararse para eso mentalmente mucho más de lo que debe soportar físicamente. La cirugía es solo el primer paso en un largo viaje."[54]

Rijo estuvo listo mentalmente para lanzar bien pronto, pero la cirugía no terminó sus problemas físicos. Ha sido citado como uno de los grandes fracasos de la cirugía Tommy John.[55]

Se esperaba que se perdiera la mayoría sino toda la temporada de 1996, pero a principios de la primavera pareció estar teniendo gran progreso y estaba tirando ya sliders además de rectas. Los Reds no estaba ansiosos de reactivarlo pue no solo querían evitar arriesgar su recuperación apurándolo a regresar demasiado pronto, sino que también era ventajoso para ellos financieramente mantenerlo en la lista de lesionados. Su compañía de seguros estaba pagando la totalidad del salario de $5.9 millones. Tenían razón: Rijo sí se exigió demasiado pronto. Durante el entrenamiento de primavera le comenzó un dolor insoportable. Tuvo que someterse a una segunda operación en su hombro izquierdo el 4 de abril de 1996. Fu un procedimiento artroscópico para retirar calcificación en el codo, formación ósea en su codo y tejido cicatricial. Comenzó a lanzar nuevamente a finales de mayo, pero no podía soportar el esfuerzo. Tuvo que ir a operación nuevamente el 20 de noviembre para reparar un tendón flexor roto, su tercera vez en el quirófano en 15 meses. No parecía haber posibilidades de que lanzara en 1997. Para principios de mayo de ese año, parecía que no volvería a lanzar en las mayores.[56] El 7 de abril, el Dr. Andrews le retiró algunas suturas en el tejido cicatricial.

Sin embargo, Rijo siguió intentándolo. En agosto, se lesionó severamente el tejido flexor en su codo derecho. El tendón fue totalmente desprendido del hueso. El resultado fue una cuarta cirugía de codo por parte del Dr. Andrews el 27 de agosto. Los Reds le otorgaron la agencia libre el 29 de octubre. El 8 de enero de 1998 lo ficharon a un contrato de liga menor para esa campaña, pero había dudas de que lanzara.

José se reportó al campo de entrenamiento de primavera de los Reds en 1998 listo para lanzar, pero le pidieron que esperara unas semanas antes de que pudiera lanzar de la lomita. Accedió a permanecer con el club como escucha si su regreso no resultara. Le dijeron que la posición de scout podía traerle un puesto en la dirección o como entrenador de pitcheo.[57] Nada surgió de este trabajo y le dieron la agencia libre nuevamente el 15 de octubre de 1998.

En la primavera de 1999, José abrió una academia beisbolera que construyó en una ladera en la costa suroriental de la República Dominicana, cerca de su pueblo natal de San Cristóbal. La llamó Loma del Sueño. "Sé que muchos sueños se harán realidad acá," dijo.[58] El complejo incluía siete terrenos beisboleros, 10 jaulas de bateo cerradas, una pista, un gimnasio de pesas, dos comedores, cuatro camerinos, y alojamiento para 600 jóvenes. "Este es el mejor lanzamiento de toda mi vida. Puedo brindar todo el conocimiento adquirido a estos muchachos," comentó.[59] En sus dos primeros años, su academia ayudó a casi 100 jóvenes a firmar contratos de ligas menores.

Por cinco años, Rijo trabajó muy duro en su rehabilitación. Siguió intentando regresar, pero se encontró con un problema tras otro. En 2000, dijo, "Voy a descansar todo el año, comenzar a viajar, comer chuletas, beber vino, divertirme y olvidarme del béisbol por un año. ... Estaba descansando tanto mi mente como mi cuerpo."[60] Para mantenerse en forma a sus 35 años jugaba baloncesto con los jóvenes de su academia.

Como lo había hecho tantas veces en el pasado, intentó regresar en 2001. Su slider había perdido algo de su efectividad, pero había desarrollado un tenedor que se caía casi directo hacia abajo, y aún le quedaba una recta efectiva. En mayo, viajó a Cincinnati para hacerse exámenes médicos y ver si su rehabilitación había estado lo suficientemente completa para que reanudara sus lanzamientos. Pasó las pruebas, y el 1 de julio firmó un contrato de agente libre con Cincinnati. Los Reds lo enviaron a los Dayton de la Midwest League (Clase-A). Inició un partido con los Dragons, lanzó tres entradas en las que permitió una sola carrera, y estuvo listo para avanzar. Su parada siguiente fue en el Chattanooga de la Southern League (Doble-A). Lanzó tres entradas por los Lookouts, ponchó a tres, transfirió a uno y permitió un hit, pero sin carreras. "Esos fueron tres buenos innings," dijo. "Mi brazo se siente excelente. Mi mecánica estuvo buena. ... Me siento listo (para las ligas mayores)."[61]

Para poder demostrar que estaba de hecho listo para las grandes ligas, Rijo tenía que probarse al nivel más alto de las ligas menores. Tuvo cuatro aperturas y dos relevo para los Louisville Riverbats de la International League (Triple-A) antes de que Jim Bowden, gerente general de Cincinnati, lo declaró listo para el escenario principal. Los promovieron el 17 de agosto. Lanzó el octavo y el noveno inning de una derrota ante los Milwaukee Brewers esa noche. En dos entradas, permitió dos hits, transfirió a dos y ponchó a dos. Fue su primera aparición en las mayores desde 1997. Rijo se convirtió en el primer lanzador en regresar a las mayores luego de estar fuera del Béisbol Organizado por cinco temporadas.

Su júbilo al regresar a las mayores fue casi más de lo que podía expresar. "No puedo describir con palabras como me siento ahora.

Está más allá de cualquier cosa en mi vida que haya logrado jamás," declaró. "Ningún momento supera a este de hoy, hasta que muera, vaya a cielo y conozca a Jesús. Esta sensación está bien cerca. ... Nunca pensé que tomaría tanto tiempo. Nadie tiene idea d lo difícil que fue estar hoy aquí."[62]

Luego de una efectividad de 2.12 en 13 salidas con los Reds en 2001, Rijo se unió a la Florida Instructional League para permanecer en forma y poder lanzar en la Liga Dominicana. En enero, firmó un contrato d liga menor para 2002, pero se esperaba que lanzara en las mayores. Las expectativas se cumplieron. El marzo fue añadido al roster de 40 de los Reds y le dieron un contrato de un año por $500,000. "Me siento como un milagro ahora mismo," declaró.[63]

Comenzó la justa de 2002 como relevista largo, pero pasó a la rotación abridora el 21 de abril. En ocho aperturas se fue con 4-3 hasta que su hombro comenzó a darle problemas. Fue a la lista de lesionados el 7 de junio, y regresó a la acción como relevista el 13 de julio. En la campaña, tuvo nueve aperturas y 22 relevos, con foja de 5-4. En aquel momento no lo supo, pero su última salida en las mayores tuvo lugar el 28 de septiembre de 2002. El derecho de 37 años lanzó el séptimo inning de una derrota 6-0 ante Montreal, permitiendo una limpia con dos hits y un boleto.

Al final de la campaña, recibió dos merecidos premios. Los cronistas del béisbol en Cincinnati le otorgaron su segundo Premio Joe Nuxhall al Buen Tipo. Los Boston Red Sox lo honraron con el premio Tony Conigliaro, que se otorga anualmente al jugador de las mayores que mejor supere la adversidad con espíritu, determinación y coraje.

Rijo esperaba tener otro buen año en 2003, pero la adversidad volvió a golpear. Durante el entrenamiento de primavera, su codo comenzó a causarle problemas. El 11 de marzo voló a Birmingham, donde el Dr. Andrews le practicó otro procedimiento artroscópico para retirar una astilla ósea, la sexta cirugía en su hombro. José esperaba estar de vuelta a la acción en unas semanas, pero eso no sucedió. Para junio, estaba sintiendo dolor en una parte diferente del codo. El Dr. Andrews le dijo que otra operación no era una opción. Tenía dos caminos—lanzar con dolor o retirarse.[64]

Rijo podía lanzar con dolor. Lo había hecho antes y estaba dispuesto a hacerlo otra vez. Pero no podía lanzar si no podía pasar la pelota por encima del plato. Admitió además que no podría soportar más operaciones.[65] Así que no tenía otra opción. Nunca volvió a efectuar lanzamiento alguno en el Béisbol Organizado. Los Reds le otorgaron la agencia libre el 15 de octubre de 2003; su carrera como jugador terminó a los 38 años.

En los años siguientes, Rijo laboró principalmente en su academia de béisbol en la República Dominicana. El 1 de noviembre de 2004, Jim Bowden, gerente general de Cincinnati, se convirtió en gerente general de los Washington Nationals. Contrató a Rijo como asistente especial, principalmente para incrementar la habilidad de la organización para captar peloteros latinos, especialmente dominicano. Los Nationals desarrollaron una relación especial con la academia de Rijo. El ex lanzador también pasaba tiempo en Washington durante la temporada, trabajando con los lanzadores del club. "Tengo muchos conocimientos del juego," dijo, "y significa mucho para mí poder compartir este conocimiento con los lanzadores jóvenes para ayudarles a mejorar."[66]

Rijo fue acreditado con salvar a seis jóvenes peloteros cubanos de ser deportados. "Se habían ido (de Cuba) buscando una vida mejor. Llegaron en un bote y los atrapó la policía. Estaban muy asustados. Cuando se enteraron de que los iban a devolver a Cuba, comenzaron a llorar. Dijeron que preferían que les dispararan en Dominicana," contó Rijo. "No querían volver y recibir el castigo que iban a recibir."⁶⁷ Rijo apeló a funcionarios dominicanos y logró que los jugadores fueran liberados para que pudieran vivir y jugar en su academia.

Entre tanto, su carrera en Cincinnati no fue olvidada. El 11 de junio de 2005, junto con Eric Davis, fu exaltado al Salón de la Fama de los Cincinnati Reds. Rojo volvió a la Ciudad Reina para la ceremonia. "Había tanta gente que estaba ansioso por ver. Me recuerda a algunos que se han retirado del deporte. Me recuerda a la Serie Mundial. Me recuerda cuánto puede uno ayudar a los demás. Hay muchos recuerdos aquí para mí; tiene un lugar en mi corazón."⁶⁸

Rijo reflexionó sobre el béisbol dominicano. "Creo que cuando juegas en Dominicana, un muchacho dominicano hace mucho con poco, haciendo lo único que sabe hacer, y esos es jugar al béisbol. ... El deseo de convertirse en pelotero de grandes ligas es increíble. Saben que es la única manera en que marcarán una diferencia en su país. Si tengo salud, estoy feliz. Cada día al levantarme me siento bien y motivado. Cuando despierto en las mañanas, pienso en los muchachos en Dominicana. Allí, el 70 por ciento de los muchachos no tienen educación; ayudan a mantener a sus familias. Algunos de ellos no saben siquiera qué van a comer en la mañana."⁶⁹

Cuando le preguntaron sobre sus responsabilidades con los Nationals, Rijo contestó: "¿Responsabilidades? Tengo muchas. So asistente del gerente general, y tambíen coach a tiempo parcial en las mayores. Pero hare todo lo que pueda para mantenerme vinculado con el béisbol."⁷⁰

Esos fueron días impetuosos para José Rijo. Conducía velozmente su Mercedes convertible rojo al estilo de los camiones de bomberos, gozando la adoración de sus compatriotas. Su relación con los Washington Nationals duró más de cuatro años. Pero tuvo un final desafortunado en febrero de 2009. Los Nationals lo despidieron y terminaron su asociación con su academia apenas menos de una semana después que se reveló que l cotizado prospecto Esmailyn González, quien había entrenado en la academia de Rijo antes de recibir un bono por firmar de $1.4 millones en 2006, había mentido tanto respecto a su nombre como su edad. Rijo negó conocimiento de del crimen.⁷¹

Rijo defendió las cosas que tenían que hacer los peloteros dominicanos, incluyendo fraude de identidad, para llegar al béisbol norteamericano. El sociólogo Alan Klein reportó a Rijo diciendo, "Teníamos una fábrica con tres mil empleos. Ya no está. Teníamos una fábrica de armas. No está. Duty free, no está. Teníamos un hotel en este publo. Ya no lo tenemos. Teniamos tres cines. Ya no tenemos cines. No quedan oportunidades de trabajo. ¿Qué va a hacer la gente? ¿Ser honestos? ¿Y conseguir trabajo dónde?"⁷²

La oferta y demanda superaron otras consideraciones. La Dominicana tiene visiblemente una fuente inagotable de jóvenes buscando carreras beisboleras. Las mayores tienen necesidad de más y más jugadores talentosos. Hay academias beisboleras en toda la isla. Cada club de las mayores opera una academia. Otras academias son operadas por emprendedores llamados *buscones*, quienes proporcionan habitaciones y alojamiento, entrenamientos, y a veces instrucciones de idioma inglés a muchachos de 13 y 15 años, con la esperanza de recibir el 15 por ciento del bono por firmar, si le ofrecen contrato profesional a la edad de 16.

Poco después de que se librara de los cargos en el caso González, volvió a trabajar en la academia como *buscón*. En 2009 todavía mantenía viva su pasión por los autos, conduciendo un Lexus SC430 convertible. Pero no pudo evitar las suspicacias. En diciembre de

2011 fue llamado a comparecer para declarar sobre su vínculo en el lavado de dinero para traficantes de drogas. Al no aparecer evidencias concretas, el caso fue desestimado.

Nuevamente Rijo cayó en la gracia de sus compatriotas. Resta por ver por cuánto tiempo será.

NOTAS

1. *Washington Post*, 11 de abril de 1991.
2. *Washington Post*, 11 de abril de 1991.
3. *Washington Post*, 11 de abril de 1991.
4. *USA Today*, 28 de febrero de 1991.
5. Recorte en el archivo de Rijo en el Salón de la Fama (HOF), sin fecha.
6. Archivo del HOF, 3 de abril de 1985.
7. Archivo del HOF, sin fecha.
8. Archivo del HOF, sin fecha.
9. *The Sporting News*, 10 de marzo de 1986.
10. Archivo del HOF, sin fecha.
11. Archivo del HOF, sin fecha.
12. *Kansas City Times.*, 24 de junio de 1986.
13. *Washington Post*, 11 de abril de 1991.
14. *The Sporting News*, 9 de mayo de 1988.
15. *The Sporting News*, 20 de junio de 1988.
16. *The Sporting News*, 20 de junio de 1988.
17. *Washington Post*, 11 de abril de 1991
18. John Erardi y Joel Luckhaupt, *The Wire-to-Wire Reds*. (Cincinnati: Clerisy Press, 2010), 164.
19. Erardi y Luckhaupt.
20. Erardi y Luckhaupt.
21. Erardi y Luckhaupt.
22. *New York Times*, 1 de marzo de 1991.
23. *Washington Post*, 11 de abril de 1991.
24. Archivo del HOF, 14 de diciembre de 1990.
25. *The National Sports Daily*, sin fecha.
26. *USA Today*, 28 de febrero de 1991.
27. *New York Times*, 13 de marzo de 1991.
28. *USA Today*, 28 de febrero de 1991.
29. *USA Today* Baseball Weekly, 4-10 de marzo de 1992.
30. *New York Times*, 1 de marzo de 1991.
31. *Washington Post*, 11 de abril de 1991.
32. *New York Times*, 13 de marzo de 1991.
33. *Washington Post*, 11 de abril de 1991.
34. *Washington Post*, 11 de abril de 1991.

35 *USA Today Baseball Weekly*, 4-10 de marzo de 1992.
36 *Washington Post*, 11 de abril de 1991.
37 *New York Times*, 13 de marzo de 1991.
38 *New York Times*, 13 de marzo de 1991.
39 Archivo del HOF, 22 de marzo de 1991.
40 *The Sporting News*, 19 de agosto de 1991.
41 *The Sporting News*, 26 de agosto de 1991.
42 Archivo del HOF, sin fecha.
43 Archivo del HOF, sin fecha.
44 *The Sporting News*, 18 de mayo de 1982.
45 Archivo del HOF, 28 de junio de 1992.
46 Ibid., 13 de julio de 1992.
47 *USA Today*, 26 de julio de 1992.
48 HOF file, 4 de abril de 1994.
49 *The Sporting News*, 3 de mayo de 1993.
50 *The Sporting News*, 7 de junio de 1993.
51 *The Sporting News*, 4 de mayo de 1994.
52 *The Sporting News*, 11 de julio de 1994.
53 *The Sporting News*, 1 de mayo de 1995.
54 *The Sporting News*, 20 de marzo de 1996.
55 W. Laurence Coker, *Baseball Injuries: Case Studies by Types in the Major Leagues* (Jefferson, North Carolina: McFarland, 2002), 69.
56 *The Sporting News*, 3 de marzo de 1997.
57 *The Sporting News*, 2 de marzo de 1998.
58 *The Sporting News*, 5 de enero de 2001.
59 *The Sporting News*, 5 de enero de 2001.
60 *USA Today*, 25 de marzo de 2002.
61 *Cincinnati Post*, 10 de julio de 2001.
62 *New York Post*, 18 de agosto de 2001.
63 *USA Today*, 25 de marzo de 2002.
64 Associated Press, 11 de junio de 2003.
65 *Cincinnati Enquirer*, 11 de junio de 2003.
66 *Washington Post*, 4 de marzo de 2005.
67 *Washington Times*, 4 de marzo de 2005.
68 *Dayton Daily News*, 9 de junio de 2005.
69 *Dayton Daily News*, 9 de junio de 2005.
70 *Dayton Daily News*, 9 de junio de 2005.
71 Espn.go.com, 26 de febrero de 2009.
72 Alan Klein, *Dominican Baseball: New Pride, Old Prejudice* (Philadelphia: Temple University Press, 2014), 4.

Juan Samuel

Por Thomas J. Brown Jr.

Juan Samuel era un jugador de muchos talentos. Era también un pelotero que no encajaba totalmente en ningún rol específico. Tenía tremendo talento, pero era un desafío darle cualquier tipo de uso real dondequiera que jugara. Tenía bajo promedio de bateo, buen poder, y buena velocidad en las bases como para que un equipo lo usara como primer bate, excepto que se ponchaba mucho y no recibía muchos boletos. Samuel tampoco era excelente fildeador pese a su velocidad.[1] El resultado es que Samuel nunca encontró en verdad el rol adecuado para sí mismo.

Juan Milton Samuel nació el 9 de diciembre de 1960 en San Pedro de Macorís, República Dominicana. Aprendió a jugar béisbol en los solares de su pueblo natal. La familia de Juan eventualmente se mudó a Puerto Rico. Juan asistió a la Preparatoria del Licey en Licey, Puerto Rico. Jugó pelota amateur en Puerto Rico y la República Dominicana, donde fue descubierto por el scout Francisco Acevedo.[2] Firmó con los Philadelphia Phillies el 29 de abril de 1980.

Samuel tenía 19 años cuando se unió a la organización de los Phillies. Fue enviado a los Central Oregon Phillies (Bend, Oregon) de la Northwest League (Clase-A baja). En 69 encuentros, robó 26 bases y pegó 17 jonrones

Fotografía cortesía del Salón de la Fama del Béisbol Nacional

con 11 dobles, terminando la campaña con .503 de slugging.

Su éxito de ese año le valió una promoción al Spartanburg de la Clase-A baja en la South Atlantic League para la justa de 1981. Siguió mostrando promesa al batear 22 dobles y

11 cuadrangulares. Sus 53 bases robadas mostraron que era una amenaza cada vez que entraba en circulación.

Los Phillies siguieron creyendo en su joven jugador de cuadro al promoverlo a la Carolina League (Clase-A) en 1982. Juan jugó en 135 partidos por los Peninsula Pilots y fue uno de los estelares en un equipo que jugó para 90-47. Samuel bateó .320 con 28 jonrones, 29 dobles, un slugging de .573 y 64 bases robadas.

Lugo de su buen año con los Piltots, Samuel comenzó la contienda de 1983 con los Reading Phillies de la Eastern League (Doble-A). Siguió su forma ofensiva. En apenas 47 encuentros con Reading, conectó 10 dobles 11 vuelacercas. Esto condujo a una promoción a principios de junio a los Portland Beavers (Triple-A). Enfrentar a lanzadores de más alto calibre no le afectó. En 65 encuentros con los Beavers, Samuel pegó 86 inatrapables, incluyendo 15 cuadrangulares y 14 dobles, y robó 33 bases. Los Phillies estaban tan impresionados con su progreso que lo promovieron en agosto.

Samuel debutó en las mayores el 24 de agosto de 1983. Fue primer bate con los Phillies y s primer hit de grandes ligas fue un triple ante Mark Davis de los San Francisco Giants en el tercer inning. Samuel anotó cuando el jardinero central de los Giants Chili Davis cometió error tratando de fildear. Jugó 18 partidos con los Phillies luego de su promoción, y el club lo mantuvo en el roster para la postemporada; estuvo en tres juegos en la Serie Mundial, dos veces como corredor sustituto y una como bateador emergente. Su desempeño total ese año llevó a que muchos observadores predijeran que se convirtiera en regular con los Phillies en 1984.

Estuvo bien en el entrenamiento de primavera de 1984, y se quedó con el club grande cuando comenzó la temporada. El manager Paul Owens dijo que Samuel tenía todas las herramientas para ser una superestrella en el terreno con su velocidad, alcance, manos suaves, y su manera sápida de soltar la pelota. "Con la mayoría de los novatos, casi siempre hay un elemento de duda en algún aspecto," dijo Owen, "pero con la forma en que este muchacho llegaba a las pelotas en el terreno y se mantenía agresivo en la caja de bateo, uno sabía que tenía lo necesario para llegar."[3]

Samuel jugó 160 partidos en 1984, todos en segunda base, y terminó segundo detrás de Dwight Gooden en la votación por el Novato del Año de la Liga Nacional. Llegó también en lugar 21 en la votación por el MVP, bastante impresionante para un novato. Fue doble amenaza con los Phillies cada vez que venía al bate. Juan demostró que podía batear con poder al terminar la campaña con 15 jonrones, 36 dobles y una impresionante cifra de 19 triples, la mayor cantidad de la Liga nacional ese año. Robó 72 bases, rompiendo el récord para un novato de 71 en poder de Tim Raines, establecido tres años antes. También estableció récord de las mayores en veces al bate para un bateador derecho, 701. (Tuvo 737 comparecencias).

Fue nombrado al equipo de la Liga Nacional para el Juego de las Estrellas, pero no tuvo acción en el partido.

Samuel no mostró señales de decrecimiento durante su segunda campaña. Siguió siendo una amenaza cada vez que iba al bate, conectando 19 cuadrangulares, robando 53 bases y terminando la contienda con promedio de .264 y .436 de slugging.

Samuel fue parte importante de la alineación de los Phillies desde 1985 hasta 1987. Muchos observadores pensaban que podía convertirse en uno de los mejores jugadores del béisbol, pues seguía acumulando estadísticas impresionantes. En 1987, volvió a encabezar la liga con 15 triples. También encabezó la NL con 80 extra-bases. También tuvo números sólidos a la defensa cuando encabezó a todos los segundas bases en outs (374) y fue segundo en asistencias (434). Fue el primer jugador de las mayores en lograr dobles dígitos en dobles, triples, jonrones y bases robadas en cada una de sus primeras cuatro campañas.

Su sólido nivel de juego le valió un puesto en el equipo de la Liga Nacional para el Juego de las Estrellas de 1987. En seis entradas, no tuvo hits, pero realizó varias jugadas claves a la defensa para ayudar a su equipo a vencer 2-0. También recibió en 1987 su único Bate de Plata y terminó en el puesto 13 en la votación por el MVP. Aunque finalizó la contienda con algunos de sus mejores números ofensivos, también fue el líder de la liga en ponches. Esta distinción lo empató con Hack Wilson (1927-30) y Vince DiMaggio (1942-45) en el récord en las mayores de títulos de ponches consecutivos con cuatro.

Sus estadísticas declinaron luego de 1987. Aunque seguía siendo productivo, no lo hizo con la consistencia de sus primeros cuatro años. En 1988, los Phillies lo trasladaron al jardín central. La razón puede haber sido que Juan encabezó la liga en errores por un segunda base en 1984, 1986, y 1987.

A mediados de la contienda de 1989, Samuel fue enviado a los New York Mets. Fue canjeado por Lenny Dykstra y Roger McDowell cuando los Mets remozaban su equipo. Samuel reemplazó a Dykstra y se convirtió en el jardinero central y primer bate de los Mets. El manager Davey Johnson dijo, "Juan Samuel es un jugador de impacto. Cuando pensaba en los Phillies en los últimos cuatro o cinco años, pensaba en Juan Samuel. Me recuerda a Bobby Bonds. La gente no se percata de la clase de jugador de impacto que es."[4] Si bien Samuel podía estar sorprendido por el traspaso, se sentía optimista y dijo, "Es difícil para mí y es bueno para mí. Mejoré diez partidos en la tabla de posiciones en un día. Creo que los Mets van bien con mi clase de béisbol. Yo soy un ganador."[5]

Después de unirse a los Mets, siguió teniendo problemas a la ofensiva. Los Mets lo presentaron luego del traspaso como el pelotero de impacto que necesitaban para recatar su ofensiva. Pero a Samuel no le gustaba ser el centro de atención y dejó que sus sensibilidades y ansiedades dañaran sus habilidades atléticas.[6] Conectó solo tres jonrones y robó 31 bases luego de su llegada a New York.

Los Mets, decepcionado con su falta de productividad, lo traspasaron al Los Angeles Dodgers luego de la campaña por Mike Marshall y Alejandro Peña. Samuel se volvió más productivo y alternó entre la segunda base y el jardín central para los Dodgers en 1990 y 1991. Jugó lo suficientemente bien en su segunda justa en Los Angeles para lograr un puesto en el equipo Todos Estrellas. Pegó un sencillo, su único indiscutible en tres apariciones en Clásicos de Verano.

Después de dos campañas y media con los Dodgers, el equipo lo dejó libre el 30 d julio de 1992, pes siguió sin poder producir ofensivamente. Fue fichado por los Kansas City Royals. Jugó con ellos 29 encuentros en segunda base y el jardín izquierdo. Se convirtió en agente libre al final de la temporada.

Samuel rubricó con los Cincinnati Reds entre temporadas. Jugó 103 partidos con ellos en 1993, mayormente como utility, y lo dejaron libre después de la justa. En abril de 1994, firmó con los Detroit Tigers. Los Tigers lo usaron principalmente como suplente en 1994 y 1995; jugó un total de 135 partidos, alternando entre la segunda base y los jardines. Hacia el final de la campaña de 1995, Detroit lo transfirió de vuelta a Kansas City por Phil Hiatt.

Cuando los Royals lo dejaron libre después de 1995, firmó con los Toronto Blue Jays. Allí jugo tres años como utility y designado. Se retiró como pelotero después de la temporada de 1998.

De inmediato, Samuel saltó a la vida de entrenador luego de terminar su carrera de pelotero. Fue el coach de primera base de los Tigers desde 1992 hasta 2002, entonces coach de tercera desde 2002 hasta 2005.[7]

También intentó ser manager en 2006. Los Mets lo contrataron para que se hiciera cargo de los Binghamton Mets de Doble-A. Llevó al equipo a terminar en el segundo lugar en la Eastern League en su única contienda como el mentor.[8]

Samuel volvió a las mayores en 2007 cuando fue contratado para fungir como asistente de tercera base para los Baltimore Orioles. Cuando el manager Dave Trembley fue despedido en junio de 2010, Samuel fue nombrado mentor y fue sustituido por Buck Showalter el 3 de agosto.[9]

Recibió una oferta para una posición en el staff de Showalter, pero declinó, alegando que habría sido incómodo quedarse allí. Dijo: "Habría sido confuso en ocasiones para los muchachos, y ya han pasado por mucho. A veces es sencillamente hora de avanzar."[10]

Pero no se fue de la organización de los Orioles. Regresó a su natal República Dominicana, donde pasó el resto de la campaña trabajando como evaluador de talento para la academia de los Orioles.

Samuel se unió al staff de los Phillies en 2011. Fue coach de tercera base cuando Sam Perlozzo fue pasado a la posición de coach de primera. También fue responsable de trabajar con los jardineros del equipo. En 2012 volvió al cajón de coach de primera base cuando Ryne Sandberg se convirtió en coach de tercera. Volvió a la tercera cuando Sandberg fue promovido a mentor hacia finales de la contienda de 2013.[11] Samuel también se hizo cargo de ser instructor de corrido de base y jardineros en 2012.

Reflexionando sobre su trabajo como coach, Samuel dijo que el reto mayor de entrenar a los jardineros fue "reconocer, leer el swing, entender lo que el bateador está tratando de hacer y enfocarse. Yo les decía a los jardineros que, aun cuando digamos que vamos a jugarle a alguien como un halador de bola, en general, si recibimos un reporte de que está teniendo dificultades contra el lanzador que va a enfrentar, puede que no hale la bola. Hay que leer el swing para ver si está un poco atrasado."[12]

Sandberg volvió a ubicar a Samuel hacia el cajón de coach de primera base para las temporadas de 2014 y 2015. Cuando pete Mackanin fu nombrado manager interino a finales de la contienda de 2015, Juan volvió a cruzar el diamante hacia la tercera base. Hasta la campaña de 2018 permanecía allí.

Samuel dijo en 2015 que deseaba tener otra oportunidad de dirigir en las ligas mayores. "Creo que puedo hacerlo, estoy preparado y listo para eso," dijo. "Recibí una probada en Baltimore y la disfruté. Es algo que se ha convertido en mi mayor meta. Antes de retirarme quisiera tener una oportunidad, ya sea acá [en Philadelphia] o en algún otro sitio."[13]

Juan fue el coach de tercera base del equipo de República Dominicana que ganó el campeonato del Clásico Mundial de Béisbol de 2013.[14] El equipo derrotó a Puerto Rico en tres oportunidades, incluyendo el desafío de la final, para convertirse en el primer campeón del WBC en el Hemisferio Occidental, además del primero que lo hizo invicto.

Durante su carrera, Juan Samuel acumuló 1,578 inatrapables y 396 bases robadas, y logró dobles dígitos en jonrones nueve veces.

Samuel fue un pelotero popular con los Phillies. Fue exaltado al Muro de la Fama de los Phillies en 2008. En una entrevista en 2016, trató de restar relevancia a sus logros diciendo, "¿En verdad tuve ese impacto en el poco tiempo que estuve allí? Pienso en los demás que están en el Muro de la Fama—es genial. Me alegro que alguien lo recordara."[15] Fue exaltado al Salón de la Fama de los

Reading Phillies en 2004, y en el Salón de la Fama de San Pedro de Macorís en 2015. En septiembre de 2006, en una ceremonia en el Citizens Bank Park, recibió el premio Leyenda Latina de los Phillies.

Tiene tres hijos, un varón, Samuel, y dos hijas, Alexa y Noemy.

Juan Samuel demostró durante su larga carrera que no encajaba en ningún molde. Primero como jugador de muchos talentos, nunca encontró un papel que acomodara a otros apropiadamente, pues jugó posiciones diferentes con diferentes equipos. Ahora, como coach, sigue dejando su marca. Ha tenido que aprender a adaptarse para ayudar a los jugadores del presente a triunfar usando su propia experiencia como jugador ligamayorista.

FUENTES

Además de las fuentes citadas en las Notas, el autor usó los sitios web de Baseball-Reference.com y Retrosheet.org para los box scores, así como las páginas de jugador, equipos o temporada, registros de juego en cuanto a pitcheo y bateo, y otros materiales pertinentes. FanGraphs.com proporcionó información estadística individual.

NOTAS

1. Dave Fleming, "14 Players," Bill James Online, 25 de mayo de 2009. billjamesonline.com/article1145/.
2. Stephen Falk, "The Interview: Juan Samuel Is a Stickler for … Well, Everything," Phillies.com, 5 de agosto de 2016.
3. Phil Elderkin, "Young Speedster Juan Samuel Looks Like NL's Top Rookie of 1984," *Christian Science Monitor*, 4 de junio de 1984.
4. Joseph Durso, "Mets Get Samuel for McDowell, Dykstra," *New York Times*, 19 de junio de 1989.
5. Durso.
6. Tom Verducci, "Pendulum Swings for Juan Samuel," *Newsday*, 18 de junio de 1990.
7. Tyler DiSalle, "Phillies 2016 Coaching Staff: Juan Samuel," ThatBall'sOuttaHere.com, 11 de marzo de 2016.
8. DiSalle.
9. Tyler DiSalle, "Phillies 2016 Coaching Staff."
10. "Samuel Declines Post, Will Remain with Club," MLB.com, 1 de agosto de 2010.
11. Tyler DiSalle, "Phillies 2016 Coaching Staff."
12. Stephen Falk, "The Interview."
13. Jim Salisbury, "Juan Samuel Eager for Shot to Manage in Majors," CSNPhilly.com, 23 de septiembre 2015.
14. "Phillies Manager and Coaches," Phillies.MLB.com.
15. Stephen Falk, "The Interview."

Pedro Alejandro San

Por Julio M. Rodriguez

En 1945, Monte Cristi era un poblado de tal vez unos 4,000 habitantes, ubicado en la costa del Océano Atlántico, en la parte noroeste de la República Dominicana, y cerca de la frontera con Haití. El estadio local de béisbol fue nombrado por Pedro Alejandro San. Había muchos que no estaban familiarizados con San.

La gradería del estadio era una estructura de madera que podía acoger a unos 300 fans.[1] Se sabía que San era un lanzador que podía lanzar una bola submarina que anestesiaba a los bateadores. Nació en Monte Cristi y fue uno de los primeros dominicanos en jugar en otros países del Caribe donde se jugaba béisbol, y en los Estados Unidos.

En esa parte del pueblo, llamada Pueblo Abajo, había un hombre que vivía con una familia grande; su apodo era El Mono. Había perdido un ojo y estaba orgulloso de ello. ¿Por qué? Pues porque había perdido ese ojo en un juego de béisbol, mientras le recibía a San sin máscara.

Era tal vez difícil de creer, pero nadie en el pueblo dijo que la historia era falsa, ni siquiera Pinto Santos, el deportista más popular de Monte Cristi en la época.[2]

En 1945, el ídolo de la mayoría de los muchachos en el área era Bombo Ramos, también lanzador. Bombo no era submarino, pero aturdía a los bateadores con su recta.

Un muchacho de ocho años viajaba con frecuencia los seis kilómetros desde su casa en la pequeña comunidad de Laguna Verde para ver lanzar a Bombo. Decidió que sería lanzador también. Su ambición lo llevó al Salón de la Fama del Béisbol en Cooperstown. Su nombre era Juan Marichal.

Casi tres años después, Bombo, Miguel A. Rodríguez (también pitcher), y José Jiménez, torpedero, murieron al estrellarse el avión que llevaba al equipo de Santiago en Río Verde, cerca de Yamasa, el 11 de enero de 1948, durante un torneo nacional de béisbol en la República Dominicana.

En 1946, llegó la electricidad a Monte Cristi y se escuchaban las transmisiones de radio de la Liga Invernal Cubana. En el verano, estas estaciones retransmitían juegos de grandes ligas de los Estados Unidos.

La gente en el pueblo comenzó a preguntarse porqué San, si era tan bueno como para que le dieran su nombre a un terreno de béisbol, no jugó en esas ligas. Entonces, en 1947, llegó la gran noticia para el mundo de que por primera vez, un hombre de color, Jackie Robinson, jugaría en las ligas mayores, con los Brooklyn Dodgers.

En 1948, los Dodgers, junto con su afiliado de Triple-A los Montreal Royals, entenaron en Santo Domingo (llamada por esos días Ciudad Trujillo). En el Hotel Jaragua, donde se quedaban los Dodgers, Robinson estuvo por vez primera en una piscina con gente blanca.

En 1959, se publicó una foto de San en un medio deportivo en Santo Domingo y finalmente los jóvenes de Monte Cristi se percataron de porqué San no había podido jugar en las ligas mayores. Era negro.

Al día siguiente, 1960, alguien de Monte Cristi fue a St. Louis a hacer su pasantía luego de terminar en la escuela de medicina en Santo Domingo. Vio en las noticias que Ernie Banks, famoso pelotero de color, no podía quedarse en el Chase Hotel, entonces el mejor de la ciudad, junto con el resto de sus compañeros en los Chicago Cubs, debido a su raza.

Entonces, pensó en San y se dijo: "Bueno, al menos Banks pudo jugar en las ligas mayores, las cosas están mejorando."[3]

Pedro Alejandro San nació en Monte Cristi en 1895. La fecha exacta de su nacimiento se desconoce. Tampoco se sabe la clase de trabajo que podían haber hecho sus padres, pero eran de muy baja clase de acuerdo con la estructura clasista de la época. Es posible que tuviesen origen haitiano, pero eso no se sabe con seguridad.

Para 1916, cuando tuvo lugar la primera intervención norteamericana del siglo XX en la República Dominicana y el juego del béisbol comenzó a ponerse de moda en el país, San tenía 21 años y mostró gran habilidad como jardinero con un brazo tan bueno que lo convirtieron en lanzador derecho.

Hacia la edad de 26 años, San logró reconocimiento nacional como lanzador, famoso por su "lanzamiento submarino", que se levantaba cuando llegaba el home plate. Debutó en Santo Domingo el 31 de julio de 1921, lanzando por los Tigres del Licey y cayendo 1-0 ante los Leones del Ecogido y su estrella Fellito Guerra, pese a que San ponchó a 11 bateadores, incluyendo a los tres que enfrentó en el segundo, quinto y octavo innings.

El 5 de noviembre de 1921, lanzando nuevamente por el Licey, enfrentó al equipo todos estrellas de los Marines norteamericanos en Santo Domingo. En 10 entradas, ganó el encuentro, 7-3. Los dejó en nueve hits.

Pocos meses después, el 21 de enero de 1922, estuvo mucho mejor. En nueve entradas dejó a las estrellas de los Marines en apenas dos carreras y cuatro hits, ganando por marcador de 6-2. Con esa victoria, Licey ganó la serie entre ambos conjuntos.

Ese mismo año, 1922, fue la primera vez que un equipo de todos estrellas formado por peloteros dominicanos salió al extranjero a jugar béisbol. Fueron a Puerto Rico, y San era uno de los cuatro pitchers de la escuadra.

El 24 de septiembre, trabajó nueve innings ante Ponce y permitió solamente una carrera y tres hits mientras ponchaba a ocho y ganaba el juego, 2-1. En la caja de bateo, pegó sencillo y triple.

En la República Dominicana en 1923, San lanzó para el Escogido, y en el juego inaugural de la justa, el 2 de abril, lanzó una blanqueada de tres hits, derrotando a Santiago, 5-0. El lanzador abridor de Santiago era Francisco Chicharrón, relevado en el quinto inning por Felicito Gallardo. El registro de Pedro Alejandro ese año fue de 7-2, aventajando a todos los lanzadores en la liga.

Sus fojas de 1925 y 1925 no se conocen.

Desde 1926 hasta 1928, San jugó en los Estados Unidos para los Cuban Stars East de Alex Pómpez, en la Eastern Colored League. Durante la contienda de 1926, su récord fue de 2-3 en dos aperturas y varias salidas de relevista que sumaron 33⅓ innings de trabajo. Inició nueve partidos en 1927, con balance de 8-4, trabajando un total de 85 entradas. En 1928 inició 10 encuentros pero trabajó apenas 48⅔ capítulos; tuvo balance de 3-5.

La Águilas de Concordia de 1934. Fila de atrás, de izquierda a derecha: Marcelino Blondet, Tetelo Vargas, Martín Dihigo, Jimmy Jordan, Balbino Espinosa, Francisco Quevedo, Josh Gibson, y (en ropa de civil) Arturo López, delegado. Fila del frente, de rodillas, de izquierda a derecha: César Nieves, Luis Aparicio (padre), Manuel Malpica, Rap Dixon, Luis Jiménez, Silvino Ruiz, y Pedro Alejandro San.

Foto cortesía de Cuqui Cordova

En 1929 volvió a la República Dominicana, lanzando de nuevo por el Licey.

En el Caribe muchos piensan que el mejor equipo de béisbol que se ha armado en la región fue el de las Águilas de Concordia, que se armó a través de los esfuerzos de la familia del dictador venezolano Juan Vicente Gómez, un ávido fanático de béisbol.

Desde 1932 hasta 1935, las Águilas visitaron todos los países del área, ganado cada serie en la que participaron. Algunos de los nombres en este conjunto nos dan una idea de lo bueno que era el concordia: Martín Dihigo, Pedro Alejandro San, Josh Gibson, Johnny Mize, Rap Dixon, Tetelo Vargas, y Luis Aparicio (padre del futuro miembro del Salón de la Fama Luis Aparicio).

Los mejores años en la carrera de San se dice que fueron desde 1930 hasta 1935, los años en que jugó en Puerto Rico, los Estados Unidos, Colombia, Cuba y Venezuela. Por desgracia, no hay récords detallados disponibles que muestren lo que hizo durante esos años. Los juegos mejor documentados son dos en los que enfrentó a Dihigo en Venezuela.

El primero tuvo lugar el 21 de agosto de 1932, Dihigo lanzando para el Concordia y San para un equipo llamado Cincinnati, formado mayormente por peloteros cubanos que dieron ese nombre al conjunto porque la mayoría de los cubanos en las grandes ligas habían entrado al béisbol norteamericano con el Cincinnati. Dihigo lanzó un juego sin hits ni carreras y derrotó a San.

El segundo juego fue el 17 de abril de 1933 en Barquisimeto, Venezuela. Algunos de los peloteros de Concordia habían sido distribuidos por los equipos de las diferentes ciudades. San lanzó para un equipo llamado "Japón" y Dihigo para uno llamado "América". Esta vez,

Pedro Alejandro venció a Dihigo, 1-0. Permitió solo dos hits y ponchó a 14 bateadores.

En enero de 1934, Concordia visitó la República Dominicana. Como Johnny Mize dejó el equipo y volvió a Estados Unidos, el Concordia trajo a Rap Dixon y Josh Gibson para reemplazarlo. Probablemente el mejor de los equipos de Concordia, vencieron a sus oponentes dominicanos, el Licey y el Escogido. Lanzando por el Concordia, San ganó dos partidos durante esta visita, uno ante el Licey y el otro al Escogido, permitiendo solamente dos carreras en cada uno de ellos.

Los dominicanos armaron un plantel Todos Estrellas con los mejores peloteros del Licey y el Escogido, y Concordia también los venció, llevándose la Copa Preisdente Rafael Leonidas Trujillo sin sufrir revés.

La última contienda de San fue la de 1936, lanzando por las Águilas de Santiago en el torneo de la República Dominicana, ganado por las Estrellas Orientales de San Pedro de Macorís, en la parte este del país. Su récord fue de 3-3.

Como La Romana era entonces un lugar próspero construido en torno a la industria azucarera, San fue a vivir allá y murió relativamente joven a los 48 años, el 12 de enero de 1943.[4]

Dos años después, en 1946, Pedro Alejandro San fue seleccionado por la Sociedad Pro Deportes como miembro del mejor equipo de béisbol dominicano de todos los tiempos. En 1967 fue exaltado al Salón de la Fama del Deporte Dominicano.

NOTAS

1. El estadio en Monte Cristi todavía lleva el nombre de San. El viejo parque fue destruido en 1954 para construir un hospital, pero el nuevo, que puede acoger a unos 600 fans, fue construido con bloques de concreto en otra parte del pueblo.

2. Gran parte de la información para esta biografía viene de dos fuentes—conversaciones personales con Pinto Santos en Monte Cristi y una serie de columnas sobre San escritas por Cuqui Córdova, en Listin Diario. Las columnas se titulaban "Beisbol de Ayer" y se publicaron desde el 26 de julio al 8 de octubre de 2011.

3. El residente médico era este autor

4. Cuqui Córdova, "Pedro Alejandro San, el hombre de la submarina," Listin Diario, 23 del julio de 2013. listindiario.com/el-deporte/2011/07/23/196909/pedro-alejandro-san-el-hombre-de-la-submarina. Se desconoce la causa de muerte.

Elías Sosa

Por Rory Costello

El derecho Elías Sosa fue un exitoso relevista en ocho diferentes equipos de grandes ligas. Apareció en 601 partidos al máximo nivel desde 1972 hasta 1983. Logró 83 salvamentos, con marcas personales de 18 en 1973 y 1979. Aunque no era un lanzador ponchador, "tiene una buena recta y una excelente slider," dijo un oponente, Ted Simmons. "Arremete contra uno."[1]

Los movimientos del dominicano mostraban una patada alta, modelada a semejanza del ídolo de su niñez, el gran Juan Marichal. Sosa la aprendió en la preparatoria, gracias al hombre que los captó a los dos, Horacio "Rabbit" Martínez. "No podía dar una patada tan alta y todavía no puedo," dijo Sosa en 1973, "pero desde entonces usé ese tipo de windup."[2]

Elías Sosa Martínez nació el 10 de junio de 1950, en La Vega. Esta es la tercera ciudad más grande de la República Dominicana y la capital de la provincia de La Vega, en el centro de la nación. Los nombres de sus padres no están disponibles en este momento, pero su padre trabajó en las minas de oro como mecánico.[3] Elías fue uno de nueve hijos.[4]

Sosa creció en Bonao, una ciudad que en la actual provincia de Monseñor Nouel (que se separó de la Vega en 1982). "Jugábamos con pelotas forradas con cinta adhesiva," recordó

Fotografía cortesía del Salón de la Fama del Béisbol Nacional

en 1973. "Hasta que tenía 13 tenía que jugar sin guante. Entonces me hice de uno pequeño." Sosa asistió al Liceo Elías Rodríguez en Bonao. Allí jugó voleibol y béisbol.[5]

"Lanzar en las ligas mayores era mi sueño," dijo, "pero siempre pensé que para mí sería imposible."[6] Puso su primer pie en la escalerilla cuando Horacio Martínez lo firmó para los San Francisco Giants en 1968. El bono fue de $2,000.[7] Martínez había sido un defensivo paracorto en las Ligas Negras y varias ligas del Caribe en los años 30 y 50. El miembro del Salón de la Fama Alex Pómpez, que había empleado los servicios de Martínez con los New York Cubans, se fue a trabajar con los Giants en 1950 (cuando el equipo estaba todavía basado en New York). Pómpez contrató a Martínez como perro de presa, y el Conejo le ayudó a traer la primera ola de ligamayoristas dominicanos—hombres como Marichal, los hermanos Alou ((Felipe fue también un héroe para Sosa), y Manny Mota.

La primera temporada profesional de Sosa, con el Salt Lake City en la Pioneer Rookie League, fue difícil. En ocho encuentros (cinco aperturas), tuvo balance de 0-5 y efectividad de 8.00. El descontrol era un problema—aunque ponchó a 15 bateadores en 18 innings, transfirió a 14. También permitió 33 imparables.

N el invierno de 1968-69, Sosa debutó en la pelota invernal dominicana. Se unió a los Leones del Escogido, uno de los clubes de mayor tiempo en la nación. Debe haber estado nervioso a sus 18 años. Enfrentó a dos bateadores, transfirió, golpeó a otro y lanzó dos wild pitches. Fue su única salida en ese invierno. Luego, sin embargo, lanzaría otras 10 temporadas en casa, siete de ellas con el Escogido.

Las dos temporadas siguientes en las menores parecieron poco distinguibles en la superficie: 0-3, 5.33, y 6-8, 4.96. No obstante, su promesa fue evidente: llegó a Doble-A brevemente en 1970 y recortó sus boletos de manera notable.

Sosa pasó todo el verano de 1971 en la Clase-A con el Fresno de la California League. Siguió desarrollándose, con marca de 12-9 y un muy mejorado promedio de limpias de 3.32. Esta última marca fue ubicada segunda en la liga, y también recibió mención honorable como parte del todos estrellas de la liga.

Al año siguiente, saltó al Phoenix de Triple-A. Allí, la organización de los Giants lo concentró en el bullpen. En sus primeros cuatro años como prospecto, había iniciado en 44 de sus 86 partidos. Con Phoenix, solamente cuatro de sus 55 salidas fueron aperturas. Tuvo registro de 10-2 con 2.93 de efectividad. Se benefició grandemente en el entrenamiento de primavera ese año bajo la tutela del coach de pitcheo de los Giants en ligas menores, Gordy Maltzberger.[8]

Entonces, cuando los rosters se expandieron en septiembre de 1972, Sosa recibió su primera llamada a las mayores. Nunca lanzó de nuevo en las menores hasta que tuvo un breve regreso 15 años después.

Su primera salida como ligamayorista tuvo lugar el 8 de septiembre en el Candlestick Park de San Francisco. Los Houston Astros habían hecho saltar del box al abridor Jim Barr en el tercer inning, y cuando Sosa entró, había corredores en segunda y tercera con dos outs. Obligó a Doug Rader a roletear por el campo corto, y luego lanzó un cuarto inning sin carreras. Lanzó en otras siete ocasiones en el resto de la temporada, logrando salvamentos en sus tres últimas.

La temporada de 1973 fue una de sus mejores. Terminó empatado en el tercer puesto en la votación para el Novato del Año de la Liga Nacional. (El premio fue para su coequipero Gary Matthews). Lanzó en una marca personal de 71 partidos, que empató el record de la franquicia establecido por Hoyt Wilhelm en 1952. "Me gusta lanzar casi todos los días," dijo en agosto. "Me siento fuerte. No tengo problemas con lanzar cuatro o cinco días sucesivos."[9]

Elías ganó 10 encuentros, que también fue marca personal, y sus 18 rescates encabezaron a los Giants. Entre otras cosas, actuó en el mismo encuentro de su héroe Juan Marichal por vez primera el 15 de abril, y logró sus dos primeros salvados en victorias de Marichal el

28 de mayo (el otro fue en el 20 de julio). Con una buena sinker, Sosa permitió apenas siete cuadrangulares en 107 entradas. Durante el curso de su carrea en grandes ligas, los oponentes le pegarían un jonrón cada 14.3 inning.

En 1974, participó en otros 68 encuentros con San Francisco. Aunque tuvo nueve victorias, su total de salvamentos se redujo a seis. Poco después de que terminara esa contienda, los Giants traspasaron a Sosa y al receptor Ken Rudolph a los St. Louis Cardinals por otro receptor, Marc Hill. Jerry Donovan, asistente del presidente de los Giants Horace Stoneham, llamó a Hill "el mejor receptor joven del béisbol."[10] The Sporting News escribió que los Cardinals estaban "tratando de añadir fuerza a su cuerpo de relevistas."[11]

El gerente general de St. Louis Bing Devine llamó a Sosa "uno de los relevistas de más alto vuelo en el béisbol" y llegó tan lejos como para ubicarlo en la misma categoría que el resistente Mike Marshall, quien en ese entonces estaba en su mejor forma.[12] Bill Madlock, quien procedió a ganar el primero de sus cuatro títulos de bateo en 1975, estaba de acuerdo.[13]

La primera esposa de Sosa, Stephanie Berner, era natal de San Francisco. Tuvieron dos hijos, un hijo llamado Brandon y una hija llamada Anjélica. Sosa pensaba que a Stephanie le gustaría St. Louis.[14] Pero no permaneció mucho tiempo allí para averiguarlo. El 28 de mayo de 1975, los Cardinals lo traspasaron junto con Ray Sadecki a los Atlanta Braves por Ron Reed y un jugador a ser nombrado con posterioridad (que resultó ser Wayne Nordhagen). El gerente general de los Braves Eddie Robinson dijo, "Aunque no nos guste renunciar a Reed, pensábamos que debíamos conseguir un buen zurdo y un buen relevista."[15]

Su estancia en Atlanta fue más bien breve, apenas poco más de un año, y mediocre. Un par de meses luego de unirse a los Braves, entró en la oficina del manager Clyde King, se disculpó por su rendimiento y prometió cosas mejores. "Y lo cumplirá también," dijo King.[16] Esto eventualmente se volvió realidad, pero no con los Braves, el 23 de junio de 1976, lo enviaron junto con Lee Lacy al Los Angeles Dodgers.

Aunque los Dodgers adquirieron su contrato por dinero, la transacción estuvo relacionada con otro trato, por nada menos que Mike Marshall. A principios de ese mes, el espinoso Marshall había criticado abiertamente la defensa de sus compañeros de equipo. Un grupo de Dodgers fue anta el gerente general Al Campanis a pedirle que traspasara al ganador del Cy Young de 1975 por el bien del equipo.[17] Marshall fue puesto en waivers, y los Braves lo reclamaron por $20,000.[18]

Seis días después, ante Atlanta en el Dodger Stadium, Sosa logró uno de sus rescates más memorables. LA ganaba 2-1 cuando el manager Walter Alston lo hizo llamar con las bases llenas y un out en la parte alta del noveno—y con una cuenta de 3-1 que heredó de Charlie Hough. "Le dije que no tratara de apuntar," dijo Alston, "sino que la desatara tan fuerte como pudiera." Sosa hizo a Rod Gilbreath bateara para doble matanza por la vía 5-4-3 para terminar el juego. "No recuerdo haber estado en una situación como esa antes," dijo. "Pero me alegra que haya terminado así. Me gusta hacer el trabajo cuando lazo. Fui con la idea de lanzarle una recta por el plato para hacer que la bateara. Apenas lo hizo sabía que iba a sr doble play."[19]

Tommy Lasorda, quien en aquel entonces era el coach de tercera de los Dodgers, tuvo algo gracioso que decir. "Fue como si te atraparan in fraganti robando un banco, con 18 tipos disparándote y aun así te vayas con el dinero."[20] Lasorda conocía a Sosa de sus días como manager del Escogido en la campaña de 1970-71. También habían estado en lados opuestos de una guerra de lanzamientos pegados. Todo comenzó cuando Lasorda dirigía al archirrival del Escogido, el Licey, en la justa de 1972-73—y se trasladó a Los Angeles vs. San Francisco en 1973. Como resultado, Lasorda y el manager de los Giants Charlie Fox se metieron en una pelea.[21]

Lasorda, quien se convirtió en el manager de LA al final de la justa del '76, utilizó a Sosa esporádicamente en la primera mitad de 1977. Tuvo más acción en la recta final, y estuvo bastante efectivo en sentido general (2-2, 1.98 en 44 encuentros). Un momento divertido tuvo lugar el 17 de septiembre, cuando Lasorda invitó al comediante Don Rickles a ponerse un uniforme de os Dodgers y sentarse en el dugout. Los Dodgers ganaban 5-1 en el noveno inning y Sosa estaba en la lomita cuando Lasorda decidió divertirse un poco. Envió a "Mr. Warmth" (usando el número 40 pero sin nombre) a la lomita a quitar al lanzador. Sosa no se iba, y le dijo a Rickles, "No eres el manager; ni siquiera eres entrenador. No puedes quitarme del juego." El árbitro de home John McSherry fue a la lomita, y dijo, "Caramba, Don Rickles," y procedió a pedirle boletos para un show en Las Vegas. Después de eso, Sosa retiró a los Braves por su orden para terminar el juego.[22]

Ese año, Sosa llegó a la postemporada por primera vez en Estados Unidos. En la Serie por el Campeonato de la Liga Nacional ante Philadelphia, lanzó dos veces, perdiendo el Juego 1. También lanzó dos veces en la Serie Mundial. En el sexto juego en el Yankee Stadium, permitió el segundo de los tres jonrones de Reggie Jackson esa noche. "Quería que lanzara strike al primer lanzamiento para tratar de ponerse delante," recordó "Mr. October" en 1993. "Me lanzó una recta por el centro de Broadway."[23] Reggie tenía una idea de qué esperar porque estuvo al teléfono con el scout de los Yankees Gene Michael tan pronto como Sosa entró a lanzar.[24]

Al mes después de la Serie Mundial, LA fichó al relevista Terry Forster como agente libre. Así que, acostumbrado a viajar, Elías estaba de nuevo en movimiento. "Ellos [los Dodgers] me dijeron que no iba a ser el número 1 en el bullpen bajo ninguna circunstancia. Entonces les dije que no iba a firmar bajo ninguna circunstancia. Me lo tomé personal. No estaba pidiendo mucho dinero, no lo que le pagaron [a Foster]." Sosa estableció un caso de arbitraje, pero Al Campanis se molestó y se rehusó a ir a arbitraje. Los Dodgers pusieron a Sosa en waivers, y el 31 de enero los Pittsburgh Pirates—el equipo del que Sosa se había ido—adquirió al dominicano.[25]

Sin embargo, ante del Día de Apertura, lo volvieron a traspasar. El 4 de abril se fue con su compatriota Miguel Diloné y un jugador a ser nombrado con posterioridad (Mike Edwards) a los Oakland A's; Pittsburgh readquirió al popular veterano Manny Sanguillén. El gerente general de los Pirates Pete Peterson dijo "A Diloné no le quedaban opciones y no quería jugar en esta organización. Y con Sosa, no pensábamos en aquel momento, basado en lo que mostró en el entrenamiento de primavera, bueno, no estábamos tan impresionados con él."[26]

Pero Sosa resultó estar en buena forma con Oakland en 1978: 8-2, 2.64 con 14 salvados. En agosto de ese año, el jardinero de los Dodgers Glenn Burke—un crítico manifiesto de Campanis y Lasorda—dijo, "Ahora se los está restregando en la cara. Apuesto que quisieran tenerlo de nuevo." El propio Sosa fue afable, "No estoy molesto con nadie. Para mí, los Dodgers eran la mejor organización en el béisbol cuando yo jugaba para ellos y son la mejor organización en el béisbol hoy."[27]

En noviembre de ese año, Sosa se convirtió en agente libre. El interés en él fue alto; el máximo de 13 equipos lo seleccionaron en el draft de reentrada. En enero de 1979 firmó un contrato de cinco años con los Montreal Expos por $1.2 millones. Se esperaba que el gerente general de Montreal, John McHale, fichara tanto a Elías como a Mike Marshall.

Pero luego de que este último firmara con los Minnesota Twins, McHale se centró en Sosa. Jack McKeon, quien había sido manager de Sosa en Oakland por la mayor parte de 1978, se había unido a los Expos para dirigir su afiliado de Triple-A en noviembre, y dio un reporte positivo.

"McKeon dijo que Sosa está definitivamente en su mejor forma cuando el juego está en riesgo," dijo McHale. "Dijo que Sosa tenía la tendencia a ser menos efectivos en un juego de diferencia de dos o tres carreras, pero que cuando los partidos estaban en juego, era tremendo pitcher." McHale había recibido otros buenos reporte—incluyendo uno de Felipe Alou, que dirigía el equipo de Doble-A de los Expos en Memphis.[28]

No mucho tiempo después del fichaje, el propio Sosa dijo, "Es más importante que el dinero. Quería ir a un equipo que tuviera la oportunidad de ganar un banderín. Creo que los Expos son un buen equipo joven." Añadió entonces, "Me gusta el clima frío. He lanzado en Oakland y San Francisco y he tenido buen desempeño en el frío. Puedo lanzar casi a diario en el frío."[29]

Se desencadenó el período más largo de Sosa con un equipo en las mayores. La temporada de 1979 fue su mejor en sentido general. Tuvo récord de 9-7, con efectividad de 1.96, una marca personal de 1.18 de WHIP, y apenas dos cuadrangulares en 96 entradas y dos tercios. Igualó su marca de grandes ligas con 18 salvados, cifra que también fue la mejor de los Expos, quienes terminaron segundos detrás de los Pirates en una peleada lucha por el título de la División Este de la Liga Nacional. El cronista de los Expos Ian MacDonald comentó, "Hizo todo lo que le podían haber pedido como su principal taponero en el bullpen."[30]

Sosa decayó apenas a nueve rescates en 1980, pues Montreal recurrió más a Woodie Fryman, de 40 años, en esas situaciones. La efectividad de Elías se vio bien, con 3.07, pero a finales del verano, Ian MacDonald escribió, "Los Expos esperaban desesperadamente que Elías Sosa se tornara sólido consistentemente. Demasiadas veces, hizo gala de buena forma luego de que un lanzamiento equivocado permitiera que anotara un corredor del lanzador anterior."[31] El propio lanzador lo reconoció, "No me estoy concentrando como lo hice el pasado año. ... Cuando un lanzador no se concentra, pierde su ritmo. Cuando eso sucede, comete errores y le hacen daño."[32]

En mayo de 1981, Montreal obtuvo al joven y veloz relevista Jeff Reardon, lo cual redujo el rol de Sosa. Los Expos llegaron a la postemporada por única vez en esa temporada dividida por huelga. Sosa lanzó dos veces en la serie divisional ante los Phillies, y luego de que los Expos avanzaron tuvo apenas una breve salida en la serie de campeonato ante los Dodgers.

Elías, que no había participado en la pelota invernal por cinco años seguidos después de la campaña de 1975-76, regresó en el invierno de 1981-82. Se unió a las Estrellas Orientales y pasó dos campañas con ese club.

Los Expos y Sosa se separaron casi al final del entrenamiento de primavera de 1982. Las razones personales fueron un factor importante. Su esposa, Stephanie, no era feliz en Montreal, y varias veces dijo que quería estar más cerca de los intereses del negocio familiar en Phoenix. Sosa también dijo que el impuesto sobre salario era mucho más alto de lo que le habían dicho. Todo esto se unió al deseo de comenzar de nuevo. Dijo "Uno no quiere pasar su vida trabajando en el mismo sitio. Uno debe moverse y hacer cambios. Se cambia el auto y se cambia la casa. Los Expos son un buen equipo y una buena organización... [pero] simplemente creo que es hora de un cambio. Mi brazo está fuerte. Nunca me he lesionado. Puedo ayudar algún equipo."[33]

"No vamos a canjear a Sosa solo porque desea que lo cambien," dijo John McHale.

"Cuando y si lo traspasamos será para beneficio de los Expos."³⁴ Poco después, fue enviado a los Detroit Tigers en una transacción por dinero. El coach de pitcheo de Detroit, Roger Craig, dijo, "No lo he visto lanzar en un tiempo. Pero sé que todo lo lanza fuerte. Tiene buena curva y buena slider. También sé que pude lanar mucho, casi a diario—si hiciera falta."³⁵

Sosa pasó apenas un año poco distinguido con Detroit. Su estadística más evidente fue que permitió 11 vuelacercas en 61 entradas de trabajo. Poco después que terminara la campaña, los San Diego Padres compraron su contrato. Dos de sus simpatizantes estaban en San Diego: el manager era Dick Williams, mentor de Sosa con los Expos, y el gerente general era Jack McKeon.

Durante la duodécima y última campaña de Sosa en las mayores, participó en 41 partidos con los Padres. En el segundo juego de un doble programa el 29 de agosto, hizo la última de apenas tres aperturas en las mayores, trabajando cinco entradas sin decisión. Logró la última victoria (la 59) de su carrera en grandes ligas en el Jack Murphy Stadium de San Diego. Su último rescate tuvo lugar en el Shea Stadium de New York el 4 de septiembre.

Sosa terminó su carrera en la pelota invernal en el invierno de 1983-84, lanzando en 17 encuentros para los Azucareros del Este. En 11 campañas en la Liga Dominicana, lanzó en 175 partidos, abriendo en 18 de ellos. Ganó 21, perdió 28, salvó 25 y tuvo efectividad de 3.64 en 366 entradas de trabajo. Sus equipos llegaron a la postemporada de la liga cuatro años, llegando dos veces a la final, pero Sosa nunca tuvo la suerte de jugar con un equipo campeón en casa.

Elías se convirtió en agente libre después de la temporada de 1983, pero no atrajo ninguna oferta. San Diego lo liberó en febrero de 1984, pero su equipo original, los Giants, lo invitaron a su campo como jugador fuera de roster.³⁶ Esto no funcionó, así que, a la edad de 33 años, Sosa se retiró como pelotero.

Tres años después, a la edad de 37, hizo un regreso. Los San Jose Bees, un equipo sin afiliación en la California League, lo ficharon en mayo.³⁷ The Hardball Times posteriormente describió este club como "parte equipo de granja japonés, parte liga independiente, y parte... bueno, no sé cuál era la tercera parte, pero era divertido."³⁸ Un buen grupo de ex ligamayoristas se unieron a los Bees en 1986 y 1987.

Sosa participó en tres juegos con San Jose, permitiendo 12 imparables y regalando nueve boletos en seis y un tercio. También lanzó en el verano de 1987 por el Yucatán en la Liga Mexicana—notablemente, sus ocho salidas fueron como abridor. Tuvo registro de 1-2 con efectividad de 4.50 en 50 entradas.

Sosa fungió como coach de pitcheo de ligas menores para los Expos en 1988 y los Braves en 1989, pero no había terminado como lanzador. Cuando la Senior Professional Baseball Association (Asociación Senior de Béisbol Profesional) comenzó a jugarse en el otoño de 1989, se unió a los St. Petersburg Pelicans. Fue efectivo en rol de abridor y relevista, con registro de 3-4, con promedio de limpias de 2.90 en 59 entradas lanzadas durante 20 partidos. Los Pelicans fueron os campeones de la SPBA en la única campaña completa del circuito. Regresó a St. Petersburg por una segunda campaña, pero la SPBA se disolvió a finales de diciembre de 1990.

Se mantuvo activo en el béisbol como coach de pitcheo de ligas menores en varios niveles con al menos otras dos organizaciones, los Giants y los Cardinals, hasta 2000. Se convirtió en miembro del Pabellón de la Fama del Deporte Dominicano en 2001. Ese año, también se unió a Major League Baseball como coordinador para la división de América Latina del programa de Enviados del Béisbol Internacional de MLB. El empleo llevó a Sosa a viajar extensivamente por toda la región—incluso a destinos que uno normalmente no asociaría con el béisbol, como Guyana.[39]

En su perfil en LinkedIn.com, Sosa declaró, "Enviamos entrenadores a trabajar con las Federaciones de Béisbol. También brindamos seminarios para entrenadores que incluyen temas como el desarrollo físico, la instrucción beisbolera, motivación de los jugadores, desarrollo del carácter, trabajo en equipo y medicina deportiva. Nuestro programa incluye instrucción en aulas seguida por aplicación práctica en el terreno."

Una cita de 2008 mostró los sentimientos de Sosa respecto a su trabajo. Dijo, "He tenido mucha suerte en mi carrera. Simplemente me molesta que a mi dad todavía no haya hecho lo suficiente para ayudar. Tener este trabajo me trajo mucha felicidad y satisfacción. ... siento que necesito retribuir y ayudar a formar habilidades y ética de trabajo en los muchachos. Si puedo ayudar, usando el béisbol como medio para inspirar a un muchacho a convertirse en un mejor jugador y ciudadano para su país, entonces vale la pena. Quién sabe si algún día ayude a alguien que se convierta en pelotero de grandes ligas."[40]

En algún momento alrededor de 2016, Sosa dejó su posición de enviado.[41] Tiene su hogar con su segunda esposa, Robin Trent (con quien se casó el 9 de diciembre de 2012) en Matthews, North Carolina, un suburbio de Charlotte.

FUENTES

Además de las fuentees citadas en las notas, el autor también consultó:

Treto Cisneros, Pedro, ed., Enciclopedia del Béisbol Mexicano (Mexico City: Revistas Deportivas, S.A. de C.V.: 11th edition, 2011).

history.winterballdata.com/ (Estadísticas dominicanas).

LinkedIn.com.

Facebook.com.

NOTAS

1 Neal Russo, "Simmons-[Al] Hrabosky Duo Off-Season Hit on Radio," *The Sporting News*, 1 de febrero de 1975: 38.

2 Pat Frizzell, "Giants Getting Big Kick Out of Sosa's Work," *The Sporting News*, 25 de agosto de 1973: 7.

3 Neal Russo, "Nothing So-So About Sosa's Love for New Card Pals," *The Sporting News*, 11 de enero de 1975: 30.

4 Neal Russo, "Sosa Says St. Louis Is 'Wish Come True,'" *St. Louis Post-Dispatch*, 24 de dicembre de 1974: 10.

5 Frizzell, "Giants Getting Big Kick Out of Sosa's Work."

6 Frizzell.

7 Russo, "Sosa Says St. Louis Is 'Wish Come True.'"

8 Frizzell.

9 Frizzell. Gary Lavelle rompió el record de salidas para la franquicia en 1977.

10 Associated Press, "Cards Obtain Elias Sosa, Ken Rudolph," *Decatur* (Illinois) *Daily Review*, 15 de octubre de 1974: 10.

11 "Giants' Sosa, Rudolph to Cardinals for Hill," *The Sporting News*, 26 de octubre de 1974: 21.

12 Neal Russo, "Devine Defends His Deals, Gloats Over Sosa," *The Sporting News*, 2 de noviembre de 1974: 15.

13 Bob Hallstrom, "Madlock Elects Cardinals as Team to Beat," *Decatur Herald*, 7 de noviembre de 1974: 25.

14 Bob Broeg, "Fans Will Get a Kick Out of Sosa," *St. Louis Post-Dispatch*, 3 e marzo de 1975: 13.

15 United Press International, "Braves Trade Reed to Cards," *Pocono Record* (Stroudsburg, Pennsylvania), 29 de mayo de 1975: 14.

16 Wayne Minshew, "King Sees a Rainbow in Atlanta Gloom," *The Sporting News*, 30 de agosto de 1975: 14.

17 United Press International, "Braves Obtain Marshall from L.A. for Lacy, Sosa," *Fremont* (California) *Daily Argus*, 24 de junio de 1976: 17.

18 Gordon Verrell, "Dodgers Bid Marshall Adieu Without a Kiss," *The Sporting News*, 10 de julio de 1976: 11.

19 United Press International, "Dodgers' Sosa Preserves Win," *Van Nuys* (California) *Valley News and Green Sheet*, 1 de julio de 1976: 59.

20 Gordon Verrell, "[Rick] Rhoden Dazzles as All-Star Scholar," *The Sporting News*, 24 de julio de 1976: 10.

21 Melvin Durslag, "A Duster Artist," *The Sporting News*, 25 de agosto de 1973: 7.

22 Como muchas historias de este tipo, esta se ha contado de diferntes maneras durante años. Don Rickles con David Ritz, Rickles' Book (New York: Simon & Schuster, 2007), 221-222. T.J. Simers, "Don Rickles Is a Hotter Ticket Than the Dodgers," *Los Angeles Times*, 24 de octubre de 2011. Mark Langill, Dodger Stadium (Charleston, South Carolina: Arcadia Publishing, 2004), 63.

23 Mike Lupica, "Reggie's Triple-Header," New York, 19 de abril de 1993: 160.

24 Bruce Lowitt, "Mr. October Lives Up to Star Billing," *Tampa Bay Times*, 28 de noviembre de 1999: 46.

25 Bruce Isphording, "New Pirate Sosa Raps Move by L.A.," *Sarasota Journal*, 24 de marzo de 1978: 10C.

26 Ed Rose Jr., "Peterson Insists Trades Weren't Bad," *Beaver County* (Pennsylvania) *Times*, 24 d mayo de 1978: C-1.

27 United Press International, "Ex-Dodger Sosa Is Now Mainstay of A's Bullpen," *Galveston Daily News*, 11 de agosto de 1978: 30.

28 Ian MacDonald, "Expos Give Pitcher Sosa Five-year Pact," *Montreal Gazette*, 9 de enero de 1979: 17.

29 Ian MacDonald, "'More than Money' Says Newest Expo," *Montreal Gazette*, 20 de enero de 1979: 24.

30 Ian MacDonald, "Expos Redouble Hunt for Hurlers," *The Sporting News*, 8 de diciembre de 1979: 48.

31 Ian MacDonald, "Sun Always Shines for Expos' [Bill] Gullickson," *The Sporting News*, 6 de septiembre de 1980: 41.

32 Ian MacDonald, "Big 3 a 4-Star Show on Expo Hill," *The Sporting News*, 4 de octubre de 1980: 7.

33 Ian MacDonald, "Elias Sosa Unhappy in Montreal; Asks Trade So He Can Start Again," *Montreal Gazette*, 2 de marzo de 1982: C2.

34 MacDonald, "Elias Sosa Unhappy in Montreal; Asks Trade So He Can Start Again."

35 Associated Press, "Tigers Acquire Reliever Sosa from Expos," *Poughkeepsie* (New York) *Journal*, 31 de marzo de 1982: 40.

36 United Press International, "Sosa Reports to Giants," *Arizona Republic* (Phoenix), 23 de febrero de 1984: 58.

37 "San Jose Bees Sign Elias Sosa," *San Bernardino* (California) *Sun*, 17 de mayo de 1987: 43.

38 Brandon Isleib, "Weird History: 1987 San Jose Bees," *The Hardball Times*, 27 de agosto de 2010.

39 "MLB Coach to Conduct Training in Georgetown," *Guyana Times*, 26 de abril de 2014.

40 Raymond Sarracino, "Charlotte Resident Elias Sosa Tours with U.S. Southern Command All-Stars in Latin America," comunicado de prensa, Comando Sur de Asuntos Públicos de EE.UU., Ciudad de Panamá, Panamá, 1 de mayo de 2008.

41 Conversación telefónica, Rory Costello con Chris Haydock (director de desarrollo internacional, Major League Baseball), 4 de diciembre de 2018.

Sammy Sosa

Por Eric Hanauer

¿Quién es el verdadero Sammy Sosa? ¿Es el carismático toletero cuya competencia de jonrones con Mark McGwire rescató a la fanaticada del béisbol de las ruinas de la huelga de 1994? ¿Es el chuco limpiabotas dominicano de una familia pobre que se convirtió en héroe en su país y los Estados Unidos? ¿Es un tramposo de esteroides que nunca confesó? ¿Es el narcisista cáncer de camerino que se fue de su equipo durante el último juego de la campaña de 2004? Este complejo hombre fue uno de los más populares y controvertidos jugadores de su tiempo.

Nadie más ha conectado 60 jonrones en tres temporadas distintas. Pero no encabezó la liga en ninguna de ellas. En el período de cinco años desde 1998 hasta 2002, conectó 292 cuadrangulares, promediando 58 por año. Nadie se le he acercado, ni limpio ni asistido por los químicos. Tuvo campañas de 158 y 160 empujadas, y WAR de 10.3. Fue Todos Estrellas siete veces y una vez MVP. Sus 609 cuadrangulares son la octava cifra más alta de todos los tiempos. Sin embargo, nunca ha sido seleccionado en más del 12.5 por ciento de las boletas al Salón de la Fama. Apenas se mantiene en la lista con 8.6 por ciento en su quinto año de elegibilidad.

Samuel Peralta Sosa nació el 12 de noviembre de 1968, en Consuelo, República Dominicana, uno de siete hijos. Su padre, Juan Bautista Montero, conducía un tractor limpiando campo de caña de azúcar. Murió de hemorragia cerebral cuando Sammy tenía seis años. Luego de la muerte de su padre, su madre, Mireya, volvió a su nombre de soltera, Sosa. Ella había dejado la escuela en su adolescencia, y trabajaba como criada y cocinera. Sammy y sus hermanos lavaban autos y lustraban zapatos para conseguir peso para la familia. Todos dormían en una misma habitación en el barrio.[1]

Cuando Sammy tenía 13 años, Mireya se mudó a San Pedro de Macorís, donde se casó con Carlos María Peralta. Las condiciones mejoraron un poco, pero Sammy, a quien sus familiares y amigos llamaban Mikey, priorizó el trabajo por encima de la escuela. Junto con su hermano mayor Luis, eestableció un negocio de listrar zapatos para los hombres de negocios de clase media. Uno de ellos era Bill Chase, un norteamericano que estaba abriendo una fábrica de zapatos. Contrató a Sammy y se convirtió en su padre sustituto. Le compró su primera bicicleta y su primer guante de béisbol.[2]

Aunque el béisbol es la pasión nacional en la República Dominicana, Sammy quería ser

Fotografía cortesía del Salón de la Fama del Béisbol Nacional

boxeador. Entrenó con seriedad, pero cuando Mireya se enteró, le hizo prometer que lo dejaría. Es cuando centró su atención en el béisbol.[3] A la edad de 14 años, atrajo la atención de un *buscón*, o agente informal, abandonó la escuela y se unió a un equipo de gira con uniformes verdaderos. A los 15 años, firmó con los Phillies, pero el contrato fue invalidado porque era menor de dad. El año siguiente fue un desfile de pruebas y rechazos de otros equipos. Finalmente, Omar Minaya y Amado Dizney de los Texas Rangers lo firmaron por $3,500.

Sosa hizo oficialmente su debut profesional en 1986 a la edad de 17 años, con los Rangers de la Gulf Coast League en Sarasota, Florida. En ese momento era delgado y ágil, unas 165 libras, con más velocidad que poder como su mejor arma. En 61 encuentros, compiló .275 con cuatro cuadrangulares y 11 bases robadas. Uno de sus compañeros y mejores amigos en el equipo era Juan González.

Al año siguiente ascendieron juntos al Gastonia de Clase-A, North Carolina. Sammy compiló .279 con 11 cuadrangulares y 59 empujadas. También estaba aprendiendo inglés, primariamente andando con sus coequiperos norteamericanos.[4] Al final de la justa, Sosa y González se ubicaron uno y dos en el sistema de granjas de los Rangers.

El siguiente paso fue Charlotte en el nivel de Clase-A Alta en la Florida State League. A la edad de 19 años, Sammy era uno de los jugadores más jóvenes, compiló .229 y se ponchó 106 veces. Sin embargo, robó 42 bases y empujó 51 anotaciones. En ocasiones, su comportamiento provocó la ira de algunos entrenadores, que no estaban habituados a lidiar con peloteros latinos, pero Minya lo protegió.[5] Una buena demostración en la temporada de la pelota invernal dominicana trajo una invitación al entrenamiento de primavera de las mayores en 1989.

En ese momento, los Rangers estaban cuajados de peloteros latinos. Entre ellos se encontraban Rafael Palmeiro, Iván Rodríguez, Julio Franco, y Rubén Sierra. Sosa y González fueron enviados a Tulsa de la Texas League (Doble-A) al comenzar la temporada. Para junio, Sammy estaba bateando .297 con siete jonrones y llegó al equipo Todos Estrellas. En el club principal, Pete Incaviglia fue a la lista de lesionados con dolores en el cuello, y llamaron a Sosa para que lo reemplazara. Tenía 20 años, y había estado jugando béisbol seis años. Voló en primera clase a New York, y el 16 de junio de 1989, bateó en el primer turno en el Yankee Stadium, donde pegó sencillo ante Andy Hawkins en su primer turno en las mayores. En el sexto episodio, pego doble ante Hawkins y anotó su primera carrera.

La siguiente parada para los Rangers fue Fenway Park, con Roger Clemens en la lomita. Éste ponchó a Sosa en el primer inning, pero en el quinto, Sammy le pegó a una de las ofertas de Clemens y la mandó sobre el Monstruo Verde para su primer jonrón en grandes ligas. Después de un buen comienzo, Sosa comenzó a ver más lanzamientos de rompimiento, y su promedio se precipitó a .238. Los Rangers lo mandaron a Triple-A en Oklahoma City, donde se carcomió y no estaba bateando. Sin embargo, Larry Himes, entonces gerente general de los White Sox, vio algo que le gustó. Proyectó a Sosa como el tipo de jugador a lo Minnie Miñoso, con velocidad y buen brazo en los jardines. Así que Himes traspasó al veterano Harold Baines y a Fred Manrique a los Rangers por Sosa, Wilson Álvarez, y Scott Fletcher.

Sammy fue a Triple-A con Vancouver, donde bateó .367 en 13 encuentros. Los White Sox lo promovieron y se unió al equipo en Minnesota. En su debut en los White Sox, Sosa fu transferido dos veces y se fue de 3-3 con un jonrón de dos carreras en victoria de Chicago 10-2. En 33 encuentros, compiló .273 con un OPS de .765. Lo primero que hizo cuando regresó a casa fue comprar una casa para su madre, parcialmente con un préstamo de Bill Chase, su amigo negociante.

En 1990, a los 21 años, mostró su talento e inexperiencia. Compiló .233, cometió 13 errores y se ponchó en 150 ocasiones. Pero sí disparó 15 cuadrangulares, robó 32 bases y empujó 70 carreras. Walt Hriniak, coach de bateo de los White Sox, tenía algunas ideas rígidas que entraban en conflicto con la mentalidad de hacer swing a todo que tenía Sammy. Funcionó un poco, pero frustró al jugador totalmente.[6] Aunque el equipo tuvo un buen año, Himes fue despedido al final de la campaña debido a contradicciones con el dueño Jerry Reinsdorf. Al año siguiente, sería gerente general de los Cubs y haría canje para adquirir nuevamente a Sosa.

Sammy se casó con una norteamericana en 1990. Duró apenas ocho meses antes de que todo terminara en divorcio. Para el entrenamiento de primavera de 1991 todavía estaban resolviendo todo el conflicto legal, su padrastro murió, y los conflictos con Hriniak continuaron. Aunque conectó dos jonrones en el Día de Apertura, los White Sox lo alternaron con Cory Snyder. Para el 19 de julio, estaba bateando .200 y fue bajado a Triple-A. Cuando lo volvieron a llamar en agosto, compiló apenas .203 en 116 juegos de grandes ligas. Entre los aspectos redentores de esa mala temporada fue conocer a Sonia Rodríguez. Se casaron al año siguiente y hasta 2018 tenían seis hijos.

Sammy fue al entrenamiento de primavera de los White Sox en 1992 en medio de rumores de traspaso y reportes de que era imposible para los entrenadores lidiar con él. El 30 de maro, Himes de su estancia de altibajos con los Cubs. Envió a George Bell y $400,000 en efectivo a los White Sox por Sosa y el lanzador Ken Patterson. (Un año después haría su peor transacción, al no cumplir las razonables demandas de Greg Maddux y dejar que firmara con los Braves.) Sammy estaba extasiado. Cuando se iba, dijo a sus compañeros en los White Sox, "Ok, muchachos. Me voy de aquí. Me verán de nuevo. Voy a ser el mejor jugador de este juego."[7]

A la edad de 23 años, Sosa medía seis pies y pesaba 185 libras. Los Cubs lo ubicaron en el jardín central porque Andre Dawson estaba establecido en el jardín derecho, y lo ubicaron en los dos primeros turnos en la alineación porque era el corredor más rápido del equipo. Esto no encajaba con la filosofía free-swinger de Sammy, y cuando cayó en slump, el manager Jim Lefebvre lo movió en el lineup para turnos más bajos. Comenzó a batear con poder. El 10 de junio en St. Louis, conectó dos jonrones, por vez primera desde el Día de Apertura d 1991. Pero pocos días después, una recta de Dennis Martínez fracturó un hueso en la muñeca de Sosa. Esto lo puso seis semanas en la lista de lesionados.

Regresó el 27 de julio y pegó jonrón en su primer turno. Los Cubs barrieron una serie de tres juegos contra los Pirates en el Wrigley Field. Sammy tuvo un papel clave, con batazos oportuno. En el juego final, su jonrón en el inning 11 lo decidió, y por vez primera los cantos de "Sam-my, Sam-my" resonaron en las gradas. En nueve encuentros tras volver de la lista de lesionados, bateó .385 con tres jonrones. Pero el día siguiente, el destino volvió a hacer daño. Pegó de foul a un lanzamiento y se fracturó un hueso en el tobillo. La temporada de Sosa terminó. Tuvo apenas 262 turnos, promedió .260 con ocho cuadrangulares y 15 bases robadas. Pero su empuje, velocidad, juventud y potencial lo habían convertido en un favorito de los fans con los Cubs.

La temporada siguiente, 1993, fue el año en que Sosa explotó. El coach de bateo Billy Williams y Lefebvre adoptaron una filosofía de no intervención, alentándole a que fuese él mismo. Dawson se había ido, y regresó a su posición natural, el jardín derecho. Sosa respondió con 33 cuadrangulares, 93 empujadas y 36 bases robadas, convirtiéndose en el primer pelotero de los Cubs en llegar al club 30-30. En aquel momento, solamente nueve jugadores lo habían logrado. El mejor momento de la contienda tuvo lugar en el fin de semana del 4 de julio. Se fue de 6-6, lo que le dio nueve hits en línea, a uno del récord de la Liga Nacional. Al final de la temporada, los Cubs lo firmaron a un nuevo contrato, por $2,950,000. Le compró otra casa a su mamá, y una para él y para Sonia en Santo Domingo.

En 1994, Tom Trebelhorn reemplazó a Lefebvre como manager de los Cubs. No pudo haber tenido un peor comienzo, perdiendo 12 juegos sucesivos en casa. Para mediados de mayo, los Cubs tenían balance de 6-18. Un aura tóxica en el camerino etiquetó a Sosa como un pelotero egoísta. Él tampoco se ayudó, al portar un chillón collar dorado con un pendiente que llevaba 30-30.[8] En el terreno, encabezó a los Cubs en casi cada categoría ofensiva. Cuando la temporada se vio acortada por la huelga por la disputa entre peloteros y dueños, los Cubs estaban en el último puesto. Sosa compiló .300 con 25 cuadrangulares, 70 empujadas y 22 bases robadas en 105 encuentros.

Antes de que la huelga finalmente terminara, había confusión respecto al status de agente libre de Sosa. Su agente, Adam Katz, estuvo en una discusión serie con los Red Sox, pero al final Sosa siguió con los Cubs. Himes y Trebehorn se habían ido, y fueron reemplazados por Ed Lynch y Jim Riggleman. Los Cubs estuvieron en la lucha por la postemporada un tiempo. Sosa jugó en el Juego de las Estrellas por primera vez, ganó un Bate de Plata, y terminó octavo en la votación por el MVP. Compiló .268 con 36 jonrones, 119 impulsadas y 34 bases robadas.

En víspera de la agencia libre en enero de 1996, los Cubs firmaron a Sammy a un contrato de tres años por $16 millones. Había subido de peso a unas 200 libras, y estaba haciendo swing para buscar cercas. Los fans en las gradas de sol del jardín derecho respondían a sus esprintadas diarias y sus saludos, pero persistía su reputación como pelotero egoísta. En el descanso de las estrellas, estaba encabezando la liga en jonrones, pero no lo eligieron para el equipo. Eso dolió, pero Sosa siguió produciendo. El 20 de agosto lideraba la liga con 40 jonrones y 100 empujadas. Pero ese día recibió un pelotazo en la mano por parte de Mark Hutton de los Florida Marlins. Su hueso pisiforme resultó fracturado, lo cual requirió cirugía. Su temporada terminó. Pese a perderse las últimas seis semanas, terminó quinto en jonrones en la Liga Nacional.

La temporada de 1997 terminó para los Cubs en la tercera semana. Perdieron sus primeros 14 encuentros, récord para el club. El estado del contrato de Sammy estaba en un limbo, pues se negociaba su cláusula de salirse de éste. Finalmente, el 27 de junio, firmó un contrato de $42 millones por cuatro años, lo que lo convirtió en el tercer jugador mejor pagado en el béisbol. Los Cubs terminaron con 94 reveses, empatados en el peor rendimiento de la Liga Nacional. El año de Sosa trajo 36 cuadrangulares, 119 empujadas, y un promedio de .251, mientras encabezaba la liga con 174 ponches. Dentro y fuera del camerino, era considerado un fracaso. Jeff Pentland era el nuevo coach de bateo de los Cubs en 1997. Pasó el año conociendo a Sosa, estudiando su enfoque, y formulando un plan. Ese plan fructificó en 1998.

Pentland convenció a Sosa de que no tenía que hacer swing tan fuerte para dar jonrones. También hizo que bajara sus manos e introdujo un golpecito con el pie como mecanismo para medir el tiempo. También le entrenaron para que fuese más selectivo, recibiera boletos y conectara hacia la banda derecha cuando eso era lo que le dejaba el lanzador. Sosa escribió, "De todos los entrenadores que he tenido en mi vida, él es el que más ha sacado de mí...."[9]

Sammy comenzó la justa de 1998 sin mucha fuera. Para el 22 de mayo, tenía apenas ocho cuadrangulares. La sequía terminó con un batazo de 440 pies al jardín central ante Maddux. Para final del mes, tenía 13, todavía a 14 de McGwire y detrás de varios otros. En junio, Sosa hizo historia con 20 vuelacercas, rompiendo el récord de grandes ligas establecido por Rudy York en 1937 con 18 en un mes. A finales del mes, la diferencia con McGwire se reducía a cuatro, y la prensa nacional comenzó a notarlo. Su ritmo de jonrones, su golpecito en el corazón y los besos que le lañaba a su madre desde el dugout, se convirtieron en portadas de *SportsCenter y Baseball Tonight* de ESPN. El 27 de julio en Phoenix, conectó el primer cuadrangular con bases llenas de su carrera, empujando todas las anotaciones en un triunfo 6-2 de los Cubs con dos cuadrangulares. Fue el número 247 de su carrera, lo cual rompió el récord de Bob Horner (207) para la mayor cantidad de jonrones antes del primero con bases llenas. Para compensar el tiempo perdido, conectó otro al día siguiente. El 19 de agosto, disparó el jonrón número 48 ante los Cardinals para tomar la delantera por vez primera, pero no duró mucho, pues Big Mac conectó dos esa misma noche. A finales del juego, cuando Sosa fue transferido, McGwire se volvió hacia él y le dijo, "Hey, creo que vamos a lograrlo."[10]

A medida que la presión aumentaba, McGwire parecía sentirla más. Sosa la asimiló, manteniendo una cara feliz con la prensa y los fans, quienes a su vez lo acogieron. Cuando se encontró un frasco de Androstenediona en el casillero de McGwire, Sosa atribuyó su propio físico a Vitaminas Flintstones (Picapiedras). Su número 57 rompió el récord para los Cubs establecido en 1930 por Hack Wilson. Cuando Big Mac conectó su número 62 ante los Cubs, Sosa corrió desde el jardín derecho y lo abrazó. En una dramática serie en casa ante los Brewers, Sammy conectó desde el 59 hasta el 63 para empatar a McGwire. El número 63 en San Diego volvió a empatar la competencia. La desbordada multitud le dio a Sammy una ovación en cada comparecencia. En el octavo inning, los Padres iban delante 3-2. Las bases estaban llenas, y Sosa recibió otra ovación, entonces mandó la pelota a la última tribuna are un triunfo de 6-3. Salió de la banca a saludar al público y la administración en San Diego lanzó fuegos artificiales. Los peloteros de los Padres se quejarían luego. El 25 de septiembre, Sosa conectó el número 66 para tomar ventaja una última vez. Esto duró media hora, pues Mac conectó contra Montreal. McGwire conectó cuatro en los últimos dos juegos de la temporada para terminar con 70. Sosa compiló .208 con 66 cuadrangulares, y encabezó la liga con 158 empujadas, 134 anotadas, 416 bases recorridas, y 171 ponches. Como los Cubs llegaron a la postemporada (y fueron eliminados rápidamente por los Braves), Sosa fue el ganador del premio MVP. Tanto él como McGwire compartieron el galardón de Deportista del Año por *Sports Illustrated*. Los Cubs celebraron un día para sosa en septiembre y le dieron un Plymouth Prowler morado. McGwire recibió un Corvette Clásico de 1962 de color rojo por parte de los Cardinals en su día.

Terminada la temporada llegaron más reconocimientos y honores. El presidente de la República Dominicana Leonel Fernández lo convirtió en embajador. Cuando un huracán azotó el país, Sosa brindó ayuda humanitaria con dinero, publicidad y personalmente distribuyó comida, agua y medicamentos. En el discurso del Estado de la Unión, el presidente Bill Clinton lo presentó y reconoció sus logros. A su agente le llovieron los endoses y las ofertas.

Sosa y McGwire repitieron su competencia en 1999, pero esta vez, el agotado público no estaba tan emocionado. Comenzaron a aparecer los rumores sobre dopaje no solo en torno a ellos, sino en torno a toda la generación de jonroneros que de repente habían hecho común el salto de 30 a 50 cuadrangulares. Sosa se dirigió a las drogas para mejorar el rendimiento (PEDs, por sus siglas en inglés) brevemente en su autobiografía: "Nunca he usado Andro, ni planeo hacerlo. ... Si bien es cierto que probé el suplemento alimenticio Creatina una o dos veces, nunca vi que tuviera impacto en particular en mi cuerpo o mi desarrollo. ... Yo atribuyo mi desarrollo físico a muchos años de estricto entrenamiento con las pesas y nutrición apropiada. ..."[11]

Los Cubs se estrellaron en 1999, plagados de lesiones y mala energía, perdiendo 95 partidos y terminado en el último lugar en la división. Algunos jugadores resentían el ego de Sosa, su séquito, y su ruidosa música salsa en el pequeño camerino. Pese a esto, tuvo otro muy buen año. El 18 de septiembre se convirtió en el primer jugador en conectar 60 cuadrangulares en más de una temporada. McGwire rápidamente le dio alcance y terminó con 65 ante los 63 de Sosa. Sammy compiló .288 y empujó 141 carreras. Encabezó la liga en juegos jugados (162), total de bases recorridas (397) y ponches (171). Riggleman fue despedido y reemplazado por Don Baylor.

Sosa conectó apenas 50 vuelacercas en 2000, pero encabezó la liga por vez primera. Se volvió más selectivo en la caja de bateo, compilando .320 con un más alto OBP (.406) y OPS (1.040), que en sus años de 60 jonrones. También ganó el Derby de Jonrones del Juego de las Estrellas, pero los Cubs volvieron a terminar en el último lugar.

En muchas maneras, su campaña de 2001 fue mejor que su año de MVP. Tuvo marca personal en average (.328), encabezó la liga con 146 anotadas, 160 empujadas y 37 bases intencionales, y 425 bases recorridas. Con 64 cuadrangulares, se convirtió en el único jugador en conectar 60 en tres ocasiones. Termino muy bien, compilando .377 en sus últimos 57 partidos. Se fue de 15-10 con las bases llenas, incluyendo dos jonrones que le sirvieron para siete grand slams de por vida. En la votación por el MV terminó segundo detrás de Barry Bonds, quien conectó 73 jonrones en su año monstruoso.

Sammy tuvo breves apariciones en dos películas ese año: *Hardball* y *On the Line*. En 1997 había aparecido en *Kissing a Fool*. Ambas tuvieron malos ratings en el sitio web de Rotten Tomatoes.[12]

Sosa ganó su segunda corona de jonrones en 2002 con 49. El 10 d agosto conectó tres jonrones de tres carreras en entradas consecutivas. Fue el sexto juego de tras cuadrangulares en su carrera, empatando el récord de grandes ligas en poder de Johnny Mize. Sus 122 carreras encabezaron la liga por tercera ocasión, para acompañar un promedio de .288 y un OBP de .399. Tuvo su cuarta aparición en la alineación del Juego de las Estrellas y ganó su sexto Bate de Plata. Pero los rumores dl uso de los esteroides y cizaña en los camerinos eran rampantes. Pero durante los malos años, la gerencia de los Cubs promovió y consintió a Sosa, pues éste seguía atrayendo público.

Dusty Baker se hizo cargo como mentor en 2003. Los Cubs ganaron la División Central y avanzaron a la Serie por el Campeonato de la Liga, eventualmente dejando escapar una ventaja de tres juegos por uno ante los Florida Marlins. Sammy contribuyó con 40 cuadrangulares y 103 empujadas. A sus 34 años, su bate estaba mermando, pero seguía logrando hitos. El 4 de abril, se convirtió en el jugador número 18 en llegar a los 500 jonrones, y el primero en la Liga Nacional con seis temporadas consecutivas con 40 jonrones. En los play off ese año, pegó sus dos primeros jonrones de postemporada. Uno de ellos tuvo lugar en el noveno inning del primer juego de la NLCS ante los Marlins, que lo mandó a extra innings.

Do incidentes ese años contribuyeron al declive de Sosa. El 20 de abril, fue golpeado en la cabeza por una recta de Salomón Torres que le rompió el casco. En aquel tiempo no había protocolos de concusión, y Sammy jugó al día siguiente. Pero conectó apenas un cuadrangular en sus 98 comparecencias siguientes. Entonces l 3 de junio, se rompió su bate en un swing contra los Tampa Bay Rays. El árbitro de home Tim McClelland encontró corcho en el centro del bate partido. Sosa fue expulsado del juego, y eventualmente suspendido por siete partidos. Sammy dijo que era un bate de práctica que había agarrado por accidente. Todos sus otros bates fueron sometidos a rayos X sin evidencia de corcho. Pero su credibilidad se vio grandemente afectada. Si bien los bates, o la concusión, o la edad, o la reducción de PEDs contribuyeron a su declive sigue siendo un tema de debate.[13] Durante esa campaña, se administraron pruebas anónimas aleatorias a los jugadores de ligas mayores. En 2009, una lista de peloteros que no pasaron la prueba se filtró al *New York Times*, el nombre de Sosa estaba en esa lista. Un artículo resumen se publicó en julio.[14]

La campaña de 2004 marcó el cierre de la era de Sosa con los Cubs. Superó a Ernie Banks en el total de jonrones de por vida del club con 545. Fuera de esto, no fue agradable. Cayó en la lista de lesionados cuando un estornudo violento le causó espasmos en la espalda. Compiló apenas .253 con 35 cuadrangulares y 80 empujadas. Durante la última semana de la contienda, los Cubs dejaron escapar una ventaja para el Wild Card y se quedaron fuera de la postemporada. En el último día, Sammy le pidió a Dusty Baker que no lo pusiera a jugar. Desapareció del banco, y las cámaras de seguridad lo captaron yéndose en auto poco después de iniciado el partido. Al enterarse sus compañeros, descargaron su ira en su equipo de música. Cuando la gerencia de los Cubs divulgó la cinta de seguridad a la prensa, se hizo evidente que no podía volver.

Negociando de una posición desventajosa, los Cubs no recibieron mucho. Los Baltimore Orioles les enviaron a Mike Fontenot, Jerry Hairston, y Mike Crothers por Sosa y efectivo. Sammy jugó apenas 102 encuentros en 2005, compiló .221 con 14 jonrones y 45 impulsadas. Su gran titular tuvo lugar cuando testificó ante un comité del Congreso en la investigación por los esteroides. Hablando por medio de un intérprete, negó haberlos usado. Sosa y McGwire fueron despellejados por sus testimonios. Hasta hoy, el único vínculo real de Sosa con PEDs es ese reporte filtrado de una prueba positiva en 2003.

Solamente un equipo le ofreció contrato a Manny en 2006, y no le gustaron los términos así que no jugó ese año. Pero todavía le quedaba una meta por alcanzar, por lo que firmó con los Texas Rangers en 2007 por el salario mínimo de ligas mayores y una invitación al entrenamiento de primavera. El 20 de junio, conectó su cuadrangular número 600 ante el lanzador de los Cubs Jason Marquis. Irónicamente, Marquis llevaba el viejo número 21 de Sosa. A la edad de 38 años, Sammy compiló .252 con 21 cuadrangulares y 92 carreras empujadas. Era un final más adecuado que el pésimo año que tuvo con Baltimore.

Sin que le quedara más por demostrar, Sammy dijo a su agente que no buscara otro contrato. Desde entonces, se ha mantenido lejos del centro de atención. En ocasiones hay reportes de extravagantes celebraciones de cumpleaños a ultramar.[15] Ha invertido o prestado su nombre a varias empresa comerciales. Su valor neto se estima que anda por los $70 millones: un largo camino para alguien que empezó lustrando zapatos en las calles de San Pedro de Macorís.

El cabo suelto que queda es su relación con los Cubs. No ha sido invitado a Convenciones de los Cubs o a históricas celebraciones en el Wrigley Field, y no han retirado su número 21, aunque los dueños y el cuerpo de dirección de sus días de jugador ya no están. Otros toleteros de la era de los esteroides como Barry Bonds, Mark McGwire y Manny Ramírez han sido recibidos nuevamente como hijos prodigios. No ha sido el caso de Sosa. La historia es un elemento importante en el encanto de los Cubs. Con la muerte de Ernie Banks y Ron Santo, se van quedando sin figuras icónicas. Ocasionalmente surgen rumores sobre un contacto entre los representantes, una necesidad de disculpas, y declaraciones de blogueros y fans.[16] Pero hasta 2018, Sosa ha permanecido en limbo con la organización en la que pasó los mejores años de su histórica carrera.

FUENTES

Además de las fuentes citadas en las Notas, el autor también consultó las siguientes:

Baseball-Reference.com.

Chicago Tribune. Sammy's Season (Chicago: Contemporary Books, 1998).

Chicago Cubs Information Guides (Guías de Información), 1993 y 2004.

Davis, Ryan. "Despite Cloud of Suspicion, Sammy Sosa's Career Is Still Hall-Worthy," January 7, 2015, cubsinsider.com/despite-cloud-suspicion-sammy-sosas-career-still-hall-worthy/.

Bernard, Zach Bernard. "Redefining Sammy Sosa's Baseball Legacy," 4 de enero de 2016, baseballessential.com/news/2016/01/04/redefining-sammy-sosas-baseball-legacy/.

NOTAS

1. Sammy Sosa con Marcus Breton, *Sosa, an Autobiography* (New York: Warner Books Inc. 2000), 24-25.
2. Sosa con Breton, 31-32.
3. Sosa con Breton, 41-42.
4. Sosa con Breton, 74.
5. Sosa con Breton, 86.
6. Sosa con Breton, 118.
7. Sosa con Breton, 126.
8. Joseph A. Reaves, "What Makes Sammy a Star?" *Chicago Tribune*, 16 de junio de 1995.
9. Sosa con Breton, 183.
10. Sosa con Breton, 190.
11. Sosa con Breton, 191.
12. rottentomatoes.com/celebrity/sammy_sosa/.
13. Bradley Woodrum, "The Three Declines of Sammy Sosa," 29 de enero de 2015, hardballtimes.com/the-three-declines-of-sammy-sosa/.
14. Michael S. Schmidt, "Sosa Is Said to Have Tested Positive in 2003," *New York Times*, 16 de junio de 2006.
15. Brendan Maloy, "Sammy Sosa Held His 47th Birthday Party in Dubai," si.com, 17 de noviembre de 2015. si.com/extra-mustard/2015/11/17/sammy-sosa-birthday-party-dubai.
16. Scott Miller, "Sammy Sosa in Exile: There's Silence Rather Than Apology From Former Cubs Star," 25 de febrero de 2015. bleacherreport.com/articles/2368638-sammy-sosa-in-exile-theres-silence-rather-than-apology-from-former-cubs-star.

MARIO SOTO

Por Gregory. H. Wolf

Con una población de más de 10 millones, la República Dominicana ha producido aproximadamente 300 lanzadores de grandes ligas hasta 2016. Los miembros del Salón de la Fama Juan Marichal y Pedro Martínez son sin dudas los más famosos y más exitosos; pero ningún lanzador de la nación caribeña tuvo reputación de tener más velocidad que Mario Soto. Convertido de receptor, Soto llegó con los Cincinnati Reds en su cuarto intento, en 1977, y emergió en un período de seis años (1980-1985) como uno de los mejores derechos de las mayores, promediando 208 ponches por temporada mientras permitía 6.8 imparables por cada nueve entradas, la cifra más baja de cualquier abridor activo en esos años.[1] En su carrera de 12 años, que terminó de manera prematura por lesiones en el brazo y en el hombro, Soto (100-929 se convirtió apenas en el tercer tirador dominicano en llegar a 100 juegos, siguiendo a Marichal y Joaquín Andújar.

Mario Melvin Soto nació el 12 de julio d e1956 en Baní, la capital de la provincia de Pèravia, ubicada en la costa del centro sur, a unas 35 millas al sureste de la capital de la nación, Santo Domingo. Cuando Soto tenía unos 8 años, sus padres se separaron. Su mamá, Marta, crio a Soto y a sus dos hermanos

Fotografía cortesía del Salón de la Fama del Béisbol Nacional

trabajando como lavandera. "Íbamos al río a las seis de la mañana, cargando las cestas de ropa en nuestras cabezas," recordó Mario respecto a cuando crecía con limitaciones, "y no regresábamos hasta la noche."[2] Melvin, como llamaban a Soto cuando muchacho, dejó la escuela a la edad de 14 años y trabajó a tiempo completo en la construcción para ayudar a su familia.

Como muchos muchachos que crecieron en la beisbolera República Dominicana, Soto idolatraba al pelotero más exitoso de su país en las grandes ligas, Juan Marichal. Soto jugaba béisbol en los solares locales cuando podía, practicando en la noche y jugando partidos los domingos. Comenzó como receptor pese a su alta estatura y su delgada forma, pero tenía un defecto: "No bateaba nada."[3] Juan Melo, miembro por mucho tiempo del equipo nacional dominicano, se percató de su fuerte brazo derecho y lo convirtió a lanzador a la edad de 17 años. "Creo que [la receptoría] me ayudó un poco en cuanto a lanzar," dijo Soto respecto a su transición, que fue mucho más fácil de lo que esperaron muchos. "Sabía cómo funcionaba el movimiento."[4] Inmediatamente llamó la atención con sus disparos, pero la mayoría de los escuchas de grandes ligas que peinaban la isla en busca de talento no mostraron interés en el inexperto lanzador. Una excepción fu Johnny Sierra, perro de prea de los Cincinnati Reds. Sierra alertó al scout del equipo George Zuraw quien viajó de los Estados Unidos a chequear al adolescente Soto, que había estado lanzando por apenas dos meses. En el campo de pruebas de los Reds cerca de San Domingo, Soto atrajo la curiosidad de Suraw con su mecánica, entrega, y ritmo pese a que la recta máxima estaba por debajo de 85 millas por hora y se veía aumentada solamente por su curva. A finales de 1973, Mario aceptó la ofert de Zurw por un bono de $1,000 y formó con los eds. "Francamente, no me impresionó," dijo Zuraw años más tarde, cuando Soto se había convertido en Todos estrellas con Cincinnati. "Lo firmamos estrictamente basados en proyección. Estaría mintiendo si dijera que pensaba que iba a ser grande."[5]

La transición de Soto al béisbol profesional en los Estados Unidos fue cualquier cosa menos suave. Lanzado en un país donde no hablaba el idioma, conocía las costumbres, o tenía amigos o familia, pensó varias veces en renunciar y volver a casa. Para empeorar las cosas, se fracturó e codo en el campo de primavera de los Reds en las menores en 1974 y se perdió la temporada completa. En 1975, todavía tenía dolores en el brazo y tuvo solamente cinco salidas por los Eugene (Oregon) Emeralds en la Northwest League (Clae-A Baja). Finalmente recuperado en 1976, descartó su curva, pues le lastimaba el codo, y confió en su recta—ya en ese entonces encima de las 90 millas por hora—para tener su año consagratorio con los Tampa Tarpons, encabezando la Florida State League (Clase-A) en efectividad (1.87), entradas lanzadas (197) y ponches (124), mientras tenía récord de 13-7. Mike Moore, gerente general del Tampa describió a Soto como "uno de los mejores lanzadores que ha pasado por la organización [de los Reds]."[6]

Los, Reds, dobles campeones de la Seri Mundial, apuraron a Soto a las mayores, en detrimento del lanzador. Fue añadido al roster de 40 del club luego de la campaña d 1976, y participó en su primer entrenamiento de primavera de grandes ligas en 1977. Los Reds elevaron al lanzador de 20 años dos niveles, asignándolo al Indianapolis (Triple-A), donde fue el cuarto lanzador más joven de la American Association. Enfrentando a peloteros maduros, muchos de los cuales tenían experiencia en grandes ligas, Soto labró su camino, ganando 11 de 16 decisiones en 18 aperturas. Cuando el abridor de 37 años de los Reds Woody Fryman se retiró de manera inesperada a principios de julio para debilitar un ya menguado staff, promovieron a Mario. Su debut el 21 de julio en el Three Rivers Stadium no fue nada inspirador; permitió tres hits y dos carreras en dos entradas de relevo ante los Pirates. Seis días después, Soto lanzó un juego completo y ponchó a nueve para lograr su primer triunfo, 6-2, ante los Chicago Cubs. El 7 de agosto, hizo gala de su recta de alrededor 95 millas por hora para blanquear a los Pirates, 9-0, lo cual llevó al mentor Sparky Anderson a exclamar, "A menos que yo esté loco, este muchacho va a ser impresionante."[7] En esa blanqueada, la primera de 13 en su carrera, dio indicación de la clase de lanzador en que se convertiría al mandar al suelo a Bill Robinson con lanzamientos pegados consecutivos en el primer inning, y tirar otro cerca de la cabeza del bateador en el sexto, lo cual precipitó un incidente que vació las bancas. Un fatigado Soto (2-6, 5.34 de efectividad) lanzó de manera errática a partir de ahí, y perdió sus cinco decisiones siguientes mientras la Big Red Machine terminaba en el segundo puesto en el Oeste de la Liga Nacional.

La falta de consistencia y control, además de las lesiones, definieron sus dos temporadas siguientes. Pasó toda la campaña de 1978 con Indianapolis, donde aparentemente tuvo una regresión (9-12, 5.01, 95 boletos en 160 entradas), seguido por una breve promoción en septiembre. En el entrenamiento de primavera de los Reds en 1979, sufrió un severo dolor en la espalda, y necesitó hospitalización a finales de marzo. De vuelta con Indianapolis para el inicio de la campaña, Soto fue convertido a relevista y volvió a ser llamado por los Reds a finales de junio. Sus resultados con Cincinnati fueron decepcionantes: 30 boletos y 5.30 de efectividad en 37 entradas y un tercio (25 salidas). También hizo su única aparición en postemporadas, lanzando dos capítulos sin anotación ante los Pittsburgh Pirates en el Juego 3 de la NLCS. Su status como estrella en ascenso se apagaba con velocidad, mientras un cuarteto de derechos de 26 años y menos aseguraban puestos en el staff. Mike LaCoss ganó 14 encuentros en 1979, el derecho Paul Moskau lucía como un abridor confiable, el novato de 21 años Frank Pastore lanzó bien en los últimos dos meses de la campaña, y Tom Hume se había convertido en uno de los más confiables cerradores de la Liga Nacional.

Como había hecho luego de las cuatro justas anteriores, Soto se unió a los Leones del Escogido en la Liga Invernal Dominicana en 1979-80. Había pasado los descansos entre temporadas en Bani viviendo con su madre, y parecía más relajado y cómodo lanzando en Santo Domingo que en los Estados Unidos. Lanzando primariamente desde el bullpen para el manager Matty Alou, Mario tuvo un estelar promedio de efectividad de 2.46 en 80 y un tercio de trabajo en 25 salidas. Sin embargo, pocos predecían que pudiese trasladar ese éxito hacia los Reds en 1980.

El cronista de Cincinnati Peter King sugirió que si se hubiese hecho un filme sobre la campaña de Soto n 1980 se llamaría "The Maturation of Mario Soto" (La maduración de Mario Soto);[8] mientras que Ray Buck del Cincinnati Enquirer describió a Soto como el "éxito inesperado del staff."[9] De hecho, su transformación a mitad de temporada de un relevista entrometido, artista de lanzar en juegos desbalanceados y blanco de la ira y las frustraciones de los fans, a uno de los más efectivos lanzadores de doble función en el béisbol fue impresionante. El momento crucial se produjo el 5 de julio cuando el mentor John McNamara llamó a Soto (4.92 de efectividad en ese momento) para reemplazar al abridor Bruce Berenyi, quien había saltado del box luego de permitir seis anotaciones en un tercio de entrada ante los Houston Astros. Mario permitió tres hits en ocho y dos tercios de trabajo, incluyendo haber retirado a 16 bateadores en línea, para lograr su primera victoria en 10 meses, 8-6. En su salida siguiente, seis días después, fue notificado por McNamara a minutos del juego, que iba a abrir en lugar de Frank Pastore. Soto lanzó 130 envíos, esparciendo cinco imparables en ocho y dos tercios para vencer ante los Atlanta Braves 5-3. Ponchó a 10 bateadores, la primera de 27 veces en su carrera en que pasaría el centenar de abanicados en un partido.

El cronista Buck señaló que el aspecto más difícil para Soto fue el ajustarse al rol de no saber nunca cuándo iba a lanzar, ya fuera como abridor o relevista.[10] El coach de pitcheo de lo Reds Bill Fischer fue inequívoco respecto a su elogio hacia Soto, llamándolo "probablemente el mejor lanzador de la Liga Nacional de julio en adelante."[11] En las últimas seis semanas de la contienda (comenzando el 13 de agosto), Soto estuvo "impresionante," según su coequipero Johnny Bench.[12] Estuvo aparentemente imbateable durante ese período, tolerando apenas 35 imparables (.174 de promedio de los rivales) y 11 limpias (1.41) en 70 episodios y un tercio. Se incluyen una dominante victoria 7-1 en juego completo sobre los Braves el 9 de septiembre con marca personal de 15 ponches (a uno del récord del equipo en nueve innings establecido por Noodles Hahn en 1901 y empatado por Jim Maloney en 1963; Maloney también ponchó a 18 en una salida de 11 innings en 1965), y una banqueada de cinco hits ante Houston en su siguiente apertura. Aunque el cronista deportivo de la Ciudad Reina Lonnie Wheeler sugirió que había evidencias respaldando la candidatura de Soto como el MVP del equipo en lugar de Ken Griffey, el delgado tirador se conformó con el Premio Johnny Vander Meer, otorgado por el capítulo de Cincinnati de la Asociación de Cronistas del Béisbol de Estados Unidos al mejor lanzador dele quipo. Fue bien merecido, pues Mario (10-8, 3.07 de limpias en 190 y un tercio de trabajo) encabezó las mayores en menos hits permitidos (6.0) y más ponches (8.6) por cada nueve entradas.

Su extraordinario ascenso como uno de los mejores lanzadores de la NL puede atribuirse directamente a su cambio de velocidad, al cual jugadores, entrenadores, cronistas deportivos, y estadísticos, incluyendo a Bill James, consideraban no solo el mejor de las mayores, sino uno de los mejores de la historia.[13] "No hay dudas que su cambio y sus lanzamientos de poca velocidad con su recta lo convierten en uno de los mejores lanzadores del béisbol," opinó el veterano Rusty Staub.[14] Scott Breeden, instructor ambulante de los Reds en las ligas menores, se lleva el mayor crédito por enseñar a Soto el lanzamiento que alteró su carrera. "La velocidad es genial, pero el movimiento de la pelota es el 90 por ciento de la batalla," dijo Ray Shore, un scout de los Reds. "[Soto] lanza su cambio con movimientos perfectos ... pero esa cosa se cae de golpe. Es casi como una bola de saliva."[15]

Durante su carrera, Soto dependió en esencia de dos lanzamientos, una recta y un cambio de velocidad; también mostró una slider en ocasiones. Su cambio, que típicamente rondaba entre 10 y 15 millas por debajo de su recta de más de 90 millas, petrificada a los bateadores y les colapsaba las rodillas, llevando a lo que el cronista Tim Sullivan llamó ponches "vergonzosos."[16] Bench una vez dijo que cuando Soto andaba bien y tenía comando sobre ambos lanzamientos, su recta "parece de 120 [millas por hora]."[17] Era imposible para los bateadores diferenciar su cambio de su recta cuando salían de su mano. "Lanzo el cambio con el mismo movimiento que lanzo la recta," dijo Soto.[18] Para 1980 tenía suficiente confianza en el cambio que se convirtió en su arma principal tanto contra derechos como contra zurdos. "La mayoría de los ponches los consigo con el cambio," dijo a secas. "Ese es el lanzamiento que ha marcado la diferencia para mí."[19] Con apenas seis pies de estatura y pesando unas 170 libras, no lucía amenazador como Bob Gibson y Don Drysdale, pero tenía dominio del plato como ellos, y nunca se limitó a lanzar pegado. Dijo su compañero de batería Joe Nolan, "[Soto] es apenas lo suficientemente descontrolado para evitar que los bateadores se le encajen."[20] Todas esas características juntas convertían a Soto en uno de los dominantes ponchadores del béisbol. "Si yo tuviera que armar un staff de pitcheo de cero, comenzaría con Soto," dijo el mentor de los St. Louis Cardinals Whitey Herzog, quien no era muy conocido por hiperbolizar.[21]

Mario comenzó la justa de 1981 ampliamente señalado como el mejor lanzador de la República Dominicana desde Marichal. "Vamos a dejar que se suelte," dijo el coach de pitcheo Fischer cuando le preguntaron sus planes para Soto.[22] Pero el poco respaldo en carreras contribuyó a su mal comienzo (1-5) pese a haber lanzado bien. Ganó cinco de sus próximas seis decisiones, cada una por juego completo, resaltados por una blanqueada de seis hits con 12 ponches ante los New York Mets en el Shea Stadium el 10 de junio. Dos días después, la temporada se interrumpió por la huelga de los peloteros, el cuarto paro laboral en el béisbol desde la huelga de 1972. Cuando se restableció el juego el 9 de agosto con el Juego de las Estrellas, apenas poco más de un tercio de la temporada fue cancelado. Soto retomó las cosas donde las había dejado, ganando seis d nueve decisiones. En el último día de la temporada, el 4 de octubre, logró una blanqueada de un hit ante Atlanta en el Riverfront Stadium con no más motivación que el orgullo y el honor. "La brillantez de Soto," sugirió el escritor del equipo Tim Sullivan, "se vio oscurecida por… la nube de amargura que cubría el camerino de los Reds."[23] La joya de Soto marcó la victoria número 66 de los Reds (líderes de las mayores), pero nadie en el equipo la celebró. Los dueños del béisbol habían decidido dividir la temporada en dos mitades y los ganadores de cada división se medirían en un play off al mejor de cinco juegos. Los Reds terminaron en segundo lugar en cada una de las mitades y fueron por tanto eliminados de las Series de postemporada. Antes del desempeño de Soto, el club salvó algo de dignidad (y venganza) al desplegar un estandarte declarando "Mejor Récord del Béisbol, 1981."[24] El nombre de Mario estuvo entre los líderes de la NL; empató en el tercer puesto en victorias (12), ponches (151), y entrada lanzadas (175), mientras empataba en el segundo puesto en juegos completos (10) y el primero en aperturas (25). Formó junto a su compañero de equipo de 36 años Tom Seaver (14-2) uno de los más potentes dúos en el béisbol.

Un envejecido equipo de los Reds tocó fondo en 1982, estableciendo una dudosa marca de la franquicia con 101 derrotas. El peor equipo de la Nacional y el que menos anotó en las mayores hizo del pitcheo y de ganar, una tara monumental, lo cual subraya la temporada que tuvo Mario como una de las mejores en la historia de los Reds. Nombrado abridor del Día de Apertura por primera vez de cinco consecutivas, soto mostró un desempeño que sería un presagio de lo que se avecinaba: cargó con el revés pese a permitir solamente os carreras en siete entradas y haber ponchado a 10. La campaña que tuvo parece un despliegue de highlights. Ponchó a 10 bateadores o más en un partido nueve veces en 34 aperturas. El 17 de agosto igualó la marca personal de su carrera con 15 ponches, y no regaló boletos en victoria completa de cuatro hits ante los Mets.

Además, fue resistente. Completó 13 encuentros; sin embargo, una de las mejores salidas de su carrera, una obra maestra de 10 entradas y tres hits, fue solamente suficiente para no tener decisiones en una derrota de 2-0 ante Atlanta en 14 entradas el 27 de junio. Terminó la justa con un engañoso balance d 14-13, pues los rojos anotaron dos carreras o menos (18 en total) en cada una de sus derrotas. Con marca personal de 274 ponches, Soto rompió el récord para una temporada de un latino, en poder de Luis Tiant (264 en 1968) y eclipsó el récord de Maloney para el equipo (265 en 1963). En una demostración de control y potencia, encabezó las mayores en ponches por nueve entradas (9.6), la menor cantidad de boletos por nueve entradas (1.060) y radio de ponches contra boletos (3.86). Seleccionado al primero de sus tres Juegos de Estrellas consecutivos, Soto lanzó dos entradas sin anotación, ponchando a cuatro. Luego de la justa, fue nombrado el ganador del premio Vander Meer por la BBWAA por segunda ocasión en tres años.

Soto tenía un temperamento feroz y a veces violento en la lomita. Pese a su surgimiento como uno de los mejores derechos del béisbol, tenía tendencia a molestarse después de malos lanzamientos, malas decisiones de los árbitros, hits y corredores en base. Reconociendo su Talón de Aquiles, los oponentes comenzaron a molestarlo desde las bancas sin piedad, inflamando aún más su cólera. "[Soto] tiene la tendencia a molestarse y perder la concentración, especialmente en juegos cerrados," dijo su compañero de batería Alex Treviño.[25] El miembro del Salón de la Fama Johnny Bench, quien le había recibido a un grupo de rebeldes y balas perdidas, como Pedro Borbón y Ross Grimsley, trató de mantener a Soto centrado y con la cabeza en su sitio. "A veces se enoja mucho pensando en el título de ponches," dijo Bench. "Intento que se calme. Le digo 'Espera y piensa en lo que tratas de hacer en vez de comenzar a pensar en medio del windup.'"[26] El temperamento de Mario fue demasiado el 31 de mayo de 1982 ante los Philadelphia Phillies en el Veteran's Stadium. Había permitido apenas do hits en seis entradas, pero también había golpeado a dos bateadores. Cuando el abridor de los Phillies Ron Reed riposte con Soto al bate en el séptimo inning, el dominicano se puso iracundo y parecía que le lanzaría el bate al lanzador, lo cual resultó en una pelea que vació las bancas. Soto fue expulsado, pero su reputación como pelotero sucio quedó cementada. Sin embargo, sus incidentes más publicitados estaban por suceder dos años después. Su volátil personalidad dentro del terreno contrastaba fuertemente con la personalidad que Lonnie Wheeler del Cincinnati Enquirer describió como de hablar suave y de tipo solitario fuera del terreno.[27]

Aunque los Reds terminaron en el sótano del Oeste de la Liga Nacional nuevamente en 1983, Mario tuvo otra campaña dominante. Los cronistas notaron un cambio en su actuar, pus el tirador de 26 años ganó tres de sus primeras cuatro aperturas pese a tener el codo sensible al dolor en el entrenamiento de primavera, y luego ampollas en sus dedos derechos. "La madurez es su mayor atributo ahora," elogió Lonnie Wheeler. "Está dispuesto a manejar."[28] En mayo, Soto trabajó nueve innings en cada una de sus cinco salidas, ganando cuatro de ellas por juego completo, permitiendo solamente 22 hits (.148 de promedio de los rivales y siete carreras (1.40). "Esta es la mejor forma en que he lanzado en mucho tiempo," dijo Soto, coronándolo con una banqueada de 9-0 ante Pittsburgh. "No desde la gran combinación de doble play de Gilbert y Sullivan alguien ha hecho ver a los Pirates tan tontos como Mario Soto," escribió Sullivan con gran ebullición.[29] El 12 de junio, Soto coqueteó con un cero hit cero carreras, dejando sin hits a Los Angeles Dodgers por seis entradas y un tercio antes de que Pedro Guerrero, su compañero en el Escogido de la liga invernal, pegó sencillo. Tuvo que conformarse con haber permitido tres hits.

Seleccionado para iniciar el Juego de las Estrellas en el Comiskey Park de Chicago, permitió dos hits, dos boletos y dos sucias para cargar con la derrota. Días después de blanquear a Atlanta con tres hits el 13 de septiembre, los Reds anunciaron que habían fichado al veloz tirador a un contrato de cinco años, ampliamente reportado como el más rico en la historia de los Reds, con $6 millones.[30] Segundo en la votación del Cy Young detrás de John Denny de Philadelphia, Soto terminó segundo en innings (273 y 2/3) y ponches (242) detrás del as de los Phillies Steve Carlton, y encabezó la Liga Nacional con 18 juegos completos, la mayor cantidad de un lanzador de los Reds desde los 18 de Bob Purkey en 1962. Soto fue la comidilla de la ciudad y el centro del mundo beisbolero de Cincinnati. "Es la clase de lanzador que intimida a los bateadores," dijo el timonel de los Reds Russ Nixon.[31] Un favorito de la prensa, Mario logró doble premio en el banquete anual de la BBWAA en Cincinnati con su tercer premio Vander Meer y el Premio Ernie Lombardi como el MVP del equipo.

Aupado por un contrato multimillonario, Soto brilló de inmediato en 1984, ganando siete de sus primeras ocho decisiones. El 12 de mayo estuvo apenas a un out del cero hit cero carreras, cuando George Hendrick de los St. Louis Cardinals lo echó a perder con un cuadrangular. Soto se conformó con un juego de un hit como parte de seis aperturas victoriosas de manera consecutiva—marca personal. Todo cambió para el temperamental lanzador en una fatídica apertura contra Chicago en el Wrigley Field el 27 de mayo, que Dave Parker de los Reds llamó "caos y más allá."[32] Aunque Soto había dado muestra de mantener sus emociones controladas en la temporada anterior, siempre pareció estar a un par de malas decisiones arbitrales de una explosión. En el final del segundo, Ron Cey de los Cubs conectó un profundo elevado hacia el poste de foul del jardín izquierdo. El árbitro de tercera base, Steve Rippley lo decretó cuadrangular, lo cual desató una fea conmoción que interrumpió el encuentro por unos 31 minutos.[33] Soto protestó de inmediato y tuvo que ser aguantado por sus compañeros. Cuando el grupo arbitral se reunió para discutir la decisión, los ánimos en ambas se caldearon a máxima ebullición. Unos 20 minutos de pelea después, Soto se precipitó hacia un grupo de jugadores y entrenadores en busca de uno de los árbitros. En el último momento, el cátcher de los Reds Brad Gulden derribó al iracundo lanzador, lanzándolo contra el coach de los Cubs Don Zimmer, y ambas bancas de manera simultánea se metieron en una terrible pelea. "Si [Soto] hubiese golpeado al árbitro de la manera en que iba," dijo Gulden, "probablemente no habría vuelto a jugar un juego en su vida."[34] Cuando finalmente lograron llevárselo al dugout, le lanzaron hielo desde las gradas. Entonces volvió a perder los estribos, agarró un bate, e intentó treparse en los asientos para confrontar al alborotador espectador. El batazo de Cey fue en un final decretado foul, pero el daño a Soto ya era irrevocable.

Cuando la Liga Nacional lo suspendió por cinco días y lo multó con $1,000, fue el turno del Cincinnati Enquirer para perder los estribos. En un mordaz artículo editorial, el periódico apaleó la penalización como "ridícula" y criticó duramente a Soto por su "intento de cruda violencia a puñetazos."[35] Si Mario tuvo una oportunidad de redimirse ante la prensa y los fans de Cincinnati, se perdió tres aperturas más tarde, el 16 de junio en Atlanta, cuando se vio involucrado de manera inexplicable en otro incidente nauseabundo que el cronista Greg Hoard describió como "un acto extraordinariamente insensato" y "locura absoluta."[36] El jugador de los Braves Claudell Washington, ya al límite por dos lanzamientos pegados de Soto a principios del juego, mandó un mensaje no tan sutil cuando su bate de manera oportunista se escapó de sus manos y fue hacia el lanzador tras un strike. Washington fue hacia la lomita a confrontar a Soto y comenzó una pelea.[37] La transgresión sin excusa tuvo lugar cuando se vaciaron las bancas. De manera violenta lanzó la pelota hacia la multitud en la lomita. Increíblemente, nadie resultó lastimado con seriedad. "Cuando un lanzador tira la pelota hacia un grupo," dijo el árbitro de home Lanny Harris después del juego, "y golpea a un árbitro y un entrenador, creo que es serio."[38] Mario Soto volvió a ser suspendido por cinco días, y lo multaron con $5,000.

Los dos sucesos marcaron un cambio de posición de la prensa respecto a cómo describían a Soto, cuya estabilidad mental era cuestionada abiertamente por miembros de la prensa. Jugando en un mercado pequeño principalmente para equipos malos, Soto se perdió inmerecidamente la visibilidad nacional que debía haber tenido. Ahora la atención nacional estaba sobre él, por las razones negativas. "No me importa lo que digan de mí," dijo sin remordimiento. "Todo el mundo tiene derecho a cometer algunos errores. Nadie es perfecto."[39] El manager Vern Rapp defendió a su alienado lanzador, y aconsejó a la prensa a considerar la perspectiva de Soto. "Yo quisiera que la gente supiera de dónde viene Mario, cuánto tuvo que luchar para lograr lo que ha logrado," dijo el reconocido manager del jugador. "Todavía debe aprender de autocontrol, a actuar como un profesional. Mario y yo nos hemos sentado y hemos conversado de este asunto. Lo que hizo este año no tenía tan mala intención como lo veo yo. Creo que solamente se asustó, más que nada. Alguien estaba tratando de quitarle su sustento."[40] Pese a esas palabras de aliento, Soto se retiró a una concha, terminando la temporada con marca personal de 18 victorias (siete derrotas), pese a luchar con inflamación en el hombro en las últimas seis semanas de la temporada. Volvió a liderar la Liga Nacional en juegos completos (13), pero su efectividad se elevó a 3.53 mientras sus ponches cayeron a 185 en 237 entradas y un tercio.

Sensible en extremo ante las críticas de los fans y la prensa, Mario se enterró durante el entrenamiento de primavera. "Si van a odiarme, van a odiarme," dijo.[41] En el box, pareció prosperar en la rotación de cuatro hombres acomodada por el mentor Pete Rose y el coach de pitcheo Jim Kaat. Superó alguna sensibilidad en el codo y un altercado en un club nocturno de Atlanta para lograr un registro de 8-3 con 2.48 de efectividad hacia el 4 de junio. Tras bambalinas, era una historia distinta. "Sí, estoy molesto," dijo, dirigiendo su vehemencia hacia Rose y Kaat. "¿Por qué no puedo lanzar con cinco días de descanso?"[42] Alegando que su recta y su cambio perdían efectividad con menos descanso, cayó en picado a partir del 9 de junio, al perder ocho decisiones seguidas y 12 de 16, mientras mostraba un poco usual elevado promedio de limpias de 4.25. También sus coequiperos y la prensa podían apreciar un profundo cambio en su personalidad. "De algún modo, de alguna forma, debido a una serie de eventos y circunstancias que solamente él conoce," opinó el cronista Greg Hoard, "[Soto] se ha tornado apartado donde antes era sociable, desmotivado en su desempeño, donde anteriormente era un vigoroso competidor."[43] Mario asumió una postura de yo-contra-el-mundo, rehusándose a cualquier sugerencia de que hablara con la prensa debido a su slump. "Cuando lanzo, es mi carrera," dijo de manera desafiante. "Tengo que manejarlo. Tengo que hacerlo funcionar yo solo. No tengo que hablar a nadie sobre esto."[44] Mientras los Reds retaron inesperadamente a los Dodgers por la corona del Oeste, Soto se perdió varias salidas importantes en las últimas cinco semanas con lesiones en el dedo del pie y el hombro. "No hay razón [para lanzar] cuando no estás al 100 por ciento," dijo.[45] Los escritores asumieron su actitud como falta de cuidado, y siguieron atacando al lesionado lanzador. "El legado de Soto en la temporada de 1985," escribió Hoard en un comentario inmerecidamente mordaz, "será que él y nadie más perdió el título de la División Oeste para los Reds; que se deprimió, perdió demasiados juegos."[46] Los críticos usaron su registro adverso (12-15) como una señal de fracaso, mientras pasaban por alto su resistencia (256 entradas y dos tercios) y ponches (214).

Su batalla con los cronistas deportivos de Cincinnati siguió en 1986. "No se puede seguir saliendo y teniendo buenos años," dijo, tratando de desviar la incesante crítica, pero su comentario solo exacerbó la situación.[47] Soto, jugador orgulloso que conocía de primera mano el sacrificio personal que se requería para ser pelotero de grandes ligas, decidió no hablar a la prensa en todo el año. Para el 17 de mayo, después de quinto revés consecutivo, era obvio que estaba lastimado, y que no era el mismo lanzador de hacía 12 meses. Luego de caer en la lista de lesionados tres veces con dolores en el hombro, su carrera sufrió otro giro irreversible cuando se sometió a cirugía practicada por el Dr. Frank Jobe en Los Angeles. Jobe diagnosticó "erosión" en brazo, y no un desgarrón en el manguito rotatorio, pero el daño resultó ser permanente y alteró su carrera.[48] Con registro de 5-10 y 4.71 de efectividad, se perdió el resto de la justa.

Una vez uno de los más imponente lanzadores del béisbol, Soto se vio menguado a solamente 20 aperturas combinadas en las dos temporadas siguientes. Su velocidad se redujo notablemente en 1987, y pasó la mayor parte de la zafra en la lista de lesionados. Tras un entrenamiento de primavera inesperadamente productivo en 1988, Rose lo ubicó para abrir su sexto Día de Apertura. Vivió un breve renacer en las primeras seis semanas, al lanzar una lechada de cuatro hits ante San Francisco en su segunda apertura y ganar tres de sus cinco decisiones iniciales. Con esa última victoria, de cinco hits ante Chicago en el Riverfront Stadium el 20 de mayo, se convirtió en el lanzador número 17 de los Reds en llegar a los 100 triunfos. El dolor reapareció en su hombro después de esto, y perdió cinco salidas consecutivas, permitiendo 34 imparables y 21 carreras limpias en 23 y dos tercios de actuación. El 20 de junio de 1988, Cincinnati lo liberó completamente. Soto se ofendió ante los denigrantes comentarios que Rose dio a la prensa, pero captó las señales. Una semana después, firmó como agente libre con el Los Angeles Dodgers. Luego de apenas una salida con el Bakersfield en la California League de Clase-A Avanzada, no lo usaron el resto de la campaña.

Pocos días después de firmar un contrato de liga menor con los Dodgers en diciembre, reflexionó un poco y anunció su retiro. "Definitivamente no me recuperaré," dijo a El Caribe, un periódico de Santo Domingo. "Parece ser que mi hombro no va a mejorar. He llegado tan lejos como podía llegar."[49] En partes de 12 temporadas, Mario Soto tuvo foja de 100-92 y efectividad de 3.47 en 1,730 entradas y un tercio. Sus 1,449 ponches hasta 2016 lo ubicaban segundo detrás de los 1,592 de Maloney.

Desde su retiro después de la contienda de 1988, ha dedicado su vida a ayudar a los jóvenes prospectos dominicanos y latinos a realizar su sueño de llegar a las grandes ligas. Organizó una escuela de desarrollo beisbolero cerca de su pueblo en Bani en 1991, y siguió siendo un defensor incondicional de la Liga Invernal Dominicana, fungiendo como gerente general de los Leones del Escogido, un club para el cual jugó 11 temporadas.

En 2001, Mario Soto fue exaltado al Salón de la Fama de los Cincinnati Reds, ubicado en el Great American Ballpark. Se mantuvo cercano a los Reds después de su retiro, fungiendo como instructor de entrenamiento de primavera, escucha, y director operaciones dominicanas del equipo. En 2009 fue nombrado asistente especial para el gerente general, y comenzó a trabajar estrechamente con los prospectos latinos del sistema de granjas de los Reds, haciendo de mentor, y ayudándolos en la transición a un nuevo país, idioma y cultura.

Hasta 2016, todavía vivía cerca de Bani en la República Dominicana.

FUENTES

Además de las fuentes citadas en las Notas, el autor también accedió a la Encyclopedia of Minor League Baseball, Retrosheet.org, Baseball-Reference.com, la Base de Datos de Ligas Menores de SABR, accedidas online en Baseball-Reference.com, y el archivo de The Sporting News vía Paper of Record, y dependió mucho del Cincinnati Enquirer, accedido a través de newspapers.com. Agradecimiento especial a Bill Mortell por su ayuda con la investigación genealógica.

NOTAS

1. Nolan Ryan se ubicó segundo con 7.1 hits por nueve entradas. Dwight Gooden debutó en 1984 y permitió 6.5 hits por nueve innigns en dos campañas.
2. Steve Wulf, "His Bad Rap Is a Bad Rap," *Sports Illustrated*, 23 de julio de 1984. si.com/vault/1984/07/23/620158/his-bad-rep-is-a-bad-rap.
3. Tim Sullivan, "Some Changes Certain With Soto Pitching Today," *Cincinnati Enquirer*, 5 de abril de 1982: D1.
4. Sullivan.
5. Lonnie Wheeler, "The Changes in the 'Two' Lives of Soto," *Cincinnati Enquirer*, 6 de julio de 1983: B1.
6. Jim Kaplan, "Soto Isn't So-So Anymore," *Sports Illustrated*, 5 de julio de 1982. si.com/vault/1982/07/05/624641/soto-isnt-so-so-anymore
7. Bob Hertzell, "Reds Just Need a Few More Marios," *Cincinnati Enquirer*, 8 de agosto de 1977: 25.
8. Peter King, "Reds KO Braves Again as Soto Strikes Out 15," *Cincinnati Enquirer*, 10 de septiemrbre de 1980: B1.
9. Ray Buck, "Magic-Man Soto Mystifies Dodgers, 6-5," *Cincinnati Enquirer*, 18 de agosto de 1980: B1.
10. Ray Buck, "Soto Cheered Not Jeered as Reds Rally to Whip Astros," *Cincinnati Enquirer*, 6 de julio de 1981: C1.
11. Tim Sullivan, "Reds' Plans for Soto Are Simple: Turn Him Loose," *Cincinnati Enquirer*, 1 de marzo de 1981: C1.
12. Peter King.
13. Bill James and Rob Neyer, *Neyer/James Guide to Pitchers*, (New York: Fireside, 2004), 35.
14. Peter King, "Soto Strikes Again! Marion Just Keeps Right On Whiffing," *Cincinnati Enquirer*, 18 de agosto de 1982: E1.
15. Tim Sullivan, "An Ace Isn't an Ace When Soto Deals," *Cincinnati Enquirer*, 20 de febrero de 1982: B1.
16. Tim Sullivan, "Soto Whiffs 11, Reds Zap Bucs," *Cincinnati Enquirer*, 8 de mayo de 1982: B1.
17. Peter King, "Reds KO Braves Again as Soto Strikes Out 15."
18. Tim Sullivan, "Some Changes Certain With Soto Pitching Today."
19. Tim Sullivan, "Soto Whiffs 11, Reds Zap Bucs."
20. Tim Sullivan, "Soto Hurls Reds Past Mets, 2-0," *Cincinnati Enquirer*, 11 de junio de 1981: B1.
21. Wulf.
22. Tim Sullivan, "Reds Plans for Soto Are Simple: Turn Him Loose."
23. Tim Sullivan, "It's Over and the Best Team Watches," *Cincinnati Enquirer*, 5 de octubre de 1981: D1.
24. Ed Reinke, AP Photo, Cincinnati Enquirer, 5 de octubre de 1981: D3.
25. Kaplan.
26. Kaplan.
27. Lonnie Wheeler, "The Changes in the 'Two' Lives of Soto."
28. Wheeler.
29. Tim Sullivan, Soto Beats Bucs to Tune of 9-0," *Cincinnati Enquirer*, 28 de mayo de 1983: B1.
30. Wulf.
31. Lonnie Wheeler, "The Changes in the 'Two' Lives of Soto."
32. Greg Hoard, 'Suspension Looms for Soto After Brawl," *Cincinnati Enquirer*, 28 de mayo de 1984: D1.
33. Se puede apreciar un video de 33 minutos de la pelea en YouTube youtube.com/watch?v=qAhzFOBKrE8
34. Greg Hoard, "Suspension Looms for Soto After Brawl."
35. "The National League Fell Short of Giving Soto What He Deserved," *Cincinnati Enquirer*, 6 de junio de 1984: A16.
36. Greg Hoard, "Reds Will Appeal Soto's Suspension This Time," *Cincinnati Enquirer*, 21 de junio de 1984: B1.
37. El altercado se puede ver en YouTube. youtube.com/watch?v=bt0ftk6kFoA.
38. Lonnie Wheeler, "Reds Wind Up Winners, but Soto May be the Loser," *Cincinnati Enquirer*, 17 de junio de 1984: C1.
39. "Soto Smiles Again With Giants Help," *Cincinnati Enquirer*, 28 de junio de 1984: C8.
40. Wulf.

41 "Reds Notebook," *Cincinnati Enquirer*, 5 de marzo de 1985: B4.

42 Greg Hoard, "Soto Demands More Rest, Muddles Reds Pitching Scheme," *Cincinnati Enquirer*, 16 de mayo de 1985: D4.

43 Greg Hoard, "Soto Keeps His Troubles to Himself," *Cincinnati Enquirer*, 30 de junio de 1985: C1.

44 "Reds Notebook," *Cincinnati Enquirer*, 22 de agosto de 1985: B7.

45 "Reds Notebook," *Cincinnati Enquirer*," 16 de septiembre de 1985: B5.

46 Greg Hoard, "Soto's Certain He'll Make a Comeback in 1986," *Cincinnati Enquirer*, 8 de octubre de 1985: D1.

47 Tim Sullivan, "Soto Embarks on a New Start," *Cincinnati Enquirer*, 7 de abril de 1986: B4.

48 "Reds Notebook," *Cincinnati Enquirer*, 24 de agosto de 1986: C3.

49 AP, "Shoulder Forces Soto to Retire," *Cincinnati Enquirer*, 11 de diciembre de 1988: D1.

Fernando Tatis

Por Chad Moody

La travesía de Fernando Tatis comenzó con una historia de cuna. Fue una travesía en la que la familia, la fe, y el béisbol se intersectaron. Aunque estuvo llena de lesiones y problemas, el viaje contuvo momentos de triunfo—tanto profesional como personalmente. A principios de la temporada de 1999, Tatis logró una de las más memorables hazañas en la historia del béisbol: conectar dos jonrones con bases llenas en una entrada. Y el béisbol también le permitió lograr los triunfos personales de encontrar a su padre y construir una iglesia.

Fernando Tatis nació el 1 de enero de 1975, en San Pedro de Macorís, República Dominicana, hijo de Fernando Antonio Tatis y Yudelca Tatis.[1] Su padre fue infielder de ligas menores en la organización de los Houston Astros desde 1969 hasta 1978, avanzando hasta el nivel de Triple-A, pero lo dejaron libre luego de que su nivel de juego comenzara a sufrir en parte debido a los persistentes efectos de una lesión en el hombro. Estos problemas en el diamante afectaron la vida personal de su padre, lo cual resultó en el divorcio de su esposa Yudelca a finales de la década del 70. Aunque el mayor Tatis sí siguió en el béisbol como coach de liga menor y escucha de los Astros hasta principio de los 80, el dolor y el sufrimiento de un fracasado segundo matrimonio provocaron que dejara el béisbol y desapareciera, sin tener más contacto con su ex esposa Yudelca (con quien había seguido una amistad), o su joven hijo.

De niño, el primer recuerdo que Fernando tuvo de su padre ausente vino de una favorita historia de cuna que le encantaba que su madre le recitara. La historia incluía la vez cuando "Fernandito" (su apodo de niñez) fue traído del hospital con apenas dos días de nacido. Según narra la historia, cuando lo pusieron por primera vez en su cuna, su padre sonrió y puso un bate en miniatura en el pecho del recién nacido y dijo, "Dios te bendiga, Fernandito; un día vas a ser un jugador de béisbol igual que tu padre."[2] Esta historia inculcó su amor por el béisbol, y sirvió de motivación para llegar a las grandes ligas, algo en lo que su padre no había triunfado.

Creciendo con solo su madre en el barrio de Miramar de San Pedro de Macorís, Tatis cultivó su amor por el juego siguiendo a los ligamayoristas dominicanos de la época. Recordó, "Crecimos viendo jugar a estos tipos—Pedro Guerrero, Alfredo Griffin, George Bell, Tony Fernández. Cuando uno los veía, ¿cómo podíamos no amar el béisbol?"[3] Fernando también percibió la conexión que tenían esas estrellas dominicanas con su comunidad local: "No era inusual ver a estos peloteros, poder hablar con ellos. Todavía son parte del lugar de donde vinieron."[4]

Tatis jugó béisbol en las calles cuando era niño, aprendiendo a batear y a lanzar a la derecha como su padre. Rasgaba cobertores, enrollaba los pedazos para en forma esférica, y los cosía para hacer pelotas. Le gustaba tanto el juego que "jugaba con cualquier cosa."[5] A medida que creció, comenzó a jugar béisbol amateur organizado, mejorando sus habilidades, y asistió a la misma preparatoria en San Pedro de Macorís que generó tanto talento de grandes ligas por muchos años, incluyendo a las estrellas Rico Carty, Alfonso Soriano, y Sammy Sosa. El potencial de Fernando no pasó inadvertido ante los ojos de los escucha de grandes ligas en esa área rica en béisbol. Después de un campo de prueba en la República Dominicana en el que "(se distinguió) del grupo casi de inmediato," el infielder de 17 años fue fichado por los Texas Rangers como agente libre amateur el 25 de agosto de 1992, recibiendo un bono por firmar de $8,000.[6] Fue chequeado por el también dominicano Omar Minaya, quien luego tendría notables posiciones de nivel ejecutivo en las organizaciones de los Montreal Expos, New York Mets y San Diego Padres. Minaya recordó, "Fernando era joven y delgado, pero tenía también un brazo relajado, buenas manos y era buen atleta. No era tan grande en su tren superior como ahora, pero tenía buena definición corporal. Tenía una estructura muscular para ser pequeño. Además, se podía decir que había algo más con él. Sabía cómo jugar el juego."[7]

Asignado por los Rangers a la Liga Dominicana de Verano en 1993 para acelerar su desarrollo, Fernando tuvo una sólida campaña, promediando .273 con cuatro cuadrangulares y 27 empujadas en 59 encuentros.[8] Su primera experiencia en el béisbol de ligas menores de Estados Unidos tuvo lugar en la temporada siguiente en la Gulf Coast League. Primariamente jugando tercera base para el afiliado de los Rangers en la liga rookie, Tatis promedió un impresionante .330 en 60 encuentros y fue premiado con una promoción al nivel Clase-A baja, con los Charleston RiverDogs de la South Atlantic League en 1995. Estableciéndose en la posición de tercera base, Fernando tuvo otra temporada exitosa. Encabezando a los RiverDogs en promedio (.303), cuadrangulares (15), y empujadas (84), Fernando fue nombrado el Jugador del Año de los Rangers en Ligas Menores. Siguiendo su trayectoria ascendente, Tatis comenzó la justa de 1996 con el Port Charlotte Rangers de la Florida State League (Clase-A Avanzada). Aunque una fractura de muñeca en el entrenamiento de primavera demoró su debut de temporada regular, tuvo otra sólida campaña en Port Charlotte, compilando .286 con 12 cuadrangulares y 53 empujadas en 85 partidos.[9] Fernando terminó la temporada jugando dos juegos con los Oklahoma City 89ers de la American Association (Triple-A).

La contienda de 1997 resultó ser decisiva para él. Comenzó la temporada en los Tulsa Drillers de la Texas League (Doble-A), siguiendo su productividad ofensiva, al compilar .314 y robar 17 bases. Pese a no ser un hombre particularmente grande, con cinco pies y once pulgadas, y 185 libras de peso, Tatis mostró algo de poder, al disparar 24 vuelacercas con los Drillers, suficientes para terminar en segundo lugar de la liga. Tres de esos jonrones tuvieron lugar en el mismo encuentro en una victoria de 19-8 sobre el Shreveport el 19 de junio, que lo convirtió en el primer jugador de los Drillers en lograr la hazaña.[10] Conocido también por tener "buen alcance a la defensa", Tatis era considerado uno de los 10 principales prospectos del circuito.[11] Su buen desempeño en Tulsa trajo una nominación al Todos Estrellas de la Texas

League en tercera base, y segundo Premio al Jugador del Año en las Menores de los Texas Rangers—el primer ganador en la historia de los Rangers en ganar el premio dos veces.[12] También le trajo la meta con la que soñó cuando era un niño—una promoción a las grandes ligas.

Reemplazando al tercera base de los Rangers, Dean Palmer, quien había sido traspasado a los Kansas City Royals, Fernando debutó en las mayores el 26 de julio de 1997, en Chicago ante los White Sox (menos de cuatro meses después que su primo Ramón Tatis se convirtiera en el primer pelotero con ese apellido en llegar a las ligas mayores).[13] Pegó sencillo en su primer turno—logró en el proceso su primera empujada—y pegó su primer jonrón la noche siguiente, un batazo en solitario ante el lanzador de los White Sox Danny Darwin. Inició 60 de los 61 encuentros restantes de los Rangers en tercera base, terminando la justa en el octavo puesto entre los novatos de la Liga Americana tanto en jonrones (8) y empujadas (29), pese al limitado tiempo de juego.

Además de haber sido un año importante profesionalmente, 1997 fue también extremadamente importante para él en lo personal. Desde el inicio de su travesía en las ligas menores en Estados Unidos, había estado infructuosamente en busca de su desaparecido padre, de quien se rumoraba se había establecido en la Florida. Gracias a los pungentes esfuerzos de Minaya, decidió divulgar la historia de su padre ausente a un reportero en agosto, con la esperanza de que ayudara en su búsqueda.[14] Varios periódicos del país se hicieron eco de la historia, incluyendo uno en Sarasota, Florida, donde su padre había estado viviendo y trabajando como pintor contratista. Su padre vio el artículo, contactó a la organización de los Rangers, y en septiembre, padre e hijo tuvieron una emotiva reunión en Texas. Tras ver a su padre luego de la prolongada separación, Tatis dijo, "Es como si se fuera un gran dolor. Me siento mucho mejor, como si pudiera respirar nuevamente."[15] Al día siguiente, Fernando coronó esta feliz ocasión conectando dos jonrones en un juego contra los Minnesota Twins en presencia de su padre.

La temporada de 1998 la comenzó como el tercera base regular de los Rangers, con una sólida primera mitad. Intentando lograr las pizas en cuanto a personal que necesitaban para ganar el Oeste de la Liga Americana, los Rangers enviaron al prometedor Tatis a los St. Louis Cardinals en julio.[16] En el resto de la temporada, fue regular en tercera para los Cardinals. Luego de haber conectado solamente tres jonrones en 95 partidos con los Rangers, Tatis experimentó un aumento de poder en St. Louis, conectando ocho jonrones en 55 partidos, un presagio de lo que estaba por venir.

Retomando su excelente final en 1998, Freddie (como sus compañeros le llamaban) tuvo el año de su carrera en St. Louis en 1999—con éxitos memorables de principio de temporada. El 23 de abril, ante los Dodgers en Los Angeles, Tatis logró una de las hazañas más notables en la historia del béisbol. Con su equipo arriba 2-0 en el principio del tercer inning, Fernando mandó un lanzamiento de Chan Ho Park al bullpen del jardín izquierdo para un jonrón con bases llenas. Posteriormente en la entrada, luego de que sus compañeros siguieran entrando en circulación por medio de boletos, hits y un error, Tatis compareció nuevamente con las bases llenas. Luego de llegar a la cuenta completa, volvió a responder, pegando otro envío de Park por encima de las cercas en el left-center para su segundo grand slam de la entrada. Al lograr tal hazaña, se convirtió en el primer ligamayorista de la historia en pegar dos jonrones con bases llenas en la misma entrada.[17] Sus ocho impulsadas en un inning constituyen también récord, llevando a los Cardinals a triunfo de 12-5. Tatis siguió con su buen desempeño durante toda la temporada, terminando el año con .298 de promedio, 34 cuadrangular, 107 impulsadas, 104 anotadas, y 21 bases robadas. Sus 34 vuelacercas rompieron la marca establecida por Ken Boyer en 1960 (32) para un tercera base del equipo.[18] También estuvo sólido a la defensa, al cometer apenas cuatro errores luego del descanso de las estrellas.

El inicio de la zafra de 2000 vio a Tatis siguiendo con su efectivo bateo para los Cardinals. Compiló .375 con seis vuelacercas y encabezó la Liga Nacional en empujadas con 28 durante el mes de abril, bateando de hit en 18 de los 21 partidos en ese período. Sin embargo, un tirón en la parte izquierda de la ingle sufrido a finales de abril evitó que se perdiera dos meses de acción.[19] Cuando finalmente regresó a la alineación, no pudo recuperar el ritmo de principios de temporada. Aunque terminó la temporada promediando .253 con 18 jonrones y 64 empujadas en 96 partidos, Fernando tuvo problemas en los finales, al batear de 46-5 en sus últimos 14 encuentros. Debido a esas dificultades de finales de temporada, se vio en la banca para dar paso a Plácido Polanco en la Serie Divisional de la Liga Nacional ante los Atlanta Braves. Aunque no estaba complacido con esto, admitió, "Tengo que tener mayor concentración (en la caja de bateo). Tengo que pegarle a la pelota."[20] Una lesión de Polanco le dio su primera experiencia en postemporada. Jugó en los cinco encuentros de la Serie de Campeonato, y se fue de 13-3 con dos dobles y dos impulsadas en la derrota ante los New York Mets.

Buscando mejorar su staff de pitcheo, los Cardinals mandaron a Tatis a Montreal luego de la contienda. Se rumora que las dudas sobre sus posibles pobres hábitos de trabajo y las condiciones luego de la lesión en la ingle tuvieron influencia en la decisión de hacerlo prescindible. Molesto por los rumores y por cómo se manejó el traspaso, tomó la noticia particularmente mal, señalando que los Cardinals eran "mi equipo, por el que jugaba, donde tuve los números verdaderamente buenos."[21]

Fernando jugó las tres temporadas siguientes con los Expos, firmando allí su primer gran contrato ($2.75 millones). Durante ese período, pudo reuniré con Minaya, quien se convirtió en el gerente general de Montreal en 2002. "Va a ser grandioso para nosotros, especialmente para los latinos. Vamos a sentirnos con mucha confianza. No es que no nos sintamos en confianza con un norteamericano, pero se siente muy bien tener a alguien del país de uno como gerente general," dijo Tatis respecto a que contrataran a Minaya.[22] Pero Fernando tuvo varias lesiones toda su etapa en Montreal, que lo limitaron a 41, 114, y 53 juegos desde la temporada de 2001 hasta la de 2003, respectivamente. También tuvo problemas con mal desempeño. Su promedio ofensivo declinó de manera precipitada cada año, cayendo a un .194 en 2003. Además, su percibida mala actitud causó una relación tirante con el manager de los Expos Frank Robinson, y también lo alienó de sus compañeros. Y su sobrepeso y apariencia indiferente resultaron que los molestos fans de los Expos le apodaran "Fatis."[23] Esta etapa difícil en Montreal terminó con Fernando pasando los tres meses y medio finales de 2003 en la lista de lesionados debido a ataques de pánico, y un compañero de equipo comentó, "Creo que está acabado."[24] En octubre de 2003, los Expos le otorgaron la agencia libre. Reflexionando respecto a su experiencia en Montreal, admitió, "No extraño a los Expos, no. En Montreal, ni les gusta el béisbol. Cuando estaba allí, perdieron el sentir por el béisbol."[25]

Esperando tener un nuevo comienzo, Fernando firmó con los Tampa Bay Devil Rays, pero lo dejaron libre durante el entrenamiento de primavera de 2004. Decepcionado, regresó a asa en República Dominicana con su esposa e hijos. Pasó las campañas de 2004 y 2005 alejado del béisbol profesional. Cristiano devoto desde su niñez y conocido por sus acciones caritativas durante su carrera beisbolera, Tatis decidió centrar su energía en la construcción de una iglesia para la comunidad en su pueblo de San Pedro de Macorís.[26] Necesitando los fondos para que se construyera la iglesia, se percató de que si podía firmar un nuevo contrato de grandes ligas, ganaría el dinero necesario para que el proyecto fructificara. De hecho, los Baltimore Orioles lo contactaron, y en noviembre de 2005 el club lo fichó a un contrato, lo cual hizo que su posible meta de construir la iglesia fuese.

En un esfuerzo para preparar a Tatis para el intento de regreso, los Orioles lo asignaron a los Ottawa Lynx de la International League (Triple-A) para la justa de 2006. Allí recuperó su ritmo, compilando .298 en 90 partidos. Esto fue suficiente para ganarse una promoción al club de grandes ligas a finales de julio. En 28 encuentros con los Orioles, se reinventó como utility, alternando en primera base, segunda base, tercera base y los jardines. No logró impresionar, sin embargo, al batear .250 con el club de las mayores. Le dieron la agencia libre en diciembre.

Los Dodgers decidieron arriesgarse con el descolorido jugador de 32 años para la temporada de 2007, pero lo dejaron libre en marzo luego de un mal desempeño en el entrenamiento de primavera. No todo estaba perdido para él, pues se reconectó con Minaya, quien entonces era gerente general de los Mets, y a quien una vez describió como "mi hermano mayor."[27] Los Mets lo ficharon el 23 de marzo y lo asignaron a los New Orleans Zephyrs de la Pacific Coast League de Triple-A. "Pensé que todavía le quedaba algo," dijo Minaya.[28] Aunque Tatis tuvo un año relativamente productivo en New Orleans (compilando .276 con 21 vuelacercas, 67 empujadas, y 90 anotadas en 131 partidos), no recibió promoción al club de grandes ligas. Además de batallar en el terreno durante su infructuoso intento de regresar a las grandes ligas en 2007, también tuvo que luchar con problemas fuera del terreno. A principios de año, se reportó que la Major League Baseball había pedido los archivos médicos de Tatis en su investigación respecto al uso de esteroides y otras sustancias ilegales para mejorar el rendimiento por parte de los peloteros.[29] Pero cuando se dio a conocer el Reporte Mitchell en diciembre, no fue implicado en ningún crimen.[30]

De vuelta con los Zephyrs a principios de la campaña de 2008, Tatis disfrutó de un aumento de poder, conectando 12 cuadrangulares en sus primeros 37 encuentros para New Orleans. Esto además de una lesión del jardinero Ángel Pagán que puso fin a su temporada, abrió la puerta al regreso de Tatis a las ligas mayores. Aprovechó su oportunidad al máximo, experimentando un renacer inesperado en New York. Jugando ́sólido a la defensa en los jardines y conectando varios batazos laves y oportunos para el equipo en principio, Fernando despejó las dudas respecto a sus hábitos de trabajo y su compromiso con el juego que le hostigaron en St. Louis y Montreal. Su compañero en los Mets David Wright dijo, "Obviamente, ha respondido con varios batazos clave para nosotros, ha jugado excelente a la defensa, pero igualmente importante, nos ha dado mucha energía. Sale y juega duro, juega de la manera correcta, y creo que eso contagia a muchos de los peloteros. Los jugadores ven su emoción, su pasión, su intensidad, y quieren salir a igualarla."[31] Lesiones a los jardineros Moisés Alou y Ryan Church solidificaron un puesto de regular para Tatis. Siguió con su fuerte nivel de juego hasta mediados de temporada, encabezando las mayores en bateo por el mes de julio con 397- Aunque sufrió una separación en el hombro que acabó con su temporada en septiembre, terminó su primera contienda en New York de buena manera, con .297 de promedio, 11 cuadrangulares y 47 empujadas en 92. Fue nombrado el Regreso del Año de la Liga Nacional por The Sporting News.³² Luego coronó el año al regresar a casa en San Pedro de Macorís en noviembre para visitar la Primera Iglesia de Jerusalén, la cual ayudó a construir, y que había abierto en la primavera. Humilde respeto a su rol en el proyecto, Tatis dijo, "La mayoría de la gente acá no sabe que estuve involucrado en la construcción de la iglesia. Traté de mantenerlo en secreto acá. Le dije a mi esposa que no quiero que nadie sepa lo que hice por la iglesia. Mientras más lo mantenga en secreto, mejor me siento."³³

Extendiendo lo bien que se sentía sobre su regreso, el año siguiente, Tatis pasó el entrenamiento de primavera representado a su país natal en el Clásico Mundial de Béisbol. Cuando inició la temporada de los Mets, sin embargo, un grupo de regulares que estaban de vuelta y saludables y un recién adquirido jardinero, dejó a Fernando sin posición clara. Pese a esto, su habilidad ofensiva y su versatilidad le valieron para ganar un puesto en el roster. Incluso como utility, se las arregló para aparecer en 125 encuentros por New York, la mayor cantidad que había tenido desde su año consagratorio de 1999. Durante la temporada, jugó las cuatro posiciones del infield, el jardín izquierdo y el derecho. Ofensivamente, terminó el año compilando un sólido .282, con ocho jonrones y 48 impulsadas.

De vuelta con los Mets para la zafra de 2010, la edad y las lesiones comenzaron a tener su efecto en Tatis. Tuvo problemas al principio, compilando .185 luego de 41 encuentros. Todavía sufriendo los persistentes efectos de la lesión en el hombro que tuvo en 2008, Tatis fue puesto en la lista de lesionados en julio. Poco después, tuvo cirugía para reparar un desgarrón de labrum y limpiar la articulación AC.³⁴ Era demasiado a superar para el jugador de 35 años, y Fernando Tatis nunca regresó a

Foto cortesía de Dreamstime

las ligas mayores. Terminó su carrera con una línea de .265/.344/.442, 113 cuadrangulares, y 448 empujadas.

Sin embargo, aferrándose a su carrera beisbolera, siguió jugando en la Liga Invernal Dominicana desde 2011 hasta 2013, como lo había hecho cada año desde 2006. Notó lo serio que se toman el béisbol los dominicanos: "En la República Dominicana, todo el mundo te conoce. Todo el mundo está allí, todos los días. Viven para esto, hombre. Están locos por el béisbol. Todo el mundo conoce sobre el béisbol en República Dominicana, y dondequiera que uno va, la gente le habla a uno de lo mismo una y otra vez. Y si lo hiciste mal, prepárate. Te aman, pero te van a criticar, porque quieren que ganes. No importa qué, quieren que ganes. A toda costa."³⁵ En 2014, Tatis firmó con los Vaqueros de la Laguna de la Liga Mexicana, pero lo dejaron libre luego de un mes. Poco después, ese mismo año, se retiró del béisbol profesional.

El recordista de más jonronees con bases llenas y empujadas en un inning se estableció en la República Dominicana, en una finca en Juan Dolio con su esposa, María, y sus cinco hijos, Fernando Gabriel, Fernando Joshua, Elijah, María Fernanda, y Daniel Fernando.[36] A los cinco hijos se les dieron nombres bíblicos, según Tatis.[37] Su hijo Fernando Gabriel (conocido popularmente como Fernando Jr.) siguió los pasos de su padre como un altamente catalogado prospecto del infield, firmando un contrato de ligas menores con los Chicago White Sox en 2015 por un bono reportado de $700,000. En 2016, los White Sox traspasaron al joven a la organización de los San Diego Padres, donde progresó hasta convertirse en el "principal prospecto incuestionable" del club, luego de terminar la justa de 2017 en el nivel de Doble-A.[38]

Además de seguir el accionar de su hijo en el diamante, Tatis ha permanecido cerca del juego. Condujo un "maratón" de sesiones de entrenamiento fuera de temporada con el toletero de los Twins Miguel Sanó, para prepararlo para la campaña de 2017; esto culminó con Sanó utilizándolo como lanzador durante el Derby de Jonrones de la MLB es año.[39] Fernando también ha sido coach de la Liga Invernal Dominicana, y fue añadido a la organización de los Boston Rd Sox en 2018 como el manager de uno de sus clubes en la Liga Dominicana de Verano.[40]

FUENTES

Además de las fuentes citadas en las notas, el autor accedió al archivo de Tatis en la biblioteca del Salón de la Fama y Museo del Béisbol en Cooperstown, New York; Baseball-Reference.com; Newspapers.com; y Retrosheet.org.

NOTAS

1. Durante la carrera de pelotero de Tatis, él y su padre fueron a veces conocido como Fernando Sr. y Fernando Jr., respectivamente. El hijo de Fernando–conocido ahora popularmente como Fernando Jr.–ha comenzado a ser reconocido gracias a su éxito reciente en el béisbol. A Tatis, su padre, y su hijo se les conoce también como Fernando II, I, y III, respectivamente, cuando se necesita distinguir entrelas tres generaciones seguidas de Fernando Tatis que han jugado en el Béisbol Organizado.
2. Tim Crothers, "In the Name of the Father: To Find His Dad, Fernando Tatis Jr. Had to Make It to the Big Leagues," *Sports Illustrated*, 14 d junio de 1999.
3. Tim Wendel, *The New Face of Baseball: The One-Hundred-Year Rise and Triumph of Latinos in America's Favorite Sport* (New York: HarperCollins, 2003), 180.
4. Wendel, 183.
5. Mark Kurlansky, *The Eastern Stars: How Baseball Changed the Dominican Town of San Pedro de Macorís* (New York: Riverhead Books, 2010), 130.
6. Mike Berardino, "A Friend of the Family," *South Florida Sun-Sentinel*, 3 de marzo de 2002.
7. Berardino.
8. Ben Badler, "Mining for Prospects in the DSL," *Baseball America*, 17 de marzo de 2009, baseballamerica.com/today/prospects/international-affairs/2009/267777.html, accedido el 16 de agosto de 2016.
9. *2006 Baltimore Orioles Information & Record Book* (Baltimore: Baltimore Orioles, 2006), 226.
10. Barry Lewis, "Saying Goodbye to Drillers Stadium: The Top Moments in Stadium History," *Tulsa World*, 24 de junio de 2016.
11. Barry Lewis, "Ward, Tatis Head List of Texas League Stars," *Tulsa World*, 24 de agosto de 1997.
12. Barry Lewis, "Tonight's Game," *Tulsa World*, 23 de junio de 1997.
13. Murray Chass, "Hirschbeck Is Back in an Unwelcome Spotlight," *New York Times*, 24 d agosto de 1997.
14. Murray Chass, "Tatis Finally Hears, 'We Found Your Father,'" *New York Times*, 20 de agosto de 1997.
15. "In the Name of the Father."
16. Murray Chass, "Baseball: Notebook; Tatis Has Blossomed as Cardinal Slugger," *New York Times*, 9 de mayo de 1999.
17. Mike Huber, "April 23, 1999: Fernando Tatis Hits Two Grand Slams in One Inning," SABR Baseball Games Project, sabr.org/gamesproj/game/april-23-1999-fernando-tatis-hits-two-grand-slams-one-inning, accedido el 16 de agosto de 2016.
18. *2006 Baltimore Orioles Information & Record Book*, 226.
19. *2006 Baltimore Orioles Information & Record Book*, 226.
20. Rick Hummel, "Tatis Returns to Third," *St. Louis Post-Dispatch*, 13 de octubre de 2000.
21. Mike Eisenbath, "Tatis Is Still Upset Over How Trade Was Handled," *St. Louis Post-Dispatch*, 26 de abril dc 2001.
22. "A Friend of the Family."
23. Jonah Keri, "Tatis the Unlikely Catalyst of the Resurgent Mets," *New York Sun*, 21 de agosto de 2008.
24. Stephanie Myles, "Panic Attacks Strike Out an Expo," *Montreal Gazette*, 4 de agosto 2003.
25. David Brown, "Q&A with Fernando Tatis, MLBPA's Comeback Player of the Year," Yahoo! Sports, 25 de octubre de 2008, sports.yahoo.com/mlb/blog/big_league_stew/post/Q-amp-A-with-Fernando-Tatis-MLBPA-s-Comeback-Pl?urn=mlb,115797, accedido el 16 de agosto de 2016.
26. "Fernando Tatis: In God's Moment," The Christian Broadcasting Network, 1.cbn.com/sports/fernando-tatis%3A-in-god%27s-moment, accedido el 16 de agosto de 2016.
27. "A Friend of the Family."
28. Kevin Kernan, "Amazin' Surprise Star Tatis Builds Church," *New York Post*, 29 de noviembre de 2008.
29. Duff Wilson, "Sosa and Palmeiro Cited in Steroid Investigation," *New York Times*, 9 de mayo de 2007.
30. George J. Mitchell, "Report to the Commissioner of Baseball of an Independent Investigation into the Illegal Use of Steroids and Other Performance Enhancing Substances by Players in Major League Baseball," Oficina del Comisionado del Béisbol, 13 de diciembre de 2007.
31. Kristie Ackert, "Fernando is Marvelous Once Again," *New York Daily News*, 31 de mayo de 2008.
32. *2010 New York Mets Media Guide* (New York: Sterling Mets, 2010), 217.
33. "Amazin' Surprise Star Tatis Builds Church."

34 Adam Rubin, "Tatis Has Surgery," ESPN.com, 15 de julio de 2010, espn.com/blog/new-york/mets/post/_/id/6753/tatis-has-surgery, accedido el 16 de agosto de 2016.

35 Alden Gonzalez, "Former Major Leaguers Keep Playing in Caribbean Ball: Tatis Still Active in Dominican Republic, Garcia Plugging Away in Mexico," MLB.com, m.mlb.com/news/article/41400422/former-major-leaguers-fernando-tatis-karim-garcia-keep-playing-in-caribbean-leagues, accedido el 16 de agosto de 2016.

36 Jeff Sanders, "Fernando Tatis Jr. Groomed for Big Future in Baseball," *San Diego Union-Tribune*, 28 de septiembre de 2017, sandiegouniontribune.com/sports/padres/sd-sp-padres-fernando-tatis-jr-groomed-for-big-future-in-baseball-20170928-story.html, accedido el 10 de enero de 2018.

37 "Mi Gente: Fernando Tatis," *Listín Diario*, 26 de febrero de 2012.

38 Jeff Sanders, "Postseason Awards Rolling in for Fernando Tatis Jr.," *San Diego Union-Tribune*, 8 de septiembre de 2017, sandiegouniontribune.com/sports/padres/sd-sp-padres-fernando-tatis-minor-league-awards-20170908-story.html, accedido el 10 de enero de 2018.

39 Mike Berardino, "Fernando Tatis on Star Pupil Miguel Sano: 'I'm Always Going to Be There for Him,'" *St. Paul Pioneer Press*, 11 de julio de 2017, twincities.com/2017/07/11/fernando-tatis-on-star-pupil-miguel-sano-im-always-going-to-be-there-for-him/, accedido el 10 de enero de 2018.

40 "Tatis Asegura Lake Retomará Su Forma," Estrellas Orientales, 9 de diciembre de 2017, estrellasorientales.com.do/2017/12/09/tatis-asegura-lake-retomara-forma/, accedido el 12 de enero de 2018; Jason Mastrodonato, "Red Sox Minor League Coaching Staffs Get Little Change," Boston Herald, 10 de enero de 2018, bostonherald.com/sports/red_sox/2018/01/red_sox_minor_league_coaching_staffs_get_little_change, accedido el 10 de enero de 2018.

José Uribe

Por William H. Johnson

Nacido el 21 de enero de 1959, en San Cristóbal, República Dominicana, José Uribe encontró un sendero desde los ahuecados terrenos beisboleros de tierra y piedras de la República Dominicana hacia el éxito en el béisbol internacional. Nombrado el paracorto de la década de los 80 para los San Francisco Giants,[1] tuvo un papel inolvidable en la Serie Mundial de 1989 con el club. En 2006, sin embargo, murió de manera trágica en un accidente de automóvil en su país natal.

El padre de José Altagracia González, Eligio González, era miembro de carrera del ejercito de Rafael Trujillo, y su madre, Luz María, cuidaba la casa y se encargaba de todas las responsabilidades domésticas que implicaban mantener un estilo de vida de familia militar.[2] Después de una juventud que pasó parcialmente en la escuela, pero jugando mayormente béisbol en los desolados terrenos de San Cristóbal, José Uribe firmó su primer contrato de béisbol profesional con la organización de los New York Yankees como agente libre amateur, a la edad de 18 años,[3] el 18 de febrero de 1977, tras recomendación de Epy Guerrero.[4] Firmó ese contrato como José González, pero luego de pasar parte de los cuatro meses siguientes en la lista de lesionados, lo dejaron libre el 5 de julio. Tres años después, con 20 años, firmó con los St. Louis Cardinales, y a la edad de 22 años, hizo su debut profesional en 1981 con su club de ligas menores en Clase-A, en St. Petersburg, Florida.

En la temporada siguiente, 1982, González compiló .247 para los Arkansas Travelers (Doble-A), y luego .357 en ocho encuentros con el Louisville (Triple-A) a finales de la temporada. Fue asignado al Louisville luego del entrenamiento de primavera de 1983, donde compiló .284 con 26 bases robadas en 122 encuentros. Fue promovido a finales de temporada a los Cardinals en 1984 luego de integrar el equipo todos estrellas de la International League ese año, y debutó en las mayores ante los Philadelphia Phillies el 13 de septiembre de 1984, iniciando como paracorto y con actividad de 4-0 en la caja de bateo en derrota ante los Phillies.

El 15 de febrero de 1985, Uribe fue traspasado junto con David Green, Dave LaPoint, y Gary Rajsich, a los San Francisco Giants por el toletero Jack Clark. Había firmado sus contratos y había jugado en las menores como José González, pues ese era el apellido de su padre. En algún momento de 1985, cambió su nombre profesional de José González Uribe a José Uribe. Esto quería decir que estaría usando el nombre de soltera de su madre en vez del d su padre porque "Hay demasiados González en el béisbol." Rocky Bridges luego bromearía que Uribe era "el jugador extremo en cuanto haber sido nombrado con posterioridad."[5]

Apenas comenzó la temporada de 1985, la pericia defensiva de Uribe y su aptitud ofensiva forzaron el titular de San Francisco Johnnie LeMaster a ir a la banca.[6] Después del verano jugando con Licey, en la Liga Invernal Dominicana, Uribe con su defensa y su habilidad para batear ambidiestro eventualmente le concedieron al nuevo mentor Roger Craig la posibilidad de trasladar el joven jugador a la segunda base. "Aunque el veterano Brad Wellman y el novato Mike Woodard son los principales candidatos para el puesto de segunda base con los San Francisco Giants," reportó *The Sporting News* "El Manager Roger Craig dice que no se opone trasladar a José Uribe del campo corto si el recién llegado Dave Owen se ve bien en la posición."[7] Uribe se mantuvo sin embargo en el short, y en 1986 tuvo lo que hasta ese momento serían marcas personales de 43 impulsadas, 22 bases robadas y 61 bases por bolas.

Con un aumento de $233,000 a $195,000 para la campaña de 1987,[8] Uribe tuvo su mejor año profesional en el béisbol, bateando .291 en el año, y de 26-7 en la Serie por el Campeonato de la Liga Nacional. Nick Peters, escribiendo pare al *The Sporting News*, observó, "La gerencia de los San Francisco Giants recibió críticas cuando el toletero Jack Clark fue traspasado a St. Louis por Dave LaPoint, David Green, Gary Rajsich y José González. Mientras Clark ayudaba con su poder a los Cardinals a capturar el banderín en 1985, los Giants perdían 100 juegos (récord para la franquicia). Dos años más tarde, Green está de nuevo con los Cardinals, LaPoint está lanzando con los Chicago White Sox, Rajsich está jugando en Japón y González se llama Uribe. ... San Francisco no habría estado cerca de un título del Este de la Liga Nacional sin Uribe.

Buen defensor opacado por Ozzie Smith en St. Louis, Uribe ha sido el más consistente paracorto de San Francisco desde Chris Speier. 'No van a encontrar una mejor combinación de doble play que Uribe y (Robby) Thompson,' dijo Speier. ... El manager Roger Craig dijo, 'Son una de las mejores combinaciones de doble matanza que he visto. Hacen jugadas rutinarias sobre pelotas que habrían sido hits con otros clubes.'"[9]

En febrero del año siguiente, Uribe firmó un pacto de un año por $535,000,[10] que fue, presumiblemente, un preámbulo de cosas buenas por venir. No lo fue.

En 1983, Uribe se había casado con Sara Reyes,[11] también de San Cristóbal, y tuvo a sus hijas Luz Adriana en 1984 y Jacqueline en 1985. El 1 de junio, de 1988, Sara sufrió un ataque cardíaco, debido a una hipertensión pulmonar crónica y no los rigores del parto, y murió mientras daba a luz de manera prematura a su hijo, Rique José."[12]

Uribe era un favorito de los fans, y cuando venía al bateen casa en el Candlestick Park, le saludaban con el grito de "Uh-Ribe", en el cual un lado del estadio gritaba "UH", y el otro lado respondía "RIBE" justo después. Terminada la temporada de 1988, ganó el premio Willie Mac de los Giants, un prestigioso honor que lleva el nombre de la estrella de los Giants Willie McCovey, en cuya votación participan jugadores y fans y que reconoce el valor acumulado de un jugador no solo en el terreno sino también en le comunidad. Pero Uribe estaba en perpetua agonía. "Esta temporada fue como 20 años para mí," dijo. "A veces parecía que nunca iba a terminar. Mi cuerpo estaba adolorido y mi mente uy agotada. Hubo veces en las que sentía que no quería jugar."[13]

Uribe volvió a la República Dominicana para el invierno, pero el equipo no estaba seguro de cómo respondería en el futuro. "El segunda base Robby Thompson, quien probablemente sea más cercano a Uribe que

Foto cortesía de Dreamstime

cualquier otro jugador, dijo que la mente de su compañero de combinación a veces divagaba," dijo un artículo en *The Sporting News*. "'En ocasiones, José no era él mismo allí. ... Hubo un juego en que comenzó a correr hacia la cueva cuando todavía había dos outs. Otra vez, le pasé la pelota en segunda para el tercer out y devolvió a primera. Estoy seguro de que en ocasiones estaba distraído, pero eso es comprensible.'"[14]

La justa de 1989 comenzó con más problemas. Uribe fue arrestado con cargos de violación en la República Dominicana, y se le prohibió salir de la isla hasta después del juicio. De acuerdo con The Sporting News, una mujer local lo acusó de "amenazarla con un arma y violarla." La mujer alegó que Uribe "drogó su cerveza cuando ella estaba en una discoteca de la cual él era dueño, y entonces la llevó a un hotel y la violó. Uribe negó la acusación, pero pasó tres días en prisión antes de que lo liberaran bajo su propia garantía."[15] Menos de cuatro semanas después, los cargos fueron desestimados luego de que una prueba de sangre hecha a la demandante "indicó que no había bases para el cargo."[16]

Pese a otro aumento, esta vez a $687,500, el desempeño de Uribe, comprensiblemente, decline en 1989, cuando compiló apenas .221 y tuvo un pálido slugging de .280. Los Giants ganaron el banderín de la Liga Nacional por primera vez desde 1962, y enfrentaron a los Oaland Athletics en la Serie Mundial. Esa Serie es recordada por dos razones principales: la serie se vio interrumpida por el terremoto de Loma Prieta que devastó el Área de la Bahía; y cuando se reanudó, los A's barrieron a los Giants.

Luego de otro invierno en la República Dominicana, José regresó a San Francisco y se desempeñó mejor que en 1989. Para su desgracia, sin embargo, sus problemas personales persistieron. En diciembre de 1990, fue arrestado y se le presentaron cargos por atacar a dos mujeres con un bate. Los periódicos de Santo Domingo decían que negaba los cargos y lo liberaron luego de poner una fianza de $26,000.[17] Nuevamente, los cargos se retiraron por falta de evidencia.[18]

Las justas de 1991 y 1992 resultaron ser el principio del fin para la carrera de Uribe en las ligas mayores. Su promedio ofensivo descendió a .241 en 1992, y con el ascenso del joven paracorto Royce Clayton en San Francisco, los Giants lo dejaron libre. Pasó el invierno nuevamente en República Dominicana, esta vez entregando zapatos e implementos donados para jóvenes peloteros en la isla.[19] Cuando regresó a los Estados Unidos, lo hizo con los Houston Astros, luego de haber firmado con el club el 5 de enero de 1993. Houston tenía a un joven de perspectivas, en Andújar Cedeño, pero veían a Uribe como una mano experimentada dispuesta a aceptar un rol como infielder de cambio con experiencia de ligas mayores. Según el gerente general de Houston Bill Wood, "No queríamos a alguien que fuese suplente y solo suplente. Queríamos a alguien que pudiese manejar el trabajo diario si Andújar no cumple con el suyo."[20]

Uribe jugó apenas 45 partidos en 1993, con su última aparición el 3 de octubre ante los Cincinnati Reds. Tuvo dos hits en cuatro turnos. El 29 de octubre, los Astros lo dejaron libre. a los 34 años, Uribe había terminado como pelotero. De por vida, tuvo un promedio de bateo de .241, con 74 bases robadas y 307 carreras anotadas. Nunca fue más que un débil bateador, pero su defensa y velocidad le permitieron triunfar en las grandes ligas por una década.

Fuera del béisbol, Uribe—conocido como "Uvita", o "la uva negra" en San Cristóbal[21]—regresó a su barrio en la sección Juan Barón de Sabana Grande de Palenque, a unas 30 millas de San Domingo. Volvió a casarse, esta vez con Wendy Guerrero, con quien tuvo otros cuatro hijos, y administraba una tienda de empeños y ferretería mientras operaba la Liga Juvenil José Uribe para jóvenes peloteros dominicanos. El 8 de diciembre de 2006, todo llegó a un abrupto final.

Según la Associated Press, el ex pelotero de 47 años manejaba un vehículo utilitario deportivo (SUV) en una carreteta a unas 30 millas al oeste de Santo Domingo, y no llevaba cinturón de seguridad cuando su auto se estrelló en una carretera montañosa. Un pasajero no identificado que iba con él no tuvo lesiones. La muerte de Uribe fue confirmada por Glovis Reyes, amigo del jugador y antiguo miembro del Congreso Dominicano. "Uribe era una persona muy querida en Juan Barón. Era como el señor del pueblo," dijo Reyes.[22]

Las reacciones fueron inmediatas y sinceras. El jardinero miembro del Salón de la Fama Vladimir Guerrero encabezó a los dolientes por las calles de Juan Barón, en un grupo que incluía a su primo segundo, Juan Uribe. "Me dio mucha tristeza escuchar la noticia del fallecimiento de José esta mañana," dijo el dueño de los Giants Peter Magowan. "Él significó mucho para los Giants durante sus días como jugador. Fue una parte muy importante del éxito del equipo a finales de los 1980. Cuando uno veía a José en el terreno, desbordaba felicidad y puro regocijo por el juego y la vida. Personalmente, estaba ansioso por ponerme al día con él esta temporada durante la vigésima reunión del equipo del campeonato de la División Oeste de la Liga Nacional."[23]

NOTES

1. Tom Schott and Nick Peters, eds., *The Giants Encyclopedia* (Champaign, Illinois: Sports Publishing, LLC, 2003), 247-248.

2. Intercambio de emails con Luz Uribe, la hija mayor de José, el 31 de agosto y el 2 de septiembre de 2017.

3. Steve Wulf, "Standing Tall at Short," *Sports Illustrated*, 9 de febrero de 1987.

4. sports.yahoo.com/blogs/mlb-big-league-stew/epy-guerrero-super-scout-helped-open-dominican-baseball-221957739.html.

5. Associated Press, *Gettysburg Times*, 8 de abril de 1985: 7.

6. Nick Peters, "Top Notch Pitching Wasted by the Giants," *The Sporting News*, 13 de mayo de 1985: 20.

7. *The Sporting News*, 10 de marzo de 1986: 41.

8. https://www.baseball-reference.com/players/u/uribejo01.shtml

9. Nick Peters, "Uribe May Give Giants Last Laugh," *The Sporting News*, 5 de octubre de 1987: 18.

10. *The Sporting News*, 15 de febrero de 1988: 40.

11. Ancestry.com.

12. "Uribe's Wife Dies of Heart Attack," *New York Times*, 2 de junio de 1988: nytimes.com/1988/06/02/sports/uribe-s-wife-dies-of-heart-attack.html.

13. *The Sporting News*, 28 de noviembre de 1988: 52.

14. *The Sporting News*, 28 de noviembre de 1988: 52.

15. *The Sporting News*, 20 de febrero de 1989: 31.

16. *The Sporting News*, 27 de febrero de 1989: 34.

17. *The Sporting News*, 10 de diciembre de 1990: 38.

18. *The Sporting News*, 31 de diciembre de 1990: 33.

19. *The Sporting News*, 5 de octubre de 1992: 19.

20. *The Sporting News*, 18 de enero de 1993: 26.

21. "Standing Tall at Short."

22. Jonathan Katz, Associated Press, "Jose Uribe Killed in Car Crash," *Colorado Springs Gazette*, 9 de diciembre de 2006: Sports 3.

23. Katz.

Juan "Tetelo" Vargas

Por Joséph Gerard y Julio M. Rodriguez

Durante la temporada de 1953, un hombre de 47 años dominaba la liga profesional de verano de República Dominicana.[1] Su promedio de .355 encabezó a todos los bateadores (de 186-66), jugando jardín central por las Estrellas Orientales de San Pedro de Macorís. Podía hacer cosas que otros jugadores de la mitad de su edad no podían. Era tan rápido que se ganó el apodo de El Gamo incluso a la edad de 47 años, podía correr más que la mayoría de los jugadores de la liga. Podía tocar con efectividad, conectar sencillos en todas direcciones, robar bases, y era un excelente jardinero.

Era un caballero por excelencia, dentro y fuera del terreno. Su complexión lo mantuvo en el lado desfavorecido de la barrera de color—tenía 41 años cuando Jackie Robinson hizo su llegada. Aun así, Tetelo Vargas logró mucho en más de tres décadas de béisbol profesional (1923-1956), una carrera que lo llevó de su patria a Puerto Rico, Venezuela, Cuba, Canadá y las Ligas Negras norteamericanas.[2] También jugó en Estados Unidos con los Havana Red Sox, el Cuban House of David y los New York Cubans. Sin dudas fue reconocido como el mejor pelotero dominicano de su era. Como escribiera Peter Bjarkman, historiador del béisbol latino, "El delgado jardinero

Foto cortesía de Cuqui Cordova

y paracorto... es sin dudas el más realizado pelotero dominicano que nunca pasó un solo día en las mayores."[3]

Juan Esteban Vargas Marcano nació el 11 de abril de 1906. Su padre, Isaías Vargas, era un zapatero que residía en Santo Domingo con su esposa, Baudilia Marcano. Sus padres tuvieron seis otros hijos, dos de los cuales también jugaron béisbol. Como muchos jóvenes de la isla en aquel tiempo, Juan aprendió el juego en los patios locales y los solares vacíos, jugando en muchos juegos informales de solar con sus amigos. Un tío materno que era conocido como Tetelo comenzó a llamar al muchacho Tete, y desde entonces todos comenzaron a llamarlo también Tetelo.

En 1911, se inauguró el primer estadio de béisbol en Santo Domingo. Era una estructura de madera con dos secciones por la línea de tercera base.[4] El Gimnasio Escolar fue el primer centro de actividades deportivas en el país, y los peloteros locales comenzaron a desarrollar su talento. Muchos de los muchachos de más edad formaron equipos de clubes y luchaban por los derechos locales de alardear. Dos de los equipos de clubes más conocidos para los que jugó Tetelo fueron el Gimnasio Escolar y Capotillo. Pero el más reconocido de esos equipos de clubes se creó una noche en noviembre de 1907 por un grupo de muchachos en la casa de Vicente María Vallejo en La Calle El Conde en Santo Domingo. El Club Licey, como se hacían llamar, pronto se establecieron con uniformes de francla a rayas blancas y azules que llevó a que pasaran a ser conocidos como Los Azules, y luego, Los Tigres.

En 1921, el joven Vargas tuvo su primera participación en el béisbol organizado como cargabates del Licey; el equipo luego se convertiría en uno de los más famosos en la historia del béisbol dominicano.

Licey había comenzado en 1906, el mismo año en que nació Tetelo. De manera rutinaria vencía a todos los clubes en la ciudad. En 1921, Escogido, armado con los mejores peloteros de los tres equipos restantes, fue formado para vencer al Licey. En 1922, Tetelo se convirtió en el cargabates del Escogido y comenzó a mostrar sus habilidades atléticas. Esto fue durante los años de la ocupación norteamericana de la República Dominicana (1916-24), y el béisbol se convirtió en el pasatiempo nacional. En 1923, a los 17 años, Tetelo comenzó a jugar el campo corto por el Escogido y siguió jugando sin descanso por los siguientes 34 años, hasta 1956, cuando se retiró a la edad de 50 años.

Además de jugar por el Escogido en 1923, Vagas también debutó profesionalmente por el club Humacao en Puerto Rico esa misma temporada. Siguió jugando béisbol en Puerto Rico por los Ribisch de Cayey en 1924, los Lobos de Arecibo en 1925, y los Guayama Stars en 1926. Durante el mismo período en la República Dominicana, jugó con el Escogido en 1923-24 en Central Romana en 1926. En 1925 jugó por el equipo Atlas en Colombia.

El año 1927 fue un año seminal en el desarrollo de la carrera de Vargas, pus jugó por vez primera tanto en Estados Unidos como en Venezuela. De piel oscura, Tetelo fue excluido del béisbol organizado blanco en los Estados Unidos. Pero tras ser reclutado por Alex Pómpez, una de las figuras más significativas en la historia del béisbol negro, Vargas jugó ese verano con los New York Cuban Stars en lo que sería la última campaña completa de la Liga de Color Este. También se casó ese año, con una mujer puertorriqueña llamada Celia Amaro.

Debido a su relación con el poderoso agente de apuestas Nat Strong y con la fortuna personal de su imperio de lotería, Pómpez había procurado una renta del Dyckman Oval en las afueras de Harlem, asegurando una sede permanente para su equipo. Con esta ventaja, pudo evitar las inestabilidades que enfrentaban algunos dueños de equipos de Ligas Negras, que eran totalmente dependientes de los magnates del béisbol blanco que controlaban el acceso a los estadios. Pómpez buscó por toda Latinoamérica y los Estados Unidos a los mejores peloteros latinos, y gastó mucho para pagarles y asegurar sus servicios. Además de Vargas, los jugadores en el roester de los Cuban Stars de 1927 incluían a Martín Dihigo, Alejandro Oms, Manuel "Cocaína" Garcia, y Bernardo Baró.

Luego de la temporada, Vargas hizo gira por todos los Estados Unidos y Canadá con los Havana Red Sox de Ramiro Ramírez. En ese mismo invierno, debutó en Venezuela por el club Santa Marta; luego see convertiría en uno de los más duraderos peloteros en ese país, compitiendo por varios clubes en 13 contiendas consecutivas.

Tetelo no regresó a Estados Unidos en 1928, sino que jugo con los Brujos de Guayama en Puerto Rico. Durante el invierno regresó a la República Dominicana para jugar con el Escogido, y subsiguientemente regresó a Estado Unidos para volver a jugar con los Cuban Star, pues el equipo se unió a otros cuatro clubes de la entonces recién fallecida Liga Este de Color para formar la Liga Negra Americana, que se disolvió luego de apenas una contienda.

En el invierno de 1929, Vargas hizo su primer viaje a Cuba, donde compiló .316 para los Leones del Habana. En el verano de 1930, regresó a jugar con los Havana Red Sox, que para ese momento habían sido comprados por Syd Pollock, legendario dueño y promotor de equipos negros viajeros. Pollock procedería a lograr fama con los Indianapolis Clowns en los años 40 y 50, para los que firmaría a Hank Aaron a su primer contrato profesional en 1952.

En el invierno de 1930, Vargas regresó a Cuba para un segundo campeonato con el Habana, pero la temporada fue acortada debido a una disputa por la renta entre la liga y los dueños del Estadio La Tropical. Tal vez decepcionado por estos hechos, Vargas no regresaría a Cuba a jugar hasta 1942.

En 1931, Pollock cambió el nombre de los Havana Red Sox al de Cuban House of David, uno de los muchos imitadores del equipo viajero original de la comuna israelita de Benton Harbor, Michigan. Luego de una breve aparición con la versión Oeste de Abel Linares de los Cuban Stars, Tetelo se unió al equipo de Pollock para el resto de la campaña de 1931. En septiembre en Sioux City, Iowa, Vargas fue acreditado con haber roto el récord mundial al haber corrido las bases en 13.25 segundos, aparentemente sin que le molestara la barba ficticia que él y sus compañeros se habían puesto para imitar a sus antepasados. Pollock también decía que durante esta temporada, Vagas conectó siete cuadrangulares en igual cantidad de comparecencias al plato ante un equipo semiprofesional en Omaha, Nebraska.

El mayor atributo de Tetelo era su velocidad, que se volvió leyenda. Se dice que a veces anotaba desde primera base con un sencillo, que sin muchos problemas llegaba safe a primera con rolatas por el infield, y que nunca roleteó para doble play. Se cuenta una historia sobre una carrea en 1931 en Cincinnati con Jesse Owens, posteriormente campeón olímpico, y un número de jugadores. Según cuenta la historia, Owens llevaba sus shorts, mientras que Vargas y los demás peloteros llevaban sus habituales uniformes de béisbol. Tomando esto en cuenta, Owens les dio una ventaja de cinco metros en la carrera de 100 metros. Cuando la carrera comenzó, Vargas los aventajó a todos. Se dice que una vez le pidieron dar la vuelta al cuadro corriendo y le marcaron 13.25 segundos.

También era un excelente bateador, varias veces con promedios superiores a los .400. Jugando por el Escogido en 1929, se fue de 37-15 para .405.

En el invierno de 1931, regresó al club de Santa Marta, comenzando un período de relativa estabilidad en la cual jugó la mayor parte de seis campañas en Venezuela. Desde 1932 hasta 1934, jugó con las Águilas de

Concordia, un equipo viajero patrocinado por Gonzalo Gómez, hijo del presidente Juan Vicente Gómez. En 1934, el roster de Concordia incluía a Martín Dihigo, Josh Gibson, Rap Dixon, y Luis Aparicio Sr., y es considerado uno de los más grandes clubes en la historia del béisbol de Venezuela.

Vargas fue a jugar por los Royal Criollos en 1935 y los Gavilans en 1936-37. En casa en 1936, jugó con las Estrellas Orientales.

En el verano de 1937, el dictador dominicano Rafael Leonidas Trujillo fusionó los dos equipos de Santo Domingo, el Licey y el Escogido, y los llamó Dragones de Ciudad Trujillo. Acababa de cambiar el nombre de Santo Domingo a Ciudad Trujillo. El equipo de Ciudad Trujillo no tenía permitido perder el campeonato. Cuando los Dragones no estaban jugando bien en la parte inicial de la temporada, Trujillo despachó al Dr. José Enrique Aybar a los Estados Unidos a adquirir a los mejores peloteros disponibles para el equipo. Como los peloteros blancos de las ligas mayores eran razonablemente bien pagados, Aybar seleccionó a varios de los mejores peloteros de las Ligas Negras—Satchel Paige, Josh Gibson, Cool Papa Bell, Sam Bankhead, Robert Griffith, y Bill Perkins. Los demás dueños, con el orgullo herido, trajeron a su propio grupo de peloteros. Las Águilas Cibaeñas de Santiago trajeron a Chet Brewer, Bert Hunter, Clarence Pamm, y Martin Dihigo. Las Estrellas Orientales de San Pedro de Macorís (el equipo campeón de 1936) importaron a Ernest Carter, George Tubby Scales, Cocaina Garcia, Alejandro Oms, y Ramon Bragaña, el lanzador que les había dado el campeonato de 1936. Este era sin dudas béisbol que se jugaba a un muy alto nivel. Tetelo Vargas jugó con las Estrellas Orientales y pegó 30 hits en 106 turnos, para un promedio de .283.

Los Dragones ganaron con foja de 18-13, pero el stress emocional y financiero de los dueños de los clubes fue tan fuerte que no hubo torneo de béisbol profesional en el país durante 14 años, hasta 1951.

El año siguiente, 1938, fue también determinante para Tetelo. Regresó a los Estados Unidos a jugar por los New York Cubans de Pómpez, que ese verano viajaron antes de unirse a la Liga Nacional Negra al año siguiente. Además, se unió al club Guayama en la joven Liga de Béisbol Profesional de Puerto Rico (LBPPR), que se convertiría en una de las más prominentes ligas invernales de las décadas futuras. Vargas compiló .405, segundo en el equipo detrás del .465 de Perucho Cepeda, y encabezó la liga en slugging con .666 mientras Guayama ganaba el campeonato con récord de 27-12.

Vargas procedió a jugar los tres inviernos futuros con Guayama. En la justa de 1939-40, encabezó el equipo en carreras anotadas con 69 y en bases robadas con 33. Este último es todavía el cuarto mayor total para una temporada. Para poner la marca en perspectiva, solamente los mejores robadores de bases sobrepasan a Vargas en sus totales anuales, y los calendarios eran un poco más largos en cuanto al número de juegos jugados. El dueño del récord es Rickey Henderson, quien se robó 44 bases en la temporada invernal de 1980-81. El número dos es Carlos Bernier, líder de todos los tiempos en la LBPPR, con 41 en 1949-50. El número tres es Ron LeFlore, con 34 en 1977-78. Guayama ganó su segundo campeonato consecutivo, compilando un récord de 39-17—Satchel Paige ganó 19 de esas victorias.

En los Estados Unidos, mientras jugó con los Cuban Stars y los Havana Red Sox desde 1927 hasta 1941, en 93 turnos al bate registrados durante los juegos de la liga, Vagas pegó 46 hits, para un promedio de .495.

El censo de 1940 muestra a Varga y a Cecilia viviendo en Guayama con dos hijos, Carmen (de 11 años) y Juan Esteban Jr. (de 9). Tetelo no jugó ese año con los New York Cubans, regresando a jugar la temporada en Venezuela, pero sí regresó en 1941, cando compartió el outfield con el gran jugador puertorriqueño Francisco "Pancho" Coímbre. Los Cubans ganaron el título de la segunda mitad esa temporada, pero perdieron la serie de campeonato ante los Homestead Grays. En la primavera siguiente, los Cubans jugaron una serie de exhibición ante los Brooklyn Dodgers en La Habana, ganando tres de cinco encuentros.

Jugando por las Estrellas Orientales en 1941, Vargas tuvo otra temporada de .400, de 29-13, para un promedio de .448.

Tetelo jugó el balance de su carrera en las Ligas Negras, hasta 1944, para los Cubans, incluyendo un excelente desempeño en la justa de 1943, cuando compiló .450 y tuvo un slugging de .580 en los juegos de la liga.5 Los comentarios generales de la época se centraban en su velocidad, llamándolo "el hombre más rápido del béisbol de color hoy"—o sencillamente "el hombre más rápido del béisbol," sin distinción.

Regresó una última vez a Cuba para jugar con los Leones de la Habana en la justa invernal de 1942-43. A partir del invierno de 1943, a la edad de 37 años, se embarcó en una extraordinaria cadena de 12 campañas consecutivas en la LBPPR. Jugando para Santurce en la justa de 1943-44, promedió .420 (de 134-55). Las últimas nueve de esas 12 temporadas fueron con su antiguo club de Guayama, que ahora compartía su equipo con la ciudad de Caguas, al norte. Los Criollos de Caguas/Guayama ganaron tres campeonatos de la LBPPR durante este período: 1947-48, 1949-50, y 1953-54. Como resultado, Vargas fue a dos Series del Caribe. (El torneo se estableció en 1949).

En 1947, Puerto Rico acogió una serie de exhibición de tres encuentros ante los New York Yankees, campeones de la Serie Mundial; en 14 turnos, Vargas pegó siete hits, para promediar .500.

Cuando la Liga Dominicana de Verano se estableció en 1951, Vargas se unió a las Estrellas Orientales y jugó cuatro temporadas. Venció al gran jugador de Ligas Negras Ray Dandridge en la lucha por el título de bateo en 1953, a la edad de 47 años, y llevó a su equipo al campeonato en 1954. Luego de que la liga pasara a un calendario invernal, Tetelo jugó la justa de 1955-56 a la edad de casi 50 años. Su carrera como jugador entonces terminó finalmente.

Tetelo Vargas, que pesaba solamente 160 libras pese a medir cinco pies y 10 pulgadas, jugó paracorto y segunda base a principios de su carrera. Su traslado a los jardines se estima que puede haber ocurrido alrededor de la edad de 33 años, cuando los New York Cubans lo pasaron al jardín central en 1939. Debido en gran medida a su excepcional velocidad, Vargas se ganó elogios de muchos de sus semejantes. Millito Navarro, amigo y rival durante los años 30 y 40, dijo, "Era confiable y producía bajo presión. Una vez lo vi anotar desde primera con un sencillo. Otra vez llegó al plato desde segunda con un largo elevado al jardín derecho. Fue uno de mis ídolos en el béisbol, un jugador muy completo."[6]

Charlie Dressen, quien visitó Puerto Rico como manager de los Cincinnati Reds, dijo, "Podía volar. Es simplemente un muy buen pelotero."[7] Mickey Owen dirigió a Vargas en Caguas en 1953-54; aunque Tetelo casi llegaba a los 50 años, Owen dijo, "Corría como un gamo, y podía superar a Jim Rivera y Hank Aaron."[8]

En Puerto Rico, Vargas ganó tres veces el título de bateo de la LBPPR, encabezó la liga en carreras anotadas en cuatro ocasiones, y dos en triples, y—tal vez su más notable logro—encabezó la liga en slugging dos veces (con ocho años de diferencia), la segunda de éstas a los 40 años de edad. Terminó con un promedio de por vida de .321, que fue sexto en la historia del circuito, pese a jugar un total de 16 campañas, hasta que llegó a la edad de 49.

Después de la justa de 1947-48, cuando tenía 41 años, su desempeño en Puerto Rico disminuyó considerablemente. Una mejor vista de sus habilidades ofensivas viene de las primeras nueve campañas de su carrera en la LBPPR—hasta la edad de 41 años—cuando su promedio ofensivo combinado fue de .357, mejor que el promedio de .350 logrado por el campeón de todos los tiempos en la LBPPR, el legendario estelar de las Ligas Negras Willard Brown, póstumamente electo al Salón dela Fama del Béisbol en 2006.

Durante su carrera en las Ligas Negras, Vargas compiló para .332 y un slugging de .447, y fue seleccionado a jugar en tres Juegos de Estrellas Este-Oeste, dos en 1942 y uno en 1943. Se fue de 7-2 con par de empujadas en los Juegos de Estrellas.[9]

En limitadas oportunidades ante pitcheo de grandes ligas, Tetelo promedió .409, incluyendo un rendimiento de 14-7 en juegos de exhibición ante los New York Yankees que se jugaron en San Juan en 1947.

Vargas jugó con mucha menos frecuencia en la República Dominicana, pues no hubo liga profesional desde 1937 hasta 1951. Su único período consistente de juego fu con la creación de la Liga Dominicana de Verano en 1951, cuando él tenía ya 45 años. Terminó jugando en su país natal, con promedio de bateo de .325 y slugging de .401.

Desafortunadamente, no están disponibles los registros a detalle de la mayor parte del tiempo que pasó jugando en Venezuela, durante lo que habrían sido sus mejores años. El registro que sí existe consistente con su desempeño, que incluye un promedio de .310.

Tal vez el mejor testamento de su talento, y cuánto le consideraban en su país natal tuvo lugar en 1961. El estadio de San Pedro de Macorís a sus dos años—sede de la Estrellas Orientales, el antiguo equipo de Tetelo en la Liga de Béisbol Profesional Dominicana—fue renombrado Estadio Tetelo Vargas en su honor. Posteriormente, las Estrellas retiraron el número de su uniforme.

Luego de su retiro del béisbol, Vargas trabajó por un tiempo como scout de los Pittsburgh Pirates. Viudo después de la muerte de su primera esposa, se casó en Puerto Rico con Violeta Incháustegui en 1954. Pese a ser venerado en la República Dominicana al igual que en Venezuela, Tetelo se estableció en Guayama luego de retirarse del béisbol. Tuvo otros dos hijas, Ana e Iris (Celia puede haber sido la madre de una de ellas, pero las fuentes difieren).

En 1967, Tetelo Vargas fue exaltado al Salón de la Fama del Béisbol de República Dominicana.

Juan Esteban Vargas murió el 30 de diciembre de 1971, a la edad de 65 años, luego de una lucha contra el cáncer de pulmón (aunque el autor dominicano Héctor Cruz dijo que fue cáncer de próstata). Fue enterrado al lado de su esposa en el Cementerio Municipal de Guayama. El Salón de la Fama del Béisbol de Puerto Rico lo exaltó en 1992 como parte de su segunda clase; el Salón de la Fama del Béisbol Cubano (en el exilio) lo hizo en 1998. Sería honrado en su país natal con su selección al Salón de la Fama del Béisbol Latino en La Romana.

FUENTES

Libros

Córdova, Cuqui. Tetelo Vargas: El Gamo (Santo Domingo, Dominican Republic: Revista Histórica del Béisbol, 2004).

Crescioni Benítez, Jose A. El BéisbolProfesional Boricua (San Juan, Puerto Rico: Aurora Comunicación Integral, 1997).

Holway, John. The Complete Book of Baseball's Negro Leagues (Winter Park, Florida: Hastings House, 2001).

Klein, Alan M. Sugarball: The American Game, the Dominican Dream (New Haven, Connecticut: Yale University Press, 1993).

Kurlansky, Mark. The Eastern Stars: How Baseball Changed the Dominican Town of San Pedro de Macoris (New York: The Penguin Group, Inc., 2010).

McNeill, William F. Black Baseball Out of Season: Pay for Play Outside of the Negro Leagues (Jefferson, North Carolina: McFarland & Company, 2007).

Revel, Dr. Layton, and Luis Muñoz. Forgotten Heroes; Juan "Tetelo" Vargas (Carrollton, Texas: Center for Negro League Baseball Research, 2008).

Riley, James A. The Biographical Encyclopedia of the Negro Baseball Leagues (New York: Carroll & Graf Publishers, 1994).

Revistas y artículos periodísticos

Morrison, Heriberto. "Tetelo Vargas: fuesuperastro sin jugaren las grandesligas," Rumbo (Santo Domingo, Dominican Republic), 2 de mayo de1994, 54.

Vargas, Juan E. Jr. obituary, Connecticut Post, 12 de septiembre de 2011.

Fuentes de internet

Cruz, Héctor J. El BéisbolDominicano (scribd.com/doc/25085233/EL-BEISBOL-DOMINICANO-2).

McKenna, Brian. "Tetelo Vargas, the Dominican Deer," Baseballhistoryblog.com, 8 de mayo de 2010.

Ancestry.com.

Baseballthinkfactory.org.

Fultonhistory.com.

NOTES

1. La liga operó desde 1951 hasta 1954.

2. Según algunos relatos, Vargas jugó en Colombia y Panamá. Parecen referirse a otro pelotero dominicano, Ramón "Tetelito" Vargas. No hay base histórica visible para sostener que Tetelo Vargas haya jugado en México. La Enciclopedia del Béisbol Mexicano no muestra evidencias de que haya jugado allí en el verano, y sus inviernos están documentados en otros lugares.

3. Peter C. Bjarkman, Diamonds Around the Globe: The Encyclopedia of International Baseball (Westport, Connecticut: Greenwood Press, 2005), 182.

4. El estadio estaba ubicado cerca de la costa, pero fue destruido por el huracán San Zenón que azotó Santo Domingo el 3 de septiembre de 1930.

5. Los totales difieren. Las cifras acá citadas son de Baseball-Reference.com, pero Seamheads lo rpota bateando .471 con un slugging de .587 en juegos de la liga. Ver seamheads.com/NegroLgs/player.php?playerID=varga01tet.

6. Thomas E. Van Hyning, Puerto Rico's Winter League (Jefferson, North Carolina: McFarland & Company, 2004), 80.

7. Van Hyning, 80.

8. Van Hyning, 80.

9. Larry Lester, Black Baseball's National Showcase: The East-West All-Star Game 1933-1953 (Lincoln: University of Nebraska Press, 2001).

Ozzie Virgil

Por Ryan Brecker

Ozzie Virgil fue el primer pelotero dominicano en jugar en las ligas mayores, así como el primer pelotero de color en los New York Giants y los Detroit Tigers. Jugando partes de nueve temporadas en las ligas mayores como utility, Virgil forjó una carrera de toda una vida al hacer la transición al puesto de coach. "Virgil debe ser para mi país tan importante como [Jackie] Robinson [lo es] para los afronorteamericanos. Pondría su legado junto a los que establecieron nuestra república," dijo el toletero dominicano David Ortiz en 2006.[1]

Osvaldo José Virgil Pichardo nació el 17 de mayo de 1932, en el pequeño pueblo costero de Monte Cristi, cerca de la frontera dominicana con Haití. Durante su carrera de pelotero, su fecha de nacimiento se ubicó comúnmente como el 7 de mayo de 1933; los papeles de inmigración la ubicarían en 1934.[2]

Virgil creció con su padre Henry Virgil, que trabajaba como piloto de bote en el puerto de Monte Cristi.[3] En busca de mejores condiciones, Henry emigró a los Estados Unidos cuando Ozzie era todavía joven. En los Estados Unidos, "fue marino mercante, llevando cagas y cosas para las tropas en el extranjero," dijo Virgil. "Luego de que terminara la guerra, nos mandó a buscar a mi hermano Carlos y a mí."[4]

La familia incluía a su madre, Isabel Pichardo, y un hermano mayor, Carlos. El padre de Ozzie e oponía abiertamente al dictador dominicano Rafael Trujillo, algo que llevó a que los Virgil escaparan de la República Dominicana en busca de ponerse a salvo en 1947. Fueron brevemente a Puerto Rico y se establecieron en el Bronx luego ese mismo año.

Pese a vivir en el Bronx, Virgil se convirtió en fan a los Brooklyn Dodgers luego de que su padre asegurara boletos para la Serie Mundial en 1947. Ozzie cuenta, "Vi la gran atrapada del jardinero de los Dodgers Al Gionfriddo contra lo Yankees en la Serie Mundial de 1947. ¡Mi primer juego de béisbol fue un juego de Serie Mundial!"[5]

Virgil asistió a la Preparatoria Dewitt Clinton en el Bronx, pero no practicó ningún deporte n la escuela.[6] Según apuntó, "No hice el equipo de béisbol en el preuniversitario, pero sí jugué pelota informal. Jugué en una liga puertorriqueña, que tenía ocho o nueve equipos."[7] Después de graduarse en 1950, Virgil se unió al Cuerpo de Infantería de Marina de Estados Unidos. Fue llamado para el servicio activo hasta 1952. Mientras estaba en el ejército jugó béisbol, con el equipo en Camp LeJeune, North Carolina.[8]

Fotografía cortesía del Salón de la Fama del Béisbol Nacional

Luego de su etapa con los Marines, Virgil volvió a jugar béisbol en los solares en el Bronx, donde lo descubrió el scout de los New York Giants George Mack, quien lo fichó para un contrato para la temporada de 1953, con un bono por firmar de $300.⁹ Ozzie debutó profesionalmente en Minnesota en 1953 con el St. Cloud Rox de la Northern League (Clase-C), compilando .259.

Promovido a los Danville Leafs de la Carolina League (Clase B) para la juste de 1954, tuvo su primera probada del Sur de Jim Crow. Posteriormente recordó, "Cuando jugaba en Danville, Virginia, no podíamos comer en los hoteles, no podíamos dormir en los hoteles; nos mandaban a la casa de alguien. Incluso en las ligas mayores, no podíamos comer en los restaurantes en St. Louis. Teníamos que pedir servicio de habitaciones."[10] Con Danville, Virgil mostró aptitude en la esquina caliente y elevó su promedio a .291.

El 29 de enero de 1955, Virgil se casó con María López. Tuvieron tres hijos, incluyendo a Ozzie Virgil Jr. en 1956; éste se convertiría en un receptor dos veces Todos Estrellas mientras jugaba parte de 11 temporadas en las ligas mayores. Su hijo, José, también jugó un año en las menores, luego de haber sido seleccionado en la ronda 18 en la Universidad Oklahoma State en 2003.

Ozzie Sr. avanzó a la Texas League (Doble-A) para la contienda de 1955, ocupando la esquina caliente para los campeones de la liga, los Dallas Eagles. Fue nombrado recepto del todos estrellas y encabezó a los terceras bases del circuito en promedio defensivo con .975. Comenzó a atraer atención como prospecto, como apuntara Jack Schwarz de los Giants, "Nunca hubo dudas sobre su defensa. Creo que jugar pelota invernal en Puerto Rico ha ayudado en el bateo de Ossie (sic)."[11] El New York World Telegram and Sun lo promovió como la futura solución de las necesidades de los Giants en tercera base.[12]

Virgil siguió su ascenso por las ligas menores en 1956, jugando para los Minneapolis Millers de Triple-A. Encabezó a los terceras bases de la American Association en outs, asistencias, y dobles matanzas. Se ganó una promoción de finales de temporada a los Giants y debutó en las grandes ligas el 23 de setiembre de 1956, en el Polo Grounds, convirtiéndose en el primer pelotero dominicano de las mayores. No hubo reportes contemporáneos señalando su logro. Ozzie luego recordaría sobre su debut:

"Todavía puedo recordar mi sangre corriendo furiosamente por mis venas y la adrenalina que casi me ahoga mi primer día en las mayores. Hacía calor, y jugábamos el último juego de una serie de tres contra Philadelphia. Me pusieron en tercera base y me fui de 4-0, pero sentí que había terminado de 4-4. Había subido de las menores hacía dos o tres días, y sabía que sería el primero de mi pequeño país en llegar a la mejor liga de béisbol del mundo. Pero lo que nunca sospeché fue que con el tiempo, se convertiría en algo ordinario."[13]

Virgil jugó en otros dos partidos ese año, con un total de cinco hits en 12 turnos. Su sólida demostración fue suficiente para que los Giants lo mantuvieran en el roster toda la temporada de 1957, aunque no pudo entrar en la alineación como regular. Ozzie jugó en 96 partidos y comenzó a resaltar por su versatilidad con apariciones tanto en el campo corto y los jardines además de la tercera base. El 27 de abril de 1957, disparó el primer cuadrangular de su carrea, ante el futuro miembro del Salón de la Fama Robin Roberts. Los periódicos locales lo describieron como "un gentil y bien parecido muchacho" que "parece ser un buen pelotero, pero no de la clase que causa una gran impresión."[14]

Terminada la temporada, el paisaje cambió cuando Virgil fue traspasado a los Detroit Tigers junto al primera base Gail Harris por Jim Finigan y $25,000. Algo sorprendido por el canje, Virgil recordó luego, "Pensaba que los Giants necesitaban un tercera base en ese momento en particular. Sabía que los Tigers no tenían peloteros negros en su roster, y no habían invitado a ninguno al entrenamiento de primavera. Me preguntaba lo que iban a hacer conmigo."[15] Los Tigers, junto con los Boston Red Sox, eran los únicos equipos que no se habían integrado todavía.

Virgil se vio nuevamente de vuelta a la American Association para iniciar la contienda de 1958 con los Charleston Senators. Comenzó muy buen, compilando .293 encabezando la liga con 34 impulsadas hasta principios de junio para ganarse una promoción a los Tigers el 5 de junio.

Ozzie entraba en una situación compleja racialmente en Detroit, en medio de crecientes protestas por la falta de peloteros negros en los Tigers, inicialmente encabezadas por un periódico negro, el Michigan Chronicle. Un grupo encabezado por el Reverendo George Hill, conocido como el Boycott Committee (Comité de Boicot), se formó como resultado, y se reunió con la directiva de los Tigers, abogando por la integración. Cuando los Tigers no se comprometieron a una fecha, el Boycott Committee desarrolló planes para hacer piquete en el Briggs Stadium iniciando el 31 de mayo de 1957.[16] Los líderes del Chronicle objetaron esta actitud, y buscaron soluciones colaborativas en lugar de ello, que llevaron a que se dividiera el Boycott Committee y a que se cancelara el piquete.

Menos de una semana después de la fecha planificada para el piquete, Virgil volvió a ser llamado por los Tigers, aunque todas las partes negaron que el momento fuese cualquier cosa menos una coincidencia. El gerente general de los Tigers, John McHale Sr., dijo, "Miren la tabla de posiciones. Necesitamos ayuda en tercera base. Virgil es el mejor tercera base y tiene más experiencia que cualquier otro en nuestro sistema."[17] Esto era argumentado por un slump del tercera base de los Tigers Reno Bertoia y una lesión de Harvey Kuenn, con el Michigan Chronicle reportando, "La lesión de Kuenn, el slump de Bertoia, y baja ubicación del club crearon la necesidad de reevaluación y de acción inmediata."[18] El Chronicle también dio crédito de esta acción a evitar el piquete: "La elevación de Virgil puso un alto a los planes de boicot de dos grupos que evolucionaban de una organización mayor que se hacía llamar el Briggs Stadium Boycott Committee."[19]

Virgil se unió al equipo en Washington, y se reportó ampliamente como el primer negro en jugar para los Tigers.[20] Su experiencia se recordó luego con algo de melancolía, con Virgil notando el reto de la situación. "Por desgracia la mayoría de la gente de Detroit no me aceptó como pelotero negro. Dijeron que era un pelotero dominicano y querían a uno de los suyos."[21] Ozzie, como muchos peloteros latinos de la época, se vio aislado por múltiples lados. "Una de las partes más difíciles era que no éramos aceptados por la comunidad negra, a comunidad afronorteamericana. Era difícil ser ignorados tanto por los blancos como por los afronorteamericanos, que no siempre nos consideraban a los latinos como negros. Teníamos que unirnos."[22] Por su parte, Virgil intentó permanecer por encima de las etiquetas, y enfocarse en el juego, diciendo, "Si me decían negro, bien. Si me decían blanco, bien. Si me decían latino, bien. No me importaba cómo me dijeran—solo quería jugar."[23]

Virgil hizo su debut con los Tigers en Washington el 6 de junio, bateando en el sexto turno, y se fue de 5-1. Dio buena impresión y lo ubicaron en el segundo turno en la alineación después de dos encuentros. La gira continuó por Boston y New York antes de su debut en el Briggs Stadium el 17 de junio. Tras 11 días desde su promoción, una multitud más grande que la usual (29,794) le dieron la bienvenida a casa a los Tigers y Ozzie no decepcionó. En lo que ha llamado su mayor emoción en el béisbol, se fue de 5-5 en su debut en casa, y se ganó una ovación.[24]

No pudo mantener u buen inicio al bate, y luego de compilar .244 en la contienda de 1958, se vio nuevamente en la American Association para 1959, donde volvió a ser todos estrellas, esta vez como utility. Se abrió camino nuevamente hacia Detroit en 1960, luego de compilar .381 en 59 encuentros con los Denver Bears.

Transferido a Kansas City en agosto de 1961, pasó la mayor parte del resto de su carrera como pelotero en las ligas menores, viéndose en Triple-A con los Rochester Red Wings para las justas de 1962 y 1963. Jugó un juego con los Baltimore Orioles.

Ozzie se habituó a su rol como veterano, y fue reconocido por perspicacia beisbolera. Jugando bajo la tutela del manager debutante Sparky Anderson para el Toronto de la International League en 1964, fue nombrado jugador/entrenador a petición de Anderson, lo cual inició su carrera como entrenador. Fue también reconocido en una encuesta de los managers de la International League como co-ganador al jugador más inteligente del circuito.

Firmó con los Washington Senators antes de la campaña de 1965, pero terminó pasando el año con Pittsburgh luego de ser seleccionado en un draft de liga menor. Luego de la contienda, fue enviado de vuelta a su club original—los Giants—junto a Joe Gibbon por el también dominicano Matty Alou.

Comenzó la temporada de 1966 en las menores, pero regresó a las grandes ligas en mayo. Se fue de 3-0 en sus tres primeros turnos como emergente; pero cuando le dieron la oportunidad de ser regular por los Giants por primera vez en nueve años, respondió con tres hits, incluyendo un jonrón, con una base robada, dos anotadas y dos impulsadas, en un triunfo de 6-4 para barrer a los Chicago Cubs.

Se mantuvo con la organización de los Giants en Triple-A para las temporadas de 1967 y 1968. Demostrando que no estaba para nada acabado como jugador, terminó en el primer equipo de estrellas de la Pacific Coast League en 1967 como utility, y también fue nombrado el jugador más popular de los Phoenix Giants. En 1968, fue nombrado jugador/entrenador de Phoenix, bajo las órdenes del manager Clyde King.

King fue promovido a dirigir los San Francisco Giants para la temporada de 1969 y, familiarizado con el alto coeficiente intelectual beisbolero de Virgil, lo nombró su asistente de tercera base. La temporada de 1969 también vio la última presentación de Ozzie como jugador, con una salida como emergente mientras llenaba el puesto en el roster por el catcher Bob Barton mientras éste último estuvo en una gira de dos semanas de servicio activo en la Reserva del Ejército.

Virgil se mantuvo como asistente de tercera de los Giants hasta después de la contienda de 1972, manteniéndose ocupado en los inviernos dirigiendo equipos de ligas invernales, ganando el banderín de la Liga Dominicana con el Águila en el invierno de 1970-1971, y dirigiendo a Caracas en la Liga Invernal Venezolana al año siguiente.

Por primera vez abandonó los terrenos desde su fichaje inicial en la temporada de 1973, cuando comenzó a trabajar como scout de los Giants en Latinoamérica. Extrañaba la acción del juego, sin embargo, y lo trajeron de vuelta para que fungiera como coach de tercera para los Giants en las temporadas de 1974 y 1975. Se iría a ocupar la misma posición con los Montreal Expos en la zafra de 1976.

Virgil se mantuvo con los expos en 1977 con la llegada del manager Dick Williams. Hicieron amistad rápidamente, y Virgil fue el coach de tercera para Williams durante la década siguiente, para luego seguirlo a San Diego en 1983 y Seattle en 1986 antes del retiro de Williams en 1998. Entre sus momentos destacados como principal teniente de Williams se encuentran el banderín de la Liga Nacional en 1984 con los Padres, y haber sido el coach de tercera base para e Juego de las Estrellas de 1985. Un hito particular de este encuentro fue la oportunidad de haber sido coach de su hijo, Ozzie Virgil Jr., quien había sido seleccionado como receptor de reserva y tuvo un sencillo de dos carreras en la victoria de la Liga Nacional.

Si bien la justa de 1988 fue su última como coach de grandes ligas, se mantuvo activo en el juego, entrenando para la efímera Senior Professional Baseball Association (Asociacion Profesional de Béisbol Senior o de personas de edad avanzada), y luego siguió como asistente y director en las ligas latinoamericanas. Iniciando en 2007, Ozzie trabajaba a tiempo parcial con los Mets, primeramente supervisando instrucción de receptores en la Liga Dominicana de Verano.

Virgil ha recibido creciente reconocimiento por su rol como el primer ligamayorista dominicano. Fue electo al Salón de la Fama del Béisbol Latino en 2014 y en Salón de la Fama de los Rochester Red Wings en 2015. Fue coach honorario de los New York Mets a finales de la contienda de 2018. En 2006, abrió al Aeropuerto Nacional Osvaldo Virgil en su pueblo natal de Monte Cristi.

Extremadamente humilde, Virgil siempre expresó gratitud y respeto por su rol como pionero, rememorando sobre su carrera y señalando:

"Me he sentido agradecido y afortunado de haber sido escogido por Dios para abrir las puertas de la MLB a mis compatriotas, considerando que cientos, con mucho más talento que yo, no habían recibido esa oportunidad."[25]

En otra ocasión, dijo, "Puedo no haber sido el más talentoso, y puedo no poseer los récords ni números impresionantes, pero siempre tendré un número especial: ¡el número uno! Estoy feliz de que pude ser esa persona que abrió la puerta a tantos dominicanos después de mí, especialmente teniendo en cuenta que hay muchos más talentosos que yo."[26]

NOTAS

1. Enrique Rojas, "50 Years Ago, Ozzie Virgil Made Baseball History," ESPN.com, 22 de septiembre de 2006. espn.com/espn/hispanichistory/news/story?id=2598606, accedido el 4 de octubr de 2018.

2. Archivo del Jugador en el Salón de la Fama del Béeisbol; Topps Baseball Cards. Para la fecha de 1934, ver la Statue of Liberty-Ellis Island Foundation, libertyellisfoundation.org/passenger-details/czoxMzoiOTAxMTg2NTkxNTkwOSI7/czo-5OiJwYXNzZW5nZXIiOw==, accedida el 17 de noviembre de 2018.

3. Entrevista con Ozzie Virgil por Julio Rodríguez el 13 de diciembre de 2018.

4. William Anderson, "Ozzie Virgil Breaks the Color Line with the Detroit Tigers," *Michigan History Magazine*, septiembre/octubre de 1997: 50.

5. Anderson.

6. Información biográfica contenida en el archivo de jugador de Virgil en el Salón de la Fama del Béisbol.

7. Anderson.

8. Anderson.

9. Ver el archivo de Virgil en el Salón de la Fama del Béisbol y a Enrique Rojas.

10. Kevin Oklobzija, "Ozzie Virgil Sr. Made History in MLB and with the Wings," *Rochester* (New York) *Democrat* and *Chronicle*, 14 de agosto de 2015: D2,

11. Zander Hollander, "Next Stop Peoria!" *New York World Telegram and Sun*, 26 de julio de 1955.

12. Hollander.

13. Rojas.

14. Bill Roeder, "Virgil New Forgotten Man at PG," *New York World Telegram and Sun*, 2 de mayo de 1957.

15. Anderson: 49.

16. Anderson.

17. Anderson.

18. Bill Matney, "Exclusive Report on Tigers' Hiring Policy!" *Michigan Chronicle* (Detroit), 14 de julio de 1958.

19. Matney.

20. Detroit News, 6 de junio de 1958; *Michigan Chronicle*, 21 de junio de 1958; Detroit Free Press, 6 de junio de 1958.

21. Anderson, 53.

22. "Living History: Ozzie Virgil." sportsmbablog.com/living-history-ozzie-virgil/, accedido el 3 de octubre de 2018.

23. Jodie Valade, "Like Jackie, Virgil Just Wanted to Play," *Detroit Free Press*, 5 de julio de 1997.

24. Rob Edelman, "Ozzie Virgil Biography," biography.jrank.org/pages/2436/Virgil-Ozzie.html, accedido el 3 de octubre de 2018.

25. Rojas.

26. "Living History: Ozzie Virgil."

Pasión y Orgullo Dominicano en Evidencia Durante la Barrida del Clásico Mundial de Béisbol de 2013

Por Richard Cuicchi

Desde su vergonzosa eliminación en el Clásico Mundial de Béisbol de 2009, el equipo de la República Dominicana había estado resuelto a dar una demostración mejorada en 2013.

En la primera competencia del WBC,[1] en 2006, y nuevamente en 2009, los equipos de la República Dominicana habían llevado a sus mejores jugadores, pero muchos fans pensaban que no se lo tomaban en serio. Esto cambió en 2013, cuando la presión del público alentó al equipo a dar su mejor demostración. Respondieron con un espíritu que se convirtió en el estándar para los competidores. Los dominicanos, muchos de los cuales eran estrellas de las ligas mayores, se convirtieron en el primer equipo en terminar un WBC invicto.

Si bien el WBC era patrocinado por la Major League Baseball para brindar un escenario internacional de competencia entre los mejores peloteros del mundo, algunos clubes de ligas mayores disuadieron a sus mejores jugadores de participar. Temían que el torneo interrumpiera la preparación normal de los jugadores de cara a la temporada regular. También temían que pudieran lesionarse.

Los peloteros dominicanos tendieron a restar importancia a esas posibilidades y aprovecharon las oportunidades para mostrar su talento y poner a su país en el foco de atención internacional. En 2013, parecían particularmente centrados en redimirse luego de su desastroso desempeño de 2009. Algunos de los peloteros entrenaron todo el invierno para prepararse con vistas al WBC.

La República Dominicana se conoce por su pasión por el béisbol, al cual consideran su pasatiempo nacional. Los fans son considerados entre los más fieles del deporte. En los juegos dominicanos es típico ver una atmósfera a los Mardi Gras. Cantos, cornetas, tambores y banderas complementan las actividades de animación de los fans. Los jugadores parecen alimentar esa alta energía de los aficionados.[2]

El país encontraba satisfacción en enfrentar al mundo en una competencia internacional. Era como si la República Dominicana quisiera probar al resto del mundo que sus jugadores estaban entre los más talentosos del béisbol profesional.

El manager Tony Peña, quien entonces era coach de banca de los New York Yankees y había sido nombrado el Manager del Año de la Liga Americana con Kansas City en 2003, contaba con una escuadra de 17 peloteros activos en las mayores, dos ex ligamayoristas, y ocho prospectos de ligas menores. Los jugadores de posición incluían a los Todos Estrellas

Carlos Santana (#41) y Nelson Cruz (#17) celebran luego de anotar contra Venezuela durante la primera ronda del Clásico Mundial de Béisbol en el Estadio Hiram Bithorn, el 7 de marzo de 2013 en San Juan, Puerto Rico.

Foto: Al Bello/Getty Images

Robinson Canó, Carlos Santana, José Reyes, Hanley Ramírez, Nelson Cruz, Miguel Tejada, y Edwin Encarnación.[3]

Si el equipo tenía alguna debilidad de cara al torneo, se percibía en el pitcheo abridor. Edinson Volquez y Wandy Rodríguez, quienes eran lanzadores de mitad de rotación en sus clubes de ligas mayores, encabezaban un staff relativamente inexperto. Sin embargo, el bullpen era poderoso, con Santiago Casilla, Octavio Dotel, Kelvin Herrera, Fernando Rodney, y Pedro Strop.[4]

La República Dominicana abrió el torneo en el Grupo C de la primera ronda, acogido por San Juan, Puerto Rico. Sus oponentes fueron Puerto Rico, Venezuela y Epaña. Los dominicanos ganaron todos los juegos y avanzaron junto con Puerto Rio.[5]

En el Grupo 2, de segunda ronda celebrada en Miami, los dominicanos vencieron a Italia, Estados Unidos y nuevamente Puerto Rico. Los equipos dominicano y puertorriqueño avanzaron a las semifinales.[6]

En la ronda semifinal, jugada en San Francisco, los invictos dominicanos vencieron a Holanda 4-1, mientras Puerto Rico avanzaba a la final al derrotar a Japón, campeón de 2006 y 2009.[7]

Por tercera ocasión en la serie, República Dominicana derrotó a Puerto Rico, 3-0, en un juego final totalmente caribeño. En una fría y lúgubre noche en San Francisco durante la que llovió en las seis entradas finales, los dominicanos tomaron la delantera en el primer inning. Encarnación pegó doble y empujó dos carreras, anotando Reyes y Canó. Erick Aybar empujó la otra de los dominicanos, cuando su doble hizo anotar a Alejandro de Aza en el Quinto inning.[8]

El abridor Samuel Deduno y cinco relevistas apagaron la ofensiva puertorriqueña. Espaciaron tres inatrapables y cuatro boletos, pero solamente tres corredores avanzaron más allá de la primera base. Deduno admitió par de hits en cinco entradas, ponchó a cinco y emitió tres boletos.[9]

Rodney lanzó el noveno sin anotaciones para lograr el rescate, su séptimo del torneo. El bullpen dominicano no permitió carreras en 20 y dos tercios durante los últimos cinco encuentros.[10] En total, el staff de pitcheo dominicano permitió apenas 14 carreras en ocho encuentros.

Era la segunda vez que blanqueaban a Puerto Rico—la primera fue 2-0 en Miami—y se convirtieron en el primer equipo en terminar invictos un torneo de WBC. También dejaron sin anotaciones a los boricuas en los últimos 23 innings de sus tres enfrentamientos.

Luego del último out, los jugadores de ambos equipos se quedaron en el terreno para celebrar juntos, iniciando una loca celebración en la República Dominicana. Canó y Yadier Molina de Puerto Rico habían acordado antes del juego que los equipos celebrarían juntos sin importer cuál de ellos ganaba.[11]

Cuando le preguntaron sobre cómo iba a regresar a las rutinas normales de los entrenamientos de primavera con los Yankees, Canó respondió, "Les diré algo. Hoy vamos a celebrar. Mañana vamos a celebrar. Y el jueves, nos preocupamos por el entrenamiento de primavera."[12] Debido al calendario del entrenamiento de primavera, los campeones dominicanos no tuvieron tiempo de regresar a Santo Domingo para un desfile triunfal, como esperaban sus fans. En lugar de esto, la celebración se celebró luego de que terminara la temporada regular de las mayores, aunque en ese momento atrajo menos atención.

Reyes comentó respecto al logro de su equipo. "Tenemos que entender que este es el tercer Clásico. Gracias a Dios finalmente pudimos lograr lo que todos querían y esperaban de la República Dominicana, que era un trofeo de campeones. Lo hicimos juntos."[13] Sus observaciones reflejaron la redención que sentía el equipo dominicano luego de su pobre demostración en 2009.

Canó fue nombrado el MVP del torneo. Bateó .469 con dos jonrones y seis impulsadas, incluyendo tres hits en cada uno de los últimos cuatro juegos.[14] Fue parte del Todos Estrellas del WBC junto con sus coequiperos Reyes y Rodney.[15]

Durante todo el torneo, los dominicanos celebraban en el terreno cuando sus compañeros de equipo se destacaban, aunque no de la manera que provocara a sus oponentes. Hacían la clase de cosas que se esperan en un equipo de jóvenes, incluyendo animar y cantar en el dugout. Fernando Rodney llevaba siempre un plátano de rally usado para azuzar sus esfuerzos en situaciones tensas de juego. Luego del último out, los peloteros dominicanos visitaron el dugout de los dominicanos para intercambiar apretones de manos y abrazos en una fuerte muestra de espíritu deportivo.[16]

El comportamiento de los peloteros dominicanos, con su pasión y exuberancia, probaron fuerza con los tradicionalistas del juego. Canó resaltó respecto al estilo de juego de su equipo, "Es como si se estuviera jugando pelota invernal. Uno juega y se divierte, algo que no se hace en las grandes ligas."[17]

El campeonato de República Dominicana en 2013 mostró al mundo cómo se veía el orgullo nacional. Su pasión provocó el regreso del orgullo nacional para el equipo de Estados Unidos en 2017, cuando más peloteros norteamericanos importantes se unieron al roster y finalmente ganaron su primer título de WBC.

A seguidas, la anotación por entradas de los ocho encuentros de la República Dominicana en el Clásico Mundial de Béisbol de 2013:

7 de marzo de 2013   Grupo C   San Juan, Perto Rico   Estadio Hiram Bithorn

República Dominicana 9, Venezuela 3

	1	2	3	4	5	6	7	8	9	R	H	E
VEN	0	0	2	1	0	0	0	0	0	3	6	1
DOM	3	2	0	0	1	0	3	0	-	9	13	0

W: Strop (1-0)   L: Sanchez (0-1)

Full boxscore: mlb.mlb.com/wbc/2013/gameday/index.jsp?gid=2013_03_07_venint_domint_1&mode=box

9 de marzo de 2013   Grupo C   San Juan, Perto Rico   Estadio Hiram Bithorn

República Dominicana 6, España 3

	1	2	3	4	5	6	7	8	9	R	H	E
DOM	0	2	3	0	0	0	0	1	0	6	9	1
ESP	0	0	0	0	0	0	1	0	1	3	9	1

W: Deduno (1-0)   L: Negrin (0-1)   SV: Rodney (1)

Full boxscore: mlb.mlb.com/wbc/2013/gameday/indexjsp?gid=2013_03_09_domint_espint_1&mode=box

10 de marzo de 2013   Grupo C   San Juan, Perto Rico   Estadio Hiram Bithorn

República Dominicana 4, Puerto Rico 2

	1	2	3	4	5	6	7	8	9	R	H	E
DOM	1	0	0	0	1	1	1	0	0	4	12	1
PUR	0	0	0	2	0	0	0	0	0	2	7	2

W: Barcelo (1-0)   L: Berrios (0-1)   SV: Rodney (2)

Full boxscore: mlb.mlb.com/wbc/2013/gameday/index.jsp?gid=2013_03_09_domint_espint_1&mode=box

12 de marzo de 2013   Grupo 2   Miami, Florida   Marlins Park

República Dominicana 5, Italia 4

	1	2	3	4	5	6	7	8	9	R	H	E
ITA	4	0	0	0	0	0	0	0	0	4	4	0
DOM	0	0	1	0	0	1	3	0	-	5	10	0

W: Strop (1-0)   L: Venditte (0-1)   SV: Rodney (1)

Full boxscore: http://mlb.mlb.com/wbc/2013/gameday/index.jsp?gid=2013_03_12_itaint_domint_1&mode=box

16 de marzo de 2013   Grupo 2   Miami, Florida   Marlins Park

República Dominicana 3, Estados Unidos 1

	1	2	3	4	5	6	7	8	9	R	H	E
PUR	0	0	0	0	0	0	0	0	0	0	3	0
DOM	0	0	0	0	1	1	3	1	–	2	6	1

W: Rodriguez (1-0)   L: Roman (0-1)   SV: Rodney (3)

Full boxscore: mlb.mlb.com/wbc/2013/gameday/index.jsp?gid=2013_03_16_purint_domint_1&mode=box

18 de marzo de 2013   Semifinals   San Francisco, California   AT&T Park

República Dominicana 5, Italia 4

	1	2	3	4	5	6	7	8	9	R	H	E
NED	1	0	0	0	0	0	0	0	0	1	4	1
DOM	0	0	0	0	4	0	0	0	–	4	9	0

W: Volquez (1-0)   L: Markwell (0-1)   SV: Rodney (1)

Full boxscore: mlb.mlb.com/wbc/2013/gameday/index.jsp?gid=2013_03_18_nedint_domint_1&mode=box

19 de marzo de 2013   Semifinals   San Francisco, California   AT&T Park

República Dominicana 3, Puerto Rico 0

	1	2	3	4	5	6	7	8	9	R	H	E
PUR	0	0	0	0	0	0	0	0	0	0	3	0
DOM	2	0	0	0	1	0	0	0	–	3	8	1

W: Deduno (1-0)   L: Alvarado (0-1)   SV: Rodney (1)

Full boxscore: mlb.mlb.com/wbc/2013/gameday/index.jsp?gid=2013_03_19_purint_domint_1&mode=box

SOURCES

In addition to the sources cited in the Notes, the author also consulted:

David, Craig. "National Pride at Stake as World Baseball Classic Returns to Miami," Sun Sentinel (Fort Lauderdale, Florida), March 7, 2017. sun-sentinel.com/sports/miami-marlins/fl-sp-world-baseball-classic-overview-20170307-story.html. Accessed June 20, 2018.

Thanks to Julio Rodriguez for his perspective.

NOTAS

1 Clásico Mundial de Béisbol, por sus siglas en inglés World Baseball Classic. (Nota del Traductor).

2 Matt Whitener. "The Dominican Republic, Pride and Its Will on the World," *The Sports Fan Journal*, 15 de marzo de 2013. thesportsfanjournal.com/sports/baseball/dominican-republic-and-the-love-of-the-game/. Accedido el 20 de junio de 2018.

3 Rick Weiner. "Dominican Report World Baseball Classic 2013: Schedule, Roster, and Predictions," *Bleacher Report*. bleacherreport.com/articles/1552567-dominican-republic-world-baseball-classic-2013-schedule-roster-and-predictions. Accedido el 20 de junio de 2018.

4 Weiner.

5 "World Baseball Classic Results," *The Sporting News*, 19 de marzo de 2013. sportingnews.com/mlb/news/4481866-world-baseball-classic-2013-results-scores-tv-schedule-pool-standings. Accedido el 20 de junio de 2018.

6 "World Baseball Classic Results."

7 "World Baseball Classic Results."

8 Ben Martin, "Dominican Republic Completes Perfect Run to Claim WBC Title," *San Francisco Examiner*, 19 de marzo de 2013. sfexaminer.com/dominican-republic-completes-perfect-run-to-claim-wbc-title/. Accedido el 20 de junio de 2018.

9 Martin.

10 Martin.

11 Bill Shaikin. "Dodgers' Ramirez Is Hurt in WBC Final," *Los Angeles Times*, 20 de marzo de 2013: C3.

12 Martin.

13 Martin.

14 Phil Rogers. "Cano Simply 2nd to None," *Chicago Tribune*, 20 de marzo de 2012: 3:2.

15 Associated Press via San Francisco Examiner, 20 de marzo de 2013. sfexaminer.com/cano-reyes-rodney-and-wright-make-all-wbc-team/. Accedido el 20 de junio de 2018.

16 Tom Verducci, "Dominicans Win WBC, Help Set Sportsmanship Standard," *Sports Illustrated*, 20 de marzo de 2013. si.com/mlb/2013/03/20/verducci-wbc-final. Accedido el 20 de junio de 2018.

17 Rogers.

Biografías de los Contribuyentes

Malcolm Allen, de Baltimore, es fan a los Orioles. Ahora vive en Brooklyn, New York, con su esposa, Sara, y sus hijas Ruth y Martina. Se encontró varias veces con Joaquín Andújar en el Memorial Stadium y está buscando un editor publicista para su libro sobre "One Tough Dominican" (Un dominicano duro).

Mark Armour es investigador y escritor, y vive en Corvallis, Oregon.

Richard Bogovich es el autor de *Kid Nichols: A Biography of the Hall of Fame Pitcher* y *The Who: A Who's Who*, ambo publicados por McFarland & Co. ha contribuido a libros de SABR como *Pride of Smoketown: The 1935 Pittsburgh Crawfords* y *Bittersweet Goodbye: The Black Barons, the Grays, and the 1948 Negro League World Series*. Trabaja para la firma legal Wendland Utz en Rochester, Minnesota.

Ryan Brecker ha sido miembro de SABR desde 2004 y es presidente del Capítulo de SABR Luke Easter. Médico de emergencias médicas en la noch, vive en Penfield, New York, con su esposa Stephanie y sus dos hijas Cadence y Quinn.

Thomas J. Brown Jr. es fan de toda la vida de los Mets, y se convirtió en fan a los Durham Bulls cuando se mudó a North Carolina a principios de la década del 80. Fue profesor certificado de ciencias en preuniversitario por 34 años. Tom todavía funge como voluntario para estudiantes de en aprendizaje del idioma inglés, sirviendo de mentor a esos estudiantes mientras están en la escuela y luego de su graduación. También ayuda a esos alumnos en el sistema escolar local. Tom ha sido miembro de SABR desde 1995 luego de descubrir la organización durante una visita a Cooperstown en su luna de miel. Se volvió activo en la organización luego de su retiro y ha escrito numerosas biografías y reseñas de juegos, principalmente sobre los New York Mets. Tom también disfruta de viajar cuanto puede con su esposa y ha visitado estadios de ligas mayores y ligas menores por todo el país en esos viajes. Le gusta cocinar, hacer las comidas para su familia, además de escribir las recetas que cocina en su blog, Cooking and My Family.

Ralph Carhart es el director del Proyecto Marcador de Tumbas del Siglo XIX para la Sociedad para la Investigación del Béisbol de Estados Unidos. Recibió el Premio del Presidente del Comité del Siglo XIX en 2015 y el Premio Hilda del Baseball Reliquary en 2019. Sus intereses históricos incluyen los días pioneros del béisbol, las Ligas Negras, el Salón de la Fama, Brooklyn, Cuba, y los New York Mets.

Alan Cohen ha sido miembro de SABR desde 2010. Funge como vicepresidente y tesorero del Capítulo de Connecticut Smoky Joe Wood y lleva los datos (para MiLB First Pitch) de los Hartford Yard Goats, el afiliado de Doble-A de los Colorado Rockies. Sus biografías, reseñas de juegos y ensayos han aparecido en más de 50 publicaciones de SABR. Desde su primer artículo aparecido en el *Baseball Research Journal* de 2013, Alan continuó expandiendo su investigación al Hearst Sandlot Classic (1946-1965) del cual 87 jugadores avanzaron a las ligas mayores. Tiene cuatro hijos y ocho nietos, y reside en Connecticut con su esposa Frances, sus catos Morty, Ava, y Zoe, y su perro Buddy.

Rory Costello ha escrito biografías de peloteros dominicanos como parte de su amplio interés en América Latina. Considera el Estadio Quisqueya en Santo Domingo como uno de que más ha disfrutado de los que ha visitado. Rory vive en Brooklyn, New York, con su esposa Noriko y su hijo Kai.

Joe Cox ha escrito o contribuido en diez libros de deportes. Su más reciente entrega en solitario, *A Fine Team Man: Jackie Robinson and the Lives He Touched*, fue publicada por Lyons Press en 2019. Joe ejerce el derecho y vive cerca de Bowling Green, Kentucky, donde espera regresar para apoyar a los Bowling Green Hot Rods de Clase-A.

Reynaldo Cruz es fundador y editor principal de la revista *Cubana Universo Béisbol*, que está alojada en MLBlogs. Graduado de idiomas en la Universidad de Holguín, ha encabezado la mencionada revista desde marzo de 2010. Miembro de SABR desde el verano de 2014, escribe, traduce y fotografía béisbol y estuvo en primera fila el partido de béisbol con la presencia de Barack Obama en La Habana, fotografiando desde el dugout de los Tampa Bay Rays. Pese a la gran historia del béisbol cubano, su pelotero favorito no es otro que Ichiro Suzuki, a quien espera conocer y entrevistar. Amante de lo retro, considera el Fenway Park, el Wrigley Field, el Koshien Stadium y el Estadio Palmar de Junco como los lugares a no perderse en el béisbol. Este volumen es el tercer libro que traduce para SABR y ha contribuido además como escritor en otros libros y en The National Pastime.

Richard Cuicchi se unió a SAB Ren 1983 y es miembro activo del Capítulo Schott-Pelican. Desde su retiro como ejecutivo de tecnología de la informática, Richard ha sido autor de *Family Ties: A Comprehensive Collection of Facts and Trivia about Baseball's Relatives*. Ha contribuido con numerosas publicaciones del SABR BioProject y los Juegos. Escribe freelance y bloguea acerca de una variedad de temas beisboleros en su sitio web TheTenthInning.com. Richard vive en New Orleans con su esposa Mary.

Scott Cummings trabajó como profesor de enseñanza especial tanto para escuelas públicas como para escuelas privadas. Tiene una licenciatura en Matemáticas en la Universidad de Minnesota, al igual que una Maestría en Educación. También tiene una licenciatura como profesor de Estratega de Comportamiento y Académico de Educación Especial (K-12) y Matemática (5-12). Se mantiene activo esquiando, corriendo, mondando bicicleta y haciendo yoga para ayudarse a entrenar para el American Birkebeiner cada año. El "Birkie" es una carrera de 50 mil a campo traviesa en esquí desde Cable hasta Hayward, Wisconsin, con alrededor de 14,000 esquiadores. Es un gran fan a los Minnesota Twins y los sigue tanto como puede. También comparte con su padre boletos para la temporada de fútbol americano de los Minnesota Gopher, y le gusta cocinar.

John DiFonzo creció en Somerville, Massachusetts, donde fue editor de deportes para el periódico de su preparatoria, *The Radiator*. Fan por mucho tiempo de los Red Sox y dueño de boletos para la temporada desde 2004 vive actualmente en Boston con su esposa Gabriella. John se graduó de la Tufts University con una licenciatura en ingeniería eléctrica, tiene un Máster en Ciencias en Análisis Financiero Global de la Bentley Unviersity y completó el programa del CFA (Chartered Financial Analyst).

Charles F. Faber fue profesor retirado de preparatoria y universidad y administrador que vivía en Lexington, Kentucky. Fue contribuyente frecuente de SABR y editó el libro de SABR *The 1934 St. Louis Cardinals: The World Champion Gas House Gang*. Entre sus publicaciones se incluyen docenas de artículos de publicaciones profesionales, entradas enciclopédicas, y reportes de investigación como administración escolar, derecho educacional, y música country. Además de los libros de texto, ha escrito otro 10 libros (la mayoría sobre el béisbol) publicados por McFarland.

Pofesor de inglés retirado, **Jan Finkel** vive en Pittsburgh, directamente frente al PNC Park cruzando el Río Allegheny. Se unió a SABR en 1994, ha contribuido en varias publicaciones de SABR y fungió como editor en jefe del Proyecto de Biografías desde 2002 hasta 2015. Juan Marichal es uno de sus lanzadores favoritos.

Paul Geisler funge como pastor en una Iglesia Cristiana Luterana en Lake Jackson, Texas, donde se encuentra activamente involucrado junto con su esposa Susan en el teatro comunitario de la localidad. Tienen tres hijos adultos. Durante toda su vida, Paul ha disfrutado de todos los aspectos del béisbol—jugarlo, verlo, servir de entrenador, investigar, y escribir. Ha escrito varios artículos para SABR y ha trabajado con MLB en el rastreo de lanzamientos para los Texas Rangers en the Ballpark in Arlington.

Joséph Gerard ha sido fanático a los Pittsburgh Pirates de toda la vida. Creció odiando a los Yankees pese a haber nacido en Newark, New Jersey—su mayor pesar es que tenía solamente dos años en 1960. Debido a Roberto Clemente, desarrolló un interés por la historia del béisbol de América Latina y ha contribuido a biografías de diferentes peloteros latinos en el SABR BioProject. Vive en New York con su esposa Anne Marie y sus dos hijos, Henry and Sophie.

Miembro de SABR desde 2014, **Paul Goodson** es bibliotecario y fanático por mucho tiempo de los Cubs. Sus intereses de investigación incluyen los equipos y los circuitos difuntos de las mayores, las historias de los estadios y las franquicias, además de las simulaciones beisboleras. Cuando no se enfoca en el béisbol, disfruta de la ciencia ficción y los misterios. Vive en New Bern, North Carolina con su esposa Michele.

Eric Hanauer es un ampliamente publicado escritor y fotógrafo submarino, con casi mil artículos en revistas y cuatro libros. Sus aventuras en el buceo lo han llevado a unos 50 países por todo el mundo. Durante 35 años, su trabajo principal fue como Profesor Asociado de Quinesiología en la California State University Fullerton, donde también fue entrenador de natación y polo acuático, y fundó el programa de buceo. Es famoso por haber desarrollado la arrancada en agarre (grab start). Debe todo esto a su falta de habilidad en el béisbol cuando era joven, algo que lo llevó al agua como segunda opción. Hanauer es fan de toda la vida de los Cubs, desde su primer juego en el Wrigley Field a los nueve años. Recibió finalmente su recompensa en 2016.

Tom Hawthorn es periodista y escritor que vive en Victoria, B.C., Canadá. Fue escritor de os Blue Jays para el *Toronto Globe and Mail* desde 1987 hasta 1989. Ha sido miembro del comité de selección del Salón de la Fama del Deporte en Columbia Británica y del Salón de la Fama del Béisbol Canadiense. Es miembro honorario de la Peña Deportiva Parque Central en La Habana, Cuba.

Leslie Heaphy es profesora asociada de historia en la Kent State Unviersity en Stark. Autora y/o editora de una serie de libros, capítulos de libros y artículos sobre las Ligas Nagras, el béisbol de mujeres, y los New York Mets. En estos momentos, funge como vicepresidente para SABR y miembro de la junta del IWBC (Comité Internacional del Béisbol de Mujeres).

Paul Hofmann, miembro de SABR desde 2002, es contribuyente frecuente de publicaciones de SABR. Paul es nacido en Detroit, Michigan, y es fan de toda la vida de los Detroit Tigers. Le gusta coleccionar cromos de béisbol en su tiempo libre. Actualmente reside en Folsom, California.

Jorge Iber trabaja actualmente como Decano Asociado de la División de Estudiantes de la Cacultad de Artes y Ciencias y profesor de Histoia en la Texas Tech Unviersity en Lubbock. Es autor, coautor y editor de trece libros y numerosos artículos académicos y enciclopédicos. Entre sus proyectos recientes se encuentran una biografía del ex lanzador mexicano-norteamericano Mike Torrez; una antología que cubre momentos cruciales en la historia de los Pittsburgh Pirates; y una biografía para nivel de preparatoria de Mariano Rivera. Acaba de completar una biografía del nose tackle (una posición en el fútbol americano), Gabe Rivera.

William H. "Bill" Johnson es autor de una biografía completa, *Hal Trosky: A Baseball Biography* (McFarland & Co., 2017), además de más de dos docenas de ensayos para el Bio-Project de la Sociedad para la Investigación del Béisbol de Estados Unidos. Se retiró de las fuerzas navales de Estados Unidos en 2006 luego de una carrera de 24 años en la aviación naval. También ha presentado investigaciones en varias conferencias sobre la historia del béisbol. Se graduó de la University of California (Berkeley) con un diploma en retórica, y luego logró una maestría en historia militar de la Norwich University, y una maestría en ciencia aeronáutica de la Embry-Riddle Aeronautical University. En estos momentos imparte clases de aviación no tripulada en Embry-Riddle.

Norm King vivió en Ottawa, Ontario, y fue un miembro activo de SABR. Edió el libro de SABR *Au Jeu / Play Ball – The 50 Greatest Games in the History of the Montreal Expos* (SABR, 2016). Norm también contribuyó en un grupo de libros de SABR que incluyen *Thar's Joy in Braveland: The 1957 Milwaukee Braves* (2014), *Winning on the North Side: The 1929 Chicago Cubs* (2015), y *A Pennant for the Twin Cities: The 1965 Minnesota Twins* (2015).

Justin Krueger espera un día tener un guante de béisbol Nokona. También ha publicado artículos en Multicultural Perspectives, el Journal of Educational Controversy, y The History Teacher. Su estadio favorito para ver un juego es el Kokernot Field en Alpine, Texas—sede de los Sul Ross State University Lobos.

Len Levin es un veterano editor de periódico en New England, ahora retirado. Vive en Providence con su esposa, Linda, y un exitoso gato naranja. Ahora (Len, no el gato) es gramático de la Corte Suprema de Rhode Island y dita sus decisiones. También edita muchos libros de SABR, incluyendo este mismo. Radica por la interestatal del Fenway Park, donde ha pasado muchos momentos felices.

Seth Moland-Kovash es un apasionado de toda la vida del béisbol e historiador aficionado. Creció en Minnesota y su amor por el deporte y los Twins ha prevalecido a través del tiempo, muchas muchas mudanzas y muchas eras de los Twins. Durante el día, Seth es pastor luterano en un suburbio en Chicago donde vive con su esposa Jennifer y su hijo Carl. Carl también ha heredado el amor por el béisbol y juega cuando los terrenos no están cubiertos de nieve. Los equipos favoritos de Seth son los Twins y cualquier equipo en el que Carl juegue.

Wynn Montgomery es burócrata y educador retirado y se recupera de adicción al trabajo. Ha sido miembro de SABR desde 1983. Miembro del Magnolia Chapter en Atlanta, Wynn ha fungido como coeditor de *Baseball in the Peach State*, la revista de SABR para la convención de 2010 en Atlanta. Ha contribuido con cinco biografías al BioProject. Desde que se mudó a Colorado en 2011, ha sido fan de los Rockies aunque sigue a los Braves en la distancia. Entre sus intereses en el béisbol se encuentran el arte y la historia del juego, las ligas menores y el béisbol universitario, y las Ligas Negras. Con otros dos miembros de SABR, hace un viaje por carretera "B-4" que nutre su pasión por el Béisbol, Battlefields (Campos de Batalla, principalmente de la Guerra Civil), Burial Grounds (cementerios históricos), y la Barbeque. Ha visto a todos los equipos de las mayores jugar un juego como local y ha visitado más de 100 estadios de las menores o universitarios.

Chad Moody ha residido casi toda su vida en el área de Detroit, donde ha sido fan de los Detroit Tigers desde su nacimiento. Egresado de la University of Michigan y la Michigan State University, ha pasado 30 años trabajando en la industria automotor. Desde su humilde inicio cuando le publicaron una carta en el *Baseball Digest* siendo adolescente, Chad ha contribuido desde entonces a numerosos proyectos de SABR y de la Asociación de Investigadores de Fútbol Americano Profesional. Comparte con su esposa, Lisa, un hogar en Northville, Michigan, y una perra llamada Daisy.

Frank Morris es profesor asociado de UMass Lowell y Endicott College, donde imparte una clase sobre deporte y cultura estadounidense. Fan de los Red Sox y los Dodgers con gran aprecio hacia Dwight Evans y Pedro Guerrero, Frank es autor de una serie de libros sobre trivia en el deporte titulada Ask Your Uncle Trivia e imparte conferencias sobre la historia del deporte en la gran área de Boston.

Bill Nowlin disfrutó de la oportunidad de ver a los Red Sox jugar partidos de exhibición en Santo Domingo en marzo de 2000, ante los Houston Astros. Nacido en Boston, ha sido fan de los Red Sox en las buenas y las malas. Ha sido activo miembro de SABR desde que ayudó a acoger la convención de Boston de 2002 y en la junta de directores de 2004. Como voluntario de SABR, ha ayudado a editar varias docenas de libros y más de mil artículos de investigación.

Gregg Omoth ha sido miembro de SABR desde 2000 y es fan de toda la vida de los Minnesota Twins. Gregg y su esposa Dianne viven en Otsego, Minnesota, con sus tres hijos—Amelia, Nolan, y Emma.

Carl Riechers se retire del United Pacel Service en 2012 luego de 35 años de servicio. Con más tiempo libre, se convirtió en miembro de SABR ese mismo año. Nacido y criado en los suburbios de St. Louis, se convirtió en gran seguidor de los Cardinals. Tiene con su esposa Janet tres hijos y es el orgulloso abuelo de dos nietos.

Julio M. Rodriguez, MD es pediatra certificado pr el Board Americano de Pedeatriá, República Dominicana. Montecristi es también la ciudad natal del miembro del Salón de la Fama Juan Marichal y Osvaldo Virgil, el primer dominicano que jugó en las ligas mayores. Como parte de su entrenamiento fue en St. Louis, es fan a los Cardinals y amigo de Julián Javier, el segunda base regular de los Cardinals durante los años 60. Es el presidente del capítulo de SABR Juan Marichal en Santo Domingo, República Dominicana. Ha contribuido a este libro con revisiones de las biografías de los jugadores publicadas en él y se siente muy feliz por ello.

Blake W. Sherry es fan de toda la vida de los Pittsburgh Pirates y vive en Dublin, Ohio. Retirado Oficial Jefe de Operaciones de un sistema de retiro público, ha sido miembro de SABR desde 1997. Codirige el Capítulod e SABR Hank Gowdy en la parte central de Ohio, y actualmente dirige la publicación trimestral del club de libro de béisbol del capítulo. Contribuyó con varios libros anteriores de SABR, incluyendo *Moments of Joy and Heartbreak: 66 Significant Episodes in the History of the Pittsburgh Pirates*.

J.W. Stewart es autor de biografías de Josie Heard y Harry Staley, además de una historia de las primeras mascotas y cargabates del béisbol. Tiene un título de máster en historia de la Houston State University. J.W. vive actualmente en Frisco, Texas, donde enseña historia de Estados Unidos.

John Struth ha sido miembro de SABR por más de 20 años. Se interesó en el béisbol a muy temprana edad y esto floreció en un gran amor durante el campeonato de los Miracle Mets en 1969. Ha contribuido con varias biografías para publicaciones de SABR y ha presentado en la conferencia Jerry Malloy.

Josh Sullivan nació en Houston, Texas, y creció viendo a los Astros en el Astrodome y a los Braves en TBS. Apenas tiene sentido que haya sido fan a toda costa de los Padres desde 1987. El béisbol con su bella historia, es el deporte que ama. Tanto él como su esposa, Shari, son maestros aunque Josh preferiría estar escribiendo y contando historia. Los Sullivans tienen cinco hijos y viven en Tomball, Texas.

Cosme Vivanco es escritor basado en Chciago que recibió su Maestría en Bellas Artes en Escritura Creativa de la Columbia College en 2010. De niño, desarrolló una increíble pasión por la historia del béisbol. Sus otras áreas de interés son la política y la música. Ha participado en el Maratón de Chicago en cuatro ocasiones diferentes y espera hacerlo nuevamente en 2022. Su biografía de Steve Carlton fue incluida en el libro de SABR *20 Game Losers*. También contribuyó en *Met-rospectives: A Collection of the Greatest Games in New York Mets History*. Y su biografía sobre Jason Schmidt se incluyó en *Braves Win! Braves Win! Braves Win!: The 1995 World Champion Atlanta Braves*.

Joseph Wancho vive en Brooklyn, Ohio, y es fan de toda la vida de los Cleveland Indians. Ha sido miembro de SABR desde 2005 y funge como vicepresidente del Baseball Index Project Committee de SABR. Fue editor de *Pitching to the Pennant: The 1954 Cleveland Indians* (University of Nebraska Press, 2014) y *The Sleeping Giant Awakes: The 1995 Cleveland Indians* (SABR, 2019).

Gregory H. Wolf nació en Pittsburgh, pero ahora reside en el área metropolitana de Chicago con su esposa, Margaret, y su hija, Gabriela. Profesor de estudios alemanes y poseedor de la Cátedra Subvencionada Dennis y Jean Bauman en Humanidades en la North Central College en Naperville, Illinois, ha editado una docena de libros para SABR. En estos momentos trabaja en proyectos sobre el Shibe Park en Philadelphia y el Ebbets Field en Brooklin. Desde enero de 2017 ha sido co-director del BioProject de SABR, que puede seguirse en Facebook y Twitter.

Friends of SABR

You can become a Friend of SABR by giving as little as $10 per month or by making a one-time gift of $1,000 or more. When you do so, you will be inducted into a community of passionate baseball fans dedicated to supporting SABR's work.

Friends of SABR receive the following benefits:
- ✓ Annual Friends of SABR Commemorative Lapel Pin
- ✓ Recognition in This Week in SABR, SABR.org, and the SABR Annual Report
- ✓ Access to the SABR Annual Convention VIP donor event
- ✓ Invitations to exclusive Friends of SABR events

SABR On-Deck Circle - $10/month, $30/month, $50/month

Get in the SABR On-Deck Circle, and help SABR become the essential community for the world of baseball. Your support will build capacity around all things SABR, including publications, website content, podcast development, and community growth.

A monthly gift is deducted from your bank account or charged to a credit card until you tell us to stop. No more email, mail, or phone reminders.

  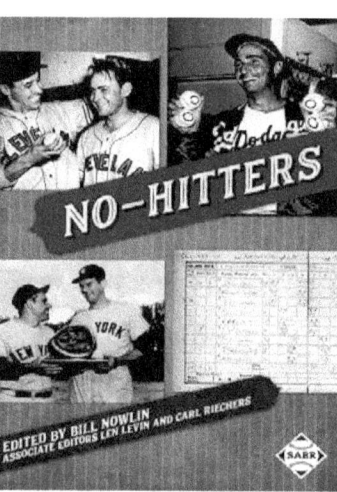

Join the SABR On-Deck Circle

Payment Info: _____ Visa _____ Mastercard

Name on Card: _____

Card #: _____

Exp. Date: _____ Security Code: _____

Signature: _____

○ $10/month

○ $30/month

○ $50/month

○ Other amount _____

Go to sabr.org/donate to make your gift online

Más de SABR
Disponible en libros electrónicos o impresos

Puerto Rico y el Béisbol: 60 Biografías representa los esfuerzos colaborativos de 46 autores y editores de la Sociedad para la Investigación del Béisbol Americano (SABR). Como se podría imaginar a partir del título, el libro contiene 60 biografías de jugadores - pero también tiene dos "biografías de parques" también. Y un artículo sobre los partidos de grandes ligas jugados en Puerto Rico, tanto los juegos de exhibición de entrenamiento de primavera como varios juegos de temporada regular desde el momento en que "Los Expos" incluyó a San Juan como sede.

El béisbol en Puerto Rico tiene una larga historia, que se remonta al siglo XIX y ahora se extiende hasta el siglo XXI. Al final de 2016, hubo 323 jugadores nacidos en Puerto Rico o descendientes de nativos puertorriqueños que habían jugado en las grandes ligas. Pero hay miles de jugadores profesionales puertorriqueños que han jugado en el Caribe y otras ligas profesionales, incluyendo las ligas menores en los Estados Unidos.

Este libro destaca a algunos de los pioneros, los que jugaron en las Ligas Negras antes de que se rompiera la línea de color, y hasta a través de Ivan Rodríguez, elegido en 2017 al Salón Nacional de la Fama del Béisbol.

Aquí hay 60 biografías. Al leer este libro conocerás a Perucho, quien fue comparado con Ty Cobb y llamado Babe Ruth de Puerto Rico; Por qué Pancho Coimbre fue considerado uno de los mejores bateadores; La historia del gran Roberto Clemente; Quien fue "el Divino Loco", el primer lanzador en ganar un partido de grandes ligas en la Costa del Pacífico; Quien era "El Jibaro"; e incluso los grandes logros del hombre que fue posiblemente el receptor más completo que haya pisado un diamante.

Leyendas del Beisbol Cubano: Minnie Miñoso. Martín Dihigo. Luis Tiant. Orlando "El Duque" y Liván Hernández. Estas son sólo algunas de las grandes figuras perfiladas en Leyendas del Béisbol Cubano: El Universo Alternativo del Béisbol. Los 47 individuos describen más adelante representan sólo un pequeño puñado de las legiones de memorable y figuras a veces incluso legendarios producidos a lo largo de casi un siglo y medio por una nación de la isla donde el deporte del palo-y-ball conocido como el béisbol es más que un pasatiempo nacional, es la pasión nacional.

Este volumen presenta 47 biografías en total, además de ensayos sobre el béisbol cubano. Estas biografías fueron investigados y escritos por un equipo de miembros de la SABR. BioProject de SABR ha producido biografías de más de 3,800 jugadores desde 2002. Una edición en español del libro también está disponible, una nueva primera para SABR.

Disponible en librerias y en linea.

SABR
Cronkite School at ASU
555 N. Central Ave. #416
Phoenix, AZ 85004
Phone: 602.496.1460